通关宝典

全国税务人员执法资格考试复习精粹

（2023 年版）

全国税务人员执法资格考试研究组　编

中国财经出版传媒集团
中国财政经济出版社

图书在版编目（CIP）数据

全国税务人员执法资格考试复习精粹．通关宝典：2023年版／全国税务人员执法资格考试研究组编．--北京：中国财政经济出版社，2023.3
ISBN 978－7－5223－2025－0

Ⅰ.①全… Ⅱ.①全… Ⅲ.①税收管理－行政执法－中国－资格考试－自学参考资料 Ⅳ.①D922.220.4

中国国家版本馆CIP数据核字（2023）第030943号

责任编辑：陈志伟　　　责任印制：史大鹏
封面设计：卜建辰　　　责任校对：徐艳丽

全国税务人员执法资格考试复习精粹
QUANGUO SHUIWU RENYUAN ZHIFA ZIGE KAOSHI FUXI JINGCUI

中国财政经济出版社 出版

URL：http：//www.cfeph.cn
E－mail：cfeph@cfeph.cn

社址：北京市海淀区阜成路甲28号　邮政编码：100142
营销中心电话：010－88191522
天猫网店：中国财政经济出版社旗舰店
网址：https：//zgczjjcbs.tmall.com
北京时捷印刷有限公司印刷　各地新华书店经销
成品尺寸：185mm×260mm　16开　32印张　636 000字
2023年3月第1版　2023年3月北京第1次印刷
定价：98.00元
ISBN 978－7－5223－2025－0
（图书出现印装问题，本社负责调换，电话：010－88190548）
本社质量投诉电话：010－88190744
打击盗版举报热线：010－88191661　QQ：2242791300

PREFACE | 前言

为帮助考生顺利通关2023年执法资格考试，我们精心编撰了这套执法资格考试通关宝典系列丛书。本书分为复习精粹和历年真题精解两册，希望通过本书的学习指导，帮助读者提升复习效果，真正达到“会当凌绝顶，一览众山小”的最佳竞技状态。

《全国税务人员执法资格考试复习精粹》分册分为考点归纳、典型例题、章节训练三个部分。考点归纳部分通过对教材精心提炼，将各章节重难点以表格形式加以归纳，并附有原理解释、记忆口诀，方便考生加深记忆，全面提升复习成效。典型例题部分精选各地复习备考试题，帮助考生深刻理解知识要点，真正达到知识点理解的深化。章节训练部分附有高质量的精选试题，并配备精心编写的详解，且提出解题思路，帮助考生摆脱题海战术，做到举一反三，触类旁通，全面提升应试能力。

为最大限度保持书籍的同步性，考前作者将制作时政复习内容电子文档和三套模拟题，请各位读者在2023年5月向邮箱644636104@qq.com发送邮件，以便获取复习资料。

本书的编写人员长期从事税收业务工作，拥有注册会计师、税务师等资质证书，具有丰富的理论和实践经验。在编写过程中，得到了诸多老师的鼎力支持，收获了大量宝贵的意见建议，在此一并致谢。书中如有疏漏之处，欢迎各位读者不吝赐教，我们将虚心接受，使本书更趋完美。

最后以一句话与大家共勉：考试是海，青涩的我们也曾惧怕它、试探它。然而当我们懂得人生的成长便是一次次从此岸到彼岸的跨越时，我们便可以接触它、拥抱它并超越它。回首向来萧瑟处，每一次日出、每一层涟漪都是美丽动人的，每一袭风浪、每一片乌云都是值得感激的！

全国税务人员执法资格考试研究组

2023年2月

CONTENTS | 目录

上篇　税收基础知识

第一章　税收概论 …… 1

第一节　初识税收 …… 1

第二节　税收的职能和作用 …… 9

第三节　税制体系 …… 11

第四节　税收法治化建设 …… 21

第五节　税收管理体制 …… 25

第六节　新时代治税方略 …… 28

第二章　增值税 …… 34

第一节　增值税概述 …… 34

第二节　增值税的征税范围、纳税人和税率 …… 37

第三节　增值税应纳税额的计算 …… 47

第四节　增值税的税收优惠 …… 60

第五节　增值税的申报缴纳 …… 64

第六节　增值税发票管理 …… 69

第三章　消费税 …… 78

第一节　消费税概述 …… 78

第二节　消费税的纳税人、征税范围和税率 …… 79

第三节　消费税应纳税额的计算 …… 84

第四节　消费税征收管理 …… 99

第四章　企业所得税 …………………………………………………………………… 108
第一节　企业所得税的概述 ……………………………………………………………… 108
第二节　企业所得税的纳税人、征税对象和税率 ………………………………………… 108
第三节　企业所得税应纳税所得额的确定 ……………………………………………… 110
第四节　企业所得税的税收优惠 ………………………………………………………… 129
第五节　企业所得税应纳税额的计算 …………………………………………………… 136
第六节　企业所得税的征收管理 ………………………………………………………… 140
第五章　个人所得税 …………………………………………………………………… 148
第一节　个人所得税概述 ………………………………………………………………… 148
第二节　个人所得税的纳税人、征税范围和税率 ………………………………………… 150
第三节　居民纳税人个人所得税应纳税所得额和应纳税额的计算 ……………………… 157
第四节　非居民纳税人应纳税所得额和应纳税额的计算 ………………………………… 172
第五节　个人所得税的税收优惠 ………………………………………………………… 173
第六节　个人所得税的申报缴纳 ………………………………………………………… 175
第六章　资源和环境税相关税种 ………………………………………………………… 187
第一节　资源税 …………………………………………………………………………… 187
第二节　环境保护税 ……………………………………………………………………… 201
第三节　耕地占用税 ……………………………………………………………………… 207
第四节　烟叶税 …………………………………………………………………………… 212
第五节　车船税 …………………………………………………………………………… 213
第七章　财产行为税及相关税种 ………………………………………………………… 221
第一节　土地增值税概述 ………………………………………………………………… 221
第二节　城镇土地使用税 ………………………………………………………………… 240
第三节　房产税 …………………………………………………………………………… 243
第四节　契税 ……………………………………………………………………………… 247
第五节　城市维护建设税 ………………………………………………………………… 248
第六节　印花税 …………………………………………………………………………… 250
第七节　车辆购置税 ……………………………………………………………………… 254
第八章　社会保险费 …………………………………………………………………… 262
第一节　社会保险费概述 ………………………………………………………………… 262
第二节　养老保险费 ……………………………………………………………………… 262
第三节　基本医疗保险费 ………………………………………………………………… 269
第四节　生育保险费 ……………………………………………………………………… 272
第五节　失业保险费 ……………………………………………………………………… 272

第六节　工伤保险费 …… 273
第七节　社会保险费的征收管理 …… 274
第九章　非税收入 …… 279
第一节　非税收入概述 …… 279
第二节　税务部门征收的非税收入项目 …… 281
第三节　非税收入管理 …… 292
第十章　税费征收与服务 …… 296
第一节　税收征收管理 …… 296
第二节　税费服务 …… 304
第三节　税费收入统计分析 …… 308
第四节　税费风险管理 …… 309
第五节　税务稽查 …… 310
第十一章　税收信息化建设 …… 315
第一节　税收信息化建设概述 …… 315
第二节　税收信息化建设的成就 …… 317
第三节　税收征管数字化升级和智能化改造 …… 319
第十二章　国际税收 …… 323
第一节　国际税收概论 …… 323
第二节　国际重复征税及其消除 …… 327
第三节　国际税收协定 …… 331
第四节　国际避税与反避税 …… 333
第五节　国际税收合作与“一带一路”税收征管合作机制 …… 336

下篇　法律基础知识

第十三章　法理基础 …… 341
第一节　法的基本范畴 …… 341
第二节　法的体系 …… 344
第三节　法的创制 …… 347
第四节　法的适用 …… 349
第五节　习近平法治思想与依法治国 …… 350
第十四章　行政法基础 …… 356
第一节　行政法概述 …… 356
第二节　税务行政法律关系 …… 360
第三节　税务行政行为 …… 362

第十五章　税务行政许可 …… 372
第一节　行政许可概述 …… 372
第二节　税务行政许可的实施 …… 376
第十六章　税务行政处罚 …… 383
第一节　税务行政处罚的概念和种类 …… 383
第二节　税务行政处罚的实施 …… 385
第三节　税收违法行为及其法律责任 …… 392
第十七章　税务行政强制和相关税收保障措施 …… 400
第一节　行政强制概述 …… 400
第二节　税收保全和税务行政强制执行 …… 405
第三节　其他税收保障措施 …… 409
第十八章　税务行政执法证据 …… 418
第一节　证据概述 …… 418
第二节　取证的方法、措施和证据管理 …… 420
第三节　证据的审查和事实的认定 …… 426
第十九章　税务行政法律救济 …… 431
第一节　行政法律救济概述 …… 431
第二节　税务行政复议 …… 432
第三节　税务行政诉讼 …… 437
第四节　税务行政赔偿 …… 443
第二十章　税收的刑法保障 …… 449
第一节　相关刑法知识概述 …… 449
第二节　危害税收征管罪 …… 451
第三节　涉嫌危害税收征管犯罪案件的移送 …… 459
第二十一章　《民法典》以及社会保险法、非税收入规定 …… 465
第一节　民法典 …… 465
第二节　社会保险相关法 …… 477
第三节　非税收入规定 …… 480
第二十二章　相关法规对公务员履职责任规定 …… 486
第一节　公务员的基本权利义务及其责任 …… 486
第二节　税务违纪违法及其行政法律责任 …… 487
第三节　税收职务犯罪及其刑事法律责任 …… 495

上篇　税收基础知识

第一章　税收概论

【学习目的】

了解税收的基本概念、历史沿革、形势特征、基本原则和税收负担，熟悉税收职能作用、税制构成要素、税种分类、税制结构等税收基本原理，明确税收法制的基本内涵，税收法制化的实现途径和我国税收管理体制的基本情况。深刻理解税收的本质、治税思想和税收现代化的发展方向。

第一节　初识税收

一、基本概念

税收是国家财政收入最主要的收入形式和来源，是国家为了满足社会公共需要，凭借政治权力，按照法定标准和程序，参与国民收入分配，强制取得财政收入所形成的一种特殊分配关系。

不同角度	具体认知
从国家治理的角度	税收是国家机器的经济基础。税收最主要的作用就是为满足政府开支需要而筹集稳定的财政资金
从社会再生产的角度	税收是社会生产的分配形式。是资源配置的积极参与者和共同富裕的有效促进者
从人类社会发展角度	国家的出现和发展壮大是人类文明进步的必由之路。支撑国家有效发挥公共事务管理能力的经济基础主要是税收。税收是文明社会的代价

【单选题】下列关于税收概念理解表述准确的是（　　）。

A. 税收是国家机器的经济基础，税收最主要的作用就是调节收入差距

B. 税收是资源配置和共同富裕的主导者

C. 税收属于凭借政治权力，强制取得财政收入所形成的一种正常分配关系

D. 税收是文明社会的所必须付出的成本

【参考答案】D

选项 A，税收最主要的作用就是为满足政府开支需要而筹集稳定的财政资金。调节收入差距只是作用之一，但不是主要作用；选项 B，税收是资源配置的积极参与者和共同富裕的有效促进者，主导者意味着税收起到决定性作用，夸大了税收实际发挥的作用；选项 D，税收是文明社会的代价，与选项 D 内涵一致，应当选。

【单选题】下列对税收现象描述正确的是（　　）。

A. 国家获取财政收入的途径有很多，税收只是一种选择，可有可无

B. 从历史的角度看，税收的产生是一种偶然现象

C. 税收分配关系的调整是现代法治形成的重要动因

D. 从经济学的角度看，税收是国家以普通经济主体身份参与市场竞争的收入形式

【参考答案】C

选项 A，税收是财政收入的主要形式，不可或缺；选项 B，税收的产生是历史必然；选项 D，国家征税不是一般意义上的经济行为。

【多选题】下列关于税收的表述，正确的有（　　）。

A. 税收是国家调节经济的一种重要手段

B. 税收是人们为享受公共物品支付的价格

C. 税收体现征纳双方平等交换关系

D. 税收是国家取得财政收入的形式

【参考答案】ABD

C 选项，税收体现的不是征纳双方平等交换关系。税收是国家为实现其职能，凭借政治权力，按照法律规定的标准，无偿参与国民收入分配，强制取得财政收入所形成的一种特殊分配方式。

所涉方面	具体认知
征税主体是国家	征税活动是由国家（政府）组织实施的，他任何组织和个人取得的各类收入都不是税收
国家征税的目的是满足社会公共需要	税收是国家财政收入的主要来源，根本目的是满足社会公共需要
征税属于政治权力	税收不是依照等价交换原则或所有权原则进行的分配，而是国家凭借政治权力实现的特殊分配
征税的依据是税法	税法是明确国家征税权和纳税人纳税义务的基本规范
税收来源于国民收入	税收是国家参与国民收入分配最主要最规范的方式，是国民收入分配的结果

【单选题】税收是国家为了实现其职能，按照法律规定的标准，无偿参与国民收入分配，以取得财政收入的一种特定分配方式。国家征税凭借的是（　　）。

A. 政治权力　　B. 社会权力　　C. 管理权力　　D. 所有权力

【参考答案】A

税收不是依照等价交换原则或所有权原则进行的分配，而是国家凭借政治权力实现的特殊分配。

【单选题】国民向政府纳税，政府为国民提供公共服务，税法体现了国民与政府的（　　）。

A. 政治关系　　B. 经济关系　　C. 契约关系　　D. 互助关系

【参考答案】C

国家征税的依据是税法，税法体现了国民与政府的契约关系：国民向政府纳税，政府为国民提供公共产品和服务。

二、历史沿革

税收产生的社会条件是国家的产生和存在，税收产生的经济条件是私有制的存在和发展，税收是私有财产制度和国家政权结合的产物。

概念	
税收的产生	春秋时期，鲁国于公元前 594 年推行初税亩，征税权主要来自政治权力，而不是土地所有权。初税亩非常接近于现代税收，一般视作我国农业税征收的起点。
封建社会的赋税（制度）	1. 编户齐民制
	2. 租庸调制
	3. 两税法
	4. 一条鞭法
	5. 摊丁入亩
民国时期的税收	设立中央税和地方税，中央税在全部税收收入中的比重逐步升高
新中国税收	1950 年 1 月，政务院发布《全国税政实施要则》，根据合理负担原则，设立了货物税、工商业税、关税等 14 个税种，规定了中央和地方的税收立法权限 1983 年和 1984 年分两步实施利改税，将实行了 30 多年的国企，上交利润改为按产品税、增值税、营业税等 11 个税种向国家缴纳，逐步建立起一套内外有别、城乡不同的复合税制 1994 年我国实施了新中国成立以来规模最大、范围最广泛、内容最深刻的税制改革，构建起合理划分中央和地方税收的分税制，财政管理体制确立了以增值税为主体的货物和劳务税体系，统一了内资企业所得税和个人所得税 2014 年 6 月 30 日，中共中央政治局审议通过深化财税体制改革总体方案 党的十八大以来，我国确立了深化税收制度改革，优化税制结构，完善税收功能，稳定宏观税负，推进依法治税，建立有利于科学发展、社会公平、市场统一的税收制度体系，充分发挥税收筹集财政收入、调节分配、促进结构优化的职能作用的税制改革目标

【单选题】下列关于税收历史沿革描述准确的是（　　）。

A. 税收产生的社会条件是私有制的存在和发展

B. 税收产生的经济条件是国家出现的存在

C. 初税亩非常接近于现代税收，一般视作我国工商税征收的起点

D. 1994年我国实施了新中国成立以来规模最大、范围最广泛、内容最深刻的税制改革，构建起合理划分中央和地方税收的分税制财政管理体制

【参考答案】D

选项A、选项B混淆了税收产生的社会条件和经济条件，税收产生的社会条件是国家的产生和存在，税收产生的经济条件是私有制的存在和发展，AB不选；选项C表述错误，初税亩一般视作我国农业税而非工商税征收的起点。D项正确，详见上文归纳表格。

三、形式特征

形式特征	具体认知
1. 强制性 表明税收是以强制的形式进行征收	①国家作为征税主体依据政治权力，通过颁布税收法律，明确国家征税的权力和方式，用法律的强制力保障财政收入的实现 ②国家用强制力维护税收秩序，纳税人必须依法纳税，自觉履行纳税义务 ③征税主体必须遵从税法规定征税，不得以自己的意志实施与税法规定不同的行为，既不准任意多征，也不得随意少征或者不征
2. 无偿性 表明税收是以无偿的形式进行缴纳	从形式上看，纳税人向国家纳税是无偿的，国家为公众提供的公共产品和服务也是免费的，纳税人向国家缴纳税收是法律规定的义务，国家对具体的纳税人不承担直接偿还的义务，也不需要付出任何形式的直接报酬或代价
3. 固定性 表明税收是以固定的形式规范征税标准	征税之前国家首先制定颁布税法，规定形式和计税标准并保持相对稳定，连续多次适用 纳税人应当依法履行法定纳税义务，税务机关必须依法行使法定权利 随着经济和社会发展的需要，国家可以按照法定程序和权限调整税法，成为征纳双方共同遵守的新的固定标准
总结	无偿性是税收分配的核心特征，强制性和固定性是对无偿性的保证和约束 区别一种财政收入是税还是非税，不在于名称，而主要看它是否同时具备“三性”特征 举例如下：国债收入不具备强制性；公共部门服务性收费不具备无偿性

【单选题】税收分配的核心特征是（　　）。

A. 强制性　　B. 固定性　　C. 无偿性　　D. 普遍性

【参考答案】C

无偿性是税收分配的核心特征，强制性和固定性是对无偿性的保证和约束。

【多选题】下列关于税收“三性”的理解，正确的有（　　）。

A. “三性”是税收区别于其他财政收入的主要特点

B. 税收强制性的依据是国家所有权

C. 税收固定性意味着征税对象和征税数额是固定的

D. 税收无偿性指的是国家不向纳税人直接支付任何报酬

【参考答案】AD

税收强制性依据的是国家政治权力；税收的固定性是指国家在征税之前就以法律形式预先规定标准。

【判断题】区别一种财政收入是税还是非税，不在于名称，而主要看它是否国家以强制形式开展的无偿征收。（　　）

【参考答案】×

区别一种财政收入是税还是非税，不在于名称，而主要看它是否同时具备“三性”特征。如果不是固定的形式规范连续适用，就不能称为税收。

四、税收原则

【提示】税收原则是在履行税收职能的过程中，为正确处理政府需要和经济社会发展的关系所必须遵循的原则，税收原则是制定税收制度的指导思想，也是判断税收制度是否科学的标准。

基本原则	具体认知
财政原则	政府征税时，应兼顾需要和可能，做到取之有度。“需要”是指财政支出需要，“可能”是指税收负担能力，也就是经济承受能力 1. 收入充裕。税收收入必须基本满足政府的财政支出需要 税制设计要着眼于广开税源，采用复合税制，而不宜实行单一税制，选择税种应考虑征税对象能否提供丰裕税源，调整税目税率和制定税收减免政策，应充分考虑其对财政收入的影响 2. 收入弹性，是指税收收入必须具有随着国家财政需要变化而伸缩的可能性，一般而言，包括经济弹性和法律弹性两个方面 经济弹性又称自然弹性，即税收随经济状况和国民收入增减而自然伸缩；法律弹性又称政策弹性，使通过税收政策调整和修改税法，提高和降低税率，即税收有可能增加或减少。税收调节作用就是利用这种税收弹性来实现的。举例：累进所得税具有经济和法律双重弹性，消费品税则较少具有法律弹性 3. 收入适度，收入适度是指税收收入在满足国家财政需要时应兼顾经济承受能力，做到取之有度，通常情况下税收收入应当保持与国民生产总值或国民收入同步增长
税收法定原则	1. 税收要素法定。纳税人、征税对象、税率、计税依据、税收优惠等基本要素应由法律规定 2. 税收要素确定。税收法律的规定必须明确清晰，尽可能避免出现漏洞和歧义 3. 征税程序合法，征税机关必须严格按照税收法律规定的程序和权限征收税款，不得擅自变更

续表

基本原则	具体认知
税收公平原则	（1）社会公平 税收的社会公平，最早指的是税额的绝对公平，即要求每个纳税人都应缴纳相同数额的税 亚当·斯密将税额的绝对公平上升为税负的绝对公平，瓦格纳将公平的标准从绝对公平发展到相对公平（横向公平和纵向公平）
	（2）经济公平 ①税收保持中性（横向公平） 对所有从事经营的纳税人，要一视同仁，创造公平合理的税收环境 ②客观上存在不公平的因素（纵向公平） 需要通过差别征税实施调节，以创造大体公平的客观竞争环境
税收效率原则	（1）税收行政效率 征税过程本身的效率，要求税收在征收和缴纳过程中耗费成本最小 通过税收成本率即税收的行政成本占税收收入的比率来反映，即税收成本率越低越好 要对征收成本和缴纳成本进行综合考虑才有真正意义
	（2）税收经济效率 征税应有利于促进经济效率的提高或对经济效率的不利影响最小 ①第一层次的要求是税收的"额外负担"最小 税收的额外负担，就是征税所引起的资源配置效率的下降，它是税收行政成本以外的一种经济损失，即"额外负担"，相对于税收行政成本，通常又将之称为税收的经济成本 ②第二层次的要求是保护税本 为保护和发展国民经济，政府征税应慎重选择税源，避免伤及税本 ③第三层次的要求是通过税收分配来提高资源配置的效率

【单选题】下列选项中，不属于税收法定原则基本内容的是（　　）。

A. 要素固定　　B. 要素法定　　C. 要素明确　　D. 征税合法

【参考答案】A

本题涉及的知识点是税收原则。税收法定的基本内容可概括成要素法定、要素明确和征税合法。

【多选题】根据税收法定原则，税收基本制度的立法机关有（　　）。

A. 全国人民代表大会　　B. 全国人民代表大会常务委员会

C. 国务院　　D. 国家税务总局

【参考答案】AB

税收法定原则的基本内涵是税种的设立、税率的确定和税收征收管理等税收基本制度，只能由立法机关制定法律。

【多选题】下列关于税收经济效率的认识，正确的有（　　）。

A. 降低税收的征收成本和缴纳成本

B. 保护税本

C. 通过税收分配来提高资源配置的效率

D. 税收的“额外负担”最小

【参考答案】BCD

降低税收的征收成本和缴纳成本是税收行政效率的要求。

【判断题】税收经济效率要求税收“额外负担”最小。所谓税收额外负担，就是征税所引起的资源配置效率下降，因此，政府应选择合理的征税方式，以使税收的额外负担最小，保持税收中性。 ( )

【参考答案】√

“额外负担”最小就是要求保持税收中性。

五、税收负担与转嫁

（一）税收负担

【提示】税收负担是指一定时期内纳税人因履行纳税义务而承受的经济负担。

从绝对额考察，是指纳税人依法应支付给国家的税款；从相对额考察，是指税收负担率，即纳税人的应纳税额与其计税依据价值的比率。

税负率通常被用来比较各类纳税人或各类课税对象的税收负担水平的高低，是国家研究制定和调整税收政策的重要依据，也是发挥税收作用的着力点。

1. 宏观税收负担的衡量

宏观税收负担指标	具体认知
1. 国内生产总值税收负担率（GDP）	国内生产总值税收负担率：一定时期内一个国家或地区的经济中所生产的全部最终产品和服务负担税收的程度 计算公式：税收收入总额 ÷ 国内生产总值 × 100%
2. 国民收入税收负担率	国民收入税收负担率：一个国家一定时期内新创造价值的税收负担状况 计算公式：税收收入总额 ÷ 国民收入 × 100%

【单选题】国内生产总值税收负担率是（ ）。

A. 税收总额与国民收入之比

B. 税收总额与国内生产总值之比

C. 企业缴纳的各项税收与企业净值之比

D. 居民缴纳的各项税收与企业增加值之比

【参考答案】B

国内生产总值税收负担率的计算公式是税收收入总额 ÷ 国内生产总值 × 100%。

【判断题】研究宏观税收负担时，一般用税收总收入占国内生产总值的比重作为衡量宏观税收负担水平的指标。（　　）

【参考答案】√

税收总收入占国内生产总值的比重是主要的宏观税收负担指标。

2. 微观税收负担的衡量

微观税收负担指标	具体认知
居民税收负担率	居民实际所纳税款 ÷ 居民同期收入总额 × 100%
企业税收负担率	企业综合税收负担率 企业所得税负担率 企业货物和劳务税负担率

（二）影响税收负担的因素

主要因素	具体认知
1. 社会经济发展水平	①一国社会经济发展水平的状况，通常用人均国民收入指标来反映。在人均国民收入比较高的国家，经济的税负承受力较强；反之，在人均国民收入较低的国家，税负承受力较弱，宏观税负就相应要低一些 ②只有税收负担适应本国经济发展水平和纳税人的承受能力，税收才能为国家取得所需的财政收入，同时可以刺激经济增长、扩大税源，并反过来提高社会的税负承受力。如果税收负担超出了经济发展水平和社会的税负承受能力，势必抑制社会扩大再生产甚至简单再生产，影响社会经济的发展
2. 国家的宏观经济政策	①在社会总需求过旺、经济发展速度过快时，适当提高社会总体税负，以使国家集中较多的收入，减少企业和个人的收入存量，抑制需求的膨胀，使之与社会供给总量相适应 ②反之，当社会供需矛盾主要表现为供给存在较大缺口，企业自有资金发生短缺，就需要降低社会总体税负，增加企业税后利润，以刺激生产发展和供给增加，使之与社会需求相适应
3. 税收征收管理能力	①税收征收管理能力较强的国家，主要根据社会经济发展的需要来确定合理的税收负担水平 ②税收征收管理能力较差的国家，除了要考虑社会经济发展的需要，还必须根据税收征管能力水平，制定相应的税收负担政策，满足财政收入需要

【多选题】影响税收负担的因素包括（　　）。

A. 社会经济发展水平　　B. 国家的宏观经济政策

C. 税收征收管理能力　　D. 人们的主观愿望

【参考答案】ABC

税收负担不存在根据人们的主观愿望来确定。税收负担必须考虑需要和可能两个方面的情况，因此，一个国家在制定税收政策、确定总体税收负担时，必须综合考虑国家的总体经济发展水平和不同的经济调控需要。影响税收负担的主要因素有社会经济发展水平、国家的宏观经济政策、税收征收管理能力。

（三）税负转嫁

1. 税负转嫁的内涵

【提示】

1. 税负转嫁是指税法上规定的纳税人将自己所缴纳的税款转移给他人负担的过程。税负归宿是指税负经过转嫁的最终落脚点。

2. 广义的税负转嫁包括税负转移与最终归宿两个方面，转嫁是过程，归宿是结果；狭义的税负转嫁只包括纳税者把税负转移给其他人的过程。

3. 税负转嫁的实质，是税收在社会主体间的重新分配过程，是税收负担的最终形成过程，也是各方面物质利益关系的调整过程。

【判断题】纳税人和负税人都是税收的实际负担者。（ ）

【参考答案】×

纳税人不一定是税收的实际负担者。

2. 税负转嫁的形式

形式	具体认知
（1）前转	市场经济中最典型和普遍的税负转嫁形式 通过提高销售价格，将税负向前转嫁给购买者
（2）后转	纳税人通过压低商品进价的方式，将税负转嫁给商品的供应商负担
（3）混转	前转与后转结合并用的税负转嫁方式 经营者将其缴纳税款的一部分向前转嫁给购买方，另一部分向后转嫁给供应商

3. 影响税负转嫁的因素

【提示】税负转嫁过程主要受价格形成机制、商品供求弹性及税种等因素的制约，并借助它们加以实现。

第二节 税收的职能和作用

一、税收的职能

【提示】税收的基本职能是税收本身所固有的内在功能，通过税收制度得以体现。

在财政收入职能实现的同时，经济调节和调节分配两个派生职能必然体现出来，逐渐被人们认识并加以有效运用。

【多选题】税收的职能主要包括税收的（　　）。

A. 财政收入职能　　B. 调节分配职能

C. 经济调节职能　　D. 效率职能

【参考答案】ABC

税收的三大职能是财政收入职能、经济调节职能和调节分配职能。

职能分类	具体认知
1. 财政收入职能（基本职能）	即税收作为参与社会产品分配的手段，能将一部分社会剩余产品从社会成员手中转移到国家手中 特点：适用范围的广泛性、收入实现的及时性和征收数额的稳定性
2. 经济调节职能	税收在组织财政收入的过程中，通过改变原有收入分配格局，从而对经济产生影响的能力 税收调节经济的职能派生于财政收入职能，其调节力度取决于财政收入职能的强弱
3. 调节分配职能	通过削峰填谷的政策缩小收入分配差距，维护社会公平

【判断题】税收调节经济的职能独立于财政收入职能，调节力度不受到其他因素制约。（　　）

【参考答案】×

税收调节经济的职能派生于财政收入职能，其调节力度取决于财政收入职能的强弱。

二、税收作用

市场作用	具体认知
1. 筹集财政收入	用于国家机器正常运转，维护国家安全，巩固各级政府政权，建设用于维护全社会稳定、提高全民族素质的社会公共事业，用于经济发展和生态环境的基础设施，建设用于宏观经济调控对经济活动进行合理干预
2. 矫正市场失灵	在现代国家治理体系中，税收是最直接最有效的市场失灵矫正工具，它直接引导优化资源配置，促进社会公平分配和国家长治久安，为国家治理提供支柱性的政策工具体系
3. 调节供需总量	税收是经济运行的内在稳定期，政府可以运用税收在内的各种政策工具，调节社会总需求和总供给，一定程度上相互消除通货膨胀或紧缩缺口，实现物价稳定、充分就业和经济稳定增长的目标
4. 优化经济结构	合理设置税种、确定税率为优先发展提供税收支持服务国家产业政策 税收配合价格政策，运用高低不同的税率，调节产品之间的利润差别，促进产品结构合理化 对生活必需品、消费品和奢侈消费品，采用不同的税收政策促进消费合理化
5. 调节收入分配	通过个人所得税、社会保险费等政策，适当调节个人收入水平，缓解社会分配不公，促进社会稳定
6. 维护国家利益	税收是维护国家权益的重要工具
7. 优化营商环境	依托税收大数据，通过税收收入的增减和税源的变化，及时掌握宏观经济发展变化趋势 在税收征管活动中了解微观经济状况，发现并纠正纳税人存在的问题，打击涉税违法犯罪，优化营商环境

第三节 税制体系

一、税制要素

税制要素是指税收制度的基本构成要素，主要包括纳税人、征税对象、税率、纳税环节、纳税期限、纳税地点、减税免税等。

三个最基本税制要素：纳税人、征税对象、税率。

【多选题】下列不属于税制最基本的要素的有（　　）。

A. 纳税人　　B. 纳税地点　　C. 纳税环节　　D. 减免税

【参考答案】BCD

税制要素主要包括：纳税人、征税对象、税率、纳税环节、纳税期限、纳税地点、减税免税等。其中三个最基本税制要素是纳税人、征税对象、税率。

（一）纳税人

【提示】纳税义务人的简称，是法律、行政法规规定直接负有纳税义务的单位和个人，也称为纳税主体，目的在于明确“对谁征税”的问题。

基本形式	具体认知
1. 自然人	负有纳税义务的个人，既包括本国公民，也包括外国人和无国籍人
2. 法人	基于法律规定享有权利能力和行为能力，具有独立的财产和经费，依法独立承担民事责任的社会组织 我国法人有三种：营利法人、非营利法人和特别法人

【提示】与纳税人相关的几个概念：

1. 负税人	实际负担税款的单位和个人。税负不发生转嫁时，纳税人与负税人一致，税负发生转嫁时，纳税人与负税人不一致
2. 扣缴义务人	依照法律、行政法规的规定履行代扣代缴、代收代缴税款义务的单位和个人 （1）代扣代缴义务人，是指虽不承担纳税义务，但依照有关规定，在向纳税人支付收入、结算货款时，有义务代扣代缴期应纳税款的单位和个人 （2）代收代缴义务人，是指虽不承担纳税义务，但依照有关规定，在向纳税人收取商品或劳务收入时，有义务代扣代缴期应纳税款的单位和个人
3. 代征人	依照有关规定，受税务机关委托而代征税款的单位和个人

【单选题】纳税人是“纳税义务人”的简称，法律、行政法规明确纳税人的关键词是（　　）。

A. 直接负有纳税义务　　B. 可能负有纳税义务

C. 应该负有纳税义务　　D. 自愿负有纳税义务

【参考答案】A

纳税义务人是法律、行政法规规定直接负有纳税义务的单位和个人，也称为纳税主体，目的在于明确“对谁征税”的问题。

【单选题】下列关于纳税人的描述，正确的是（　　）。

A. 纳税人是法律、行政法规规定负有纳税义务的单位和个人

B. 负税人是实际负担税款的单位和个人

C. 扣缴义务人是受税务机关委托代扣代缴、代收代缴税款的单位和个人

D. 委托代征人是指依照法律、行政法规的规定代征税款的单位和个人

【参考答案】B

选项 A 缺了“直接”二字；选项 C 扣缴义务人应当是法律、行政法规确定的；选项 D 委托代征人应当是税务机关委托的；因此选项 B 正确。

（二）征税对象

征税对象是税法规定的征税的目的物，目的在于明确“对什么征税”的问题。

征税对象是一种税区别于另一种税的最主要标志，体现着各种税的征税范围。

与征税对象相关的几个概念	具体认知
1. 计税依据	①又称为税基，是指税法中规定的据以计算应征税款的依据或标准，征税对象是从质的方面对征税标的物的规定，而计税依据则是从量的方面对征税标的物的规定 ②两种表现形态 征税对象的货币价值；征税对象的数量、重量、容积、面积等实物量
2. 税目	①在税法中对征税对象分类规定的具体的征税项目，反映具体的征税范围。代表征税的广度 ②一般分为列举税目和概括税目 列举税目是将每一种商品或经营项目采用列举的方法分别规定税目，必要时还可以在税目之下进一步细分 概括税目是按商品大类或行业，采用概括方法设计税目

【判断题】税目是在税法中对征税对象分类规定的具体的征税项目，反映具体的征税范围，代表征税的广度，一般税种都需要设置税目。（　　）

【参考答案】×

税目是在税法中对征税对象分类规定的具体的征税项目，反映具体的征税范围，代表征税的广度。需要说明的是，有些税种征税对象比较明确，一般不存在理解认识上的差异，因此无须设置税目。

【判断题】征税对象是一种税区别于另一种税的最主要标志。（　　）

【参考答案】√

征税对象是一种税区别于另一种税的最主要标志，体现着各种税的征税范围，税制其他要素的内容一般都是以征税对象为基础确定的。

（三）税率

税率是应纳税额与征税对象之间的法定比例，是计算应纳税额的尺度，它体现了征税的深度。

税率是衡量税负轻重的重要标志。

【税率的三种形式】（1）比例税率；（2）定额税率；（3）累进税率。

【单选题】税率是应纳税额与征税对象之间的法定比例，是计算应纳税额的尺度，它体现（　　）。

A. 征税的广度　　B. 征税的深度　　C. 征税的难度　　D. 征税的高度

【参考答案】B

税率是应纳税额与征税对象之间的法定比例，是计算应纳税额的尺度，它体现征税的深度。

【多选题】税率的形式一般包括（　　）。

A. 比例税率　　B. 临时税率　　C. 定额税率　　D. 累进税率

【参考答案】ACD

税率一般分为比例税率、定额税率和累进税率三种。

（1）比例税率	具体认知
比例税率的定义	对同一征税对象或同一税目，以百分比形式规定相同的征税比例（例如：销售货物增值税率13%）
比例税率的三种类型	①单一比例税率 一种税只设置一个比例税率，所有纳税人都按同一税率纳税 ②幅度比例税率 对同一征税对象，税法只规定最低税率和最高税率，各地区在该幅度内确定具体的适用税率（例如：契税实行3%—5%的幅度税率） ③差别比例税率 一种税设置两种或两种以上的税率 产品差别比例税率：区分不同产品，分别适用不同的比例税率 行业差别比例税率：区分不同行业，分别适用不同的比例税率 地区差别比例税率：区分不同地区，分别适用不同的比例税率

【单选题】对同一课税对象，无论其数额大小，都按照相同比例征税的税率是（　　）。

A. 比例税率　　B. 累进税率　　C. 定额税率　　D. 幅度税率

【参考答案】A

比例税率指对同一征税对象或同一税目，不分数额大小，以百分比形式规定相同的征税比例。

【单选题】在各种税率形式中，具有横向公平性，而且计算简便、便于征收和缴纳的税率形式是（　　）。

A. 比例税率　　B. 累进税率　　C. 定额税率　　D. 零税率

【参考答案】A

比例税率具有横向公平性，而且计算简便、便于征收和缴纳。

【多选题】比例税率的具体形式包括（　　）。

A. 单一比例税率　　B. 差别比例税率

C. 幅度比例税率　　D. 定额比例税率

【参考答案】ABC

不存在定额比例税率的提法。

（2）定额税率	具体认知
定额税率的定义	税率的一种特殊形式，根据征税对象的计量单位规定固定税额（例如：啤酒消费税率适用 220 元或 250 元每吨）
定额税率的特点和范围	基本特点：税率与征税对象的价值量脱离了联系，不受征税对象价值量变化的影响 适用范围：对价格稳定、质量等级和品种规格单一的大宗产品征税

【多选题】定额税率是根据征税对象的计量单位直接规定固定的征税数额，下列关于定额税率的描述，正确的有（　　）。

A. 定额税率一般适用于从量计征的税种

B. 定额税率是按照征税对象的计量单位规定固定税额

C. 适用于对价格稳定、质量等级和品种规格单一的大宗产品征税的税种

D. 定额税率与征税对象的价值量关系紧密

【参考答案】ABC

定额税率与征税对象的价值量脱离了联系，不受征税对象价值量变化的影响。

(3) 累进税率	具体认知
累进税率的定义	随着征税对象数量增大而随之提高的比例税率，可以充分体现量能征收的税收原则，有效处理税收负担的纵向公平问题
①全额累进税率	将征税对象按数额大小划分为若干等级，对各等级由低到高分别规定相应税率，征税对象的全部数额都按相对应级距的税率计算税额 应纳税额 = 征税对象全额 × 适用税率
②超额累计税率	将征税对象按数额大小划分为若干等级，每个等级由低到高规定相应的税率，每个等级分别按该级的税率计税，最后将各级的计算结果相加后得出应纳税款 应纳税额 = 按全额累进方法计算的税额 - 速算扣除数
③全率累计税率	以征税对象数额的相对率（如销售利润率、资金利润率等）划分若干级距，分别规定由低到高的差别税率，征税对象的全部数额都按相对应级距的税率计算税额
④超率累计税率	以征税对象数额的相对率划分若干级距，分别规定相应的差别税率，相对率每超过一个级距的，对超过的部分就按高一级的税率计算征税，最后将各级的计算结果相加后得出应纳税款

【例 1 - 1】下面以所得税为例介绍全额累进税率和超额累进税率。

假设有一个六级超额累进税率（见下表），假设所得额为 12 000 元。

级数	应纳税所得额	税率（%）	速算扣除数
1	不超过 500 元的部分	5	0
2	超过 500—2 000 元的部分	10	25
3	超过 2 000—5 000 元的部分	15	125
4	超过 5 000—10 000 元的部分	20	375
5	超过 10 000—20 000 元的部分	25	875
6	超过 20 000 元的部分	30	1 875

（1）全额累进税率应纳税额的计算：12 000 × 25% = 3 000（元）

（2）超额累进税率应纳税额的计算：

第一级应纳税额 = 500 × 5% = 25（元）

第二级应纳税额 =（2 000 - 500）× 10% = 150（元）

第三级应纳税额 =（5 000 - 2 000）× 15% = 450（元）

第四级应纳税额 =（10 000 - 5 000）× 20% = 1 000（元）

第五级应纳税额 =（12 000 - 10 000）× 25% = 500（元）

应纳税额 = 25 + 150 + 450 + 1 000 + 500 = 2 125（元）

【思考】采取速算扣除法计算：

应纳税额 = 按全额累进方法计算的税额 - 速算扣除数 = 12 000 × 25% - 875 = 2 125（元）

【单选题】税收纵向公平是指经济能力不同的人应缴纳数额不同的税收，税法对不同收入水平（支付能力）的纳税人规定不同的负担水平。就税制原理而言，实现纵向公平一般采用（　　）。

A. 比例税率　　B. 累进税率　　C. 定额税率　　D. 固定税率

【参考答案】B

本题涉及的是税制要素。累进税率体现量能负担原则，可以实现税收纵向公平。

【判断题】累进所得税是调整收入差距的有力工具。（　　）

【参考答案】√

累进所得税对高收入者适用较高税率，对低收入者适用较低税率或者不征税，可以有效调整收入差距。

（四）纳税环节

不同类型	具体认知
1. 定义	税法规定征税对象从生产到消费的流转过程中应当缴纳税款的环节 确定纳税环节，关系到税制结构和税种的布局、税款能否及时足额入库、地区间税收收入的分配、企业的经济核算、是否便利纳税人缴纳税款等问题
2. 类型	①单环节征税 ②多环节征税

【单选题】纳税环节是指税法规定的征税对象从生产到消费的流转过程中（　　）。

A. 应当缴纳税款的环节　　B. 明确纳税人的环节

C. 可供选择纳税的环节　　D. 确认纳税义务的环节

【参考答案】A

纳税环节是指税法规定的征税对象从生产到消费的流转过程中应当缴纳税款的环节。

【多选题】下列有关税收基本术语的表述，正确的有（　　）。

A. 纳税人是实际负担税款的单位和个人

B. 税收属于社会再生产的交换环节

C. 税目反映了征税广度

D. 税率反映了征税深度

【参考答案】CD

本题涉及的是税收的概念、税制要素。负税人是实际负担税款的单位和个人，税收属于社会再生产的分配环节，税目反映了征税广度，税率反映了征税深度。

（五）纳税期限

不同形式	具体认知
1. 定义	税法规定的缴纳税款的时间
2. 形式	①按期纳税 根据纳税义务的发生时间，通过确定纳税间隔期，实行按规定时间纳税 ②按次纳税 根据纳税行为的发生次数确定纳税期限 ③按年计征，分期预缴或缴纳 分期预缴或缴纳。年度结束后汇算清缴，多退少补

（六）纳税地点

不同地点	具体认知
1. 定义	根据各个税种的纳税环节和有利于税源监管而规定的纳税人的具体纳税地点
2. 我国规定的纳税地点	机构所在地、经济业务发生地、核算地、财产所在地、报关地等

【多选题】我国现行税制的纳税期限的形式包括（　　）。

A. 按期纳税　　B. 按需纳税

C. 按次纳税　　D. 按年计征，分期预缴，年终汇算清缴

【参考答案】ACD

我国现行税制纳税期限的形式不包括按需纳税。

【多选题】下列属于我国税法规定的纳税地点有（　　）。

A. 机构所在地　　B. 经济业务发生地

C. 财产所在地　　D. 核算地

【参考答案】ABCD

我国税法规定的纳税地点主要有机构所在地、经济业务发生地、核算地、财产所在地、报关地等。

【判断题】纳税人的具体纳税期限，由主管税务机关根据纳税人应纳税额的大小分别核定，不能按照固定期限纳税的，可以按次纳税。（　　）

【参考答案】√

纳税人的具体纳税期限，由主管税务机关根据纳税人应纳税额的大小分别核定，不能按照固定期限纳税的，可以按次纳税。

（七）减税免税

减税免税的基本概念

不同形式	具体认知
1. 定义	国家对特定纳税人或征税对象给予减轻或者免除税收负担的一种税收优惠措施。减税是减征部分应纳税款；免税是免征全部应纳税款
2. 形式	（1）税基式减免：通过缩小计税依据的方式来实现（免税收入，减计收入，起征点，免征额，加计扣除，加速折旧，特许扣除） （2）税率式减免：通过降低税率的方式来实现（降低税率） （3）税额式减免：通过直接减少应纳税额的方式来实现（全部免征、减半征收、税额抵免，计征即退，先征后返）
3. 分类	（1）法定减免：一般是指由税收法律规定的减税、免税，法定减免体现了减免税的基本原则规定，具有长期适用性 （2）特定减免：根据社会经济发展变化和发挥税收调节作用的需要，特别规定的减税、免税，具有灵活性和较强的限制性 （3）临时减免：又称为困难减免，是指对部分遭遇特定暂时性困难的纳税人，减除或豁免其纳税义务的特殊规定

【单选题】征税对象达到一定数额开始征税的起点是（　　）。

A. 免征额　　B. 起征点　　C. 计税依据　　D. 免税收入

【参考答案】B

起征点是征税对象达到一定数额开始征税的起点。

【单选题】在征税对象的全部数额中免予征税的数额是（　　）。

A. 起征点　　B. 计税依据　　C. 免征额　　D. 免税收入

【参考答案】C

本题涉及的是税制要素。免征额是在征税对象的全部数额中免予征税的数额。

【判断题】税基式减免，就是通过直接减少应纳税额的方式来实现税收减免。（　　）

【参考答案】×

本题涉及的是税制要素。税额式减免，是通过直接减少应纳税额的方式来实现税收减免。税基式减免，是通过缩小计税依据的方式来实现的税收减免。

【判断题】起征点只能照顾一部分纳税人，而免征额可以照顾适用范围内的所有纳税人。（　　）

【参考答案】√

当纳税人收入达到或超过起征点时，就其收入全额征税；而当纳税人收入超过免征额时，则只就超过的部分征税。

二、税制分类

【提示】一个国家通常要设置一系列税种，每个税种都具有自身的特点和功能，但用某一个特定的标准去衡量，有些税种就会具有共同的性质、特点和相近的功能，从而区别于其他税种而形成一“类”。

（一）按征税对象进行分类

不同形式	具体认知
1. 货物与劳务税	以货物或劳务销售额（营业额）为征税对象的各税种的统称 具体税种：增值税、消费税、关税
2. 所得税	以所得额为征税对象的各税种的统称 具体税种：企业所得税、个人所得税
3. 财产税	以各种财产为征税对象的各税种的统称 具体税种：房产税、契税、车船税
4. 行为目的税	为达到特定的目的，对特定对象和行为发挥调节作用而征收的各税种的统称 具体税种：环境保护税、印花税、城市维护建设税、车辆购置税、烟叶税、船舶吨税
5. 资源环境税	对特定自然资源开发和污染排放征收的各税种的统称 具体税种：资源税、城镇土地使用税、耕地占用税

【多选题】在我国现行税制体系中，下列税种属于“货物与劳务税”的有（　　）。

A. 增值税　　B. 消费税

C. 土地增值税　　D. 企业所得税

【参考答案】AB

增值税和消费税属于货物与劳务税，土地增值税是资源税，企业所得税是所得税。

（二）按计税依据的计量标准进行分类

不同形式	具体认知
1. 从价税	以征税对象的价格为计税依据，按比例计算应纳税额的税率 具体税种：增值税、消费税、关税、所得税等
2. 从量税	以征税对象的重量、数量、容积、面积等指标为计税依据，按固定税额标准计算的税收，也称为从量计征 具体税种：城镇土地使用税、耕地占用税等

（三）按税种和价格的关系进行分类

不同形式	具体认知
1. 价内税	凡是税款包含在征税对象价格之中的税种即为价内税 购买者按照约定支付价款时，该价款中已经包含了销售者需要向国家缴纳的税款。因此，价内税的计税依据是包含税款的，税款是计税依据的组成部分。即：计税依据 = 成本 + 利润 + 税金 具体税种：消费税、关税等
2. 价外税	凡是税款独立于征税对象价格之外的税种即为价外税 购买者除需要支付约定的价款外，还须支付按规定计算出来的税款，所以，价外税的计税依据不包含税款，理论上价款和税款是分开记载的。即：计税依据 = 含税价 − 税金 具体税种：增值税

（四）按税收负担能否转嫁进行分类

不同形式	具体认知
1. 直接税	难以实现税负转嫁的税种 与收益密切相关的所得税和财产税相对难以转嫁
2. 间接税	容易发生税负转嫁的税种 与价格关系密切的货物和劳务税相对容易转嫁

（五）按税收的管理和使用权限进行分类

不同形式	具体认知
1. 中央税	税收收入归属中央财政的税种 具体税种：消费税、车辆购置税、关税等
2. 地方税	税收收入归属地方财政的税种 具体税种：城镇土地使用税、耕地占用税、土地增值税、房产税、车船税、契税、环境保护税、烟叶税等
3. 中央和地方共享税	税收收入在中央财政和地方财政之间进行分配的税种 具体税种：增值税、企业所得税、个人所得税、资源税等

【多选题】依据税收与价格的关系，税收可分为（　　）。

A. 直接税　　B. 间接税　　C. 价内税　　D. 价外税

【参考答案】CD

直接税和间接税区分的标准是能否转嫁，价内税和价外税的区分标准是税收与价格的关系。

【多选题】在我国现行税收体系中，增值税属于（　　）。

A. 从价税　　B. 从量税　　C. 直接税　　D. 间接税

【参考答案】AD

增值税以应税货物或劳务的价格为依据，按照适用税率计征，属于从价税；增值税税负易于转嫁，属于间接税。

【单选题】下列同时属于货物与劳务税、价内税、间接税和中央税的是（　　）。

A. 增值税　　B. 消费税　　C. 资源税　　D. 个人所得税

【参考答案】B

同时具备货物与劳务税、价内税、间接税和中央税特征的，只能是消费税。

三、税制结构

不同情形	具体认知
1. 定义	一国在进行税制设计时，根据本国的具体情况将不同功能税种进行组合，配置形成主体税种和辅助税种各具特色和作用功能互补的税制体系
2. 我国税制结构	我国属于直接税和间接税双主体的国家 十四五规划明确，我国完善税制结构的目标是：优化税制结构，适当提高直接税比例

【单选题】我国现行税制结构的基本特征是（　　）。

A. 以直接税为主的税制结构

B. 以间接税为主的税制结构

C. 以直接税或间接税为主的税制结构

D. 直接税与间接税并重的“双主体”结构

【参考答案】D

我国的现行税制结构名义上是以直接税和间接税为主体的“双主体”税制结构。

第四节　税收法治化建设

【提示】税收法治化建设是提升税收治理能力现代化水平乃至国家治理能力现代化水平的重要途径。

一、税收法治的基本内涵

不同情形	具体认知
1. 税收法治的基本价值取向是树立法律至上的现代法治观念	立法机关要依据法定程序制定税法，税务机关要严格按照税法规定履行征税职责，纳税人要按照税法规定履行纳税义务，任何税收活动主体都不能凌驾于法律之上
2. 税收法治最基本的原则是税收法定	税收法定原则是税收的基本原则，是实现税收法治的必然要求。税收法律只能由立法机关制定，没有法律规定，政府不能征税，国民也不需要缴纳税款
3. 税收法治的核心是正确处理权力和权利的关系	税收法治的核心一方面要限制和规范政府的税收权力，另一方面要保障纳税人的合法权利
4. 税收法治的基本特征是良法与善治的统一	良法与善治的统一是税收法治的基本特征 良法是善治推行的前提和基础，善治是良法落地的环境和条件

【单选题】税收法治的最基本的原则是（　　）。

A. 税收法定　　B. 科学立法　　C. 严格执法　　D. 良法善治

【参考答案】A

税收法定原则是税收的基本原则，是实现税收法治的必然要求。

【判断题】税法主体及其权利和义务必须由法律加以确定，税收的各类要素都必须且只能由法律予以明确规定，没有法律依据，政府不能征税，国民也不得被要求缴纳各种税款。（　　）

【参考答案】√

税收法治最基本的原则是税收法定。

【单选题】下列关于税收法治内涵的描述，正确的是（　　）。

A. 税收法治的基本价值取向是树立国家利益至上的现代法治观念

B. 税收法治的核心是有效规范和限制公权力

C. 税收法治的基本特征是法制健全

D. 税收法治最基本的原则是公平合理

【参考答案】B

选项 A，税收法治的基本价值取向是树立法律至上的现代法治观念；选项 B 正确；选项 C，税收法治的基本特征是良法与善治；选项 D，税收法治最基本的原则是税收法定。

二、税收法律

不同情形	具体认知
1. 定义	调整税收关系的法律规范的总称，是国家法律的重要组成部分 广义指所有用以调节国家与纳税人之间在税收方面的权利及义务关系的法律规范的总称；狭义是指由国家权力机关制定和颁布的税收法律
2. 按税法内容分类	①税收实体法 规定税收法律关系主体的实体权利、义务的法律规范的总称 其主要内容包括纳税主体、征税对象、计税依据、税目、税率、减税免税等 ②税收程序法 如何具体实施税收实体法的规定，是规定国家征税权行使程序和纳税人纳税义务履行程序的法律规范的总称 其主要内容包括税收确定程序、税收征收程序、税收检查程序和税务争议的解决程序。我国税收程序法的核心是《中华人民共和国税收征收管理法》
3. 按税法效力分类	①税收法律 享有国家立法权的国家最高权力机关，依照法律程序制定的规范性税收文件，其法律地位和法律效力仅次于宪法 ②税收法规 国家最高行政机关、地方立法机关根据其职权或国家最高权力机关的授权，依据宪法和税收法律，通过一定法律程序制定的规范性税收文件。税收法规的效力低于宪法，税收法律 ③税收规章 国家税收管理职能部门、地方政府根据其职权和国家最高行政机关的授权，依据有关法律、法规制定的规范性税收文件。税收规章不作为税收司法的直接依据，而只具有参考性的效力 ④税务规范性文件 县以上税务机关依照法定职权和规定程序制定并发布的，影响纳税人缴费人、扣缴义务人等税务行政相对人的权利义务，在本辖区内具有普遍约束力，并在一定期限内反复适用的文件。 税收规范性文件的效力层级低于税务规章，不得违反税收法律法规、规章或上级规范性文件的规定，税务规范性文件应当以公告形式发布，不以公告形式发布的，不得作为税务机关执法依据
4. 按主权国家行使税收管辖权不同分类	①国内税法：一国在其税收管辖权范围内调整税收分配过程中形成的权利义务关系的法律规范的总称 其效力范围在地域上和适用主体上均以国家税收管辖权所能达到的管辖范围为准。通常所说的税法即是指国内税法 ②国际税法：是指调整国家与国家之间税收权益分配的法律规范的总称，包括政府间的双边或多边税收协定、条约、国际税收惯例等 国际税法是国际法的特殊组成部分，一旦得到一国政府和立法机关的法律承认，国际税法的效力高于国内税法

【判断题】税法是税收的法律表现形式，税收则是税法所确定的具体内容。（　　）

【参考答案】√

税收是法律的内容，法律是税收的形式。

【多选题】按税法内容分类，可将税法分为（　　）。

A. 税收实体法　　B. 国内税法

C. 税收程序法　　D. 国际税法

【参考答案】AC

国内税法与国际税法的划分依据是主权国家行使税收管辖权的不同。

【单选题】税收程序法是规定国家征税权行使程序和纳税人纳税义务履行程序的法律规范的总称，目的是如何具体实施（　　）。

A. 税收工作流程　　B. 税收实体法

C. 税收法治　　D. 税收征纳程序

【参考答案】B

税收程序法对应的是税收实体法，是指如何具体实施税收实体法的规定。

【单选题】现代税收法治是以市场经济和民主政治制度为前提和基础，通过制约政府权力以保障（　　）。

A. 国家利益　　B. 经济发展　　C. 公民权利　　D. 社会稳定

【参考答案】C

税收法治是法治理念和原则在税收领域中的运用，核心是保障纳税人权利。

三、税收法治化建设的途径

具体途径	具体认知
坚持党对法治税务建设的全面领导	充分发挥党在推进税收法治化建设中的领导作用，不断加强党对税收法治工作的全面领导
依法全面履行税收职能	严格依法征税收费是税务部门依法行政的基本要求
健全税费法律制度体系	税收立法应坚持税收法定原则，以提升税收治理能力现代化水平为目标，贯彻新发展理念，注重科学性、系统性、整体性、协调性
坚持严格规范公正文明执法	加大税收执法力度，完善税收执法程序
依法预防调处化解矛盾纠纷	建立健全利益表达和协调沟通等机制，依法办理复议案件，妥善处理复议、应诉案件，健全多元化纠纷解决体制，实现调解和解、行政复议、行政诉讼等纠纷解决方式有机衔接，相互协调
强化税务权力监督和制约	主动探索一体化综合监督体系，加强税务执法制约和监督，积极稳妥推进政务公开
大力推进税收征管数字化改革	充分运用大数据、云计算、人工智能、移动互联网等信息技术，加快推进税务建设，实现税收执法服务监管与大数据智能化应用深度融合 稳步实施发票电子化改革
全面加强依法行政能力建设	健全税务机关法制机构，完善税收执法人员管理制度，加强税收法治人才的培养和使用，强化全体税务干部的法制教育

第五节 税收管理体制

一、税收管理体制的概念

税收管理体制是财政管理体制的重要组成部分，是划分中央和地方政府之间税收收入和税收管理权限的一项制度。

税收管理体制体现了中央政府和地方政府以及地方各级政府之间在国民收入分配活动中基于根本利益一致的原则，处理全局和局部利益关系的权力划分和职责分工的关系。

【提示】税收分配从一般意义上讲是在国家和纳税人之间进行的，实际操作层面有两种关于税收的分配。一是税收收入在中央和地方之间的分配问题，理论上称为“税收管理体制”；二是税收收入在国家与国家之间的分配问题，理论上称为“国际税收”。

【判断题】理论上把税收收入在国家与国家之间分配问题的研究称作“国际税收”。
（　　）

【参考答案】√

协调处理好不同国家的税收管辖权和收益分配，是国际税收的任务。

二、税收管理体制的内容

税收管理体制	具体认知
税收管理体制的核心内容	划分税权是税收管理体制的核心内容划分，税权既包括税收收入在各级政府之间如何划分的问题，也包括税收的立法权、税种的开征和停征权、税法的解释权、税法的调整权、税收的减免权、加征权和税收执法权等税收管理权限在各级政府之间如何划分的问题
1. 税收的立法权	国家最高权力机关根据法律程序赋予税收法律效力时所具有的权力。包括税法制定权、审议权、表决权、批准权及公布权
2. 税种的开征与停征权	决定开征什么税种，何时开征停征，什么税种，何时停征的权力
3. 税法的解释权	对税收法规内容进行解释、制定实施细则和补充性规定的权力
4. 税法的调整权	对税收法律中的税目进行增减，以及对某些条文进行修订和补充的权力；对某些税法规定允许在一定幅度内浮动的税制要素（如税率、起征点等）作具体规定和进行调整的权力
5. 税收的减免权或加征权	制定减免税（加税）规定，审批、确定减免税（或加税）数额和期限的权力
6. 税收执法权	税务机关依法征税，进行税务管理的权力
7. 税收收入的分配	税收收入在各级政府间的分配标准和方式

三、我国现行税收管理体制

（一）我国分税制的主要内容

按照中央政府与地方政府的事权划分，合理确定各级财政的支出范围；根据事权与财权相结合原则，将税种统一划分为中央税、地方税、中央与地方共享税；科学核定地方财政收支数额，逐步实现比较规范的中央财政对地方财政的税收返还和转移支付制度；建立和健全分级预算制度，硬化各级预算约束。原则上实行一级政府一级预算。

目前我国已建立以共享税为主的中央和地方税收收入分配格局，十四五期间完善现代税收制度的任务之一，就是健全地方税体系，逐步扩大地方税政管理权。

（二）税收立法权的划分

立法内容	立法机构
1. 税收法律	全国人民代表大会及其常务委员会
2. 税收的行政法规	国务院
3. 税收的部门规章	财政部、国家税务总局、海关总署、国务院关税税则委员会等部门

【单选题】税收的立法权，是根据法律程序赋予税收法律效力时所具有的权力。一般而言，税收立法权属于（　　）。

A. 国家最高行政机关　　B. 国家最高权力机关

C. 国家各级政府　　D. 所有社会组织

【参考答案】B

税收立法权属于国家最高权力机关，包括税法制定权、审议权、表决权、批准权及公布权。

【多选题】税收的立法权，是国家最高权力机关根据法律程序赋予税收法律效力时所具有的权力。除了税法制定权，还包括（　　）。

A. 税法审议权　　B. 税法表决权　　C. 税法批准权　　D. 税法公布权

【参考答案】ABCD

税收的立法权，是国家最高权力机关根据法律程序赋予税收法律效力时所具有的权力。包括税法制定权、审议权、表决权、批准权及公布权。

【多选题】下列属于税收管理体制内容的包括（　　）。

A. 税收立法权　　B. 税收执法权　　C. 税收司法权　　D. 税收减免权

【参考答案】ABD

划分税权是税收管理体制的核心内容。划分税权包括税收收入在各级政府之间如何划分的问题，也包括税收立法权、税收解释权、税种的开征或停征权、税法的调整权、税收的减免权或加征权等税收管理权限在各级政府之间如何划分的问题。一般不涉及司法权。

【判断题】我国目前只有全国人民代表大会及其常务委员会有权制定税法或者税收政策。（　　）

【参考答案】×

我国目前有权制定税收法律法规或者税收政策的国家机关有全国人民代表大会及其常务委员会、国务院、财政部、国家税务总局、海关总署、国务院关税税则委员会等。

（三）税收执法权的划分

税收执法学是指国家法律法规赋予征税机关及其工作人员在执行税法过程中的各种权力。税收执法权主要包括税务管理权，税款征收权，减免实施权，税务检查权，税务行政处罚权和税务行政复议裁决权。

执法部门	具体认知
1. 税务部门	负责我国税收征收管理工作的部门，是指各级税务局、税务分局、税务所和省以下税务局的稽查局 我国现行税务机关按照行政级次和行政区划分为总局、省局、市局和县局共 4 级税务机关。省及省以下税务机关实行国家税务总局为主和省政府双重领导的管理体制 各级税务局按职能设立内设机构、直属机构、派驻机构等三类单位。提示：税务分局、税务所是上级税务机关的派出机构，税务局稽查局是各级税务局依法对外设置的直属机构 国家税务总局在全国设立 6 个特派办，主要承担对管辖范围内各省级税务机关贯彻执行党中央国务院决策部署情况的督查税收，执法合规性检查财务内审，跨区域涉税大案要案稽查等任务
2. 海关部门	国家的进出境监督管理机关，实行垂直管理体制 具体税收：关税、船舶吨税；代征的进口环节消费税、增值税及其滞纳金、罚款

【单选题】目前我国税收执法机构主要有税务系统和（　　）。

A. 财政系统　　B. 海关系统　　C. 审计系统　　D. 司法系统

【参考答案】B

目前我国税收执法机构主要有税务系统和海关系统。海关系统主要负责征收和管理关税，同时负责代征进口环节的增值税和消费税。

【多选题】下列属于税务系统派出机构的是（　　）。

A. 稽查局　　B. 税务分局　　C. 税务所　　D. 海关

【参考答案】BC

税务分局、税务所是上级税务机关的派出机构。稽查局是各级税务局的直属机构。海关是国家进出境监督管理机关。

【判断题】税收执法权是税收征收管理机关依法行政、征收税款的法定权力。我国的税收执法权必须由税务部门行使，其他部门不得行使征税权。（　　）

【参考答案】×

目前我国税收执法机关主要有税务部门和海关部门。

第六节　新时代治税方略

一、税收的本质

税收的本质，是指税收固有的根本属性，是从根本上明确税收是什么，或者税收应该是什么的问题。

分析角度	具体认知
国家角度	税收是国家以法律规定对社会剩余产品进行分配所体现的一种特殊的分配关系
个人角度	税收是纳税人作为整体向国家购买公共产品支付的价格

二、中国特色社会主义税收的基本属性

认识一国税收的基本属性，要以税收本质的共性为基础，结合特定国家的政治、经济制度特征综合研判。中国特色社会主义税收的基本属性是取之于民，用之于民。

三、新时代税收工作新要求

坚持党对税收工作的全面领导，自觉提升政治站位，坚持依法治税，落实税收法定原则，坚持以人民为中心，顺应人民群众期盼，坚持系统观念，统筹推进改革措施，坚持全球视野，突出合作共赢。

四、高质量推进税收现代化

构建坚强有力的党的领导制度体系，构建科学完备的税收法治体系，构建优级优质便捷的税费服务体系，构建严密规范的税费征管体系，构建合作共赢的国际税收体系，构建高效清廉的队伍组织体系。

本章习题

一、单选题

1. 税收是人类社会发展到一定阶段的产物，税收产生的经济条件是（　　）。

A. 私有制的出现　　B. 国家公共权力的建立

C. 财产所有权　　D. 国家强制力

2. 下列关于税法基本原则的表述中，不正确的是（　　）。

A. 税收法定主义贯穿税收立法和执法的全部领域，其内容包括税收要件法定原则和税务合法性原则

B. 税收公平原则认为税收负担必须根据纳税人的负担能力分配，负担能力相等，税负相同；负担能力不等，税负不同

C. 税收效率原则包含两方面，一是指经济效率，二是指行政效率

D. 实质课税原则要求税法的制定要有利于资源的有效配置和经济体制的有效运行

3. 税种之间相互区别的最主要标志是（　　）。

A. 纳税人　　B. 税率

C. 纳税环节　　D. 征税对象

4. 税收收入总量受多种因素的影响，其中起决定性和基础性影响的因素是（　　）。

A. 经济因素　　B. 政策因素

C. 征管因素　　D. 税收遵从度

5. 近年来，我国不断提高个人所得税免征额，实际上体现的税收原则是（　　）。

A. 财政原则　　B. 公平原则　　C. 效率原则　　D. 法定原则

6. 下列关于税收与经济的基本关系的描述，正确的是（　　）。

A. 税收属于分配范畴，不可能对生产、交换和消费产生直接影响

B. 税收主要用以保障政府财政收入需要，所以税收的规模主要是由法律而不是经济决定的

C. 税收必然减少企业再投资，所以税收对经济的影响是负面的

D. 经济决定税收，税收反作用于经济

7. 纳税人是“纳税义务人”的简称，法律、行政法规明确纳税人的关键词是（　　）。

A. 直接负有纳税义务　　B. 可能负有纳税义务

C. 应该负有纳税义务　　D. 自愿负有纳税义务

8. 纳税环节是指税法规定的征税对象从生产到消费的流转过程中（　　）。

A. 应当缴纳税款的环节　　B. 明确纳税人的环节

C. 可供选择纳税的环节　　D. 确认纳税义务的环节

9. 我国现行税制结构的基本特征是（　　）。
   A. 以直接税为主的税制结构
   B. 以间接税为主的税制结构
   C. 以直接税或间接税为主的税制结构
   D. 直接税与间接税并重的“双主体”结构
10. 我国税收的行政法规由（　　）制定。
   A. 全国人民代表大会及其常务委员会　B. 国务院
   C. 财政部　D. 国家税务总局

二、多选题

1. 下列关于税收立法权的描述，正确的有（　　）。
   A. 税收立法权只有国家权力机关才拥有
   B. 税收法律由全国人民代表大会及其常务委员会制定
   C. 税收行政法规由国务院制定
   D. 税收规章由财政部、国家税务总局、海关总署、国务院关税税则委员会等部门制定
2. 按税法效力分类，税法包括（　　）。
   A. 税收法律　B. 税收法规　C. 税收规章　D. 税收文件
3. 按照税负是否易于转嫁，可以把税收分为（　　）。
   A. 从价税　B. 直接税　C. 间接税　D. 从量税
4. 下列关于税收本质的描述，正确的有（　　）。
   A. 税收的本质是指税收固有的根本属性，是要从根本上明确税收“是什么”的问题
   B. 政府的目标是服务于个人的共同利益，其经费支出就需要由他所保护的国民以税收的形式来承担
   C. 从国家的角度看，税收是国家依法律规定对社会剩余产品进行分配所体现的一种特殊的分配关系
   D. 从个人的角度看，税收是人们享受国家提供的公共产品而支付的费用
5. 下列关于征税对象的描述，正确的有（　　）。
   A. 征税对象是一种税区别于另一种税的最主要标志
   B. 征税对象体现着各种税的征税范围
   C. 税制其他要素的内容一般都是以征税对象为基础确定的
   D. 所有的税种都需要设置税目
6. 构成税制的三个最基本的要素包括（　　）。
   A. 纳税人　B. 课税对象
   C. 税率　D. 纳税环节

三、判断题

1. 要求税收保持中性，就应加强税收制度对经济的干预。（　　）
2. 税收特征中的无偿性是相对的，对某个具体纳税人来说，税收不具有直接返还性，但从财政活动整体来看，税收又是对政府提供公共物品的经济补偿，呈现出有偿性的一面。（　　）
3. 从国家经常进行税制改革的情况看，只要国家认为有必要，其实是可以随时随地向企业和居民征税的。（　　）
4. 在税收工作中，各地方人民政府和税务机关可根据本地区的实际情况决定减税、免税或征税。（　　）
5. 税收执法权是税收征收管理机关依法行政、征收税款的法定权力。我国的税收执法权必须由税务部门行使，其他部门不得行使征税权。（　　）
6. 税基式减免，就是通过直接减少应纳税额的方式来实现税收减免。（　　）

参考答案与解析

一、单选题

1. 【参考答案】A

税收产生的条件有两个：一是社会条件，国家公共权力的建立；二是经济条件，私有制的产生。

2. 【参考答案】D

C 选项，税收效率原则表述为包含经济和行政效率两方面或者加生态效率三方面均正确。D 选项，实质课税原则要求课税时应注重征税对象的实质而不是形式。税法的制定要有利于资源的有效配置和经济体制的有效运行，体现了税收经济效率原则。

3. 【参考答案】D

税种之间相互区别的最主要标志是征税对象。

4. 【参考答案】A

税收与经济的基本关系是：经济决定税收，经济对税收有决定性和基础性影响。

5. 【参考答案】B

不断提高个人所得税免征额，可提高低收入者的可支配收入，使税收更加公平。

6. 【参考答案】D

税收与经济的基本关系是：经济决定税收，税收反作用于经济。

7. 【参考答案】A

纳税人是“纳税义务人”的简称，是法律、行政法规规定直接负有纳税义务的单位和个人。

8. 【参考答案】A

纳税环节是指税法规定的征税对象从生产到消费的流转过程中应当缴纳税款的环节。

9.【参考答案】D

我国的现行税制结构名义上是以直接税和间接税为主体的“双主体”税制结构。

10.【参考答案】B

根据我国现行税收管理体制的规定，税收法律由全国人民代表大会及其常务委员会制定；有关税收的行政法规由国务院制定；有关税收的部门规章由财政部、国家税务总局、海关总署、国务院关税税则委员会等部门制定。

二、多选题

1.【参考答案】BCD

税收法律由全国人民代表大会及其常务委员会制定；有关税收的行政法规由国务院制定；有关税收的部门规章由财政部、国家税务总局、海关总署、国务院关税税则委员会等部门制定。

2.【参考答案】ABC

按税法效力分类，税法可以分为税收法律、法规、规章、税收规范性文件。

3.【参考答案】BC

税负不容易转嫁，纳税人承担税负的是直接税；税负容易转嫁，纳税人不承担税负的是间接税。

4.【参考答案】ABCD

本题涉及的知识点是税收的本质。四个选项均正确。

5.【参考答案】ABC

有些税种征税对象比较明确，一般不存在理解认识上的差异，因此无须设置税目。

6.【参考答案】ABC

本题涉及的知识点是税制要素。税制三个最基本的要素是纳税人、课税对象、税率。

三、判断题

1.【参考答案】×

税收保持中性，就应减少税收对经济的干扰。

2.【参考答案】√

税收的无偿性表明税收是以无偿的形式进行缴纳的。

3.【参考答案】×

国家调整税收政策必须依照法定程序实施。

4.【参考答案】×

减免税的管理权限是由税收管理体制决定的，各级政府和财税部门都必须严格执法，不得乱开减免税口子，越权减免国家税收。

5.【参考答案】×

目前我国税收执法机关主要有税务部门和海关部门。

6.【参考答案】×

税额式减免，是通过直接减少应纳税额的方式来实现税收减免。税基式减免，是通过缩小计税依据的方式来实现的税收减免。

第二章　增值税

【学习目的】

了解增值税的概念、类型、特点，熟悉增值税的征税范围、纳税人、税率、税收优惠和税收管理等，掌握增值税销售额的确定，应纳税额的计算。

第一节　增值税概述

一、增值税的概念

概念	具体内容
1. 含义	增值税是以单位和个人生产经营过程中取得的增值额为征税对象征收的一种税
2. 实行范围	1954 年法国率先开征增值税，目前，增值税已推广到近 190 多个国家和地区，征税范围基本覆盖所有货物、劳务和服务
3. 我国改革情况	1979 年引入增值税，1984 年颁布《中华人民共和国增值税条例（草案）》 1994 年税制改革，颁布《中华人民共和国增值税暂行条例》 2012 年元月一日开始在部分地区和行业推行营改增试点 2016 年 5 月 1 日起，在全国范围内全面推开营改增，至此，原营业税征税范围全部纳入增值税征税范围

二、增值税的类型

（一）增值额

增值税以增值额为征税对象，理论上的增值额和法定增值额有所区别。

1. 理论增值额

从理论上讲，增值额是企业在生产经营过程中新创造的那部分价值，即货物或劳务价值中的 V + M 部分。现实经济生活中，对增值额这一概念可以从以下两个方面理解：第一，从一个生产经营单位来看，增值额是指该单位销售货物或提供劳务的收入额扣除为生产经营这种货物（包括劳务，下同）而外购的那部分货物价款后的余额；第二，从整个流通环节来看，各环节的增值额之和等于该货物或劳务的最终销售价格。

【单选题】从理论上讲，作为增值税课税对象的增值额是指（　　）。

A. V + M　　B. V　　C. M　　D. C + V + M

【参考答案】A

增值额是企业在生产经营过程中新创造的那部分价值，即货物或劳务价值中的 V + M 部分。

2. 法定增值额

增值额的概念	具体内容
（1）法定增值额的含义	法定增值额，是指各国政府根据各自的国情和政策要求，在其增值税制度中确定的增值额
（2）法定增值额和理论增值额关系	法定增值额可以等于理论上的增值额，也可以大于或小于理论上的增值额
（3）造成法定增值额与理论增值额不一致的原因	一个重要原因是各国在规定扣除范围时，对外购固定资产的处理办法不同 另外，由于流通领域征税范围划分及减免税优惠等，造成理论增值额与法定增值额也有很大不同

【单选题】增值税法定增值额与理论增值额不一致的主要原因是各国在规定扣除范围时，是否允许扣除外购的（　　）。

A. 固定资产　　B. 固定资产折旧

C. 生产资料　　D. 生活资料

【参考答案】A

造成法定增值额与理论增值额不一致的一个重要原因是各国在规定扣除范围时，对外购固定资产的处理办法不同。

（二）增值税的类型（按对外购固定资产处理方式不同划分）

类型	具体内容
1. 生产型增值税	计算增值额时，不允许扣除任何外购固定资产的价款。作为征税基数的法定增值额，除包括纳税人新创造价值外，还包括当期计入成本的外购固定资产的折旧部分的价值，这一类型下的增值税的增值额大于理论增值额
2. 收入型增值税	计算增值额时，对外购固定资产价款只允许扣除当期计入产品价值的折旧费部分，这一类型下的增值税的增值额和理论增值额一致
3. 消费型增值税	计算增值额时，允许将当期购入的固定资产价款一次性全部扣除，作为征税基础的法定增值额，相当于纳税人当期的全部销售，扣除外购的全部生产资料价款或者余额，这一类型以下的增值税的法定增值额小于理论增值额 随着营改增的全面推开，不动产纳入增值税征税和抵扣范围，我国增值税完成了由生产型向消费型的彻底转型

【例 2－1】假定甲企业当期销售货物销售额为 78 万元，从外单位购入原材料等流动资产的价款为 24 万元，购入机器设备等固定资产的价值为 40 万元，当期计入成本的折旧费为 5 万元，则三种不同的增值税类型下的增值额计算如下。

类型	货物销售额	允许扣除的外购流动资产价款	允许扣除的固定资产价款
生产型增值税	78	24	0
收入型增值税	78	24	5
消费型增值税	78	24	40

【单选题】下列增值税法定增值额小于理论增值额的增值税类型是（　　）。

A. 收入型增值税　　B. 发展型增值税

C. 生产型增值税　　D. 消费型增值税

【参考答案】D

生产型增值税的增值额大于理论增值额，从国民经济整体来说，征税基数大体相当于国内生产总值，选项 A 错误。增值税的类型，只有收入型、生产型和消费型三种，没有发展型，选项 B 错误。收入型增值税的法定增值额与理论增值额相同，从国民经济整体来说，即是依据相当于国民收入的 v＋m 部分，选项 C 错误。增值税法定增值额小于理论增值额的是消费型增值税，从国民经济整体来说，相当于对全部生产资料不征税，而只就消费资料征税，所以称为消费型增值税。答案 D 正确。

三、增值税的特点

增值税的特点	1. 避免重复征税，具有税收中性的特征 2. 最终消费者是全部税款的承担者 3. 普遍征收且多环节征收 4. 实行价外征收制度

【判断题】在现行货物与劳务税的制度体系中，最能体现“鼓励专业化协作与生产”政策导向的税种是增值税。（　　）

【参考答案】√

增值税以增值额为征税对象，不重复征税，因此最能体现“鼓励专业化协作与生产”。

【多选题】下列关于增值税特点的说法错误的是（　　）。

A. 保持了原来营业税的价内征收制度

B. 避免重复征税，体现了税收中性的特征

C. 全部税款的承担者是各环节应征税款的缴纳者

D. 普遍征收且多环节征收

【参考答案】AC

营业税执行的是价内征收制度，但是增值税实行的是价外征收制度，二者存在明显不同。选项 A 错误。选项 C 错误，由于一种货物在各个生产流通环节的增值额之和，等于该货物在最终销售环节的售价，因而最终消费者是增值税全部税款的承担者。选项 BD 为教材原文阐述，正确。

第二节 增值税的征税范围、纳税人和税率

一、增值税的征税范围

（一）征税范围的基本规定

增值税的征税范围包括在中华人民共和国境内销售货物或者加工、修理修配劳务，销售服务、无形资产、不动产以及进口货物。

1. 销售货物

销售货物	具体内容
（1）含义	销售货物，是指有偿转让货物的所有权
（2）内容	货物是指有形动产，包括电力、热力、气体在内

2. 提供加工、修理修配劳务

加工、修理修配劳务	具体内容
（1）含义	提供加工、修理修配劳务（以下简称应税劳务），是指有偿提供加工、修理修配劳务
（2）内容	加工，是指受托加工货物，即委托方提供原料及主要材料，受托方按照委托方的要求制造货物并收取加工费的业务 修理修配，是指受托对损伤和丧失功能的货物进行修复，使其恢复原状和功能的业务 在境内提供应税劳务，是指提供的应税劳务发生在境内 **【提示】**修理修配中的货物是指有形动产

【单选题】下列业务，属于增值税修理修配劳务的是（　　）。

A. 文印服务　　B. 照相服务　　C. 房屋维修　　D. 钟表维修

【参考答案】D

修理修配是指受托对损伤和丧失功能的货物进行修复，使其恢复原状和功能的业务。修理修配的对象是增值税的货物，货物是指有形动产。

3. 销售服务

销售服务，是指有偿提供交通运输服务、邮政服务、电信服务、建筑服务、金融服务、现代服务、生活服务。

在境内销售服务	服务（租赁不动产在外）的销售方或购买方在境内
	所租赁的不动产在境内
例外	境外单位和个人向境内单位或个人销售完全在境外发生的服务，以及境外单位和个人向境内单位和个人出租完全在境外使用的有形动产，不属于在境内销售服务

【多选题】下列属于增值税征税范围的有（　　）。

A. 单位聘用的员工为本单位提供的运输服务

B. 航空运输企业提供的湿租业务

C. 广告公司提供的广告代理业务

D. 房地产评估咨询公司提供的房地产评估业务

【参考答案】BCD

4. 销售无形资产

销售无形资产	具体内容
（1）含义	销售无形资产，是指有偿转让无形资产所有权或者使用权的业务活动
（2）内容	无形资产，是指不具实物形态，但能带来经济利益的资产，包括技术、商标、著作权、商誉、自然资源使用权和其他权益性无形资产
	无形资产，自然资源使用权除外的销售方或购买方在境内；所销售自然资源使用权的自然资源在境内 境外单位和个人向境内单位或者个人销售完全在境外使用的无形资产，不属于征税范围

5. 销售不动产

销售不动产	具体内容
（1）含义	销售不动产，是指有偿转让不动产所有权的业务活动
（2）内容	不动产，是指不能移动或者移动后会引起性质、形状改变的财产。包括以下两类： 建筑物，包括住宅、商业营业用房、办公楼等可供居住、工作或者进行其他活动的建造物 构筑物，包括道路、桥梁、隧道、水坝等建造物 在境内销售不动产，是指销售的不动产在境内

【多选题】下列项目中，属于“销售服务、无形资产或者不动产”范围的业务有（　　）。

A. 建筑企业提供的建筑安装服务

B. 超市销售的商品

C. 汽修企业提供的修理服务

D. 转让专利权

【参考答案】AD

销售服务，是指有偿提供交通运输服务、邮政服务、电信服务、建筑服务、金融服务、现代服务、生活服务；销售无形资产，是指有偿转让无形资产所有权或者使用权的业务活动，包括技术、商标、著作权、商誉、自然资源使用权和其他权益性无形资产。选项 B 属于销售货物；选项 C 属于提供修理修配劳务。

6. 进口货物

进口货物，是指从境外输入有形动产。

【提示】

（1）根据增值税暂行条例要求。采取了属地加属人的原则，只要提供方或购买方一方，在境内就要征税；以及所租赁的不动产在境内。概括起来就是沾边就算。如果是境外单位和个人，无法适用属人原则，就要看劳务发生地，也就是实际的服务在哪里提供。如果销售方不在境内，已经不符合属人原则，服务也不在本地发生，又不符合属地原则，两者同时不具备，此时不征税。

（2）有偿的理解。上述所称的有偿是指取得货币、货物或者其他经济利益。

（二）征税范围的特殊规定

1. 视同销售

视同销售	具体情形
（1）视同销售货物的情形（适用对象为单位或者个体工商户）	①将货物交付其他单位或者个人代销 ②销售代销货物 ③设有两个以上机构并实行统一核算的纳税人，将货物从一个机构移送至其他机构用于销售，但相关机构设在同一县（市）的除外 **【提示】**a. 同一纳税人设有两个以上机构。b. 货物移送以后，必须用于销售。c. “销售”是指销货机构发生下列两种情形之一的经营行为：向购货方开具发票；向购货方收取货款。d. 相关机构必须在不同县（市），反言之，同一县（市）发生的机构间货物移送不视同销售 ④将自产、委托加工的货物用于非增值税应税项目 ⑤将自产、委托加工的货物用于集体福利或者个人消费 **【提示】**货物的来源，只有自产和委托加工，无外购货物；个人消费包括纳税人的交际应酬消费 ⑥将自产、委托加工或者购进的货物作为投资，提供给其他单位或者个体工商户 ⑦将自产、委托加工或者购进的货物分配给股东或者投资者 ⑧将自产、委托加工或者购进的货物无偿赠送其他单位或者个人 **【提示】** 1. 货物的来源，除自产和委托加工，还有外购货物 购进货物的处理内外有别，用于第④、⑤项属于对内，做进项转出，不做视同销售；用于第⑥、⑦、⑧项属于对外，做视同销售，进项可抵扣。对内用于消费，增值税链条终止，做进项转出不会影响增值税抵扣链条；对外增值税链条需继续运转，做视同销售比进项转出更加合理。而自产、委托加工一律视同销售，则讲究实操效率，进项转出涉及原料、设备、固定资产，操作复杂，采用视同销售方式则非常简单 2. 货物用于公益事业或者以社会公众为对象依然要视同销售，特殊政策除外

续表

视同销售	具体情形
	3. 自2020年1月1日起，单位和个体工商户将自产、委托加工或购买的货物，通过公益性社会组织和县级以上人民政府及其部门等国家机关，或者直接向承担疫情防治任务的医院，无偿捐赠用于应对新型冠状病毒感染的肺炎疫情的，免征增值税、消费税、城市维护建设税、教育费附加、地方教育附加
（2）视同销售服务、无形资产或者不动产	①单位或者个体工商户向其他单位或者个人无偿提供服务，但用于公益事业或者以社会公众为对象的除外 ②单位或者个人向其他单位或者个人无偿转让无形资产或者不动产，但用于公益事业或者以社会公众为对象的除外 ③财政部和国家税务总局规定的其他情形 **【提示】**上述视同销售情形不含其他个人无偿提供的服务

【单选题】下列关于增值税视同销售货物行为的说法，正确的是（　　）。

A. 购进的货物用于集体福利的，视同销售货物

B. 购进的货物用于个人消费的，视同销售货物

C. 位于同一县（市）实行统一核算的两个机构间的货物移送销售的，视同销售货物

D. 购进的货物用于无偿赠送给其他单位的，视同销售货物

【参考答案】D

单位或者个体工商户的下列行为，视同销售货物：设有两个以上机构并实行统一核算的纳税人，将货物从一个机构移送至其他机构用于销售，但相关机构设在同一县（市）的除外；将自产、委托加工的货物用于集体福利或者个人消费；将自产、委托加工或者购进的货物无偿赠送其他单位或者个人。

【多选题】下列关于增值税视同销售行为的说法，错误的是（　　）。

A. 无偿提供加工修理修配服务，也应当视同销售

B. 视同销售适用对象为单位或者个体工商户，但是不包括自然人

C. 将货物交付其他单位或者个人代销，属于视同销售

D. 单位或者个人向其他单位或者个人无偿转让货物应当视同销售，但用于公益事业或者以社会公众为对象的除外

【参考答案】ABD

选项A错误，加工修理修配不属于视同销售范畴。选项B错误。比如视同销售无形资产或者不动产的纳税人就包含个人，这里的个人既包括个体工商户，也包括自然人。选项D错误，无偿转让货物应当视同销售，但并没有和销售服务、无形资产或者不动产一样有用于公益事业或者以社会公众为对象的除外的规定。

【多选题】根据现行增值税政策规定，单位或个体工商户的下列行为应视同销售货

物征收增值税的有（ ）。

A. 将委托加工收回的货物用于赠送客户

B. 将外购的食品作为中秋节福利发给职工

C. 将自产的办公用品用于公司办公使用

D. 将自产的设备以投资的方式投入联营企业

E. 将委托加工的货物对外销售

【参考答案】AD

将自产、委托加工或者购进的货物无偿赠送其他单位或者个人视同销售货物，A选项正确；将自产、委托加工或者购进的货物作为投资，提供给其他单位或者个体工商户视同销售货物，D选项正确；将外购货物用于集体福利或者个人消费不得抵扣进项税额，已经抵扣应当作进项税额转出，B选项错误；自产产品自己使用，不属于视同销售列举项目，C选项错误；将委托加工的货物对外销售，本身就是销售行为，与视同销售无关，E选项错误。

2. 非经营活动

非经营活动	具体内容
（1）不应征收增值税的非经营活动	①行政单位收取的同时满足以下条件的政府性基金或者行政事业性收费 a. 由国务院或者财政部批准设立的政府性基金，由国务院或者省级人民政府及其财政、价格主管部门批准设立的行政事业性收费 b. 收取时开具省级以上（含省级）财政部门监（印）制的财政票据 c. 所收款项全额上缴财政 ②单位或者个体工商户聘用的员工为本单位或者雇主提供取得工资的服务 ③单位或者个体工商户为聘用的员工提供服务 ④财政部和国家税务总局规定的其他情形
（2）不属于有偿提供应税劳务的情形	单位或者个体工商户聘用的员工为本单位或者雇主提供加工、修理修配劳务，不属于有偿提供应税劳务

【多选题】纳税人有偿销售货物、有偿提供应税劳务、有偿发生应税行为，应缴纳增值税。但下列情形不属于有偿的有（ ）。

A. 行政单位收取的同时满足税法规定条件的政府性基金或者行政事业性收费

B. 单位或者个体工商户聘用的员工为本单位或者雇主提供取得工资的服务

C. 单位或者个体工商户为聘用的员工提供服务

D. 单位或者个体工商户聘用的员工为本单位或者雇主提供加工、修理修配劳务

【参考答案】ABCD

非经营活动的情形有：（1）行政单位收取的同时满足条件的政府性基金或者行政事业性收费。（2）单位或者个体工商户聘用的员工为本单位或者雇主提供取得工资的服务。（3）单位或者个体工商户为聘用的员工提供服务。（4）单位或者个体工商户聘

用的员工为本单位或者雇主提供加工、修理修配劳务。（5）财政部和国家税务总局规定的其他情形。

3. 不征收增值税项目

（1）根据国家指令无偿提供的铁路运输服务、航空运输服务，属于用于规定的公益事业的服务，不视同销售服务。

（2）存款利息。

（3）被保险人获得的保险赔付。

（4）房地产主管部门或者其指定机构、公积金管理中心、开发企业以及物业管理单位代收的住宅专项维修资金。

（5）在资产重组过程中，通过合并、分立、出售、置换等方式，将全部或者部分实物资产以及与其相关联的债权、负债和劳动力一并转让给其他单位和个人，其中涉及的货物、不动产、土地使用权转让行为。

【单选题】下列项目中，属于不征收增值税项目的是（　　）。

A. 贷款利息　　B. 存款利息

C. 保险公司的保险费收入　　D. 金融商品转让收入

【参考答案】B

不征税项目是指：①根据国家指令无偿提供的铁路运输服务、航空运输服务，属于规定用于公益事业的服务；②存款利息；③被保险人获得的保险赔付；④房地产主管部门或者其指定机构、公积金管理中心、开发企业以及物业管理单位代收的住宅专项维修资金；⑤在资产重组过程中，通过合并、分立、出售、置换等方式，将全部或者部分实物资产以及与其相关联的债权、负债和劳动力一并转让给其他单位和个人，其中涉及的货物、不动产、土地使用权转让行为。

4. 混合销售

混合销售	具体内容
（1）含义	一项销售行为如果既涉及货物又涉及服务，为混合销售
（2）税务处理	从事货物的生产、批发或者零售的单位和个体工商户的混合销售行为，按照销售货物缴纳增值税 其他单位和个体工商户的混合销售行为，按照销售服务缴纳增值税

【单选题】2021 年 7 月，某计算机股份有限公司（一般纳税人）销售给某商场 100 台计算机，不含税单价为 4 000 元/台，已开具税控系统专用发票，双方议定送货上门，商场支付运费 1 130 元（开具普通发票），当月该公司可以抵扣的进项税额为 3 400 元。该计算机股份公司应纳增值税为（　　）元。

A. 48 000　　B. 48 730　　C. 48 600　　D. 42 747.70

【参考答案】B

应纳税额 = 100 × 4 000 × 13% + 1 130 ÷ (1 + 13%) × 13% − 3 400 = 48 730（元）。本题要重点把握混合销售的界定及销售额的确定。这笔业务运费由商场支付给该计算机公司，因此，该计算机公司一项销售行为，既收到了货款，又收到了运费收入，而且运费收入开具的是普通发票，所以属于混合销售，按销售货物征收增值税，销售额为货物与服务销售额合计。

二、纳税人和扣缴义务人

（一）纳税人

纳税人	具体内容
1. 基本概念	在我国境内销售货物或者加工、修理修配劳务，销售服务、无形资产、不动产以及进口货物的单位和个人，为增值税的纳税人 单位，是指企业、行政单位、事业单位、军事单位、社会团体及其他单位 个人，是指个体工商户和其他个人（其他个人是指民法上的自然人）
	纳税人中的特殊规定 单位以承包、承租、挂靠方式经营的，承包人、承租人、挂靠人（以下统称承包人）以发包人、出租人、被挂靠人（以下统称发包人）名义对外经营并由发包人承担相关法律责任的，以该发包人为纳税人。否则，以承包人为纳税人 【理解方法】谁担责、谁纳税
2. 纳税人的分类	增值税纳税人按其经营规模大小以及会计核算是否健全，划分为一般纳税人和小规模纳税人 （1）一般规定 增值税小规模纳税人标准为年应税销售额500万元及以下 年应税销售额，是指纳税人在连续不超过12个月或四个季度的经营期内累计应税销售额，包括纳税申报销售额、稽查查补销售额、纳税评估调整销售额 销售服务、无形资产或者不动产（以下简称“应税行为”）有扣除项目的纳税人，其应税行为年应税销售额按未扣除之前的销售额计算。纳税人偶然发生的销售无形资产、转让不动产的销售额，不计入应税行为年应税销售额 **【提示】**境外企业不区分一般纳税人和小规模纳税人，均由扣缴义务人按照适用税率扣缴增值税 （2）特殊规定 ①年应税销售额超过规定标准的其他个人，按小规模纳税人纳税 ②年应税销售额超过规定标准但不经常发生应税行为的单位和个体工商户，以及非企业性单位、不经常发生应税行为的企业，可选择按小规模纳税人纳税 ③小规模纳税人会计核算健全，能够提供准确税务资料的，可以向主管税务机关办理一般纳税人登记，成为一般纳税人
一般纳税人和小规模纳税人的管理	①增值税一般纳税人资格实行登记制，符合一般纳税人资格登记标准的纳税人应当按规定向主管税务机关办理一般纳税人资格登记 ②除国家税务总局另有规定外，纳税人一经登记为一般纳税人后，不得转为小规模纳税人

【单选题】下列在中国境内销售货物的增值税纳税人，不属于《增值税暂行条例》规定的单位的是（　　）。

A. 股份有限公司　　　　B. 有限责任公司

C. 个人独资企业　　　　　　　　　　D. 个体工商户

【参考答案】D

根据《增值税暂行条例实施细则》的规定，单位，是指企业、行政单位、事业单位、军事单位、社会团体及其他单位。个人，是指个体工商户和其他个人。

【多选题】根据增值税纳税人登记管理的规定，下列说法正确的有（　　）。

A. 个体工商户年应税销售额超过小规模纳税人标准的，不能申请登记为一般纳税人

B. 非企业性单位、不经常发生应税行为的企业，可以选择按小规模纳税人纳税

C. 增值税纳税人年应税销售额超过小规模纳税人标准的，除另有规定外，应当向主管税务机关办理一般纳税人登记

D. 纳税人登记时所依据的年应税销售额不包括税务机关代开发票销售额

【参考答案】BC

选项 A：年应税销售额超过小规模纳税人标准的个体工商户，应按规定办理一般纳税人登记。选项 D：年应税销售额包括纳税申报销售额（包括免税销售额和税务机关代开发票销售额）、稽查查补销售额、纳税评估调整销售额。

【多选题】下列销售额应计入增值税纳税人判定标准的有（　　）。

A. 纳税评估调整的销售额　　　　　　B. 稽查查补的销售额

C. 免税销售额　　　　　　　　　　　D. 偶尔发生的销售无形资产销售额

【参考答案】ABC

选项 ABC：年应税销售额是指纳税人在连续不超过 12 个月或四个季度的经营期内累计应征增值税销售额，包括纳税申报销售额、稽查查补销售额、纳税评估调整销售额。

纳税申报销售额是指纳税人自行申报的全部应征增值税销售额，其中包括免税销售额和税务机关代开发票销售额。选项 D：纳税人偶然发生的销售无形资产、转让不动产的销售额，不计入应税行为年应税销售额。

（二）扣缴义务人

扣缴义务人条件	业务状况	扣缴义务人规定
中华人民共和国境外的单位或者个人，在境内未设立经营机构的	在境内提供应税劳务	以其境内代理人为扣缴义务人；在境内没有代理人的，以购买者为扣缴义务人
	在境内销售服务、无形资产或者不动产	以购买方为扣缴义务人，财政部和国家税务总局另有规定的除外

【单选题】关于增值税纳税人的规定，下列说法正确的是（　　）。

A. 单位租赁或承包给其他单位或个人经营的，以出租人为纳税人

B. 报关进口货物，以进口货物的发货人为纳税人

C. 资管产品运营过程中发生的增值税应税行为，以资管产品管理人为纳税人

D. 境外单位在境内提供应税劳务，一律以购买者为纳税人

【参考答案】C

选项A：单位以承包、承租、挂靠方式经营的，承包人、承租人、挂靠人（以下统称承包人）以发包人、出租人、被挂靠人（以下统称发包人）名义对外经营并由发包人承担相关法律责任的，以该发包人为纳税人。否则，以承包人为纳税人。选项B：报关进口的货物，以进口货物的收货人或办理报关手续的单位和个人为进口货物的纳税人。选项D：境外单位在境内提供应税劳务，境外单位为纳税人。

三、增值税的税率与征收率

税率/征收率	适用范围
税率	一般纳税人
征收率	小规模纳税人以及适用简易计税方法的一般纳税人

（一）确定增值税税率的类型

增值税税率确定的基本原则是尽可能减少税率档次，这是由增值税实行税款抵扣的计税方法以及其中性税收的特征所决定的。

1. 基本税率，也称标准税率。这是各个国家根据本国生产力发展水平、财政政策的需要、消费者的承受能力并考虑到历史上货物劳务税税负水平后确定的，适用于绝大多数货物和应税劳务的税率。

2. 低税率，即对基本生活用品和劳务确定的适用税率。设置低税率的目的决定了各国对低税率货物和劳务的选择具有一致性，即一般都是对属于生活必需品的货物和劳务实行低税率，并对实行低税率的货物和劳务采取在税制中单独列举品目的方式。

3. 高税率，一方面限制奢侈品非生活必需品的消费，另一方面增加收入，贯彻国家的宏观经济政策。

我国未设置高税率，对于奢侈品、非生活必需品等通过开征消费税进行调节。

4. 零税率。出口货物及跨境销售服务、无形资产、不动产适用。

【提示】注意区分零税率和免税。免征增值税：应纳增值税为0，同时不能抵扣进项税额。适用零税率：增值税应纳税额 = 销项税额 - 进项税额，适用零税率即销项税额为0，应纳税额 = 0 - 进项税额。这意味着可以退还税款，或进项留抵。相比之下，适用零税率比免征增值税更实惠。

（二）增值税税率

序号	适用范围	适用税率
1	销售或者进口货物（除第 4—7 项）	13%
2	加工、修理修配劳务	
3	有形动产租赁服务	
4	粮食等农产品、食用植物油、食用盐	9%
5	自来水、暖气、冷气、热水、煤气、石油液化气、天然气、二甲醚、沼气、居民用煤炭制品	
6	图书、报纸、杂志、音像制品、电子出版物	
7	销售不动产	
8	转让土地使用权	
9	不动产租赁服务	
10	建筑服务	
11	交通运输服务	
12	邮政服务	
13	基础电信服务	
14	饲料、化肥、农药、农机、农膜	
15	增值电信服务	6%
16	金融服务	
17	现代服务（除第 3、10 项租赁服务外）	
18	生活服务	
19	销售无形资产（除第 9 项土地使用权外）	
20	出口货物	0%
21	跨境销售国务院规定范围内的服务、无形资产	

【多选题】下列货物，适用 9% 增值税税率的有（　　）。

A. 化肥　　B. 石油液化气　　C. 饲料添加剂　　D. 西服

【参考答案】AB

选项 CD，适用基本税率。

（三）增值税征收率

增值税法定的征收率为 3%，但财政部和国家税务总局另有规定的除外。根据具体情况，财政部和国家税务总局还规定了若干适用5%征收率的情形。

【提示】征收率适用情况分为两类：小规模纳税人；增值税一般纳税人选择简易计税方式。

（四）兼营行为税率或征收率的确定

1. 兼营行为的含义

兼营是指纳税人的经营范围既包括销售货物和劳务，又包括销售服务、无形资产或者不动产。但是，销售货物、劳务、服务、无形资产或者不动产不同时发生在同一项销售行为中。

2. 兼营行为的税务处理

具体情形	处理方式
（1）纳税人销售货物、加工修理修配劳务、服务、无形资产或者不动产适用不同税率或者征收率的	应当分别核算适用不同税率或者征收率的销售额
（2）未分别核算销售额的，按照右侧方法适用税率或者征收率	①兼有不同税率的销售货物、加工修理修配劳务、服务、无形资产或者不动产，从高适用税率 ②兼有不同征收率的销售货物、加工修理修配劳务、服务、无形资产或者不动产，从高适用征收率 ③兼有不同税率和征收率的销售货物、加工修理修配劳务、服务、无形资产或者不动产，从高适用税率

【提示】注意区分混合销售和兼营。混合销售的本质是一项纳税行为，而兼营行为的本质是多项应税行为。混合销售税务处理原则是按企业的主营项目的性质划分增值税税目，而兼营应当分别核算适用不同税率或者征收率应税行为的销售额，从而计算相应的增值税应缴税额。

第三节　增值税应纳税额的计算

一、计税原理

计税方法	处理方式
直接计税法	在计算增值税时，其应纳税额为增值税乘以适用税率，按照计算增值额的不同，又分为加法和减法
间接计税法	1. 购进扣税法。以外购项目实际支付或负担的增值税，作为扣税扣除税额的方法。这种方法是以外购项目合法有效的凭证为依据确定扣除额，又称为发票扣税法
	2. 实耗扣税法。以外购扣除项目的实际消耗为依据，计算扣除税额的方法称为实耗扣除法，由于扣除项目的具体抵扣环节不同，可划分为投入法、产出法和销售法

【提示】我国增值税在计算时采用间接计税法，以销售额乘以适用的税率，计算销售环节的整体税负，然后扣除购进环节所负担或支付的税金，这种计算方法称为一般计税方法。

对于一些纳税人因经营规模会计核算及经营特殊性原因，采取以销售额乘以征收率方法计算应纳税额，不得扣减购进环节所负担或支付的税金，这种计税方法称为简易计税方法。

二、计税销售额的确定

（一）纳税人销售货物或者劳务销售额的确定

纳税人销售货物或者劳务销售额为向购买方收取的全部价款和价外费用，但是不包括收取的销项税额。

销售货物或者劳务价外费用的范围如下。

价外费用	具体内容
1. 包含的内容	价外费用包括价外向购买方收取的手续费、补贴、基金、集资费、返还利润、奖励费、违约金、滞纳金、延期付款利息、赔偿金、代收款项、代垫款项、包装费、包装物租金、储备费、优质费、运输装卸费以及其他各种性质的价外收费
2. 不包含的内容	（1）受托加工应征消费税的消费品所代收代缴的消费税 （2）同时符合以下条件的代垫运输费用： ①承运部门的运输费用发票开具给购买方的 ②纳税人将该项发票转交给购买方的 （3）同时符合以下条件代为收取的政府性基金或者行政事业性收费： ①由国务院或者财政部批准设立的政府性基金，由国务院或者省级人民政府及其财政、价格主管部门批准设立的行政事业性收费 ②收取时开具省级以上财政部门印制的财政票据 ③所收款项全额上缴财政 （4）销售货物的同时代办保险等而向购买方收取的保险费，以及向购买方收取的代购买方缴纳的车辆购置税、车辆牌照费

【单选题】假设2022年7月，某汽车生产企业（增值税一般纳税人）销售一批汽车，取得不含税销售额1 327万元，同时收取价外费用16.8万元，则汽车生产企业该笔业务需要计算增值税的销项税额（　　）万元。

A. 2.44　　B. 225.59　　C. 174.44　　D. 228.46

【参考答案】C

收取的价外费用属于含税销售额，需换算为不含税销售额。销项税额＝1 327×13%＋16.8÷（1＋13%）×13%＝174.44（万元）。

（二）含税销售额的换算

情形	具体内容
1. 一般计税方法下含税销售额的换算	一般计税方法的销售额不包括收取的销项税额 纳税人采用销售额和销项税额合并定价方法的，按照下列公式计算销售额：销售额 = 含税销售额 ÷（1 + 税率）
2. 简易计税方法下含税销售额的换算	简易计税方法的销售额不包括其应纳税额 纳税人采用销售额和应纳税额合并定价方法的，按照下列公式计算销售额：销售额 = 含税销售额 ÷（1 + 征收率）

【单选题】某便利店为增值税小规模纳税人，2021 年 6 月销售货物共取得含税收入 40 000 元，代收水电煤等公共事业费共计 50 000 元，取得代收手续费收入 1 500 元，该便利店 2021 年 6 月应缴纳增值税（　　）元。

A. 3 617.43　　B. 402.19　　C. 1 236.48　　D. 2 665.05

【参考答案】B

自 2021 年 4 月 1 日至 2022 年 3 月 31 日，增值税小规模纳税人适用 3% 征收率的应税销售收入，减按 1% 征收率征收增值税；该便利店 2021 年 6 月应缴纳增值税（40 000 + 1 500）÷（1 +3%）×1% =402.91（元）。

（三）销售额的核定

1. 纳税人销售货物价格明显偏低并无正当理由或者发生视同销售货物行为而无销售额的，由主管税务机关按顺序核定其销售额。

销售额核定顺序如下。

顺序	销售额
（1）	按纳税人最近时期同类货物的平均销售价格确定
（2）	按其他纳税人最近时期同类货物的平均销售价格确定
（3）	按组成计税价格确定。组成计税价格 = 成本 ×（1 + 成本利润率） 属于应征消费税的货物，其组成计税价格中应加计消费税税额 公式中的成本是指：销售自产货物的为实际生产成本，销售外购货物的为实际采购成本公式中的成本利润率由国家税务总局确定 目前，除应征消费税的货物外，一般货物的成本利润率按 10% 确定

2. 纳税人销售服务、无形资产、不动产价格明显偏低或者偏高且不具有合理商业目的的，或者视同销售服务、无形资产或者不动产而无销售额的，主管税务机关有权按照顺序确定销售额。

销售额核定顺序如下。

顺序	销售额
（1）	按照纳税人最近时期销售同类服务、无形资产或者不动产的平均价格确定
（2）	按照其他纳税人最近时期销售同类服务、无形资产或者不动产的平均价格确定
（3）	按照组成计税价格确定 组成计税价格＝成本×（1＋成本利润率） 成本利润率由国家税务总局确定

【提示】上述公式存在两个区别：

（1）货物类的成本利润率为10%，但是销售同类服务、无形资产或者不动产的成本利润率实际并未明确。

（2）纳税人销售货物价格明显偏低，才可以进行销售额核定；销售同类服务、无形资产或者不动产的价格偏低或者偏高，均没有进行销售额核定。

（3）与销售货物相比，销售同类服务、无形资产或者不动产增加了不合理的商业目的这一类型。

（四）外币销售额的折算

纳税人发生应税销售行为，按照人民币以外的货币结算销售额的，应当折合成人民币计算，折合率可以选择销售额发生的当天或者当月1日的人民币汇率中间价。

纳税人应当在事先确定采用何种折合率，确定后12个月内不得变更。

【多选题】增值税纳税人按照人民币以外的货币结算销售额的，应当折合成人民币计算，折合率可以选择（　　）。

A. 销售额发生当天人民币汇率中间价

B. 外币销售额发生当月每日人民币汇率中间价均价

C. 销售额发生当月最后一日人民币汇率中间价

D. 销售额发生当月1日人民币汇率中间价

【参考答案】AD

增值税销售额以人民币计算。纳税人按照人民币以外的货币结算销售额的，应当折合成人民币计算。折合率可以选择销售额发生的当天或者当月1日的人民币汇率中间价。纳税人应当在事先确定采用何种折合率，确定后1年内不得变更。

（五）特殊销售方式下销售额的确定

1. 折扣方式销售

（1）商业折扣方式销售

商业折扣	具体内容
①含义	商业折扣方式销售是指销售方在应税销售行为时，为促销等原因而给予购买方的价格优惠，是交易行为发生前的价格让渡
②税务处理	纳税人采取折扣方式销售，如果销售额和折扣额在同一张发票上分别注明的，可按折扣后的销售额征收增值税 **【提示】**销售额和折扣额在同一张发票上分别注明，是指销售额和折扣额在同一张发票上的“金额”栏分别注明的 纳税人未在同一张发票“金额”栏注明折扣额，而仅在发票的“备注”栏注明折扣额的，折扣额不得从销售额中减除

【单选题】某商场为增值税一般纳税人。2021 年 1 月举办促销活动，全部商品 8 折销售。实际取得含税收入 380 000 元，销售额和折扣额均在同一张发票“金额栏”上分别注明。上月销售商品本月发生退货，向消费者退款 680 元（开具了红字增值税专用发票），该商场当月销项税额是（　　）元。

A. 55 114. 87　　B. 43 638. 58　　C. 52 413. 79　　D. 60 732. 00

【参考答案】B

当月销项税额 =380 000 ÷（1 +13%）×13% −680 ÷（1 +13%）×13% =43 638. 58（元）。

（2）现金折扣方式销售

现金折扣	具体内容
①含义	现金折扣是指销货方在应税销售行为后，为鼓励购买方及早偿还货款而给予购买方的一种折扣优惠 （如：10 天内付款，货款折扣 2%；20 天内付款，货款折扣 1%；30 天内全价付款）
②税务处理	现金折扣发生在销售行为实现后，是一种融资性质的理财费用，在确定计税销售额时现金折扣不得从销售额中减除

2. 以旧换新方式销售货物

以旧换新	具体内容
（1）含义	以旧换新是指纳税人在销售自己的货物时，有偿收回旧货物的行为
（2）税务处理	①一般货物：按新货同期销售价格确定销售额，不得减除旧货收购价格 ②金银首饰：按销售方实际收到的不含增值税的全部价款征税

【单选题】某金店为增值税一般纳税人。2021年4月采取以旧换新方式零售金银首饰，向顾客收取差价20万元。已知旧款金银首饰回收折价5万元。该金店当月增值税销项税额（ ）万元。

A. 0.58　　B. 1.73　　C. 2.30　　D. 2.88

【参考答案】C

该金店当月增值税销项税额 $=20\div(1+13\%)\times13\%=2.30$（万元）。

3. 还本方式销售

还本销售	具体内容
（1）含义	还本销售是指纳税人在销售货物后，到一定期限由销售方一次或分次退还给购货方全部或部分购货款 **【提示】**这种方式实际上是一种融资行为，是以货物换取资金的使用价值，到期还本不付息的方法
（2）税务处理	纳税人采取还本销售方式销售货物，其计税销售额就是货物的销售价格，不得从销售额中减除还本支出

4. 以物易物方式销售

以物易物	具体内容
（1）含义	以物易物是一种较为特殊的购销活动，是指购销双方不是以货币结算，而是以同等价款的货物相互结算，实现货物购销的一种方式
（2）税务处理	以物易物双方都应作购销处理，以各自发出的货物核算销售额，以各自收到的货物核算购货额 **【提示】**以物易物中，双方都取得了其他经济利益，不能将二者价差计入销售额，造成少计算销售额

【单选题】甲贸易公司为增值税一般纳税人，2021年6月以不含税价格为15万元的玉米与乙公司不含税价格为8万元的电水壶进行交换，差价款由乙公司以银行存款支付，双方均向对方开具增值税专用发票，假定当月取得的相关票据均符合税法规定，并在当月抵扣进项税，甲贸易公司当月应缴纳增值税（ ）万元。

A. 0.31　　B. 1.95　　C. 2.50　　D. 1.19

【参考答案】A

应纳的增值税 $=15\times9\%-8\times13\%=0.31$（万元）。

5. 混合销售行为销售额的确定

一般情形下，混合销售行为销售额为货物销售额与应税服务销售额的合计。

一般纳税人销售自产和外购机器设备的同时提供安装服务，不属于混合销售，应分别核算机器设备和安装服务的销售额，分别适用不同的税率和征收率计税。

【多选题】下列关于增值税税务处理的表述中，不正确的有（　　）。

A. 转让商誉，不属于销售无形资产

B. 销售货物的同时代办保险等而向购买方收取的保险费属于价外费用，应征收增值税

C. 卫星电视信号落地转接服务，按照增值电信服务缴纳增值税

D. 销售自产机器设备的同时提供安装服务，属于混合销售

【参考答案】ABD

增值税的无形资产，是指不具实物形态，但能带来经济利益的资产，包括技术、商标、著作权、商誉、自然资源使用权和其他权益性无形资产；销售货物的同时代办保险等而向购买方收取的保险费，不包括在价外费用内；卫星电视信号落地转接服务，按照增值电信服务缴纳增值税；纳税人销售活动板房、机器设备、钢结构件等自产货物的同时提供建筑、安装服务，不属于混合销售。

6. 兼营行为销售额的确定

纳税人兼营应税销售行为，适用不同税率或者征收率的，应当分别核算适用不同税率或者征收率的销售额；未分别核算的，按合计销售额从高适用税率或征收率计税。

【提示】全面营改增后由于部分行业经营的特殊性原因，在销售额上允许部分纳税人差额确定销售额。

三、一般计税方法下应纳税额的计算

一般计税	具体内容
应纳税额的计算	除特殊规定外，一般纳税人发生应税销售行为适用一般计税方法计税 应纳税额 = 当期销项税额 - 当期进项税额
留抵税额的处理	当期销项税额小于当期进项税额不足抵扣时，其不足部分可以结转下期继续抵扣 自 2019 年 4 月 1 日起，试行增值税期末留抵税额退税制度

（一）销项税额

销项税额	具体内容
1. 销项税额的计算	销项税额，是指纳税人发生应税销售行为，按照销售额和规定的税率计算收取的增值税额 销项税额 = 销售额 × 税率
2. 销项税额扣减	纳税人发生应税销售行为中，因质量、规格等原因发生销货退回、销售折让、劳务或服务中止等情况而退还给购买方的增值税额，应当从当期的销项税额中扣减 一般纳税人发生应税销售行为，开具增值税专用发票后，发生销售货物退回或者折让，开票有误的，应按照国家税务总局规定开具红字增值税专用发票，未按规定开具红字增值税专用发票的增值税税额，不得从销项税额中扣减

（二）进项税额

进项税额，是指纳税人购进货物、劳务、服务、无形资产或者不动产，支付或者负担的增值税额。

1. 准予从销项税额中抵扣的进项税额

（1）从销售方取得的增值税专用发票（含税控机动车销售统一发票）上注明的增值税额。

（2）从海关取得的海关进口增值税专用缴款书上注明的增值税额。

（3）购进农产品准予抵扣的进项税额。

扣除规定	具体内容
一般扣除规定	①纳税人购进农产品，取得一般纳税人开具的增值税专用发票或海关进口增值税专用缴款书的，以增值税专用发票或海关进口增值税专用缴款书上注明的增值税额为进项税额 ②纳税人从按照简易计税方法依照 3% 征收率计算缴纳增值税的小规模纳税人取得增值税专用发票的，以增值税专用发票上注明的金额和 9% 的扣除率计算进项税额 ③取得农业生产者销售自产农产品，适用免征增值税政策而开具的农产品销售发票的，以农产品销售发票上注明的农产品买价和 9% 的扣除率计算进项税额 ④纳税人收购农产品，开具农产品收购发票，以农产品收购发票上注明的农产品买价和 9% 的扣除率计算进项税额 **【提示】**农产品，是指种植业、养殖业、林业、牧业、水产业生产的各种植物、动物的初级产品 上述销售发票，是指农业生产者销售自产农产品适用免征增值税政策而开具的普通发票 ⑤2012 年 7 月 1 日起，以购进农产品为原料生产销售液体乳及乳制品、酒及酒精、植物油的增值税一般纳税人，其购进农产品无论是否用于生产上述产品，购进农产品的增值税进项税额均实行核定扣除方法。自 2013 年 9 月 1 日起。各省、自治区、直辖市、计划单列市税务部门可商同级财政部门，选择部分行业开展核定扣除试点工作。核定扣除的方法，有投入产出法、成本法，参照省级税务机关，应按照上述顺序，确定纳税人使用的增值税进项税额核定扣除方法

【多选题】增值税一般纳税人购进农产品，取得的下列凭证可以计算抵扣进项税额的有（　　）。

A. 纳税人从按照 3% 征收率计算缴纳增值税的小规模纳税人处取得的增值税专用发票

B. 开具的农产品收购发票

C. 纳税人从批发环节购进适用免征增值税政策的蔬菜取得的普通发票

D. 取得农业生产者销售自产农产品适用免征增值税政策开具的普通发票

【参考答案】ABD

纳税人从按照 3% 征收率计算缴纳增值税的小规模纳税人取得增值税专用发票的，以增值税专用发票上注明的金额和 9% 的扣除率计算进项税额；取得（开具）农产品销售发票或收购发票的，以农产品销售发票或收购发票上注明的农产品买价和 9% 的扣除率计算进项税额。纳税人从批发、零售环节购进适用免征增值税政策的蔬菜、部分鲜活肉蛋而取得的普通发票，不得作为计算抵扣进项税额的凭证。

【单选题】增值税一般纳税人支付的下列运费，不允许计算抵扣进项税额的是（　　）。

A. 销售自产小轿车支付的运输费用

B. 外购生产用气体支付的运输费用

C. 外购职工福利用品的运输费用

D. 向小规模纳税人购买免税农产品的运输费用

【参考答案】C

纳税人用于简易计税方法计税项目、免征增值税项目、集体福利或者个人消费的购进货物，以及加工修理劳务、服务、无形资产和不动产，其进项税额不得从销项税额中抵扣。

【单选题】一般纳税人购进货物发生非正常损失，其进项税额不予从销项税额中抵扣。下列损失中属于非正常损失的是（　　）。

A. 自然灾害损失

B. 购进货物滞销过期报废损失

C. 合理损耗

D. 因管理不善造成被盗、丢失、霉烂变质的损失

【参考答案】D

购进货物发生的非正常损失，是指因管理不善造成被盗、丢失、霉烂变质的损失。

【单选题】以购进农产品为原料生产销售液体乳及乳制品、酒及酒精、植物油的增值税一般纳税人，购进农产品增值税进项税额，采用（　　）。

A. 核定扣除办法　　B. 购进扣税办法

C. 税额抵减办法　　D. 留抵退税办法

【参考答案】A

以购进农产品为原料生产销售液体乳及乳制品、酒及酒精、植物油的增值税一般纳税人，其购进农产品无论是否用于生产上述产品，购进农产品增值税进项税额，实施核定扣除办法。

（4）纳税人支付的道路、桥、闸通行费进项税额的抵扣。

纳税人支付的道路通行费，按照收费公路通行费增值税电子普通发票上注明的增

值税额抵扣进项税额。

（5）纳税人购进国内旅客运输服务未取得增值税专用发票的，暂按照以下规定确定进项税额。

情形	允许扣除的进项税额
①取得增值税电子普通发票的	发票上注明的税额
②取得注明旅客身份信息的航空运输电子客票行程单的	航空旅客运输进项税额 =（票价 + 燃油附加费）÷（1 + 9%）×9%
③取得注明旅客身份信息的铁路车票的	铁路旅客运输进项税额 = 票面金额 ÷（1 +9%）×9%
④取得注明旅客身份信息的公路、水路等其他客票的	公路、水路等其他旅客运输进项税额 = 票面金额 ÷（1 + 3%）×3%

【多选题】增值税一般纳税人购进国内旅客运输服务，准予抵扣进项税额的抵扣凭证有（　　）。

A. 增值税专用发票

B. 注明旅客身份信息的航空运输电子客票行程单

C. 注明旅客身份信息的铁路车票

D. 未注明乘客身份信息的出租车票

【参考答案】ABC

纳税人未取得增值税专用发票的：①取得增值税电子普通发票的，为发票上注明的税额；②取得注明旅客身份信息的航空运输电子客票行程单的，航空旅客运输进项税额 =（票价 + 燃油附加费）÷（1 +9%）×9%；③取得注明旅客身份信息的铁路车票的，铁路旅客运输进项税额 = 票面金额 ÷（1 +9%）×9%；④取得注明旅客身份信息的公路、水路等其他客票的，公路、水路等其他旅客运输进项税额 = 票面金额 ÷（1 + 3%）×3%，未注明乘客身份信息的出租车票不得抵扣进项税额。

【提示】增值税电子普通发票才能抵扣，一般普通发票不让抵扣。

取得注明旅客身份的航空运输电子客票行程单，其中仅包括燃油附加费，不包括机场发展基金。因为属于政府性基金，不征增值税，所以不得抵扣。

（6）从境外单位或者个人购进劳务、服务、无形资产或者境内的不动产，自税务机关或者扣缴义务人取得的解缴税款的完税凭证上注明的增值税额。

（7）纳税人凭完税凭证抵扣进项税额的，应当具备书面合同付款证明和境外单位的对账单或者发票。纳税人在进行增值税申报时，应当通过本省增值税发票综合服务平台，对上述扣税凭证信息进行用途确认。

2. 不予从销项税额中抵扣的进项税额

不予抵扣	具体内容
(1) 扣税凭证不符合规定	纳税人购进货物、劳务、服务、无形资产、不动产，取得的增值税扣税凭证不符合法律、行政法规或者国务院税务主管部门有关规定的，其进项税额不得从销项税额中抵扣
(2) 其他不得抵扣的规定	一般纳税人发生下列项目的进项税额不得从销项税额中抵扣：
	①用于简易计税方法计税项目、免征增值税项目、集体福利或者个人消费的购进货物、应税劳务、服务、无形资产和不动产 **【提示】**其中涉及的固定资产、无形资产、不动产，仅指专用于上述项目的固定资产、无形资产（不包括其他权益性无形资产）、不动产 固定资产是指使用期期限超过 12 个月的机器、机械运输工具以及其他与生产经营有关的设备、工具器具等有形动产。 纳税人的交际应酬消费属于个人消费 ②非正常损失的购进货物，以及相关的应税劳务和交通运输服务 ③非正常损失的在产品、产成品所耗用的购进货物（不包括固定资产）、应税劳务和交通运输服务 ④非正常损失的不动产，以及该不动产所耗用的购进货物、设计服务和建筑服务 ⑤非正常损失的不动产在建工程所耗用的购进货物、设计服务和建筑服务 **【提示】**非正常损失，是指因管理不善造成货物被盗、丢失、霉烂变质，以及因违反法律法规造成货物或者不动产被依法没收、销毁、拆除的情形 ⑥购进的贷款服务、餐饮服务、居民日常服务和娱乐服务 ⑦财政部和国家税务总局规定的其他情形

【提示】增值税政策中规定的固定资产，与会计上的固定资产定义不完全相同，不包含不动产。

非正常损失是指因管理不善造成的货物被盗、丢失、霉烂变质，以及违反法律法规规定造成的货物或不动产被依法没收、销毁、拆除的情形。除了这些列举的情形，均属于增值税上的正常损失，允许抵扣。

【多选题】一般纳税人购进的下列货物中，可以抵扣进项税额的有（　　）。

A. 接送员工上下班专用的汽车

B. 生产用货车

C. 职工食堂专用的货车

D. 既用于职工食堂也用于生产的货车

【参考答案】BD

选项 A、C 属于外购货物用于集体福利，不予抵扣进项税额。选项 D 属于既用于增值税应税项目也用于简易计税方法计税项目、免征增值税项目、集体福利和个人消费的固定资产，准予抵扣进项税额。选项 B 用于生产的货车准予抵扣进项税额。

3. 不得抵扣进项税额的其他规定

业务事项	扣减进项税额的规定
(1) 适用一般计税方法的纳税人，兼营简易计税方法计税项目、免征增值税项目而无法划分不得抵扣的进项税额的	不得抵扣的进项税额 = 当期无法划分的全部进项税额 ×（当期简易计税方法计税项目销售额 + 免征增值税项目销售额）÷ 当期全部销售额
(2) 已抵扣进项税额的购进货物（不含固定资产）、劳务、服务，发生上述不得抵扣情形（简易计税方法计税项目、免征增值税项目除外）的	应当将该进项税额从当期进项税额中扣减 无法确定该进项税额的，按照当期实际成本计算应扣减的进项税额
(3) 适用一般计税方法计税的纳税人，因销货退回、销售折让、劳务、服务中止而收回的增值税额	应当从当期的进项税额中扣减
(4) 已抵扣进项税额的固定资产、无形资产，发生上述不得抵扣情形的	不得抵扣的进项税额 = 固定资产、无形资产净值 × 适用税率 固定资产、无形资产净值，是指纳税人根据财务会计制度计提折旧或摊销后的余额
(5) 已抵扣进项税额的不动产，发生非正常损失，或者改变用途，专用于简易计税方法计税项目、免征增值税项目、集体福利或者个人消费的	不得抵扣的进项税额（该税额从当期进项税额中扣减）= 已抵扣进项税额 × 不动产净值率 不动产净值率 =（不动产净值 ÷ 不动产原值）× 100%
(6) 按照规定不得抵扣进项税额的不动产，发生用途改变，用于允许抵扣进项税额项目的	按照下列公式在改变用途的次月计算可抵扣进项税额 可抵扣进项税额 = 增值税扣税凭证注明或计算的进项税额 × 不动产净值率

四、简易计税方法下应纳税额的计算

简易计税	具体内容
1. 适用范围	适用于小规模纳税人应纳税额的计算，特定情形下，一般纳税人也需按简易计税方法计算应纳税额 **【提示】**特定情形下，一般纳税人可以选择适用简易计税方法计税，但一经选择，36 个月内不得变更
2. 应纳税额	简易计税方法的应纳税额，是指按照销售额和增值税征收率计算的增值税额，不得抵扣进项税额 应纳税额 = 销售额 × 征收率
特殊规定	自 2021 年 4 月 1 日至 2022 年 3 月 31 日，增值税小规模纳税人适用 3% 征收率的应税销售收入，减按 1% 征收率征收增值税，适用 3% 预征率的预缴增值税项目，减按 1% 预征率预缴增值税 自 2022 年 4 月 1 日至 2022 年 12 月 31 日，增值税小规模纳税人适用 3% 征收率的应税销售收入，免征增值税；适用 3% 预征率的预缴增值税项目，暂停预缴增值税 自 2023 年 1 月 1 日至 2023 年 12 月 31 日，增值税小规模纳税人适用 3% 征收率的应税销售收入，减按 1% 征收率征收增值税；适用 3% 预征率的预缴增值税项目，减按 1% 预征率预缴增值税

五、进口货物应纳税额的计算

纳税人进口货物，按照组成计税价格和规定的税率计算应纳税额。

组成计税价格 = 关税完税价格 + 关税 + 消费税

应纳税额 = 组成计税价格 × 税率

【单选题】关于增值税进口货物的组成计税价格，下列说法正确的是（　　）。

A. 组成计税价格不含消费税

B. 组成计税价格不含关税

C. 组成计税价格含增值税

D. 组成计税价格含关税和消费税

【参考答案】D

纳税人进口货物，按照组成计税价格和规定的税率计算应纳税额。组成计税价格 = 关税完税价格 + 关税 + 消费税。

六、纳税人转让取得的不动产应纳税额的计算

纳税人取得的不动产包括以直接购买，接受捐赠、接受投资入投、自建以及抵债各种形式取得的不动产，不包括房地产开发企业销售自行开发的房地产项目。

（一）一般纳税人转让其取得的不动产应纳税额的计算

取得时间	简易计税方法	一般计税方法
1. 2016 年 4 月 30 日前取得	选择适用简易计税方法计税的： ①转让非自建不动产，以取得的全部价款和价外费用扣除不动产购置原价或者取得不动产时的作价后的余额为销售额，按照 5% 的征收率计算应纳税额	
	②转让自建的不动产，以取得的全部价款和价外费用为销售额，按照 5% 的征收率计算应纳税额	
2. 转让 2016 年 4 月 30 日后取得		适用一般计税方法，以取得的全部价款和价外费用为销售额计算应纳税额

（二）小规模纳税人转让其取得的不动产应纳税额的计算

事项类型	税务处理
1. 小规模纳税人转让其非自建的不动产	以取得的全部价款和价外费用扣除不动产购置原价或者取得不动产时的作价后的余额为销售额，按照 5% 的征收率计算应纳税额
2. 小规模纳税人转让其自建的不动产	以取得的全部价款和价外费用为销售额，按照 5% 的征收率计算应纳税额

（三）个人转让其购买的住房应纳税额的计算

事项类型	税务处理
1. 个人转让其购买不足2年的住房对外销售	以取得的全部价款和价外费用为销售额，按照5%的征收率计算应纳税额
2. 个人转让在北京市、上海市、广州市和深圳市购买2年以上含2年的非普通住房对外销售的	以取得的全部价款和价外费用扣除购买住房价款后的余额为销售额，按照5%的征收率计算应纳税额

七、纳税人提供不动产经营租赁服务应纳税额的计算

（一）一般纳税人出租不动产应纳税额的计算

取得时间	税务处理
1. 一般纳税人出租其2016年4月30日前取得的不动产	①可以选择适用简易计税方法，按照5%的征收率计算应纳税额 ②选择适用一般计税方法，按适用税率计算应纳税额
2. 一般纳税人出租其2016年5月1日后取得的不动产	适用一般计税方法，按适用税率计算应纳税额

（二）小规模纳税人出租不动产应纳税额的计算

纳税人类型	税务处理
1. 单位和个体工商户	出租不动产（不含个体工商户出租住房），按照5%的征收率计算应纳税额 个体工商户出租住房，按照5%的征收率减按1.5%计算应纳税额
2. 其他个人	其他个人出租不动产（不含住房），按照5%的征收率计算应纳税额。应纳税额 = 含税销售额 ÷ (1 + 5%) × 5% 其他个人出租住房，按照5%的征收率减按1.5%计算应纳税额 = 含税销售额 ÷ (1 + 5%) × 1.5%

第四节　增值税的税收优惠

增值税的税收优惠：纳税人发生应税销售行为适用免税、减税规定的，可以放弃免税、减税，依照规定缴纳增值税。放弃免税、减税后，36个月内不得再申请免税、减税。

一、免税项目

纳税人兼营免税、减税项目的，应当分别核算免税、减税项目的销售额；未分别核算的，不得免税、减税。

（一）《中华人民共和国增值税暂行条例》规定的免税项目

1. 农业生产者销售的自产农产品。

农业	具体内容
概念	农业，是指种植业、养殖业、林业、牧业、水产业 农业生产者，包括从事农业生产的单位和个人 农产品，是指种植业、养殖业、林业、牧业、水产业生产的各种植物、动物的初级产品
不属于免税的情形	直接从事植物种植、收割和动物的饲养、捕捞的单位和个人销售的外购农产品，以及单位和个人外购农产品生产、加工后销售的仍然属于规定范围的农业产品，但不属于免税的范围，应当按照规定的税率征收增值税

2. 避孕药品和用具。
3. 古旧图书。古旧图书，是指向社会收购的古书和旧书。
4. 直接用于科学研究、科学试验和教学的进口仪器、设备。
5. 外国政府、国际组织无偿援助的进口物资和设备。
6. 由残疾人的组织直接进口供残疾人专用的物品。
7. 销售的自己使用过的物品。自己使用过的物品，是指其他个人自己使用过的物品。

【多选题】下列关于增值税免税规定的表述，正确的有（　　）。

A. 外国政府、国际组织无偿援助的进口物资和设备免征增值税

B. 单位销售自己使用过的物品免征增值税

C. 销售向社会收购的古旧图书免征增值税

D. 典当行销售死当物品免征增值税

【参考答案】AC

向社会收购的古旧图书，外国政府、国际组织无偿援助的进口物资和设备，以及其他个人销售自己使用过的物品免税。典当业销售死当物品按3%征收率简易计税；单位销售自己使用过的物品按规定征收增值税。

（二）营业税改征增值税试点过渡政策的规定的主要免税项目

1. 托儿所、幼儿园提供的保育和教育服务。
2. 养老机构提供的养老服务。

3. 残疾人福利机构提供的育养服务。

4. 婚姻介绍服务。

5. 殡葬服务。

6. 残疾人员本人为社会提供的服务。

7. 医疗机构提供的医疗服务。

8. 从事学历教育的学校提供的教育服务。

9. 学生勤工俭学提供的服务。

10. 农业机耕、排灌、病虫害防治、植物保护、农牧保险以及相关技术培训业务，家禽、牲畜、水生动物的配种和疾病防治。

11. 纪念馆、博物馆、文化馆、文物保护单位管理机构、美术馆、展览馆、书画院、图书馆在自己的场所提供文化体育服务取得的第一道门票收入。

12. 寺院、宫观、清真寺和教堂举办文化、宗教活动的门票收入。

13. 个人转让出租权。

14. 个人销售自建自用住房。

15. 国债、地方政府债利息收入。

【多选题】纳税人发生下列增值税应税销售行为，免征增值税的有（　　）。

A. 其他个人销售自己用过的摩托车

B. 婚介所提供的婚姻介绍服务

C. 寺院的门票收入

D. 寺院销售货物的收入

【参考答案】ABC

下列项目免征增值税：婚姻介绍服务；寺院、宫观、清真寺和教堂举办文化、宗教活动的门票收入；销售自己使用过的物品。自己使用过的物品，是指其他个人自己使用过的物品。

【多选题】根据增值税的税收优惠政策，下列各项免征增值税的有（　　）。

A. 农民销售自己种植的玉米

B. 农民销售自己收购的花生

C. 向社会收购的古书

D. 直接用于教学的进口设备

E. 个体工商户销售自己使用过的物品

【参考答案】ACD

下列项目免征增值税：农业生产者销售的自产农产品；向社会收购的古书和旧书；

直接用于科学研究、科学试验和教学的进口仪器、设备。其他个人销售自己使用过的物品免税。

二、起征点

起征点	具体内容
1. 税收优惠	纳税人销售额未达到国务院财政、税务主管部门规定的增值税起征点的，免征增值税 达到起征点的，依照规定全额计算缴纳增值税
2. 适用范围	增值税起征点的适用范围限于个人，但不适用于登记为一般纳税人的个体工商户
3. 增值税起征点的幅度规定	（1）按期纳税的，为月销售额 5 000—20 000 元（含本数） （2）按次纳税的，为每次（日）销售额 300—500 元（含本数） **【提示】**省、自治区、直辖市财政厅（局）和税务局应在规定的幅度内，根据实际情况确定本地区适用的起征点，并报财政部、国家税务总局备案
特殊规定	自 2021 年 4 月 1 日至 2022 年 12 月 31 日合计 1 月销售额未超过 15 万元（以一个季度为一个纳税期的，季度销售额未超过 45 万元）的增值税小规模纳税人，免征增值税 自 2022 年 4 月 1 日至 2002 年 12 月 31 日，增值税小规模纳税人适用 3% 征收率的应税销售收入，免征增值税 自 2023 年 1 月 1 日至 2023 年 12 月 31 日，小规模纳税人发生增值税应税销售行为，合计月销售额未超过 10 万元（以 1 个季度为 1 个纳税期的，季度销售额未超过 30 万元，下同）的，免征增值税。合计月销售额超过 10 万元，但扣除本期发生的销售不动产的销售额后未超过 10 万元的，销售货物、劳务、服务、无形资产取得的销售额免征增值税

【单选题】关于增值税起征点的规定，下列说法正确的是（　　）。

A. 仅对销售额中超过起征点的部分征税

B. 对自然人销售额未达到规定起征点的，免征增值税

C. 起征点的调整由各省、自治区、直辖市税务局规定

D. 起征点的适用范围包括自然人和登记为一般纳税人的个体工商户

【参考答案】B

（1）选项 AB：对个人销售额未达到规定的增值税起征点的，免征增值税；达到起征点的，依照规定全额计算缴纳增值税。（2）选项 C：起征点的调整由财政部和国家税务总局规定。（3）选项 D：增值税起征点的适用范围限于个人，包括个体工商户和其他个人，但不包括登记为一般纳税人的个体工商户。

【单选题】某旅游公司为增值税小规模纳税人，选择差额确定销售额。2023 年 7 月，取得含税收入 120 000 元，支付其他旅游公司接团费 22 000 元，主管税务机关核定其按月缴纳税款。该公司当月应纳的增值税为（　　）元。

A. 900　　B. 873.79　　C. 213.79　　D. 0

【参考答案】D

小规模纳税人发生增值税应税销售行为，合计月销售额未超过 10 万元（以 1 个季

度为 1 个纳税期的，季度销售额未超过 30 万元）的，免征增值税。适用增值税差额征税政策的小规模纳税人，以差额后的销售额确定是否可以享受免征增值税。

三、即征即退、先征后退（返）

序号	退税种类	具体规定
1	即征即退	对税法规定缴纳的税款，由税务机关在征税时部分或全部退还给纳税人的一种税收优惠 具体类型，限额即征即退，全额即征即退，按比例即征即退，超税负即征即退
2	先征后退（返）	对纳税人按照税法规定缴纳的税款，现有税务机关征税入库之后，再由税务机关或财政部门按规定程序给予部分或全部退税或返还

【提示】先征后退与先征后返的区别在于前者是由税务机关退税，后者是由财政部门返还。

四、减免税管理

纳税人发生应税销售行为适用免税、减税规定	可以放弃免税、减税；放弃后 36 个月不得再申请
纳税人销售服务、无形资产或者不动产同时适用免税、减税规定	选择适用其一
纳税人兼营免税、减税项目	分别核算免税、减税项目的销售额；未分别核算，不得免税、减税

第五节　增值税的申报缴纳

一、纳税义务发生时间

（一）销售货物或者应税劳务纳税义务发生时间

1. 销售货物或者应税劳务，为收讫销售款项或者取得索取销售款项凭据的当天；先开具发票的，为开具发票的当天。

收讫销售款项或者取得索取销售款项凭据的当天的确定如下。

结算方式	收讫销售款项或者取得索取销售款项凭据的当天
（1）采取直接收款方式销售货物	无论货物是否发出，均为收到销售款或者取得索取销售款凭据的当天
（2）采取托收承付和委托银行收款方式销售货物	为发出货物并办妥托收手续的当天

续表

结算方式	收讫销售款项或者取得索取销售款项凭据的当天
（3）采取赊销和分期收款方式销售货物	为书面合同约定的收款日期的当天 无书面合同的或者书面合同没有约定收款日期的，为货物发出的当天
（4）采取预收货款方式销售货物	为货物发出的当天，但生产销售生产工期超过12个月的大型机械设备、船舶、飞机等货物，为收到预收款或者书面合同约定的收款日期的当天
（5）委托其他纳税人代销货物	为收到代销单位的代销清单或者收到全部或者部分货款的当天 未收到代销清单及货款的，为发出代销货物满180天的当天

【多选题】下列关于增值税的纳税义务发生时间的表述，正确的有（　　）。

A. 采取直接收款方式销售货物，不论货物是否发出，均为收到销售额或取得索取销售额的凭据的当天

B. 采取托收承付和委托银行收款方式销售货物，为发出货物并办妥托收手续的当天

C. 采取预收货款方式销售货物，为收到货款的当天

D. 委托其他纳税人代销货物，为收到代销单位的代销清单或者收到全部或者部分货款的当天

【参考答案】ABD

采取预收货款方式销售货物，为货物发出的当天，但生产销售生产工期超过12个月的大型机械设备、船舶、飞机等货物，为收到预收款或者书面合同约定的收款日期的当天。

2. 纳税人发生视同销售货物行为（不包括将货物交付其他单位或者个人代销、销售代销货物），为货物移送的当天。

（二）销售服务、无形资产、不动产纳税义务发生时间

业务类型	纳税义务发生时间
纳税人销售服务、无形资产、不动产	纳税义务发生时间为发生应税行为并收讫销售款项或者取得索取销售款项凭据的当天；先开具发票的，为开具发票的当天
纳税人提供租赁服务采取预收款方式的	其纳税义务发生时间为收到预收款的当天
纳税人从事金融商品转让的	其纳税义务发生时间为金融商品所有权转移的当天
纳税人发生视同销售服务、无形资产、不动产情形的	其纳税义务发生时间为服务、无形资产转让完成的当天或者不动产权属变更的当天

【多选题】关于增值税纳税义务和扣缴义务发生时间，下列说法正确的有（　　）。

A. 从事金融商品转让的，为收到销售额的当天

B. 赠送不动产的，为不动产权属变更的当天

C. 扣缴义务发生时间为纳税人增值税纳税义务发生的当天

D. 以预收款方式提供租赁服务的，为服务完成的当天

【参考答案】BC

选项 A：从事金融商品转让的，为金融商品所有权转移的当天；选项 D：以预收款方式提供租赁服务的，为收到预收款的当天。

（三）纳税义务发生时间的其他规定

1. 进口货物，其纳税义务发生时间为报关进口的当天。

2. 增值税扣缴义务发生时间为纳税人增值税纳税义务发生的当天。

二、纳税期限

纳税/申报期限	具体内容
1. 增值税的纳税期限	增值税的纳税期限分别为 1 日、3 日、5 日、10 日、15 日、1 个月或者 1 个季度 纳税人的具体纳税期限，由主管税务机关根据纳税人应纳税额的大小分别核定；不能按照固定期限纳税的，可以按次纳税 以 1 个季度为纳税期限的规定适用于小规模纳税人、银行、财务公司、信托投资公司、信用社，以及财政部和国家税务总局规定的其他纳税人
2. 增值税的申报期限	纳税人以 1 个月或者 1 个季度为 1 个纳税期的，自期满之日起 15 日内申报纳税 以 1 日、3 日、5 日、10 日或者 15 日为 1 个纳税期的，自期满之日起 5 日内预缴税款，于次月 1 日起 15 日内申报纳税并结清上月应纳税款 纳税人进口货物，应当自海关填发海关进口增值税专用缴款书之日起 15 日内缴纳税款

【多选题】关于增值税纳税期限，下列说法正确的有（　　）。

A. 纳税人可以按月纳税

B. 纳税人可以按次纳税

C. 纳税人可以按日纳税

D. 纳税人可以按数量纳税

【参考答案】ABC

增值税的纳税期限分别为 1 日、3 日、5 日、10 日、15 日、1 个月或者 1 个季度。纳税人的具体纳税期限，由主管税务机关根据纳税人应纳税额的大小分别核定；不能按照固定期限纳税的，可以按次纳税。

【单选题】增值税的纳税期限的分别为 1 日、3 日、5 日、10 日、15 日、1 个月或者 1 个季度。下列适用于以 1 个季度为纳税期限的纳税人是（　　）。

A. 小规模纳税人　　B. 销售货物的一般纳税人

C. 季节性生产的一般纳税人　　D. 货物生产周期长的一般纳税人

【参考答案】A

以1个季度为纳税期限的规定适用于小规模纳税人、银行、财务公司、信托投资公司、信用社，以及财政部和国家税务总局规定的其他纳税人。

三、纳税地点

业务事项	纳税地点
1. 固定业户应当向其机构所在地的主管税务机关申报纳税	总机构和分支机构不在同一县（市）的，应当分别向各自所在地的主管税务机关申报纳税 经国务院财政、税务主管部门或者其授权的财政、税务机关批准，可以由总机构汇总向总机构所在地的主管税务机关申报纳税
2. 固定业户到外县（市）销售货物或者应税劳务	（1）自2017年10月30日起，跨省临时从事生产经营活动的，不再开具“外出经营活动税收管理证明”，改向机构所在地税务填报“跨区域涉税事项报告表”。省内跨县（市）经营是否实施跨区报验管理，由各省自定。取消固定有效期，按跨区域经营合同执行期限作为有效期限。纳税人首次在经营地办理涉税事宜时，向经营地的税务机关报验；跨区域经营结束后，应当结清税款及其他涉税事项，向经营地税务机关填报“经营地涉税事项反馈表” （2）未报告的，应当向销售地或者劳务发生地的主管税务机关申报纳税； 未向销售地或者劳务发生地的主管税务机关申报纳税的，由其机构所在地的主管税务机关补征税款
3. 非固定业户销售货物、劳务或者服务	应当向销售地、劳务和服务发生地的主管税务机关申报纳税；未向销售地、劳务和应税行为发生地的主管税务机关申报纳税的，由其机构所在地或者居住地的主管税务机关补征税款
4. 其他个人提供建筑服务，销售或者租赁不动产，转让自然资源使用权	应向建筑服务发生地、不动产所在地、自然资源所在地主管税务机关申报纳税
5. 进口货物	应当向报关地海关申报纳税
6. 扣缴义务人	应当向其机构所在地或者居住地的主管税务机关申报缴纳其扣缴的税款

【多选题】下列关于增值税纳税地点的表述，正确的有（　　）。

A. 固定业户应当向其机构所在地主管税务机关申报纳税

B. 总机构和分支机构不在同一县（市）的，应当分别向各自所在地主管税务机关申报纳税

C. 固定业户到外县（市）销售货物的，应当向其机构所在地主管税务机关申请开具“外出经营活动税收管理证明”，向其机构所在地主管税务机关申报纳税

D. 非固定业户销售货物或者提供应税劳务，应当回居住地主管税务机关申报纳税

【参考答案】AB

固定业户应当向其机构所在地的主管税务机关申报纳税。总机构和分支机构不在同一县（市）的，应当分别向各自所在地的主管税务机关申报纳税。固定业户到外县（市）销售货物或者应税劳务，自 2017 年 10 月 30 日起，跨省临时从事生产经营活动的，不再开具“外出经营活动税收管理证明”，改向机构所在地税务填报“跨区域涉税事项报告表”。省内跨县（市）经营是否实施跨区报验管理，由各省自定。非固定业户销售货物或者应税劳务，应当向销售地或者劳务发生地的主管税务机关申报纳税。

四、预缴税款管理

1. 房地产开发企业采取预收款方式销售自行开发的房地产项目，应在收到预收款时按照预征率向主管税务机关预缴税款。

2. 纳税人跨县市区提供建筑服务，向建筑服务发生地主管税务机关预缴税款，向机构所在地主管税务机关申报纳税。

3. 除其他个人外，纳税人转让取得的不动产，按照预征率向不动产所在地主管税务机关预缴税款。

4. 除其他个人外，纳税人出租其取得的不动产，不动产所在地与机构所在地不在同一县（市、区）的，按照预征率向不动产所在地主管税务机关预缴税款。

【单选题】小规模纳税人出租不动产，下列关于其缴纳增值税的表述，错误的有（　　）。

A. 单位和个体工商户出租不动产（不含个体工商户出租住房），按照 5% 的征收率计算应纳税额

B. 个体工商户出租住房，按照 5% 的征收率减按 1.5% 计算应纳税额

C. 不动产所在地与机构所在地不在同一县（市、区）的，纳税人应向不动产所在地主管税务机关预缴税款，向机构所在地主管税务机关申报纳税

D. 不动产所在地与机构所在地不在同一县（市、区）的，向机构所在地主管税务机关申报纳税并缴纳税款

【参考答案】D

单位和个体工商户出租不动产（不含个体工商户出租住房），按照 5% 的征收率计算应纳税额。个体工商户出租住房，按照 5% 的征收率减按 1.5% 计算应纳税额。

不动产所在地与机构所在地不在同一县（市、区）的，纳税人应按照上述计税方法向不动产所在地主管税务机关预缴税款，向机构所在地主管税务机关申报纳税。

第六节 增值税发票管理

增值税一般纳税人销售货物、提供加工修理修配劳务和发生应税行为，使用新系统开具增值税专用发票、增值税普通发票、机动车销售统一发票、增值税电子普通发票、增值税电子专用发票。

一、增值税专用发票分类

增值税一般纳税人销售货物、提供加工修理修配劳务和发生应税行为，使用新系统开具增值税专用发票、增值税普通发票、机动车销售统一发票、增值税电子普通发票、增值税电子专用发票。

其中，增值税纸质专用发票分为三联版和六联版两种。此处以三联版举例，第一联为记账联，第二联为抵扣联，第三联为发票联。

二、专用发票最高开票限额管理

专用发票实行最高开票限额管理。最高开票限额，是指单份专用发票开具的销售额合计数不得达到的上限额度。

最高开票限额由纳税人申请，区县税务机关依法审批。纳税人申请专用发票最高开票限额不超过10万元的，主管税务机关不需要事前进行实地查验。主管税务机关因此受理申请之日起2个工作日内办结，有条件的及时办理。

【提示】适用于纳税人所领用的电子专用发票和纸质专用发票。

三、专用发票领用范围

专票领用	具体内容
1. 可以申领专用发票的情形	已办理专用发票核定的纳税人，可向税务机关申请领用专用发票
2. 一般纳税人不得领用专用发票的情形	（1）会计核算不健全，不能向税务机关准确提供增值税销项税额、进项税额、应纳税额数据及其他有关增值税税务资料的 （2）有《税收征管法》规定的税收违法行为，拒不接受税务机关处理的 （3）有下列行为之一，经税务机关责令限期改正而仍未改正的： 虚开增值税专用发票 私自印制专用发票 向税务机关以外的单位和个人买取专用发票 借用他人专用发票 未按规定开具专用发票 未按规定保管专用发票和专用设备 未按规定申请办理防伪税控系统变更发行 未按规定接受税务机关检查

四、专用发票开具范围

（一）开具规范

一般纳税人发生应税销售行为，应向购买方开具专用发票。以下情形不得开具专用发票：

1. 应税销售行为的购买方为消费者个人的；
2. 发生应税销售行为适用免税规定的；
3. 部分适用增值税简易征收政策规定的；
4. 商业企业一般纳税人零售的烟、酒、食品、服装、鞋帽（不包括劳保专用部分）、化妆品等消费品；
5. 法律、法规以及国家税务总局另有规定的其他情形。

【单选题】一般纳税人发生下列行为，不得开具增值税专用发票的是（　　）。

A. 商业企业零售劳保用品　　B. 向消费者个人销售服务

C. 烟草公司向零售单位批发卷烟　　D. 向小规模纳税人销售不动产

【参考答案】B

一般纳税人发生应税行为，应向购买方开具专用发票。以下情形不得开具专用发票：（1）应税销售行为的购买方为消费者个人的；（2）发生应税销售行为适用免税规定的（法律、法规及国家税务总局另有规定的除外）；（3）部分适用增值税简易征收政策规定的；（4）商业企业一般纳税人零售的烟、酒、食品、服装、鞋帽（不包括劳保专用部分）、化妆品等消费品；（5）法律、法规及国家税务总局另有规定的其他情形。

（二）作废管理

当月发生销货退回开票有误的，收回退回的发票联次作废；开具当场发现有误的，即时作废。

（三）红字发票管理

发票种类	开具方式	不同方式
增值税纸质专票	由购买方和销售方在增值税发票管理系统中填开并上传开具红字增值税专用发票信息表，经主管机关系统自动校验通过后开具	必须收到退回的发票联抵扣联方可作废
增值税电子专票	可以开具红字电子专用发票	无须追回已经开具的蓝字电子专用发票

（四）发票丢失管理

具体情形	处理方式	
丢失已开具专用发票的发票联和抵扣联	丢失前已认证相符	凭销售方提供的相应专用发票记账联复印件及销售方主管税务机关出具的丢失增值税专用发票已报税证明单，作为进项税额抵扣凭证
	丢失前未认证的，凭销售方提供的相应专用发票记账联复印件认证	
丢失已开具专用发票的抵扣联	丢失前已认证相符的	使用专用发票的发票联复印件留存备查
	丢失前未认证的	使用专用发票的发票联复印件认证，留存备查
丢失已开具专用发票的发票联		抵扣联作为记账凭证，专用发票抵扣联复印件留存备查
备注		售票网如丢失或损毁已开具的电子专用发票，可在全国增值税发票查验平台查验，通过后下载电子专用发票，也可以向开票方重新索取原电子专用发票

五、代开专用发票

已办理税务登记的小规模纳税人（包括个体工商户）以及国家税务总局确定的其他可以代开增值税专用发票的纳税人，发生增值税应税行为，可以申请代开增值税专用发票。

增值税小规模纳税人销售其取得的不动产以及其他个人出租不动产，购买方或承租方不属于其他个人的，纳税人缴纳增值税后可以向税务机关申请代开增值税专用发票。

【单选题】增值税专用发票的基本联次不包括（　　）。

A. 存根联　　B. 发票联　　C. 抵扣联　　D. 记账联

【参考答案】A

增值税专用发票由基本联次或者基本联次附加其他联次构成，基本联次为三联：发票联、抵扣联和记账联。

本章习题

一、单选题

1. 某食品生产企业为增值税一般纳税人，2021 年 4 月销售货物，开具的增值税专用发票上注明金额 120 万元。开收据收取包装物押金 3 万元、优质费 2 万元。包装物押金单独记账核算。该企业当月增值税销项税额（　　）万元。

A. 15.60　　B. 15.83　　C. 15.95　　D. 16.18

2. 下列关于增值税的计税销售额规定，说法正确的是（　　）。

A. 以物易物方式销售货物，由多交付货物的一方以价差计算缴纳增值税

B. 以旧换新方式销售货物，以实际收取的不含增值税的价款计算缴纳增值税（金银首饰除外）

C. 还本销售方式销售货物，以货物的销售价格计算缴纳增值税

D. 销售折扣方式销售货物，按照扣减折扣额后的金额作为计税销售额

3. A单位发生的下列行为中，不属于虚开增值税专用发票的是（　　）。

A. 未在商场购物，让商场开具增值税专用发票

B. 购买用于劳动保护的20双雨鞋，让商场开具25双雨鞋的增值税专用发票

C. 从B单位购买货物，但让C单位为本单位开具增值税专用发票

D. 其他个人为本单位提供商铺租赁服务，取得税务机关代开增值税专用发票

4. 假设2022年7月，某汽车生产企业（增值税一般纳税人）销售一批汽车，取得不含税销售额1 327万元，同时收取价外费用16.8万元，则汽车生产企业该笔业务需要计算增值税的销项税额（　　）万元。

A. 2.44　　B. 225.59　　C. 174.44　　D. 228.46

5. 下列纳税人，必须办理一般纳税人登记的是（　　）。

A. 其他个人

B. 非企业性单位

C. 不经常发生应税行为的单位

D. 年应税销售额超过500万元且经常发生应税行为的工业企业

6. 某企业为增值税一般纳税人，对外出租房屋，适用简易计税方法，由于承租方（增值税一般纳税人）提前解除租赁合同，收取承租方的违约金。关于收取的违约金，下列税务处理正确的是（　　）。

A. 不需要缴纳增值税

B. 按照3%征收率缴纳增值税

C. 按照5%征收率缴纳增值税

D. 需要缴纳增值税，不得开具增值税专用发票

二、多选题

1. 下列关于增值税纳税义务发生时间的表述，正确的有（　　）。

A. 纳税人采取预收款方式销售货物的，纳税义务发生时间为货物发出的当天

B. 纳税人从事金融商品转让的，为金融商品所有权转移的当天

C. 纳税人提供不动产租赁服务采取预收款方式的，纳税义务发生时间为出租不动产

的当天

D. 纳税人发生视同销售服务，纳税义务发生时间为服务完成的当天

2. 关于增值税纳税义务和扣缴义务发生时间，下列说法正确的有（　　）。

A. 从事金融商品转让的，为收到销售额的当天

B. 赠送不动产的，为不动产权属变更的当天

C. 扣缴义务发生时间为纳税人增值税纳税义务发生的当天

D. 以预收款方式提供租赁服务的，为服务完成的当天

E. 以预收款方式销售货物（除特殊情况外）的，为货物发出的当天

3. 根据规定，下列项目中，其进项税额不得从销项税额中抵扣的有（　　）。

A. 因洪涝灾害毁损的库存商品

B. 因管理不善被盗窃的产成品所耗用的外购原材料

C. 员工出差支付的交通费

D. 生产免税产品接受的加工劳务

E. 外购的待销售小轿车

4. 关于增值税计税销售额，下列说法正确的有（　　）。

A. 航空运输服务，代收的机场建设费不计入计税销售额

B. 以物易物方式销售货物，双方以各自发出的货物核算销售额

C. 销售折扣方式销售货物，折扣额不得从销售额中扣除

D. 客运场站服务，以其取得的全部价款和价外费用为计税销售额

5. 下列各项中，应当免征增值税的有（　　）。

A. 个人销售自己使用过的轿车

B. 农业生产者销售自产农产品

C. 电力公司向发电企业收取过网费

D. 残疾人的组织直接进口供残疾人专用的物品

6. 下列属于视同提供应税服务的有（　　）。

A. 为本单位员工无偿提供搬家运输服务

B. 向客户无偿提供信息咨询服务

C. 销售货物同时无偿提供运输服务

D. 为客户无偿提供广告设计服务

7. 下列行为应视同销售，缴纳增值税的有（　　）。

A. 在线教育平台提供免费视听课程

B. 健身俱乐部向本单位员工免费提供健身服务

C. 化工试剂公司以固定资产入股投资

D. 食品有限公司将外购食品给员工发福利

8. 一般纳税人发生下列应税行为，可以选择简易计税方法计税的有（　　）。
   A. 人力资源外包服务　　B. 收派服务
   C. 公交客运服务　　D. 物业管理服务
   E. 以清包工方式提供建筑服务
9. 下列关于在我国境内发生应税销售行为，表述正确的有（　　）。
   A. 在境内销售货物，是指销售货物的起运地或者所在地在境内
   B. 在境内销售劳务，是指提供的应税劳务发生在境内
   C. 在境内销售服务，是指服务（租赁不动产除外）的销售方或者购买方在境内
   D. 境内销售不动产，是指销售的不动产在境内
   E. 在境内销售服务，是指服务（租赁不动产除外）发生在境内

三、判断题

1. 纳税人为销售货物出租出借包装物而收取的押金，应作为价外费用计算缴纳增值税。（　　）
2. 我国增值税的计税方法一律采用购进扣税法计算抵扣进项税额。（　　）
3. 个体工商户出租不动产，按照 5% 的征收率计算应纳税额。（　　）
4. 纳税人兼营免税、减税项目的，应当分别核算免税、减税项目的销售额；未分别核算的，减半征收增值税。（　　）
5. 增值税纳税人可以自行选择按期纳税或按次纳税。（　　）
6. 一项销售行为如果既涉及货物又涉及服务，应分别核算货物和服务的销售额，分别征收增值税。（　　）

参考答案与解析

一、单选题

1. 【参考答案】B

（1）优质费属于价外费用，需要并入销售额计算增值税。

（2）食品生产企业收取的包装物押金 1 年以内且未超过企业规定期限，单独核算的，不并入销售额征税。

（3）业务发生在 2019 年 4 月，适用的增值税税率为 13%。该企业当月增值税销项税额 = [120 + 2 ÷ (1 + 13%)] × 13% = 15.83（万元）。

2. 【参考答案】C

以物易物方式销售货物，双方是既买又卖的业务，分别按购销业务处理；以旧换新业务中，只有金银首饰以旧换新，按实际收取的不含增值税的价款计税，其他货物以旧换新均以新货物不含税价计税，不得扣减旧货物的收购价格；销售折扣方式销售货物，不得从计税销售额中扣减折扣额。原因在于金银首饰销售方收取旧金银首饰的

主要是为了加工新首饰，增值税作为流转税，此环节无法取得进项税扣税凭证，但是收取旧金银首饰加工后作为新的金银首饰销售时则要全额计税，税负较高，因此给予特殊处理。

3. 【参考答案】D

虚开专用发票具体包括以下行为：

（1）没有货物购销或者没有提供或接受应税劳务而为他人、为自己、让他人为自己、介绍他人开具专用发票（选项A）。

（2）有货物购销或者提供或接受了应税劳务但为他人、为自己、让他人为自己、介绍他人开具数量或者金额不实的专用发票（选项B）。

（3）进行了实际经营活动，但让他人为自己代开专用发票（选项C）。

4. 【参考答案】C

收取的价外费用属于含税销售额，需换算为不含税销售额。销项税额 $= 1\ 327 \times 13\% + 16.8 \div (1 + 13\%) \times 13\% = 174.44$（万元）

5. 【参考答案】D

选项A：年应税销售额超过规定标准的其他个人不能登记为一般纳税人。选项B：年应税销售额超过规定标准的非企业性单位，可选择按照小规模纳税人纳税。选项C：年应税销售额超过规定标准但不经常发生应税行为的单位和个体工商户可选择按照小规模纳税人纳税。

6. 【参考答案】C

（1）增值税的计税销售额是纳税人销售货物、劳务、服务、无形资产和不动产向购买方收取的全部价款和价外费用，但不包括增值税。价外费用，是指价外向购买方收取的手续费、补贴、基金、集资款、返还利润、奖励费、违约金、滞纳金、延期付款利息、赔偿金、代收款项、代垫款项、包装费、包装物租金、储备费、优质费、运输装卸费以及其他各种性质的价外收费。（2）价外费用按其所属项目的适用税率或征收率计算缴纳增值税，出租房屋适用征收率为5%，故违约金按照5%征收率缴纳增值税。

二、多选题

1. 【参考答案】ABD

选项C：纳税人提供不动产租赁服务采取预收款方式的，纳税义务发生时间为收到预收款的当天。

2. 【参考答案】BCE

选项A：从事金融商品转让的，为金融商品所有权转移的当天；选项D：以预收款方式提供租赁服务的，为收到预收款的当天。

3. 【参考答案】BD

选项A，不属于非正常损失；选项C，购进国内旅客运输服务，其进项税额允许从销项税额中抵扣；选项 E，属于经营的货物，可以抵扣进项税额。

4.【参考答案】ABC

选项 D：一般纳税人提供的客运场站服务，以其取得的全部价款和价外费用扣除支付给承运方运费后的余额为销售额。

5.【参考答案】ABD

电力公司向发电企业收取过网费应按规定的税率征收增值税；选项 ABD 均属于免税项目。

6.【参考答案】BCD

7.【参考答案】AC

选项 B：单位或者个体工商户为员工提供应税服务，属于非营业活动，不属于视同销售情形。选项 D：将外购的货物用于集体福利，不属于视同销售情形。

8.【参考答案】ABCE

选项 D：提供物业管理服务的纳税人，向服务接受方收取的自来水水费，以扣除其对外支付的自来水水费后的余额为销售额，按照简易计税方法计算缴纳增值税。

9.【参考答案】ABCD

在境内销售货物，是指销售货物的起运地或者所在地在境内；在境内销售劳务，是指提供的应税劳务发生在境内；在境内销售服务，是指服务租赁不动产除外的销售方或者购买方在境内；境内销售不动产，是指销售的不动产在境内。

三、判断题

1.【参考答案】×

纳税人为销售货物而出租出借包装物收取的押金，单独记账核算的，不并入销售额征税。但对因逾期未收回包装物不再退还的押金，应按所包装货物的适用税率征收增值税。纳税人为销售货物出租出借包装物而收取的押金，无论包装物周转使用期限长短，超过 1 年（含 1 年）以上仍不退还的均并入销售额征税。自 1995 年 6 月 1 日起，对销售除啤酒、黄酒外的其他酒类产品而收取的包装物押金，无论是否返还以及会计上如何核算，均应并入当期销售额征税。

2.【参考答案】×

自 2012 年 7 月 1 日起，以购进农产品为原料生产销售液体乳及乳制品、酒及酒精、植物油的增值税一般纳税人，其购进农产品无论是否用于生产上述产品，增值税进项税额实施核定扣除办法。营改增后有条件的地区，应积极在餐饮行业推行农产品进项税额核定扣除办法。

3.【参考答案】×

个体工商户出租不动产（不含个体工商户出租住房），按照 5% 的征收率计算应纳税额。个体工商户出租住房，按照 5% 的征收率减按 1.5% 计算应纳税额。

4.【参考答案】×

纳税人兼营免税、减税项目的，应当分别核算免税、减税项目的销售额；未分别核算的，不得免税、减税。

5.【参考答案】×

增值税的纳税期限分别为 1 日、3 日、5 日、10 日、15 日、1 个月或者 1 个季度。纳税人的具体纳税期限，由主管税务机关根据应纳税额的大小分别核定；不能按照固定期限纳税的，可以按次纳税。

6.【参考答案】×

一项销售行为如果既涉及货物又涉及服务，为混合销售。从事货物的生产、批发或者零售的单位和个体工商户的混合销售行为，按照销售货物缴纳增值税；其他单位和个体工商户的混合销售行为，按照销售服务缴纳增值税。

第三章　消费税

【学习目的】

了解消费税的概念、特点，熟悉消费税的纳税人征税范围、税率、纳税环节和征收管理等，掌握消费税销售额的确定、应纳税额的计算。

第一节　消费税概述

一、消费税的概念

我国现行消费税是对在中华人民共和国境内生产、委托加工和进口应税消费品的单位和个人，以及国务院确定的销售应税消费品的其他单位和个人，就其销售额或销售数量，在特定环节征收的一种税，属于货物和劳务税类。

二、消费税的特点

不同情形	具体认知
1. 征税范围的选择性	列举式征税 在大量消费品或消费行为中有选择性地确定某些特定项目，进行列举式征收，没有列举到的则不征收
2. 征税环节的单一性	消费税一般实行单环节征税，在消费品的生产销售、进口、批发以及零售等环节选择某一环节进行征税，某一环节征税后，其他环节不再征收 单环节一次课征制既可以减少纳税人数量，降低税款征收费用和税源流失的风险，又能避免重复征税 为加强源泉控制，防止税款流失，消费税的纳税环节主要确定在产制环节或进口环节
3. 征税方法的多样性	消费税的征税方法比较灵活，有从价定率的，有从量定额的，还有从价定率和从量定额叠加的复合计税方式
4. 税收调节的特殊性	在普遍征收增值税的基础上选择一部分产品再征收一道消费税，可对某些产品形成双层调节 还可利用征税范围的选择和税率的差别设计，对需要限制和控制消费的产品进行特殊调节

【判断题】对应税消费品征收消费税后，不再征收增值税。　　（　　）

【参考答案】×

我国现行的消费税是在普遍征收增值税的基础上选择一部分产品再行征收消费税。

所以，对应税消费品征收消费税，如无特殊情况，应同时征收增值税。

【多选题】开征消费税的主要目的是引导消费行为、调节消费行为，因此消费税的纳税环节确定在最终消费环节较为合适。但现行消费税却将纳税环节主要确定在生产环节，其主要原因有（　　）。

A. 加强源泉控制和减少税款流失的风险

B. 体现税收中性

C. 避免重复征税

D. 减少纳税人数量，降低征管费用

【参考答案】ACD

单环节一次课征制既可以减少纳税人数量，降低税款征收费用和税源流失的风险，又能避免重复征税。为加强源泉控制，防止税款流失，消费税的纳税环节主要确定在产制环节或进口环节。

【单选题】根据我国现行消费税的规定，下列表述正确的是（　　）。

A. 消费税税收负担具有转嫁性

B. 消费税的税率呈现单一税率形式

C. 消费品生产企业没有对外销售的应税消费品均不征消费税

D. 消费税实行多环节课征制度

【参考答案】A

消费税属于间接税，税负较易转嫁；除卷烟和超豪华小汽车外，实行单环节课征；消费税税率采用比例、定额和复合三种形式；而生产的应税消费品即使没有对外形成销售，用于职工福利等也需视同销售缴纳消费税。

第二节　消费税的纳税人、征税范围和税率

一、消费税的纳税人和代收代缴义务人

不同情形	具体认知
1. 纳税人	在中华人民共和国境内生产、委托加工和进口应税消费品的单位和个人，以及国务院确定的销售应税消费品的其他单位和个人，为消费税纳税人 单位，是指企业、行政单位、事业单位、军事单位、社会团体及其他单位。个人，是指个体工商户及其他个人
2. 代收代缴义务人	委托加工的应税消费品，除受托方为个人外，由受托方在向委托方交货时代收代缴税款。如受托方为个人，则由委托方向其机构所在地或者居住地主管税务机关自行申报纳税

【单选题】下列选项中不属于消费税纳税义务人的是（　　）。

A. 进口小汽车的贸易公司　　B. 从事卷烟批发业务的个人

C. 零售高档化妆品的商场　　D. 生产销售成品油的企业

【参考答案】C

高档化妆品在生产销售环节征收消费税。这里要注意消费税的一个特点是征税环节的单一性，虽然对于卷烟和豪华小汽车存在加征环节，但加征环节属于特殊情形。

【判断题】企业委托个人加工的应税消费品，一律在委托方收回前在受托方所在地缴纳消费税。（　　）

【参考答案】×

委托个人加工的应税消费品，由委托方向其机构所在地或者居住地主管税务机关申报纳税。

【单选题】根据我国现行消费税的规定，纳税人委托个人加工应税消费品，由（　　）消费税。

A. 受托人代收代缴

B. 委托方收回后向其机构所在地或者居住地主管税务机关缴纳

C. 委托方收回后在受托方机构所在地缴纳

D. 不缴纳

【参考答案】B

委托个人加工的应税消费品，由委托方向其机构所在地或者居住地主管税务机关申报纳税。

二、消费税征税范围

（一）确定消费税征税范围的一般原则

确定原则	具体认知
1. 将过度消费会对人身健康、社会秩序、生态环境等方面造成危害的特殊消费品，纳入征税范围，以抑制消费	举例：卷烟、酒、鞭炮、焰火
2. 将非生活必需品、奢侈品等高档消费品，纳入征税范围，以体现多收入者多纳税，进而调节收入分配	举例：高档化妆品、贵重首饰、高尔夫球及球具、高档手表、游艇
3. 将高能耗消费品纳入征税范围，以降低能耗、减少污染	举例：小汽车、摩托车
4. 将不可再生和不可替代的稀缺资源消费品，纳入征税范围，以限制消费、节约资源	举例：成品油、实木地板、木制一次性筷子

（二）我国现行消费税征税范围

【提示】 包括在我国境内生产、委托加工和进口应税消费品，以及国务院确定的销售应税消费品（具体范围见税率知识部分）。

征税范围记忆口诀：烟酒汽摩高尔夫（男主角），珠宝化妆高档表（女主角），游艇鞭炮看焰火（约会活动），实木地板加涂料（结婚装修）。不用电池木筷，无油气摩开不跑。

【单选题】根据我国现行消费税的规定，下列消费品中属于消费税征税范围的是（　　）。

A. 香皂　　B. 竹制一次性筷子

C. 高尔夫球杆　　D. 电动汽车

【参考答案】C

小汽车属于消费税征税范围，但不包括电动汽车。每辆零售价格130万元（不含增值税）及以上的乘用车和中轻型商用客车，为超豪华小汽车，对超豪华小汽车，在生产（进口）环节按现行税率征收消费税基础上，在零售环节加征消费税，税率为10%。高尔夫球及球具属于消费税征税范围，具体包括高尔夫球、高尔夫球杆（含杆头、杆身和握把）、高尔夫球包（袋）。而香皂、竹制一次性筷子则不属于消费税征税范围。

三、税率

（一）税率的一般规定

【提示】 ①比例税率；②定额税率；③比例加定额的复合税率。

税目	子税目	税率		
		生产（进口）环节	批发环节	零售环节
一、烟	1. 卷烟 （1）甲类卷烟：每标准条（200支）调拨价格在70元（不含增值税）以上（含70元） （2）乙类卷烟：每标准条调拨价格在70元（不含增值税）以下 2. 雪茄烟 3. 烟丝	56%＋0.003元/支（复合税率） 36%＋0.003元/支（复合税率） 36% 30%	11%＋0.005元/支（复合税率）	
	卷烟每标准条200支（10包×20支/包）每标准箱50 000支（250标准条×200支/条）			

续表

税目	子税目	税率		
		生产（进口）环节	批发环节	零售环节
二、酒	1. 白酒 （复合税率） 2. 黄酒 3. 啤酒： （1）甲类啤酒：每吨出厂价（含包装物及包装物押金，不包括重复使用的塑料周转箱的押金，下同）在3 000元（含3 000元，不含增值税，下同）以上的 （2）乙类啤酒：每吨出厂价在3 000元以下的 4. 其他酒	20% +0.5元/500克（500毫升） 240元/吨 250元/吨 220元/吨 10%		
三、高档化妆品	包括高档美容、修饰类化妆品、高档护肤类化妆品和成套化妆品	15%		
四、贵重首饰及珠宝玉石	1. 金银首饰、铂金首饰和钻石及钻石饰品			5%
	2. 其他贵重首饰和珠宝玉石	10%		
五、鞭炮、焰火		15%		
六、成品油	汽油、柴油、航空煤油、石脑油、溶剂油、润滑油、燃料油	1.2元/升—1.52元/升		
七、摩托车	1. 气缸容量（排气量，下同）250毫升的 2. 气缸容量在250毫升以上的	3% 10%		
八、小汽车	1. 乘用车 2. 中轻型商用客车 3. 超豪华小汽车：是指每辆零售价格130万元（不含增值税）及以上的乘用车和中轻型商用客车	1%—40% 5% 按子税目1和2执行		10%
九、高尔夫球及球具		10%		
十、高档手表	高档手表是指销售价格（不含增值税）每只在1万元（含1万元）以上的各类手表	20%		
十一、游艇		10%		
十二、木制一次性筷子		5%		
十三、实木地板	实木地板、实木指接地板、实木复合地板、未经涂饰的素板以及用于装饰墙壁、天棚的侧端面为榫、槽的实木装饰板	5%		
十四、电池		4%		
十五、涂料		4%		

【多选题】下列消费品，属于消费税征收范围的有（　　）。

A. 酒精　　B. 护发液　　C. 合成宝石　　D. 果木酒　　E. 卡丁车

【参考答案】CD

选项 A：酒精不属于消费税征税范围。选项 B：高档化妆品征税范围包括高档美容、修饰类化妆品、高档护肤类化妆品和成套化妆品，护发液不属于高档化妆品，不征收消费税。选项 E：电动汽车、沙滩车、雪地车、卡丁车、高尔夫车不属于消费税征税范围。

【多选题】根据我国现行消费税的规定，下列说法正确的有（　　）。

A. 如果是个人受托加工应征消费税的消费品，则其不承担代收代缴消费税义务

B. 调味料酒属于黄酒，应征消费税

C. 属于从价定率计征消费税的，其出口货物的消费税应退税额的计税依据为已征且未在内销应税消费品应纳税额中抵扣的购进出口货物金额

D. 啤酒适用的定额税率有两档，在按照出厂价格确定适用的定额税率档次时，其出厂价格应包含包装物及包装物押金。上述包装物押金包括供重复使用的塑料周转箱的押金

【参考答案】AC

调味料酒不属于消费税征税范围。啤酒适用的定额税率按出厂价格的不同有两档，这里的出厂价格应包含包装物及包装物押金，但不包括供重复使用的塑料周转箱的押金。

（二）税率的特殊规定

【提示】纳税人兼营不同税率的应税消费品，应当分别核算不同税率应税消费品的销售额或销售数量，未分别核算的，从高适用税率。

纳税人将应税消费品与非应税消费品，以及适用税率不同的应税消费品组成成套消费品销售的，应根据组合产品的整体销售金额按其中应税消费品适用的最高税率征税。例如，企业将高档化妆品、护肤护发品、小工艺品等组成成套消费品销售时，则应按该成套消费品销售额以 15% 的税率征税。

【计算题】某啤酒厂生产销售的不同售价的啤酒，既有出厂价 3 600 元/吨的啤酒，也有出厂价 2 900 元/吨的啤酒，但没有分别核算两类啤酒的销售数量，在计算该厂啤酒销售应纳消费税时，如何确定其适用税率？

【参考答案】由于没有分别核算两类啤酒的销售数量，则应就两类啤酒的销售总量，一律按最高的定额税率 250 元/吨征收消费税。

【判断题】消费税的税率根据具体的消费品来确定，全部采用比例税率形式。（　　）

【参考答案】×

我国现行消费税采用了定额税率、比例税率和复合税率三种形式，不是全部采用比例税率。

【单选题】根据我国现行消费税的规定，下列消费品中实行从价定率与从量定额相结合征税办法的是（　　）。

A. 啤酒　　B. 雪茄烟　　C. 黄酒　　D. 卷烟

【参考答案】D

卷烟的生产（进口）环节、批发环节，采用比例加定额的复合税率。

【判断题】粮食白酒和啤酒征收消费税时采用复合计税方法。（　　）

【参考答案】×

目前，消费税只针对卷烟和白酒采用复合计税方法。

【判断题】消费税纳税人将应税消费品和非应税消费品组成成套消费品销售的，应根据组合产品制品的销售金额剔除非应税消费品成本价后的余额计征消费税。（　　）

【参考答案】×

纳税人将自产的应税消费品与外购或自产的非应税消费品组成套装销售的，以套装产品的销售额（不含增值税）为计税依据。

第三节　消费税应纳税额的计算

【提示】根据税率设定的不同，消费税应纳税额的计算方法分为如下三种。

税率形式	应纳税额计算方法	包括的税目
比例税率	从价定率法	除定额税率和复合征税以外的税目
定额税率	从量定额法	啤酒、黄酒、成品油
复合征税	复合计税（从价定率 + 从量定额）	卷烟、白酒

【多选题】根据现行消费税的规定，下列消费品中实行从价定率与从量定额相结合征税办法的是（　　）

A. 啤酒　　B. 卷烟　　C. 白酒　　D. 雪茄烟

【参考答案】BC

这是多项选择题的常考题点，对于复合计税的两类要牢记，不能只记烟酒不分家。记忆口诀：卷烟白酒复合税。

【多选题】消费税的计税方法有（　　）。

A. 从量定额法　　B. 按年计税法

C. 从价从量复合计税法　　D. 从价定率法

【参考答案】ACD

目前我国消费税采用从价定率、从量定额、从价从量复合计税三种方法。

一、从价定率法下的应纳税额的计算

（一）计算公式

应纳税额 = 销售额 × 比例税率

（二）销售额的确定

不同规定	具体认知
1. 一般规定	消费税和增值税实行叠加征收，消费税实行价内税，增值税实行价外税 消费税的计税销售额为销售应税消费品从购买方收取的全部价款和价外费用 （1）价外费用：价外向购买方收取的手续费、补贴、基金、集资费、返还利润、奖励费、违约金、滞纳金、延期付款利息、赔偿金、代收款项、代垫款项、包装费、包装物租金、储备费、优质费、运输装卸费以及其他各种性质的价外收费 不包括以下两种情形： 第一种情形：同时符合以下条件的代垫运输费用 ①承运部门的运输费用发票开具给购买方的 ②纳税人将该项发票转交给购买方的 第二种情形：同时符合以下条件代为收取的政府性基金或者行政事业性收费 ①由国务院或者财政部批准设立的政府性基金，由国务院或者省级人民政府及其财政、价格主管部门批准设立的行政事业性收费 ②收取时开具省级以上财政部门印制的财政票据 ③所收款项全额上缴财政 （2）销售额不包括应向购货方收取的增值税税款 换算公式：应税消费品的销售额 = 含增值税的销售额 ÷（1 + 增值税税率或者征收率）
2. 特殊情形	（1）通过非独立核算门市销售的 纳税人通过自设非独立核算门市部销售的自产应税消费品，应当按照门市部对外销售额计算征收消费税 （2）特殊交易方式的 纳税人自产的应税消费品用于换取生产资料和消费资料、投资入股和抵偿债务等方面，应当按纳税人同类应税消费品的最高销售价格作为计税依据。 **【回忆】** 增值税按照平均价格作为计税依据 （3）计税价格明显偏低且无正当理由的 纳税人应税消费品的计税价格明显偏低且无正当理由的，由主管税务机关核定其计税价格。

续表

不同规定	具体认知
	①卷烟、白酒和小汽车的计税价格由国家税务总局核定，送财政部备案 ②其他应税消费品的计税价格由省、自治区和直辖市税务局核定 ③进口的应税消费品的计税价格由海关核定 （4）以外币结算的 纳税人销售的应税消费品，以人民币以外的货币结算销售额的，其销售额的人民币折合率可以选择销售额发生的当天或者当月 1 日的人民币汇率中间价。纳税人应在事先确定采用何种折合率，确定后 1 年内不得变更

【计算题】2022 年 7 月，某日化厂将高档化妆品、小工艺品等组成化妆品礼盒销售，开出增值税专用发票，价税合计金额 150 万元（其中外购小工艺品价值 12 万元）。要求：计算该厂 7 月应缴纳的消费税。

【参考答案】

纳税人将应税消费品与非应税消费品，以及适用税率不同的应税消费品组成成套消费品销售的，应根据组合产品的销售金额按应税消费品中适用税率最高的消费品税率征税。应缴纳的消费税 $=150\div(1+13\%)\times15\%=19.91$（万元）。

【判断题】从税制设计原理看，增值税是价外税，消费税是价内税。所以，如果某一应税行为同时缴纳增值税与消费税，则两者计税依据完全不同。（　　）

【参考答案】×

消费税是价内税，即消费税税额包含在消费品的价格内；增值税是价外税，税基不含增值税。如果某一应税行为同时缴纳增值税和消费税，且从价计征的话，则两者计税依据基本相同。

【判断题】我国现行增值税实行价外计征，即以不含税价格作为计税依据。所谓“不含税”，就是指包含增值税而不含消费税。（　　）

【参考答案】×

消费税的特点之一是价内税，即消费税包含在消费品的价格内，而增值税是价外税，税基不含增值税。

【单选题】关于应税消费品销售额的确定，下列表述不正确的是（　　）。

A. 应税消费品的销售额不包括向购买方收取的增值税款

B. 随同应税消费品出售的包装物，无论是否单独计价也无论会计上如何核算，均应并入销售额中征收消费税

C. 对酒类产品生产企业销售酒类产品而收取的包装物押金，因逾期未收回包装物

而不再退还的押金，应并入酒类产品销售额中征收消费税

D. 随同应税消费品出售的包装物，其适用的消费税税率和应税消费品的消费税税率相同

【参考答案】C

应税消费品连同包装物销售的，无论包装物是否单独计价以及在会计上如何核算，均应并入应税消费品的销售额中缴纳消费税。对酒类产品生产企业销售除啤酒、黄酒以外的酒类产品而收取的包装物押金，无论押金是否返还及会计上如何核算，均需并入酒类产品销售额中依酒类产品的适用税率征收消费税。

【判断题】某日化厂（增值税一般纳税人），下设一非独立核算的销售门市部。2021 年 7 月假设该日化厂调拨给该门市部高档化妆品不含增值税价款 550 000 元、洗涤用品不含增值税价款 310 000 元。门市部当月零售高档化妆品，取得含增值税销售价款 672 000 元；零售洗涤用品，取得含增值税销售价款 420 000 元。则该日化厂当月应缴纳消费税 82 500 元。（　）

【参考答案】×

纳税人通过自设非独立核算门市部销售的自产应税消费品，应按照门市部对外销售额或者销售数量征收消费税。应缴纳消费税 $=672\,000\div(1+13\%)\times15\%=89\,203.54$（元）。

【多选题】假设 2022 年 7 月某汽车制造厂（一般纳税人）发生一笔业务：用自产小汽车（排量 1.6 升）10 辆向某钢厂等价换取钢材 200 吨。该厂生产的同型号小汽车当月销售价格分别有 10 万元/辆、9.8 万元/辆、9.5 万元/辆三种价格，销售数量分别为 8 辆、13 辆和 35 辆。以上价格均不含税，则就该笔互换业务的税务处理，下列说法正确的有（　）（消费税税率为 5%）。

A. 应缴纳的消费税为 4.89 万元

B. 应缴纳的消费税为 5 万元

C. 增值税销项税额为 12.53 万元

D. 应缴纳的消费税为 0

【参考答案】BC

用应税消费品换取生产资料和消费资料、投资入股和抵偿债务等方面的，计算消费税时应按照同类消费品最高售价，但增值税按照平均价格。应缴纳的消费税 $=10\times10\times5\%=5$（万元），增值税销项税额 $=(10\times8+9.8\times13+9.5\times35)\div(8+13+35)\times10\times13\%=12.53$（万元）。

二、从量定额法下应纳税额的计算

（一）计算公式

应纳税额 = 销售数量 × 定额税率

（二）销售数量的确定

不同情形	具体认知
1. 销售应税消费品的	应税消费品的销售数量
2. 自产自用应税消费品的	应税消费品的移送使用数量
3. 委托加工应税消费品的	纳税人收回的应税消费品数量
4. 进口的应税消费品	海关核定的应税消费品进口征税数量
5. 纳税人通过自设非独立核算门市部销售的自产应税消费品	门市部对外销售数量

【计算题】某炼化企业 2021 年 7 月销售汽油 200 吨、柴油 100 吨，共取得不含增值税销售额 250 万元。已知：汽油消费税税率为 1.52 元/升，柴油消费税税率为 1.2 元/升。汽油 1 吨 =1 388 升；柴油 1 吨 =1 176 升。要求计算该厂 7 月应缴纳的消费税。

【参考答案】

由于汽油、柴油是以升作为计税单位，因此，在计算应缴纳的消费税时需要先进行计量单位换算，然后据以计算应缴纳的消费税。

汽油应缴纳的消费税 =200 吨 ×1 388 升/吨 ×1.52 元/升 =421 952（元）

柴油应缴纳的消费税 =100 吨 ×1 176 升/吨 ×1.2 元/升 =141 120（元）

该月合计应缴纳的消费税 =421 952 +141 120 =563 072（元）

【单选题】关于从量计征消费税的基本规定，下列说法正确的是（　　）。

A. 委托加工以受托方核定的数量为计税依据

B. 自产自用以移送使用数量为计税依据

C. 生产销售以库存数量为计税依据

D. 进口销售以实际成交数量为计税依据

【参考答案】B

适用从量计税方法的，其计税依据为：销售应税消费品的，为应税消费品的销售数量；自产自用应税消费品的，为应税消费品的移送使用数量；委托加工应税消费品的，为纳税人收回的应税消费品数量；进口的应税消费品，为海关核定的应税消费品进口征税数量。

【单选题】2022 年 10 月，某酒类产品制造商某月生产啤酒 1 500 吨，当月销售 1 000 吨啤酒，共获得含增值税的销售收入 117 万元。其应纳消费税的计税依据是（　　）。

A. 117 万元　　B. 1 000 吨　　C. 100 万元　　D. 854.70 吨

【参考答案】B

啤酒从量计征，其计税依据为啤酒的销售数量。

【单选题】假设某黄酒厂（增值税一般纳税人）2021 年 7 月销售优质黄酒 300 吨，每吨不含税售价 5 000 元，黄酒消费税税率为 240 元/吨，当期允许抵扣的进项税额为 10 万元。则该厂 7 月应缴纳的增值税和消费税为（　　）万元。

A. 16.7　　B. 25.5　　C. 31.2　　D. 32.7

【参考答案】A

增值税一般纳税人应纳增值税额 = 销项税额 - 进项税额，而黄酒的消费税属于从量计征。因此，应缴纳的增值税和消费税合计 = 0.5（5 000 元转换为 0.5 万元）× 300 × 13% - 10 + 0.024（转换为万元）× 300 = 16.7（万元）。

三、复合计税法下应纳税额的计算

应纳税额 = 销售额 × 比例税率 + 销售数量 × 定额税率

【计算题】某白酒厂 2021 年 7 月销售粮食白酒 1 200 吨，每吨不含增值税售价 6 000 元。已知：白酒消费税税率为 20% 加 0.5 元/500 克。要求计算该厂 7 月应缴纳的消费税。

【参考答案】

白酒适用复合税率，所以消费税应纳税额的计算分为两部分：

（1）从量计算部分的消费税 = 1 200 × 1 000（1吨为1 000千克）×（2 × 0.5元）（每千克为1元）÷ 10 000（将元转换为万元）= 120（万元）

（2）从价计算部分的消费税 = 6 000（售价，元）× 1 200（销售量）× 20% ÷ 10 000（将元转换为万元）= 144（万元）

（3）合计应缴纳的消费税 = 120 + 144 = 264（万元）

【多选题】下列外购应税消费品已纳消费税可抵扣消费税税款的情形有（　　）。

A. 用外购已税烟丝为原料生产的卷烟

B. 用外购已税汽油为原料生产的汽油

C. 用外购已税酒精为原料生产的白酒

D. 用外购已税实木地板为原料生产的实木地板

【参考答案】ABD

用外购已税酒精为原料生产的白酒，已纳消费税不得抵扣消费税税款。

四、应纳税额计算的特殊规定

（一）外购应税消费品已纳消费税的扣除

【提示】为避免重复征税，规定纳税人将外购（含进口）已税消费品用于连续生产应税消费品的，在销售实现计算应纳消费税时准予按当期生产领用数量计算扣除外购的应税消费品已纳消费税。

抵扣规定	具体认知
1. 可抵扣税款的情形	①用外购已税烟丝为原料生产卷烟 ②用外购已税高档化妆品为原料生产高档化妆品 ③用外购已税珠宝玉石为原料生产贵重首饰及珠宝玉石 【例外】纳税人用外购的已税珠宝玉石生产的改在零售环节征收消费税的金银首饰（镶嵌首饰），在计税时一律不得扣除外购珠宝玉石的已纳消费税税款 ④用外购已税鞭炮、焰火为原料生产鞭炮、焰火 ⑤用外购已税汽油、柴油为原料生产汽油、柴油 ⑥用外购已税石脑油、燃料油生产应税消费品 ⑦用外购已税润滑油生产润滑油 ⑧用外购已税木制一次性筷子为原料生产木制一次性筷子 ⑨用外购已税杆头、杆身和握把为原料生产高尔夫球杆 ⑩用外购已税实木地板为原料生产实木地板
2. 抵扣税款的计算方法	①外购应税消费品实行从价定率计税法的 当期准予扣除外购应税消费品已纳税款 = 当期准予扣除外购应税消费品买价 × 外购应税消费品适用税率 当期准予扣除外购应税消费品买价 = 期初库存外购应税消费品买价 + 当期购进的外购应税消费品买价 - 期末库存的外购应税消费品买价 ②外购应税消费品实行从量定额计税法的 当期准予扣除的外购应税消费品已纳税款 = 当期准予扣除外购应税消费品数量 × 外购应税消费品单位税额 当期准予扣除外购应税消费品数量 = 期初库存外购应税消费品数量 + 当期购进外购应税消费品数量 - 期末库存外购应税消费品数量 ③进口应税消费品的 当期准予扣除的进口应税消费品已纳税款 = 期初库存的进口应税消费品已纳税款 + 当期进口应税消费品已纳税款 - 期末库存的进口应税消费品已纳税款
3. 抵扣凭证的要求	①外购应税消费品连续生产应税消费品 纳税人从增值税一般纳税人处购进应税消费品的，以取得的增值税专用发票（含销货清单）为抵扣凭证，未提供不予扣除 纳税人从小规模纳税人购进应税消费品，外购应税消费品的抵扣凭证为主管税务机关代开的增值税专用发票 ②进口应税消费品连续生产应税消费品 进口应税消费品的抵扣凭证为《海关进口消费税专用缴款书》，不提供不予抵扣

【单选题】生产企业以外购应税消费品连续生产应税消费品，下列准予扣除外购应税消费品已纳消费税税款的是（　　）。

A. 已税摩托车生产的摩托车　　B. 已税白酒生产的白酒

C. 已税烟丝生产的卷烟　　D. 已税珠宝玉石生产的金银镶嵌首饰

【参考答案】C

用已税消费品连续生产应税消费品的，允许抵扣税额的税目从大类上看，原则上不包括酒（葡萄酒除外）、小汽车、高档手表、游艇、涂料、摩托车。从允许抵扣项目的子目上看，不包括雪茄烟、溶剂油、航空煤油。选项 ABD 不属于外购应税消费品已纳税款扣除的范围。

【计算题】2021 年 7 月，某家化厂用外购已税香水为原料加工生产高档化妆品“幻影香水 2 号”。本月外购已税香水 60 万元（不含增值税），本月期初库存外购香水 15 万元，月末库存外购香水 20 万元。该厂本月销售“幻影香水 2 号”取得销售额合计 78 万元（不含增值税）。要求：计算该厂当月应缴纳的消费税。

【参考答案】

纳税人将外购（含进口）已税消费品用于连续生产应税消费品的，在销售实现计算应纳消费税时准予按当期生产领用数量计算扣除外购的应税消费品已纳消费税。

（1）当月准予扣除的外购香水的买价 = 60（期初库存）+ 15（当期购进）− 20（期末库存）= 55（万元）

（2）当月准予扣除的外购香水的已纳消费税税款 = 55 × 15% = 8.25（万元）

（3）应缴纳的消费税 = 78（销售额）× 15% − 8.25 = 3.45（万元）

（二）自产自用的应税消费品应纳税额的计算

价格和公式	具体认知
1. 同类消费税的销售价格的确定	①有同类按同类 纳税人或者代收代缴义务人当月销售的同类消费品的销售价格 ②同类价格不等 如果当月同类消费品各期销售价格高低不同，应按销售数量加权平均计算 有下列情形之一，不得列入加权平均计算： A. 销售价格明显偏低且无正当理由的 B. 无销售价格的 ③当月无销售或当月未完结 应按照同类消费品上月或者最近月份的销售价格计算纳税
2. 组成计税价格的确定	①实行从价定率办法计算纳税的 计算公式：组成计税价格 =（成本 + 利润）÷（1 − 比例税率） ②实行复合计税办法计算纳税的 计算公式：组成计税价格 =（成本 + 利润 + 自产自用数量 × 定额税率）÷（1 − 比例税率） ③公式名词解释 成本，是指应税消费品的产品生产成本 利润，是指根据应税消费品的全国平均成本利润率计算的利润 应税消费品全国平均成本利润率由国家税务总局确定

【计算题】2021 年 7 月，某家化企业特别生产了一批成套化妆品发放给本厂职工作为节日福利。无同类产品销售价格，生产成本为 3.5 万元。

国家税务总局核定的该产品成本利润率为 5%。计算该笔业务应缴纳的消费税。

【参考答案】

纳税人自产自用的应税消费品，没有同类消费品销售价格的，按照组成计税价格计算纳税。

组成计税价格 =3.5 ×（1 +5%）÷（1 -15%）=4.32（万元）

应纳税额 =4.32 ×15% =0.65（万元）

【判断题】纳税人自产自用的应税消费品，属于从价计征消费税的，如果没有同类消费品销售价格的，消费税按照组成计税价格计算缴纳。（　　）

【参考答案】√

纳税人自产自用的应税消费品，按照纳税人生产的同类消费品的销售价格计算纳税；没有同类消费品销售价格的，按照组成计税价格计算纳税。

【判断题】某汽车厂将三辆 A 型小轿车奖励给有突出贡献的职工。该厂当月有同类 A 型小轿车销售，但价格不等。这种情况既要缴纳消费税又要缴纳增值税，并按照当月 A 型小轿车的平均价格作为增值税和消费税的计税销售额。（　　）

【参考答案】√

这种情况在两个税种中均属于视同销售，按照当月同类产品平均售价计算缴纳消费税和增值税。

【单选题】纳税人自产自用应税消费品，实行复合计税办法计算应纳消费税的，其组成计税价格计算公式是（　　）。

A. 组成计税价格 =（成本 + 利润）÷（1 - 比例税率）

B. 组成计税价格 =（成本 + 利润 + 自产自用数量 × 定额税率）÷（1 - 比例税率）

C. 组成计税价格 = 成本 ×（1 + 成本利润率）÷（1 - 比例税率）

D. 组成计税价格 = 成本 + 利润

【参考答案】B

实行复合计税办法的应纳消费税 = 销售额 × 比例税率 + 销售数量 × 定额税率。由于消费税是价内税，计税价格含有消费税，因此采用复合计税的，其组成计税价格既应包含从价计征的消费税，也应包含从量计征的消费税。

（三）委托加工的应税消费品应纳税额的计算

公式和后续处理	具体认知
1. 组成计税价格的确定	①实行从价定率办法计算纳税的 计算公式：组成计税价格 =（材料成本 + 加工费）÷（1 − 比例税率） ②实行复合计税办法计算纳税的 计算公式：组成计税价格 =（材料成本 + 加工费 + 委托加工数量 × 定额税率）÷（1 − 比例税率） ③公式名词解释 材料成本，是指委托方所提供加工材料的实际成本。委托加工应税消费品的纳税人，必须在委托加工合同上如实注明（或者以其他方式提供）材料成本，凡未提供材料成本的，受托方主管税务机关有权核定其材料成本 加工费，是指受托方加工应税消费品向委托方所收取的全部费用（包括代垫辅助材料的实际成本）
2. 委托方收回后的消费税处理	对受托方已代扣代缴消费税的应税消费品，委托方收回后直接销售的，不再征收消费税 收回后用于连续生产应税消费品的，在销售实现时计算缴纳消费税，但准予按当期生产领用数量计算扣除委托加工收回的应税消费品已代收代缴的消费税

委托方收回应税消费品准予计算扣除的相关规定。

抵扣规定	具体认知
1. 可抵扣税款的情形	①用委托加工收回的已税烟丝为原料生产卷烟 ②用委托加工收回的已税高档化妆品为原料生产高档化妆品 ③用委托加工收回的已税珠宝玉石为原料生产贵重首饰及珠宝玉石【注意：纳税人用委托加工收回的已税珠宝玉石生产的改在零售环节征收消费税的金银首饰（镶嵌首饰），在计税时一律不得扣除收回的珠宝玉石已缴纳的消费税税款】 ④用委托加工收回的已税鞭炮、焰火为原料生产鞭炮、焰火 ⑤用委托加工收回的已税汽油、柴油为原料生产汽油、柴油 ⑥用委托加工收回的已税石脑油、燃料油生产应税消费品 ⑦用委托加工收回的已税润滑油生产润滑油 ⑧用委托加工收回的已税木制一次性筷子为原料生产木制一次性筷子 ⑨用委托加工收回的已税杆头、杆身和握把为原料生产高尔夫球杆 ⑩用委托加工收回的已税实木地板为原料生产实木地板
2. 抵扣税款的计算方法	当期准予扣除的委托加工应税消费品已纳税款 = 期初库存的委托加工应税消费品已纳税款 + 当期收回的委托加工应税消费品已纳税款 − 期末库存的委托加工应税消费品已纳税款 委托加工应税消费品已纳税款为代扣代收税款凭证注明的受托方代收代缴的消费税
3. 抵扣凭证的要求	委托加工收回应税消费品的抵扣凭证为代扣代收税款凭证，纳税人未提供代扣代收税款凭证的，不予扣除受托方代收代缴的消费税

【单选题】甲企业委托乙企业加工一批高档化妆品，甲企业提供原料及主要材料，实际成本为 44 000 元（不含增值税），支付给乙企业不含税加工费 5 000 元（其中包括乙企业代垫的辅助材料 1 000 元），乙企业无同类高档化妆品的不含税售价。则乙企业

代收代缴的消费税额为（　　）元。

A. 8 647.06　　B. 10 571.43　　C. 7 700　　D. 6 200

【参考答案】A

代收代缴消费税计税依据首选受托方同类产品售价，没有则按照“组成计税价”。实行从价定率办法计税的组成计税价格 =（材料成本 + 加工费）÷（1 − 比例税率）。其中“材料成本”含代垫辅料。应代收代缴消费税 =（44 000 + 5 000）÷（1 − 15%）× 15% = 8 647.06（元）。

【判断题】纳税人收回已代扣代缴消费税的委托加工应税消费品，将其直接出售，无论售价高低，均不再缴纳消费税。（　　）

【参考答案】×

委托方将收回的应税消费品，以不高于受托方的计税价格出售的，为直接出售，不再缴纳消费税；以高于受托方的计税价格出售的，不属于直接出售，需按照规定申报缴纳消费税。

【单选题】纳税人用委托加工收回的实木地板连续生产实木地板，将连续生产出的实木地板销售后在计算缴纳消费税时，对受托方已代收代缴的消费税税款的税务处理办法是（　　）。

A. 对收回的委托加工应税消费品当期生产领用部分的已纳税款予以扣除

B. 该已纳税款当期可扣除 50%

C. 该已纳税款不得扣除

D. 该已纳税款当期可全部扣除

【参考答案】A

委托加工应税消费品，如收回后用于连续生产应税消费品，在销售实现计算应纳消费税时，属于可以扣除受托方已代收代缴的消费税的，应按当期生产领用数量计算扣除。

【综合题】甲木制品厂为增值税一般纳税人，主要从事实木地板生产销售业务，2021 年 2 月发生下列业务：

①外购一批实木素板，取得增值税专用发票注明金额 120 万元；另支付运费 2 万元，取得增值税普通发票。

②将上述外购已税素板 30% 连续生产 A 型实木地板，当月对外销售取得不含税销售额 60 万元。

③将上述外购已税素板 30% 委托乙厂加工 B 型实木地板，当月加工完毕全部收回，

乙厂收取不含税加工费5万元，开具增值税专用发票。乙厂同类实木地板不含税售价为65万元。

④将外购的材料成本为48.8万元的原木移送丙厂，委托加工C型实木地板，丙厂收取不含税加工费8万元，开具增值税专用发票。丙厂无同类实木地板售价。当月加工完毕甲厂全部收回后，对外销售70%，取得不含税销售额70万元，其余30%留存仓库。

⑤主管税务机关3月初对甲厂进行税务检查时发现，乙厂已按规定计算代收代缴消费税，但丙厂未履行代收代缴消费税义务。

根据上述资料，回答下列问题：

（1）将外购已税素板30%连续生产A型实木地板，甲厂应缴纳消费税（　　）万元。

A. 2.97　　B. 1.17　　C. 1.20　　D. 3.00

【参考答案】C

以外购的已税实木地板为原料生产实木地板，外购实木地板已纳的消费税准予扣除，甲厂应缴纳消费税 $=60\times5\%-120\times30\%\times5\%=1.20$（万元）。

（2）将上述外购已税素板30%委托乙厂加工B型实木地板，当月加工完毕全部收回，乙厂收取不含税加工费5万元，开具增值税专用发票。乙厂同类实木地板不含税售价为65万元。乙厂应代收代缴消费税（　　）万元。

A. 2.16　　B. 2.19　　C. 3.25　　D. 6.58

【参考答案】C

①委托加工的应税消费品，有受托方同类消费品销售价格的，按照受托方的同类消费品的销售价格计算纳税。②乙厂应代收代缴的消费税 $=65\times5\%=3.25$（万元）。

（3）将外购的材料成本为48.8万元的原木移送丙厂，委托加工C型实木地板，丙厂收取不含税加工费8万元，开具增值税专用发票。丙厂无同类实木地板售价。当月加工完毕甲厂全部收回后，对外销售70%，取得不含税销售额70万元，其余30%留存仓库。主管税务机关3月初对甲厂进行税务检查时发现，丙厂未履行代收代缴消费税义务。甲厂销售C型实木地板应缴纳消费税（　　）万元。

A. 1.99　　B. 1.80　　C. 2.09　　D. 3.50

【参考答案】D

丙厂未代收代缴消费税，应由甲厂收回后补缴税款，对于收回的应税消费品已直接销售，按销售额计税补征。甲厂销售C型实木地板应纳消费税 $=70\times5\%=3.50$（万元）。

（4）甲厂留存仓库的C型实木地板应缴纳消费税（　　）万元。

A. 0　　B. 0.77　　C. 0.90　　D. 1.50

【参考答案】C

丙厂未代收代缴消费税，应由甲厂收回后补缴税款，对于收回的应税消费品尚未销售或用于连续生产等，按组成计税价格计税补征。甲厂留存仓库的 C 型实木地板应缴纳消费税 =(48.8 +8) ÷(1 −5%) ×30% ×5% =0.90（万元）。

（四）进口应税消费品应纳税额的计算

进口的应税消费品，按照组成计税价格计算纳税。

不同情形	组成计税价格
1. 实行从价定率办法	组成计税价格 =(关税完税价格 + 关税) ÷(1 − 消费税比例税率)
2. 实行复合计税办法	组成计税价格 =(关税完税价格 + 关税 + 进口数量 × 消费税定额税率) ÷(1 − 消费税比例税率)
【名词解释】关税完税价格，是指海关核定的关税计税价格	

【计算题】2021 年 4 月，M 公司从韩国进口一批高档化妆品，海关核定的关税完税价格为 36 000 元，进口关税税率为 16%。计算该公司进口环节应缴纳的消费税。

【参考答案】

组成计税价格 =(36 000 +36 000 ×16%) ÷(1 −15%) =49 129.41（元）

应缴纳的消费税 =49 129.41 ×15% =7 369.41（元）

【单选题】进口的应税消费品，实行从价定率办法计算应纳税额，计算纳税完税价格是（　　）。

A. 完税价格　　B. 到岸价格　　C. 组成计税价格　　D. 离岸价格

【参考答案】C

进口应税消费品，按照组成计税价格计算纳税。

【单选题】甲企业进口汽缸容量 250 毫升的摩托车一批，海关核定的关税完税价格为 40 000 元，关税税率为 20%，消费税税率为 3%。则该批摩托车进口环节应缴纳的消费税为（　　）元。

A. 1 200　　B. 1 440　　C. 1 484.54　　D. 1 398.06

【参考答案】C

进口的应税消费品，按照组成计税价格计税，实行从价定率办法计税的组成计税价格 =(关税完税价格 + 关税) ÷(1 − 消费税比例税率)。据此，应缴纳的消费税 =(40 000 +40 000 ×20%) ÷(1 −3%) ×3% =1 484.54（元）。

（五）卷烟批发环节应纳税额的计算

不同情形	具体认知
1. 在卷烟批发环节加征一道消费税的规定	在中华人民共和国境内从事卷烟批发业务的单位和个人，应就其批发销售的所有牌号规格的卷烟的销售额（不含增值税）按照11%税率，并按0.005元/支加征从量税
2. 卷烟批发环节消费税应纳税额	应纳税额 = 销售额 ×11% + 销售数量（支）×0.005元/支 卷烟消费税在生产和批发两个环节征收后，批发企业在计算纳税时不得扣除已含的生产环节的消费税税款
3. 纳税人兼营卷烟批发和零售业务的	应当分别核算批发和零售环节的销售额、销售数量 未分别核算批发和零售环节销售额、销售数量的，按照全部销售额、销售数量计征批发环节消费税

【判断题】卷烟在生产和批发两个环节均征收消费税，但批发企业在计算纳税时不得扣除已含的生产环节的消费税税款。（　　）

【参考答案】√

卷烟消费税在生产和批发两个环节征收后，批发企业在计算纳税时不得扣除已含的生产环节的消费税税款。

（六）金银首饰零售环节应纳税额的计算

纳税人零售金银首饰，其计税依据的确定与前述基本一致，但有以下两种特殊情况。

业务事项	税务处理
1. 纳税人采用以旧换新（含翻新改制）方式销售的金银首饰	应按实际收取的不含增值税的全部价款确定计税依据征收消费税
2. 金银首饰消费税改变纳税环节后，用外购已税珠宝玉石生产的镶嵌首饰	在计税时一律不得扣除已纳的消费税税款

【单选题】某金店为增值税一般纳税人。2022年4月采取以旧换新方式零售金银首饰，向顾客收取差价20万元。已知旧款金银首饰回收折价5万元。该金店当月增值税销项税额（　　）万元。

A. 0.58　　B. 1.73　　C. 2.30　　D. 2.88

【参考答案】C

纳税人采用以旧换新（含翻新改制）方式销售的金银首饰，应按实际收取的不含增值税的全部价款确定计税依据征收消费税。该金店当月增值税销项税额 = 20 ÷（1 + 13%）×13% = 2.30（万元）。

【单选题】纳税人采用以旧换新方式销售的金银首饰，征收消费税的计税依据是（　　）。

A. 不得扣除换回旧首饰价款，按照销售金银首饰的含增值税的全部价款

B. 不得扣除换回旧首饰价款，按照销售金银首饰的不含增值税的全部价款

C. 按照实际收取的不含增值税的全部价款

D. 扣除换回旧首饰价款，按照实际收取的含增值税的全部价款

【参考答案】C

纳税人采用以旧换新（含翻新改制）方式销售的金银首饰，应按实际收取的不含增值税的全部价款确定计税依据征收消费税。

【多选题】下列关于金银首饰征收消费税的说法中，正确的有（　　）。

A. 金银首饰的纳税人是境内从事金银首饰零售业务的单位和个人

B. 经营单位将金银首饰用于职工福利视同零售业务

C. 带料加工的金银首饰，应按委托方收回金银首饰的销售价格确定计税依据

D. 纳税人销售的金银首饰的计税依据为含消费税的销售额

【参考答案】ABD

带料加工的金银首饰，应按受托方销售同类金银首饰的销售价格确定计税依据征收消费税。没有同类金银首饰销售价格，按照组成计税价格计算纳税。组成计税价格 =（材料成本 + 加工费）÷（1 − 比例税率）。

【计算题】2021 年 6 月，某金店（增值税一般纳税人）采取以旧换新方式销售 24K 纯金项链 1 条，新项链对外销售价格 5 000 元，旧项链作价 3 000 元，从消费者手中收取新旧差价款 2 000 元，开具普通发票，发票上注明的金额为 2 000 元；

并以同一方式销售某品牌金表 2 块，此表对外零售价每块 3 500 元，旧表作价 50 元，开具普通发票，发票上注明的单价为 3 500 元。

要求：计算该金店当月增值税销项税额和应缴纳的消费税。

【参考答案】纳税人采用以旧换新方式销售的金银首饰，应按实际收取的不含增值税的全部价款确定消费税计税依据。金表不属于改在零售环节征税的金银首饰，故无须计算缴纳消费税，但增值税是对在中华人民共和国境内销售货物普遍征收，所以，销售金表需要缴纳增值税。

（1）增值税销项税额 =［2 000（以旧换新销售金银首饰含税差价款）+ 3 500（金表含税零售额）×2］÷（1 + 13%）×13% = 1 035.40（元）

（2）应缴纳的消费税 = 2 000 ÷（1 + 13%）×5% = 88.50（元）

（七）超豪华小汽车零售环节应纳税额的计算

不同情形	具体认知
1. 在零售环节加征消费税的规定	超豪华小汽车，在生产（进口）环节按现行税率征收消费税基础上，在零售环节加征消费税，税率为10% 超豪华小汽车的纳税人为销售给消费者的单位和个人
2. 零售环节消费税应纳税额	应纳税额＝零售环节销售额（不含增值税）×零售环节税率
3. 国内汽车生产企业直接销售给消费者的超豪华小汽车	消费税税率按照生产环节税率和零售环节税率加总计算 应纳税额＝销售额（不含增值税）×（生产环节税率＋零售环节税率）

【单选题】关于对超豪华小汽车征收消费税的规定，下列说法正确的是（　　）。

A. 征税对象是每辆零售价格130万元（含增值税）及以上的小汽车

B. 纳税环节是生产环节和零售环节

C. 纳税人是消费者

D. 计税价格是不含消费税的计税销售价格

【参考答案】B

选项A，超豪华小汽车为每辆零售价格130万元（不含增值税）及以上的乘用车和中轻型商用客车。选项C，超豪华小汽车的消费税纳税人为销售方，购买方（消费者）不是消费税的纳税人。选项D，超豪华小汽车的计税价格是含消费税不含增值税的计税销售价格。

第四节　消费税征收管理

一、纳税义务发生时间

不同情形	具体认知
1. 纳税人销售的应税消费品	①采取赊销和分期收款结算方式的 为书面合同规定的收款日期的当天 书面合同没有约定收款日期或者无书面合同的，为发出应税消费品的当天 ②采取预收货款结算方式的 为发出应税消费品的当天 ③采取托收承付和委托银行结算方式的 为发出应税消费品并办妥托收手续的当天 ④采取其他结算方式的 为收讫销售款或者取得索取销售款凭据的当天

续表

不同情形	具体认知
2. 纳税人自产自用的应税消费品	纳税义务发生的时间，为移送使用的当天
3. 纳税人委托加工的应税消费品	纳税义务发生的时间，为纳税人提货的当天
4. 纳税人进口的应税消费品	纳税义务发生的时间，为报关进口的当天

【多选题】关于消费税纳税义务发生时间，下列表述正确的有（　　）。

A. 某酒厂销售葡萄酒 20 箱，直接收取价款 4 800 元，其纳税义务发生时间为收款当天

B. 某烟花企业采用托收承付结算方式销售焰火，其纳税义务发生时间为发出焰火并办妥托收手续的当天

C. 某高档化妆品厂采用赊销方式销售高档化妆品，书面合同规定收款日期为 6 月 23 日，7 月 20 日收到货款，纳税义务发生时间为 6 月 23 日

D. 某高档手表厂采取预收货款方式销售高档手表，其纳税义务发生时间为销售合同规定的收款日期的当天

【参考答案】ABC

纳税人销售应税消费品的，其纳税义务发生的时间按不同的销售结算方式分别为：①纳税人采取赊销和分期收款结算方式的，为书面合同约定的收款日期的当天。书面合同没有约定收款日期或者无书面合同的，为发出应税消费品的当天。②纳税人采取预收货款结算方式的，为发出应税消费品的当天。③纳税人采取托收承付和委托银行收款方式的，为发出应税消费品并办妥托收手续的当天。④纳税人采取其他结算方式的，为收讫销售款或者取得索取销售款凭据的当天。

【单选题】下列各项中，不符合消费税纳税义务发生时间规定的是（　　）。

A. 进口的应税消费品，为报关进口的当天

B. 自产自用的应税消费品，为移送使用的当天

C. 采取预收货款结算方式的，为发出应税消费品的当天

D. 委托加工的应税消费品，为支付加工费的当天

【参考答案】D

纳税人委托加工应税消费品的，纳税义务发生时间为纳税人提货的当天。

【多选题】关于消费税纳税义务发生时间的说法，正确的有（　　）。

A. 采取预收货款结算方式的，纳税义务发生时间为收到预收货款的当天
B. 纳税人自产自用的应税消费品，纳税义务发生时间为移送使用的当天
C. 采取分期收款结算方式的，纳税义务发生时间为货物发出的当天
D. 纳税人委托加工的应税消费品，纳税义务发生时间为纳税人提货的当天
【参考答案】BD

采取赊销和分期收款结算方式的，纳税义务发生的时间为书面合同约定的收款日期的当天；书面合同没有约定收款日期或者无书面合同的，为发出应税消费品的当天。采取预收货款结算方式的，纳税义务发生的时间为发出应税消费品的当天。纳税人自产自用的应税消费品，纳税义务发生的时间为移送使用的当天。纳税人委托加工的应税消费品，纳税义务发生的时间为纳税人提货的当天。

二、纳税期限（与增值税相同，可联合记忆）

期限	具体认知
1. 纳税期限	分别为1日、3日、5日、10日、15日、1个月或者1个季度 纳税人的具体纳税期限，由主管税务机关根据纳税人应纳税额的大小分别核定 不能按照固定期限纳税的，可以按次纳税
2. 申报期限	纳税人以1个月或者1个季度为1个纳税期的，自期满之日起15日内申报纳税 以1日、3日、5日、10日或者15日为1个纳税期的，自期满之日起5日内预缴税款，于次月1日起15日内申报纳税并结清上月应纳税款 纳税人进口货物，应当自海关填发海关进口消费税专用缴款书之日起15日内缴纳税款

三、纳税地点

不同情形	纳税地点
1. 固定业户	纳税人销售的应税消费品，以及自产自用的应税消费品，除国务院财政、税务主管部门另有规定外，应当向纳税人机构所在地或者居住地的主管税务机关申报纳税 ①纳税人的总机构与分支机构不在同一县（市）的，应当分别向各自机构所在地的主管税务机关申报纳税 ②经财政部、国家税务总局或者其授权的财政、税务机关批准，可以由总机构汇总向总机构所在地的主管税务机关申报纳税（选择性） ③卷烟批发企业的纳税地点为其机构所在地，总机构与分支机构不在同一地区的，由总机构申报纳税（必须性）
2. 纳税人到外县（市）销售或委托外县（市）代销自产应税消费品的	于应税消费品销售后，向机构所在地或者居住地主管税务机关申报纳税

续表

不同情形	纳税地点
3. 委托加工应税消费品	除受托方为个人外，由受托方向机构所在地或者居住地的主管税务机关解缴消费税税款 委托个人加工的应税消费品，由委托方向其机构所在地或者居住地主管税务机关申报纳税
4. 进口的应税消费品	由进口人或者其代理人，向报关地海关申报纳税
5. 纳税人销售的应税消费品	如因质量等原因由购买者退回时，经机构所在地或者居住地主管税务机关审核批准后，可退还已缴纳的消费税税款

【多选题】下列关于消费税纳税地点的表述，正确的有（　　）。

A. 纳税人自产自用应税消费品，除国务院财政、税务主管部门另有规定外，应向纳税人机构所在地或者居住地的主管税务机关申报纳税

B. 纳税人的总机构与分支机构不在同一县（市）的，应当分别向各自机构所在地的主管税务机关申报纳税，经批准，可以汇总纳税

C. 纳税人到外县（市）销售应税消费品，应向销售地主管税务机关申报纳税

D. 委托个人加工的应税消费品，由委托方向其机构所在地或者居住地主管税务机关申报纳税

【参考答案】ABD

纳税人自产自用应税消费品，除国务院财政、税务主管部门另有规定外，应向纳税人机构所在地或者居住地的主管税务机关申报纳税。纳税人到外县（市）销售或者委托外县（市）代销自产应税消费品的，于应税消费品销售后，向机构所在地或者居住地主管税务机关申报纳税。

纳税人的总机构与分支机构不在同一县（市）的，应当分别向各自机构所在地的主管税务机关申报纳税，经财政部、国家税务总局或者其授权的财政、税务机关批准，可以由总机构汇总向总机构所在地的主管税务机关申报纳税。委托个人加工的应税消费品，由委托方向其机构所在地或者居住地主管税务机关申报纳税。

本章习题

一、单选题

1. 下列各项行为中，不需要缴纳消费税的是（　　）。

A. 将自产粮食白酒发给职工作为福利

B. 将外购润滑油简单加工成小包装对外销售

C. 将自产高档化妆品用于连续生产高档化妆品

D. 将委托加工收回的粮食白酒贴标再对外销售

2. 某金店（一般纳税人）2021 年 4 月发生以下业务（均是向消费者个人销售）：销售金银首饰取得收入 72 356 元，销售金银镶嵌首饰取得收入 89 421 元，销售镀金首饰取得收入 23 853 元，销售镀金镶嵌首饰取得收入 17 954 元，取得金银首饰修理清洗收入 1 000 元。均为含税收入。则该企业当月应纳消费税（　　）元。（该消费税税率 5%）

A. 6 973. 15　　B. 0　　C. 7 158. 27　　D. 7 975. 64

3. 依据消费税的有关规定，下列消费品中，准予扣除已纳消费税的是（　　）。

A. 以委托加工的珠宝首饰为原料生产的金银镶嵌首饰

B. 以委托加工的金银首饰为原料生产的贵重首饰

C. 以委托加工的已税石脑油为原料生产的应税消费品

D. 以委托加工的已税酒和酒精为原料生产的粮食白酒

4. 根据我国现行消费税的规定，下列表述正确的是（　　）。

A. 消费税税收负担具有转嫁性

B. 消费税的税率呈现单一税率形式

C. 消费品生产企业没有对外销售的应税消费品均不征消费税

D. 消费税实行多环节课征制度

5. 下列各项行为中，不需要纳税人自行缴纳消费税的是（　　）。

A. 将自产的应税消费品对外交换其他应税消费品

B. 将自产的应税消费品对外投资

C. 将外购的原料委托其他企业加工应税消费品

D. 将自产的应税消费品对外交换其他非应税消费品

6. 甲企业委托乙企业加工一批高档化妆品，甲企业提供原料及主要材料，实际成本为 44 000 元（不含增值税），支付给乙企业不含税加工费 7 000 元（其中包括乙企业代垫的辅助材料 1 000 元），乙企业无同类高档化妆品的不含税售价。则乙企业代收代缴的消费税额是（　　）元。

A. 9 000　　B. 10 571. 43　　C. 8 823. 53　　D. 7 650

7. 根据消费税相关规定，下列表述正确的是（　　）。

A. 消费税征税范围具有选择性

B. 消费税的税率呈现单一税率形式

C. 消费品生产企业没有对外销售的应税消费品均不征消费税

D. 消费税实行多环节课征制度

二、多选题

1. 下列消费品，属于消费税征税范围的用（　　）。

A. 果木酒　　B. 药酒　　C. 调味料酒　　D. 黄酒

2. 根据消费税法律制度的规定，下列情形中，应缴纳消费税的有（　　）。

A. 卷烟厂将自产的卷烟用于个人消费

B. 化妆品厂将自产的高档化妆品赠送给客户

C. 酒厂将自产的啤酒赞助啤酒节

D. 地板厂将自产的实木地板用于办公室装修

3. 在下列环节既征消费税又征增值税的有（　　）。

A. 白酒的生产和批发环节

B. 金银首饰的零售环节

C. 高档化妆品的生产销售环节

D. 小汽车的生产销售环节

4. 根据我国现行消费税政策规定，下列说法正确的有（　　）。

A. 消费税的征税范围小于增值税的征税范围

B. 凡是征收增值税的货物都征收消费税

C. 应征消费税的货物，其增值税税基含有消费税

D. 应征消费税的货物，其消费税税基不含有增值税

E. 增值税与消费税的销售额确定方法完全一致

三、判断题

1. 卷烟在生产（进口）、批发环节均要缴纳增值税和消费税。（　　）

2. 进口金银首饰的单位应当按规定向申报进口地海关缴纳消费税。（　　）

3. 实木地板的具体征税范围包括实木复合地板、未经涂饰的素板，但不含用于装饰墙壁、天棚的侧端面为榫、槽的实木装饰板。（　　）

4. 纳税人生产销售白包卷烟不分征税类别，其从价定率征税部分的适用税率一律为56%。（　　）

5. 金、银、铂金在零售环节征收消费税。（　　）

四、综合题

假设某酒业集团公司（一般纳税人）2021 年 7 月发生的业务：

①收回上月委托甲厂加工的 65 度粮食散装白酒 1 000 吨，甲厂代收代缴了消费税（甲厂同类白酒不含税售价 3 000 元/吨）；

②支付甲厂不含税加工费 1 万元（包括代垫辅料），取得甲厂开具的增值税专用发票，并在当月认证通过；

③酒业集团公司收回后直接对外销售 500 吨，取得不含税销售额 150 万元；

④酒业集团公司将另外 500 吨 65 度粮食散装白酒经加浆降度后生产 38 度粮食白酒 750 吨；

⑤将生产出的 750 吨 38 度粮食白酒全部售出，每吨不含税售价 3 600 元；

⑥当月其他购进可抵扣的进项税额 35 万元。

要求：根据上述资料，回答下列问题：

（1）酒业集团公司就上述业务的税务处理，下列说法不正确的有（　　）。

A. 将生产出的750吨38度粮食白酒全部售出，在计算缴纳消费税时可以扣除甲厂已代收代缴的消费税

B. 支付甲厂加工费涉及的进项税额可以抵扣

C. 将委托加工已代收代缴消费税的500吨白酒直接对外销售，不需要再缴纳消费税

D. 将另外500吨65度粮食散装白酒经加浆降度后生产38度粮食白酒，散装白酒在移送使用时需要缴纳消费税

（2）【题干链接：收回上月委托甲厂加工的65度粮食散装白酒1 000吨，甲厂代收代缴了消费税（甲厂同类白酒不含税售价3 000元/吨）】甲厂代收代缴酒业集团公司消费（　　）万元。

A. 160　　B. 60　　C. 100　　D. 140

（3）关于酒业集团公司2019年7月应纳税额，下列说法正确的有（　　）。

A. 应缴纳增值税19.47万元

B. 应缴纳消费税（不含甲厂代收代缴的消费税）129万元

C. 应缴纳增值税36.40万元

D. 应缴纳消费税（不含甲厂代收代缴的消费税）194万元

参考答案与解析

一、单选题

1. 【参考答案】C

选项C，属于自产应税消费品用于连续生产应税消费品，移送环节不缴纳消费税。选项A，属于将自产应税消费品用于其他方面，需要缴纳消费税；选项B，简单加工成小包装，属于新的应税消费品对外销售，要缴纳消费税；选项D，贴标之后属于新的应税消费品对外销售，要缴纳消费税。

2. 【参考答案】C

改为零售环节征收消费税的金银首饰范围仅限于金、银和金基、银基合金首饰，以及金、银和金基、银基合金的镶嵌首饰。其计税依据为不含增值税的销售额。因此，应纳消费税 = (72 356 + 89 421) ÷ (1 + 13%) × 5% = 7 158.27（元）。

3. 【参考答案】C

其余选择均不符合税法规定可以抵扣已纳消费税的情况

4. 【参考答案】A

消费税属于间接税，税负较易转嫁；除卷烟和超豪华小汽车外，实行单环节课征；消费税税率采用比例、定额和复合三种形式；而生产的应税消费品即使没有对外形成

销售，用于职工福利等也需视同销售缴纳消费税。

5. 【参考答案】C

委托加工的应税消费品，除受托方为个人外，由受托方在向委托方交货时代收代缴税款

6. 【参考答案】A

代收代缴消费税计税依据为受托方的同类消费品的销售价格；没有同类消费品销售价格的，按照组成计税价格计算纳税。应代收代缴消费税 = （44 000 +7 000）÷(1 - 15%）×15% =9 000（元）。

7. 【参考答案】A

如消费税一般不会对所有的消费品或消费行为征收，而是在大量消费品或消费行为中有选择性地确定某些特定项目；除卷烟和超豪华小汽车外，实行单环节课征；消费税税率采用比例、定额和复合三种形式；而生产的应税消费品即使没有对外形成销售，用于职工福利等也需视同销售缴纳消费税。

二、多选题

1. 【参考答案】ABD

《国家税务总局关于调味料酒征收消费税问题的通知》（国税函〔2008〕742 号）规定，鉴于国家已经出台了调味品分类国家标准，按照国家标准调味料酒属于调味品，不属于配置酒和泡制酒，对调味料酒不再征收消费税。

2. 【参考答案】ABCD

纳税人自产自用的应税消费品，用于连续生产应税消费品的，不纳税；凡用于其他方面的，于移送使用时，按照纳税人生产的同类消费品的销售价格计算纳税。

3. 【参考答案】CD

消费税实行单环节征税，主要在生产销售环节征收。白酒生产环节缴纳消费税和增值税，但批发环节只缴纳增值税不缴纳消费税。

4. 【参考答案】ACD

消费税征税对象有选择性，在普遍征收增值税的基础上选择一部分产品再征收一道消费税，其征税范围比增值税小得多。消费税是价内税，即消费税税额包含在消费品的价格内，而增值税是价外税，市税基不含增值税税额。消费税与增值税销售额确定不完全一致，消费税在销售额确定上有其特殊规定，例如价格明显偏低且无正当理由在销售额确定上与增值税不一致。

三、判断题

1. 【参考答案】√

解析略。

2. 【参考答案】×

大部分应税消费品在基本环节征税，部分应税消费口在特殊环节征税，金银首饰在零售环节征收消费税，进口环节不缴纳消费税。

3. 【参考答案】×

《财政部 国家税务总局关于调整和完善消费税政策的通知》（财税〔2006〕33 号）规定，实木地板税目的征收范围包括用于装饰墙壁、天棚的侧端面为榫、槽的实木装饰板。

4. 【参考答案】√

白包卷烟一律按照 56% 比例税率和每标准箱 150 元的定额税率复合计征消费税。

5. 【参考答案】×

应税消费品针对的是金银首饰，包括铂金首饰，金、银、铂金不属于消费税的征税范围。

四、综合题

1. 【参考答案】AD

收回后直接对外销售 500 吨，由于销售价格等于受托方代收代缴消费税的计税依据，所以不再纳税；白酒不在可抵扣外购已纳税款范围内，所以不可抵扣受托方已代收代缴的消费税；而用委托加工收回的应税消费品连续生产应税消费品无须纳税。

2. 【参考答案】A

委托加工的应税消费品，按照受托方的同类消费品的销售价格计算纳税。

甲厂代收代缴消费税 =1 000（委托加工量）×3 000（受托方同类产品不含税售价）×20% +1 000（委托加工量，吨）×2 000（1 吨 =2 000 斤）×0.5（0.5 元/500 克）=1 600 000（元）

3. 【参考答案】AB

（1）酒业集团公司应缴纳消费税（业务⑤）=3 600 ×750 ×20% +750 ×2 000 ×0.5 =1 290 000（元）

【题干链接：⑤将生产出的 750 吨 38 度粮食白酒全部售出，每吨不含税售价 3 600 元】

知识链接：白酒不在可以抵扣外购已纳税款范围内，所以不可抵扣受托方已代收代缴的消费税）

（2）应缴纳增值税 =3 600 ×750 ×13%（业务⑤）+1 500 000 ×13%（业务③）-350 000（业务⑥）-10 000 ×13%（业务②）=194 700（元）

【题干链接：②支付甲厂不含税加工费 1 万元（包括代垫辅料），取得甲厂开具的增值税专用发票，并在当月认证通过；增值税进项税额 =10 000 ×13%】

【题干链接：③酒业集团公司收回后直接对外销售 500 吨，取得不含税销售额 150 万元】

【知识链接：业务③由于销售价格等于受托方代收代缴消费税的计税依据（3 000 元/吨），所以不再缴纳消费税；增值税销项税额 =1 500 000 ×13%】

第四章　企业所得税

【学习目的】

企业所得税是我国的重要税种，也是日常工作的重点和难点。对于企业所得税的掌握从主体开始，核心是理解“应纳税所得额 = 会计利润总额 − 境外所得 ± 纳税调整项目金额”和“应纳税额 = 应纳税所得额 × 税率 − 减免税额 − 抵免税额”两个公式。融会贯通，从收入的范围、税前扣除的规定掌握纳税调整项目金额的计算，再理解所得税优惠和境外所得抵免两大难点问题，才能系统掌握企业所得税的规定和计算方法。

第一节　企业所得税的概述

概念	企业所得税是对我国境内企业和其他取得收入的组织就其生产经营所得和其他所得征收的一种税 企业所得税是我国第二大主体税种，属于共享税，中央政府分享 60%，地方政府分享 40%
特点	以应纳税所得额为计税依据
	税负不易转嫁：企业所得税是直接税，纳税人就是负税人
	按纳税年度计算
	分月或者分季预缴、年终汇算清缴
历史沿革	2008 年 1 月 1 日开始施行《企业所得税法》和《企业所得税法实施条例》

第二节　企业所得税的纳税人、征税对象和税率

一、企业所得税的纳税人

基本概念	在中华人民共和国境内，企业和其他取得收入的组织为企业所得税的纳税人
正列举	企业所得税纳税人包括： 在中国境内取得收入的国有企业、集体企业、私营企业、联营企业、股份制企业、外商投资企业、外国企业以及有生产、经营所得和其他所得的其他组织
反列举	企业所得税纳税人不包括：（记住反列举即可） 个人独资企业、合伙企业、个体工商户（属于个人所得税纳税人）

【多选题】下列项目中属于企业所得税法规定的纳税人有（　　）。

A. 国有企业　　　　　　　　　　　　B. 农村集体企业
C. 个人独资企业　　　　　　　　　　D. 个人合伙企业
E. 一人有限责任公司

【参考答案】ABE

根据《企业所得税法》第一条规定，在中华人民共和国境内，企业和其他取得收入的组织为企业所得税的纳税人，个人独资企业、合伙企业不适用企业所得税法。

二、企业所得税的纳税人分类和征税对象

<table>
<tr><th>分类</th><th>居民企业</th><th>非居民企业</th></tr>
<tr><td>判断标准</td><td>居民企业采用登记注册地和实际管理机构所在地两个标准确定
（两者满足其一即可）</td><td>依照外国（地区）法律成立且实际管理机构不在中国境内，但在中国境内设立机构、场所的，或者在中国境内未设立机构、场所，但有来源于中国境内所得的企业</td></tr>
<tr><td>具体判断要求</td><td>（1）登记注册在中国：依法在中国境内成立的企业
是指依照中国法律、行政法规在中国境内成立的企业、事业单位、社会团体以及其他取得收入的组织，也包括依法在中国境内成立的外资企业
（2）实际管理机构在中国：依照外国（地区）法律成立但实际管理机构（是指对企业的生产经营、人员、账务、财产等实施实质性全面管理和控制的机构）在中国境内的企业</td><td>机构场所包括：
（1）管理机构、营业机构、办事机构
（2）工厂、农场、开采自然资源的场所
（3）提供劳务的场所
（4）从事建筑、安装、装配、修理、勘探等工程作业的场所
（5）其他从事生产经营活动的机构、场所
非居民企业委托营业代理人在中国境内从事生产经营活动的，包括委托单位或者个人经常代其签订合同，或者储存、交付货物等，该营业代理人视为非居民企业在中国境内设立的机构、场所</td></tr>
<tr><td>征税对象</td><td>全部所得：（境内 + 境外所得）
来源于中国境内、境外的所得缴纳企业所得税</td><td>中国境内所得：（境内所得）
来源于中国境内的所得缴纳企业所得税</td></tr>
<tr><td>所得来源地确认原则</td><td colspan="2">（1）销售货物所得，按照交易活动发生地确定
（2）提供劳务所得，按照劳务发生地确定
（3）转让财产所得，不动产转让所得按照不动产所在地确定
动产转让所得按照转让动产的企业或者机构、场所所在地确定
权益性投资资产转让所得按照被投资企业所在地确定
（4）股息、红利等权益性投资所得，按照分配所得的企业所在地确定
（5）利息所得、租金所得、特许权使用费所得，按照负担、支付所得的企业或者机构、场所所在地确定，或者按照负担、支付所得的个人的住所地确定
（6）其他所得，由国务院财政、税务主管部门确定</td></tr>
</table>

【多选题】下列关于企业所得税所得来源地的说法，不正确的有（　　）。

A. 利息所得按照取得利息的企业所在地确定

B. 不动产转让所得按照不动产所在地确定

C. 销售货物所得，按照交易活动发生地确定

D. 权益性投资资产转让所得按照投资企业所在地确定

E. 租金收入按照租赁资产所在地确定

【参考答案】ADE

选项A，利息所得、租金所得、特许权使用费所得，按照负担、支付所得的企业或者机构、场所所在地确定，或者按照负担、支付所得的个人的住所地确定；选项D，权益性投资资产转让所得按照被投资企业所在地确定；选项E，租金所得，按照负担、支付所得的企业或者机构、场所所在地确定，或者按照负担、支付所得的个人的住所地确定。

【单选题】某美国企业（实际管理机构不在中国境内）在北京设立分支机构，2022年该分支机构在中国境内销售一辆小汽车取得收入20万元；在中国境内培训技术人员，取得美方支付的培训收入10万元；取得境外被投资方分配的股息30万元；在香港取得与该分支机构无实际联系的所得50万元。2021年度该美国企业应缴纳我国企业所得税的应纳税收入总额为（　　）万元。

A. 20　　B. 65　　C. 60　　D. 30

【参考答案】D

该非居民企业来自境内所得额应该包括销售一辆小汽车20万元、境内培训收入10万元，合计30万元；在香港取得的所得发生在境外，而且和境内机构无关，所以不属于境内应纳税所得。

三、企业所得税税率

基本税率		25%
非居民企业来源于中国境内的所得税率		20%（实际为10%）
优惠税率	符合条件的小型微利企业	20%
	国家重点扶持的高新技术企业 经认定的技术先进型服务企业	15%

第三节　企业所得税应纳税所得额的确定

一、企业所得税的计税原理

基本原则	权责发生制	1. 属于当期的收入和费用，不论款项是否收付，均作为当期的收入和费用 2. 不属于当期的收入和费用，即使款项已经在当期收付，均不作为当期的收入和费用 3. 税法另有规定的除外
直接计算法	1. 直接按照税法的规定，开始计算 2. 计算公式： 应纳税所得额＝收入总额－不征税收入－免税收入－各项扣除－允许弥补的以前年度亏损	

续表

间接计算法	1. 从会计核算的角度出发，将会计利润按照税法的规定调整到应纳税所得额（实践中一般采用此种方法） 2. 计算公式： 应纳税所得额 = 会计利润 + 纳税调增额 - 纳税调减额 3. 企业所得税年度纳税申报表采用了间接法计算填报应纳税所得额 申报表第一部分“利润总额的计算”按照国家统一会计制度口径计算 在“利润总额”基础上，会计制度与税法规定的差异，在申报表第二部分“应纳税所得额计算”中进行调整，由此得出企业所得税的计税依据“应纳税所得额”

二、收入的税务处理

1. 收入的范围

收入的范围	收入总额包括以货币形式和非货币形式从各种来源取得的收入	货币形式的收入
		非货币形式的收入 以公允价值（市场价格）确定收入额
收入的项目	销售货物收入	是指企业销售商品、产品、原材料、包装物、低值易耗品以及其他存货取得的收入
	转让财产收入	是指企业转让固定资产、生物资产、无形资产、股权、债权等财产取得的收入
	提供劳务收入	是指企业从事建筑安装、修理修配、交通运输、仓储租赁、金融保险、邮电通信、咨询经纪、文化体育、科学研究等其他劳务服务活动取得的收入
	股息、红利等权益性投资收益	是指企业因权益性投资从被投资方取得的收入
	利息收入	包括存款利息、贷款利息、债券利息、欠款利息等收入
	租金收入	是指企业提供有形资产的使用权取得的收入
	特许权使用费收入	是指企业提供专利权、非专利技术、商标权、著作权以及其他特许权的使用权取得的收入
	接受捐赠收入	是指企业接受的货币性、非货币性资产
	其他收入	包括企业资产溢余收入、逾期未退包装物押金收入、确实无法偿付的应付款项、已作坏账损失处理后又收回的应收款项、债务重组收入、补贴收入、违约金收入、汇兑收益等
收入确认的一般原则	权责发生制和实质重于形式 企业所得税法规定的收入确认条件（增补内容）： 1. 商品销售合同已经签订，企业已将商品所有权相关的主要风险和报酬转移给购货方 2. 企业对已售出的商品既没有保留通常与所有权相联系的继续管理权，也没有实施有效控制（控制权已经转移） 3. 收入的金额能够可靠地计量 4. 已发生或将发生的销售方的成本能够可靠地核算	

【单选题】根据企业所得税相关规定，企业下列资产处置行为应视同销售的是（　　）。

A. 将开发产品转为固定资产　　B. 将外购材料用于产品生产

C. 将自产货物用于在建工程　　D. 将外购礼品用于交际应酬

【参考答案】D

增补一个企业所得税视同销售的知识点。

按照《企业所得税法实施条例》规定，企业发生非货币性资产交换，以及将货物、财产、劳务用于捐赠、赞助、集资、广告、样品、职工福利和利润分配等用途的，应当视同销售货物、转让财产和提供劳务，国务院财政、税务主管部门另有规定的除外。

具体包括：

（一）用于市场推广或销售；

（二）用于交际应酬；

（三）用于职工奖励或福利；

（四）用于股息分配；

（五）用于对外捐赠；

（六）其他改变资产所有权属的用途。

政策依据：《国家税务总局关于企业处置资产所得税处理问题的通知》（国税函〔2008〕828 号）。

2. 销售商品的收入确认

一般原则	原则：遵循权责发生制和实质重于形式	
不同结算方式下的具体要求	托收承付	办妥托收手续时
	预收款	发出商品时
	需要安装和检验的	购买方接受商品以及安装和检验完毕时 如果安装程序比较简单，可在发出商品时确认收入
	支付手续费方式委托代销	收到代销清单时
	分期收款方式	合同约定的收款日期
	产品分成方式	时间：分得产品日期 收入额：分得产品的公允价值

【多选题】下列关于企业所得税收入确认的说法正确的有（　　）。

A. 以分期收款方式销售货物，按照实际收到货款的日期确认

B. 企业将资产用于市场推广，应视同销售

C. 企业以买一赠一方式销售的，赠送的商品应视同捐赠销售

D. 企业将自制商品用于职工奖励的，按照相同商品的公允价值确定收入

E. 特许权使用费收入，按照合同约定的特许权使用人应付特许权使用费的日期确

认收入的实现

【参考答案】BDE

选项A，以分期收款方式销售货物，按照合同约定的收款日期确认。

选项C，企业以买一赠一等方式组合销售本企业商品的，不属于捐赠，应将总销售金额按各项商品公允价值占总公允价值的比例来分摊确认各项的销售收入。

3. 提供劳务的收入确认

劳务收入的范围	企业从事建筑安装、修理修配、交通运输、仓储租赁、金融保险、邮电通信、咨询经纪、文化体育、科学研究等其他劳务服务活动取得的收入 企业受托加工制造大型机械设备、船舶、飞机，以及从事建筑、安装、装配工程业务或者提供其他劳务等，持续时间超过12个月（增补）
收入确认方法	企业在各个纳税期末，提供劳务交易的结果能够可靠估计的，应采用完工进度法（完工百分比）确认提供劳务收入 确认金额：已收或应收的劳务收入总额×完工进度－以前年度已经确认的收入
完工进度的确定方法	①已完成工作的测量 ②已提供劳务占劳务总量的比例 ③发生成本占总成本的比例
劳务成本的确认	时间：在确认收入的同时 确认金额：估计的总成本×完工进度－以前年度已经确认的成本

4. 其他项目的收入确认

转让财产收入	包括转让固定资产、生物资产、无形资产、股权、债权等
	1. 转让股权应于转让协议生效且完成股权变更手续时，确认收入的实现 2. 转让固定资产等财产还是按照销售商品的方法确认
股息、红利等权益性投资收益	企业因权益性投资从被投资方取得的收入
	1. 按照被投资方作出利润分配决定的日期确认收入的实现 2. 现金分红确认收入 3. 股票股利、资本公积转增股本导致的股权增加不确认收入，但也不增加股权成本，最终会影响转让股权时的收入额
利息收入	企业将资金提供给他人使用但不构成权益性投资或因他人占用本企业资金取得的收入
	按照合同约定的债务人应付利息的日期确认收入的实现
租金收入	企业提供有形资产的使用权取得的收入（关键：有形资产）
	1. 按照合同约定的承租人应付租金的日期确认收入的实现 2. 租赁期限跨年度，且租金提前一次性支付的，出租人可对上述已确认的收入，在租赁期内，分期均匀计入相关年度收入
特许权使用费收入	企业提供专利权、非专利技术、商标权、著作权以及其他特许权取得的收入（关键：无形资产）
	按照合同约定的特许权使用人应付特许权使用费的日期确认收入的实现
接受捐赠收入	企业接受其他单位或个人无偿给予的货币性、非货币性资产的收入
	按照实际收到捐赠资产的日期确认

【单选题】某公司将设备租赁给他人使用，合同约定租期从 2021 年 12 月 1 日到 2024 年 11 月 30 日，每年不含税租金 480 万元，2021 年 12 月 1 日租赁开始日就一次性收取 3 年租金 1 440 万元。下列关于该租赁业务收入确认的说法，正确的是（　　）。

A. 2021 年增值税应确认的收入为 1 440 万元

B. 2021 年增值税应确认的收入为 40 万元

C. 2021 年企业所得税应确认的收入为 1 440 万元

D. 2021 年企业所得税可确认的收入为 40 万元

【参考答案】D

租金收入，按照合同约定承租人应付租金的日期确认收入的实现。如果交易合同或协议中规定的租赁期限跨年度且租金提前一次性支付，根据规定的收入与费用配比原则，出租人可对上述已确认的收入，在租赁期内分期均匀计入相关年度收入，所以该公司 2021 年可确认企业所得税收入 40 万元（1 440 ÷ 36）。

增值税方面，纳税人提供租赁服务采取预收款方式的，其纳税义务发生时间为收到预收款的当天，所以该公司 2021 年增值税应确认的收入为 1 440 万元。

5. 特殊收入的确认——非货币资产交换

概念	将货物、财产、劳务用于捐赠、偿债、赞助、集资、广告、样品、职工福利或者利润分配等用途的 国务院财政、税务主管部门另有规定的除外
判断标准	关键：资产的权属是否发生改变 资产的所有权属在形式和实质上均不发生改变，不视同销售确认收入（基本按照产品或者服务权属是否发生改变判断即可，但是将资产移送到境外的除外） （串联记忆：增值税的视同看流转，所得税的视同看权属）
例外情况“买一赠一”	“买一赠一”等方式组合销售本企业商品的，不属于捐赠，无须进行视同销售的处理 将总的销售金额按各项商品的公允价值的比例来分摊确认各项的销售收入
金额确认	视同销售按照资产公允价值确定销售收入 同时确认是视同销售成本（有销售，就有成本）

【多选题】企业发生的下列资产处置行为，应按税法规定视同销售征收企业所得税的有（　　）。

A. 将自产电子产品用于职工奖励

B. 将自产白酒用于交际应酬

C. 将外购的电脑用于对外捐赠

D. 将酒精继续用于白酒

E. 将自产办公桌用于本企业办公使用

【参考答案】ABC

选项 D、E，将酒精继续用于白酒、将自产办公桌用于本企业办公使用，都只是改变资产的形状、结构或性能，资产的所有权并未发生转移，属于内部处置资产，无须视同销售计征企业所得税。

6. 不征税收入

财政拨款	各级人民政府对纳入预算管理的事业单位、社会团体等组织拨付的财政资金 国务院和国务院财政、税务主管部门另有规定的除外
依法收取并纳入财政管理的行政事业性收费、政府性基金	行政事业性收费，是指依照法律法规等有关规定，按照国务院规定程序批准，在实施社会公共管理，以及在向公民、法人或者其他组织提供特定公共服务过程中，向特定对象收取并纳入财政管理的费用 政府性基金，是指企业依照法律、行政法规等有关规定，代政府收取的具有专项用途的财政资金
国务院规定的其他不征税收入	1. 是指企业取得的由国务院财税主管部门规定专项用途并经国务院批准的财政性资金 2. 没有规定专项用途的财政性资金应作为应税收入缴纳企业所得税 3. 不征税收入用于支出形成的费用或者财产、不得扣除或者计算折旧、摊销 4. 企业取得财政性资金作为不征税收入处理后，在5年（60个月）内未发生支出且未缴回财政等部门的，应计入第六年的应税收入总额；同时相应资金发生的支出也允许扣除 【解释】财政性资金包括直接减免的增值税和即征即退、先征后退、先征后返的各种税收，但不包括企业按规定取得的出口退税款

【单选题】下列项目属于企业所得税政策规定的不征税收入的是（　　）。

A. 国债利息收入

B. 依法收取并纳入财政管理的政府性基金

C. 销售货物收入

D. 提供劳务收入

【参考答案】B

三、扣除的税务处理

1. 扣除的范围和时间

税前扣除基本原则	实际发生的与取得收入有关的、合理的支出，准予在计算应纳税所得额时扣除	
	1. 真实性：必须是实际发生的 2. 相关性：与取得收入、有关资本成本或计入当期损益的必要与正常的 3. 合法性：符合法律、法规 4. 合理性：符合正常生产经营活动常规 5. 划分收益性支出和资本性支出：收益性支出当期直接扣除，资本性支出分期或计入有关资产成本	
具体范围	成本	销售成本、销货成本、业务支出及其他耗费
	费用	销售费用、管理费用、财务费用
	税金	是指企业发生的除企业所得税和允许抵扣的增值税以外的各项税金及其附加
		消费税、资源税、土地增值税、出口关税、城市维护建设税及教育费附加、房产税、车船税、城镇土地使用税、印花税（计入税金及附加）
		车辆购置税、契税、进口关税、耕地占用税、不得抵扣的增值税（计入成本）

续表

具体范围	损失	(1) 包括企业在生产经营活动中发生的固定资产和存货的盘亏、毁损、报废损失，转让财产损失，呆账损失，坏账损失，自然灾害等不可抗力因素造成的损失以及其他损失 (2) 税前可以扣除的损失为净损失，即企业发生的损失减除责任人赔偿和保险赔款后的余额 (3) 企业已经作为损失处理的资产，在以后纳税年度又全部收回或者部分收回时，应当计入当期收入
	其他支出	其他和生产经营有关的合理的支出
不得扣除项目	不得扣除的项目（9 项） (1) 向投资者支付的股息、红利等权益性投资收益款项 (2) 企业所得税税款 (3) 税收滞纳金 (4) 罚金、罚款和被没收财物的损失（专指法律、行政法规等规定的处罚，合同约定的叫违约支出可以扣除） (5) 超过规定标准的捐赠支出 (6) 赞助支出，具体是指企业发生的与生产经营活动无关的各种非广告性质的赞助支出 (7) 未经核定的准备金支出 (8) 企业之间支付的管理费、企业内营业机构之间支付的租金和特许权使用费，以及非银行企业内营业机构之间支付的利息 (9) 与取得收入无关的其他支出	

【多选题】下列项目不得在企业所得税税前扣除的有（　　）。

A. 向投资者支付的股息、红利等权益性投资收益款项

B. 税收滞纳金

C. 企业对外投资期间，投资资产的成本

D. 企业转让资产，该项资产的净值

E. 按规定应当转出的增值税

【参考答案】ABC

选项 D，企业转让资产，该项资产的净值准予税前扣除。选项 E，按规定转出的增值税计入相关的资产原值或者成本，允许税前扣除。另外准予抵扣的增值税不涉及税前扣除的问题，其不参与企业会计利润计算。

2. 税前扣除凭证管理

税前扣除凭证的定义	企业在计算应纳税所得额时，证明与取得收入有关的、合理的支出实际发生，并据以税前扣除的各类凭证
管理原则	1. 真实性：反映经济业务真实，支出已经实际发生 2. 合法性：形式、来源符合法律法规等相关规定 3. 关联性：凭证和反映的支出相关联且有证明力

续表

凭证分类	1. 内部凭证：企业自制的 2. 外部凭证：企业从其他单位和个人处取得的。 3. 是否需要取得发票？按照如下流程判断： 首先，如果属于增值税应税项目，应取得发票，如果对方不能自开发票可以代开发票；其次，如果不属于增值税应税项目，对方为单位的，以对方开具的其他凭证扣除；最后，如果不属于增值税应税项目，对方为个人的，以内部凭证扣除
凭证取得的时间要求	1. 一般应在汇算清缴前取得 2. 汇算清缴后发现应取得未取得，或者取得不符合规定的扣除凭证：自被告知之日起60日内补开、换开 3. 无法补开、换开的自被告知之日起60日提供可以证实真实性的资料 4. 应扣除未扣除，后续又补充取得凭证的：可以追补至发生年度扣除，但追补年限不得超过5年

3. 工资薪金的扣除

扣除标准	准予据实扣除
列支范围	合理的工资薪金 企业按照股东大会、董事会、薪酬委员会或相关管理机构制定的工资薪金制度规定实际发放给员工的工资薪金 包括企业每一纳税年度支付给在本企业任职或者受雇员工的所有现金形式或者非现金形式的基本工资、奖金、津贴、补贴、年终加薪、加班工资，以及与员工任职或者受雇有关的其他支出
特殊事项	补充：雇用季节工、临时工、实习生、返聘离退休人员以及接受外部劳务派遣用工所实际发生的费用，应区分为工资薪金支出和职工福利费支出，并按《企业所得税法》规定在企业所得税税前扣除。其中属于工资薪金支出的，准予计入企业工资薪金总额的基数作为计算其他各项相关费用扣除的依据
	外部劳务派遣用工所实际发生的费用，应分两种情况按规定在税前扣除： 按照协议（合同）约定直接支付给劳务派遣公司的费用，应作为劳务费支出 直接支付给员工个人的费用，应作为工资薪金支出和职工福利费支出

4. 职工福利费、职工教育经费、工会经费、社保费费用扣除

扣除项目	扣除标准
职工福利费	不超过工资薪金总额14%的部分，准予扣除
	职工福利费包括 （1）尚未实行分离办社会职能的企业，其内设福利部门（包括职工食堂、职工浴室、理发室、医务所、托儿所、疗养院等）所发生的设备、设施和人员费用 （2）为职工卫生保健、生活、住房、交通等所发放的各项补贴和非货币性福利 包括企业向职工发放的因公外地就医费用、未实行医疗统筹企业职工医疗费用、职工供养直系亲属医疗补贴、供暖费补贴、职工防暑降温费、职工困难补贴、救济费、职工食堂经费补贴、职工交通补贴等 （3）按照其他规定发生的其他职工福利费 包括丧葬补助费、抚恤费、安家费、探亲假路费等

续表

扣除项目	扣除标准
工会经费	不超过工资薪金总额 2% 的部分，准予扣除
职工教育经费	不超过工资薪金总额 8% 的部分，准予在计算企业所得税应纳税所得额时扣除；超过部分，准予在以后纳税年度结转扣除
社会保险费和住房公积金	准予据实扣除的部分： （1）五险一金 企业依照国务院有关主管部门或者省级人民政府规定的范围和标准，为职工缴纳的基本养老保险费、基本医疗保险费、失业保险费、工伤保险费、生育保险费等基本社会保险费和住房公积金，准予扣除 （2）特殊工种、特殊业务的人身保险 企业依照国家有关规定，为特殊工种职工支付的人身安全保险费和国务院财政、税务主管部门规定可以扣除的其他商业保险费准予税前扣除 如企业为职工因公出差乘坐交通工具而发生的人身意外保险费支出，准予企业在计算应纳税所得额时扣除 （3）企业的财产保险 企业参加财产保险，按照规定缴纳的保险费，准予税前扣除
	限额扣除部分： 企业根据国家有关政策规定，为在本企业任职或者受雇的全体员工支付的补充养老保险费、补充医疗保险费，分别在不超过职工工资总额 5% 标准内的部分，在计算应纳税所得额时准予扣除；超过的部分，不予扣除

【单选题】某企业 2022 年支付正式职工的合理工资总额 1 000 万元、临时工工资 30 万元。企业当年拨缴的工会经费 28 万元。在计算企业所得税时，工会经费应调增的应纳税所得额为（　　）万元。

A. 7.40　　B. 8.00　　C. 28.00　　D. 9.76

【参考答案】A

企业因雇佣临时工实际发生的费用，应区分为工资薪金支出和职工福利费支出，并按规定在企业所得税前扣除。其中属于工资薪金支出的，准予计入企业工资薪金总额的基数，作为计算其他各项相关费用扣除的依据。扣除上限为（1 000 + 30）× 2% = 20.6 万元，因此应当调增 28 − 20.6 = 7.4（万元）。

【多选题】下列关于企业所得税扣除项目的说法正确的有（　　）。

A. 企业实际发生的合理的工资薪金支出，准予扣除

B. 企业发生汇兑损失，准予当期扣除

C. 企业发生的职工福利费支出，不超过工资薪金总额 14% 的部分，准予扣除；超过部分准予结转以后年度扣除

D. 企业参加财产保险，按照规定缴纳的保险费，准予税前扣除

E. 企业发生的合理的劳动保护支出，准予扣除

【参考答案】ADE

选项 B，企业发生的除已经计入有关资产成本以及与向所有者进行利润分配相关部分外的汇兑损失，准予当期扣除

选项 C，根据《企业所得税法实施条例》第四十条规定，企业发生的职工福利费支出，不超过工资薪金总额 14% 的部分，准予扣除。但超过部分不允许结转以后年度扣除。

5. 借款费用和汇兑损益

借款费用	扣除时间	1. 资本性支出：企业为购置、建造固定资产、无形资产和经过 12 个月以上的建造才能达到预定可销售状态的存货发生借款的，在有关资产购置、建造期间发生的合理的借款费用，应当作为资本性支出计入有关资产的成本，在有关资产折旧、摊销或对外销售时按规定税前扣除。 2. 收益性支出：除资本性支出之外发生的合理的借款费用，作为收益性支出，在发生当期税前扣除	
	扣除标准	非金融企业向金融企业借款的利息支出 金融企业的各项存款利息支出、同业拆借利息 企业经批准发行债券的利息支出	据实扣除
		非银行企业内营业机构之间支付的利息	禁止扣除
		非金融企业向非金融企业借款、向内部职工借款（不超过按照金融企业同期同类贷款利率计算的数额的部分可据实扣除，超过部分不允许扣除） 关联企业（包括本企业的股东）借款	限额扣除
	反资本弱化	关联企业（包括本企业的股东）借款利息扣除： 1. 从其关联方接受的债权性投资与权益性投资的比例超过规定标准而发生的利息支出不得在计算应纳税所得额时扣除 2. 接受关联方债权性投资与其权益性投资比例为：金融企业，为 5∶1；其他企业，为 2∶1 3. 能够证明相关交易活动符合独立交易原则的；或者该企业的实际税负不高于境内关联方的，其实际支付给境内关联方的利息支出，在计算应纳税所得额时准予扣除	
汇兑损益	汇兑收益	纳税年度终了时将人民币以外的货币性资产、负债按照期末即期人民币汇率中间价折算为人民币时产生的汇兑收益，应缴纳企业所得税	
	汇兑损失	汇兑损失，除已经计入有关资产成本以及与向所有者进行利润分配相关的部分外，准予税前扣除	

【多选题】按照企业所得税法及相关规定，纳税人发生的下列借款费用、利息支出准予在发生当期税前扣除的有（　　）。

A. 企业向职工集资支付的利息支出，超过按照金融企业同期同类贷款利率计算的数额的部分

B. 金融企业的各项存款利息支出和同业拆借利息支出

C. 企业经批准发行债券的利息支出

D. 企业筹建期为构建厂房发生的合理的借款费用

E. 房地产开发企业为开发商品房发生的借款，在商品房建造期间发生的借款利息

【参考答案】BC

选项 A，向职工集资属于非金融企业向非金融企业借款的利息支出，不超过按照金融企业同期同类贷款利率计算的数额的部分准予税前扣除；选项 D，企业筹建期为构建厂房应当计入该资产成本；选项 E，房地产开发企业为开发商品房发生的借款，在商品房建造期间发生的借款利息应计入该存货成本，在商品房结转成本时再在企业所得税税前列支。

6. 业务招待费、广告费和业务宣传费扣除

业务招待费	企业发生的与生产经营活动有关的业务招待费支出，按照发生额的 60% 扣除，但最高不得超过当年销售（营业）收入的 5‰
	销售（营业）收入包括 会计科目“主营业务收入”“其他业务收入” 企业所得税法规定的视同销售货物、转让财产或者提供劳务的收入
广告费和业务宣传费	企业发生的符合条件的广告费和业务宣传费支出，除国务院财政、税务主管部门另有规定外，不超过当年销售（营业）收入 15% 的部分，准予扣除；超过部分，准予在以后纳税年度结转扣除
	对化妆品制造或销售、医药制造和饮料制造（不含酒类制造）企业发生的广告费和业务宣传费支出，不超过当年销售（营业）收入 30% 的部分，准予扣除；超过部分，准予在以后纳税年度结转扣除 烟草企业的广告费和业务宣传费支出不得扣除

【单选题】企业发生的广告费，下列所得税处理正确的是（　　）。

A. 酒类制造企业的广告费，不得在税前扣除

B. 医药销售企业的广告费，不超过当年销售收入 30% 的部分准予税前扣除

C. 企业筹建期间发生的广告费，可按实际发生额计入筹办费，按有关规定在税前扣除

D. 签订广告分摊协议的关联企业，计算税前可扣除的广告费，只能在关联企业之间平均扣除

【参考答案】C

对化妆品制造或销售、医药制造和饮料制造（不含酒类制造）企业发生的广告费和业务宣传费支出，不超过当年销售（营业）收入 30% 的部分，准予扣除；超过部分，准予在以后纳税年度结转扣除。

烟草企业的广告费和业务宣传费支出不得扣除，但是酒类企业可以扣除。

签订广告分摊协议的关联企业可以按协议比例分摊扣除。

7. 资产类相关扣除

环境保护、生态恢复专项资金	企业依照法律、行政法规有关规定提取的用于环境保护、生态恢复等方面的专项资金，准予扣除 上述专项资金提取后改变用途的，不得扣除
固定资产租赁费	租赁费根据不同的租赁方式进行税前扣除 以经营租赁方式租入的固定资产，其租赁费支出按照租赁期限均匀扣除 以融资租赁方式租入的固定资产，其租赁费支出按照规定构成融资租入固定资产价值的部分应当提取折旧费用，分期扣除
资产损失	企业发生的资产损失，减除责任人赔偿和保险赔款后的余额，依照国务院财政、税务主管部门的规定扣除 企业已经作为损失处理的资产，在以后年度又全部收回或部分收回时，应当计入当期收入

8. 公益性捐赠扣除

一般公益性捐赠	列支范围	企业通过公益性社会组织或者县级以上人民政府及其部门，用于符合法律规定的慈善活动、公益事业的捐赠 直接向受赠方的捐赠支出不得税前扣除
	扣除标准	年度利润总额12%以内的部分，准予在计算应纳税所得额时扣除 超过年度利润总额12%的部分，准予结转以后3年内在计算应纳税所得额时扣除
	年度利润总额	企业依照国家统一会计制度的规定计算的年度会计利润
扶贫专项捐赠	范围	企业通过公益性社会组织或者县级（含县级）以上人民政府及其组成部门和直属机构，用于目标脱贫地区的扶贫捐赠支出，该政策目前截至2025年12月31日 政策执行期限内，目标脱贫地区实现脱贫的，可继续适用上述政策
	扣除标准	据实扣除 企业同时发生扶贫捐赠支出和其他公益性捐赠支出，在计算公益性捐赠支出年度扣除限额时，符合上述条件的扶贫捐赠支出不计算在内
捐赠金额的计算	（1）货币性资产：实际收到的金额 （2）非货币性资产：公允价值	

9. 总机构分摊的管理费

定义	非居民企业在境内设立的机构场所的，税法允许支付境外合理分摊的费用给予扣除 **【提示】**居民企业之间支付的管理费、企业内营业机构之间支付的租金和特许权使用费，以及非银行企业内营业机构之间支付的利息，不得扣除
扣除条件	1. 中国境外总机构发生的与该机构、场所生产经营有关的费用 2. 能够提供总机构出具的费用汇集范围、定额、分配依据和方法等证明文件 3. 能够合理分摊

【单选题】企业发生的公益性捐赠支出，在年度（　　）12% 以内的部分，准予在计算应纳税所得额时扣除；超过的部分，准予结转以后 3 年内在计算应纳税所得额时扣除。

A. 营业收入　　B. 营业利润

C. 利润总额　　D. 应纳税所得额

【参考答案】C

查询上文公益性捐赠的表格。

【单选题】下列事项中，能够在企业所得税应纳税所得额中扣除的是（　　）。

A. 企业的不征税收入用于支出所形成的费用

B. 企业按实发工资总额 8% 计提但未支付的职工教育经费

C. 企业依照国家有关规定为特殊工种职工支付的人身安全保险费

D. 企业直接向受灾地区居民发放的捐赠物资支出

【参考答案】C

增补一个知识点：虽然企业根据国家有关政策规定，为在本企业任职或者受雇的全体员工支付的补充养老保险费、补充医疗保险费，分别在不超过职工工资总额 5% 标准内的部分，在计算应纳税所得额时准予扣除；超过的部分，不予扣除。但是企业依照国家有关规定为特殊工种职工支付的人身安全保险费可以全额扣除。

四、资产的税务处理

1. 固定资产的概念和计税基础

固定资产的概念	固定资产是指企业为生产产品、提供劳务、出租或者经营管理而持有的、使用时间超过 12 个月的非货币性资产 包括房屋、建筑物、机器、机械、运输工具以及其他与生产经营活动有关的设备、器具、工具等	
计税基础	外购	以购买价款和支付的相关税费以及直接归属于使该资产达到预定用途发生的其他支出为计税基础
	自行建造	以竣工结算前发生的支出为计税基础
	改建	除已足额提取折旧的固定资产和租入的固定资产以外的其他固定资产，以改建过程中发生的改建支出增加计税基础
	捐赠、投资、非货币性资产交换、债务重组	以该资产的公允价值和支付的相关税费为计税基础
	盘盈	以同类固定资产的重置完全价值为计税基础
	融资租入	(1) 以租赁合同约定的付款总额和承租人在签订租赁合同过程中发生的相关费用为计税基础 (2) 租赁合同未约定付款总额的，以该资产的公允价值和承租人在签订租赁合同过程中发生的相关费用为计税基础

2. 固定资产的折旧

折旧的计提方法	（1）直线法计算的折旧，准予扣除 （2）自固定资产投入使用月份的次月起计算折旧；停止使用的固定资产自停用月份的次月起停止计算折旧 （3）企业应当根据固定资产的性质和使用情况，合理确定固定资产的预计净残值。固定资产的预计净残值一经确定，不得变更
最低折旧年限	（1）房屋、建筑物：20 年 （2）飞机、火车、轮船、机器、机械和其他生产设备：10 年 （3）与生产经营活动有关的器具、工具、家具：5 年 （4）飞机、火车、轮船以外的运输工具：4 年 （5）电子设备：3 年 **【提示】**会计折旧年限和税法规定的最高年限采用孰高原则，哪个时间上用哪个计算所得税的税前扣除折旧 （1）会计年限＜税法最低折旧年限，差额部分纳税调增；会计年限已满，税法最低年限未到且税收折旧尚未足额扣除，尚未足额扣除的折旧可在剩余年限继续扣除 （2）会计年限＞税法最低折旧年限，按会计年限计算扣除 （3）企业按会计规定计提的固定资产减值准备，不得税前扣除，其折旧仍按税法确定的固定资产计税基础计算扣除
不得计算折旧扣除的范围	（1）房屋、建筑物以外未投入使用的固定资产 （2）以经营租赁方式租入的固定资产 （3）以融资租赁方式租出的固定资产 （4）已足额提取折旧仍继续使用的固定资产 （5）与经营活动无关的固定资产 （6）单独估价作为固定资产入账的土地 （7）其他不得计算折旧扣除的固定资产

【多选题】根据企业所得税法规定，不得计算折旧并在税前扣除的固定资产包括（　　）。

A. 以经营租赁方式租入的固定资产

B. 以融资租赁方式租入的固定资产

C. 以融资租赁方式租出的固定资产

D. 未投入使用的及其设备

E. 单独估价作为固定资产入账的土地

【参考答案】ACDE

选项 A，以经营租赁方式租入的固定资产应当由出租方计提折旧；

选项 C，取融资租赁方式租出的固定资产由承租方计算扣除折旧；

选项 D，房屋、建筑物以外未投入使用的固定资产不得税前扣除；

选项 E，单独估价作为固定资产人账的土地不得计算扣除折旧。

3. 生物资产的折旧

<table>
<tr><td>生物资产的定义</td><td colspan="2">生物资产，是指有生命的动物和植物</td></tr>
<tr><td rowspan="3">生物资产的分类</td><td>消耗性生物资产</td><td>指为出售而持有的或在将来收获为农产品的生物资产
包括生长中的农田作物、蔬菜、用材林以及存栏待售的牲畜等</td></tr>
<tr><td>生产性生物资产</td><td>指为产出农产品、提供劳务或出租等目的而持有的生物资产
包括经济林、薪炭林、产畜和役畜等</td></tr>
<tr><td>公益性生物资产</td><td>指以防护、环境保护为主要目的的生物资产
包括防风固沙林、水土保持林和水源涵养林等</td></tr>
<tr><td rowspan="2">生产性生物资产的计税基础</td><td>外购的生产性生物资产</td><td>以购买价款和支付的相关税费为计税基础，不包括可以抵扣的进项税额</td></tr>
<tr><td>通过捐赠、投资、非货币性资产交换、债务重组等方式取得的生产性生物资产</td><td>以该资产的公允价值和支付的相关税费为计税基础</td></tr>
<tr><td>生产性生物资产的折旧计提</td><td colspan="2">（1）生产性生物资产按照直线法计算的折旧，准予扣除
（2）企业应当自生产性生物资产投入使用月份的次月起计算折旧；停止使用的生产性生物资产，应当自停止使用月份的次月起停止计算折旧
（3）企业应当根据生产性生物资产的性质和使用情况，合理确定生产性生物资产的预计净残值。生产性生物资产的预计净残值一经确定，不得变更</td></tr>
<tr><td rowspan="2">生产性生物资产的折旧年限</td><td>林木类生产性生物资产</td><td>10 年</td></tr>
<tr><td>畜类生产性生物资产</td><td>3 年</td></tr>
</table>

【多选题】下列关于现行企业所得税生物资产税务处理的说法中，错误的有（　　）。

A. 外购的生产性生物资产，以支付的价款为计税基础

B. 通过捐赠方式取得的生物性资产，以公允价值为计税基础

C. 生产性生物资产按照直线法计算的折旧，准予扣除

D. 林木类生产性生物资产的折旧最低年限为 10 年

E. 债务重组方式取得的生产性生物资产，以该资产的公允价值为计税基础

【参考答案】ABE

选项 A，外购生产性生物资产，以购买价款和支付的相关税费为计税基础；选项 B、E，通过捐赠、投资、非货币性资产交换、债务重组等方式取得的生产性生物资产，以该资产的公允价值和支付的相关税费为计税基础。

4. 无形资产的税务处理

无形资产定义	无形资产，是指企业为生产产品、提供劳务、出租或者经营管理而持有的、没有实物形态的非货币性长期资产 包括专利权、商标权、著作权、土地使用权、非专利技术、商誉等	
无形资产计税基础	外购无形资产	以购买价款和支付的相关税费以及直接归属于使该资产达到预定用途发生的其他支出为计税基础，不包括可以抵扣的进项税额
	自行开发的无形资产	1. 以开发过程中该资产符合资本化条件后至达到预定用途前发生的支出为计税基础，不包括可以抵扣的进项税额 2. 企业自行开发无形资产时，应当区分研究阶段与开发阶段分别进行核算： 对于研究阶段的支出计入管理费用 开发阶段支出符合资本化条件的计入无形资产成本，不符合资本化条件的费用化计入管理费用
	通过捐赠、投资、非货币性资产交换、债务重组等方式取得的无形资产	以该资产的公允价值和支付的相关税费为计税基础
无形资产摊销方式	无形资产按照直线法计算的摊销费用，准予扣除 外购商誉的支出，在企业整体转让或者清算时，准予扣除 （外购商誉会计上也不计算摊销，基本不存在税会差异）	
无形资产摊销年限	无形资产的摊销年限不得低于10年 作为投资或者受让的无形资产，有关法律规定或者合同约定了使用年限的，可以按照规定或者约定的使用年限分期摊销（可以短于10年）	
不得计算摊销费用扣除的无形资产	（1）自行开发的支出已在计算应纳税所得额时扣除的无形资产 （2）自创商誉 （3）与经营活动无关的无形资产 （4）其他不得计算摊销费用扣除的无形资产	

【单选题】企业拥有的下列无形资产允许在企业所得税税前摊销扣除的是（　　）。

A. 外购的商誉

B. 自创的商誉

C. 接受投资取得的专利权

D. 开发支出已作为研发费用，计入企业当期利润的专利技术

【参考答案】C

无形资产不得计算摊销费用扣除的包括：自行开发的支出已在计算应纳税所得额时扣除的无形资产；自创商誉；与经营活动无关的无形资产；其他不得计算摊销费用扣除的无形资产。外购商誉的支出，在企业整体转让或者清算时，准予扣除。

5. 长期待摊费用的税务处理

长期待摊费用概念	企业发生的应在 1 个年度以上进行摊销的费用 在计算应税所得额时，企业发生的长期待摊费用，按照规定摊销的，准予扣除	
长期待摊费用的范围	已足额提取折旧的固定资产的改建支出	固定资产的改建支出，是指改变房屋或者建筑物结构、延长使用年限等发生的支出。改建的固定资产延长使用年限的，应当适当延长折旧年限
		摊销方法： 已足额提取折旧的固定资产的改建支出，按照固定资产预计尚可使用年限分期摊销 租入固定资产的改建支出，按照合同约定的剩余租赁期限分期摊销
	固定资产的大修理支出	固定资产的大修理支出，按照固定资产尚可使用年限分期摊销。大修理支出，是指同时符合下列条件的支出： （1）修理支出达到取得固定资产时的计税基础 50% 以上 （2）修理后固定资产的使用年限延长 2 年以上
		摊销方法：并入固定资产核算或者作为长期待摊费用，在资产剩余使用期限内摊销
	其他应当作为长期待摊费用的支出	其他应当作为长期待摊费用的支出，自支出发生月份的次月起，分期摊销，摊销年限不得低于 3 年

【单选题】2019 年 3 月某商贸公司以经营租赁方式租入临街商铺一间，租期 8 年，合同约定租赁资产原值为 500 万元，租金 80 万元一次性支付。2022 年 3 月公司发生商铺漏水进行维修，发生相关支出 20 万元。关于该笔支出，正确的企业所得税处理是（　　）。

A. 按 2 年分期摊销扣除　　B. 按 5 年分期摊销扣除

C. 在发生的当期一次性扣除　　D. 按 8 年分期摊销扣除

【参考答案】C

商铺漏水的维修支出属于简单的维修，不构成大修理，因此 A 选项不对；也不构成改建，因此 B 选项不对；即使构成改建支出也应在租赁剩余期限内扣除，因此 D 选项错误。所以应当选择 C。

6. 投资资产的税务处理

投资资产的概念	投资资产，是指企业对外进行权益性投资和债权性投资形成的资产
投资资产的成本	通过支付现金方式取得的投资资产，以购买价款为成本通过支付现金以外的方式取得的投资资产，以该资产的公允价值和支付的相关税费为成本
投资资产成本的扣除方法	企业在转让或者处置投资资产时，投资资产的成本准予扣除 企业对外投资期间，投资资产的成本在计算应纳税所得额时不得扣除

【单选题】计算企业应纳税所得额时，下列支出可在发生当期直接扣除的是（　　）。

A. 长期股权投资的支出　　B. 购买生产用原材料的支出

C. 企业发生的合理的劳动保护支出　　D. 购买生产用无形资产的支出

【参考答案】C

A 选项长期股权投资作为投资资产对外投资期间，投资资产的成本在计算应纳税所得额时不得扣除。BD 两项计入生产成本及资产成本，不能直接扣除。

7. 存货的税务处理

存货的概念	存货，是指企业持有以备出售的产品或者商品、处在生产过程中的在产品、在生产或者提供劳务过程中耗用的材料和物料等
存货的成本	企业使用或者销售存货，按照规定计算的存货成本，准予在计算应纳税所得额时扣除 1. 通过支付现金方式取得的存货，以购买价款和支付的相关税费为成本 2. 通过支付现金以外的方式取得的存货，以该存货的公允价值和支付的相关税费为成本 3. 生产性生物资产收获的农产品，以产出或者采收过程中发生的材料费、人工费和分摊的间接费用等必要支出为成本
存货成本的扣除时间	企业取得存货的成本并不能税前扣除 只有企业发生销售活动，相应存货已经销售，收入已经取得，对应的成本才可以扣除。
存货成本的计算方法	1. 企业使用或者销售的存货的成本计算方法，可在先进先出法、加权平均法、个别计价法中选用一种 2. 计价方法一经选用，不得随意变更

五、亏损弥补

弥补范围	1. 企业所得税中可以弥补的亏损，不是企业按照会计制度核算的亏损 2. 企业按照税法规定，每一纳税年度的收入总额减除不征税收入、免税收入和各项扣除后小于零的数额
弥补时间	企业纳税年度发生的亏损，准予向以后年度结转，用以后年度的所得弥补，但结转年限最长不得超过 5 年
	自 2018 年 1 月 1 日起，当年具备高新技术企业或科技型中小企业资格的企业，其具备资格年度之前 5 个年度发生的尚未弥补完的亏损，准予结转以后年度弥补，最长结转年限由 5 年延长至 10 年
	受疫情影响较大的困难行业企业 2020 年度发生的亏损，最长结转年限由 5 年延长至 8 年 受疫情影响较大交通运输、餐饮、住宿、旅游（指旅行社及相关服务、游览景区管理两类）四大类，具体判断标准按照现行《国民经济行业分类》执行
	电影行业企业 2020 年、2021 年度发生的亏损，最长结转年限由 5 年延长至 8 年 判断关键：是否持有“电影放映经营许可证”
境内境外之间弥补（增补）	企业在汇总计算缴纳企业所得税时，其境外营业机构的亏损不得抵减境内营业机构的盈利 境外营业机构的盈利可以弥补境内营业机构的亏损 【理解】境内弥补境外亏损，在中国的所得税少缴，所以不行；境外弥补境内亏损，在中国所得税多缴，可以

【单选题】下列关于企业所得税亏损弥补的说法，不正确的是（　　）。

A. 境内营业机构的亏损可以用境外营业机构的盈利弥补

B. 境外营业机构的亏损可以用境内营业机构的盈利弥补

C. 根据企业所得税法规定，亏损弥补的年限最长不得超过 5 年

D. 电影行业企业 2021 年度发生的亏损，最长结转年限由 5 年延长至 8 年

【参考答案】B

根据《企业所得税法》第十七条规定，企业在汇总计算缴纳企业所得税时，其境外营业机构的亏损不得抵减境内营业机构的盈利。根据《企业所得税法》第十八条规定，企业纳税年度发生的亏损，准予向以后年度结转，用以后年度的所得弥补，但结转年限最长不得超过 5 年。依据《财政部 税务总局关于延续实施应对疫情部分税费优惠政策的公告》（财政部 税务总局公告 2021 年第 7 号）规定，对电影行业企业 2020 年度发生的亏损，最长结转年限由 5 年延长至 8 年，政策执行期限延长至 2021 年 12 月 31 日。

六、特别纳税调整

<table>
<tr><td>概念</td><td colspan="2">特别纳税调整是指企业与其关联方之间的业务往来，不符合独立交易原则而减少企业或者其关联方应纳税收入或者所得额的，税务机关有权按照合理方法调整。
【提示】关联方是指与企业有下列关联关系之一的企业、其他组织或者个人，具体指：
1. 在资金、经营、购销等方面存在直接或者间接的控制关系
2. 直接或者间接地同为第三者控制
3. 在利益上具有相关联的其他关系
（关键字：控制）</td></tr>
<tr><td>调整原则</td><td colspan="2">独立交易原则
即没有关联关系的交易各方，按照公平成交价格和营业常规，进行业务往来遵循的原则</td></tr>
<tr><td rowspan="6">调整事项</td><td rowspan="2">转让定价管理</td><td>税务机关按照规定对企业与其关联方之间的业务往来是否符合独立交易原则进行审核评估和调查调整等工作的总称</td></tr>
<tr><td>包括可比受控价格法、再销售价格法、成本加成法、交易净利润法、利润分割法、其他符合独立交易原则的方法</td></tr>
<tr><td rowspan="2">预约定价安排</td><td>预约定价安排，是指企业可以与税务机关就其未来年度关联交易的定价原则和计算方法达成定价的一种事先安排</td></tr>
<tr><td>谈判可以按照单边、双边和多边方式进行
一般包含预备会谈、正式申请、审核评估、磋商、签订安排和监控执行六个阶段</td></tr>
<tr><td rowspan="2">成本分摊协议管理</td><td>企业与其关联方签署成本分摊协议，共同开发、受让无形资产，或者共同提供、接受劳务发生的成本，应当按照独立交易原则与其关联方分摊共同发生的成本，达成成本分摊协议
企业也可以采取预约定价安排的方式达成成本分摊协议</td></tr>
<tr><td>1. 符合独立交易原则的，按照协议扣除
2. 涉及以前年度应纳税所得额的补偿调整的，计入补偿年度应纳税所得额
3. 涉及对协议成果分配的，按照资产购置或处置规定处理</td></tr>
</table>

续表

调整事项	受控外国企业管理	受控外国企业是指由居民企业，或者由居民企业和居民个人控制的设立在实际税负明显低于《企业所得税法》规定税率25%水平的国家（地区），并非出于合理经营需要对利润不作分配或减少分配的外国企业 税负明显低于，是指税负低于12.5%
		上述利润中应归属于该居民企业的部分，应当计入该居民企业的当期收入，这种调整称为受控外国企业管理
	资本弱化管理	企业从其关联方接受的债权性投资与权益性投资的比例超过规定标准而发生的利息支出，不得在计算应纳税所得额时扣除
		关联企业（包括本企业的股东）借款利息扣除： 1. 从其关联方接受的债权性投资与权益性投资的比例超过规定标准而发生的利息支出不得在计算应纳税所得额时扣除 2. 接受关联方债权性投资与其权益性投资比例为： 金融企业，为5∶1；其他企业，为2∶1 3. 能够证明相关交易活动符合独立交易原则的；或者该企业的实际税负不高于境内关联方的，其实际支付给境内关联方的利息支出，在计算应纳税所得额时准予扣除
	一般反避税管理	税务机关按照《企业所得税法》及其实施条例规定，对企业实施的不具有合理商业目的而获取税收利益的避税安排，实施的特别纳税调整，税务机关按照合理方法调整 税收利益是指减少、免除或者推迟缴纳企业所得税应纳税额
法律责任	1. 特别纳税调整的，应对补征的税款自所属纳税年度的次年6月1日（注：汇算清缴结束后）至补缴税款之日，按日加收利息 2. 利息不得税前扣除 3. 利率：人民银行公布的同期的人民币贷款利率加5个百分点（企业不提供有关资料的） 人民银行公布的同期的人民币贷款利率（企业提供有关资料的）	

【判断题】企业从关联方接受的债权性投资发生的利息支出，不得在计算企业所得税应纳税所得额时扣除。　　（　　）

【参考答案】×

企业从关联方接受的债权性投资与权益性投资的比例超过规定标准而发生的利息支出，不得在计算企业所得税应纳税所得额时扣除。

第四节　企业所得税的税收优惠

一、法定免税收入

国债利息收入	指企业持有国务院财政部门发行的国债取得的利息收入
符合条件的居民企业之间的股息、红利等权益性投资收益	1. 指居民企业直接投资于其他居民企业取得的投资收益 2. 不包括连续持有居民企业公开发行并上市流通的股票不足12个月取得的投资收益

续表

在中国境内设立机构、场所的非居民企业	1. 从居民企业取得与该机构、场所有实际联系的股息、红利等权益性投资收益 2. 不包括连续持有居民企业公开发行并上市流通的股票不足 12 个月取得的投资收益
符合条件的非营利组织的收入	不包括非营利组织从事营利性活动取得的收入

二、支持农林牧渔项目减免税

免征（8 项）	蔬菜、谷物、薯类、油料、豆类、棉花、麻类、糖料、水果、坚果的种植 中药材的种植 林木的培育和种植 农作物新品种的选育 林产品的采集 牲畜、家禽的饲养（含猪、兔的饲养，饲养牲畜、家禽产生的分泌物、排泄物） 灌溉、农产品的初加工、兽医、农技推广、农机作业和维修等 远洋捕捞
减半（2 项）	1. 花卉、茶以及其他饮料作物和香料作物的种植（含观赏性作物的种植） 2. 海水养殖、内陆养殖（远洋捕捞是免征，养殖减半）
【提示】企业购买农产品后直接进行销售的贸易活动产生的所得，不能享受农、林、牧、渔业项目的税收优惠政策	

【单选题】下列所得，可享受企业所得税减半征税优惠的是（　　）。

A. 种植油料作物的所得　　B. 种植豆类作物的所得

C. 种植香料作物的所得　　D. 种植糖料作物的所得

【参考答案】C

查询上表即可。

三、支持国家重点项目、环保、节能节水优惠

企业从事国家重点扶持的公共基础设施项目投资经营的所得	自项目取得第一笔生产经营收入所属纳税年度起，第 1 年至第 3 年免征企业所得税，第 4 年至第 6 年减半征收企业所得税（3 免 3 减半）
	国家重点扶持的公共基础设施项目，是指规定的港口码头、机场、铁路、公路、电力、水利等项目
企业从事符合条件的环境保护、节能节水项目的所得	自项目取得第一笔生产经营收入所属纳税年度起，第 1 年至第 3 年免征企业所得税，第 4 年至第 6 年减半征收企业所得税（3 免 3 减半）
	包括公共污水处理、公共垃圾处理、沼气综合开发利用、节能减排技术改造、海水淡化等

续表

企业以《资源综合利用企业所得税优惠目录》规定的资源作为主要原材料，生产国家非限制和禁止并符合国家和行业相关标准的产品取得的收入	减按90%计入收入总额
企业购置并实际使用《资源综合利用企业所得税优惠目录》规定的环境保护、节能节水、安全生产等专用设备的	专用设备的投资额的10%可以从企业当年的应纳税额中抵免；当年不足抵免的，可以在以后5个纳税年度结转抵免

四、非居民企业优惠

免征企业所得税	外国政府向中国政府提供贷款取得的利息所得
	国际金融组织向中国政府和居民企业提供优惠贷款取得的利息所得
	经国务院批准的其他所得
减按10%税率征收	在我国境内未设机构场所的非居民企业，取得的境内所得
	非居民企业在我国境内设立机构、场所但取得的境内所得与其所设机构、场所没有实际联系 （其实就是在纯粹的外国企业在我国取得的收入）

【多选题】在境内未设立机构、场所的非居民企业取得的下列利息所得，可享受企业所得税免税优惠的有（　　）。

A. 国际金融组织向中国政府提供优惠贷款取得的利息所得

B. 外国企业向中国居民企业提供优惠贷款取得的利息所得

C. 外国政府向中国政府提供贷款取得的利息所得

D. 国际金融组织向中国居民企业提供优惠贷款取得的利息所得

E. 国际金融组织向中国非居民企业提供优惠贷款取得的利息所得

【参考答案】ACD

查询上表即可。

五、促进新技术、新产品研发优惠

符合条件的技术转让所得	一个纳税年度内，居民企业转让技术所有权所得不超过500万元的部分，免征企业所得税 超过500万元的部分，减半征收企业所得税	
企业研发费用加计扣除	制造业企业	2021年1月1日起 未形成无形资产计入当期损益的，在按照规定据实扣除的基础上，按照研究开发费用的100%加计扣除 形成无形资产的，按照无形资产成本的200%摊销

续表

企业研发费用加计扣除	非制造业企业	2018 年 1 月 1 日至 2023 年 12 月 31 日 未形成无形资产计入当期损益的，在按照规定据实扣除的基础上，按照研究开发费用的 75% 加计扣除 形成无形资产的，按照无形资产成本的 175% 摊销
	科技型中小企业	2022 年 1 月 1 日起 未形成无形资产计入当期损益的，在按照规定据实扣除的基础上，按照研究开发费用的 100% 加计扣除 形成无形资产的，按照无形资产成本的 200% 摊销
	除烟草制造业、住宿和餐饮业、批发和零售业、房地产业、租赁和商务服务业、娱乐业等负面清单行业，以及制造业、科技型中小企业以外的其他研发费用加计扣除比例仍为 75% 的企业	2022 年 10 月 1 日至 2022 年 12 月 31 日期间，税前加计扣除比例提高到 100%
企业投入基础研究研发费	2022 年 1 月 1 日起 对企业出资给非营利性科学技术研究开发机构（科学技术研究开发机构以下简称科研机构）、高等学校和政府性自然科学基金用于基础研究的支出，在计算应纳税所得额时可按实际发生额在税前扣除，并可按 100% 在税前加计扣除 基础研究不预设某一特定的应用或使用目的，主要是为了获得关于现象和可观察事实的基本原理的新知识，可针对已知或具有前沿性的科学问题，或者针对人们普遍感兴趣的某些广泛领域，以未来广泛应用为目标	
企业开展研发活动实际发生的研究开发费	研发费用的具体范围包括： （1）人员人工费用：指直接从事研发活动人员的工资薪金、基本养老保险费、基本医疗保险费、失业保险费、工伤保险费、生育保险费和住房公积金以及外聘研发人员的劳务费用 （2）直接投入费用 （3）折旧费用 （4）无形资产摊销 （5）新产品设计费、新工艺规程制定费、新药研制的临床试验费、勘探开发技术的现场试验费 （6）其他相关费用。此项费用总额不得超过可加计扣除研发费用总额的 10% （7）财政部和国家税务总局规定的其他费用	

【多选题】企业直接从事研发活动的下列人员人工费用，可享受研发费用加计扣除优惠政策的有（　　）。

A. 补充养老保险费　　B. 失业保险费

C. 住房公积金　　D. 基本养老保险费

E. 基本医疗保险费

【参考答案】BCDE

直接从事研发活动的人员人工费用，指直接从事研发活动人员的工资薪金、基本养老保险费、基本医疗保险费、失业保险费、工伤保险费、生育保险费和住房公积金

以及外聘研发人员的劳务费用

【计算题】甲公司是一家信息传输企业，2022 年 11 月 20 日取得高新技术企业资格，假如甲公司 2022 年 10 月购买的一套生产设备 100 万元。该生产设备可以税前扣除的总金额为多少？

【参考答案】100×2 =200（万元）

甲公司可以选择在据实扣除 100 万元基础上，再允许税前加计扣除 100 万元，合计可在税前扣除 200 万元。

六、固定资产加速折旧

一般优惠	适用的固定资产	（1）由于技术进步，产品更新换代较快的固定资产 （2）常年处于强震动、高腐蚀状态的固定资产
	方法	（1）缩短折旧年限（最低折旧年限不得低于规定折旧年限的 60%，就是最多打 6 折） （2）加速折旧方法（双倍余额递减法或年数总和法）
特殊优惠	1. 2019 年 1 月 1 日起，对全部制造业新购进的固定资产，可缩短折旧年限或采取加速折旧的方法 2. 2019 年 1 月 1 日起，对全部制造业的小型微利企业新购进的研发和生产经营共用的仪器、设备，单位价值不超过 100 万元的，允许一次性计入当期成本费用在计算应纳税所得额时扣除，不再分年度计算折旧；单位价值超过 100 万元的，可缩短折旧年限或采取加速折旧的方法 3. 对所有行业企业 2014 年 1 月 1 日后新购进的专门用于研发的仪器、设备，单位价值不超过 100 万元的，允许一次性计入当期成本费用在计算应纳税所得额时扣除，不再分年度计算折旧；单位价值超过 100 万元的，可缩短折旧年限或采取加速折旧的方法 4. 对所有行业企业持有的单位价值不超过 5 000 元的固定资产，允许一次性计入当期成本费用在计算应纳税所得额时扣除，不再分年度计算折旧 5. 企业在 2018 年 1 月 1 日至 2023 年 12 月 31 日期间新购进的设备、器具，单位价值不超过 500 万元的，允许一次性计入当期成本费用在计算应纳税所得额时扣除，不再分年度计算折旧 **【提示】**适用加速折旧优惠的，是指除房屋、建筑物以外的固定资产 6. 2022 年，中小微企业新购置的单位价值不超过 500 万元的可以按照一定比例自愿选择进行税前扣除。其中最低折旧年限 3 年的可以 100% 一次性扣除；最低折旧年限 4 年、5 年、10 年的 50% 一次性扣除	
疫情防控	自 2020 年 1 月 1 日起（截止日期视疫情情况另行公告），对疫情防控重点保障物资生产企业为扩大产能新购置的相关设备，允许一次性计入当期成本费用在企业所得税税前扣除	

【多选题】下列企业于 2018 年 1 月 1 日后购进的固定资产，在计算企业所得税应纳税所得额时，可以一次性计入成本费用扣除的有（　　）。

A. 商场购进价值为 4 500 元的二维码打码器

B. 某饮料厂购进价值 450 万元的办公楼

C. 集成电路生产企业购进价值为 120 万元的分析仪器

D. 信息技术服务公司购进价值为 70 万元的服务器群组

E. 生物制药企业自建一台价值 490 万元的生产设备

【参考答案】ACDE

企业在 2018 年 1 月 1 日至 2023 年 12 月 31 日期间新购进（含自建）的设备、器具，单位价值不超过 500 万元的，允许一次性计入当期成本费用在计算应纳税所得额时扣除，不再分年度计算折旧。

七、鼓励创新、创业优惠

创业投资优惠	创业投资企业采取股权投资方式投资于未上市的中小高新技术企业 2 年（24 个月）以上的，可按其投资额的 70% 在股权持有满 2 年的当年抵扣该创业投资企业的应纳税所得额；当年不足抵扣的，可在以后纳税年度结转抵扣
	有限合伙制创业投资企业采取股权投资方式直接投资于初创科技型企业满 2 年的，该合伙创投企业的合伙人是法人合伙人的，可以按照对初创科技型企业投资额的 70% 抵扣法人合伙人从合伙创投企业分得的所得；当年不足抵扣的，可以在以后纳税年度结转抵扣
高新技术企业优惠	国家需要重点扶持的高新技术企业减按 15% 的税率征收企业所得税
	自 2017 年 1 月 1 日起，对经认定的技术先进型服务企业，减按 15% 的税率征收企业所得税 自 2018 年 1 月 1 日起，对经认定的技术先进型服务企业（服务贸易类），减按 15% 的税率征收企业所得税
	高新技术企业在 2022 年 10 月 1 日至 2022 年 12 月 31 日期间新购置的设备、器具（不含房屋、建筑物），允许当年一次性全额在计算应纳税所得额时扣除，并允许在税前实行 100% 加计扣除 凡在 2022 年第四季度内具有高新技术企业资格的企业，均可适用该项政策。企业选择适用该项政策当年不足扣除的，可结转至以后年度按现行有关规定执行
小型微利企业优惠	国家对小型微利企业减按 20% 的税率征收企业所得税
	自 2021 年 1 月 1 日至 2022 年 12 月 31 日，对小型微利企业年应纳税所得额不超过 100 万元的部分，减按 12.5% 计入应纳税所得额，按 20% 的税率缴纳企业所得税；对年应纳税所得额超过 100 万元但不超过 300 万元的部分，减按 50% 计入应纳税所得额，按 20% 的税率缴纳企业所得税
	2022 年 1 月 1 日—2022 年 12 月 31 日期间新购置的设备、器具，单位价值在 500 万元以上的，按照单位价值的一定比例自愿选择在企业所得税税前扣除。其中，企业所得税法实施条例规定最低折旧年限为 3 年的设备器具，单位价值的 100% 可在当年一次性税前扣除；最低折旧年限为 4 年、5 年、10 年的，单位价值的 50% 可在当年一次性税前扣除，其余 50% 按规定在剩余年度计算折旧进行税前扣除 企业选择适用上述政策当年不足扣除形成的亏损，可在以后 5 个纳税年度结转弥补，享受其他延长亏损结转年限政策的企业可按现行规定执行

【多选题】根据企业所得税相关规定，下列属于小型微利企业的有（　　）。

A. 某工业企业，从事国家非限制和禁止行业，年度应纳税所得额 250 万元，从业人数 100 人，资产总额 5 500 万元

B. 某企业，从事国家限制性行业，年度应纳税所得额 100 万元，从业人数 200 人，资产总额 2 000 万元

C. 某生产企业，从事国家非限制和禁止行业，年度应纳税所得额 200 万元，从业人数 280 人，资产总额不超过 4 500 万元

D. 某服务企业，从事国家非限制和禁止行业，年度应纳税所得额 230 万元，从业人数 200 人，资产总额不超过 3 000 万元

E. 某商业企业，从事国家非限制和禁止行业，年度应纳税所得额 290 万元，从业人数 302 人，资产总额不超过 3 000 万元

【参考答案】CD

小型微利企业，是指从事国家非限制和禁止行业，且同时符合年度应纳税所得额不超过 300 万元、从业人数不超过 300 人、资产总额不超过 5 000 万元等三个条件的企业（快速记忆口诀：335）。

八、鼓励就业和养老优惠

安置残疾人员及国家鼓励安置的其他就业人员所支付的工资	1. 企业安置残疾人员的，在按照支付给残疾职工工资据实扣除的基础上，按照支付给残疾职工工资的 100% 加计扣除 2. 残疾人员的范围适用《残疾人保障法》的有关规定
提供社区养老、托育、家政服务取得的收入	自 2019 年 6 月 1 日至 2025 年 12 月 31 日，提供社区养老、托育、家政服务取得的收入，在计算应纳税所得额时，减按 90% 计入收入总额

九、民族自治地方企业优惠

优惠幅度	民族自治地方的自治机关对本民族自治地方的企业应缴纳的企业所得税中属于地方分享的部分，可以决定减征或者免征
决策审批	自治州、自治县决定减征或者免征的，须报省、自治区、直辖市人民政府批准
限制措施	民族自治地方内国家限制和禁止行业的企业，不得减征或者免征企业所得税

【单选题】关于企业所得税优惠政策的说法，正确的是（　　）。

A. 某大型国有企业开发新产品的研究开发费用可以在据实扣除的基础上，按研究开发费用的 50% 加计扣除

B. 安置残疾人就业的，按照支付残疾职工工资的 50% 加计扣除

C. 企业从事远洋捕捞取得的所得，减半征收企业所得税

D. 外国政府向中国政府提供贷款取得的利息所得，减半征收企业所得税

【参考答案】A

第五节 企业所得税应纳税额的计算

一、查账征收的企业所得税计算

<table>
<tr><td>基本方法</td><td colspan="2">实行查账征收的企业，在持续经营的状态下，应在企业会计利润的基础上，根据税法的规定计算出应纳税所得额，并据此申报缴纳企业所得税</td></tr>
<tr><td>第一步：
计算利润总额</td><td colspan="2">按照国家统计会计制度核算</td></tr>
<tr><td rowspan="3">第二步：
计算应纳税所得额</td><td colspan="2">应纳税所得额 = 会计利润总额 − 境外所得 ± 纳税调整项目金额</td></tr>
<tr><td>纳税调增</td><td>超标的三项经费、超标的社会保险费、超标的利息费用、超标的业务招待费、超标的广告费和业务宣传费、捐赠、手续费及佣金、税收滞纳金、罚金、罚款、被没收财物的损失、未经核定的准备金支出</td></tr>
<tr><td>纳税调减</td><td>免税收入、减计收入、技术转让所得、铁路债券利息收入、加计扣除、加速折旧、允许弥补的以前年度亏损</td></tr>
<tr><td>第三步
计算应纳税额</td><td colspan="2">应纳税额 = 应纳税所得额 × 税率 − 减免税额 − 抵免税额</td></tr>
<tr><td>第四步
确定实际应纳税额</td><td colspan="2">实际应纳税额 = 应纳税额 + 境外所得应纳所得税额 − 境外所得免抵税额（如果无境外所得此项为 0，不计算）</td></tr>
<tr><td>第五步
确定本年应补（退）所得额</td><td colspan="2">本年应补（退）所得额 = 实际应纳所得税额 − 本年累计实际已纳的所得税额</td></tr>
</table>

【综合题】某企业为增值税一般纳税人，2022 年取得营业收入 6 000 万元，发生营业成本 2 000 万元，税金及附加 100 万元。其他业务情况如下：

①管理费用 900 万元，其中业务招待费 100 万元。

②销售费用 1 500 万元，其中广告费 1 000 万元。

③财务费用 150 万元，其中 2022 年 1 月 1 日向非关联企业借入资金 300 万元用于购买原材料，支付年利息 22 万元；已知银行同期同类贷款年利率为 5%。

④国债投资利息收入 20 万元。

⑤营业外支出 110 万元，其中通过政府部门向贫困地区的公益性捐款 70 万元。

⑥2022 年 1 至 4 季度已经预缴税款为 284 万元。

根据上述资料和税法规定，回答下列问题：

（1）计算该企业 2022 年的会计利润为（　　）万元。

A. 1 350　　B. 1 240　　C. 1 370　　D. 1 260

（2）计算该企业 2022 年的应纳税所得额为（　　）万元。

A. 1 437　　B. 1 417　　C. 1 387　　D. 1 410

(3) 计算该企业 2022 年汇算清缴应补缴的企业所得税额为（　　）万元。（结果以万元为单位，保留小数点后两位）

A. 75.25　　B. 62.75　　C. 70.25　　D. 68.50

【参考答案】(1) D　(2) B　(3) C

计算过程：

①2022 年度企业会计利润总额就是将全部的收入减去当期的成本和费用后得到。企业会计利润总额 $=6\ 000-2\ 000-100-900-1\ 500-150+20-110=1\ 260$（万元）。

②业务招待费，按照发生额的 60% 扣除，最高不得超过当年销售（营业）收入的 5‰；实际发生额 $\times 60\% =100\times 60\% =60$（万元）$>6\ 000\times 5‰ =30$（万元），所以业务招待费纳税调增金额 $=100-30=70$（万元）。

③广告费扣除限额 $=6\ 000\times 15\% =900$（万元），企业"销售费用"纳税调整金额 $=1\ 000-900=100$（万元）。

④利息费用可以税前扣除，但是不可以超过同期同类贷款银行利率计算的部分。可以在税前扣除的金额 $=300\times 5\% =15$（万元）。所以，企业"财务费用"纳税调整金额 $=22-15=7$（万元）。

⑤国债利息收入 20 万元免征企业所得税。

⑥公益性捐赠的扣除限额 $=1\ 260\times 12\% =151.2$（万元），无须调整公益性捐赠。

⑦2022 年该企业境内应纳税所得额 $=1\ 260+70+100+7-20=1\ 417$（万元）

⑧2022 年该企业应补缴纳企业所得税 $=1\ 417\times 25\% -284=70.25$（万元）

二、境外所得的免抵税额计算（消除国际重复征税）

抵免范围	(1) 居民企业就其取得的境外所得直接缴纳和间接负担的境外企业所得税性质的税额进行抵免 (2) 在中国境内设立的机构（场所）的非居民企业，可以就其取得的发生在境外，但与其有实际联系的所得直接缴纳的境外企业所得税性质的税额进行抵免
抵免办法	直接抵免（分国不分项、不分国不分项）： 企业直接作纳税人就其在境外所得在境外缴纳的所得税额在我国应纳税额中的抵免
	间接抵免（国际税收） 我国的居民企业从其直接或间接控制的外国企业分得的来源于境外的额股息红利等权益性投资中，间接负担的所得税，在我国的应纳税额中的抵免
抵免限额	(1) 分国不分项： 抵免限额 = 来源于某国（地区）的应纳税所得额 × 中国企业所得税税率 (2) 不分国不分项： 抵免限额 = 境外应纳税所得额 × 中国企业所得税税率
抵免税额	抵免限额 Vs 境外所得已纳额（较小者） **【提示】** 这是限额抵免的规定 超过抵免限额的部分，可以在以后 5 个纳税年度（从超过抵免限额的当年的次年起连续 5 个纳税年度）内，用每年度抵免限额抵免当年应抵税额后的余额进行抵补

【综合题】我国境内某机械制造企业，适用企业所得税税率25%，2022年境内产品销售收入4 000万元，销售成本2 000万元，缴纳税金及附加20万元，销售费用700万元（其中广告费620万元），管理费用500万元，财务费用80万元，取得境外分支机构税后经营所得9万元，分支机构所在国企业所得税税率为20%，该分支机构享受了该国减半征收所得税的优惠。（本题不考虑税收饶让的影响）

根据上述资料，回答以下问题：

（1）该企业2022年来源于境内的应纳税所得额是（　　）万元。

A. 680　　B. 700　　C. 725　　D. 720

【参考答案】D

境内的会计利润 =4 000 -2 000 -20 -700 -500 -80 =700（万元）

广告费的税前扣除限额 =4 000 ×15% =600（万元），但实际发生额620万元，需纳税调增20万元。

该企业2021年来源于境内的应纳税所得额 =700 +20 =720（万元）

（2）该企业2022年来源于境外的应纳税所得额是（　　）万元。

A. 9.00　　B. 10.00　　C. 12.50　　D. 11.25

【参考答案】B

取得境外分支机构税后经营所得9万元，分支机构所在国企业所得税税率为20%，该分支机构享受了该国减半征收所得税的优惠。该企业2022年来源于境外的应纳税所得额 =9 ÷（1 -10%）=10（万元）。

（3）该企业2022年境外所得的抵免限额是（　　）万元。

A. 1.00　　B. 2.25　　C. 9.00　　D. 2.50

【参考答案】D

该企业2022年来源于境外所得的抵免限额 =10 ×25% =2.5（万元）

（4）该企业2022年实际应缴纳企业所得税（　　）万元。

A. 170.0　　B. 177.5　　C. 181.5　　D. 178.0

【参考答案】C

境外分支机构在境外的实际缴纳税额 =10 ×10% =1（万元）

由于题目交代不考虑预提所得税和税收饶让的影响，所以境外所得的实际抵免税额为1万元。该企业2022年实际应缴纳企业所得税 =720 ×25% +（2.5 -1）=181.5（万元）。

三、非居民企业应纳税额的计算

在境内设立机构场所的	1. 就机构、场所来源于境内和发生在境外但与机构、场所有实际联系的所得缴纳企业所得税 2. 应按规定设置账簿，据实申报 3. 应设置未设置账簿的，税务机关有权核定征收

续表

在境内未设立机构场所的；虽设置机构场所，但所得与其机构场所无关联的	1. 就来源于境内的所得缴纳企业所得税 2. 境内所得的判断 （1）股息、红利等权益性投资和利息、租金、特许权使用费所得为收入的全额 （2）转让财产所得为收入减去财产净值后的余额 （3）其他所得参考上述方法确定

四、清算所得的计算

计算方法	清算所得 = 资产处置损益 + 负债清偿损益 − 清算费用 − 清算税金及附加 ± 其他所得或支出
清算所得税处理的内容	1. 企业清算的所得税处理包括以下内容： （1）全部资产均应按可变现价值或交易价格，确认资产转让所得或损失 （2）确认债权清理、债务清偿的所得或损失 （3）改变持续经营核算原则，对预提或待摊性质的费用进行处理 （4）依法弥补亏损，确定清算所得 2. 企业应将整个清算期作为一个独立的纳税年度计算清算所得
投资方核算	从清算企业分的财产相当于累计未分配利润和盈余公积中应当分得的部分，确认为股息所得 其余确认为资产转让的所得或者损失

【单选题】2016 年 1 月，甲居民企业以 800 万元直接投资乙居民企业，取得股权 40%。2022 年 12 月，乙企业注销清算，甲企业取得分回的资产公允价值为 1 000 万元。投资期间乙企业累计盈余公积和未分配利润 400 万元。下列关于甲企业股权转让业务的税务处理，正确的是（　　）。

A. 应确认应纳税所得额 160 万元　　B. 应确认股权转让所得 200 万元

C. 应确认应纳税所得额 1 000 万元　　D. 应确认股息红利所得 840 万元

【参考答案】B

投资方从清算企业分的财产相当于累计未分配利润和盈余公积中应当分得的部分，确认为股息所得，其余确认为资产转让的所得或者损失。

五、核定征税的税额计算（增补）

核定征收范围	居民纳税人具有下列情形之一： （1）依照法律、行政法规的规定可以不设置账簿的 （2）依照法律、行政法规的规定应当设置但未设置账簿的 （3）擅自销毁账簿或者拒不提供纳税资料的 （4）虽设置账簿，但账目混乱或者成本资料、收入凭证、费用凭证残缺不全，难以查账的 （5）发生纳税义务，未按规定期限申报，税务机关责令限期申报，逾期仍不申报的 （6）申报计税依据明显偏低，又无正当理由的

续表

不能核定征收的范围	（1）享受优惠政策的企业（不包括仅享受免税收入的企业、符合条件的小型微利企业） （2）汇总纳税企业 （3）上市公司 （4）金融企业 （5）经济鉴证类社会中介机构 （6）国家税务总局规定的其他企业
核定应税所得率的情形（定率征收）	1. 企业具有下列情形之一的，核定其应税所得率 （1）能正确核算（查实）收入总额，但不能正确核算（查实）成本费用总额的 （2）能正确核算（查实）成本费用总额，但不能正确核算（查实）收入总额的 （3）通过合理方法，能计算和推定纳税人收入总额或成本费用总额的 2. 如果不能核定应税所得率，则核定应税所得额 【记忆方法】收入或者成本、费用最起码能查实一样，才能定率征收，否则就定额征收
应税所得率的确定	实行应税所得率方式核定征收的企业，经营多业的，无论其经营项目是否单独核算，均由税务机关根据其主营项目确定适用的应税所得率
应纳税所得额的计算	（1）企业能正确核算（查实）收入总额，但不能正确核算（查实）成本费用总额，或者通过合理方法，能计算和推定企业收入总额的 应纳税所得额 = 应税收入额 × 应税所得率 应税收入额 = 收入总额 − 不征税收入 − 免税收入 （2）企业能正确核算（查实）成本费用总额，但不能正确核算（查实）收入总额，或者通过合理方法，能计算和推定纳税人成本费用总额的 应纳税所得额 = 成本（费用）支出额 ÷（1 − 应税所得率）× 应税所得率
应纳税额的计算	应纳所得税额 = 应纳税所得额 × 适用税率 【提示】核定征收方式的小型微利企业可以享受小型微利企业税收优惠

第六节　企业所得税的征收管理

一、纳税地点

居民企业	1. 企业登记注册地 2. 登记注册地在境外的：实际管理机构所在地
	汇总纳税企业的纳税地点 1. 居民企业在中国境内设立不具有法人资格的营业机构的，应当汇总计算并缴纳企业所得税 2. 跨地区（指跨省、自治区、直辖市和计划单列市）设立不具有法人资格分支机构的，总机构和具有主体生产经营职能的二级分支机构，就地分摊缴纳企业所得税，分月或分季分别向所在地主管税务机关申报预缴企业所得税
非居民企业	1. 境内设立机构场所且所得有实际联系：机构场所所在地 2. 境内设立两个以上机构场所：可以选择由其主要的机构场所汇总缴纳 3. 境内未设立机构场所或境内设立机构场所但取得无联系所得：扣缴义务人所在地
	汇总纳税的非居民企业应在汇总纳税的年度中持续符合下列所有条件： 1. 汇总纳税的各机构、场所已在所在地主管税务机关办理税务登记，并取得纳税人识别号 2. 汇总纳税的各机构、场所不得采用核定方式计算缴纳企业所得税 3. 汇总纳税的各机构、场所能够按照规定准确计算本机构、场所的税款分摊额，并按要求向所在地主管税务机关办理纳税申报

【单选题】某公司依据加拿大法律成立，实际管理机构在南京。根据我国企业所得税法相关规定，该公司的企业所得税纳税地点应该是（　　）。

A. 分别在加拿大和北京　　B. 由纳税人选择一地

C. 南京　　D. 由两国税务机关协商确定

【参考答案】C

该企业注册在境外但实际管理机构所在地为南京，因此应选择南京为主管税务机关。

二、纳税期限和纳税申报

<table>
<tr><td colspan="2">按年计征，分月或分季预缴，年终汇算清缴，多退少补</td></tr>
<tr><td>预缴税款</td><td>企业应自月份或季度终了之日起 15 日内，向税务机关报送预缴企业所得税纳税申报表，预缴税款</td></tr>
<tr><td rowspan="2">汇算清缴</td><td>（1）企业应自年度终了之日起 5 个月内，向税务机关报送年度企业所得税纳税申报表，并汇算清缴，结清应缴应退税款</td></tr>
<tr><td>（2）企业在年度中间终止经营活动的，应当自实际经营终止之日起 60 日内，向税务机关办理当期企业所得税汇算清缴</td></tr>
<tr><td colspan="2">企业在纳税年度内无论盈利或亏损，都应报送预缴企业所得税纳税申报表、年度企业所得税纳税申报表、财务会计报告等资料</td></tr>
<tr><td colspan="2">（1）纳税年度自公历 1 月 1 日起至 12 月 31 日止
（2）企业在一个纳税年度中间开业，或终止经营活动，使实际经营期不足 12 个月的，实际经营期为 1 个纳税年度
（3）企业依法清算时，清算期间作为 1 个纳税年度</td></tr>
</table>

三、非居民企业的纳税期限和源泉扣缴

<table>
<tr><td rowspan="4">扣缴义务人</td><td>法定扣缴</td><td>1. 在中国境内未设立机构、场所的非居民企业，或者虽设立机构、场所但取得的所得与其所设机构、场所没有实际联系的非居民企业，应当就其来源于中国境内的所得缴纳企业所得税
2. 以支付人为扣缴义务人。税款由扣缴义务人在每次支付或者到期应支付时，从支付或者到期应支付的款项中扣缴</td></tr>
<tr><td rowspan="2">指定扣缴</td><td>如果非居民企业存在下列情形之一的，税务机关可以指定工程价款或者劳务费的支付人为扣缴义务人：
1. 预计工程作业或者提供劳务期限不足一个纳税年度，且有证据表明非居民企业不履行纳税义务的
2. 非居民企业没有办理税务登记或者临时税务登记，且未委托中国境内的代理人履行纳税义务的
3. 非居民企业未按照规定期限办理企业所得税纳税申报或者预缴申报的</td></tr>
<tr><td>由县级以上税务机关指定</td></tr>
<tr><td>特定扣缴</td><td>纳税人未依法缴纳的，税务机关可以从该纳税人在中国境内其他收入项目的支付人应付的款项中，追缴该纳税人的应纳税款
税务机关应向其他支付人发出《非居民企业欠税追缴告知书》</td></tr>
<tr><td>扣缴时间</td><td colspan="2">扣缴义务人每次代扣的税款，应自代扣之日起 7 日内缴入国库，并向所在地的税务机关报送扣缴企业所得税报告表</td></tr>
</table>

本章习题

一、单选题

1. 在计算企业所得税应纳税所得额时，下列支出准予扣除的是（　　）。

A. 税收滞纳金　　B. 超过规定标准的公益性捐献支出

C. 向投资者支付的股息　　D. 企业发生的合理的工资、薪金支出

2. 下列固定资产可以在企业所得税前计算折旧扣除的是（　　）。

A. 以经营租赁方式租出的固定资产　　B. 以融资租赁方式租出的固定资产

C. 与经营活动无关的固定资产　　D. 单独估价作为固定资产入账的土地

3. 下列属于企业所得税视同销售的是（　　）。

A. 钢铁厂用自产钢管修建本单位办公楼

B. 房地产企业将开发的房产用于经营酒店

C. 生产企业用自产价值 100 万元的产品抵 A 公司欠款

D. 制造企业将自产汽车用于本企业管理部门

4. 某汽车有限公司是我国居民企业，2022 年年度境内应纳税所得额为 200 万元，来源于境外某国税前所得 100 万元。企业全年已预缴所得税款 40 万元，境外已纳所得税款 20 万元，该企业当年汇算清缴应补（退）的税款为（　　）万元

A. 5　　B. 10　　C. 15　　D. 35

5. 某公司注册地在广州，又分别在上海和北京设立有两家营业机构（均属于独立核算的非法人机构），那么，这两家营业机构的企业所得税纳税地点（　　）。

A. 在广州　　B. 分别在上海和北京

C. 由纳税人选择一地　　D. 由税务机关协商确定

6. 关于 2022 年小型微利企业普惠性企业所得税优惠政策，以下描述正确的是（　　）。

A. 符合条件的小型微利企业，年应纳税所得额 100（含）万元以下的，可以享受实际税负 2.5% 的企业所得税优惠

B. 符合条件的小型微利企业，年应纳税所得额 100 万元以上的，不得享受小型微利企业优惠

C. 符合条件的小型微利企业，无论采取查账征收方式还是核定征收方式，均可享受小型微利企业优惠政策

D. 符合条件的小型微利企业，享受小型微利企业税收优惠政策，应向主管税务机关备案

7. 下列说法正确的有（　　）。

A. 企业的固定资产由于技术进步等原因，确需加速折旧的，可以一次性计提固定资

产折旧

B. 企业对外投资期间，投资资产的成本在计算应纳税所得额时允许扣除

C. 创业投资企业从事国家需要重点扶持和鼓励的创业投资，可以按投资额的一定比例抵免当年应纳企业所得税额

D. 在计算企业所得税时，企业的不征税收入用于支出所形成的费用或者资产，不得扣除或者计算对应的折旧、摊销扣除

二、多选题

1. 五环公司 2022 年年度发生下列事项，其中符合企业所得税优惠政策的有（　　）。

A. 取得专门用途的财政性资金 50 万元作为不征税收入

B. 研发费加计扣除 75 万元

C. 销售废料取得的收入，减计 20 万元收入

D. 新购进设备单位价值 168 万元一次性计入成本

2. 下列项目可以享受企业所得税“加计扣除”优惠政策的有（　　）。

A. 开发新技术、新产品、新工艺发生的研究开发费用

B. 企业购置用于环境保护、节能节水、安全生产等专用设备的投资额

C. 创业投资企业从事国家需要重点扶持和鼓励的创业投资的投资额

D. 安置残疾人员及国家鼓励安置的其他就业人员所支付的工资

3. 某企业 2022 年度除正常生产经营收入外，还发生了以下一些业务，其中应并入企业应纳所得税收入的有（　　）。

A. 转让股权收入　　B. 债务重组收入

C. 确实无法偿付的应付款项　　D. 销售货物时收取的包装物押金

4. 根据企业所得税相关规定，企业下列支出超过税法规定扣除限额标准，准予向以后年度结转扣除的有（　　）。

A. 业务宣传费支出　　B. 公益性捐赠支出

C. 广告费支出　　D. 职工教育经费支出

E. 职工福利费支出

5. 在计算应纳税所得额时，企业发生的下列税金中不得税前扣除的有（　　）。

A. 允许抵扣的增值税　　B. 企业所得税

C. 土地增值税　　D. 城市维护建设税

6. 企业从事规定的符合条件的（　　）等项目的所得，自项目取得第一笔生产经营收入所属纳税年度起，第一年至第三年免征企业所得税，第四年至第六年减半征收企业所得税。

A. 环境保护　　B. 节能节水　　C. 安全生产　　D. 农业生产经营

7. 企业从事（　　）项目的所得免征企业所得税。

A. 蔬菜种植

B. 牲畜饲养

C. 林产品采集

D. 花卉、茶以及其他饮料作物和香料作物的种植

三、综合题

某工业企业，从业人员95人，资产总额为2 800万元，2022年度相关生产经营业务如下：

①当年销售产品收入700万元，对外提供培训收入120万元。国债利息收入250万元、取得对境内居民企业的投资收益100万元；

②全年产品销售成本为550万元；

③全年发生财务费用50万元，其中10万元为资本化的利息；

④管理费用共计98万元，销售费用共计50万元，其中列支的广告费、业务宣传费30万元；

⑤营业外支出中通过政府部门向贫困地区捐款40万元，税收罚款支出5万元，税收滞纳金2.73万元；

⑥税金及附加20万元；

⑦上年广告宣传费超支20万元。

根据上述资料，回答以下问题：

（1）企业税前可扣除的财务费用和销售费用合计为（　　）。

A. 100万元　　B. 120万元　　C. 110万元　　D. 90万元

（2）企业税前可扣除的营业外支出为（　　）。

A. 23.72万元　　B. 40万元　　C. 15万元　　D. 13.72万元

（3）企业应缴纳的企业所得税为（　　）。

A. 0万元　　B. 0.2万元　　C. 0.4万元　　D. 0.05万元

参考答案与解析

一、单选题

1. 【参考答案】D

企业发生的合理的工资、薪金支出，在计算企业所得税应纳税所得额时允许据实扣除。

2. 【参考答案】A

B选项，由承租方计提折旧；C选项，不满足扣除的相关性要求，不得税前扣除；D选项，不得计提折旧扣除。

3. 【参考答案】C

选项 A、B、D 属内部处置资产，所有权属在形式和实质上均不发生改变，不视同销售确认收入；而选项 C 则属视同销售行为，类似还有将货物、财产、劳务用于捐赠、赞助、集资、广告、样品、职工福利或者利润分配。

4.【参考答案】C

境外所得抵免限额 = 100 × 25% = 25 万元，实际缴纳 20 万元，可全额抵免。

应纳税额 =（200 + 100）× 25% − 40 − 20 = 15（万元）。

5.【参考答案】A

企业所得税是法人税制，非法人分支机构与总机构合并纳税，纳税地点为总机构所在地。

6.【参考答案】C

《财政部 税务总局关于进一步实施小微企业所得税优惠政策的公告》（财政部 税务总局公告 2022 年第 13 号）规定：对小型微利企业年应纳税所得额超过 100 万元但不超过 300 万元的部分，减按 25% 计入应纳税所得额，按 20% 的税率缴纳企业所得税。

2022 年 13 号公告，实质上是对《财政部 税务总局关于实施小微企业和个体工商户所得税优惠政策的公告》（财政部 税务总局公告 2021 年第 12 号）中的“再减半征收企业所得税”优惠政策，从应纳税所得额 100 万元以下直接扩展至 300 万元以下。

经过 2022 年 13 号公告调整后，加上之前继续有效的规定，小型微利企业所得税现行有效的优惠政策归纳如下：

（1）对小型微利企业年应纳税所得额不超过 100 万元的部分，减按 25% 计入应纳税所得额，按 20% 的税率缴纳企业所得税；

在 2021 年 1 月 1 日至 2022 年 12 月 31 日期间，在前述优惠政策基础上再减半征收企业所得税（实际税负 2.5%）。

（2）对年应纳税所得额超过 100 万元但不超过 300 万元的部分，减按 50% 计入应纳税所得额，按 20% 的税率缴纳企业所得税；

在 2022 年 1 月 1 日至 2024 年 12 月 31 日期间，在前述优惠政策基础上再减半征收企业所得税（实际税负 5%）。

7.【参考答案】D

A 选项，企业的固定资产由于技术进步等原因，确需加速折旧的，可以采用缩短折旧年限或加速计提的方法计提折旧，而不是一次性计提固定资产折旧。

B 选项，企业对外投资期间，投资资产的成本在计算应纳税所得额时不得扣除；投资资产转让时，投资资产成本据实扣除。

C 选项，创业投资企业从事国家需要重点扶持和鼓励的创业投资，可以按投资额的一定比例抵扣应纳税所得额。抵免是国际避免重复征税的概念。

二、多选题

1.【参考答案】BD

企业综合利用资源，生产符合国家产业政策规定的产品所取得的收入，可以在计算应纳税所得额时减计收入，销售废料取得的收入不属于此范围。

2.【参考答案】AD

根据《企业所得税法》规定，企业的下列支出，可以在计算应纳税所得额时加计扣除：开发新技术、新产品、新工艺发生的研究开发费用；安置残疾人员及国家鼓励安置的其他就业人员所支付的工资。选项 B、C 属于投资抵免的税收优惠。

3.【参考答案】ABC

D 选项，销售货物时收取的包装物押金，逾期不退时，计入当期的收入总额计算缴纳企业所得税，收取当期不计入。

4.【参考答案】ABCD

超过税法规定扣除限额标准，准予向以后年度结转扣除的费用有：职工教育经费；广告费和业务宣传费支出；公益性捐赠支出可以结转 3 年内扣除。

5.【参考答案】AB

根据《企业所得税法实施条例》规定，可以税前扣除的税金，是指企业发生的除企业所得税和允许抵扣的增值税以外的各项税金及其附加。

6.【参考答案】AB

企业从事规定的符合条件的环境保护、节能节水项目的所得，自项目取得第一笔生产经营收入所属纳税年度起，第一年至第三年免征企业所得税，第四年至第六年减半征收企业所得税。

7.【参考答案】ABC

D 选项属于减半征收项目。

三、综合题

（1）【参考答案】C

收入总额 = 700 + 120 = 820（万元）

资本化的利息，通过摊销方式扣除，不直接在财务费用中反映，故可扣除的财务费用 = 50 - 10 = 40（万元）。

广告宣传费扣除限额 = 820 × 15% = 123（万元），实际列支 30 万元，上年超支 20 万元可结转在本年度企业所得税税前扣除。

税前可扣除的销售费用 = 50 + 20 = 70（万元）

税前可扣除的财务费用和销售费用合计 = 40 + 70 = 110（万元）

（2）【参考答案】B

利润总额 = 1 170（= 700 + 120 + 250 + 100）（收入）- 20（税金及附加）- 550（成本）- 40

(财务费用) -98(管理费用) -50(销售费用) -(40 +5 +2.73)(营业外支出) =364.27(万元)

捐赠限额 =364.27 ×12% =43.71 (万元),实际捐赠为40万元,可据实扣除。故可扣除的营业外支出 =40 (万元)。

(3)【参考答案】D

应纳税所得额 =1 170(收入总额) -(250 +100)(免税收入) -20(税金及附加) -550(成本) -40(财务费用) -98(管理费用) -70(销售费用) -40(捐赠) =2 (万元)

该工业企业符合小型微利企业标准。

应纳税额 =2 ×25% ×20% ×50% =0.05 (万元)

第五章　个人所得税

【学习目的】

掌握个人所得税知识，首先要区分个人所得税对纳税人、征税范围的不同规定。首先将纳税人划分为居民个人和非居民个人分别学习。同时对于居民个人还需要考虑不同收入的税率、扣除限额、是否属于综合所得等，从预扣预缴到汇算清缴全面掌握个人所得税的计算过程。同时对居民个人还需要单独掌握经营所得的计算方法。

第一节　个人所得税概述

一、个人所得税的概念

概念	1. 个人所得税是以个人取得的各种应税所得为征税对象而征收的一种税 2. 个人除了自然人外，还包含个体工商户、个人独资企业的投资人、合伙企业的个人合伙人
重要补充	目前，世界上已有140多个国家开征此税种 2019年1月1日起施行修订后的《个人所得税法》和《个人所得税实施条例》，初步建立了综合和分类相结合的税制模式 个人所得税属于中央地方共享税，中央60%，地方40%

【提示】个人所得税是以个人（含自然人）取得的各项应税所得为征税对象所征收的一种税。

二、我国个人所得税的特点

不同特点	具体认知
1. 实行综合与分类相结合的税制	综合税制是按年计税，将全年全部所得在减除相应扣除费用后统一进行征税 分类税制是按照各类收入来源分类，分别扣除不同费用，适用不同税率，按月或者按次计征 综合与分类相结合的税制综合了上述两者的特征
2. 累进税率与比例税率并用	对综合所得和经营所得采用累进税率，实行量能负担 对财产转让所得，利息、股息、红利所得，财产租赁所得等采用比例税率，实行等比负担

续表

不同特点	具体认知
3. 费用扣除额范围较宽	我国本着费用扣除从宽、从简的原则，采用费用定额扣除和定率扣除等多种方法
4. 源泉扣缴与自行申报相结合	个人所得税以所得人为纳税人，以支付所得的单位或者个人为扣缴义务人 对居民纳税人取得的综合所得，有扣缴义务人的，由扣缴义务人按月或者按次预扣预缴税款，按年计征个人所得税。纳税人需要办理汇算清缴的，应当在取得所得的次年3月1日至6月30日内办理汇算清缴

【多选题】我国个人所得税的特点包括（　　）。

A. 实行混合征收　　B. 累进税率与比例税率并用

C. 费用扣除额范围较宽　　D. 只采取源泉扣缴制一种征纳模式

【参考答案】ABC

D选项，我国个人所得税采取源泉扣缴与自行申报相结合的征收方式。

【单选题】中国公民张某办理了个体工商户营业执照，开办了一家名为“幸福小吃店”的餐馆。这里的纳税主体是（　　）。

A. 张某　　B. 幸福小吃店

C. 张某和幸福小吃店　　D. 张某或幸福小吃店

【参考答案】A

个人所得税的纳税主体是个人，这里张某是个体工商户的业主，因此，个人所得税的纳税义务人是张某而不是小吃店。

【判断题】个人取得所得的形式仅限于现金。（　　）

【参考答案】×

《个人所得税法实施条例》第八条规定，个人所得的形式，包括现金、实物、有价证券和其他形式的经济利益。例如员工张三从甲公司取得工资8 000元，中秋节发放购物卡2 000元，生日蛋糕券500元，以上都属于张三从甲公司取得的工资、薪金所得。

【判断题】个人独资企业和合伙企业都属于个人所得税的纳税人。（　　）

【参考答案】√

本题属于初学者容易混淆的一个，潜意识中认为带有企业的都需要缴纳企业所得税，很容易在做题时出现错误。个人独资企业和合伙企业虽然带有企业的字样，但事实上个人独资企业的投资人和合伙企业的合伙人缴纳的都是个人所得税。

第二节　个人所得税的纳税人、征税范围和税率

注：为便于记忆，本章和教材章节次序有所调整

一、个人所得税的纳税人

（一）居民纳税人及其纳税义务

概念及义务	具体认知
1. 概念	居民纳税人是指在中国境内有住所，或者无住所而一个纳税年度内在中国境内居住累计满 183 天的个人 在中国境内有住所，是指因户籍、家庭、经济利益关系而在中国境内习惯性居住 在境内居住累计满 183 天，是指在一个纳税年度（即公历 1 月 1 日起至 12 月 31 日止，下同）内，在中国境内居住累计满 183 天 自 2019 年 1 月 1 日起，在中国境内停留的当天不满 24 小时的，不计入境内居住天数。
2. 纳税义务	居民纳税人应就其从中国境内和境外取得的所得，依照我国个人所得税法的规定缴纳个人所得税（无限纳税义务） 在中国境内无住所的纳税人，在中国境内居住累计满 183 天的年度连续不满六年的，经向主管税务机关备案，其来源于中国境外且由境外单位或者个人支付的所得，免予缴纳个人所得税 在中国境内居住累计满 183 天的任一年度中有一次离境超过 30 天的，其在中国境内居住累计满 183 天的年度的连续年限重新起算 【解释】在中国境内居住累计满 183 天的年度连续不满 6 年： （1）在境内无住所 （2）在境内停留满 183 天，但是这样的年份连续计算不超过 6 年 （3）只要这 6 年里有一次离开中国超过 30 天，就重新计算连续的年度 （4）符合上述条件来源于中国境外且由境外单位或者个人支付的所得就免税

【判断题】在中国境内有住所的个人，是指因户籍、家庭、经济利益关系而在中国境内习惯性居住的个人。在中国境内有住所的外国人，只对来自中国境内的收入缴纳个人所得税。（　　）

【参考答案】×

在中国境内有住所的个人，是指因户籍、家庭、经济利益关系而在中国境内习惯性居住的个人。在中国境内有住所的个人，是个人所得税的居民纳税人，无论收入是来自中国境内还是中国境外，都需要在我国缴纳个人所得税。

【判断题】在境内居住累计满 183 天，是指在一个纳税年度（即公历 1 月 1 日起至 12 月 31 日止）内，在中国境内居住累计满 183 天。（　　）

【参考答案】√

本题涉及的是居住期限的判断。《个人所得税法》第一条第一款所说的在中国境内居住累计满183天，是指在一个纳税年度（即公历1月1日起至12月31日止）内，在中国境内居住累计满183天。

【单选题】外籍人员A某在中国境内无住所，2021年7月2日来我国工作，到达中国时间为7月1日中午12点，2022年7月2日上午6时结束工作离开中国。则下列各项说法正确的是（　　）。

A. 2022年A某属于我国居民个人

B. 2021年A某属于我国居民个人

C. 2021年和2022年A某均属于我国非居民个人

D. 2021年和2022年A某均属于我国居民个人

【参考答案】C

根据《个人所得税法》规定，在中国境内有住所，或者无住所而一个纳税年度内在中国境内居住累计满183天的个人，为居民个人。由于A某在2021年7月1日中午12点当天在中国境内停留不足24小时，当天不计入在中国境内居住天数，2021年在中国停留时间未超过183天，属于非居民个人。2022年7月2日上午6时结束工作离开中国，7月2日当天不计入停留时间，因此A某在2021年、2022年两个年度内在我国累计居住都不满183天，属于个人所得税法规定的非居民个人。

（二）非居民纳税人及其纳税义务

概念及义务	具体认知
1. 非居民纳税人的概念	非居民纳税人是指在中国境内无住所又不居住，或无住所且一个纳税年度内在中国境内居住累计不满183天的个人
2. 纳税义务	非居民纳税人仅就其来源于中国境内的所得，依照我国个人所得税法的规定缴纳个人所得税 在中国境内无住所的纳税人，一个纳税年度内在中国境内居住累计不超过90天的，其来源于中国境内的所得，由境外雇主支付并且不由该雇主在中国境内的机构、场所负担的部分，免予缴纳个人所得税

【所得来源地的判定归纳总结】

除国务院财政、税务主管部门另有规定外，下列所得，不论支付地点是否在中国境内，均为来源于中国境内的所得：

①因任职、受雇、履约等在中国境内提供劳务取得的所得；

②将财产出租给承租人在中国境内使用而取得的所得；

③许可各种特许权在中国境内使用而取得的所得；

④转让中国境内的不动产等财产或者在中国境内转让其他财产取得的所得；

⑤从中国境内企业、事业单位、其他组织以及居民个人取得的利息、股息、红利所得。

【无住所个人境内居住时间与纳税义务归纳总结】

【记忆口诀1】居民先有房，无房183，6年是个坎，内外全都征。

【记忆口诀2】非居外得不征税，内得不超90，内付征，外付免。不满183，内外付全都征。

<table>
<tr><th rowspan="2">纳税人</th><th rowspan="2">境内居住时间</th><th colspan="2">境内所得</th><th colspan="2">境外所得</th></tr>
<tr><th>境内支付</th><th>境外支付
（非境内机构负担）</th><th>境内支付</th><th>境外支付</th></tr>
<tr><td rowspan="2">非居民纳税人</td><td>1. 累计不超过90天</td><td>征税</td><td>免税</td><td rowspan="2" colspan="2">不属于征税范围</td></tr>
<tr><td>2. 累计90天—183天</td><td colspan="2">征税</td></tr>
<tr><td rowspan="3">居民纳税人</td><td>1. 累计满183天的年度连续不满6年</td><td rowspan="2" colspan="2">征税</td><td rowspan="2" colspan="2">免税</td></tr>
<tr><td>2. 满6年（某一年度中有一次离境超过30天）</td></tr>
<tr><td>3. 连续满6年</td><td colspan="4">征税</td></tr>
</table>

【判断题】因任职、受雇、履约等在中国境内提供劳务取得的所得，不论支付地点是否在中国境内，均为来源于中国境内的所得。（　　）

【参考答案】√

因任职、受雇、履约等在中国境内提供劳务取得的所得，不论支付地点是否在中国境内，均为来源于中国境内的所得。

【记忆：境内取得境外付，所得纳税不耽误】

二、个人所得税的征税范围

【记忆口诀】征税范围共九类，劳资特稿（老子特高）是综合，利偶转租（利我转租）算分类，经营所得独一份。

征税范围	具体认知
1. 工资、薪金所得	个人因任职或者受雇而取得的工资、薪金、奖金、年终加薪、劳动分红、津贴、补贴，以及与任职或者受雇有关的其他所得 【知识链接】退休人员再任职取得的收入，在减除按个人所得税法规定的费用扣除标准后，按"工资、薪金所得"应税项目缴纳个人所得税 【知识链接】对商品营销活动中，企业和单位对营销业绩突出的雇员以培训班、研讨会、工作考察等名义组织旅游活动，通过免收差旅费、旅游费对个人实行的营销业绩奖励（包括实物、有价证券等），应根据所发生费用的全额并入营销人员当期的工资薪金所得，按照"工资、薪金所得"项目征收个人所得税

续表

征税范围	具体认知
2. 劳务报酬所得	个人从事设计、装潢、安装、制图、化验、测试、医疗、法律、会计、咨询、讲学、翻译、审稿、书画、雕刻、影视、录音、录像、演出、表演、广告、展览、技术服务、介绍服务、经纪服务、代办服务，以及其他劳务取得的所得 【知识链接】对商品营销活动中，企业和单位对营销业绩突出的非雇员以培训班研讨会、工作考察等名义组织旅游活动，通过免收差旅费、旅游费对个人实行的营销业绩奖励（包括实物、有价证券等），应根据所发生费用的全额作为该营销人员当期的劳务收入，按照“劳务报酬所得”项目征收个人所得税，并由提供上述费用的企业和单位代扣代缴
3. 稿酬所得	个人因其作品以图书、报刊等形式出版、发表而取得的所得 【知识链接】不以图书报刊形式出版、发表的翻译、审稿、书画所得属于劳务报酬所得
4. 特许权使用费所得	个人提供专利权、商标权、著作权、非专利技术，以及其他特许权的使用权取得的所得 提供著作权的使用权取得的所得，不包括稿酬所得 【知识链接】对于作者将自己的文字作品手稿原件或复印件公开拍卖（竞价）取得的所得，属于提供著作权的使用权所得，故应按特许权使用费所得项目征收个人所得税
5. 经营所得	①个体工商户从事生产、经营活动取得的所得，个人独资企业投资人、合伙企业的个人合伙人来源于境内注册的个人独资企业、合伙企业生产、经营的所得 ②个人依法从事办学、医疗、咨询，以及其他有偿服务活动取得的所得 ③个人对企业、事业单位承包经营、承租经营以及转包、转租取得的所得 ④个人从事其他生产、经营活动取得的所得
6. 利息、股息、红利所得	个人拥有债权、股权等而取得的利息、股息、红利所得
7. 财产租赁所得	个人出租不动产、机器设备、车船，以及其他财产取得的所得
8. 财产转让所得	个人转让有价证券、股权、合伙企业中的财产份额、不动产、机器设备、车船，以及其他财产取得的所得
9. 偶然所得	个人得奖、中奖、中彩以及其他偶然性质的所得
个人取得的所得，难以界定应纳税所得项目的，由国务院税务主管部门确定	

【工资薪金所得和劳务报酬所得的区别】

释义分解：

①工资、薪金所得是个人从事非独立劳动，从所在单位领取的报酬，个人与单位之间存在雇佣与被雇佣的关系。

②劳务报酬所得是个人独立从事某种技艺，独立提供某种劳务而取得的所得，个人与单位之间不存在雇佣和被雇佣关系。

举例说明：

①演员从剧团领取工资，教师从学校领取工资，属于工资、薪金所得项目。

②演员自己“走穴”或与他人组合“走穴”演出取得的报酬，教师受聘为校外的

各类学习班、培训班授课取得的课酬收入，属于劳务报酬所得项目。

【单选题】个人取得的下列报酬，应按“稿酬所得”缴纳个人所得税的是（　　）。

A. 出版社的专业作者翻译的小说由该出版社出版取得的报酬

B. 演员在企业的广告制作过程中提供形象取得的报酬

C. 杂志社记者在本社刊物发表文章取得的报酬

D. 高校教授为某杂志社审稿取得的报酬

【参考答案】A

稿酬指的是个人因其作品以图书、报刊等形式出版、发表而取得的所得。A 选项翻译的作品以图书的形式进行出版，取得所得属于稿酬。选项 B、D 按劳务报酬所得缴纳个人所得税。选项 C 比较有迷惑性，这里要注意，杂志社记者属于杂志社员工，因此，在本社刊物上发表文章是按工资、薪金所得缴纳个人所得税。

【判断题】退休人员再任职取得的收入，应按“劳务报酬所得”项目缴纳个人所得税。（　　）

【参考答案】×

《国家税务总局关于个人兼职和退休人员再任职取得收入如何计算征收个人所得税问题的批复》（国税函〔2005〕382 号）规定，退休人员再任职取得的收入，在减除按个人所得税法规定的费用扣除标准后，按“工资、薪金所得”应税项目缴纳个人所得税。

【多选题】下列各项中，企业应按照“工资、薪金所得”扣缴个人所得税的有（　　）。

A. 职工取得全年一次性奖金

B. 职工取得交通补贴

C. 支付给独立董事的津贴

D. 退休人员再任职取得的收入

【参考答案】ABD

企业支付给独立董事的报酬，应按“劳务报酬所得”预扣预缴其个人所得税。这里要注意，如果题干没有给出“独立”二字，说明董事不是独立于公司本身的，则按“工资、薪金所得”预扣预缴个人所得税。

【多选题】下列个人收入，应按照“特许权使用费所得”项目缴纳个人所得税的有（　　）。

A. 个人取得的特许权经济赔偿收入

B. 作家公开拍卖自己的文字作品手稿复印件取得的收入

C. 剧本作者从任职的电视剧制作单位获得的剧本使用费

D. 个人发表书画作品取得的收入

【参考答案】ABC

特许权使用费所得，是指个人提供专利权、商标权、著作权、非专利技术，以及其他特许权的使用权取得的所得；提供著作权的使用权取得的所得，不包括稿酬所得。对于剧本作者从电影、电视剧的制作单位取得的剧本使用费，不再区分剧本的使用方是否为其任职单位，统一按特许权使用费所得项目计征个人所得税。个人发表书画作品取得的收入应按“稿酬所得”缴纳个人所得税。

【单选题】以下所得中，应按“工资、薪金所得”缴纳个人所得税的是（ ）。

A. 任职于报纸、杂志等单位的记者、编辑等专业人员在本单位的报纸、杂志上发表作品取得的所得

B. 出租车属个人所有，但挂靠出租汽车经营单位或企事业单位，驾驶员向挂靠单位缴纳管理费的出租车收入

C. 律师事务所支付给非雇员律师的收入

D. 出版社的专业作者撰写、编写或翻译的作品，由本社以图书形式出版而取得的稿酬收入

【参考答案】A

选项B，按照经营所得征税；选项C，按照劳务报酬所得征税；选项D，按照稿酬所得征税。

【知识延伸】出租车司机的收入性质判断：

①出租车归属为单位的，出租汽车经营单位对出租车驾驶员采取单车承包或承租方式运营，出租车驾驶员从事客货营运取得的收入属于工资、薪金所得；

②出租车归属为个人的，从事个体出租车运营的出租车驾驶员取得的收入，或者出租车属于个人所有，但挂靠出租汽车经营单位或企事业单位，驾驶员向挂靠单位缴纳管理费的，取得收入属于劳务报酬所得；

③出租汽车经营单位将出租车所有权转移给驾驶员的，取得收入属于劳务报酬所得。

三、个人所得税的税率

（一）超额累进税率

1. 综合所得使用的税率——七级超额累进税率

（1）居民纳税人取得综合所得（劳资特稿）适用七级超额累进税率，税率为

3%—45%，具体见下表（综合所得适用税率）。

级数	全年应纳税所得额	税率（%）	速算扣除数
1	不超过 36 000 元	3	0
2	超过 36 000 元至 144 000 元的部分	10	2 520
3	超过 144 000 元至 300 000 元的部分	20	16 920
4	超过 300 000 元至 420 000 元的部分	25	31 920
5	超过 420 000 元至 660 000 元的部分	30	52 920
6	超过 660 000 元至 960 000 元的部分	35	85 920
7	超过 960 000 元的部分	45	181 920
本表中的全年应纳税所得额指居民个人取得的综合所得减去费用 6 万元以及专项扣除、专项附加扣除和依法确定的其他扣除后的余额。			

（2）非居民纳税人取得工资、薪金所得，劳务报酬所得，稿酬所得，特许权使用费适用七级超额累进税率，税率为3%—45%，具体见下表（非居民纳税人适用税率）。

级数	应纳税所得额	税率（%）	速算扣除数
1	不超过 3 000 元	3	0
2	超过 3 000 元至 12 000 元的部分	10	210
3	超过 12 000 元至 25 000 元的部分	20	1 410
4	超过 25 000 元至 35 000 元的部分	25	2 660
5	超过 35 000 元至 55 000 元的部分	30	4 410
6	超过 55 000 元至 80 000 元的部分	35	7 160
7	超过 80 000 元的部分	45	15 160
本表其实就是将全年的综合所得税率表折算成按月计算的税率表，又称月度税率表			

2. 经营所得使用税率——五级超额累进税率

经营所得适用五级超额累进税率，税率为5%—35%，具体见下表。

级数	全年应纳税所得额	税率（%）	速算扣除数
1	不超过 30 000 元	5	0
2	超过 30 000 元至 90 000 元的部分	10	1 500
3	超过 90 000 元至 300 000 元的部分	20	10 500
4	超过 300 000 元至 500 000 元的部分	30	25 500
5	超过 500 000 元的部分	35	50 500
本表中的全年应纳税所得额是每一年度经营收入总额减去成本、费用和损失后的余额			

【多选题】个人取得的下列所得，采用按累进税率征收个人所得税的有（　　）。

A. 工资、薪金　　B. 稿酬所得

C. 财产转让所得　　　　D. 个体工商户的生产经营所得

【参考答案】AD

工资、薪金所得适用七级超额累进税率，经营所得适用五级超额累进税额。

（二）比例税率

【提示】除综合所得、经营所得之外，其他各类所得均适用20%的比例税率。

1. 具体为：利息、股息、红利所得，财产租赁所得，财产转让所得和偶然所得。

2. 虽然税率相同，但是可以扣除的费用金额有区别。

【多选题】下列各项中，适用20%比例税率征收个人所得税的有（　　）。

A. 偶然所得　　　　B. 利息、股息、红利所得

C. 财产租赁所得　　　　D. 财产转让所得

【参考答案】ABCD

利息、股息、红利所得，财产租赁所得，财产转让所得和偶然所得，适用比例税率，税率为20%。

第三节　居民纳税人个人所得税应纳税所得额和应纳税额的计算

一、居民纳税人应纳税所得额和应纳税额的计算

（一）综合所得的确定、计算和申报

1. 综合所得应纳税所得额的确定

【提示】居民纳税人取得综合所得，以每一纳税年度的收入额减除费用6万元以及专项扣除、专项附加扣除和依法确定的其他扣除后的余额，为应纳税所得额。

计算公式：应纳税所得额 = 每一纳税年度的收入额 - 6万元 - 专项扣除 - 专项附加扣除 - 依法确定的其他扣除

【知识链接：累计预扣预缴应纳税所得额 = 累计收入 - 累计免税收入 - 累计减除费用 - 累计专项扣除 - 累计专项附加扣除 - 累计依法确定的其他扣除】

计算步骤	具体认知
第一步：计算纳税年度收入额	1. 计算工资、薪金所得，劳务报酬所得，稿酬所得和特许权使用费所得 2. 工资、薪金为收入全额 3. 劳务报酬所得、稿酬所得、特许权使用费所得以收入减除费用后的余额为收入额 劳务报酬所得、稿酬所得、特许权使用费所得收入额 = 收入 ×（1 - 20%） 4. 稿酬所得的收入额减按70%计算（打七折） 稿酬收入额 = 收入 ×70% ×（1 - 20%）

续表

计算步骤	具体认知
第二步：减 基本减除费用	直接减去 6 万元 如果计算结果为负数，则应纳税所得额为 0（以下步骤相同）
第三步，减 专项扣除	包括居民纳税人按照国家规定的范围和标准缴纳的基本养老保险、基本医疗保险、失业保险等社会保险费和住房公积金等（三险一金）
第四步，减 专项附加扣除	包括子女教育、继续教育、大病医疗、住房贷款利息或者住房租金、赡养老人、三岁以下婴幼儿照护等支出 1. 子女教育扣除 适用于纳税人的子女接受学前教育（年满 3 岁至小学入学前）的支出和全日制学历教育（包括在中国境外接受教育）的支出 **【提示】**学历教育包括义务教育（小学、初中教育）、高中阶段教育（普通高中、中等职业、技工教育）、高等教育（大学专科、大学本科、硕士研究生、博士研究生教育） 纳税人按每个子女每月 1 000 元的标准定额扣除 父母可以选择由其中一方按扣除标准的 100% 扣除，也可以选择由双方分别按扣除标准的 50% 扣除，具体扣除方式在一个纳税年度内不能变更 2. 继续教育扣除 适用于纳税人在中国境内接受学历（学位）继续教育的支出和技能人员职业资格继续教育、专业技术人员职业资格继续教育的支出 学历（学位）继续教育允许纳税人在学历（学位）教育期间按照每月 400 元定额扣除。同一学历（学位）继续教育的扣除期限不能超过 48 个月 职业资格继续教育允许纳税人在取得相关证书的当年，按 3 600 元定额扣除 相关证书应当留存备查 个人接受本科及以下学历（学位）继续教育，符合规定扣除条件的，可以选择由其父母扣除，也可以选择由本人扣除 3. 大病医疗扣除 适用于在一个纳税年度内，纳税人发生的与基本医保相关的医药费用支出，扣除医保报销后个人负担（指医保目录范围内的自付部分）累计超过 15 000 元的部分，由纳税人在办理年度汇算清缴时，在 80 000 元限额内据实扣除 纳税人发生的医药费用支出可以选择由本人或者其配偶扣除，未成年子女发生的医药费用支出可以选择由其父母一方扣除 4. 住房贷款利息 适用于纳税人本人或者配偶单独或者共同使用商业银行或者住房公积金个人住房贷款为本人或者其配偶购买中国境内住房，发生的首套住房贷款利息支出 在实际发生贷款利息的年度，按照每月 1 000 元的标准定额扣除，扣除期限最长不超过 240 个月 经夫妻双方约定，可以选择由其中一方扣除，具体扣除方式在一个纳税年度内不能变更。夫妻双方婚前分别购买住房发生的首套住房贷款，其贷款利息支出，婚后可以选择其中一套购买的住房，由购买方按扣除标准的 100% 扣除，也可以由夫妻双方对各自购买的住房分别按扣除标准的 50% 扣除，具体扣除方式在一个纳税年度内不能变更 5. 住房租金扣除 适用于纳税人在主要工作城市没有自有住房而发生的住房租金支出 不同城市每月定额扣除标准不同： （1）直辖市、省会（首府）城市、计划单列市以及国务院确定的其他城市，扣除标准为每月 1 500 元 （2）除前述所列城市以外，市辖区户籍人口超过 100 万的城市，扣除标准为每月 1 100 元 （3）市辖区户籍人口不超过 100 万的城市，扣除标准为每月 800 元

续表

<table>
<tr><th>计算步骤</th><th>具体认知</th></tr>
<tr><td></td><td>（4）需要留存住房租赁合同、协议等资料备查
6. 赡养老人扣除
适用于纳税人赡养一位及以上被赡养人（年满60岁的父母，以及子女均已去世的年满60岁的祖父母、外祖父母）的赡养支出
独生子女与非独生子女分别按照以下标准定额扣除：
（1）纳税人为独生子女的，按照每月2 000元的标准定额扣除
（2）纳税人为非独生子女的，由其与兄弟姐妹分摊每月2 000元的扣除额度，每人分摊的额度不能超过每月1 000元。可以由赡养人均摊或者约定分摊，也可以由被赡养人指定分摊
7. 三岁以下婴幼儿照护（新增，2022年1月1日起实施）
（1）从婴幼儿出生当月至满3周岁的前一个月，按照每个婴幼儿每月1 000元的标准定额扣除
（2）父母可以选择由其中一方按扣除标准的100%扣除，也可以选择由双方分别按扣除标准的50%扣除，具体扣除方式在一个纳税年度内不能变更
（3）扣除主体是3岁以下婴幼儿的监护人，包括生父母、继父母、养父母，父母之外的其他人担任未成年人的监护人的，可以比照执行</td></tr>
<tr><td>第五步，减依法确定的其他扣除</td><td>包括个人缴付符合国家规定的企业年金、职业年金，个人购买符合国家规定的商业健康保险、税收递延型商业养老保险的支出，以及国务院规定可以扣除的其他项目。
税收递延型商业养老保险递延纳税优惠政策（本年新增）：
1. 自2022年1月1日起，对个人养老金实施递延纳税优惠政策
2. 在缴费环节，个人向个人养老金资金账户的缴费，按照12 000元/年的限额标准在综合所得获经营所得中据实扣除
3. 在投资环节，计入个人养老金资金账户的投资收益暂不征收个人所得税
4. 在领取环节，个人领取的个人养老金，不并入综合所得，单独按照3%的税率计算缴纳个人所得税，其缴纳的税款计入“工资、薪金所得”项目</td></tr>
<tr><td colspan="2">专项扣除、专项附加扣除和依法确定的其他扣除以居民纳税人一个纳税年度的应纳税所得额为限额，一个纳税年度扣除不完的，不结转以后年度扣除</td></tr>
<tr><td colspan="2">增补：捐赠的扣除
1. 对教育、扶贫、济困等公益项目捐赠，不超过应纳税所得额30%部分允许扣除；这部分捐赠需要通过中国境内的公益性社会组织、国家机关
2. 国务院规定的公益慈善事业，允许据实扣除</td></tr>
</table>

【单选题】居民个人的下列所得，不并入综合所得计税的是（　　）。

A. 稿酬所得　　B. 劳务报酬所得　　C. 财产租赁所得　　D. 工资薪金所得

【参考答案】C

综合所得包含工资薪金所得、劳务报酬所得、稿酬所得、特许权使用费所得。

【单选题】某居民个人2022年度发生的与基本医保相关的医药费用支出20万元，扣除医保报销10万元，则当年度汇算清缴时可以扣除的大病医疗支出为（　　）万元。

A. 10　　B. 8　　C. 20　　D. 8.5

【参考答案】B

在一个纳税年度内，纳税人发生的与基本医保相关的医药费用支出，扣除医保报销后个人负担（指医保目录范围内的自付部分）累计超过 15 000 元的部分，由纳税人在办理年度汇算清缴时，在 80 000 元限额内据实扣除。该居民个人的大病医疗支出超过 15 000 元的部分为 185 000 元，但大病医疗扣除的限额为 80 000 元，所以最多只能扣除 80 000 元。

【判断题】居民纳税人取得综合所得，以每一纳税年度的收入额减除费用 6 万元以及专项扣除、专项附加扣除和依法确定的其他扣除后的余额，为应纳税所得额。（　　）

【参考答案】√

居民纳税人取得综合所得，以每一纳税年度的收入额减除费用 6 万元以及专项扣除、专项附加扣除和依法确定的其他扣除后的余额，为应纳税所得额。

【判断题】单位和个人分别在不超过职工本人上一年度月平均工资 4% 的幅度内，其实际缴存的住房公积金，允许在个人应纳税所得额中扣除。单位和职工个人缴存住房公积金的月平均工资不得超过职工工作地所在设区城市上一年度职工月平均工资的 3 倍，具体标准按照各地有关规定执行。（　　）

【参考答案】×

单位和个人分别在不超过职工本人上一年度月平均工资 12% 的幅度内，其实际缴存的住房公积金，允许在个人应纳税所得额中扣除。单位和职工个人缴存住房公积金的月平均工资不得超过职工工作地所在设区城市上一年度职工月平均工资的 3 倍，具体标准按照各地有关规定执行。单位和个人超过上述规定比例和标准缴付的住房公积金，应将超过部分并入个人当期的工资、薪金收入，计征个人所得税。

【多选题】下列各项中，属于专项附加扣除项目的有（　　）。

A. 子女教育　　B. 大病医疗

C. 职业资格继续教育　　D. 赡养老人

【参考答案】ABCD

专项附加扣除包括：子女教育、继续教育、大病医疗、住房贷款利息或者住房租金、赡养老人三岁以下婴幼儿照护 7 项扣除。继续教育扣除适用于纳税人在中国境内接受学历（学位）继续教育的支出和技能人员职业资格继续教育、专业技术人员职业资格继续教育的支出。

【单选题】纳税人的子女接受学前教育和全日制学历教育的相关支出，则每个子女每月定额扣除的标准为（ ）元。

A. 1 000 B. 2 000 C. 3 000 D. 4 000

【参考答案】A

纳税人的子女接受学前教育和全日制学历教育的相关支出，按照每个子女每月 1 000 元的标准定额扣除。

【单选题】根据专项附加扣除的相关规定，纳税人在中国境内接受学历（学位）继续教育，允许纳税人在学历（学位）教育期间按照每月（ ）元定额扣除。

A. 300 B. 400 C. 500 D. 600

【参考答案】B

纳税人在中国境内接受学历（学位）继续教育，允许纳税人在学历（学位）教育期间按照每月 400 元定额扣除。

【判断题】居民纳税人赡养一位及以上年满 65 岁（含）父母的支出，可以按每月 2 000 元的标准定额扣除。（ ）

【参考答案】×

居民纳税人赡养一位及以上年满 60 岁父母的支出，若纳税人为独生子女的，按每月 2 000 元的标准定额扣除；若纳税人为非独生子女的，由其与兄弟姐妹分摊每月 2 000 元的扣除额度，每人分摊的额度不能超过每月 1 000 元。

【判断题】个人所得税专项附加扣除在纳税人本年度综合所得应纳税所得额中扣除，本年度扣除不完的，可以结转以后年度扣除。（ ）

【参考答案】×

个人所得税专项附加扣除在纳税人本年度综合所得应纳税所得额中扣除，本年度扣除不完的，不能结转以后年度扣除。

2. 综合所得预扣预缴计算

（1）工资薪金的预扣预缴

计算项目	计算公式和方法
应纳税额的计算	应纳税额 = 应纳税所得额 × 适用税率 − 速算扣除数
预扣预缴	累计预扣预缴应纳税所得额 = 累计收入 − 累计免税收入 − 累计减除费用 − 累计专项扣除 − 累计专项附加扣除 − 累计依法确定的其他扣除
	本期应预扣预缴税额 = （累计预扣预缴应纳税所得额 × 预扣率 − 速算扣除数） − 累计减免税额 − 累计已预扣预缴税额

续表

计算项目	计算公式和方法
	①累计减除费用：按照 5 000 元/月乘以纳税人当年截至本月在本单位的任职受雇月份数计算 ②累计专项附加扣除：指居民纳税人取得工资、薪金所得时，选择向扣缴义务人提供专项附加扣除有关信息，由扣缴义务人扣缴税款时减除专项附加扣除之和
两处以上取得扣除的计算方法	纳税人同时从两处以上取得工资、薪金所得，并由扣缴义务人减除专项附加扣除的，对同一专项附加扣除项目，在一个纳税年度内只能选择从一处取得的所得中减除

（2）劳务报酬所得、稿酬所得、特许权使用费所得的预扣预缴

【提示】 扣缴义务人向居民纳税人支付劳务报酬所得、稿酬所得、特许权使用费所得，按次或者按月预扣预缴个人所得税。

劳务报酬所得、稿酬所得、特许权使用费所得，属于一次性收入的，以取得该项收入为一次；属于同一项目连续性收入的，以一个月内取得的收入为一次。

劳务报酬所得、稿酬所得、特许权使用费所得预扣预缴时，减除费用的确定均依据每次收入是否超过 4 000 元而定。每次收入不超过 4 000 元的，减除费用按 800 元计算；每次收入 4 000 元以上的，减除费用按 20% 计算。

不同情形	具体认知
1. 劳务报酬	以每次收入额为预扣预缴应纳税所得额，收入额为每次收入减除费用后的余额 适用三级超额累进预扣率 劳务报酬所得应预扣预缴税额 = 预扣预缴应纳税所得额 × 预扣率 − 速算扣除数 = 每次收入额 × 预扣率 − 速算扣除数 = （每次收入 − 费用） × 预扣率 − 速算扣除数
2. 稿酬	以每次收入额为预扣预缴应纳税所得额 收入额减征 30%，即减按 70% 计算 适用 20% 的比例预扣率 稿酬所得应预扣预缴税额 = 预扣预缴应纳税所得额 × 预扣率 = 每次收入额 × 70% × 预扣率 = （每次收入 − 费用）× 70% × 20%
3. 特许权使用费	以每次收入额为预扣预缴应纳税所得额 适用 20% 的比例预扣率 特许权使用费所得应预扣预缴税额 = 预扣预缴应纳税所得额 × 预扣率 = 每次收入额 × 20% = （每次收入 − 费用）× 20%

劳务报酬所得预扣预缴适用预扣率表如下。

【记忆口诀】劳报税率共三档，两万以下二十扣，二五扣三减两千，五万四扣七千减。

级数	预扣预缴应纳税所得额	预扣率（%）	速算扣除数
1	不超过 20 000 元的部分	20	0
2	超过 20 000 元至 50 000 元的部分	30	2 000
3	超过 50 000 元的部分	40	7 000

3. 综合所得的汇算清缴

步骤	具体过程
第一步：确定应纳税所得额	1. 纳税年度终了后，居民个人汇总全年取得的综合所得，减去费用6万元以及专项扣除、专项附加扣除、依法确定的其他扣除和符合条件的公益慈善捐赠为综合所得 2. 如果收入减去上述扣除为负数，则综合所得为0
第二步：确定应纳税额	按照适用税率计算并减去速算扣除数
第三步：减去已预交的税额	减去该纳税年度已经预缴的税额
第四步：申报补税或退税	

【单选题】按照个人所得税法的规定，对稿酬所得应纳税额减征比例为（　　）。

A. 20%　　B. 30%　　C. 40%　　D. 50%

【参考答案】B

稿酬所得以每次收入额为预扣预缴应纳税所得额，收入额减按70%计算。

【判断题】扣缴义务人支付居民纳税人特许权使用费所得时，按次代扣代缴个人所得税。（　　）

【参考答案】×

特许权使用费属于综合所得，居民纳税人取得特许权使用费所得时，由扣缴义务人按次预扣预缴税款，按年计征个人所得税，在取得所得的次年3月1日至6月30日办理汇算清缴。

【判断题】按照个人所得税法的规定，劳务报酬所得，属于同一项目连续性收入的，以一个月内取得的收入为一次。（　　）

【参考答案】√

劳务报酬所得，属于一次性收入的，以取得该项收入为一次；属于同一项目连续性收入的，以一个月内取得的收入为一次。

【计算题】居民纳税人张某2021年入职甲公司，假设张某3月从乙单位取得劳务报酬收入30 000元，5月从丙杂志社取得稿酬收入2 000元，8月从丁单位取得特许权使用费收入20 000元。

要求：计算乙、丙、丁单位支付所得时应预扣预缴的个人所得税。

【参考答案】首先，迅速回忆，劳务报酬有三次税率，思考适用哪一档；其次，计算公式写出来；最后，照猫画虎将数据代入公式计算。

（1）3 月张某从乙单位劳务报酬应预扣预缴的个人所得税 = 30 000 ×（1 - 20%）× 30% - 2 000 = 5 200（元）

【知识链接：劳务报酬所得应预扣预缴税额 = 预扣预缴应纳税所得额 × 预扣率 - 速算扣除数 = 每次收入额 × 预扣率 - 速算扣除数 =（每次收入 - 费用）× 预扣率 - 速算扣除数】

（2）3 月张某从丙单位稿酬应预扣预缴的个人所得税 =（2 000 - 800）× 70% × 20% = 168（元）

【知识链接：稿酬所得应预扣预缴税额 = 预扣预缴应纳税所得额 × 预扣率
= 每次收入额 × 70% × 预扣率
=（每次收入 - 费用）× 70% × 20%】

（3）3 月张某从丁单位特许权使用费应预扣预缴的个人所得税 = 20 000 ×（1 - 20%）× 20% = 3 200（元）

【知识链接：特许权使用费所得应预扣预缴税额 = 预扣预缴应纳税所得额 × 预扣率
= 每次收入额 × 20%
=（每次收入 - 费用）× 20%】

（二）经营所得的确定、计算

不同情形	具体认知
应纳税所得额的确定	以每一纳税年度的收入总额，减除成本、费用、税金、损失、其他支出以及允许弥补的以前年度亏损后的余额，为应纳税所得额（与企业所得税相关内容可联想记忆） 取得经营所得的个人，没有综合所得的，计算其每一纳税年度的应纳税所得额时，应当减除费用 6 万元、专项扣除、专项附加扣除以及依法确定的其他扣除 专项附加扣除在办理汇算清缴时减除
应纳税额的计算和申报	计算公式：应纳税额 = 应纳税所得额 × 适用税率 - 速算扣除数 预缴税款：纳税人取得经营所得，按年计算个人所得税，由纳税人在月度或者季度终了后 15 日内向税务机关报送纳税申报表，并预缴税款 本月应预缴税额 = 本月累计应纳税所得额 × 适用税率 - 速算扣除数 - 上月累计已预缴税额 汇算清缴：在取得所得的次年 3 月 31 日前办理汇算清缴 全年应纳税额 = 全年应纳税所得额 × 适用税率 - 速算扣除数 汇算清缴税额 = 全年应纳税额 - 全年累计已预缴税额

【知识归纳】经营所得：企业所得税与个人所得税相同与不同点如下。

不同情形	具体认知
（1）与企业所得税相同的扣除项目和标准	从业人员工资；为从业人员缴纳的基本养老保险费、基本医疗保险费、失业保险费、生育保险费、工伤保险费和住房公积金；向当地工会组织拨缴的工会经费、实际发生的职工福利费；借款费用；租赁费；汇兑损益；业务招待费、广告费和业务宣传费；劳动保护费；亏损弥补等规定，均与企业所得税的基本规定一致

续表

不同情形	具体认知
(2) 与企业所得税不同的扣除项目和标准	①个体工商户业主的工资薪金支出不得税前扣除，但可以依照法律法规扣除一定的费用：个体工商户业主的费用扣除标准统一确定为60 000元/年，即5 000元/月 ②对其购买符合规定的商业健康保险产品支出，可按照规定标准（限额2 400元/年，200元/月）在个人所得税前扣除 ③个体工商户生产经营活动中，应当分别核算生产经营费用和个人、家庭费用。对于生产经营与个人、家庭生活混用难以分清的费用，其40%视为与生产经营有关费用，准予扣除 【提示】此规定，个人独资企业和个体工商户存在差异 在个人独资企业中，投资者及其家庭发生的生活费用不允许在税前扣除。投资者及其家庭发生的生活费用与企业生产经营费用混合在一起，并且难以划分的，全部视为投资者个人及其家庭发生的生活费用，不允许在税前扣除 ④企业拨缴的职工教育经费支出在工资薪金总额2.5%的标准内据实扣除 ⑤个体工商户代其从业人员或者他人负担的税款，不得税前扣除 ⑥个体工商户按照规定缴纳的摊位费、行政性收费、协会会费等，按实际发生数额扣除 ⑦公益性捐赠，捐赠额不超过其应纳税所得额30%的部分可以据实扣除，直接给受益人的捐赠不得扣除
(3) 税前不允许扣除的支出	①个人所得税税款 ②税收滞纳金 ③罚金、罚款和被没收财物的损失 ④不符合扣除规定的捐赠支出 ⑤赞助支出 ⑥用于个人和家庭的支出 ⑦与取得生产经营收入无关的其他支出 ⑧国家税务总局规定不准扣除的支出
(4) 核定征收规定	从事生产、经营活动，未提供完整、准确的纳税资料，不能正确计算应纳税所得额的，由主管税务机关核定应纳税所得额或者应纳税额 ①企业能正确核算（查实）收入总额，但不能正确核算（查实）成本费用总额，或者通过合理方法，能计算和推定企业收入总额的 应纳税所得额 = 应税收入额 × 应税所得率 ②企业能正确核算（查实）成本费用总额，但不能正确核算（查实）收入总额，或者通过合理方法，能计算和推定纳税人成本费用总额的 应纳税所得额 = 成本(费用)支出额 ÷ (1 − 应税所得率) × 应税所得率

【多选题】下列有关个体工商户个人所得税计税方法的表述中，正确的有（　　）。

A. 个体工商户向其从业人员实际支付的合理的工资、薪金支出，允许税前据实扣除

B. 个体工商户为从业人员缴纳的补充养老保险费，在不超过从业人员工资总额5%标准内的部分据实扣除，超过部分不得扣除

C. 个体工商户向非金融企业和个人借款的利息支出，允许税前据实扣除

D. 个体工商户向当地工会组织拨缴的工会经费，在工资薪金总额的2%的标准内

据实扣除

【参考答案】ABD

个体工商户向非金融企业和个人借款的利息支出，不超过按照金融企业同期同类贷款利率计算的数额的部分，准予扣除。

【单选题】某个体工商户全年销售收入1 000万元，实际发生业务招待费30万元。该个体工商户计算个人所得税时允许扣除的业务招待费为（　　）万元。

A. 5　　B. 15　　C. 18　　D. 30

【参考答案】A

联系企业所得税，企业所得税中对于业务招待费的相关规定是发生与生产经营活动有关的业务招待费，按照实际发生额的60%扣除，但最高不得超过当年销售（营业）收入的5‰。因此，个人所得税对于个体工商户经营所得中扣除项目的与企业所得税的规定是完全一样的。

【单选题】个体工商户贾某2021年取得销售收入100万元，另将不含税价格为2万元的商品用于馈赠；当年转让持有上市公司股票取得所得8万元。贾某2021年允许扣除的广告费和业务宣传费限额为（　　）万元。

A. 15　　B. 15.3　　C. 16.5　　D. 16.2

【参考答案】B

个体工商户每一纳税年度发生的广告费和业务宣传费用不超过当年销售（营业）收入15%的部分，可据实扣除；超过部分，准予在以后纳税年度结转扣除。贾某年营业收入=100+2=102（万元），广告费和业务宣传费扣除限额=102×15%=15.3（万元）。

【单选题】假设2021年度某个人独资企业发生生产经营费用30万元，经主管税务机关审核，与其家庭生活费用无法划分，依据个人所得税相关规定，该个人独资企业允许税前扣除的生产经营费用为（　　）万元。

A. 0　　B. 12　　C. 18　　D. 30

【参考答案】A

投资者及其家庭发生的生活费用不允许在税前扣除。投资者及其家庭发生的生活费用与企业生产经营费用混合在一起，并且难以划分的，全部视为投资者个人及其家庭发生的生活费用，不允许在税前扣除。

【单选题】自然人张某拥有一家个人独资企业，2021年申报纳税收入总额60万元，与收入相关的各项支出56万元。经主管税务机关检查，其申报的收入总额准确，但支出难以核实，于是决定对其采取核定征收。假设该独资企业适用的应税所得率为15%。则2021年张某应缴纳的个人所得税是（ ）元。

A. 5 500　B. 6 900　C. 7 500　D. 9 264

【参考答案】C

本题涉及的是对个人独资企业采用核定征收方式下个人所得税的计算。应纳税所得额 = 应税收入额 × 应税所得率 = 600 000 × 15% = 90 000（元），适用税率10%，速算扣除数为1 500，自然人张某应缴纳个人所得税 = 600 000 × 15% × 10% − 1 500 = 7 500（元）。

【计算题】某个体工商户从事商品销售，假设2021年销售收入为248 000元，销货成本为100 000元，各项费用支出为18 000元，缴纳增值税12 000元，其他税费合计1 800元，当年支付2名雇工工资各20 000元。1—11月累计已预缴个人所得税790元（各项成本费用支出符合税前扣除标准）。

要求：根据以上资料，在没有综合所得的情况下，计算：

（1）该个体工商户当年的应纳税所得额。

（2）该个体工商户当年的应纳个人所得税额。

（3）该个体工商户当年汇算清缴应补（退）税额。

【参考答案】首先，用收入减去各项扣除得到应纳税所得额；其次，按照分级税率进行计算。

（1）该个体工商户当年的应纳税所得额 = 248 000（销售收入）− 100 000（销售成本）− 18 000（各项费用）− 1 800（其他税费）− 20 000 × 2（雇工工资）− 60 000（减除费用）= 28 200（元）

（2）该个体工商户当年的应纳个人所得税 = 28 200 × 5% = 1 410（元）

（3）该个体工商户当年汇算清缴应补税额 = 1 410 − 790（已预缴税额）= 620（元）

（三）利息、股息、红利所得

不同情形	具体认知
1. 应纳税所得额的确定	以每次收入额为应纳税所得额 以支付利息、股息、红利时取得的收入为一次
2. 应纳税额的计算	应纳税额 = 应纳税所得额 × 适用税率（20%）

【计算题】章某2021年初持有某非上市公司30%股权，假设年末取得该公司20 000元分红。要求：计算章某取得股息、红利所得应缴纳的个人所得税。

【参考答案】股息红利所得收入额不扣除任何费用。章某应缴纳个人所得税 =

20 000 × 20% = 4 000（元）。

（四）财产租赁所得

不同情形	具体认知
1. 应纳税所得额的确定	以一个月内取得收入为一次 计算公式分为两种情况 ①每次收入不超过 4 000 元的，减除费用 800 元 应纳税所得额 = 每次收入 - 800 ②4 000 元以上的，减除 20% 的费用 应纳税所得额 = 每次收入 ×（1 - 20%）
2. 应纳税额的计算	应纳税额 = 应纳税所得额 × 适用税率（20%） 个人出租住房取得的所得减按 10% 的税率征收个人所得税

【计算题】王某 2021 年 3 月将其位于市区的住房租给甲公司使用，每月租金收入 3 000 元，假定不考虑增值税等相关税费。要求：计算王某 3 月取得财产租赁所得应缴纳的个人所得税。

【参考答案】王某应缴纳个人所得税 =（3 000 - 800）× 10% = 220（元）

租赁四千减八百，超过四千扣百二，个人租房要减半。

（五）财产转让所得

不同情形	具体认知
1. 应纳税所得额的确定	以一次转让财产的收入额减除财产原值和合理费用后的余额为应纳税所得额 财产原值的确定方法： ①有价证券，为买入价以及买入时按照规定交纳的有关费用 ②建筑物，为建造费或者购进价格以及其他有关费用 ③土地使用权，为取得土地使用权所支付的金额、开发土地的费用以及其他有关费用 ④机器设备、车船，为购进价格、运输费、安装费及其他有关费用 ⑤其他财产，参照上述规定的方法确定财产原值 纳税人未提供完整、准确的财产原值凭证，不能按照上述规定的方法确定财产原值的，由主管税务机关核定财产原值 合理费用指卖出财产时按照规定支付的有关税费
2. 应纳税额的计算	应纳税额 = 应纳税所得额 × 适用税率（20%）

【多选题】对于个人的财产转让所得，在计算征收个人所得税时，准予从收入中扣除的财产原值及合理费用有（　　）。

A. 有价证券的买入价，以及买入时按规定缴纳的有关费用

B. 取得土地使用权所支付的金额、开发土地的费用，以及其他有关费用

C. 建筑物的购进价格，以及其他有关费用

D. 纳税人未提供完整、准确的财产原值凭证，不能正确计算财产原值，按照纳税人申报的价格计算

【参考答案】ABC

选项 D，纳税人未提供完整、准确的财产原值凭证，不能正确计算财产原值的，由主管税务机关核定财产原值。

【判断题】营改增后，个人转让房屋的个人所得税应税收入不含增值税，其取得房屋时支付价款中包含的增值税计入财产原值，计算转让所得时可扣除的税费不包括本次转让缴纳的增值税。 （ ）

【参考答案】√

个人转让房屋的个人所得税应税收入不含增值税，其取得房屋时所支付价款中包含的增值税计入财产原值，计算转让所得时可扣除的税费不包括本次转让缴纳的增值税。

【计算题】田某 2021 年 6 月买进某公司债券 10 000 份，每份买价 8 元，共支付手续费 800 元，假设 11 月将 10 000 份全部卖出，每份卖价 8.3 元，共支付手续费 415 元。

要求：计算田某 11 月取得财产转让所得应缴纳的个人所得税。

【参考答案】重要点在于判定财产原值

【知识链接：有价证券的财产原值为买入价以及买入时按照规定交纳的有关费用】

（1）卖出债券应扣除的财产原值 = 10 000 × 8（买价）+ 800（手续费）= 80 800（元）

（2）转让债券的应纳税所得额 = 10 000 × 8.3（卖价）− 80 800（财产原值）− 415（手续费）= 1 785（元）

（3）转让债券应缴纳的个人所得税 = 1 785 × 20% = 357（元）

（六）偶然所得

不同情形	具体认知
1. 应纳税所得额的确定	以每次取得该项收入为一次 以每次收入额为应纳税所得额
2. 应纳税额的计算	应纳税额 = 应纳税所得额 × 适用税率（20%）

【计算题】假设丁某 2021 年 9 月因参与商场抽奖活动取得奖金 10 000 元。要求：计算丁某 9 月取得偶然所得应缴纳的个人所得税。

【参考答案】偶然所得应纳税所得额是每次的收入额，不扣除任何费用，全额征税，因此丁某应缴纳个人所得税 = 10 000 × 20% = 2 000（元）

【多选题】个人取得的下列收入采用按费用扣除额后的所得征收个人所得税的有（　　）。

A. 特许权使用费收入　　B. 财产租赁收入

C. 财产转让收入　　D. 股息红利收入

【参考答案】ABC

D选项股息红利收入以每次收入额为应纳税所得额，不扣除任何费用，全额征税。

（七）特殊问题处理

1. 全年一次性奖金的处理

不同情形	具体认知
（1）2023年12月31日以前	①居民个人取得全年一次性奖金，在2023年12月31日前，可选择不并入当年综合所得，扣缴义务人发放时代扣代缴 计税办法：将居民个人取得的全年一次性奖金，除以12个月，按其商数依照按月换算后的综合所得税率表确定适用税率和速算扣除数 【注】无须考虑当月固定工资薪金小于减除费用标准的差额 ②居民个人取得全年一次性奖金，也可以选择并入当年综合所得计算纳税，在发放当月应遵循累计预扣法扣缴税款
（2）2024年1月1日以后	自2024年1月1日起，居民个人取得全年一次性奖金，应并入当年综合所得计算缴纳个人所得税（此处等待政策进一步明确）

2. 非上市公司授予本公司员工的期权、限制性股票和股权奖励的税务处理

非上市公司授予本公司员工的股票期权、股权期权、限制性股票和股权奖励，符合规定条件的，经向主管税务机关备案，可实行递延纳税政策，即员工在取得股权激励时暂不纳税，递延至转让该股权时纳税。

3. 企事业单位将住房以低于购置或建造成本价格销售给职工的个人所得税的征税规定

单位低价出售住房给职工，职工因此而少支出的差价部分，除另有规定外（住房制度改革期间是免税的），不并入当年综合所得，以差价收入除以12个月得到的数额，按照月度税率表确定适用税率和速算扣除数，单独计算纳税。其中“差价部分”，是指职工实际支付的购房价款低于该房屋的购置或建造成本价格的差额。

应纳税额＝职工实际支付的购房价款低于该房屋的购置或建造成本价格的差额×适用税率－速算扣除数

【提示】事业单位和企业将自己建设或购买的住房低价卖给员工，由于卖给员工的价格通常低于单位购买的价格，因此相当于给员工一种“补贴”，该政策主要是针对这一“补贴”征收个税，保持税负公平。

4. 其他形式的收入计量

类型	计算方法
实物所得	按照取得的凭证上注明的价格计算 无凭证或者凭证价格明显偏低的参考市场价格核定
有价证券	根据票面价格和市场价格核定
其他形式	参考市场价格核定

5. 外币折算

申报时间	折算方法
办理申报或扣缴时	按照上一月最后一日人民币汇率中间价折算
汇算清缴时	1. 已经折算的不再重新计算 2. 应当补缴税款的所得部分，按照上一纳税年度最后一日人民币汇率中间价折算

6. 每次的规定

收入类型	计算方法
劳务报酬、稿酬、特许权使用费所得	一次性收入，取得该项收入的时候为一次 连续性收入，以一个月内取得的收入为一次
财产租赁所得	一个月内取得的收入为一次
利息、股息、红利所得	以取得的收入为一次
偶然所得	每次所得为一次

二、居民取得境外所得的应纳税额计算

计算步骤	具体方法
合并计入相应项目的应纳税所得额	1. 综合所得和境内综合所得合并 2. 经营所得和境内经营所得合并；其中如果在一国的经营所得为亏损时，不得抵减在其他国家的盈利，但是可以向以后年度结转 3. 利息、股息、红利、财产租赁、财产转让、偶然所得，不与境内所得合并，单独计算（本来就是按次计算收入，合并不合并没区别）
计算税收抵免 （分国不分项）	1. 居民在一国缴纳的综合所得、经营所得和其他所得按照我国税法计算的应纳税所得额，为来源于该国该项收入的抵免限额 2. 该国的各项收入的抵免限额之和为来源于该国的所得的税收抵免限额 3. 居民在该国已经缴纳的所得税额低于抵免限额的，应当在我国补缴差额 4. 居民在该国已经缴纳的所得税额高于抵免限额的，应当在我国补退，且不得用于抵免来源于其他国家的应纳税额，但是可以向后结转补扣，补扣期最长不超过 5 年。

第四节 非居民纳税人应纳税所得额和应纳税额的计算

【提示】非居民纳税人没有综合所得的概念，工资薪金、劳务报酬、稿酬和特许权使用费各自计算，这一点需要与居民纳税人进行区分。其余所得两类纳税人没有区别。

一、工资、薪金所得应纳税额的计算

不同情形	具体认知
1. 应纳税所得额的确定	工资、薪金所得，以每月收入额减除费用 5 000 元后的余额为应纳税所得额 计算公式：应纳税所得额 = 月收入额 - 5 000 元
2. 应纳税额的计算	计算公式：应纳税额 = 应纳税所得额 × 适用税率 - 速算扣除数

二、劳务报酬所得应纳税额的计算

不同情形	具体认知
1. 应纳税所得额的确定	以每次收入额为应纳税所得额，收入额指收入减除 20% 的费用后的余额（没有“不超过 4 000 减 800”的规定） 计算公式：应纳税所得额 = 每次收入额 = 每次收入 × （1 - 20%）
2. 应纳税额的计算	计算公式：应纳税额 = 应纳税所得额 × 适用税率 - 速算扣除数

【计算题】2021 年 5 月，美国人约翰为我国境内 A 公司进行室内装潢设计，工作结束后，A 公司向约翰支付了税前劳务报酬收入 65 000 元。

要求：计算 A 公司应代扣代缴约翰的个人所得税。

非居民纳税人工资、薪金所得，劳务报酬所得，稿酬所得，特许权使用费所得适用税率见前文）

【参考答案】居民纳税人与非居民纳税人税率表不同，居民纳税人四项合并为综合所得，按年进行税率的使用和计算。

（1）应纳税所得额 = 65 000 ×（1 - 20%）= 52 000（元）

（2）应纳税额 = 52 000 × 30% - 4 410 = 11 190（元）

三、稿酬所得应纳税额的计算

不同情形	具体认知
1. 应纳税所得额的确定	稿酬所得，以每次收入额为应纳税所得额。以收入减除 20% 的费用后的余额为收入额，稿酬所得的收入额减按 70% 计算 应纳税所得额 = 每次收入额 = 每次收入 ×（1 - 20%）× 70%
2. 应纳税额的计算	计算公式：应纳税额 = 应纳税所得额 × 适用税率 - 速算扣除数

【计算题】2021 年 3 月某德国作家的长篇小说由我国境内一家出版社出版，按合同规定，出版社向该作家一次性支付稿酬 20 000 元。要求：计算该作家稿酬所得应缴纳的个人所得税。

【参考答案】非居民纳税人的稿酬所得收入额与居民纳税人相同，减按 70% 计算。

（1）应纳税所得额 = 20 000 ×（1 − 20%）× 70% = 11 200（元）

（2）应纳税额 = 11 200 × 10% − 210 = 910（元）

四、特许权使用费应纳税额的计算

不同情形	具体认知
1. 应纳税所得额的确定	以每次收入额为应纳税所得额，以收入减除 20% 的费用后的余额为收入额 应纳税所得额 = 每次收入额 = 每次收入 ×（1 − 20%）
2. 应纳税额的计算	计算公式：应纳税额 = 应纳税所得额 × 适用税率 − 速算扣除数

【计算题】2021 年 5 月某法国编剧从我国境内某电视剧制作中心取得剧本使用费收入 10 000 元。要求：计算该法国编剧就该笔剧本使用费收入应缴纳的个人所得税。

【参考答案】（1）应纳税所得额 = 10 000 ×（1 − 20%）= 8 000（元）

（2）应纳税额 = 8 000 × 10% − 210 = 590（元）

第五节　个人所得税的税收优惠

一、免税项目

【提示】下列 10 类所得免征个人所得税：

不同项目	具体认知
1. 省级人民政府、国务院部委和中国人民解放军军以上单位，以及外国组织、国际组织颁发的科学、教育、技术、文化、卫生、体育、环境保护等方面的奖金	不包括市级及以下人民政府 不包括人民解放军军以下单位奖金 记忆：科、教、文、卫、体、技术和环境
2. 国债和国家发行的金融债券利息	不包括企业发行债券
3. 按照国家统一规定发给的补贴、津贴	按照国家统一规定发给的补贴、津贴，是指按照国务院规定发给的政府特殊津贴、院士津贴，以及国务院规定免予缴纳个人所得税的其他补贴、津贴
4. 福利费、抚恤金、救济金	福利费是指根据国家有关规定，从企业、事业单位、国家机关、社会组织提留的福利费或者工会经费中支付给个人的生活补助费；救济金是指各级人民政府民政部门支付给个人的生活困难补助费
5. 保险赔款	
6. 军人的转业费、复员费、退役金	注意主体：军人

续表

不同项目	具体认知
7. 按照国家统一规定发给干部、职工的安家费、退职费、基本养老金或者退休费、离休费、离休生活补助费	
8. 依照有关法律规定应予免税的各国驻华使馆、领事馆的外交代表、领事官员和其他人员的所得	
9. 中国政府参加的国际公约、签订的协议中规定免税的所得	
10. 国务院规定的其他免税所得。该项免税规定由国务院报全国人民代表大会常务委员会备案	

【单选题】个人取得的下列所得，免征个人所得税的是（　　）。

A. 转让国债的所得　　B. 提前退休发放的一次性补贴

C. 按国家统一规定发放的补贴、津贴　　D. 县级人民政府颁发的教育方面奖金

【参考答案】C

选项 A，国债利息收入免征个人所得税，转让国债收入照章纳税。选项 B，机关、企事业单位对未达到法定退休年龄、正式办理提前退休手续的个人，按照统一标准向提前退休工作人员支付一次性补贴，不属于免税的离退休工资收入，应按照“工资、薪金所得”项目征收个人所得税。选项 D，省级人民政府、国务院部委和中国人民解放军军以上单位，以及外国组织、国际组织颁发的科学、教育、技术、文化、卫生、体育、环境保护等方面的奖金，免征个人所得税。

【单选题】达到离休、退休年龄，但因工作需要，适当延长离休、退休年龄的高级专家，其在延长离休、退休年龄期间的工资、薪金所得，按税法规定，下列说法正确的是（　　）。

A. 视同离休、退休金免征个人所得税

B. 就其全部工资、薪金所得减除费用后按工资、薪金所得征税

C. 只就其超过离休、退休金的部分征税

D. 按劳务报酬所得征税

【参考答案】A

达到离休、退休年龄，但确因工作需要，适当延长离休、退休年龄的高级专家，其在延长期间的工资、薪金所得，视同退休金、离休工资免征个人所得税。

【多选题】下列属于个人所得税不征税项目的有（　　）。

A. 独生子女补贴

B. 执行公务员工资制度未纳入基本工资总额的补贴、津贴差额和家属成员的副食品补贴

C. 托儿补助费

D. 差旅费津贴

【参考答案】ABCD

下列不属于工资、薪金性质的补贴、津贴或者不属于纳税人本人工资、薪金所得项目的收入，不征税：①独生子女补贴；②执行公务员工资制度未纳入基本工资总额的补贴、津贴差额和家属成员的副食品补贴；③托儿补助费；④差旅费津贴、误餐补助。

【多选题】个人取得的下列所得中，可以免征个人所得税的有（　　）。

A. 个人办理提前退休手续而取得的一次性补贴收入

B. 个人领取原提存的基本养老金

C. 企业职工参加本企业组织的运动会所获得的奖金

D. 个人办理代扣代缴税款手续，按规定取得的扣缴手续费

【参考答案】BD

个人办理提前退休手续而取得的一次性补贴收入，应按“工资、薪金所得”计征个人所得税。企业职工参加本企业组织的运动会所获得的奖金，应按“工资、薪金所得”计征个人所得税。

二、减征项目

项目	具体要求
1. 残疾、孤老人员和烈属的所得 2. 因自然灾害遭受重大损失的	具体幅度和期限由省、自治区、直辖市人民政府规定，并报同级人民代表大会常务委员会备案（省级决定）
储蓄存款利息所得的开征、停征、减征	国务院规定，并报全国人民代表大会常务委员会备案 目前对储蓄存款利息所得暂免征收
国务院可以规定其他减税情形	报全国人民代表大会常务委员会备案 例如个人出租住房的所得减按10%征收个人所得税

第六节　个人所得税的申报缴纳

一、个人所得税的申报缴纳方式

（一）预扣预缴（代扣代缴）税款

不同情形	具体认识
扣缴义务人	税法规定，个人所得税以所得人为纳税人，以支付所得的单位或者个人为扣缴义务人
应扣缴申报的应税所得项目	实行个人所得税全员全额扣缴申报的应税所得包括： ①工资、薪金所得 ②劳务报酬所得

续表

不同情形	具体认识
	③稿酬所得 ④特许权使用费所得 ⑤利息、股息、红利所得 ⑥财产租赁所得 ⑦财产转让所得 ⑧偶然所得 以上①②③④项属于预扣预缴，⑤⑥⑦⑧项目属于代扣代缴
申报和缴库时间	扣缴义务人应当依法办理全员全额扣缴申报 在代扣税款的次月 15 日内，向主管税务机关报送其支付所得的所有个人的有关信息、支付所得数额、扣除事项和数额、扣缴税款的具体数额和总额以及其他相关涉税信息资料
扣缴的方法	居民个人的综合所得 对工资薪金所得，扣缴义务人在支付时按照累计预扣法计算预扣税款。居民个人可以提供专项附加扣除信息，在预扣预缴时参与税款计算 劳务报酬、稿酬、特许权使用费按照规定方法按月或按次扣缴 非居民个人的综合所得项目按照规定方法按月或按次扣缴 利息、股息、红利、财产租赁、财产转让所得，有扣缴义务人的按照规定方法按月或按次扣缴（没有扣缴义务人就自行申报）
扣缴的保障	征管依据：《个人所得税法》和《税收征管法》 纳税人应当向扣缴义务人提供纳税人识别号（有身份证的，身份证号码为纳税人识别号；没有身份证的，税务机关赋予纳税人识别号） 扣缴手续费 2% 扣缴义务人不得随意更改纳税人提供的信息，发现有误可以要求纳税人修改 纳税人和扣缴义务人都应按规定保管资料

【单选题】对个人股权转让所得，征收个人所得税的主管税务机关是（　　）。

A. 受让方户籍所在地税务机关　　B. 转让方经常居住地税务机关

C. 被投资企业所在地税务机关　　D. 股权转让合同签署地税务机关

【参考答案】C

个人股东股权转让所得个人所得税以发生股权变更企业所在地税务机关为主管税务机关。

【判断题】扣缴义务人向个人支付应税款项时，应当依照个人所得税法规定预扣或者代扣税款，每月或者每次预扣、代扣的税款，应当在次月 7 日内缴入国库，并向税务机关报送“个人所得税扣缴申报表”。（　　）

【参考答案】×

扣缴义务人向个人支付应税款项时，应当依照个人所得税法规定预扣或者代扣税款，每月或者每次预扣、代扣的税款，应当在次月 15 日内缴入国库，并向税务机关报送“个人所得税扣缴申报表”。

【判断题】图书作者去世后，对取得其遗作稿酬的居民个人，由支付方按稿酬所得预扣预缴其个人所得税。（ ）

【参考答案】√

根据《征收个人所得税若干问题的规定》（国税发〔1994〕89号），作者去世后，对取得其遗作稿酬的个人，按稿酬所得征收个人所得税。2019年个人所得税实行综合征收，居民纳税人取得稿酬所得，由支付方预扣预缴其个人所得税，次年3月1日至6月30日由居民纳税人将稿酬所得并入综合所得计算应纳税额，多退少补税款。

【多选题】下列各项中，实行个人所得税全员全额扣缴申报的应税所得有（ ）。

A. 工资、薪金所得　　B. 劳务报酬所得

C. 稿酬所得　　D. 财产转让所得

【参考答案】ABCD

本题涉及的是实行个人所得税全员全额扣缴申报的所得项目。实行个人所得税全员全额扣缴申报的应税所得包括：①工资、薪金所得；②劳务报酬所得；③稿酬所得；④特许权使用费所得；⑤利息、股息、红利所得；⑥财产租赁所得；⑦财产转让所得；⑧偶然所得。

（二）自行申报纳税

不同情形	具体认知
1. 取得综合所得需要办理汇算清缴	①从两处以上取得综合所得，且综合所得年收入额减除专项扣除的余额超过6万元 ②取得劳务报酬所得、稿酬所得、特许权使用费所得中一项或者多项所得，且综合所得年收入额减除专项扣除的余额超过6万元 ③纳税年度内预缴税额低于应纳税额 ④纳税人申请退税。纳税人申请退税，应当提供其在中国境内开设的银行账户，并在汇算清缴地就地办理税款退库 ⑤非居民个人的综合所得项目不办理汇算清缴
2. 取得应税所得没有扣缴义务人	
3. 取得应税所得，扣缴义务人未扣缴税款	
4. 取得境外所得	
5. 因移居境外注销中国户籍	
6. 非居民个人在中国境内从两处以上取得工资、薪金所得	
7. 国务院规定的其他情形	①取得经营所得由纳税人在月度或者季度终了后15日内办理预缴纳税申报，在取得所得的次年3月31日前办理汇算清缴 ②取得应税所得没有扣缴义务人的，在取得所得的次月15日前办理申报并缴纳税款

续表

不同情形	具体认知
	③取得应税所得，扣缴义务人未扣缴税款的应当在取得所得的次年 6 月 30 日前办理纳税申报；税务机关通知限期缴纳的，纳税人应当按照期限缴纳税款 居民纳税人取得综合所得，扣缴义务人未扣缴税款，需要办理汇算清缴的，应当在取得所得的次年 3 月 1 日至 6 月 30 日内办理纳税申报 居民纳税人从中国境外取得所得的，应当在取得所得的次年 3 月 1 日至 6 月 30 日内办理纳税申报 ⑤居民纳税人因移居境外注销中国户籍的，应当在申请注销中国户籍前办理纳税申报，进行税款清算 ⑥非居民纳税人在中国境内从两处以上取得工资、薪金所得的，应当在取得所得的次月 15 日内办理纳税申报

【判断题】取得个人所得税应税所得，但没有扣缴义务人的，纳税人应于取得所得后自行申报纳税。（　）

【参考答案】√

纳税人取得应纳税所得，没有扣缴义务人的，纳税人应当按照规定到主管税务机关办理纳税申报。

【单选题】下列情况中，纳税人不需要自行向主管税务机关申报所得并缴纳税款的是（　）。

A. 取得应纳税所得，没有扣缴义务人的

B. 因移居境外注销中国户籍的

C. 居民纳税人从中国境外取得所得的

D. 非居民纳税人在中国境内一处取得工资、薪金所得的

【参考答案】D

本题涉及的是个人所得税的申报缴纳方式。非居民纳税人在中国境内一处取得工资、薪金所得，由扣缴单位依法履行代扣代缴义务，不需要自行向主管税务机关申报缴纳税款。

二、个人所得税的反避税

基本规定	具体项目
适用情形	（1）个人与其关联方之间的业务往来不符合独立交易原则而减少本人或者其关联方应纳税额，且无正当理由 （2）居民个人控制的，或者居民个人和居民企业共同控制的设立在实际税负明显偏低的国家（地区）的企业，无合理经营需要，对应当归属于居民个人的利润不作分配或者减少分配 （2）个人实施其他不具有合理商业目的的安排而获取不当税收利益

续表

基本规定	具体项目
加收利息	税务机关依照前款规定作出纳税调整，需要补征税款的，应当补征税款，并依法加收利息 利率按照税款所属纳税年度中国人民银行公布的与补税期间同期的人民币贷款基准利率计算 从纳税申报期满次日到补缴税款期限届满之日止按日加收；先补缴税款的，计算至补缴税款日

【综合题】

中国公民赵某2022年有如下所得：

①每月工资6 500元，其中含符合政策标准的住房公积金和各项社会保险费800元，此外还取得岗位津贴3 000元。

②出版小说取得稿酬43 000元。

③每月利用业余时间兼职，从兼职单位取得报酬3 000元，并固定从中拿出500元通过公益性社会团体捐给希望工程，赵某选择在该单位预缴时扣除。

④担任某上市公司的独立董事，12月从该公司取得独立董事津贴12万元。

⑤将自己的一本小说手稿复印件在国内市场上公开拍卖，取得拍卖所得40 000元。

⑥购买彩票中奖，获得奖金2万元。

⑦除捐赠项目外，赵某还取得学历教育一项，以独生子女身份赡养2名老人。全年因重大疾病住院手术一次，发生医疗费用12万元，其中医保报销4万元。

要求：根据上述资料，回答下列问题：

【解析】个人所得税是综合题比较容易考察的题点，因此熟练掌握各类所得的计算公式和收入额的确定是必须的。

（1）2022年8月赵某的工资、薪金所得应预扣预缴个人所得税为（　　）元。

A. 195　　B. 111　　C. 123　　D. 645

【参考答案】B

月工资、薪金所得应预扣预缴个人所得税＝[6 500（工资）＋3 000（岗位津贴）－800（公积金和保险）－5 000（扣除费用）]×3%＝111（元）

（2）赵某稿酬所得应预扣预缴个人所得税为（　　）元。

A. 6 880　　B. 4 480　　C. 4 816　　D. 6 400

【参考答案】C

稿酬所得应预扣预缴个人所得税＝43 000×（1－20%）×70%×20%＝4 816（元）

（3）赵某兼职所得应预扣预缴个人所得税为（　　）元。

A. 308　　B. 440　　C. 340　　D. 320

【参考答案】C

教材中没有过多提到公益性捐赠，但这个可以在做题中进行掌握。公益性捐赠不超过应纳税所得额 30% 的部分可以扣除。首先确定本题中的应纳税所得额 = 3 000 - 800 = 2 200，其次再用应纳税所得额乘 30% 得到 2 200 × 30% = 660，500 < 660，所以公益性捐赠 500 元可以据实扣除。兼职所得应预扣预缴个人所得税 = [3 000（兼职报酬）- 800（扣除费用）- 500（公益捐赠）] × 20% = 340（元）。

（4）上市公司应预扣预缴个人所得税（　　）元。

A. 24 400　　B. 31 400　　C. 41 000　　D. 48 000

【参考答案】B

赵某取得董事费收入 120 000 元，应按照劳务报酬所得计算缴纳个人所得税，赵某董事费收入预扣预缴应纳税所得额 = 120 000 × (1 - 20%) = 96 000（元），请注意，这里不要忘记得到劳务报酬应纳税所得额之后是分三档税率来计算应纳税额的【记忆口诀：劳报税率共三档，两万以下二十扣，二五扣三减两千，五万四扣七千减】，因此，应预扣预缴个人所得税 = 96 000 × 40% - 7 000 = 31 400（元）。

（5）将自己的一本小说手稿复印件在国内市场上公开拍卖，应缴纳个人所得税（　　）元。

A. 6 400　　B. 6 600　　C. 61 000　　D. 6 500

【参考答案】A

作者将自己的文字作品手稿原件或复印件公开拍卖（竞价）取得的所得，支付方按照"特许权使用费"项目预扣预缴个人所得税。拍卖小说手稿复印件所得应预扣预缴个人所得税 = 40 000 × (1 - 20%) × 20% = 6 400（元）。

（6）赵某年终汇算清缴时应补缴税款（　　）元（退税按负数表示）。

A. -28 360　　B. 28 360　　C. -36 360　　D. 36 360

【参考答案】C

首先要明确汇算清缴的范围只有工资薪金、劳务报酬、稿酬、特许权使用费等四项所得，所以第六项购买彩票所得 2 万元，属于偶然所得，不参与汇缴计算。

其次应将汇缴范围内的收入加总。收入总额为：(6 500 + 3 000 + 3 000 - 800) × 12 + 120 000 × (1 - 20%) + 40 000 + 43 000 × (1 - 20%) × 70% = 300 480（元）。

可以减除的费用包括：6 万元费用、每月捐赠支出 500 元、赡养老人 2 000 元每月、继续教育扣除 3 600、大病医疗扣除 6.5（= 12 - 4 - 1.5）万元。

合计应扣除 60 000 + 500 × 12 + 2 000 × 12 + 3 600 + 65 000 = 158 600（元）

应纳税所得额为 300 480 − 158 600 = 141 880（元）

查询个人所得税税率表后，应纳税额为 141 880 × 10% − 2 520 = 11 668（元）

全年已经缴纳的税额为 111 × 12 + 4 816 + 340 × 12 + 31 400 + 6 400 = 48 028（元）

则全年应补税额 11 668 − 48 028 = − 36 360

本章习题

一、单选题

1.《个人所得税法》规定，居民纳税人是指个人在中国境内有住所，或者无住所而一个纳税年度内在中国境内居住累计满（　　）天的个人。

A. 90　　B. 183　　C. 270　　D. 365

2. 以下哪项个人所得不能免征个人所得税（　　）。

A. 市县级人民政府颁发的科学、教育、技术、文化、卫生、体育、环境保护等方面的奖金

B. 国债和国家发行的金融债券利息

C. 军人的转业费、复员费、退役金

D. 按照国家统一规定发给干部、职工的安家费、退职费、基本养老金或者退休费、离休费、离休生活补助费

3. 以下哪项能够进行个人所得税继续教育专项附加扣除（　　）。

A. 小明同学在准备注册会计师考试期间

B. 小张同学在 2018 年取得了注册会计师资格证书

C. 小钱同学在 2018 年考取了在职研究生学位证书

D. 小宋同学在 2017 年考取了在职研究生并且目前还在学习期间

4. 享受住房贷款利息专项附加扣除的时间为贷款合同约定开始还款的当月至贷款全部归还或贷款合同终止的当月，扣除期限最长不得超过规定时间，这个规定时间是（　　）。

A. 120 个月　　B. 180 个月　　C. 240 个月　　D. 300 个月

5. 下列不属于劳务报酬所得的有（　　）。

A. 在校学生参加勤工俭学取得的所得

B. 翻译外国著作取得的所得

C. 个人兼职取得的收入

D. 大学教授在所在任职的大学讲课取得的所得

二、多选题

1. 以下企业向个人赠送礼品的情形中，不征收个人所得税的有（　　）。
   A. 企业通过价格折让方式向个人销售商品
   B. 企业通过价格折扣方式向个人销售商品
   C. 企业对累积消费达到一定额度的顾客，给予额外抽奖机会，个人的获奖所得
   D. 企业对累积消费达到一定额度的个人按消费积分反馈礼品
2. 在下列各项中，属于偶然所得征税对象的有（　　）。
   A. 个人得奖　　B. 个人中奖
   C. 个人中彩　　D. 其他偶然性质的收入
3. 按照现行个人所得税法的规定，免征个人所得税的项目有（　　）。
   A. 国家发行的金融债券利息　　B. 保险赔款
   C. 偶然所得　　D. 国务院发放的院士津贴
4. 下列关于全年一次性奖金个人所得税政策的表述中，正确的有（　　）。
   A. 2019 年 1 月 1 日至 2023 年 12 月 31 日，纳税人取得的全年一次性奖金可以选择单独计算纳税，也可以选择并入当年综合所得计算纳税
   B. 2019 年 1 月 1 日至 2023 年 12 月 31 日，居民纳税人取得全年一次性奖金选择单独计算纳税时，需将当月固定工资薪金小于生计费减除标准的差额抵减全年一次性奖金，以余额作为计税依据
   C. 居民纳税人选择将全年一次性奖金并入综合所得计算纳税时，在发放当月应遵循累计预扣法扣缴税款
   D. 自 2024 年 1 月 1 日起，居民纳税人取得的全年一次性奖金只能并入当年综合所得计算缴纳个人所得税
5. 下列项目中，免征个人所得税的有（　　）。
   A. 单位发放的补贴、津贴　　B. 保险赔偿款
   C. 个人取得的福利费、救济金　　D. 残疾、孤老人员和烈属的所得
   E. 军人的专业安置费、复员费

三、判断题

1. 一个纳税年度内，纳税人在扣缴义务人预扣预缴税款环节未享受或未足额享受专项附加扣除的，既可以在当年内向该扣缴义务人申请补充扣除，也可以在次年 3 月 1 日至 6 月 30 日内，向汇缴地主管税务机关办理汇算清缴时申报扣除。（　　）
2. 经夫妻双方约定，纳税人发生的符合条件的住房贷款利息支出，住房贷款利息可以选择由其中一方扣除，或由双方分别按照 50% 扣除，具体扣除方式在一个纳税年度内不能变更。（　　）
3. 企业的个人投资者无偿取得企业出资购买的汽车，按工资薪金缴纳个人所得税。（　　）

4. 我国个人所得税的征收方式是代扣代缴和个人自行申报两种。　(　　)

5. 依据2018年新修订的个人所得税法，对纳税人取得的“工资、薪金所得”“劳务报酬所得”“稿酬所得”和“特许权使用费所得”四类所得均实行综合所得，按纳税年度合并计算个人所得税。　(　　)

四、综合题

假设中国公民赵某，2021年的个人所得税缴纳有关的情况有：

①每月工资6 500元，其中含符合政策标准的住房公积金和各项社会保险费700元。

②全年出版小说取得稿酬40 000元。

③全年利用业余时间兼职，从兼职单位取得报酬30 000元。

④购买中国福利彩票，中奖所得200 000万元。

⑤2019年1月，单独使用商业银行贷款为其父母购买了一套市区住房，该住房属于其父母首套住房。

根据上述资料，回答下列问题：

(1) 下列说法正确的是(　　)。

A. 赵某的工资薪金所得，应当以每月收入额为应纳税所得额，计算缴纳个人所得税

B. 赵某的稿酬所得，应当以每次收入额为应纳税所得额，计算缴纳个人所得税

C. 赵某利用业余时间兼职，所得报酬属于工资薪金所得

D. 赵某中奖所得属于偶然所得

(2) 下列说法正确的是(　　)。

A. 赵某2019年1月购买房屋支付的住房贷款利息支出，计算应纳税所得额时，可以享受每月1 000元的专项附加扣除

B. 赵某2019年1月购买房屋支付的住房贷款利息支出，计算应纳税所得额时，不可以享受每月1 000元的专项附加扣除

C. 赵某在2019年有符合专项附加扣除条件的住房租金的，可以同时享受住房贷款利息专项附加扣除

D. 赵某在2019年有符合专项附加扣除条件的住房租金的，可以选择只享受住房贷款利息专项附加扣除

(3) 赵某2021年，全年应缴纳个人所得税是(　　)元。

A. 43 080　　B. 44 400

C. 43 400　　D. 41 880

参考答案与解析

一、单选题

1. 【参考答案】B

《个人所得税法》第一条规定，在中国境内有住所，或者无住所而一个纳税年度内在中国境内居住累计满 183 天的个人为居民个人。

2. 【参考答案】A

其余三个选项都属于个人所得税的免征项目。

3. 【参考答案】D

《个人所得税专项附加扣除暂行办法》第三章第八条规定：纳税人在中国境内接受学历（学位）继续教育的支出，在学历（学位）教育期间按照每月 400 元定额扣除。同一学历（学位）继续教育的扣除期限不能超过 48 个月。纳税人接受技能人员职业资格继续教育、专业技术人员职业资格继续教育的支出，在取得相关证书的当年，按照 3 600 元定额扣除。

4. 【参考答案】C

根据新个人所得税法规定，每一符合规定的住房贷款利息，按照每月 1 000 元扣除，最长扣除时限不超过 240 个月。

5. 【参考答案】D

大学教授在本校上课取得的所得属于工资、薪金所得。

二、多选题

1. 【参考答案】ABD

《关于企业促销展业赠送礼品有关个人所得税问题的通知》（财税〔2011〕50 号）规定，企业在销售商品（产品）和提供服务过程中向个人赠送礼品，属于下列情形之一的，不征收个人所得税：（1）企业通过价格折让、折扣方式向个人销售商品；（2）企业向个人销售商品（产品）和提供服务的同时给予赠品，如通信企业对个人购买手机赠话费、入网费，或者购话费赠手机等；（3）企业对累积消费达到一定额度的个人按消费积分反馈礼品。

2. 【参考答案】ABCD

根据《个人所得税法实施条例》第六条第九款的规定，偶然所得是指个人得奖、中奖、中彩以及其他偶然性质的所得。

3. 【参考答案】ABD

偶然所得按收入全额以 20% 的税率计算缴纳个人所得税。

4. 【参考答案】CD

选项 A，2019 年 1 月 1 日至 2023 年 12 月 31 日，居民纳税人取得的全年一次性奖金可以选择单独计算纳税，也可以选择并入当年综合所得计算纳税，非居民纳税人不适用。选项 B，居民纳税人取得全年一次性奖金选择单独计算纳税时，无须考虑当月固定工资薪金小于生计费减除标准的差额。

5. 【参考答案】BCE

选项 A，单位发放的补贴、津贴，除了一些不属于工资、薪金性质的补贴、津贴外，其余要并入工资薪金计征个人所得税；选项 E，残疾、孤老人员和烈属的所得，属于减征个人所得税的项目。

三、判断题

1. 【参考答案】√

《国家税务总局关于发布〈个人所得税专项附加扣除操作办法（试行）〉的公告》（国家税务总局公告 2018 年第 60 号）第七条规定，一个纳税年度内，纳税人在扣缴义务人预扣预缴税款环节未享受或未足额享受专项附加扣除的，既可以在当年内向该扣缴义务人申请补充扣除，也可以在次年 3 月 1 日至 6 月 30 日内，向汇缴地主管税务机关办理汇算清缴时申报扣除。

2. 【参考答案】×

根据《国务院关于印发个人所得税专项附加扣除暂行办法的通知》（国发〔2018〕41 号）第十五条的规定，经夫妻双方约定，可以选择由其中一方扣除，具体扣除方式在一个纳税年度内不能变更。夫妻双方婚前分别购买住房发生的首套住房贷款，其贷款利息支出，婚后可以选择其中一套购买的住房，由购买方按扣除标准的 100% 扣除，也可以由夫妻双方对各自购买的住房分别按扣除标准的 50% 扣除，具体扣除方式在一个纳税年度内不能变更。

3. 【参考答案】×

企业的个人投资者无偿取得企业出资购买的汽车，按股息红利所得纳税。

4. 【参考答案】√

5. 【参考答案】×

根据《个人所得税法》第二条规定，居民与非居民身份对综合所得的纳税方式不同：居民个人取得第一项至第四项所得即综合所得，按纳税年度合并计算个人所得税；非居民个人取得的第一项至第四项所得，按月或者按次分项计算个人所得税。

四、综合题

（1）【参考答案】D

（2）【参考答案】B

《国务院关于印发个人所得税专项附加扣除暂行办法的通知》第十四条规定：纳税人本人或者配偶单独或者共同使用商业银行或者住房公积金个人住房贷款为本人或者其配偶购买中国境内住房，发生的首套住房贷款利息支出，在实际发生贷款利息的年度，按照每月 1 000 元的标准定额扣除，扣除期限最长不超过 240 个月。纳税人只能享受一次首套住房贷款的利息扣除。纳税人及其配偶在一个纳税年度内不能同时分别享受住房贷款利息和住房租金专项附加扣除。

（3）【参考答案】A

综合所得应纳税所得额 =（6 500 – 700）×12 +40 000 ×（1 – 20%）×70% +30 000 ×（1 – 20%）– 60 000 = 56 000（元）（住房公积金和社保属于专项扣除）

偶然所得应纳税所得额 = 200 000（元）

全年应缴纳个人所得税额 = 36 000 × 3% +（56 000 – 36 000）× 10% + 200 000 × 20% = 43 080 元

第六章　资源和环境税相关税种

【学习目的】

了解资源税、环保税、耕地占用税、烟叶税、车船税（以下简称“资环五税”）的概念及特点；熟悉“资环五税”的征税范围、纳税人、税率及申报缴纳；掌握“资环五税”应纳税额的计算。

第一节　资源税

一、概述

重点列举	具体认知
1. 以应税自然资源为征税对象	征收原则：“普遍征收、级差调节” 开发所有应税资源都应缴纳资源税，资源税税负与应税资源的品位和开采利用条件相关
2. 属于共享税的范畴	除海洋石油资源税收入归中央政府外，其余全部归地方政府
3. 属于已立法税种	2019 年 8 月 26 日全国人民代表大会常务委员会通过《中华人民共和国资源税法》，于 2020 年 9 月 1 日起施行
4. 试点征收水资源税	对取用地表下水或地下水的单位和个人试点征收水资源税

【判断题】现行资源税的征收原则是“普遍征收、级差调节”。　（　）

【参考答案】√

二、纳税人和税目、税率

（一）纳税人

重点列举	具体认知
纳税人是指在我国领域及管辖的其他海域开发应税资源产品（以下简称应税产品）的单位和个人	单位：企业和事业单位、社会团体、国家机关、部队以及其他单位 个人：个体工商户以及其他个人

续表

重点列举	具体认知
构成纳税人需要同时具体以下两个条件： 1. 纳税人是应税产品的开发者 2. 开发的应税产品来源于我国领域及管辖的其他海域。境外进口的资源产品不缴纳资源税，出口应税产品不退还已经缴纳的资源税（记忆提示：进口不征，出口不退）	开发应税产品：指开采矿产品和生产盐，在水资源税试点地区还包括取用地下水和地表水 征收环节：只对应税产品的开采者或生产者征收，已纳资源税的应税产品发生后续交易不再征收资源税 自用应税产品：包括用于非货币性资产交换、捐赠、偿债、赞助、集资、投资、广告、样品、职工福利、利润分配等（记忆提示：与增值税、消费税自用范围完全一致）。将应税产品用于连续生产非应税产品的，移送时纳税，用于连续生产应税产品的，移送时不纳税

【单选题】下列企业既是增值税纳税人，又是资源税纳税人的是（　　）。

A. 销售有色金属矿产品的贸易公司　　B. 进口有色金额矿产品的企业

C. 在境内开采有色金属矿产品的企业　　D. 在境外开采有色金属矿产品的企业

【参考答案】C

选项 A 和 B 需缴纳增值税但不缴纳资源税，选项 D 不属于我国资产税和增值税的纳税人。

（二）税目（记忆提示：能源金非水气盐）

调整后资源税税目为能源矿产、金属矿产、非金属矿产、水气矿产、盐五大类税目。

【单选题】下列资源中，不属于资源税征收范围的是（　　）。

A. 煤层气　　B. 天然原油　　C. 天然橡胶　　D. 洗选煤

【参考答案】C

本题中需要注意的是 A 选项，煤层气是非金属矿税目中的征税对象。

【提示】注意税目大类中包含的子类税目。

注意区分征税对象的性质：原矿、选矿。

1. 资源税税目及征税对象基本规定

税目及子税目		征税对象
（一）能源矿产	原油	原矿
	天然气、页岩气、天然气水合物	原矿
	煤（原或选）	原矿或选矿
	煤成（层）气	原矿
	铀、钍	原矿
	油页岩、油砂、天然沥青、石煤	原矿或选矿
	地热	原矿

续表

税目及子税目			征税对象
（二）金属矿产	黑色金属	铁、锰、铬、钒、钛	原矿或选矿
	有色金属	铜、铅、锌、锡、镍、锑、镁、钴、铋、汞	原矿或选矿
		铝土矿	原矿或选矿
		钨	选矿
		钼	选矿
		金、银	原矿或选矿
		铂、钯、钌、锇、铱、铑	原矿或选矿
		轻稀土	选矿
		中重稀土	选矿
		铍、锂、锆、锶、铷、铯、铌、钽、锗、镓、铟、铊、铪、铼、镉、硒、碲	原矿或选矿
（三）非金属矿	矿物类	高岭土	原矿或选矿
		石灰岩	原矿或选矿
		磷	原矿或选矿
		石墨	原矿或选矿
		萤石、硫铁矿、自然硫	原矿或选矿
		天然石英砂、脉石英、粉石英、水晶、工业用金刚石、冰洲石、蓝晶石、硅线石（砂线石）、长石、滑石、刚玉、菱镁矿、颜料矿物、天然碱、芒硝、钠硝石、明矾石、砷、硼、碘、溴、膨润土硅藻土、陶瓷土、耐火粘土、铁矾土、凹凸棒石粘土、海泡石粘土、伊利石粘土、累托石粘土	原矿或选矿
		叶蜡石、硅灰石、透辉石珍珠岩、云母、沸石、重晶石、森重石、方解石、蛭石、透闪石、工业用电气石、白垩、石棉、蓝石棉、红柱石、石榴子石、石膏	原矿或者选矿
		其他粘土（铸型用粘土、砖瓦用粘土、陶粒用粘土、水泥配料用粘土、水泥配料用红土、水泥配料用黄土、水泥配料用泥岩、保温材料用粘土）	原矿或选矿

续表

税目及子税目			征税对象
	岩石类	大理岩、花岗岩、白云岩石英岩、砂岩、辉绿岩、安山岩、闪长岩、板岩、玄武岩、片麻岩、角闪岩、页岩、浮石、凝灰岩、黑曜岩、霞石正长岩、蛇纹岩、麦饭岩、泥灰岩、含钾岩石、含钾砂页岩、天然油石、橄榄岩、松脂岩、粗面岩、辉长岩、辉石岩、正长岩、火山灰、火山渣、泥炭	原矿或选矿
		砂石	原矿或选矿
	宝玉石类	宝石、玉石、宝石级金刚石、玛瑙、黄玉、碧玺	原矿或选矿
（四）水气矿产	二氧化碳气、硫化氢气、氦气、氡气		原矿
	矿泉水		原矿
（五）盐	钠盐、钾盐、镁盐、锂盐		选矿
	天然卤水		原矿
	海盐		

【单选题】下列选项，不属于资源税征税范围的是（　　）。

A. 人造石油　　B. 天然气　　C. 煤炭　　D. 海盐

【参考答案】A

资源税税目中不包括人造石油。

【单选题】下列应税资源中，仅以原矿为征税对象的是（　　）。

A. 地热　　B. 金、银　　C. 碧玺　　D. 石膏

【参考答案】A

地热以原矿为征税对象，其他三项以原矿或选矿为征税对象。

2. 原矿和选矿产品的区分

重点列举	具体认知
除海盐之外，其余应税矿产品均分为原矿和选矿产品	原矿：经过采矿过程采出后未进行选矿或者加工的矿石 选矿：通过破碎、切割、洗选、筛分、磨矿、分级、提纯、脱水、干燥等过程形成的产品，包括富集的精矿和研磨成粉、粒级成型、切割成型的原矿加工品
原油、天然气、煤成（层）气等14个税目征税对象形态明确只能是原矿；钨、轻稀土、钠盐等8个税目征税对象形态明确只能是选矿；其余对象形态按三种方法分别确定为原矿或选矿产品	①以自采原矿直接销售，或者自用于应当缴纳资源税情形的，按照原矿计征 ②以自采原矿洗选加工为选矿产品销售，或者将选矿产品自用于应当缴纳资源税情形的，按照选矿产品计征 ③无法区分原生岩石矿种的粒级成型砂石颗粒，按照砂石税目征收

（三）税率

资源税针对不同资源产品分别采用固定比例（从价）税率和幅度（既可从价，也可从量）税率计税。

纳税人开采或生产不同税目应税产品以及同一税目下适用不同税率应税产品的，均应当分别核算其销售额或者销售数量，未分别核算或者不能准确提供不同应税产品的销售额或者销售数量的，从高适用税率。

税率	适用税目
固定比例税率	原油、天然气、中重稀土等9个税目
幅度税率	除实行固定比例税率之外的均适用幅度税率 幅度税率分为幅度比例税率和幅度定额税率 由省级人民代表大会常务委员会决定具体税率
对于地热、石灰岩、其他粘土、砂石、矿泉水和天然卤水等6个税目，既可从价也可从量，具体计税方式由其所在省级人民代表大会常务委员会决定	

【多选题】下列采用从价或从量计征的资源有（　　）。

A. 砂石　　B. 天然卤水　　C. 矿泉水　　D. 原油

【参考答案】ABC

【判断题】纳税人开采或生产不同税目应税产品以及同一税目下适用不同税率应税产品的，均应当分别核算其销售额或者销售数量，未分别核算或者不能准确提供不同应税产品的销售额或者销售数量的，从高适用税率。（　　）

【参考答案】√

三、计税依据和税额计算

计税形式	具体认知
从价计征	应税产品销售额×纳税人具体适用的比例税率
从量计征	应税产品销售数量×纳税人具体适用的定额税率

【单选题】某油田开采企业2020年7月销售天然气90万立方米，取得不含增值税收入1 350 000元，天然气的资源税税率为6%，该企业当月销售天然气应缴纳的资源税为（　　）。

A. 135 150　　B. 81 000　　C. 81 060　　D. 135 000

【参考答案】B

天然气适用从价计征的计税形式，应纳税额 =1 350 000×6% =81 000（元）。

【单选题】某矿泉水生产企业2020年9月开发生产矿泉水6 900立方米，本月销售6 000立方米。该企业所在省规定，矿泉水实行定额征收资源税，资源税税率为5元/立方米。该企业2020年9月应缴纳的资源税税额（　　）

A. 35 150　　B. 0　　C. 34 500　　D. 30 000

【参考答案】D

水资源适用从量定额的计税形式。应纳资源税 =5×6 000 =30 000（元）。

（一）销售额的基本规定

【提示1】销售额为纳税人销售应税产品向购买方收取的全部价款，不包括增值税税款。

【提示2】纳税人申报的应税产品销售额明显偏低且无正当理由的，或者有自用应税产品行为而无销售额的，主管税务机关可以按下列方法和顺序确定其应税产品销售额（记忆提示：核定销售额）。

核定销售额的相关规定	具体认知
1. 为什么核定销售额	（1）纳税人有自用应税产品行为而无销售额 （2）申报的应税产品销售额明显偏低且无正当理由
2. 按什么顺序进行核定	税务机关应按下列顺序确定其应税产品计税价格： （1）按纳税人最近时期同类产品的平均销售价格确定 （2）按其他纳税人最近时期同类产品的平均销售价格确定 （3）按后续加工非应税产品销售价格，减去后续加工环节的成本利润后确定 （4）按应税产品组成计税价格确定 组成计税价格 = 成本 ×（1 + 成本利润率）÷（1 – 资源税税率） 成本是指应税产品的实际生产成本 成本利润率由省、自治区、直辖市税务机关确定 （5）按其他合理方法确定

（二）应税产品销售数量

应税产品的销售数量，包括纳税人开采或者生产应税产品的实际销售数量和自用于应当缴纳资源税情形的应税产品数量。

【多选题】自采铁矿原矿用于（　　），应当视同销售征收资源税。

A. 投资　　B. 偿债

C. 生产应税矿产品　　D. 交换生产资料

【参考答案】ABD

纳税人以自采原矿移送生产应税矿产品的，在原矿移送使用时不缴纳资源税；纳税人以应税资源产品投资、分配、偿债、赠与、以物易物等，属天自用应税产品的范围，依照有关规定计算缴纳资源税。

（三）计税依据扣减项目

1. 取得增值税发票或者其他合法有效凭据的相关运杂费用

问题列表	具体认知
(1) 什么是运杂费用	运杂费用，是指应税产品从坑口或洗选（加工）地到车站、码头或购买方指定地点的运输费用、建设基金以及随运销产生的装卸、仓储、港杂费用
(2) 什么情形下才允许扣减运杂费用	计入销售额中的相关运杂费用，凡取得增值税发票或者其他合法有效凭据的，准予从销售额中扣除

2. 外购应税产品

问题列表	具体认知
(1) 什么是混合加工和混合销售	外购应税产品与自采应税产品混合销售或者混合加工为应税产品
(2) 什么情形下才允许扣减外购产品	在计算应税产品销售额或者销售数量时，准予扣减外购应税产品的购进金额或者购进数量；当期不足扣减的，可结转下期扣减。
(3) 扣减需满足的条件	应当准确核算外购应税产品的购进金额或者购进数量，未准确核算的，一并计算缴纳资源税 核算并扣减当期外购应税产品购进金额、购进数量，应当依据外购应税产品的增值税发票、海关进口增值税专用缴款书或者其他合法有效凭据
(4) 扣减计算的公式和原则	纳税人以外购原矿与自采原矿混合洗选加工为选矿产品销售的，在计算应税产品销售额或者销售数量时，按照下列方法进行扣减： 准予扣减的外购应税产品购进金额（数量）＝外购原矿购进金额（数量）×（本地区原矿适用税率÷本地区选矿产品适用税率） 不能按照上述方法计算扣减的，按照主管税务机关确定的其他合理方法进行扣减

【计算题】某石化企业为增值税一般纳税人，假设其2021年9月发生以下业务：

（1）开采原油6 000吨，本月销售2 000吨，取得含增值税销售额734.5万元。

（2）将自行开采的原油500吨移送加工汽油410吨。

原油资源税税率为6%。要求计算该石化企业2021年9月应缴纳的资源税税额。

【参考答案】

业务（1）应缴纳的资源税＝734.5÷(1＋13%)×6%＝39（万元）

【知识链接：销售额为纳税人销售应税产品向购买方收取的全部价款，但不包括增

值税税款】

业务（2）应缴纳的资源税 =734.5 ÷（1 +13%）÷2 000 ×500 ×6% =9.75（万元）

【知识链接：汽油不缴纳资源税，纳税人以自采原矿直接加工为非应税产品，视同原矿销售】

2021 年 9 月该石化企业应缴纳资源税 =39 +9.75 =48.75（万元）

【单选题】某煤炭企业将外购 100 万元原煤与自采 200 万元原煤混合洗选加工为选煤销售，选煤销售额为 450 万元。当地原煤税率为 3%，选煤税率为 2%，准予扣减的外购应税产品金额为（　　）。

A. 100　　B. 30　　C. 200　　D. 150

【参考答案】D

准予扣减的外购应税产品购进金额 = 外购原煤购进金额 ×（本地区原煤适用税率 ÷ 本地区选煤适用税率）=100 ×（3% ÷2%）=150（万元）

【判断题】纳税人以自采原矿洗选加工为选矿产品（通过破碎、切割、洗选、筛分、磨矿、分级、提纯、脱水、干燥等过程形成的产品，包括富集的精矿和研磨成粉、粒级成型、切割成型的原矿加工品）销售，或者将选矿产品自用于应当缴纳资源税情形的，按照选矿产品计征资源税，在原矿移送环节不缴纳资源税。（　　）

【参考答案】√

四、税收优惠

优惠政策	具体认知
1. 免征资源税	（1）开采原油以及在油田范围内运输原油过程中用于加热的原油、天然气 （2）煤炭开采企业因安全生产需要抽采的煤成（层）气
2. 减征 20%	对低丰度油气田开采的原油、天然气减征 20%
3. 减征 30%	（1）对三次采油资源税减征 30% （2）对深水油气田开采的原油、天然气减征 30% （3）对高含硫天然气减征 30% （4）对衰竭期矿山开采的矿产品，资源税减征 30% 衰竭期矿山，是指设计开采年限超过 15 年，且剩余可开采储量下降到原设计可开采储量的 20% 以下或者剩余开采年限不超过 5 年的矿山。衰竭期矿山以开采企业下属的单个矿山为单位确定
4. 减征 40%	对稠油、高凝油资源税减征 40%
5. 减征 50%	自 2014 年 12 月 1 日至 2023 年 8 月 31 日，对充填开采置换出来的煤炭，资源税减征 50%

续表

优惠政策	具体认知
6. 优惠政策适用注意事项	纳税人享受资源税优惠政策，实行“自行判别、申报享受、有关资料留存备查”的办理方式，另有规定除外。纳税人对优惠事项留存材料的真实性和合法性承担法律责任 纳税人的免税、减税项目，应当单独核算销售额或者销售数量；未单独核算或者不能准确提供销售额或者销售数量的，不予免税或者减税 纳税人开采或者生产同一应税产品，其中既有享受减免税政策的，又有不享受减免税政策的，按照免税、减税项目的产量占比等方法分别核算确定免税、减税项目的销售额或者销售数量 纳税人开采或者生产同一应税产品同时符合两项或者两项以上减征资源税优惠政策的，除另有规定外，只能选择其中一项执行

【多选题】下列项目中关于资源税税收政策的说法，正确的有（　　）。

A. 开采原油以及在油田范围内运输原油过程中用于加热的原油免税

B. 在从价定率计征方法下，销售额为纳税人销售应税产品向购买方收取的全部价款

C. 资源税采用比例税率和累进税率

D. 纳税地点是应税产品的开采或生产地

【参考答案】ABD

开采原油过程中用于加热的原油免税；销售额为纳税人销售应税产品向购买方收取的全部价款，但不包括增值税税款；资源税针对不同资源产品采用比例税率或幅度税率计税；纳税人应纳的资源税，应当向应税产品的开采或者生产地主管税务机关缴纳。

【判断题】对稠油、高凝油和高含硫天然气资源税减征 60%。（　　）

【参考答案】×

根据资源税税收优惠政策，对稠油、高凝油资源税减征 40%。高含硫天然气减征 30%。

【多选题】纳税人开采的下列应税资源，免征资源税的有（　　）。

A. 油田范围内运输稠油过程中用于加热的原油

B. 高含硫天然气

C. 开采原油过程中用于加热的原油

D. 从衰竭期矿山开采的矿产品

【参考答案】AC

开采原油过程中用于加热原油免税；对油田范围内运输稠油过程中用于加热的原

油、天然气免征资源税；对稠油、高凝油资源税减征 40%。从衰竭期矿山开采的矿产品，减征 30% 资源税。

【计算题】某油田 2021 年 7 月开采原油 5 000 吨，当月销售 3 000 吨，取得不含税销售额为 1 500 万元；将 1 000 吨原油用于换取生产资料；另有 10 吨用于开采过程中加热；剩余 990 吨期末库存。该油田原油资源税税率为 6%。

要求：计算该油田当月应缴纳的资源税税额。

【参考答案】原油计税方法是从价计征，应税产品销售额 × 纳税人具体适用的比例税率。

（1）正常销售业务：1 500 × 6% = 90（万元）

【题干链接：当月销售 3 000 吨，取得不含税销售额为 1 500 万元】

（2）自用应税产品业务：1 500 ÷ 3 000 × 1 000 × 6% = 30（万元）

【题干链接：将 1 000 吨原油用于换取生产资料】

【知识链接：原油用于换取生产资料属于自用范围，纳税人有自用应税产品行为而无销售价格的，或者申报的应税产品销售价格明显偏低且无正当理由的，税务机关应按下列顺序确定其应税产品计税价格：①按纳税人最近时期同类产品的平均销售价格确定；②按其他纳税人最近时期同类产品的平均销售价格确定；③按后续加工非应税产品销售价格，减去后续加工环节的成本利润后确定；④按应税产品组成计税价格确定；⑤按其他合理方法确定。本题中按第①条确定计税价格。】

【思考链接：依据核定顺序，应当按同类产品平均销售价格，因此，需要将正常销售业务中的 1 500 ÷ 3 000 得到每吨单价 0.5 万元，然后再算出用于换取生产资料 1 000 吨原油的视同销售金额。】

（3）优惠政策业务：开采原油过程中用于加热的原油免税。

【题干链接：另有 10 吨用于开采过程中加热。】

该油田当月应缴纳的资源税税额 = 1 500 × 6% + 1 500 ÷ 3 000 × 1 000 × 6% = 120（万元）

五、征收管理

（一）纳税义务发生时间

不同情形	纳税义务发生时间
1. 销售应税产品	收讫销售款或者取得索取销售款凭据的当天
2. 自产自用应税产品	移送使用应税产品的当天

【多选题】下列表述符合资源税纳税义务发生时间规定的有（　　）。

A. 纳税人销售应税产品，其纳税义务发生时间为收讫销售款或取得索取销售款凭证的当日

B. 纳税人自产自用应税产品的，其纳税义务发生时间为移送使用应税产品的当天

C. 纳税人采用预收货款方式销售应税产品的，其纳税义务发生时间为收到预收款的当天

D. 纳税人采用分期收款方式销售应税产品的，其纳税义务发生时间为发出应税产品的当天

【参考答案】AB

（二）纳税期限

不同情形	具体认知
1. 基本规定	资源税按月或者按季申报缴纳；不能按固定期限计算缴纳的，可以按次申报缴纳
2. 按月或按季申报	纳税人按月或者按季申报缴纳的，应当自月度或者季度终了之日起15日内，向税务机关办理纳税申报并缴纳税款
3. 按次申报	按次申报缴纳的，应当自纳税义务发生之日起15日内，向税务机关办理纳税申报并缴纳税款

（三）纳税环节

不同情形	具体认知
1. 生产环节	开采或者生产应税产品对外销售的，由开采或者生产者于销售时纳税
2. 移送环节	开采或者生产应税产品自用于应当缴纳资源税情形的，由开采或者生产者于移送使用时纳税

（四）纳税地点

不同情形	具体认知
1. 基本规定	纳税人应当向应税产品的开采或者生产地主管税务机关缴纳
2. 补充规定	海上开采的原油和天然气资源税由专设的海洋石油税务管理局征收管理

（五）《资源税法》明确的地方税权

【提示】地方税权流程：由省、自治区、直辖市人民政府根据《资源税法》提出，

报同级人民代表大会常务委员会决定，并报全国人民代表大会常务委员会和国务院备案。

地方决定事项	具体认知
1. 具体适用税率确定权	“税目税率表”中规定实行幅度税率的，应统筹考虑应税资源的品位、开采条件以及对生态环境的影响等情况，在“税目税率表”规定的税率幅度内确定其具体适用税率。表中规定征税对象为原矿或者选矿的，在规定的税率幅度内分别确定具体适用税率
2. 特定资源计税方法决定权	对地热、石灰岩、其他粘土、砂石、矿泉水和天然卤水等 6 个税目的应税产品，决定采用从价计征或从量计征的计税方法
3. 特定情形减免税决定权	下列情形之一，省、自治区、直辖市可以决定免征或者减征资源税： （1）纳税人开采或者生产应税产品过程中，因意外事故或者自然灾害等原因遭受重大损失 （2）纳税人开采共伴生矿、低品位矿、尾矿 前款规定的免征或者减征资源税的具体办法，由省、自治区、直辖市人民政府提出，报同级人民代表大会常务委员会决定，并报全国人民代表大会常务委员会和国务院备案

【单选题】纳税人按月或按季申报纳税，应当自月度或者季度终了之日起（　　）日内办理纳税申报并缴纳税款。

A. 5　　B. 10　　C. 15　　D. 30

【参考答案】C

【多选题】以下关于资源税的表述，正确的有（　　）。

A. 对在中华人民共和国领域及管辖海域开采煤炭的单位和个人，应按规定征收资源税

B. 原油是资源税的应税资源，包括天然原油和人造石油

C. 纳税人进口应税资源不缴纳资源税

D. 开采资源税应税产品销售的，应向销售所在地的主管税务机关缴纳资源税

【参考答案】AC

我国资源税只对在中华人民共和国领域及管辖海域开采应税产品的单位和个人征收；纳税人应纳的资源税，应当向应税产品的开采或者生产所在地主管税务机关缴纳；原油不包括人造石油。

【综合题】某石化企业为增值税一般纳税人，主要业务为开采原油及石油炼制。该企业总机构设在甲地，在乙地和丙地开采的原油不含税销售价格均为 0.5 万元/吨。2021 年 5 月发生如下业务：

①在外省乙地开采原油 12 000 吨，对外销售 8 000 吨，不含税销售额 4 000 万元。

②将在丙地开采的600吨原油移送加工汽油200吨，本月销售汽油100吨，汽油不含税销售价格为0.9万元/吨。

③在丁地新探测的油田开采原油8吨，本月将其中的1吨原油用于加热，5吨赠送给长期合作的客户，成本0.4万元/吨，无同品质原油销售价格。

假定本月取得的相关票据均符合税法规定，并在本月勾选抵扣进项税额，原油成本利润率为10%，原油资源税税率6%，增值税税率13%。

根据上述资料，回答下列问题：

（1）【题干链接：在外省乙地开采原油12 000吨，对外销售8 000吨，不含税销售额4 000万元】对于此业务的税务处理，下列说法正确的有（　　）。

A. 应按照收讫的货款金额计算销项税额

B. 应按照原油开采量计算缴纳资源税

C. 应在乙地缴纳资源税

D. 应按实际销售量定额征收资源税

【参考答案】AC

纳税人销售应税产品，其纳税义务发生时间为收讫销售款或取得索取销售款凭证的当日，选项A正确。原油资源税从价计征，非从量计征，选项BD错误。纳税人应当向应税产品的开采或者生产地主管税务机关缴纳，选项C正确。

（2）【题干链接：将在丙地开采的600吨原油移送加工汽油200吨，本月销售汽油100吨，汽油不含税销售价格为0.9万元/吨】对于此业务的税务处理，下列说法正确的有（　　）。

A. 销售汽油时应缴纳增值税

B. 将原油移送加工汽油应缴纳资源税9万元

C. 将原油移送加工汽油不缴纳增值税

D. 销售汽油时应缴纳资源税

E. 销售汽油时应缴纳消费税

【参考答案】ACE

①将应税资源产品用于连续生产资源税非应税产品，应视同销售，缴纳资源税，应纳资源税 $=0.5\times600\times6\%=18$（万元），选项B错误。②汽油不属于资源税的征税范围，销售汽油不需要缴纳资源税，选项D错误。

（3）【题干链接：在丁地新探测的油田开采原油8吨，本月将其中的1吨原油用于加热，5吨赠送给长期合作的客户，成本0.4万元/吨，无同品质原油销售价格】本业务应缴纳资源税（　　）万元。

A. 0.12　　B. 0.13　　C. 0.14　　D. 0.17

【参考答案】C

①开采原油过程中用于加热的原油，免税。②将 5 吨原油用于赠送客户，需要视同销售缴纳资源税。没有同类销售价格的，按应税产品组成计税价格确定。组成计税价格 = 成本 ×（1 + 成本利润率）÷（1 - 资源税税率）；业务③应纳资源税税额 = 组成计税价格 × 资源税税率 = 0.4 ×（1 + 10%）÷（1 - 6%）× 5 × 6% = 0.14（万元）。

（4）该企业本月应缴纳资源税（　　）万元。

A. 258.17　　B. 258.13　　C. 258.13　　D. 258.14

【参考答案】D

第一，业务①应缴纳的资源税 = 4 000 × 6% = 240（万元）。第二，将开采的原油移送加工汽油，属于加工非应税产品，在移送时缴纳资源税。业务②应缴纳资源税 = 600 × 0.5 × 6% = 18（万元）。第三，将自采的原油用于加热免征资源税。将自采原油用于赠送，属于自用原油，应缴纳资源税。业务③应缴纳的资源税 = 0.4 × 5 ×（1 + 10%）÷（1 - 6%）× 6% = 0.14（万元）。第四，该企业本月应缴纳资源税 = 240 + 18 + 0.14 = 258.14（万元）。

六、水资源税概况

重点事项	具体认知
纳税人	直接取用地表水、地下水的单位和个人
政策依据	《资源税法》 《水资源税改革试点暂行办法》 《扩大水资源税改革试点实施办法》
征税对象	地表水、地下水
计税依据	从量计征，以实际取用水量为计税依据
税额相关规定	①适用省级人民政府在规定的最低平均税额基础上分类确定的取水口所在地税额 ②实行差别税额，对过量开采地下水、特种行业用水、超计划（定额）取用水等从高确定；对农业生产取用水、主要供农村人口生活用水的集中式饮水工程取用水、回收利用的疏干排水和地源热泵取用水等从低确定
纳税义务发生时间	①取用水资源的当日 ②除农业生产取用水按季或按月外（对超过规定限额的农业生产取用水可按年征收），不能按固定期限可以按次申报，自纳税期满或者纳税义务发生之日起 15 日内申报纳税
其他	①水资源税归属试点省份 ②税务机关与水行政主管部门形成“税务征管、水利核量、自主申报、信息共享”的共治模式 ③国务院自《资源税法》施行之日起 5 年内，就试点情况向全国人民代表大会常务委员会报告，并及时提出修改法律的建议

第二节 环境保护税

一、环境保护税概述、纳税人和征税对象

重点内容	具体认知
概念	（1）环境保护税，是指在中华人民共和国领域和中华人民共和国管辖的其他海域内，对直接向环境排放应税污染物的企业事业单位和其他生产经营者征收的一种税 （2）征收环境保护税的主要目的是保护和改善环境，减少污染物排放，推进生态文明建设
纳税人	（1）在中华人民共和国领域和中华人民共和国管辖的其他海域，直接向环境排放应税污染物的企业事业单位和其他生产经营者 （2）下列情形不属于直接向环境排放污染物，不需要缴纳环境保护税： ①企业事业单位和其他生产经营者向依法设立的污水集中处理、生活垃圾集中处理场所排放应税污染物的 ②企业事业单位和其他生产经营者在符合国家和地方环境保护标准的设施、场所贮存或者处置固体废物的 ③畜禽养殖场依法对畜禽养殖废弃物进行综合利用和无害化处理的
征税对象	（1）环境保护税的征税对象为应税污染物 （2）应税污染物是《环境保护税法》所附“环境保护税税目税额表”应税污染物和当量值表规定的大气污染物、水污染物、固体废物和噪声 （3）下列情形应当缴纳环境保护税： ①依法设立的城乡污水集中处理、生活垃圾集中处理场所超过国家和地方规定的排放标准向环境排放应税污染物的 ②企业事业单位和其他生产经营者贮存或者处置固体废物不符合国家和地方环境保护标准的 ③达到省级人民政府确定的规模标准并且有污染物排放口的畜禽养殖场

二、环境保护税的税目和税率

税目		计税单位	税额
大气污染物 （包括二氧化硫、氮氧化物、一氧化碳等 44 个税目）		每污染当量	1.2 元至 12 元
水污染物 （第一类水污染物税目 10 个；第二类水污染物税目 51 个；pH 值、色度、大肠菌群数、余氯量等 4 个水污染物税目；禽畜养殖场、饮食娱乐服务业、医院等 6 个水污染物税目）		每污染当量	1.4 元至 14 元
固体废物	煤矸石	每吨	5 元
	尾矿	每吨	15 元
	危险废物	每吨	1 000 元
	冶炼渣、粉煤灰、炉渣、其他固体废物（含半固态、液态废物）	每吨	25 元

续表

税目		计税单位	税额
噪声	工业噪声（不包括建筑噪声和交通工具噪声等）	超标 1—3 分贝	每月 350 元
		超标 4—6 分贝	每月 700 元
		超标 7—9 分贝	每月 1 400 元
		超标 10—12 分贝	每月 2 800 元
		超标 13—15 分贝	每月 5 600 元
		超标 16 分贝以上	每月 11 200 元

重点内容	具体认知
税率	环境保护税应税污染物适用定额税率
	应税大气污染物和水污染物按污染当量实行幅度税额，具体适用税额由省级人民代表大会常务委员会决定
	固体废物分不同税目按重量实行固定税额；噪声按超标分贝数实行分档固定税额

【单选题】下列选项中，不属于环境保护税征税范围的是（　　）。

A. 在城市施工产生的建筑噪声

B. 直接向环境排放应税水污染物

C. 贮存固体废物不符合国家和地方环境保护标准

D. 达到省级人民政府确定的规模标准并且有污染物排放口的畜禽养殖场

【参考答案】A

根据《中华人民共和国环境保护税法》（中华人民共和国主席令第六十一号）所附“环境保护税税目税额表”，工业噪声超标需缴纳环境保护税，建筑噪声不属于环境保护税的征税范围。

三、环境保护税的计税依据和应纳税额计算

重点内容	具体认知
计税依据	1. 应税大气污染物、水污染物为污染物排放量折合的污染当量数 污染当量数 = 应税大气（水）污染物的排放量 ÷ 该污染物的污染当量值 2. 应税固体废物为固体废物的排放量 3. 应税噪声为超过国家规定标准的分贝数
应税污染物排放量确认	1. 应税污染物排放量的监测和计算，一般按照下列方法和顺序确定： （1）安装使用符合国家规定和监测规范的污染物自动监测设备的，按照污染物自动监测数据计算 （2）未安装使用污染物自动监测设备的，按照监测机构出具的符合国家有关规定和监测规范的监测数据计算；纳税人自行获取监测数据符合规定的，视同监测机构出具的数据 （3）因排放污染物种类多等原因不具备监测条件的，适用国务院生态环境主管部门规定的

续表

重点内容	具体认知
	排污许可证申请与核发技术规范中规定的排（产）污系数、物料衡算方法或者排放源统计调查制度规定的排（产）污系数方法计算 （4）不能按照本条第一项至第三项规定的方法计算的，按照省、自治区、直辖市人民政府生态环境主管部门规定的抽样测算的方法核定计算
应税污染物排放量确认	2. 应税污染物排放量的具体规定如下： （1）纳税人有下列情形之一的，以其当期应税大气污染物、水污染物的产生量作为污染物的排放量： ①未依法安装使用污染物自动监测设备或者未将污染物自动监测设备与环境保护主管部门的监控设备联网 ②损毁或者擅自移动、改变污染物自动监测设备 ③篡改、伪造污染物监测数据 ④通过暗管、渗井、渗坑、灌注或者稀释排放以及不正常运行防治污染设施等方式违法排放应税污染物 ⑤进行虚假纳税申报 （2）应税固体废物的排放量为当期应税固体废物的产生量减去当期应税固体废物的贮存量、处置量、综合利用量的余额。纳税人应当准确计量贮存量、处置量和综合利用量，未准确计量的，不得从其应税固体废物的产生量中减去 （3）纳税人非法倾倒应税固体废物或者进行虚假纳税申报的，以其当期应税固体废物的产生量作为固体废物的排放量
计算方法	（1）应税大气污染物的应纳税额为污染当量数×具体适用税额 排放大气污染物，每一排放口均应按照污染当量数从大到小排序，对前三项污染物计算环境保护税，没有排放口的，亦照此计算 （2）应税水污染物的应纳税额为污染当量数×具体适用税额 排放应税水污染物，每一排放口均应区分第一类水污染物和其他类水污染物，按照污染当量数从大小到排序，对第一类水污染物按照前五项计算环境保护税，对其他类水污染物按照前三项计算环境保护税 （3）应税固体废物的应纳税额为固体废物排放量×具体适用税额 （4）应税噪声的应纳税额为超过国家规定标准的分贝数对应的具体适用税额 ①一个单位边界上有多处噪声超标，根据最高一处超标声级计算应纳税额；当沿边界长度超过 100 米有两处以上噪声超标，按照两个单位计算 ②一个单位有不同地点作业场所的，应当分别计算应纳税额，合并计征 ③昼、夜均超标的环境噪声，昼、夜分别计算应纳税额，累计计征 ④声源一个月内超标不足 15 天的，减半计算应纳税额 ⑤夜间频繁突发和夜间偶然突发厂界超标噪声，按等效声级和峰值噪声两种指标中超标分贝值高的一项计算应纳税额 （记忆提示：计税依据×定额税率）
	应纳税额原则上以排放口为单位进行计算，纳税人从两个以上排放口排放应税污染物的，对每一排放口排放的应税污染物分别计算征收；纳税人持有排污许可证的，其污染物排放口按照排污许可证载明的污染物排放口确定

【计算题】2021 年 10 月，某企业向大气直接排放二氧化硫、氟化物各 10 千克，一氧化碳、氯化氢各 100 千克，假设大气污染物每污染当量税额按“环境保护税税目税额表”最低标准 1.2 元计算，该企业只有一个排放口。已知相关大气污染物污染当量值分别为二氧化硫 0.95 千克、氟化物 0.87 千克、一氧化碳 16.7 千克、氯化氢 10.75

千克。要求：计算企业 10 月份大气污染物应缴纳的环境保护税。

【参考答案】

第一步，计算各污染物的污染当量数。

二氧化硫：10 ÷ 0. 95 = 10. 53

氟化物：10 ÷ 0. 87 = 11. 49

一氧化碳：100 ÷ 16. 7 = 5. 99

氯化氢：100 ÷ 10. 75 = 9. 3

第二步，按污染物的污染当量数排序（每一排放口或者没有排放口的应税大气污染物，对前三项污染物征收环境保护税）。

氟化物（11. 49）＞二氧化硫（10. 53）＞氯化氢（9. 3）＞一氧化碳（5. 99）

选取前三项污染物。

第三步，计算应纳税额。

氟化物：11. 49 × 1. 2 = 13. 79（元）

二氧化硫：10. 53 × 1. 2 = 12. 63（元）

氯化氢：9. 3 × 1. 2 = 11. 16（元）

四、环境保护税的税收优惠

重点内容	具体认知
免税项目	1. 农业生产（不包括规模化养殖）排放应税污染物的 2. 机动车、铁路机车、非道路移动机械、船舶和航空器等流动污染源排放应税污染物的 3. 依法设立的城乡污水集中处理、生活垃圾集中处理场所排放相应应税污染物，不超过国家和地方规定的排放标准的 4. 纳税人综合利用的固体废物，符合国家和地方环境保护标准的 5. 国务院批准免税的其他情形
减税项目	1. 纳税人排放应税大气污染物或者水污染物的浓度值低于国家和地方规定的污染物排放标准 30% 的，减按 75% 征收环境保护税 2. 纳税人排放应税大气污染物或者水污染物的浓度值低于国家和地方规定的污染物排放标准 50% 的，减按 50% 征收环境保护税 减征环境保护税的，应当对每一排放口排放的不同应税污染物分别计算

【单选题】某工业企业常年向环境排放一氧化碳，2021 年 4 月直接向环境排放的一氧化碳经自动检测设备检测的排放量为 35 000 千克，浓度值为规定的污染物排放标准的 45%，已知一氧化碳污染当量值为 16. 7，当地大气污染物税额标准为 5 元/污染当量，该工业企业当月应缴纳环境保护税（　　）元。

A. 10 479. 04　　B. 5 239. 52　　C. 3 143. 71　　D. 7 859. 28

【参考答案】B

纳税人排放应税大气污染物或者水污染物的浓度值低于国家和地方规定的污染

物排放标准 50% 的，减按 50% 征收环境保护税。当月应缴纳环境保护税 =35 000 ÷ 16.7 ×5 ×50% =5 239.52（元）。

【多选题】关于环境保护税减免政策，下列表述正确的有（　　）。

A. 农业种植排放应税污染物暂予免征环境保护税

B. 规模化养殖排放应税污染物暂予免征环境保护税

C. 机动车行驶排放应税污染物暂予免征环境保护税

D. 依法设立的城乡污水集中处理场所排放应税污染物不超过国家和地方规定的排放标准的暂予免征环境保护税

E. 排放应税大气污染物的浓度值低于国家和地方规定的污染物排放标准 30% 的，减按 75% 征收环境保护税

【参考答案】ACDE

根据《中华人民共和国环境保护税法》（中华人民共和国主席令第六十一号）第十二条规定，下列情形，暂予免征环境保护税：（一）农业生产（不包括规模化养殖）排放应税污染物的；（二）机动车、铁路机车、非道路移动机械、船舶和航空器等流动污染源排放应税污染物的；（三）依法设立的城乡污水集中处理、生活垃圾集中处理场所排放相应应税污染物，不超过国家和地方规定的排放标准的；第十三条规定，纳税人排放应税大气污染物或者水污染物的浓度值低于国家和地方规定的污染物排放标准 30% 的，减按 75% 征收环境保护税。纳税人排放应税大气污染物或者水污染物的浓度值低于国家和地方规定的污染物排放标准 50% 的，减按 50% 征收环境保护税。

【判断题】纳税人排放应税大气污染物或者水污染物的浓度值低于国家和地方规定的污染物排放标准 30% 的，减按 50% 征收环境保护税。（　　）

【参考答案】×

纳税人排放应税大气污染物或者水污染物的浓度值低于国家和地方规定的污染物排放标准 30% 的，减按 75% 征收环境保护税。

五、环境保护税的征收管理

重点内容	具体认知
纳税义务发生时间	纳税人排放应税污染物的当日
纳税期限	环境保护税按月计算，按季申报缴纳 不能按固定期限计算缴纳的，可以按次申报缴纳
	纳税人按季申报缴纳的，应当自季度终了之日起 15 日内，向税务机关办理纳税申报并缴纳税款；纳税人按次申报缴纳的，应当自纳税义务发生之日起 15 日内，向税务机关办理纳税申报并缴纳税款

续表

重点内容	具体认知
纳税地点及争议处理	向污染物排放地的税务机关申报缴纳环境保护税。应税污染物排放地是指： （1）应税大气污染物、水污染物排放口所在地 （2）应税固体废物产生地 （3）应税噪声产生地 （记忆提示：污染当地）
	纳税地点争议处理： 纳税人跨区域排放应税污染物，税务机关对税收征收管辖有争议的，由争议各方按照有利于征收管理的原则协商解决；不能协商一致的，报请共同的上级税务机关决定
征管职责之部门分工	（1）形成“税务征管、企业申报、环保监测，信息共享、协作共治”的征管机制 （2）税务机关依法履行环境保护税纳税申报受理、涉税信息比对、组织税款入库等职责 （3）生态环境主管部门依法负责应税污染物监测管理，制定和完善污染物监测规范 （4）县级以上人民政府加强领导，建立机制，及时协调、解决环境保护税征管工作中的重大问题
征管职责之数据传递和比对	（1）国务院税务、生态环境主管部门制定涉税信息共享平台技术标准以及数据采集、存储、传输、查询和使用规范 （2）生态环境主管部门应当将排污单位的排污许可、污染物排放数据、环境违法和受行政处罚情况等环境保护相关信息，定期交送税务机关 （3）税务机关应当将纳税人的纳税申报、税款入库、减免税额、欠缴税款以及风险疑点等环境保护税涉税信息，定期交送生态环境主管部门
环保复核	（1）税务机关应当将纳税人的纳税申报数据资料与生态环境主管部门交送的相关数据资料进行比对 （2）税务机关发现纳税人的纳税申报数据资料异常或者纳税人未按照规定期限办理纳税申报的，可以提请生态环境主管部门进行复核，生态环境主管部门应当自收到税务机关的数据资料之日起 15 日内向税务机关出具复核意见。税务机关应当按照生态环境主管部门复核的数据资料调整纳税人的应纳税额
其他	从事海洋工程向我国管辖海域排放应税大气污染物、水污染物或者固体废物，申报缴纳环保税的具体办法，由国务院税务主管部门会同国务院生态环境主管部门规定

【多选题】以下符合环境保护税政策规定的有（　　）。

A. 环保税的纳税义务发生时间为纳税人排放应税污染物的当日

B. 纳税人应当向机构所在地的税务机关申报缴纳环境保护税

C. 环境保护税按月计算，按季申报缴纳

D. 纳税人按次申报缴纳的，应当自季度终了之日起 15 日内，向税务机关办理纳税申报并缴纳税款

【参考答案】AC

选项 B，纳税人应当向应税污染物排放地的税务机关申报缴纳环境保护税。选项 D，纳税人按次申报缴纳的，应当自纳税义务发生之日起 15 日内，向税务机关办理纳税申报并缴纳税款。

六、《环境保护税法》明确的地方税权

【提示】地方税权流程：由省、自治区、直辖市人民政府根据《环境保护税法》提出，报同级人民代表大会常务委员会决定，并报全国人民代表大会常务委员会和国务院备案。

地方决定事项	具体认知
1. 具体适用税率确定权	应税大气污染物和水污染物实行幅度税额，其具体适用税额的确定和调整，应统筹考虑本地区环境承载能力、污染物排放现状和经济社会生态发展目标要求，在“环境保护税税目税额表”规定的税额幅度内确定
2. 其他固体废物的具体范围的确定权	明确固体废物税目大类所属其他固体废物税目的具体范围
3. 增加计税污染物项目权	在《环境保护税法》规定的每一排放口计税污染物项目数的基础上，根据本地区污染物减排的特殊需要，可增加同一排放口征收环境保护税的计税污染物项目数

【单选题】下列各项中，由省、自治区、直辖市人民政府统筹考虑后在规定的幅度内按照规定程序确定具体适用税额的是（　　）。

A. 噪声　　B. 水污染物　　C. 固体废物　　D. 液态废物

【参考答案】B

根据《中华人民共和国环境保护税法》（中华人民共和国主席令第六十一号）第六条规定，应税大气污染物和水污染物的具体适用税额的确定和调整，由省、自治区、直辖市人民政府统筹考虑本地区环境承载能力、污染物排放现状和经济社会生态发展目标要求，在本法所附“环境保护税税目税额表”规定的税额幅度内提出，报同级人民代表大会常务委员会决定，并报全国人民代表大会常务委员会和国务院备案。

第三节　耕地占用税

一、耕地占用税概述、征税对象和纳税人

重点内容	具体认知
概念	耕地占用税是对占用耕地建设建筑物、构筑物或者从事非农业建设（以下简称占用应税耕地）的单位和个人，根据实际占用应税耕地面积，从量定额一次性征收的一种税
纳税人	在我国境内占用应税耕地的单位和个人。具体包括： （1）经批准占用耕地的，纳税人为农用地转用审批文件中标明的建设用地人 （2）农用地转用审批文件中未标明建设用地人的，纳税人为用地申请人，其中用地申请人为各级人民政府的，由同级土地储备中心、自然资源主管部门或政府委托的其他部门、单位履行耕地占用税申报纳税义务 （3）未经批准占用耕地的，纳税人为实际用地人

续表

重点内容	具体认知
征税对象	(1) 耕地占用税属于行为税，征税对象是占用应税耕地的行为。构成这一行为应具备两个条件：一是占用我国境内用于种植农作物的土地，包括国有和集体；二是发生建设行为，包括非农业建设行为 (2) 下列行为应当缴纳耕地占用税： ①占用耕地以外农用地的行为。耕地以外的农用地，包括园地、林地、草地、农田水利用地、养殖水面、渔业水域滩涂以及其他农用地 ②建设项目施工或者地质勘查临时占用耕地的行为。临时占用耕地，是指经自然资源主管部门批准，在一般不超过2年内临时使用耕地并且没有修建永久性建筑物的行为 ③挖损、采矿塌陷、压占、污染等损毁耕地的非农业建设行为 (3) 下列行为不缴纳耕地占用税： ①占用耕地建设农田水利设施的行为 ②占用耕地以外农用地建设直接为农业生产服务的生产设施的行为 (记忆提示：征税范围既包括耕地，也包括耕地以外的农用地)

【判断题】占用园地、林地、草地、农田水利用地、养殖水面、渔业水域滩涂以及其他农用地建设建筑物、构筑物或者从事非农业建设的，比照占用耕地缴纳耕地占用税。（　　）

【参考答案】√

占用园地、林地、草地、农田水利用地、养殖水面、渔业水域滩涂以及其他农用地建设建筑物、构筑物或者从事非农业建设的，比照占用耕地缴纳耕地占用税。

二、耕地占用税的计税依据、税率和应纳税额计算

重点内容	具体认知
耕地占用税的税率	耕地占用税实行地区差别税率。以县、自治县、不设区的市、市辖区为单位，按照人均耕地面积的多少，将全国划分为四类不同地区，按照每平方米土地设置幅度税额： ①人均耕地1亩（含）以下的地区，每平方米税额为10—50元 ②人均耕地1亩（不含）—2亩（含）的地区，每平方米税额为8—40元 ③人均耕地2亩（不含）—3亩（含）的地区，每平方米税额为6—30元 ④人均耕地3亩（不含）以上的地区，每平方米税额为5—25元 省级人民政府在上述幅度内提出各县级行政区域适用税额的建议，由省级人民代表大会常务委员会决定，并报全国人大常委会和国务院备案
	特殊规定： ①人均耕地低于0.5亩的地区，可以根据当地经济发展情况适当提高适用税额 ②占用耕地以外农用地的，适用税额可以适当降低 ③提高或降低的部分均不得超过本省、自治区、直辖市同类地区适用税额的50%各省级行政区域内耕地占用税适用税额的平均水平不得低于税法规定的平均税额（见下表）

续表

重点内容	具体认知
计税依据	以纳税人实际占用的属于耕地占用税范围的土地（以下简称应税土地）面积为计税依据，包括经批准占用的和未经批准占用的耕地面积。应税土地面积由自然资源主管部门认定，以平方米为单位
计税方法	①应纳税额 = 应税土地面积 × 适用税额（应税土地所在地县级行政区的现行适用税额） ②占用基本农田的，应纳税额加按 150% 征收。基本农田是依据《基本农田保护条例》划定的基本农田保护区范围内的耕地 应纳税额 = 应税土地面积 × 适用税额 × 150%

各省、自治区、直辖市耕地占用税平均税额表	
省、自治区、直辖市	平均税额（元/平方米）
上海	45
北京	40
天津	35
江苏、浙江、福建、广东	30
辽宁、湖北、湖南	25
河北、安徽、江西、山东、河南、重庆、四川	22.5
广西、海南、贵州、云南、陕西	20
山东、吉林、黑龙江	17.5
内蒙古、西藏、甘肃、青海、宁夏、新疆	12.5

【单选题】在人均耕地低于 0.5 亩的地区，省、自治区、直辖市可以根据当地经济发展情况，适当提高耕地占用税的适用税额，但提高的部分不得超过规定的适用税额的（　　）。

A. 10%　　B. 30%　　C. 40%　　D. 50%

【参考答案】D

在人均耕地低于 0.5 亩的地区，省、自治区、直辖市可以根据当地经济发展情况，适当提高耕地占用税的适用税额，但提高的部分不得超过规定的适用税额的 50%

【单选题】占用基本农田的，应当按照规定的当地适用税额，加按（　　）征收耕地占用税。

A. 30%　　B. 50%　　C. 100%　　D. 150%

【参考答案】D

占用基本农田的，应当按照规定确定的当地适用税额，加按 150% 征收耕地占用税。

三、税收优惠

重点内容	具体认知
免税项目	①军事设施、学校、幼儿园、社会福利机构、医疗机构占用耕地 ②农村居民经批准搬迁，新建自用住宅占用耕地不超过原宅基地面积的部分 ③农村烈士遗属、因公牺牲军人遗属、残疾军人以及符合农村最低生活保障条件的农村居民，在规定用地标准以内新建自用住宅
减税项目	①铁路线路、公路线路、飞机场跑道、停机坪、港口、航道、水利工程占用耕地，减按每平方米 2 元的税额征收耕地占用税 ②农村居民在规定用地标准以内占用耕地新建自用住宅，按照当地适用税额减半征收耕地占用税 根据国民经济和社会发展的需要，国务院可以规定免征或者减征耕地占用税的其他情形，报全国人民代表大会常务委员会备案 免征或者减征耕地占用税后，纳税人改变原占地用途，不再属于免征或者减征耕地占用税情形的，应当按照当地适用税额补缴耕地占用税
退税项目	下列情形可退还已经缴纳的耕地占用税： ①纳税人在批准临时占用耕地期满之日起 1 年内依法复垦，恢复种植条件的 ②挖损、采矿塌陷、压占、污染等损毁的耕地，从自然资源、农业农村等相关部门认定损毁耕地之日起 3 年内依法复垦或修复，恢复种植条件的 ③用地申请人在农用地转用环节已经缴纳耕地占用税，在供地环节，建设用地人使用耕地用途符合税法规定的免税情形的

【多选题】下列各项中，需要缴纳耕地占用税的有（　　）。

A. 医院内专门用于提供医护服务的场所占用耕地

B. 学校经营性场所占用耕地

C. 铁路专用线占用耕地

D. 飞机场跑道占用耕地

E. 企业占用耕地建造厂房

【参考答案】BCDE

选项 A：免征耕地占用税；选项 BCE：按照当地适用税额缴纳耕地占用税；选项 D：减按每平方米 2 元的税额征收耕地占用税。

四、征收管理

重点内容	具体认知
纳税环节	①无论是否批准，均在农用地转用环节纳税。农用地转用，是将农用地按照土地利用总体规划和国家规定的批准权限报批后转变为建设用地的行为 ②损毁耕地的，在农用地毁损认定后纳税
纳税义务发生时间	纳税人收到自然资源主管部门办理占用耕地手续的书面通知的当日 未经批准占用应税耕地的，为自然资源主管部门认定的纳税人实际占地的当日

续表

重点内容	具体认知
纳税期限	自纳税义务发生之日起30日内申报缴纳
纳税地点	耕地所在地申报纳税
优惠办理	实行“自行判别、申报享受、有关资料留存备查”办理方式，纳税人对留存材料的真实性和合法性承担法律责任
部门协作	①税务机关负责征收，应建立和相关部门的涉税信息共享机制和工作配合机制 ②税务机关发现纳税人纳税申报数据资料异常或者未按期申报的，可以提请相关部门复核，相关部门应当自收到税务机关复核申请之日起在30日内向税务机关出具复核意见 ③自然资源主管部门凭耕地占用税完税凭证或者免税凭证和其他有关文件发放建设用地批准书

【多选题】根据耕地占用税的有关规定，下列表述不正确的有（　　）。

A. 耕地占用税的纳税义务发生时间为纳税人收到自然资源主管部门办理占用耕地手续的书面通知的当日

B. 纳税人应当自纳税义务发生之日起15日内申报缴纳耕地占用税

C. 耕地占用税由财政部负责征收

D. 纳税人占用耕地，应当在耕地所在地申报纳税

E. 未经批准占用耕地的，其纳税义务发生时间为自然资源主管部门认定的纳税人实际占用耕地的当日

【参考答案】BC

选项B，纳税人应当自纳税义务发生之日起30日内申报缴纳耕地占用税；选项C，耕地占用税由税务机关负责征收。

【多选题】下列关于耕地占用税的规定正确的有（　　）。

A. 耕地占用税实行地区差别幅度定额税率

B. 人均耕地面积越少，耕地占用税单位税额越高

C. 耕地占用税以纳税人实际占用的耕地面积为计税依据

D. 获准占用耕地的单位或者个人应当在收到土地管理部门的通知之日起10日内缴纳耕地占用税

【参考答案】ABC

耕地占用税的纳税义务发生时间为纳税人收到自然资源主管部门办理占用耕地手续的书面通知的当日。纳税人应当自纳税义务发生之日起30日内申报缴纳耕地占用税。

第四节　烟叶税

一、烟叶税的概述、纳税人和征税范围

重点内容	具体认知
概念	烟叶税是以烟叶为征税对象，对在中华人民共和国境内依照《中华人民共和国烟草专卖法》的规定收购烟叶的单位征收的一种税
纳税人	在中华人民共和国境内收购烟叶的单位为烟叶税的纳税人 “收购烟叶的单位”，是指依照《烟草专卖法》的规定收购烟叶的单位
征税范围	征税范围包括晾晒烟叶、烤烟叶

二、烟叶税的税率、计税依据和计税方法

重点内容	具体认知
税率	实行比例税率，税率为 20%
计税依据	烟叶税的计税依据为纳税人收购烟叶实际支付的价款总额 价款总额包括纳税人支付给烟叶生产销售单位和个人的烟叶收购价款和价外补贴。其中，价外补贴统一按烟叶收购价款的 10% 计算 实际支付的价款总额 = 烟叶收购价款 ×（1 + 10%）
计税方法	烟叶税的应纳税额按照纳税人收购烟叶实际支付的价款总额乘以税率计算 应纳税额 = 实际支付的价款总额 × 20% = 烟叶收购价款 ×（1 + 10%）× 20%

【单选题】某烟草公司（增值税一般纳税人）收购烟叶，支付烟叶生产者收购价款 50 000 元，并支付了价外补贴 5 000 元，则其应纳烟叶税（　　）元。

A. 10 000　　B. 10 800　　C. 11 000　　D. 11 600

【参考答案】C

烟叶税应纳税额 = 实际支付价款 × 税率，该烟草公司应纳烟叶税 =（50 000 + 5 000）× 20% = 11 000（元）

三、烟叶税的征收管理

重点内容	具体认知
纳税义务发生时间	纳税义务发生时间为纳税人收购烟叶的当天
纳税期限	按月计征，纳税人应当于纳税义务发生月终了之日起 15 日内申报并缴纳税款
纳税地点	应当向烟叶收购地的主管税务机关申报纳税

第五节 车船税

一、车船税的概念、纳税人、扣缴义务人和征税范围

重点内容	具体认知
概念	依照法律法规规定，对在我国境内属于“车船税法”所附“车船税税目税额表”的车辆、船舶（以下简称车船），按照规定的税目、计税单位和年税额标准计算征收的一种税。
纳税人	中华人民共和国境内属于《车船税法》所附《车船税税目税额表》规定的车船的所有人或者管理人
扣缴义务人	从事机动车交通事故责任强制保险业务的保险机构为机动车车船税的扣缴义务人，应当在收取保险费时代收车船税，并出具代收税款凭证
征收范围	①依法应当在车船登记管理部门登记的机动车辆和船舶 ②依法不需要在车船登记管理部门登记的在单位内部场所行驶或者作业的机动车辆和船舶 （记忆提示：登记不登记都要缴纳）
	①机动车辆包括乘用车、商用车（包括客车、货车）、挂车、专用作业车、轮式专用机械车、摩托车 ②船舶包括各类机动、非机动船舶以及其他水上移动装置，船舶上装备的救生艇筏和长度小于 5 米的艇筏除外 ③拖拉机不需要缴纳车船税（拖拉机也不买交强险）

【判断题】车船税的纳税义务人，是指在中华人民共和国境内，车辆、船舶的所有人和使用人。（ ）

【参考答案】×

车船税的纳税义务人，是指在中华人民共和国境内，车辆、船舶的所有人和管理人。

二、车船税的税目、税率

车船税税目税额表

税目		计税单位	年基准税额	备注
乘用车［按发动机汽缸容量（排气量）分档］	1.0 升（含）以下的	每辆	60—360 元	核定载人数 9 人（含以下）
	1.0 升以上至 1.6 升（含）的		300—540 元	
	1.6 升以上至 2.0 升（含）的		360—660 元	
	2.0 升以上至 2.5 升（含）的		660—1 200 元	
	2.5 升以上至 3.0 升（含）的		1 200—2 400 元	
	3.0 升以上至 4.0 升（含）的		2 400—3 600 元	
	4.0 升以上的		3 600—5 400 元	

续表

税目		计税单位	年基准税额	备注
商用车	客车	每辆	480—14 40 元	核定载客人数 9 人以上，包括电车
	货车	整备质量每吨	16—120 元	包括半挂牵引车、三轮汽车和低速载货汽车等。客货两用车依照货车的计税单位和年基准税额计征车船税
挂车		整备质量每吨	按照货车税额的 50% 计算	
其他车辆	专用作业车	整备质量每吨	16—120 元	不包括拖拉机
	轮式专用机械车		16—120 元	
摩托车		每辆	36—180 元	
船舶	机动船舶	净吨位每吨	①净吨位不超过 200 吨的，每吨 3 元 ②净吨位超过 200 吨但不超过 2 000 吨的，每吨 4 元 ③净吨位超过 2 000 吨但不超过 10 000 吨的，每吨 5 元 ④净吨位超过 10 000 吨的，每吨 6 元	拖船、非机动驳船分别按照机动船舶税额的 50% 计算，拖船的净吨位按照发动机功率每 1 千瓦折合净吨位 0.67 吨计算
	游艇	艇身长度每米	①不超过 10 米的，每米 600 元 ②超过 10 米但不超过 18 米的，每米 900 元 ③超过 18 米但不超过 30 米的，每米 1 300 元 ④超过 30 米的，每米 2 000 元 ⑤辅助动力帆艇，每米 600 元	

三、车船税的计税方法和税收优惠

重点内容	具体认知
计税方法	①按年申报，分月计算。纳税人购置的新车船，购置当年的应纳税额自取得车船所有权或管理权的当月起按月计算 ②应纳税额为年应纳税额除以 12 再乘以应纳税月份数 应纳税额 =（年应纳税额 ÷ 12）× 应纳税月份数 ③车辆年应纳税额 = 应纳税车辆数量或者整备质量 × 年基准税额 ④船舶年应纳税额 = 应纳税船舶净吨位或者艇身长度 × 年基准税额

续表

重点内容	具体认知
计税依据	①基本计税依据：排气量、整备质量、核定载客人数、净吨位、千瓦、艇身长度，以车船登记管理部门核发的车船登记证书或者行驶证所载数据为准 ②依法不需要办理登记和应当登记而未登记或不能提供证书的：以车船出厂合格证明或者进口凭证标注的技术参数、数据为准 ③不能提供车船出厂合格证明或者进口凭证的：由主管税务机关参照国家相关标准核定，没有国家相关标准的参照同类车船核定
	车辆盗抢情况下： ①一个纳税年度内，已完税的车船被盗抢、报废、灭失的，纳税人可以凭有关管理机关出具的证明和完税凭证，向纳税所在地的主管税务机关申请退还自被盗抢、报废、灭失月份起至该纳税年度终了期间的税款 ②已办理退税的被盗抢车船失而复得的，纳税人应当从公安机关出具相关证明的当月起计算缴纳车船税
	转让过户或者退货的情况： ①已缴纳车船税的车船在同一纳税年度内办理转让过户的，不另纳税，也不退税 ②已经缴纳车船税的车船，因质量原因，车船被退回生产企业或者经销商的，纳税人可以向纳税所在地的主管税务机关申请退还自退货月份起至该纳税年度终了期间的税款。退货月份以退货发票所载日期的当月为准
税收优惠	法定免车船税的情况： ①捕捞、养殖渔船：是指在渔业船舶登记管理部门登记为捕捞船或者养殖船的船舶 ②军队、武装警察部队专用的车船：是指按照规定在军队、武装警察部队车船登记管理部门登记，并领取军队、武警牌照的车船 ③警用车船：是指公安机关、国家安全机关、监狱、劳动教养管理机关和人民法院、人民检察院领取警用牌照的车辆和执行警务的专用船舶 ④悬挂应急救援专用号牌的国家综合性消防救援车辆和国家综合性消防救援专用船舶 ⑤依照法律规定应当予以免税的外国驻华使领馆、国际组织驻华代表机构及其有关人员的车船
	《车船税法实施条例》规定的减免税项目： ①节约能源、使用新能源的车船可以免征或者减半征收车船税 ②按照规定缴纳船舶吨税的机动船舶，自《车船税法》实施之日（2012 年 1 月 1 日）起 5 年内免征车船税 ③依法不需要在车船登记管理部门登记的机场、港口、铁路站场内部行驶或者作业的车船，自《车船税法》实施之日起 5 年内免征车船税
	授权省、自治区、直辖市人民政府规定的减免项目： ①省、自治区、直辖市人民政府根据当地实际情况，可以对公共交通车船，农村居民拥有并主要在农村地区使用的摩托车、三轮汽车和低速载货汽车定期减征或者免征车船税 ②对受地震、洪涝等严重自然灾害影响纳税困难以及其他特殊原因确需减免税的车船，可以在一定期限内减征或者免征车船税

【单选题】下列各项，不属于车船税征税范围的是（　　）。

A. 三轮汽车　　B. 火车　　C. 摩托车　　D. 养殖渔船

【参考答案】B

车船税的征收范围为车辆和船舶，不包括火车、飞机。养殖渔船享受免税优惠。

【单选题】下列车船中，以整备质量每吨作为车船税计税依据的是（　　）。

A. 载客汽车　　B. 三轮汽车　　C. 船舶　　D. 拖船

【参考答案】B

依据《车船税法》规定，以整备质量作为车船税计税标准的是货车（包括半挂牵引车、三轮汽车和低速载货汽车等）、挂车、专用作业车和轮式专用机械车。

四、车船税的征收管理

重点内容	具体认知
纳税义务发生时间	取得车船所有权或者管理权的当月 以购买车船的发票或者其他证明文件所载日期的当月为准
纳税期限	按年申报，分月计算，一次性缴纳 具体申报纳税期限由各省、自治区、直辖市人民政府规定
纳税地点	①车船税的纳税地点为车船的登记地或者车船税扣缴义务人所在地 ②依法不需要办理登记的车船，车船税的纳税地点为车船的所有人或者管理人所在地 ③保险机构代收代缴车船税的，应在保险机构所在地缴纳车船税
纳税申报	①纳税人申报时需要提供相关信息；以前年度已经提供，可不再提供 ②税务机关可以在车辆登记部门、车船检验机构集中办理征收事宜 ③有关部门提供信息共享 ④车辆登记、定期检验时需要向相关部门提供纳税或者免税证明，没有提供的，不予办理相关手续

【单选题】根据车船税法的规定，下列表述正确的是（　　）。

A. 车船税按年申报，分月计算，一次性缴纳

B. 纳税人自行申报缴纳的，应在纳税人所在地缴纳

C. 节约能源、使用新能源的车船一律减半征收车船税

D. 临时入境的外国车船属于车船税的征税范围，需要缴纳车船税

【参考答案】A

车船税的纳税地点为车船的登记地或者车船税扣缴义务人所在地。对节约能源的车船，减半征收车船税；对使用新能源的车船，免征车船税。临时入境的外国车船和香港特别行政区、澳门特别行政区、台湾地区的车船，不征收车船税。

本章习题

一、单选题

1. 下列说法符合现行资源税法规政策规定的是（　　）。

A. 资源税采用定额税率　　B. 稀土矿由从价计征改为从量定额计征

C. 资源税的计税价格中不含增值税　　　D. 资源税的纳税地点一般为机构所在地

2. 下列资源品种，属于资源税征收范围的是（　　）。

A. 土地　　B. 海盐　　C. 原始森林　　D. 柴油

3. 下列关于环境保护税应纳税额计算方法错误的是（　　）。

A. 排放应税大气污染物，每一排放口均应按照污染当量数从大到小排序，对前三项污染物计算环境保护税

B. 排放应税大气污染物而没有排放口的，按照污染当量数从大到小排序，对前五项污染物计算环境保护税

C. 排放应税水污染物，每一排放口均应区分每一类水污染物和其他类水污染物，按照污染当量数从大到小排序，对第一类水污染物按照前五项计算环境保护税，对其他类水污染物按照前三项计算环境保护税

D. 从两个以上排放口排放应税污染物的，对每一排放口排放的应税污染物分别计算征收环境保护税

4. 下列不属于我国耕地占用税的纳税人的是（　　）。

A. 经批准占用耕地的建设用地人　　B. 农用地转用的用地申请人

C. 农村集体土地承包人　　D. 未经批准占用耕地的实际用地人

5. 某地烟草公司为增值税一般纳税人，2021 年 3 月收购烟叶 5 000 千克，实际支付的收购价款为 65 万元，已开具烟叶收购发票。烟叶税税率 20%。关于烟叶税的税务处理，下列表述正确的是（　　）

A. 烟草公司自行缴纳烟叶税 14.30 万元

B. 烟草公司自行缴纳烟叶税 13.00 万元

C. 烟草公司代扣代缴烟叶税 14.30 万元

D. 烟草公司代扣代缴烟叶税 13.00 万元

6. 某运输企业 2021 年初拥有小轿车 5 辆，2021 年 3 月外购货物 12 辆（整备质量为 10 吨/辆）并于当月办理登记手续。假设货车年税额为整备质量每吨 50 元，小轿车年税额为每辆 500 元，该运输企业 2021 年应缴纳车船税为（　　）元。

A. 2 500　　B. 7 000　　C. 8 500　　D. 7 500

二、多选题

1. 下列关于资源税税目的说法正确的有（　　）

A. 资源税的税目，依照“税目税率表”执行

B. 金属矿产包括黑色金属和有色金属

C. 盐是指卤水盐和海盐

D. 应税资源应当位于我国境内

E. 应税矿产品指矿产品原矿

2. 矿山开采企业发生的从坑口或者洗选（加工）地到车站、码头或者购买方指定地点的相关运杂费用不计入资源税从价计征应税产品销售额。下列属于相关运杂费用的有（　　）。

A. 增值税税款　　B. 运输费用　　C. 装卸费用　　D. 建设基金　　E. 仓储费用

3.《环境保护税法》规定的立法目地包括（　　）。

A. 保护和改善环境　　B. 筹集环保资金

C. 减少污染物排放　　D. 规范环保资金使用

E. 推进生态文明建设

4. 下列关于耕地占用税政策说法正确的有（　　）。

A. 耕地占用税应纳税额等于纳税人实际占用的耕地面积乘以适用税额

B. 占用基本农田的，根据当地适用税额加按 100% 征收

C. 各地耕地占用税适用税额由省级人民代表大会常务委员会决定

D. 各县耕地占用税适用税额不得低于税法规定的平均税额

E. 耕地占用税对纳税人占用应税耕地的行为实行一次性征收

5. 甲县某烟草公司去相邻的乙县收购烟叶，2021 年 8 月 9 日支付烟叶收购价款 80 万元，另对烟农支付了价外补贴，下列纳税事项的表述中，正确的有（　　）。

A. 烟草公司应在 2021 年 9 月 10 日前申报缴纳烟叶税

B. 烟草公司收购烟叶的纳税义务发生时间是 2021 年 8 月 9 日

C. 烟草公司 8 月收购烟叶应缴纳烟叶税 17.6 万元

D. 烟草公司应向甲县主管税务机关申报缴纳烟叶税

E. 烟草公司对烟农代扣代缴烟叶税

6. 下列各项中，符合车船税相关规定的有（　　）。

A. 乘用车，以“每辆”为计税单位

B. 载货汽车，以“整备质量每吨”为计税单位

C. 机动船舶，以“每艘”为计税单位

D. 游艇，以“净吨位每吨”为计税单位

E. 挂车，以“每辆”为计税单位

三、判断题

1. 对稠油、高凝油和高含硫天然气资源税减征 60%。（　　）

2. 企业直接向环境排放的应税污染物达到国家规定的排放标准，也需要缴纳环境保护税。（　　）

3. 耕地占用税的纳税人履行纳税义务是取得建设用地批准书的前提条件。（　　）

4. 消费者个人购买小汽车当月即发生车船税纳税义务。（　　）

参考答案与解析

一、单选题

1. 【参考答案】C

【知识链接】2020 年 9 月 1 日起执行《资源税法》

A 选项错误。资源税法保留了固定比例税率和幅度税率两种方法。

B 选项错误。《财政部 国家税务总局关于实施稀土、钨、钼资源税从价计征改革的通知》（财税〔2015〕52 号）规定，稀土矿由从量计征改为从价计征。该文已经被《财政部 税务总局关于资源税有关问题执行口径的公告》（财政部 税务总局公告 2020 年第 34 号）规定全文废止，现行资源税法保留了稀土矿从价计征的税率。

D 选项错误。《资源税法》规定，纳税人应当向应税产品开采地或者生产地的税务机关申报缴纳资源税。

2. 【参考答案】B

资源税是对境内开发应税资源的单位和个人征收的税收，税目表中不包含土地、原始森林和柴油。

3. 【参考答案】B

排放应税大气污染物而没有排放口的，按照污染当量数从大到小排序，对前三项污染物计算环境保护税。

4. 【参考答案】C

根据《耕地占用税法》规定，建设用地人、用地申请人和实际用地人是耕地占用税的纳税人；农村集体土地承包人不缴纳耕地占用税。

5. 【参考答案】A

在我国境内收购烟叶的单位为烟叶税的纳税人。烟草公司自行缴纳烟叶税 = 实际支付的价款总额 × 税率 = 烟叶收购价款 ×（1 + 10%）× 税率 = 65 ×（1 + 10%）× 20% = 14. 3（万元）。

6. 【参考答案】D

该运输企业 2021 年应缴纳车船税 = 5 × 500 + 12 × 10 × 50 ÷ 12 × 10 = 7 500（元）

二、多选题

1. 【参考答案】AB

《资源税法》明确，盐包括钠盐、钾盐、镁盐、天然卤水、海盐等，C 选项错误；应税资源包括中华人民共和国领域和中华人民共和国管辖的其他海域的列明资源，范围不限于境内，D 选项错误；应税产品为矿产品的，包括原矿和选矿产品，E 选项错误。

2. 【参考答案】BCDE

相关运杂费用是指应税产品从坑口或者洗选（加工）地到车站、码头或者购买方指定地点的运输费用、建设基金以及随运销产生的装卸、仓储、港杂费用。相关运杂费用不属于资源产品价值的必然构成，原则上不纳入资源税的计税依据。

3. 【参考答案】ACE

《环境保护税法》立法目的是保护和改善环境，减少污染物排放，推进生态文明建设。

4. 【参考答案】ACE

占用基本农田的，根据当地适用税额加按 150% 征收，B 选项错误；各省级行政区域内耕地占用税适用税额的平均水平不得低于税法规定的平均税额，D 选项错误。

5. 【参考答案】BC

烟叶税按月计征，纳税人应当于纳税义务发生月度终了之日起 15 日内申报并缴纳税款。该烟草公司收购烟叶的纳税义务发生时间为收购烟叶的当天（2021 年 8 月 9 日），应于 2021 年 9 月 15 日前（含当天）申报缴纳烟叶税。应纳烟叶税 $= 80 \times (1 + 10\%) \times 20\% = 17.6$（万元）。烟草公司是纳税人，应当向烟叶收购地（乙县）主管税务机关申报纳税。不存在代扣代缴烟叶税的政策。

6. 【参考答案】AB

车船税的计税单位，分别确定为“每辆、净吨位每吨、整备质量每吨、艇身长度每米”四种。选项 C 错误，机动船舶以“净吨位每吨”为计税单位；选项 D 错误，游艇以“艇身长度每米”为计税单位；选项 E 错误，挂车以“整备质量每吨”为计税单位。

三、判断题

1. 【参考答案】×

对稠油、高凝油资源税减税 40%，高含硫天然气资源税减征 30%。

2. 【参考答案】√

不管是达标排放的污染物还是超标排放的污染物都要征税，这种政策的处理，有利于促进企业、单位改进工艺、减少污染物排放。

3. 【参考答案】√

自然资源主管部门凭耕地占用税完税凭证或者免税凭证和其他有关文件发放建设用地批准书。

4. 【参考答案】√

车船税纳税义务发生时间为取得车船所有权或者管理权的当月。

第七章　财产行为税及相关税种

【学习目的】

首先应掌握土地增值税、城镇土地使用税、房产税、契税、城市维护建设税、印花税、车辆购置税7个税种的税制要素，注意区别各税种之间的不同特点；其次，应与增值税、企业所得税、个人所得税等税种相结合，把握各税种要素之间的关联性。

第一节　土地增值税概述

一、概述

土地增值税是为了规范土地、房地产交易市场秩序，合理调节土地增值收益，维护国家权益，对转让房地产并取得收入的单位和个人征收的一种税。

二、征税范围和纳税人

（一）征税范围

1. 转让国有土地使用权	对单位和个人等经济主体转让国有土地使用权的行为征税。转让集体土地使用权和出让国有土地使用权的行为不征税
2. 转让地上建筑物及其附着物	①地上的建筑物，是指建于土地上的一切建筑物，包括地上地下的各种附属设施 ②附着物，是指附着于土地上的不能移动，一经移动即遭损坏的物品
3. 只对有偿转让并取得收入的行为征税	不征收土地增值税的房地产赠与行为仅指： ①房产所有人、土地使用权所有人将房屋产权、土地使用权赠与直系亲属或承担直接赡养义务人的 ②房产所有人、土地使用权所有人通过中国境内非营利的社会团体、国家机关将房屋产权、土地使用权赠与教育、民政和其他社会福利、公益事业的

【单选题】下列各项中，应当征收土地增值税的是（　　）。

A. 公司与公司之间互换房产　　B. 房地产开发公司为客户代建房产

C. 兼并企业从被兼并企业取得房产　　D. 双方合作建房后按比例分配自用房产

【参考答案】A

根据土地增值税相关法律规定，房地产的互换，由于发生了房产转移，因此属于土地增值税的征税范围。但是对于个人之间互换自有居住用房的行为，经过当地税务机关审核，可以免征土地增值税。企业兼并转让房地产，在企业兼并中，对被兼并企业将房地产转让到兼并企业中的，免征收土地增值税。房地产的代建行为，是指房地产开发公司代客户进行房地产的开发，开发完成后向客户收取代建收入的行为。对于房地产开发公司而言，虽然取得了收入，但没有发生房地产权属的转移，其收入属于劳务收入性质，故不在土地增值税征税范围。

（二）纳税人

1. 纳税义务人：转让国有土地使用权、地上的建筑物及其附着物并取得收入的单位和个人。

2. 单位：各类企业单位、事业单位、国家机关和社会团体及其他组织。

3. 个人：包括个体经营者。

【判断题】土地增值税的纳税人为转让国有和集体土地使用权、地上的建筑物及其附着物并取得收入的单位和个人。（　　）

【参考答案】×

土地增值税的纳税义务人为转让国有土地使用权、地上的建筑物及其附着物并取得收入的单位和个人。对转让集体土地使用权的行为不征收土地增值税。

【判断题】某省政府转让闲置办公楼给某集团公司，应当缴纳土地增值税。（　　）

【参考答案】√

土地增值税的纳税义务人为转让国有土地使用权、地上的建筑物及其附着物并取得收入的单位和个人。这里的单位和个人是无差别征税，不论法人与自然人，不论经济性质，不论内资与外资企业、中国公民与外籍个人，不论行业与部门，只要有偿转让房地产，都是土地增值税的纳税人。

三、计税依据

土地增值税的计税依据是纳税人转让房地产所取得的增值额。

（一）收入额确定

纳税人转让房地产所取得的应税收入为不含增值税的收入	应包括转让房地产的全部价款及有关的经济收益。从收入形式看，包括货币收入、实物收入和其他收入
收入如为外国货币	应以取得收入当天或当月1日市场汇价折合成人民币，计算应缴纳的土地增值税税额

（二）扣除项目及其金额确定

房地产开发企业出售开发的房地产扣除项目及其金额确定如下。

1. 取得土地使用权所支付的金额

金额分类	具体认知
取得土地使用权所支付的三种形式的地价款	（1）以协议、招标、拍卖等出让方式取得土地使用权所支付的土地出让金 （2）以行政划拨方式取得土地使用权的，为转让土地使用权时按规定补缴的出让金 （3）以转让方式取得土地使用权的，为支付的地价款
按国家统一规定缴纳的有关费用	（1）纳税人在取得土地使用权过程中为办理有关手续、按国家统一规定缴纳的有关登记费、过户手续费、契税等 （2）房地产开发企业逾期开发缴纳的土地闲置费不得扣除

【判断题】房地产开发企业取得土地之后，因为企业集团高层变动，导致土地逾期开发缴纳土地闲置费，企业认为，这是由于客观原因造成的，应当允许在计算缴纳土地增值税时予以扣除。（　　）

【参考答案】×

房地产开发企业逾期开发缴纳的土地闲置费不得扣除。

【判断题】房地产开发企业在取得土地使用权过程中按规定缴纳的契税，应计入“与转让房产地有关的税金”予以扣除。（　　）

【参考答案】×

房地产开发企业为取得土地使用权所支付的契税，应视同“按国家统一规定交纳的有关费用”，计入“取得土地使用权所支付的金额”中扣除。

2. 房地产开发成本——开发土地和新建房及配套措施的成本

【提示】纳税人开发房地产项目实际发生的成本，允许按实际发生数扣除。

成本类目	具体认知
（1）土地征用及拆迁补偿费	包括土地征用费、耕地占用税、劳动力安置费及有关地上、地下附着物拆迁补偿的净支出、安置动迁用房支出等
（2）前期工程费	包括规划、设计、项目可行性研究和水文、地质、勘察、测绘、“三通一平”等支出
（3）建筑安装工程费	指以出包方式支付给承包单位的建筑安装工程费，以自营方式发生的建筑安装工程费
（4）基础设施费	包括开发小区内道路、供水、供电、供气、排污、排洪、通信、照明、环卫、绿化等工程发生的支出
（5）公共配套设施费	包括不能有偿转让的开发小区内公共配套设施发生的支出
（6）开发间接费用	指直接组织、管理开发项目发生的费用，包括工资、职工福利费、折旧费、修理费、办公费、水电费、劳动保护费、周转房摊销等

【多选题】以下属于土地增值税中房地产开发成本的有（　　）。

A. 土地征用费、耕地占用税、劳动力安置费及有关地上、地下附着物拆迁补偿的净支出、安置动迁用房支出等

B. 直接和间接组织、管理开发项目发生的费用，包括工资、职工福利费、折旧费、修理费、办公费、水电费、劳动保护费、周转房摊销等

C. 开发小区内道路、供水、供电、供气、排污、排洪、通信、照明、环卫、绿化等工程发生的支出

D. 规划、设计、项目可行性研究和水文、地质、勘察、测绘、“三通一平”等支出

【参考答案】ACD

选项 B 考察的是开发间接费用，这里仅指直接组织、管理开发项目发生的费用，包括工资、职工福利费、折旧费、修理费、办公费、水电费、劳动保护费、周转房摊销等。不存在间接发生费用。

3. 开发土地和新建房及配套设施的费用

房地产开发费用包括与房地产开发项目有关的销售费用、管理费用、财务费用。已经计入房地产开发成本的利息支出，应调整至财务费用中计算扣除。

【提示】房地产开发费用不允许按照实际发生额进行扣除，只能计算扣除。

依据财务费用中利息支出的情况不同具体分为以下两种办法：

利息支出	具体认知
①凡能够按转让房地产项目计算分摊利息支出并提供金融机构证明的，利息支出允许据实扣除	但最高不能超过按商业银行同类同期贷款利率计算的金额 超过贷款期限的利息部分和加罚的利息不允许扣除 其他房地产开发费用：按取得土地使用权所支付的金额与房地产开发成本之和的 5% 以内计算扣除 计算公式：利息 +（取得土地使用权所支付的金额 + 房地产开发成本）×5% 以内
②凡不能按转让房地产项目计算分摊利息分摊支出或不能提供金融机构证明的	房地产开发费用：按取得土地使用权所支付的金额与房地产开发成本之和的 10% 以内计算扣除 计算公式：（取得土地使用权所支付的金额 + 房地产开发成本）×10% 以内
【备注 1】上述计算扣除的具体比例由省、自治区、直辖市人民政府规定 【备注 2】房地产开发企业既向金融机构借款，又有其他借款的，其房地产开发费用计算扣除时不能同时适用上述两种办法	

【多选题】下列有关房地产开发费用中利息支出允许据实扣除的正确选项有（　　）。

A. 即使允许据实扣除，但最高也不能超过按商业银行同类同期贷款利率计算的金额

B. 即使允许据实扣除，超过贷款期限的利息部分不允许扣除

C. 即使允许据实扣除，加罚的利息也不允许扣除

D. 即使允许据实扣除，其他房地产开发费用也可以按取得土地使用权所支付的金额与房地产开发成本之和的 10% 以内计算扣除

【参考答案】ABC

选项 D，如果利息允许据实扣除，其他房地产开发费用按取得土地使用权所支付的金额与房地产开发成本之和的 5% 以内计算扣除。只有在利息不允许据实扣除的情形下，房地产开发费用才是按取得土地使用权所支付的金额与房地产开发成本之和的 10% 以内计算扣除。

【单选题】在计算土地增值税时，不是按纳税人实际发生额进行扣除的是（　　）。

A. 取得土地使用权所支付的金额　　B. 房地产开发成本

C. 房地产开发费用　　D. 与转让房地产有关的税金

【参考答案】C

根据《土地增值税暂行条例实施细则》规定，取得土地使用权所支付的金额、房地产开发成本、与转让房地产有关的税金都可以据实扣除，但是房地产开发费用是限额扣除：财务费用中的利息支出，凡能够按转让房地产项目计算分摊并提供金融机构证明的，允许据实扣除，但最高不能超过按商业银行同类同期贷款利率计算的金额。其他房地产开发费用，按土地使用权支付金额、房地产开发成本规定计算的金额之和的 5% 以内计算扣除；凡不能按转让房地产项目计算分摊利息支出或不能提供金融机构证明的，房地产开发费用按土地使用权支付金额、房地产开发成本规定计算的金额之和 10% 以内计算扣除。

【判断题】房地产开发成本允许按实际发生数扣除，房地产开发费用不允许按实际发生数扣除，只能选择计算扣除。（　　）

【参考答案】√

房地产开发成本按实际发生数额扣除，房地产开发费用则区分不同情形需要按照不同的比例计算扣除。

4. 与转让房地产有关的税金

税金	具体认知
与转让房地产有关的税金，是指在转让房地产时缴纳的印花税、城市维护建设税，教育费附加也可视同税金扣除	增值税进项税额允许在销项税额中进行抵扣的，不再计入土地增值税扣除项目。不允许在增值税销项税额中计算抵扣的，可以计入土地增值税扣除项目

5. 财政部确定的其他扣除项目

财政部确定的其他扣除项目，是指对从事房地产开发的纳税人可按“取得土地使用权所支付的金额”和“房地产开发成本”的金额之和，加计 20% 的扣除。

【提示】对取得土地使用权未进行开发就转让的，不得加计扣除。

【计算题】某市房地产开发企业于 2021 年 3 月将其开发的老项目商品房全部出售。取得不含增值税销售收入 3 000 万元。建设此项目商品房支付的地价款和按规定缴纳的有关费用合计 800 万元。房地产开发成本合计 600 万元。与该商品房开发项目有关的销售费用 40 万元，管理费用 60 万元，财务费用 100 万元（包括向金融机构借款的利息支出 70 万元，能够提供金融机构证明，并能按开发项目计算分摊）。

已知，当地省政府规定的其他房地产开发费用扣除比例为 5%，并且该房地产开发企业采用简易办法计算增值税。请计算该房地产开发企业应缴纳的土地增值税。

【参考答案】回忆土地增值税计算步骤：

计算步骤	具体认知
第一步	确定收入项目及金额
第二步	确定扣除项目及金额
第三步	计算土地增值额： 土地增值额 = 转让房地产的收入 − 扣除项目金额
第四步	计算增值比率： 增值比率 = 土地增值额 ÷ 扣除项目金额 × 100%
第五步	确定适用税率和速算扣除系数
第六步	计算应纳税额

第一步：确定收入项目及金额 3 000 万元。

转让房地产的收入 3 000 万元【题干链接：取得不含增值税销售收入 3 000 万元】。

第二步：确定扣除项目及金额 1 835 万元。

（1）地价加费用 800 万元【题干链接：建设此项目商品房支付的地价款和按规定缴纳的有关费用合计 800 万元】。

（2）房地产开发成本 600 万元【题干链接：房地产开发成本合计 600 万元】。

（3）房地产开发费用 = 70 +（800 + 600）× 5% = 140（万元）

【题干链接：向金融机构借款利息支出 70 万元，能够提供金融机构证明，并能按开发项目计算分摊】

【知识链接：利息 +（取得土地使用权所支付的金额 + 房地产开发成本）× 5% 以内】

（4）与转让房地产有关的税金 = 3 000 × 5% ×（7% + 3%）= 15（万元）

【题干链接：取得不含增值税销售收入 3 000 万元，该房地产开发企业采用简易办

法计算增值税】

【知识链接：与转让房地产有关的税金包括转让环节缴纳的城建税、教育费附加、印花税】

【回忆链接：为什么不计算印花税？因为房地产企业缴纳的印花税计入“房地产开发成本”】

（5）财政部确定的其他扣除项目 =（800 +600）×20% =280（万元）

【知识链接：从事房地产开发的纳税人可按“取得土地使用权所支付的金额”和“房地产开发成本”的金额之和，加计20%的扣除】

（6）扣除项目金额合计 =800 +600 +140 +15 +280 =1 835（万元）

第三步：计算土地增值额

土地增值额 = 转让房地产的收入 - 扣除项目金额 =3 000 -1 835 =1 165（万元）

【知识链接：一般情形下以转让房地产收入减除法定扣除项目的余额作为计税依据】

第四步：计算增值比率

增值比率 = 土地增值额 ÷ 扣除项目金额 ×100% =1 165 ÷1 835 ×100% =63.49%

第五步：确定适用税率和速算扣除系数

根据增值比率可知，适用税率为40%，速算扣除系数为5%。

第六步：计算应纳税额

应纳土地增值税 =1 165 ×40% -1 835 ×5% =374.25（万元）

【提示】 尽量记忆税率与速算扣除系数，预防题目不附级数表的现象。

级数	增值税额与扣除项目金额的比率	税率（%）	速算扣除系数（%）
1	不超过50%的部分	30	0
2	超过50%至100%的部分	40	5
3	超过100%至200%的部分	50	15
4	超过200%的部分	60	35
【提示】 每级“增值额未超过扣除项目金额的比率”，均包括本比率数			

第六步：计算应纳税额

应缴纳增值税 =1 165（增值额）×40%（税率）-1 835（扣除项目金额合计）×5%（速算扣除系数）=466 -91.75 =374.25（万元）

6. 旧房及旧建筑物扣除项目

【提示】 凡是已使用一定时间或达到一定磨损程度的房产均属旧房。具体标准可由各省、自治区、直辖市财政厅（局）和税务局具体规定。

转让旧房，应按房屋及建筑物的评估价格、取得土地使用权所支付的地价款和按国家统一规定缴纳的有关费用以及在转让环节缴纳的税金作为扣除项目金额计征土地增值税。

按照评估价格能否准确提供进行区别，计算土地增值税共有三种情形：

第一种情形	具体认知
扣除项目	①房屋及建筑物的评估价格 ②取得土地使用权所支付的地价款 ③按国家统一规定缴纳的有关费用 ④在转让环节缴纳的税金
旧房及建筑物的评估价格	是指在转让已使用的房屋及建筑物时，由政府批准设立的房地产评估机构评定的重置成本价乘以成新度折扣率之后的价格。评估价格须经当地税务机关确认 评估价格 = 重置成本价 × 成新度折扣率
与转让房地产有关的税金	个人购入房地产再转让的，契税已包含在旧房及建筑物的评估价格之中，不另作为与转让房地产有关的税金予以扣除

【判断题】企业出售一幢旧楼房，在对房屋价格进行评估时为了少缴税款，故意虚报成交价格，被税务机关发现后及时补缴税款并接受了处罚。同时，税务机关还要求企业不得将支付的评估费用在计算土地增值税时予以扣除。（　　）

【参考答案】√

纳税人为对房地产进行评估而支付的评估费用允许在计算土地增值税时予以扣除，但对纳税人因隐瞒、虚报房地产成交价格等情形而按房地产评估价格计算征收土地增值税所发生的评估费用，不允许在计算土地增值税时予以扣除。

【判断题】对于个人购入房地产再转让的，其在购入环节缴纳的契税，由于已经包含在旧房及建筑物的评估价格之中，故计算土地增值税时，不另作为与转让房地产有关的税金予以扣除。（　　）

【参考答案】√

在“出售旧房或旧建筑物扣除项目及其金额的确定”中，明确提出，对于个人购入房地产再转让的，其在购入环节缴纳的契税，由于已经包含在旧房及建筑物的评估价格之中，故计算土地增值税时，不另作为与转让房地产有关的税金予以扣除。

【计算题】某生产企业2021年4月转让一幢2001年建造的公寓楼，当时造价为1 500万元。经房地产评估机构评定，该公寓楼重置成本为5 000万元，楼房为七成新。转让前为取得土地使用权补缴的土地出让金和按规定缴纳的有关费用为1 500万元（能提供支付凭据）；另支付房地产评估费用4.5万元，转让时取得不含增值税收入6 500万元，并已按规定缴纳了转让环节的有关税金（该企业转让公寓楼适用简易计税方法，增值税征收率为5%，城建税税率7%，教育费附加征收率3%，印花税税率0.5‰）。

要求：计算该企业转让公寓楼应纳的土地增值税税额。

【参考答案】首先，回忆六步计算法；其次，注意区分旧房扣除项目与新房扣除项目的不同点；再次，注意题目中企业是否为房地产开发企业，如果是，有加计扣除，如果不是，没有加计扣除20%的部分。

第一步：确定收入项目及金额6 500万元。

转让房地产的收入6 500万元【题干链接：转让时取得不含增值税收入6 500万元】。

第二步：确定扣除项目及金额5 040.25万元。

（1）房地产评估价格 $=5\ 000\times70\%=3\ 500$（万元）【题干链接：经房地产评估机构评定，该公寓楼重置成本为5 000万元，楼房为七成新】

（2）取得土地使用权支付的金额1 500万元【题干链接：转让前为取得土地使用权补缴的土地出让金和按规定缴纳的有关费用为1 500万元（能提供支付凭据）】

（3）与转让房地产有关的税金 $=6\ 500\times5\%\times(7\%+3\%)+6\ 500\times0.5‰=35.75$（万元）

【题干链接：已按规定缴纳了转让环节的有关税金（该企业转让公寓楼适用简易计税方法，增值税征收率为5%，城建税税率7%，教育费附加征收率3%，印花税税率0.5‰）。】

【知识链接：如果题目没有给地方教育费附加征收率，不计算，如果题目给出地方教育费附加征收费，需要计算。】

【思考链接：为什么本题计算印花税？因为从题干可知，企业是生产企业，不是房地产开发企业。房地产开发企业印花税计入“房地产开发费用”项目，而其他企业在计算时计入“与转让房地产有关的税金”项目。】

（4）评估费用4.5万元【题干链接：另支付房地产评估费用4.5万元】。

（5）扣除项目金额合计 $=3\ 500+1\ 500+35.75+4.5=5\ 040.25$（万元）

【提示】转让旧房与转让新房扣除项目不同，要区分记忆和掌握。

第三步：计算土地增值额。

土地增值额 = 转让房地产的收入 − 扣除项目金额 $=6\ 500-5\ 040.25=1\ 459.75$（万元）

第四步：计算增值比率。

增值比率 = 土地增值额 ÷ 扣除项目金额 $\times100\%=1\ 459.75\div5\ 040.25\times100\%\approx28.96\%$

第五步：确定适用税率和速算扣除系数。

根据增值比率可知，适用税率为30%，速算扣除系数为0。

【税率表记忆口诀】五十以下按30，五十一百是40，一百二百到50，二百以上用60。还有速算扣除数，一五十五三十五。

第六步：计算应纳税额。

应缴纳土地增值税 $=1\ 459.75\times30\%=437.925$（万元）

第二种情形	具体认知
第一步：纳税人转让旧房及建筑物，凡不能取得评估价格，但能提供购房发票的，扣除项目金额按不同情形进行计算	提供的购房发票经当地税务部门确认，取得的土地使用权所支付的金额、旧房及建筑物的评估价格，可按发票所载金额并从购买年度起至转让年度止每年加计 5% 计算
第二步：与转让房地产有关的税金	对纳税人购房时缴纳的契税，凡能提供契税完税凭证的，准予作为与转让房地产有关的税金予以扣除，但不作为加计 5% 的基数

【单选题】纳税人转让旧房及建筑物，凡不能取得评估价格，但能提供购房发票的，经当地税务部门确认，扣除项目中“取得土地使用权所支付的金额和房屋及建筑物的评估价格”的金额，可按照发票所载金额并从购买年度起至转让年度止（　　）计算。

A. 每年减计 5%　　B. 每年加计 5%　　C. 每年加计 10%　　D. 每年减计 10%

【参考答案】B

纳税人转让旧房及建筑物，凡不能取得评估价格，但能提供购房发票的，经当地税务部门确认，扣除项目中“取得土地使用权所支付的金额和房屋及建筑物的评估价格”的金额，可按照发票所载金额并从购买年度起至转让年度止每年加计 5% 计算。

第三种情形：既没有评估价格，又不能提供购房发票的情况

对于转让旧房及建筑物，既没有评估价格，又不能提供购房发票的，税务机关可以根据《税收征管法》第三十五条的规定，实行核定征收。

【计算题】某企业 2019 年 3 月以 800 万元（不含增值税）出售一幢别墅住宅，账面原值 200 万元，累计折旧 30 万元。该别墅住宅原始购买发票金额为 200 万元（系营改增前取得的营业税发票，发票开具日期为 2016 年 3 月），该房产无评估价值。

要求：计算该房地产企业应缴纳的土地增值税（此项业务适用简易计税方法，增值税征收率为 5%，城市维护建设税税率 7%，教育费附加征收率 3%，印花税税率 0.5‰）。

【参考答案】首先，回忆六步计算法；其次，此时旧房无评估价值，回忆转让旧房扣除项目中有评估价格和无评估价格的区别；

第一步：确定收入项目及金额 800 万元。

转让房地产的收入 800 万元【题干链接：以 800 万元（不含增值税）出售一幢别墅住宅。】

第二步：确定扣除项目及金额233.4万元。

（1）无评估价格按发票计算 = 发票所载金额 × [1 +（转让年度 - 购买年度）×5%] = 200 × [1 + 3 × 5%] = 230（万元）

【题干链接：该别墅住宅原始购买发票金额为200万元（系营改增前取得的营业税发票，发票开具日期为2016年3月）。】

【知识链接：提供的购房凭据为营改增前取得的营业税发票的，按照发票所载金额（不扣减营业税）并从购买年度起至转让年度止每年加计5%计算。计算扣除项目时"每年"按购房发票所载日期起至售房发票开具之日止，每满12个月计一年；超过一年，未满12个月但超过6个月的，可以视同为一年。】

（2）与转让房地产有关的税金 =（800 - 200）×5% ×（7% + 3%）+ 800 × 0.5‰ = 3.4（万元）

【题干链接：某企业2019年3月以800万元（不含增值税）出售一幢别墅住宅，账面原值200万元，累计折旧30万元。】

【知识链接：增值税一般纳税人转让其2016年4月30日前取得自建以外的不动产，选择适用简易计税方法计税的，以取得的全部价款和价外费用扣除不动产购置原价或者取得不动产时的作价后的余额为销售额，按照5%的征收率计算增值税应纳税额。】

【思考链接：如果本题题干给出"购房时已缴纳契税，并能提供契税完税凭证"，要注意此时契税准予作为与转让房地产有关的税金予以扣除，但不作为加计5%的基数。】

（3）扣除项目金额合计 = 230 + 3.4 = 233.4（万元）

第三步：计算土地增值额。

土地增值额 = 转让房地产的收入 - 扣除项目金额 = 800 - 233.4 = 566.6（万元）

第四步：计算增值比率。

增值比率 = 土地增值额 ÷ 扣除项目金额 × 100% = 566.6 ÷ 233.4 × 100% ≈ 242.76%

第五步：确定适用税率和速算扣除系数。

根据增值比率可知，适用税率为60%，速算扣除系数为35%。

【税率表记忆口诀】五十以下按30，五十一百是40，一百二百到50，二百以上用60。还有速算扣除数，一五十五三十五。

第六步：计算应纳税额。

应缴纳土地增值税 = 566.6（增值额）×60%（税率）- 233.4（扣除项目金额）×35%（速算扣除系数）= 258.27（万元）

【合纵连横贯穿总结】不同房地产转让情形扣除项目及其金额的确定

<table>
<tr><th>不同房地产转让情形</th><th colspan="2">扣除项目及其金额的确定</th></tr>
<tr><td>一、企业转让新建房（注意房地产企业与其他行业的不同点）</td><td colspan="2">1. 取得土地使用权所支付的金额（地价款 + 相关费用）
2. 房地产开发成本
3. 房地产开发费用
①能够按转让房地产项目计算分摊并提供金融机构证明的，房地产开发费用 = 利息 +（取得土地使用权所支付的金额 + 房地产开发成本）×5% 以内
②凡不能按转让房地产项目计算分摊利息支出或不能提供金融机构证明的，房地产开发费用 =（取得土地使用权所支付的金额 + 房地产开发成本）×10% 以内
4. 与转让房地产有关的税金
包括：城建税、教育费附加、不得抵扣的进项税额
【提示】房地产开发企业按照规定，其在转让时缴纳的印花税因列入管理费用中，故在此不允许单独再扣除
5. 财政部确定的其他扣除项目
（取得土地使用权所支付的金额 + 房地产开发成本）×20%
【提示】房地产开发企业才有此扣除项目，其余企业无须考虑</td></tr>
<tr><td rowspan="3">二、转让旧房及建筑物</td><td>1. 能准确取得评估价格</td><td>①取得土地使用权所支付的地价款和按国家统一规定缴纳的有关费用
②房屋及建筑物的评估价格
评估价格 = 重置成本价 × 成新度折扣率
③与转让房地产有关的税金
城建税、教育费附加、不得抵扣的进项税额、印花税
④评估费用</td></tr>
<tr><td>2. 不能准确取得评估价格，但能提供购房发票</td><td>①购房发票金额及发票加计扣除金额
按发票所载金额并从购买年度起至转让年度止每年加计 5% 计算扣除
②购房契税
③与转让房地产有关的税金
城建税、教育费附加、不得抵扣的进项税额、印花税</td></tr>
<tr><td>3. 不能准确取得评估价格，也不能提供购房发票</td><td>税务机关可以根据《税收征管法》的规定，实行核定征收</td></tr>
</table>

【单选题】某房地产开发公司以 2 800 万元购得非耕地 40 000 平方米的土地使用权用于开发写字楼和商品房，写字楼占地面积 12 000 平方米，建筑面积 60 000 平方米，对外销售写字楼 50 000 平方米。请问，该公司计算扣除项目时，取得土地使用权所使用的金额是（　　）。

A. 2 800　　B. 1 400　　C. 700　　D. 560

【参考答案】C

纳税人成片受让土地使用权后，分期分批开发、转让房地产的，按转让土地使用权的面积占总面积的比例计算分摊，若按此办法难以计算或明显不合理的，也可按建筑面积或税务机关确认的其他方式计算分摊。分摊扣除项目金额公式 = 扣除项目的总金额 ×（转让土地使用权的面积 ÷ 受让土地使用权的总面积）。本题中取得土地使用权所使用的金额＝2 800（购买土地使用权总价款）×[12 000（写字楼占地面积）÷40 000（土地总面积）]×[50 000（写字楼销售面积）÷60 000（写字楼占地面积）]＝700（万元）。注意，在计算其他扣除项目时需要分摊时依然使用此公式进行计算分摊。

【计算题】某房地产开发公司出售一幢已竣工验收的写字楼，应税收入总额为 10 000 万元。开发该写字楼有关支出为：支付地价款及各种费用 1 000 元；房地产开发成本 3 000 万元；财务费用中的利息支出为 500 万元（可按转让项目计算分摊并提供金融机构证明），但其中有 50 万元属加罚的利息；转让环节缴纳的有关税费共计为 555 万元；该单位所在地政府规定的其他房地产开发费用计算扣除比例为 5%。

要求：计算该房地产开发公司应纳的土地增值税税额。

【参考答案】尽量一边回忆步骤一边计算，遇到卡壳处先去看计算步骤，做完后再核对答案。

（1）取得土地使用权支付的地价款及有关费用为 1 000 万元。

（2）房地产开发成本为 3 000 万元。

（3）房地产开发费用＝500－50＋（1 000＋3 000）×5%＝650（万元）

（4）允许扣除的税费为 555 万元。

（5）从事房地产开发的纳税人加计扣除 20%。

加计扣除额＝（1 000＋3 000）×20%＝800（万元）

（6）允许扣除的项目金额合计＝1 000＋3 000＋650＋555＋800＝6 005（万元）

（7）增值额＝10 000－6 005＝3 995（万元）

（8）增值率＝3 995÷6 005×100%＝66.53%

（9）应纳税额＝3 995×40%－6 005×5%＝1 297.75（万元）

四、税率和应纳税额的计算

土地增值税采用最低 30%、最高 60% 的四级超率累进税率。

级数	增值税额与扣除项目金额的比率	税率（%）	速算扣除系数（%）
1	不超过 50% 的部分	30	0
2	超过 50% 至 100% 的部分	40	5
3	超过 100% 至 200% 的部分	50	15
4	超过 200% 的部分	60	35
【提示】每级“增值额未超过扣除项目金额的比率”，均包括本比率数			

【多选题】按照土地增值税的有关规定，下列表述正确的有（　　）。

A. 外商投资企业不是土地增值税的纳税人

B. 对转让非国有土地的行为均不征税

C. 采用四级超率累进税率

D. 合作建房，一方出土地，一方出资金，建成后按比例分房，自用暂免征税

【参考答案】BCD

选项 A，在我国境内转让房地税的单位和个人，均为土地增值税的纳税义务人。选项 B，转让国有土地所有权行为征收土地增值税，转让非国有土地使用权和出让国有土地使用权行为均不征税。选项 C，土地增值税采用四级超率累进税率；选项 D，对于一方出地，一方出资金，双方合作建房，建成后分房自用的，暂免征收土地增值税；建成后转让的，应征土地增值税。

【重要】计算步骤必须掌握。

计算步骤	具体认知
第一步	确定收入项目及金额
第二步	确定扣除项目及金额
第三步	计算土地增值额： 土地增值额 = 转让房地产的收入 - 扣除项目金额
第四步	计算增值比率： 增值比率 = 土地增值额 ÷ 扣除项目金额 × 100%
第五步	确定适用税率和速算扣除系数
第六步	计算应纳税额

【计算题】2020 年，某房地产开发公司出售一幢写字楼，该写字楼按简易计税方法计算增值税，取得不含增值税销售收入 8 000 万元（增值税征收率 5%、城市维护建设税税率 7%、教育费附加征收率 3%、印花税税率 0.5‰）。开发该写字楼支出如下：取得土地使用权所支付的地价款 750 万元，按国家统一规定缴纳的相关税费 50 万元；房地产开发成本为 2 200 万元，有利息支出，但由于该公司同时建造其他商品房，不能计算分摊银行贷款利息支出。该公司所在地确定的费用扣除比例为 10%）。

要求：计算该公司转让该写字楼应纳的土地增值税额。

【参考答案】首先，迅速回忆六步计算法。其次，房地产开发公司，从行业特性出发，不要忘记加计 20% 扣除。如题目没有注明房地产开发公司，则不考虑加计 20% 扣除。

第一步：确定收入项目及金额 8 000 万元。

转让房地产的收入 8 000 万元【题干链接：取得不含增值税销售收入 8 000 万元】。

第二步：确定扣除项目及金额 3 940 万元。

（1）地价加费用800万元【题干链接：取得土地使用权所支付的地价款750万元，按国家统一规定缴纳的相关税费50万元】。

（2）房地产开发成本2 200万元【题干链接：房地产开发成本为2 200万元】。

（3）房地产开发费用＝（800＋2 200）×10%＝300（万元）

【题干链接：有利息支出，但由于该公司同时建造其他商品房，不能计算分摊银行贷款利息支出。该公司所在地确定的费用扣除比例为10%。】

（4）与转让房地产有关的税金＝8 000×5%×（7%＋3%）＝40（万元）

【题干链接：取得不含增值税销售收入8 000万元，该房地产开发企业采用简易办法计算增值税】

（5）财政部确定的其他扣除项目＝（800＋2 200）×20%＝600（万元）

（6）扣除项目金额合计＝800＋2 200＋300＋40＋600＝3 940（万元）

第三步：计算土地增值额。

土地增值额＝转让房地产的收入－扣除项目金额＝8 000－3 940＝4 060（万元）

第四步：计算增值比率。

增值比率＝土地增值额÷扣除项目金额×100%＝4 060÷3 940×100%≈103.05%

第五步：确定适用税率和速算扣除系数。

根据增值比率可知，适用税率为50%，速算扣除系数为15%。

【税率表记忆口诀】五十以下按30，五十一百是40，一百二百到50，二百以上用60。还有速算扣除数，一五十五三十五。

第六步：计算应纳税额。

应缴纳土地增值税＝4 060（增值额）×50%（税率）－3 940（扣除项目金额合计）×15%（速算扣除系数）＝1 439（万元）

五、土地增值税的税收优惠

（一）建造普通标准住宅出售的税收优惠

【提示1：增值额的比例】增值额未超过扣除项目金额20%的，免税；超过20%的，应就其全部增值额按规定计税。

【提示2：普通标准住宅的排除选项】高级公寓、别墅、度假村等不属于普通标准住宅。

【提示3：普通标准住宅的判定标准】2005年6月1日起普通标准住宅应同时满足：

（1）住宅小区建筑容积率在1.0以上；

（2）单套建筑面积在120平方米以下；

（3）实际成交价格低于同级别土地上住房平均交易价格 1.2 倍以下。

【提示 4：分别核算】纳税人既建造普通标准住宅又从事其他房地产开发的，应分别核算增值额，否则，不适用免税规定。

【判断题】某房地产有限公司开发项目为花园式别墅小区，计算土地增值税时，发现增值额没有超过扣除项目金额的 20%，该公司认为应当享受土地增值税的税收优惠。（　　）

【参考答案】×

普通标准住宅，是指按所在地一般民用住宅标准建造的居住用住宅。高级公寓、别墅、度假村等不属于普通标准住宅。不享受增值额未超过扣除项目金额 20% 予以免税的税收优惠。

（二）因国家建设需要被政府征收、收回、搬迁房地产

1. 因国家建设需要而被政府征收、收回的房地产，免征土地增值税。

2. 因城市市政规划、国家建设的需要而搬迁，由纳税人自行转让原房地产而取得的收入，免征土地增值税。

（三）个人销售、互换住房

1. 对居民个人销售住房暂免征收土地增值税。

2. 个人之间互换自有居住用房的，经当地税务机关核实后可以免征土地增值税。

【单选题】根据土地增值税相关规定，下列行为中，需要缴纳土地增值税的是（　　）。

A. 小王出售一套闲置住房

B. 老李将房产无偿赠与自己的女儿

C. 某房地产开发企业以建造的商品房作价入股进行对外投资

D. 某企业通过县政府民政局将一套房产无偿赠与当地一家福利企业

【参考答案】C

选项 A，从 2008 年 11 月 1 日起，对居民个人销售住房，一律免征土地增值税；选项 B，房产所有人、土地使用权所有人将房屋产权、土地使用权赠与直系亲属或承担直接赡养义务人的，不征收土地增值税；选项 D，房产所有人、土地使用权所有人通过中国境内非营利的社会团体、国家机关将房屋产权、土地使用权赠与教育、民政和其他社会福利、公益事业的，不征收土地增值税。

【判断题】企事业单位转让旧房作为经济适用房房源，且增值额未超过扣除项目金额之和20%的，免征土地增值税。（　　）

【参考答案】√

企事业单位、社会团体以及其他组织转让旧房作为廉租住房、经济适用住房房源且增值额未超过扣除项目金额20%的，免征土地增值税。

六、土地增值税的征收管理

（一）土地增值税的纳税期限

不同情形	具体认知
发生转让行为时申报（按次）	应自转让房地产合同签订之日起7日内向房地产所在地主管税务机关办理纳税申报，向税务机关提交房屋及建筑物产权、土地使用权证书、土地转让、房产买卖合同、房地产评估报告及其他与转让房地产有关的资料，并在税务机关核定的期限内缴纳土地增值税
定期申报	经常发生房地产转让而难以在每次转让后申报的，经税务机关审核同意后，可以定期进行纳税申报，具体期限由税务机关根据情况确定
申报需核定纳税期限的	税务机关核定的纳税期限，应在纳税人签订房地产转让合同之后，办理房地产权属转让（即过户及登记）手续之前

【单选题】依据土地增值税相关规定，纳税人发生转让行为后办理纳税申报的期限是（　　）。

A. 签订房地产建筑合同之日起30日内

B. 自转让房地产合同签订之日起7日内

C. 向有关部门办理过户登记手续之日起7日内

D. 签订房地产转让合同且收回款项之日起10日内

【参考答案】B

纳税人应当在签订房地产转让合同、发生纳税义务后7日内或在税务机关核定的期限内，按照税法规定，向主管税务机关办理纳税申报。

（二）土地增值税的纳税地点

不同情形	具体认知
纳税地点为房地产所在地	房地产所在地是指房地产的坐落地 纳税人转让房地产坐落在两个或两个以上地区的，应按房地产所在地分别申报纳税

【多选题】下列关于土地增值税纳税地点的表述中，正确的有（　　）。

A. 土地增值税的纳税人应该向其房地产所在地的主管税务机关办理纳税申报

B. 自然人纳税人转让的房地产坐落地与其居住所在地不一致的，应在房地产所在地的税务机关申报纳税

C. 法人纳税人转让的房地产坐落地与其机构所在地一致的，应在办理税务登记的原管辖税务机关申报纳税

D. 法人纳税人转让的房地产坐落地与其机构所在地不一致的，应在房地产的坐落地所管辖的税务机关申报纳税

【参考答案】ACD

纳税人是自然人的。当转让的房地产坐落地与其居住所在地一致时，则在住所所在地税务机关申报纳税；当转让的房地产坐落地与其居住所在地不一致时，在办理过户手续所在地的税务机关申报纳税。

（三）土地增值税的预征

预征情形	预征率及具体规定
纳税人在项目全部竣工结算前转让房地产取得的收入，由于涉及成本确定或其他原因，而无法据以计算土地增值税的，可以预征土地增值税，待该项目全部竣工办理结算后再进行清算，多退少补	①除保障性住房外，东部省份预征率不低于2%，中部和东北部不低于1.5%，西部不低于1% ②土地增值税预征的计征依据 = 预收款 - 应预缴增值税税款 ③未按预征规定期限预缴增值税的，应根据《税收征管法》及其实施细则的有关规定，从限定的缴纳税款期限届满的次日起，加收滞纳金

（四）房地产企业的土地增值税的清算

清算是指纳税人在符合土地增值税清算条件后，依照法律法规及相关政策，计算应缴纳的土地增值税税额，填写“财产和行为税纳税申报表”，向主管税务机关提供有关资料，办理清算手续，结清该房地产项目应缴纳土地增值税税款的行为。

【提示】由于取得预售收入时已经按照预征率预缴税款，因此，在计算时，还要减去预缴的土地增值税，多退少补。

1. 清算单位

土地增值税以国家有关部门审批的房地产开发项目为单位进行清算，对于分期开发的项目，以分期项目为单位清算。开发项目中同时包含普通住宅和非普通住宅的，应分别计算增值额。

2. 清算条件

纳税人应当进行清算的条件（符合之一即可）	税务机关可以要求进行清算的条件（符合之一即可）
①房地产开发项目全部竣工、完成销售的 ②整体转让未竣工决算房地产开发项目的 ③直接转让土地使用权的 纳税人应当在满足条件之日起90日内到主管税务机关办理清算手续并提供相应的清算资料	①已竣工验收的房地产开发项目，已转让的房地产建筑面积占整个项目可售建筑面积的比例在85%以上，或该比例虽未超过85%，但剩余的可售建筑面积已经出租或自用的 ②取得销售（预售）许可证满3年仍未销售完毕的 ③纳税人申请注销税务登记但未办理土地增值税清算手续的 ④税务机关规定的其他情形 纳税人应当在收到清算通知之日起90日内办理清算手续并提供相应的清算资料

【单选题】下列情形中，纳税人应当进行土地增值税清算的是（　　）。

A. 取得销售许可证满1年仍未销售完毕的

B. 转让未竣工结算房地产开发项目50%股权的

C. 直接转让土地使用权的

D. 房地产开发项目尚未竣工但已销售面积达到50%的

【参考答案】C

纳税人应进行土地增值税清算的情况：（1）房地产开发项目全部竣工、完成销售的；（2）整体转让未竣工决算房地产开发项目的；（3）直接转让土地使用权的。

【单选题】以下属于主管税务机关可要求纳税人进行土地增值税清算，而不是纳税人应当进行土地增值税清算的是（　　）。

A. 已竣工验收的房地产开发项目，已转让的房地产建筑面积占整个项目可售建筑面积的比例在85%以上

B. 整体转让未竣工决算房地产开发项目的

C. 房地产开发项目全部竣工、完成销售的

D. 直接转让土地使用权的

【参考答案】A

选项B、C、D为纳税人应当进行土地增值税清算的情形。

【单选题】对已竣工验收的房地产开发项目，已转让的房地产建筑面积占整个项目可售建筑面积的比例在（　　）以上，主管税务机关可以要求纳税人进行土地增值税清算。

A. 80%　　B. 85%　　C. 75%　　D. 70%

【参考答案】B

对符合下列条件之下的，主管税务机关可要求纳税人进行土地增值税清算：①已

竣工验收的房地产开发项目，已转让的房地产建筑面积占整个项目可售建筑面积的比例在 85% 以上，或该比例虽未超过 85%，但剩余的可售建筑面积已经出租或自用的；②取得销售（预售）许可证满 3 年仍未销售完毕的；③纳税人申请注销税务登记但未办理土地增值税清算手续的；④税务机关规定的其他情形。

3. 清算后再转让房地产的处理

在土地增值税清算时未转让的房地产，清算后销售或有偿转让的，纳税人应按规定进行土地增值税的纳税申报，扣除项目金额按清算时的单位建筑面积成本费用乘以销售或转让面积计算。

计算公式：单位建筑面积成本费用 = 清算时的扣除项目总金额 ÷ 清算的总建筑面积

第二节 城镇土地使用税

一、概述

概念	城镇土地使用税是以城镇土地为征税对象，以实际占用的土地面积为计税依据，按规定税额对拥有土地使用权的单位和个人征收的一种税

二、征税范围和纳税人

（一）征税范围

征税范围	在城市、县城、建制镇和工矿区内的国家所有和集体所有的土地 **【提示】**若对工矿区开征房产税需经省级人民政府审批 （反向记忆就是农村不征）

（二）纳税人

	1. 城镇土地使用税由拥有土地使用权的单位和个人缴纳 2. 拥有土地使用权的纳税人不在土地所在地的，由代管人或实际使用人纳税 3. 土地使用权未确定或权属纠纷未解决的，由实际使用人纳税 4. 土地使用权共有的，由共有各方分别纳税 5. 在城镇土地使用税征税范围内，承租集体所有建设用地的，由直接从集体经济组织承租土地的单位和个人缴纳城镇土地使用税 简单记忆：拥有使用权的缴纳，共有的就分别缴 使用权主体有争议或不在本地的，实际使用人缴纳 承租人缴纳出租人不缴
城镇土地使用税的征税范围	城镇土地使用税的征税范围，包括在城市、县城、建制镇和工矿区内的国家所有和集体所有的土地

【判断题】在城镇土地使用税征税范围内，承租集体所有建设用地的，由直接从集体经济组织承租土地的单位和个人缴纳城镇土地使用税。 （ ）

【参考答案】√

本题涉及的知识点是城镇土地使用税的纳税义务人。在城镇土地使用税征税范围内，承租集体所有建设用地的，由直接从集体经济组织承租土地的单位和个人缴纳城镇土地使用税。

三、计税依据、适用税额和应纳税额的计算

城镇土地使用税的计税依据	以纳税人实际占用的土地面积为计税依据 纳税人实际占用的土地面积，是指省自治区直辖市人民政府组织测定土地面积 尚未组织测量，但纳税人持有政府部门核发的土地适用证明的，以证书确认的土地面积为准 尚未核发土地使用证书的，由纳税人据实申报土地面积
城镇土地使用税的税率	城镇土地使用税采用定额税率，按大、中、小城市和县城、建制镇、工矿区分别规定每平方米土地使用税年应纳税额 经省、自治区、直辖市人民政府批准，经济落后地区城镇土地使用税的适用税额标准可以适当降低，但降低额不得超过上述最低税额的30%
应纳税额的计算方法	应纳税额依据纳税人实际占用的土地面积和适用单位税额计算 应纳税额＝计税土地面积（平方米）×适用税额 土地使用权共有的各方，按其实际使用的土地面积占总面积的比例，分别计算缴纳城镇土地使用税

四、税收优惠

免缴城镇土地使用税的土地	1. 国家机关、人民团体、军队自用的土地 2. 由国家财政部门拨付事业经费的单位自用的土地。由国家财政部门拨付事业经费的单位，不包括实行自收自支、自负盈亏的事业单位 3. 宗教寺庙、公园、名胜古迹自用的土地 以上单位的生产、经营用地和其他用地，不属于免税范围，应按规定缴纳城镇土地使用税 4. 市政街道、广场、绿化地带等公共用地 5. 直接用于农、林、牧、渔业的生产用地 6. 经批准开山填海整治的土地和改造的废弃土地，从使用的月份起免缴城镇土地使用税5—10年 7. 由财政部另行规定免税的能源、交通、水利设施用地和其他用地
由省、自治区、直辖市税务局确定征免税的土地或单位	1. 个人所有的居住房屋及院落用地 2. 房产管理部门在房租调整改革前经租的居民住房用地 3. 免税单位职工家属宿舍用地 4. 对在一个纳税年度内，平均安置残疾人就业人数占单位在职职工总数的比例高于25%（含25%）且实际安置残疾人数高于10人，（含10人）的单位可减征或免征该年度城镇土地使用税 5. 集体和个人举办的各类学校、医院、托儿所、幼儿园用地

【单选题】城镇土地使用税的计税依据是（　　）。

A. 占地面积　　B. 建筑面积

C. 实际占用的土地面积　　D. 使用面积

【参考答案】C

本题涉及的知识点是城镇土地使用税的计税依据。城镇土地使用税以纳税人实际占用的土地面积为计税依据。

【多选题】下列土地免缴城镇土地使用税的有（　　）。

A. 纳税单位无偿占用免税单位的土地

B. 市政街道用地

C. 国家机关、人民团体、军队自用的土地

D. 由国家财政部门拨付事业经费的事业单位的土地

【参考答案】BC

本题涉及的知识点是城镇土地使用税的税收优惠。纳税单位无偿占用免税单位的土地应由纳税单位缴纳城镇土地使用税；由国家财政部门拨付事业经费的单位自用的土地，免缴城镇土地使用税。

五、城镇土地使用税的征收管理

纳税义务发生时间	1. 购置新建商品房自房屋交付使用之次月起计征城镇土地使用税 2. 购置存量房，自办理房屋权属转移、变更登记手续，房地产权属登记机关签发房屋权属证书之次月起计征城镇土地使用税 3. 出租、出借房产，自交付出租、出借房产之次月起计征城镇土地使用税 4. 纳税人以出让或转让方式有偿取得土地使用权的，应由受让方从合同约定交付土地时间的次月起缴纳城镇土地使用税 合同未约定交付土地时间的，由受让方从合同签订的次月起缴纳城镇土地使用税 5. 纳税人新征用的耕地自批准征用之日起满 1 年时开始缴纳城镇土地使用税 6. 纳税人新征用的非耕地自批准征用次月起缴纳城镇土地使用税 （简单记忆：基本以取得城镇土地使用权的次月 取得的方式包括购买房产、租用房产、出让和征用土地 只有新征用的耕地自批准之日起满 1 年，这是因为耕地有耕地占用税，需要避免重复征税）
纳税期限	城镇土地使用税按年计算、分期缴纳 具体缴纳期限由省、自治区、直辖市人民政府确定
纳税地点	城镇土地使用税的纳税地点为土地所在地，由土地所在地的税务机关负责征收 纳税人使用的土地不属于同一省（自治区、直辖市）管辖范围的，应由纳税人分别向土地所在地的税务机关申报缴纳土地使用税 在同一省（自治区、直辖市）管辖范围内，纳税人跨地区使用的土地，由各省、自治区、直辖市税务局确定纳税地点 （简单记忆：基本原则就是土地所在地纳税；只有在省内多地使用土地，出于方便纳税人的目的，可以由省级税务局确定纳税地点）

【多选题】关于城镇土地使用税的纳税义务发生时间，表述正确的是（　　）。

A. 纳税人购置新建商品房，自商品房交付使用的下月起缴纳城镇土地使用税

B. 征用的耕地，自批准之日起满1年开始缴纳城镇土地使用税

C. 购置存量房的，自房屋交付使用之次月起计征城镇土地使用税

D. 房产出租的，自出租房产次月起缴纳城镇土地使用税

【参考答案】ABD

本题涉及的知识点是城镇土地使用税的纳税义务发生时间。购置存量房，自办理房屋权属转移、变更登记手续，房地产权属登记机关签发房屋权属证书之次月起计征城镇土地使用税。

第三节　房产税

一、概述

房产税概念	房产税是以房屋为征税对象，以房产余值或房产租金收入为计税依据，向房屋产权所有人征收的一种财产税

【判断题】纳税单位与免税单位共用的房屋，应由纳税单位统一纳税。（　　）

【参考答案】×

本题涉及知识点是房产税的纳税人。纳税单位与免税单位共同使用的房屋，按各自使用的部分划分，分别征收或免征房产税。

二、征税范围和纳税人

征税范围	1. 房产税以房屋为征税对象 房产的定义：房产是以房屋形态表现的财产，房屋是指有屋面和围护结构（有墙或两边有柱），能够遮风避雨，可供人们在其中生产、学习、工作、娱乐、居住或储藏物资的场所。 2. 房产税在城市、县城、建制镇和工矿区征收 前三者好理解，工矿区把握住开征房产税的工矿区需要省级人民政府审批。（反向记忆就是农村不征）
纳税人	房产税纳税人，是指在征税范围内拥有房屋产权的单位和个人 1. 产权属于全民所有的，由经营管理的单位纳税 2. 产权出典的，由承典人纳税 3. 产权所有人、承典人不在房产所在地的，或者产权未确定及租典纠纷未解决的，由房产代管人或者使用人纳税 （简单记忆：核心是产权所有者，产权出典的视为产权转移 产权有争议的谁用谁缴税 无租使用房产要区分免税单位的还是应税单位的）

三、计税依据、税率和应纳税额的计算

计税依据	计税依据：以房产余值或房产租金收入 1. 自用的房产，以房产余值作为计税依据。 房产余值计税，是指依照房产原值一次减除10%—30%后的余额计算缴纳。具体减除幅度由省、自治区、直辖市人民政府规定 房产原值是指纳税人按照会计制度规定，在会计核算账簿“固定资产”科目中记载的房屋原值。房屋原价应根据国家有关会计制度规定进行核算，在账簿中记载有房屋原价的，即以房屋原价按规定减除一定比例后，作为房产余值计征房产税。没有记载房屋原价的，按照上述原则并参考同类房屋确定房产原值计征房产税 **【提示】**房产原值均应包含地价，包括为取得土地使用权支付的价款，开发土地发生的成本费用等。宗地容积率低0.5的，按照房产建筑面积的2倍计算土地面积，并据此确定计入房产原值的地价 2. 房产出租的：以不含增值税的房产租金收入为房产税的计税依据 租金收入包括货币收入和实物收入 ①出租房屋双方签订的合同约定免收租金期限的，免收租金期间，由产权所有人按房产原值计算缴纳房产税 ②对于以房产投资，联营投资者参与投资分红共担风险的，按房产原值计算缴纳房产税 ③对于以房产投资收取固定收入，不承担经营风险的情况，实际上是以联营名义取得房产租金，按租金收入计算缴纳房产税 ④融资租赁的房产由承租人自融资租赁合同约定开始日的，次月起依照房产余值缴纳房产税；合同未约定开始的，自成都人自合同签订的次月起，依照房产原值缴纳增值税
房产税的税率	基本原则：计税依据×税率 按房产余值计税的税率为1.2% 按房产租金收入计税的税率为12% 对个人出租房屋不区分用途，按4%的税率征收房产税 对企事业单位，社会团体及其他个人向个人专业化规模化住房租赁企业出租住房，减按4%的税率征收房产税
应纳税额的计算	1. 自用的房屋以房产余值计税 应纳税额＝房产余值×1.2% 房产余值＝房产原值×(1－原值减除比例) 2. 出租的房产以房产租金收入计税 应纳税额＝不含增值税的房产租金收入×12%（或4%）

四、税收优惠

税收优惠	下列房产免征房产税： 1. 国家机关、人民团体、军队自用的房产 自用的房产，是指这些单位本身的办公用房和公务用房 2. 由国家财政部门拨付事业经费的单位自用的房产 自用的房产，是指这些单位本身的业务用房 3. 宗教寺庙、公园、名胜古迹自用的房产免征房产税

续表

	宗教寺庙自用的房产，是指举行宗教仪式等的房屋和宗教人员使用的生活用房屋；公园、名胜古迹自用的房产，是指公共参观游览的房屋及其管理单位的办公用房 【提示】公园、名胜古迹中附设的营业单位，如影剧院、饮食部、茶社、照相馆等所使用的房产及出租的房产，应征收房产税 4. 个人所有非营业用的房产免征房产税，国务院批准的征税试点城市除外。对个人所有的营业用房或出租等非自用的房产，应按照规定征收房产税 5. 经财政部批准免税的其他房产

【单选题】下列关于房产税税率的表述，不正确的是（　　）。

A. 个人出租住房不区分用途，按5%税率征收房产税

B. 依房产余值计税的，税率为1.2%

C. 依房产租金收入计税的，税率为12%

D. 对企事业单位按照市场价格向个人出租用于居住的住房，减按4%税率征收房产税

【参考答案】A

本题的考核点是房产税的税率，属于基础型知识点。对个人出租住房，不区分用途，按4%的税率征收房产税。

【单选题】根据现行房产税的相关规定，房产税以房产原值作为依据的，应以房产原值一次扣除一定比例后的余值计算缴纳，该“一定比例”是指（　　）。

A. 3%—5%　　B. 5%—10%　　C. 10%—30%　　D. 15%—30%

【参考答案】C

本题的考核点是房产税的计税依据，属于基础型知识点。房产税依照房产原值一次减除10%—30%后的余值计算缴纳。

【多选题】下列各项中，属于免征房产税的有（　　）。

A. 农村居民住房　　B. 国家机关自用房产

C. 企业厂房　　D. 个人居住用房

【参考答案】BD

本题涉及的知识点是房产税的征税范围和税收优惠。房产税在城市、县城、建制镇和工矿区征收，农村居民住房不在开征范围。国家机关自用的房产免纳房产税。个人所有非营业用的房产免征房产税。

五、征收管理

纳税义务发生时间	1. 购置新建商品房，自房屋交付使用之次月起计征房产税 2. 购置存量房，自办理房屋权属转移、变更登记手续，房地产权属登记机关签发房屋权属证书之次月起计征房产税 3. 出租、出借房产，自交付出租、出借房产之次月起计征房产税 4. 房地产开发企业自用、出租、出借本企业建造的商品房，自房屋使用或交付之次月起计征房产税 5. 融资租赁的房产，由承租人自融资租赁合同约定开始日的次月起依照房产余值缴纳房产税；合同未约定开始日的，由承租人自合同签订的次月起依照房产余值缴纳房产税 6. 纳税人自建的房屋自建成之次月起计征房产税 7. 纳税人委托施工企业建设的房屋从办理验收手续之次月起征收房产税 纳税人因房产土地的实物或权利状态发生变化，而依法终止房产税纳税义务的，其应纳税款的计算应截至房产土地实物或权利状态发生变化的当月末 （注意上述情况，都是从产权确立的次月纳税，但是依法终止房产税纳税义务，是从产权的当月纳税）
纳税期限	按年征收、分期缴纳
纳税地点	房产税的纳税地点为房产所在地 房产不在一地的纳税人，应按房产的坐落地点，分别向房产所在地的税务机关缴纳房产税

【多选题】下列各项中，符合房产税纳税义务发生时间规定的有（　　）。

A. 将原有房产用于生产经营，从生产经营之次月起缴纳房产税

B. 房地产开发企业出借本企业建造的商品房，自房屋交付之次月起

C. 购置存量房，自权属登记机关签发房屋权属证书之次月起缴纳房产税

D. 自建新房用于经营，从建成之次月起缴纳房产税

【参考答案】BCD

本题涉及的知识点是房产税的纳税义务发生时间。纳税人将原有房产用于生产经营，从生产经营之月起，缴纳房产税。

【判断题】房产不在一地的纳税人，应按房产的坐落地点，分别向房产所在地的税务机关缴纳房产税。（　　）

【参考答案】√

本题涉及的知识点是房产税的纳税地点。房产税由房产所在地的税务机关征收。房产不在一地的纳税人，应按房产的坐落地点，分别向房产所在地的税务机关缴纳房产税。

第四节 契　　税

一、概述

契税的概念	契税是以发生土地、房屋权属转移时向其承受人征收的一种财产税

二、征税范围和纳税人

契税的征税范围	在中华人民共和国境内转移土地、房屋权属 征收契税的土地房屋权属具体为土地使用权、房屋所有权 （1）土地使用权出让 （2）土地使用权转让，包括出售、赠与、互换；不包括：土地承包经营权和土地经营权的转移 （3）房屋买卖、赠与、互换 **【提示】**包括以作价投资（入股）、偿还债务、划转、奖励等方式转移土地、房屋权属的 （记忆要点：把握住获得房屋、土地的权属这一关键核心即可）
契税的纳税人	在中华人民共和国境内转移土地、房屋权属，承受的单位和个人为契税的纳税人

三、计税依据、税率和应纳税额计算

计税依据	土地使用权出让、出售，房屋买卖	土地房屋权属转移合同确定的成交价格，包括应交付的货币以及实物其他经济利益对应的价款
	土地使用权互换、房屋互换	所交换的土地使用权、房屋的价格的差额。无差额则免征 记忆：谁多付钱，谁缴税
	土地使用权赠与、房屋赠与以及其他没有价格的转移土地、房屋权属行为	税务机关参照土地使用权出售、房屋买卖的市场价格依法核定的价格
	纳税人申报的成交价格、互换价格差额明显偏低且无正当理由的	税务机关依照《税收征管法》的规定核定
契税的税率	契税实行3%—5%的幅度税率 省、自治区、直辖市人民政府在前款规定的税率幅度内提出，报同级人民代表大会常务委员会决定，并报全国人民代表大会常务委员会和国务院备案 省、自治区、直辖市可以依照前款规定的程序对不同主体、不同地区、不同类型的住房的权属转移确定差别税率	
计税方法	契税应纳税额为契税的计税依据乘以适用税率 应纳税额 = 计税依据 × 税率	

四、税收优惠

契税的免税优惠	有下列情形之一的，免征契税： （1）国家机关、事业单位、社会团体、军事单位承受土地、房屋权属用于办公、教学、医疗、科研、军事设施 （2）非营利性的学校、医疗机构、社会福利机构承受土地、房屋权属用于办公、教学、医疗、科研、养老、救助 （3）承受荒山、荒地、荒滩土地使用权用于农、林、牧、渔业生产 （4）婚姻关系存续期间夫妻之间变更土地、房屋权属 （5）法定继承人通过继承承受土地、房屋权属 （6）依照法律规定应当予以免税的外国驻华使馆、领事馆和国际组织驻华代表机构承受土地、房屋权属 根据国民经济和社会发展的需要，国务院对居民住房需求保障、企业改制重组、灾后重建等情形可以规定免征或者减征契税，报全国人民代表大会常务委员会备案
契税的减征优惠	省、自治区、直辖市可以决定对下列情形免征或者减征契税： （1）因土地、房屋被县级以上人民政府征收、征用，重新承受土地、房屋权属 （2）因不可抗力灭失住房，重新承受住房权属

五、征收管理

纳税义务发生时间	纳税义务发生时间，为纳税人签订土地、房屋权属转移合同的当日，或者纳税人取得其他具有土地、房屋权属转移合同性质凭证的当日
纳税期限	依法办理土地、房屋权属登记手续前申报缴纳契税
纳税地点	土地、房屋所在地的税务机关征收管理
退税	依法办理土地、房屋权属登记前，权属转移合同、权属转移合同性质凭证不生效、无效、被撤销或者被解除的，纳税人可以向税务机关申请退还已缴纳的税款
部门协作	税务机关应当与相关部门建立契税涉税信息共享和工作配合机制。自然资源、住房城乡建设、民政、公安等相关部门应当及时向税务机关提供与转移土地、房屋权属有关的信息，协助税务机关加强契税征收管理

第五节　城市维护建设税

一、概述

城市维护建设税的概念	城市维护建设税是对缴纳增值税、消费税的单位和个人征收的一种税

二、纳税人和扣缴义务人

城市维护建设税的纳税人和扣缴义务人	纳税人：缴纳增值税、消费税的单位和个人，都是城市维护建设税的纳税人 扣缴义务人：增值税、消费税的扣缴义务人也是城市维护建设税的扣缴义务人 【提示】代扣代缴，不含因境外单位和个人向境内销售劳务、服务、无形资产代扣代缴增值税情况

三、征税范围

城市维护建设税的征税范围	征税范围同增值税、消费税的征税范围相同，无论纳税人所在地在县城、建制镇还是其他地区，由于都直接或间接享受了公共设施的利益，所以都应按规定缴纳城市维护建设税 【提示】对进口货物或境外单位向个人境内销售劳务服务，无形资产缴纳的增值税消费税收不增

四、税率、计税依据和应纳税额的计算

税率	城市维护建设税实行三档差别比例税率，按纳税人所在地的规定税率执行： 1. 纳税人所在地在市区的，税率为7% 2. 纳税人所在地在县城、镇的，税率为5% 3. 纳税人所在地不在市区、县城或镇的，税率为1%
计税依据	纳税人依法实际缴纳的增值税、消费税税额 应缴纳的增值税、消费税税额（不含因进口货物或境外单位和个人向境内销售劳务、服务、无形资产缴纳的增值税、消费税税额）+增值税抵免税额-直接减免增值税、消费税-期末留抵退税退还的增值税
应纳税额计算	应纳税额=纳税人实际缴纳的增值税、消费税税额×适用税率 纳税人发生多缴的增值税、消费税予以退税，同时退还已缴纳的城市维护建设税；先征后返、先征后退、即征即退的，不予退还 纳税人在被查补增值税、消费税和被处以罚款时，应同时查补城市维护建设税并处以罚款
税收优惠	1. 同步减免： 税法规定对纳税人减免增值税和消费税时，相应也减免了城市维护建设税
	2. 不同步退税：根据国民经济和社会发展，需要国务院对重大公共基础设施建设、特殊产业和群体以及重大突发事件应对等情况可以规定减征或免征城市维护建设税报全国人民代表大会常务委员会备案
	3. 由于减免增值税、消费税而发生的退税，同时退还已纳的城市维护建设税

【单选题】某企业生产经营地点在县城，2019 年 4 月企业实际缴纳增值税 10 万元，则当月该企业应纳城市维护建设税为（　　）元。

A. 1 000　　B. 3 000　　C. 5 000　　D. 7 000

【参考答案】C

本题的考核点是城市维护建设税应纳税额的计算方法，属于基础型知识点。纳税人所在地在县城、镇的，城市维护建设税税率为 5%。因此，应纳税额 = 纳税人实际缴纳的增值税、消费税税额 × 适用税率 = 100 000 × 5% = 5 000（元）。

五、城市维护建设税的征收管理

纳税环节	城市维护建设税的纳税环节，是纳税人缴纳增值税、消费税的环节 缴纳增值税、消费税的同时，向所在地的主管税务机关缴纳城市维护建设税
纳税期限	纳税期限分别与增值税、消费税的纳税期限一致
纳税地点	基本规定： 纳税人缴纳增值税、消费税的地点，就是纳税人缴纳城市维护建设税的地点（地点相同）

【单选题】下列各项中，不符合城市维护建设税有关规定的有（　　）。

A. 城市维护建设税的计税依据是纳税人实际缴纳增值税、消费税的税额

B. 因减免税而发生增值税、消费税退库的，城市维护建设税也同时退库

C. 纳税人因偷漏增值税、消费税应该补税的，也要补缴城市维护建设税

D. 增值税、消费税的代扣代缴、代收代缴义务人不负有城市维护建设税的代扣代缴、代收代缴义务

【参考答案】D

本题涉及的知识点是城市维护建设税的综合知识。增值税、消费税的代扣代缴、代收代缴义务人同时也是城市维护建设税的代扣代缴、代收代缴义务人。

第六节　印花税

一、概述

印花税是对经济活动和经济交往中书立应税凭证、进行证券交易所征收的一种税。

二、纳税人和扣缴义务人

纳税人	在中华人民共和国境内书立应税凭证、进行证券交易的单位和个人 1. 书立应税凭证。以书面形式签署应税凭证。应税凭证印花税纳税义务的发生地既包括书立地，也包括使用地，在我国境外书立，在境内使用的应税凭证的单位和个人，应当缴纳印花税 2. 进行证券交易。证券交易的出让方缴纳印花税，受让方不缴纳印花税
扣缴义务人	1. 纳税人为境外单位或者个人，在境内有代理人的，以其境内代理人为扣缴义务人 2. 证券登记结算机构为证券交易印花税的扣缴义务人

三、征税范围

应税凭证	《印花税法》列明的合同、产权转移书据和营业账簿	特殊情况
计税依据	合同是指民事主体之间设立、变更、终止民事法律关系的协议，征收印花税的合同应当采取书面形式签订。包括11个税目	
	借款合同，特指银行业金融机构，经国务院银行业监督管理机构批准设立的其他金融机构与借款人的借款合同	同业拆借合同不缴纳
	融资租赁合同是出租人根据承租人对出卖人、租赁物的选择，向出卖人购买租赁物，提供给承租人使用，承租人支付租金的合同	
	买卖合同，征收印花税的买卖合同特指动产买卖合同	不动产转让书据不属于本税目，个人书立的动产买卖合同不缴纳印花税
	承揽合同是承揽人按照定作人的要求完成工作，交付工作成果，定做人支付报酬的合同	
	建设工程合同是承包人进行工程建设发包人支付价款的合同，包括工程勘测，设计、施工合同	
	运输合同特指货运合同和多式联运合同	客运合同和管道运输合同不缴纳
	技术合同是指当事人就技术开发、转让、许可、咨询或者服务订立的确立相关之间权利和义务的合同	专利权、专利技术使用权转让书据不属于本税目
	租赁合同，出租人将租赁物交付承租人使用、收益，承租人支付租金的合同	
	保管合同，保管人保管寄存人交付的保管物，并返还该物的合同	
	仓储合同，保管人储存存货人交付的仓储物，存货人支付仓储费的合同	
	财产保险合同，投保人与保险人约定的以财产及其有关利益为保险标的协议	再保险合同缴纳
	产权转移书据。单位和个人产权的买卖（出售）、继承、赠与、交换、分割等所书立的书据：	
	1. 土地使用权出让书据	土地使用权出让书据由政府土地管理部门与申请受让土地使用权者签订
	2. 土地使用权，房屋等建筑物，构筑物所有权转让书据	土地承包经营权和土地经营权转移不缴纳印花税
	3. 股权转让书据	股票交易按照证券交易税目缴纳印花税
	4. 商标专用权，著作权、专利权，专有技术使用权转让书据	包含单位和个人

续表

应税凭证	《印花税法》列明的合同、产权转移书据和营业账簿	特殊情况
	营业账簿，特指记载资金的账簿，以及反映生产经营单位“实收资本（股本）”和“资本公积”金额增减变化的账	
	印花税法规定的证券交易税目，是指在转让依法设立的证券交易所国务院批准的其他全国性证券交易场所交易的股票和以股票为基础的存托凭证	

四、税率、计税依据和计税方法

（一）税率

税目		新法税率
合同（指书面合同）	借款合同	借款金额的万分之零点五
	融资租赁合同	租金的万分之零点五
	买卖合同	价款的万分之三
	承揽合同	报酬的万分之三
	建设工程合同	价款的万分之三
	运输合同	运输费用的万分之三
	技术合同	价款、报酬或者使用费的万分之三
	租赁合同	租金的千分之一
	保管合同	保管费的千分之一
	仓储合同	仓储费的千分之一
	财产保险合同	保险费的千分之一
产权转移书据	土地使用权出让书据	价款的万分之五
	土地使用权、房屋等建筑物和构筑物所有权转让书据（不包括土地承包经营权和土地经营权转移）	价款的万分之五
	股权转让书据（不包括应缴纳证券交易印花税的）	价款的万分之五
	商标专用权、著作权、专利权、专有技术使用权转让书据	价款的万分之三
营业账簿		实收资本（股本）、资本公积合计金额的万分之二点五
证券交易		成交金额的千分之一

（二）计税依据

	计税依据
应税合同	合同所列的金额，不包括列明的增值税税款
应税产权转移书据	产权转移书据所列的金额，不包括列明的增值税税额
应税营业账簿	账簿记载的实收资本（股本），公积合计金额
证券交易	成交金额 无转让价格的按照办理过户登记手续时该证券前一个交易日收盘价计算确定；无售收盘价的，按照证券面值计算确定

（三）计税方法

一般规定	应纳税额 = 计税依据 × 适用税率
特殊规定	1. 同一应税凭证在有两个以上税目事项并分别列明金额的，按照各自适用的税目税率分别计算，未分别列明金额的，从高适用税率 2. 同一应税凭证由两方以上当事人书立的，按照各自涉及的金额分别计算应纳税额 3. 已缴纳印花税的营业账簿以后年度记载的，实收资本（股本）、资本公积合计金额比已缴纳印花税的实收资本（股本）、资本公积金额增加的，按照增加的部分计算应纳税额 4. 证券登记结算机构除解缴证券交易印花税外，还应包括银行按规定结算的利息 **【提示】**第1—3项规定体现了能划分清楚，就据实计算避免多征

（四）印花税的税收优惠

新法
1. 应税凭证的副本或者抄本 2. 依照法律规定应当予以免税的外国驻华使馆、领事馆和国际组织驻华代表机构为获得馆舍书立的应税凭证 3. 中国人民解放军、中国人民武装警察部队书立的应税凭证 4. 农民、家庭农场、农民专业合作社、农村集体经济组织、村民委员会购买农业生产资料或者销售农产品书立的买卖合同和农业保险合同 5. 无息或者贴息借款合同、国际金融组织向中国提供优惠贷款书立的借款合同 6. 财产所有权人将财产赠与政府、学校、社会福利机构、慈善组织书立的产权转移书据 7. 非营利性医疗卫生机构采购药品或者卫生材料书立的买卖合同 8. 个人与电子商务经营者订立的电子订单 根据国民经济和社会发展的需要，国务院对居民住房需求保障、企业改制重组、破产、支持小型微型企业发展等情形可以规定减征或者免征印花税，报全国人民代表大会常务委员会备案

五、征收管理

征管职责	印花税由税务机关依照《印花税法》和《税收征管法》的规定征收管理 印花税票由国务院税务主管部门监制
纳税义务发生时间	印花税的纳税义务发生时间为纳税人书立应税凭证当日 证券交易印花税的纳税义务发生时间为纳税人完成证券交易的当日。证券交易印花税扣缴义务发生时间为证券交易完成的当日
申报时间	印花税按季、按年或者按次计征 1. 实行按季、按年计征的，纳税人应当自季度、年度终了之日起 15 日内申报缴纳税款；实行按次计征的，纳税人应当自纳税义务发生之日起 15 日内申报缴纳税款 2. 证券交易印花税按周解缴证券交易印花税，扣缴义务人应当自每周终了之日起 5 日内申报解缴税款以及银行结算的利息
纳税地点	纳税人为单位的，应向其机构所在地主管税务机关申报缴纳 纳税人为个人的，应当向应税凭证书立地或纳税人居住地的主管税务机关申报缴纳 不动产产权发生转移的纳税人，应当向不动产所在地主管税务机关申报缴纳 证券登记结算机构应当向其机构所在地的主管税务机关申报解缴税款及银行结算的利息 **【提示】** 主要是出于征管便利原则，就近申报缴纳角度来理解纳税地点
其他征管规定	印花税可以采取粘贴印花税票或由税务机关依法开具其他完税凭证方式缴纳 纳税人为境外单位或个人，在境内没有代理人的，由纳税人自行申报缴纳印花税

第七节　车辆购置税

一、概述

概念	车辆购置税，是指在我国境内购置汽车、有轨电车、汽车、挂车、排气量超过 150 毫升的摩托车（以下统称应税车辆）的单位和个人征收的一种税

【单选题】车辆购置税的征税范围不包括（　　）。

A. 汽车　　B. 排气量 100 毫升的摩托车

C. 有轨电车　　D. 汽车挂车

【参考答案】B

本题涉及的知识点是车辆购置税的征税范围。车辆购置税以列举的车辆作为征税对象，未列举的车辆不征税。其征税范围包括汽车、有轨电车、汽车挂车、排气量超过 150 毫升的摩托车。

二、纳税人

车辆购置税的纳税人	车辆购置税的纳税人是指在我国境内购置应税车辆的单位和个人 购置是指购买、进口、自产、受赠、获奖或者以其他方式取得并自用应税车辆的行为

三、征税范围

车辆购置税的征税范围	车辆购置税以列举的车辆作为征税对象 应税车辆包括汽车、有轨电车、汽车挂车、排气量超过150毫升的摩托车

四、税率、计税依据和应纳税额的计算

（一）税率和计税依据

车辆购置税的税率	单一比例税率，税率为10%
车辆购置税的计税依据	1. 纳税人购买自用应税车辆为纳税人实际支付给销售者的全部价款，不包括增值税税款 2. 纳税人进口自用应税车辆按照进口车辆的，关税完税价格加上关税和消费税 计税价格 = 关税完税价格 + 关税 + 消费税 3. 纳税人自产自用应税车辆按照同类应税车辆（即车辆配置序列号相同的车辆）的销售价格确定，不包括增值税税款 没有同类应税车辆销售价格的，按照组成计税价格确定 组成计税价格 = 成本 ×（1 + 成本利润率）+ 消费税税额 属于应征消费税的应税车辆，其组成计税价格中应加计消费税税额 成本利润率，由各省、自治区、直辖市和计划单列市税务局确定 4. 纳税人以受赠、获奖或者其他方式取得自用应税车辆按照购置应税车辆时相关凭证载明的价格确定，不包括增值税税款 5. 纳税人申报的应税车辆计税价格明显偏低，又无正当理由的，由税务机关依照核定其应纳税额

（二）应纳税额的计算

购置应税车辆	车辆购置税实行一次性征收。购置已征车辆购置税的车辆，不再征收车辆购置税 应纳税额 = 计税价格 × 10%
车辆购置税的补征	免税、减税车辆因转让、改变用途等原因不再属于免税、减税范围的纳税人应当在办理车辆转移登记或者变更登记前缴纳车辆购置税，计税价格以免税、减税车辆初次办理纳税申报时确定的计税价格为基准，每满一年扣减10% （简单地说，就是一辆车用10年就该报废了，所以补征和退还都是计算剩余时间的应纳税额）
退税车辆	纳税人将已征车辆购置税的车辆退回车辆生产企业或者销售企业的可以向主管税务机关申请退还车辆购置税，退税额以已缴税款为基准，自缴纳税款之日至申请退税之日，每满一年扣减10%

【判断题】车辆购置税实行一次性征收。购置已征车辆购置税的车辆，不再征收车辆购置税。（ ）

【参考答案】√

本题涉及的知识点是车辆购置税的计税方法。车辆购置税实行一次性征收。购置已征车辆购置税的车辆，不再征收车辆购置税。

【判断题】免税、减税车辆因转让、改变用途等原因不再属于免税、减税范围的，纳税人应当在办理车辆转移登记或者变更登记前缴纳车辆购置税。计税价格以免税、减税车辆初次办理纳税申报时确定的计税价格为基准。（　　）

【参考答案】×

本题涉及的知识点是车辆购置税的计税方法。免税、减税车辆因转让、改变用途等原因不再属于免税、减税范围的，纳税人应当在办理车辆转移登记或者变更登记前缴纳车辆购置税。计税价格以免税、减税车辆初次办理纳税申报时确定的计税价格为基准，每满一年扣减 10%。

五、税收优惠

车购税的优惠	下列车辆免征车辆购置税： 1. 依照法律规定应当予以免税的外国驻华使馆、领事馆和国际组织驻华机构及其有关人员自用的车辆 2. 中国人民解放军和中国人民武装警察部队列入装备订货计划的车辆 3. 悬挂应急救援专用号牌的国家综合性消防救援车辆 4. 设有固定装置的非运输专用作业车辆 5. 城市公交企业购置的公共汽电车辆

六、征收管理

纳税义务发生时间	1. 为纳税人购置应税车辆的当日 以纳税人购置应税车辆所取得的车辆相关凭证上注明的时间为准 2. 进口自用应税车辆的为进口之日，也就是海关进口增值税专用缴款书或其他有效凭证的开具日期 3. 自产、受赠、获奖或者以其他方式取得并自用应税车辆的为取得之日，即合同、法律文书或者其他有效凭证的生效或者开具日期
纳税期限	纳税义务发生之日起 60 日内
纳税地点	1. 购置应税车辆，应当向车辆登记地的主管税务机关申报 2. 购置不需要办理车辆登记的应税车辆的，单位纳税人向机构所在地主管税务机关申报纳税；个人纳税人向其户籍所在地或经常居住地的主管税务机关申报纳税
纳税环节	1. 纳税人应当在向公安机关交通管理部门办理车辆注册登记前，缴纳车辆购置税 2. 免税、减税车辆因转让、改变用途等原因不再属于免税、减税范围的，纳税人应当在办理车辆转移登记或者变更登记前缴纳车辆购置税 3. 一车一申报制度 （简单记忆：上牌前、变更前申报缴纳税款）

本章习题

一、单选题

1. 产权出典的房产，产权出典人在房产所在地，且不存在租典纠纷问题，由（　　）依照房产余值缴纳房产税。

A. 房产代管人　　B. 承典人
C. 产权所有人　　D. 使用人

2. 烟叶税实行比例税率，税率为（　　）。

A. 5%　　B. 15%　　C. 20%　　D. 30%

3. 根据房产税的政策规定，房产税以房产原值作为依据的，应以房产原值一次扣除一定比例后的余值计算缴纳，该一定比例是指（　　）。

A. 3%—5%　　B. 5%—10%
C. 10%—30%　　D. 15%—30%

4. 下列不属于契税征税范围的是（　　）。

A. 国有土地使用权出让　　B. 土地使用权赠与
C. 农村集体土地承包经营权的转移　　D. 房屋交换

5. 根据耕地占用税的相关规定，下列（　　）情形征收耕地占用税。

A. 军事设施占用耕地　　B. 学校占用耕地
C. 幼儿园占用耕地　　D. 图书馆占用耕地

6. 根据城市维护建设税的现行规定，下列属于城市维护建设税计税依据的是（　　）。

A. 企业缴纳的企业所得税　　B. 企业拖欠消费税加收的滞纳金
C. 个体工商户偷税被处的增值税罚款　　D. 外资商场偷逃的增值税税金

7. 某企业生产经营地点在县城，2017 年 4 月企业实际缴纳增值税 10 万元，则当月该企业应纳城市维护建设税为（　　）元。

A. 1 000　　B. 3 000　　C. 5 000　　D. 7 000

8. 下列各项中，不属于环境保护税征税范围的是（　　）。

A. 大气污染物
B. 固体废物
C. 水污染物
D. 事业单位向依法设立的生活垃圾集中处理场所排放的应税污染物

9. 下列各项中，需要缴纳房产税的是（　　）。

A. 位于农村的小卖部　　B. 位于市区的宾馆
C. 变电塔　　D. 室外游泳池

二、多选题

1. 以下对车船税法的说法正确的有（　　）。
   A. 车船税由保险机构负责征收
   B. 车船税按年申报，分月计算，一次性缴纳
   C. 从事机动车交通事故责任强制保险业务的保险机构为机动车车船税的扣缴义务人，应当依法代收代缴车船税
   D. 按照规定缴纳船舶吨税的机动船舶，自车船税法实施之日起5年内免征车船税
2. 下列土地属于城镇土地使用税征税范围的有（　　）。
   A. 城市中属于国有企业的土地
   B. 农村中属于私营企业所有的土地
   C. 建制镇中属于外资企业所有的土地
   D. 城市郊区中属于股份制企业所有的土地
3. 按照契税的规定，下列说法正确的有（　　）。
   A. 房屋赠与属于契税的征收范围　　B. 契税税率由财政部确定
   C. 房屋买卖以成交价格作为计税依据　　D. 房屋交换以差额作为计税依据
4. 印花税应纳税凭证中的权利、许可证照包括（　　）。
   A 房屋产权证　　B. 工商营业执照
   C. 土地使用证　　D. 税务登记证
5. 城市维护建设税具有（　　）特点。
   A. 税款专款专用　　B. 属于附加税
   C. 根据城镇规模实行地区差别比例税率　　D. 属于独立税
6. 依据车辆购置税的有关规定，下列说法中正确的有（　　）。
   A. 车辆购置税是对所有新购置车辆的使用行为征税
   B. 车辆购置税的纳税地点是纳税人所在地
   C. 车辆购置税实行统一比例税率
   D. 车辆购置税的征税环节为车辆的出厂环节
7. 下列各项中，应当缴纳印花税的有（　　）。
   A. 具有合同性质的凭证、单据　　B. 银行同业拆借合同
   C. 广告制作合同　　D. 电网与用户之间签订的供电合同
8. 下列可以免缴城镇土地使用税的有（　　）。
   A. 国家机关、人民团体自用的土地
   B. 实行自收自支的事业单位自用的土地
   C. 广场、绿化带等公共用地
   D. 用于农副产品加工的场地

9. 属于环保税的纳税人的有（ ）。

A. 直接向河流排放污水的造纸企业

B. 向由依法设立的废品收购公司排放固体废物的甲公司

C. 未经处理直接排放污水的养鸡场

D. 厨房直接排放油烟的居民小王

10. 根据土地增值税的规定，下列说法正确的有（ ）。

A. 房地产评估增值征税

B. 房地产抵押期间不征税

C. 企业合法并且原企业投资主体存续的，转让房地产不征税

D. 房地产出租收入征税

参考答案与解析

一、单选题

1. 【参考答案】B

本题考查房产税的纳税人。产权出典的房产，产权出典人在房产所在地，且不存在租典纠纷问题，由承典人依照房产余值缴纳房产税。

2. 【参考答案】C

本题考查烟叶税税率。烟叶税税率实行比例税率，税率为 20%。

3. 【参考答案】C

本题是对房产余值的考查，损耗价值减除比例为 10%—30%。

4. 【参考答案】C

契税的征税范围包括：国有土地使用权出让；土地使用权转让，房屋买卖；房屋赠与；房屋交换。不包括农村集体土地承包经营权的转移。

5. 【参考答案】D

本题涉及是耕地占用税的免征范围。下列情形免征耕地占用税：军事设施占用耕地；学校、幼儿园、养老院、医院占用耕地。

6. 【参考答案】D

城市维护建设税的计税依据是实际缴纳的增值税、消费税税额。滞纳金、罚款不是城市维护建设税的计税依据。

7. 【参考答案】C

纳税人所在地在县城、镇的，城市维护建设税税率为 5%。

因此，应纳税额 = 纳税人实际缴纳的增值税、消费税 × 适用税率 = 100 000 × 5% = 5 000（元）。

8. 【参考答案】D

环境保护税征税范围：大气污染物、固体废物、水污染物、噪声。企业事业单位和其他生产经营者向依法设立的污水集中处理、生活垃圾集中处理场所排放应税污染物的，不属于直接向环境排放污染物，不缴纳相应污染物的环境保护税。

9.【参考答案】B

房产税在城市、县城、建制镇和工矿区征收，农村不属于房产税的征收范围；独立于房屋之外的建筑物，如变电塔、室外游泳池不属于房产，不征收房产税。

二、多选题

1.【参考答案】BCD

车船税由税务机关负责征收；电车以“辆”作为车船税的计税依据。

2.【参考答案】ACD

城镇土地使用税的征税范围包括在城市、县城、建制镇和工矿区的土地，农村的土地不属于城镇土地使用税的征税范围。

3.【参考答案】ACD

B 选项，契税税率由省、自治区、直辖市人民政府确定，报财政部和国家税务总局备案。

4.【参考答案】ABC

印花税应纳税凭证中的权利、许可证照包括政府部门发给的房屋产权证、工商营业执照、商标注册证、专利证、土地使用证。

5.【参考答案】ABC

本题涉及是城市维护建设税的特点。城市维护建设税具有以下三个特点：1. 税款专款专用；2. 属于附加税；3. 根据城镇规模实行地区差别比例税率。

6.【参考答案】AC

B 选项，车辆需要登记注册的，车辆购置税的纳税地点是车辆登记注册地；D 选项，车辆购置税的征税环节为购买使用环节，在车辆登记注册之前。

7.【参考答案】AC

A 选项，具有合同性质的凭证、单据，视同合同贴花；B 选项，银行同业拆借合同，不属于“借款合同”，不贴花；C 选项，广告制作合同按“加工承揽合同”贴花；D 选项，电网与用户之间签订的供电合同，不属于“购销合同”，不贴花。

8.【参考答案】AC

9.【参考答案】AC

环境保护税的纳税人是指在中华人民共和国领域和中华人民共和国管辖的其他海域，直接向环境排放应税污染物的企业事业单位和其他生产经营者。

10.【参考答案】BC

《土地增值税暂行条例》规定，“转让国有土地使用权、地上的建筑物及其附着物

（以下简称转让房地产）并取得收入的单位和个人，为土地增值税的纳税义务人（以下简称纳税人)，应依照本条例缴纳土地增值税。”房产评估增值、抵押、出租均没有发生转让行为，因此不征土地增值税。因此 B 选项正确，A、D 选项错误

《财政部 国家税务总局关于企业改制重组有关土地增值税政策的通知》（财税〔2015〕5 号）规定，“二、按照法律规定或者合同约定，两个或两个以上企业合并为一个企业，且原企业投资主体存续的，对原企业将国有土地、房屋权属转移、变更到合并后的企业，暂不征土地增值税。”因此 C 选项正确。

第八章　社会保险费

【学习目的】

社会保险费包括了养老、医疗、失业、生育、工伤保险五大内容，其中养老保险和医疗保险还划分有针对不同人群、不同层次的险种。本章重点在于从社会保险的险种、覆盖的人群范围、保险缴费标准和计算方法，对比掌握相关规定。同时了解税务机关征收社会保险的规定。

第一节　社会保险费概述

基本概念	国家通过立法，多渠道筹集资金，对劳动者因年老、失业、患病、工伤、生育等减少劳动收入时给予经济补偿，使他们能够享受基本生活保障的一项社会保障制度
基本构成	在我国，社会保险由基本养老保险、基本医疗保险、失业保险、工伤保险和生育保险组成
资金来源	用人单位和个人缴费、政府财政补贴、银行利息、投资收益、社会捐赠等

【多选题】下列属于社会保险的包括（　　）。

A. 基本养老保险　　B. 基本医疗保险

C. 生育保险　　D. 职业年金

【参考答案】ABC

职业年金是指机关事业单位及其工作人员在参加机关事业单位基本养老保险的基础上，建立的补充养老保险制度，它既不是社会保险，也不是商业保险，而是一项单位福利制度。

第二节　养老保险费

养老保险的三个支柱	内容
第一支柱	基本养老保险
第二支柱	补充养老保险
第三支柱	个人储蓄性养老保险

一、基本养老保险

基本养老保险费包括企业职工基本养老保险费、城乡居民基本养老保险费和机关事业单位工作人员基本养老保险费。

（一）企业职工基本养老保险费

1. 概念

企业职工基本养老保险费，是指按照企业职工基本养老保险制度规定，由用人单位及其职工缴纳的社会保险费用。

企业职工基本养老保险费是企业职工基本养老保险基金的主要来源。用于保障企业职工享受企业职工基本养老保险待遇的资金需要。

2. 企业职工基本养老保险的征收范围

征收范围	具体内容	
一般规定	企业职工基本养老保险费由用人单位及其职工共同缴纳 无雇工的个体工商户、未在用人单位参加基本养老保险的非全日制从业人员及其他灵活就业人员可以参加基本养老保险，由个人缴纳基本养老保险费	
具体内容	应当参加	内容较多，把握一点记忆即可： 有用人单位的签订劳动合同的职工，都应当参加。例如： （1）城镇各类企业及其职工；包括国有企业、城镇集体企业、外商投资企业、城镇私营企业、其他城镇企业及其职工 （2）民办非企业单位及其职工 （3）按照公务员法管理的单位、参照公务员法管理的机关（单位）事业单位编制外的签订劳动合同聘用人员
	可以参加	（1）无雇工的个体工商户、未在用人单位参加基本养老保险的非全日制从业人员以及其他灵活就业人员 包括临时工、季节工、劳务派遣工、自雇型就业人员、自主就业人员等 （2）包括在内地从事个体工商经营、灵活就业的港澳台居民
	可以不参加	（1）符合和中国签订的双边社会保障协定的在华短暂就业的外国人 （2）在港澳台参加当地社会保险，并继续保留相关社会保险关系的港澳台居民，持相关机构的授权证明

【多选题】下列属于企业职工基本养老保险征收范围的有（　　）。

A. 外资企业　　B. 灵活就业人员

C. 国有企业　　D. 事业单位全体人员

E. 香港居民在内地设立的个体工商户

【参考答案】ABCE

根据《社会保险法》第十条规定，职工应当参加基本养老保险，由用人单位和职工共同缴纳基本养老保险费。无雇工的个体工商户、未在用人单位参加基本养老保险的非全日制从业人员以及其他灵活就业人员可以参加基本养老保险，由个人缴纳基本养老保险费。故选项 A、B、C 正确。事业单位编制内人员缴纳机关事业单位基本养老保险，编制外的签订劳动合同聘用人员可以参加基本养老保险，选项 D 错误。在内地从事个体工商经营、灵活就业的港澳台居民可以参加基本养老保险，因此选项 E 正确。

3. 缴费基数

缴费基数	具体内容
用人单位的缴费基数	用人单位的缴费基数为国家规定的本单位企业职工工资总额
企业职工个人缴费基数	（1）企业职工个人基本养老保险的缴费基数为本人工资收入，原则上以本人上年度月平均工资为基础。在本省全口径城镇单位就业人员平均工资的 60%—300% 范围内进行核定 ①如果企业职工个人上年月平均工资低于本省全口径城镇单位就业人员平均工资的 60% 的，按照本省全口径城镇单位就业人员平均工资的 60% 缴费 ②超过本省全口径城镇单位就业人员平均工资 300% 的，按本省全口径城镇单位就业人员平均工资的 300% 缴费，超过部分不计入缴费工资基数 ③企业职工个人上年月平均工资介于本省全口径城镇单位就业人员平均工资的 60% 到 300% 之间的，要按照实际数额作为缴费基数 （2）本省全口径城镇单位就业人员的平均工资为城镇非私营单位就业人员平均工资和城镇私营单位就业人员平均工资加权计算的全口径城镇单位就业人员平均工资 【注】改革后，全口径城镇单位就业人员平均工资低于非私营城镇企业在岗职工的平均工资，从而起到降费作用
灵活就业人员缴费基数	无雇工的个体工商户、未在用人单位参加基本养老保险的非全日制从业人员以及其他灵活就业人员参加企业基本养老保险，可以在本省全口径城镇单位就业人员平均工资的 60%—300% 范围内进行自愿选择

【单选题】企业职工基本养老保险费缴费基数的上下限规定的比例是（　　）。

A. 60%、300%　　B. 50%、200%

C. 80%、120%　　D. 70%、150%

【参考答案】A

企业职工个人基本养老保险的缴费基数为本人工资收入，原则上以本人上年度月平均工资为基础。在本省全口径城镇单位就业人员平均工资的 60%—300% 范围内进行核定。

4. 缴费比例

缴费比例	具体内容
（1）用人单位缴费比例	用人单位缴纳基本养老保险金比例一般不得超过企业工资总额的 20%，具体比例由省、自治区、直辖市人民政府确定 从 2019 年 5 月 1 日起，各地企业职工基本养老保险用人单位的缴费比例可以降到 16%（按照 16% 记忆即可）

续表

缴费比例	具体内容
（2）职工个人缴费比例	为本人工资收入的8%
（3）其他灵活就业人员缴费比例	为其缴费基数的20%，其中8%计入个人账户，12%计入统筹基金账户 退休后按企业职工基本养老金计发办法计发基本养老金

【单选题】企业职工基本养老保险用人单位的缴费比例为（　　）。

A. 8%　　B. 16%　　C. 24%　　D. 20%

【参考答案】B

《国务院办公厅关于印发降低社会保险费率综合方案的通知》（国办发〔2019〕13号）规定，自2019年5月1日起，降低城镇职工基本养老保险单位缴费比例。各省、自治区、直辖市及新疆生产建设兵团养老保险单位缴费比例高于16%的，可降至16%。

5. 应缴保费的计算

计算公式	
基本公式	缴费基数×缴费比例
具体公式	用人单位应缴纳的职工基本养老保险费＝用人单位缴费基数×缴费比例 用人单位职工个人应缴纳的基本养老保险费＝职工个人缴费基数×缴费比例

（二）机关事业单位工作人员基本养老保险费

机关事业	具体内容
1. 概念	（1）机关事业单位工作人员基本养老保险费，是指按照机关事业单位工作人员基本养老保险制度相关规定，由机关事业单位及其编制内的工作人员共同缴纳的社会保险费 （2）机关事业单位工作人员基本养老保险实行强制征收
2. 征收范围	机关事业单位工作人员基本养老保险的征收范围包括： 按照公务员法管理的单位及其编制内工作人员 参照公务员法管理的机关（单位）及其编制内工作人员 事业单位及其编制内工作人员
3. 缴费基数	（1）用人单位缴费基数 机关事业单位的用人单位缴纳基本养老保险费、职业年金的基数都是本单位的职工工资总额 （2）编制内的工作人员个人的缴费基数 机关事业单位编制内工作人员的个人基本养老保险、职业年金的缴费基数都是本人工资，一般以上年度本人月平均工资为个人缴费工资基数 ①本人上年月平均工资低于本省全口径城镇单位就业人员平均工资（以下简称本省平均工资）60%的，按本省全口径城镇单位就业人员平均工资的60%缴费 ②超过本省平均工资300%的，按平均工资300%缴费，超过部分不计入缴费工资基数 ③职工个人工资收入介于本省平均工资的60%—300%之间的，按照实际数额作为缴费基数

续表

机关事业	具体内容
4. 缴费比例	（1）用人单位缴费比例 为本单位职工工资总额的 20%，从 2019 年 5 月 1 日降为 16% （2）机关事业单位编制内工作人员个人缴费比例 为本人缴费基数的 8%
5. 应缴保费的计算	机关事业单位应缴纳的基本养老金数额 = 单位缴费基数 ×16% 机关事业单位应缴纳的职业年金数额 = 单位缴费基数 ×8% 机关事业单位的职工个人应缴纳的基本养老金数额 = 个人缴费基数 ×8% 机关事业单位的职工个人应缴纳的职业年金数额 = 个人缴费基数 ×4%

【多选题】机关事业单位基本养老保险的征收范围包括（　　）。

A. 按照《公务员法》管理的单位及其编制内的工作人员

B. 参照《公务员法》管理的机关单位及其编制内工作人员

C. 事业单位及其编制内的工作人员

D. 事业单位编制外签订聘用合同的人员

【参考答案】ABC

事业单位编制外签订聘用合同的人员缴纳企业职工基本养老保险。

（三）城乡居民基本养老保险费

城乡居民	具体内容
概念	城乡居民基本养老保险费，是指按照城乡居民基本养老保险制度规定，由城乡居民参加城乡居民基本养老保险而缴纳的保险费用 城乡居民养老金由政府财政提供的基础养老金和来自个人账户的养老金组成，支付终身
征收范围	年满 16 周岁（不含在校学生），非国家机关和事业单位工作人员以及不属于职工基本养老保险制度覆盖范围的城乡居民，可以在户籍地参加城乡居民养老保险
缴费标准	个人缴费 城乡居民缴纳养老保险费采取自愿原则 由于参保人个人收入的差异，城乡居民社会养老保险费划分多个缴费档次，供城乡居民选择，城乡居民按年以固定费额来收费 城乡居民缴费标准目前设为 12 个档次，最高标准原则上不超过当地灵活就业人员参加职工基本养老保险的年缴费额，并报人力资源和社会保障部备案 参保人自主选择档次缴费，“长缴多得”，“多缴多得”
	集体补助 有条件的村集体经济组织应当对参保人给予补助 鼓励有条件的社区将集体补助纳入社区公益事业资金筹集范围 鼓励其他社会经济组织、公益慈善组织、个人为参保人提供补助 补助、资助金额不超过当地设定的最高缴费档次标准
	政府补贴 在缴费环节（入口）地方政府应当对参保人给予补贴，最低每人每年 30 元 在支付环节（出口）对符合领取城乡居民养老保险待遇的参保人全额支付基础养老金

【多选题】城乡居民养老保险基金资金筹集的来源构成包括（　　）。

A. 个人缴费　B. 社会捐赠　C. 集体补助　D. 政府补贴　E. 投资收益

【参考答案】ACD

根据《国务院关于建立统一的城乡居民基本养老保险制度的意见》（国发〔2014〕8号）规定，城乡居民养老保险基金由个人缴费、集体补助、政府补贴构成。

二、补充养老保险

类型	具体规定	
企业补充养老保险	概念	又称企业年金 是指企业及其职工在依法参加基本养老保险的基础上，自主建立的补充养老保险制度
	征收范围	符合下列条件的企业 1. 依法参加基本养老保险并履行缴费义务 2. 具有相应的经济负担能力 3. 建立了集体协商制度。企业应当与职工一方通过集体协商确定，并制定企业年金方案。企业年金方案应当提交职工代表大会或者全体职工讨论通过
	缴费标准	由企业和职工个人共同缴纳 企业缴费规模不超过企业职工工资总额的8%，企业和职工合计不超过职工工资总额的12%
机关事业单位工作人员补充养老保险	概念	机关事业单位编制内的工作人员除了建立基本养老保险制度以外，建立了的补充养老保险制度，又称职业年金 职业年金实行强制征收
	征收范围	和机关事业单位工作人员基本养老保险一致
	缴费标准	由机关和工作人员个人共同缴纳 缴费基数和机关事业单位工作人员基本养老保险一致 单位缴费比例为8%，工作人员个人缴费比例为4%

【多选题】机关事业单位工作人员的职业年金制度的缴纳比例为（　　）。

A. 单位不超过8%　B. 单位8%

C. 个人4%　D. 个人不超过4%

【参考答案】BC

根据《国务院关于机关事业单位工作人员养老保险制度改革的决定》（国发〔2015〕2号）规定，机关事业单位在参加基本养老保险的基础上，应当为其工作人员建立职业年金。单位按本单位工资总额的8%缴费，个人按本人缴费工资的4%缴费（机关事业单位的年金为强制性的比例，企业年金为选择性的）。

三、个人养老金

项目	具体内容
政策依据	《个人养老金实施办法》
概念	个人养老金是指政府政策支持、个人自愿参加、市场化运营、实现养老保险补充功能的制度 个人养老金实行个人账户制，缴费完全由参加人个人承担，自主选择购买符合规定的储蓄存款、理财产品、商业养老保险、公募基金等金融产品，实行完全积累，按照国家有关规定享受税收优惠政策
账户开立	参加人参加个人养老金，应当通过全国统一线上服务入口或者商业银行渠道，在信息平台开立个人养老金账户 参加人可以选择一家商业银行开立或者指定本人唯一的个人养老金资金账户，也可以通过其他符合规定的个人养老金产品销售机构指定 参加人可以在不同商业银行之间变更其个人养老金资金账户
	个人养老金账户用于登记和管理个人身份信息，并与基本养老保险关系关联，记录个人养老金缴费、投资、领取、抵扣和缴纳个人所得税等信息，是参加人参加个人养老金、享受税收优惠政策的基础
缴费	参加人每年缴纳个人养老金额度上限为 12 000 元 人力资源社会保障部、财政部根据经济社会发展水平、多层次养老保险体系发展情况等因素适时调整缴费额度上限
	参加人可以按月、分次或者按年度缴费，缴费额度按自然年度累计，次年重新计算
领取	个人养老金资金账户封闭运行，参加人达到以下任一条件的，可以按月、分次或者一次性领取个人养老金： （一）达到领取基本养老金年龄 （二）完全丧失劳动能力 （三）出国（境）定居 （四）国家规定的其他情形
	鼓励参加人长期领取个人养老金 参加人按月领取时，可以按照基本养老保险确定的计发月数逐月领取，也可以按照自己选定的领取月数逐月领取，领完为止；或者按照自己确定的固定额度逐月领取，领完为止 参加人选取分次领取的，应选定领取期限，明确领取次数或方式，领完为止
	参加人身故的，其个人养老金资金账户内的资产可以继承 参加人出国（境）定居、身故等原因社会保障卡被注销的，商业银行将参加人个人养老金资金账户内的资金转至其本人或者继承人指定的资金账户
账户注销	1. 参加人完成个人养老金资金账户内资金（资产）转移 2. 账户内的资金（资产）领取完毕的，商业银行注销该资金账户

第三节　基本医疗保险费

在我国，基本医疗保险，是指由国家、单位和个人缴纳，用于保障人们享受基本医疗保险待遇的社会保险费。我国基本医疗保险包括职工基本医疗保险费和城乡居民医疗保险费。

【提示】生育保险和职工基本医疗保险两项保险已经合并实施。

一、职工基本医疗保险费

（一）概念、参保范围和计算

	内容
概念	职工基本医疗保险费，是指按照基本医疗保险制度规定，由用人单位及其职工共同缴纳的社会保险费用 基本医疗保险基金由统筹基金和个人账户构成
参保人	应参保的人员： (1) 所有用人单位及其职工。具体包括：企业（国有企业、集体企业、外商投资企业、私营企业等）、机关、事业单位、社会团体、民办非企业单位及其职工 用人单位包括有雇工的个体经济组织 职工包括：①用人单位招录的港澳台居民、外国人 ②境外雇佣派遣到中国境内分支机构、代表机构工作的外国人 (2) 领取失业保险金期间的失业人员 (3) 军队文职人员
	可以参保的人员： 没有雇工的个体工商户、未在用人单位参加职工基本医疗保险的非全日制从业人员以及其他灵活就业人员 以上人员包括办理了居民居住证的港澳台居民
计算公式	用人单位应缴纳职工基本医疗保险费数额 = 单位缴费基数 × 缴费比例 用人单位职工个人应缴纳职工基本医疗保险费数额 = 职工个人缴费基数 × 缴费比例

【多选题】职工基本医疗保险的征收范围包括（　　）。

A. 城镇各类企业及其职工

B. 实行企业化管理的事业单位及其职工

C. 灵活就业人员

D. 社会团体、组织及其职工

E. 在中国境内就业的外籍人员

F. 机关事业单位及其职工

【参考答案】ABCDEF

所有用人单位及其职工。具体包括：企业（国有企业、集体企业、外商投资企业、私营企业等）、机关、事业单位、社会团体、民办非企业单位及其职工都应当参加职工基本医疗保险

（二）缴费基数

缴费基数	具体内容
（1）用人单位的缴费基数	用人单位基本医疗保险费的缴费基数为本单位职工工资总额
（2）职工个人缴费基数	职工个人缴纳基本医疗保险的缴费基数为本人工资为了便于管理，实践中，许多地方企业职工基本医疗保险、失业保险、工伤保险和生育保险的单位和个人的缴费基数，要按照职工基本养老保险的单位和个人的缴费基数来确定，从而使企业缴纳各项社会保险费的基数统一
（3）无雇工的个体工商户、未在用人单位参加基本医疗保险的非全日制从业人员以及其他灵活就业人员参加基本医疗保险	其缴费基数按照当地上一年职工平均工资核定

【单选题】职工医疗保险费用人单位的缴费基数为（　　）。

A. 职工个人工资

B. 本单位职工工资总额

C. 在岗职工的平均工资

D. 全口径城镇单位就业人员的平均工资

【参考答案】B

职工基本医疗保险费的缴费基数包括用工单位缴费基数和职工个人缴费基数。其中，用人单位缴费基数为职工工资总额，职工个人缴费基数为上一年度个人月平均工资。

（三）缴费比例

缴费比例	具体内容
（1）用人单位缴费比例	用人单位缴纳基本医疗保险金比例为本单位职工工资总额的6%左右 具体比例按照统筹地规定为准
（2）职工个人缴费比例	职工个人缴纳比例一般为个人缴费基数的2%
（3）无雇工的个体工商户、未在用人单位参加基本医疗保险的非全日制从业人员以及其他灵活就业人员缴费比例	全国不统一，实际按统筹地具体规定执行

【单选题】职工个人基本医疗保险费的缴费比例是（ ）。

A. 2%　　B. 8%　　C. 6%　　D. 7%

【参考答案】A

根据《国务院关于建立城镇职工基本医疗保险制度的决定》（国发〔1998〕44号）规定，职工基本医疗保险费由用人单位和职工共同缴纳。用人单位缴费率应控制在职工工资总额的6%左右，职工缴费率一般为本人工资收入的2%。

二、城乡居民基本医疗保险费

城乡居民	具体内容
1. 概念	城乡居民基本医疗保险费，是指按照城乡居民基本医疗保险制度规定，城乡居民自愿参加城乡居民基本医疗保险而缴纳的保险费用
2. 征收范围	城乡居民基本医疗保险覆盖范围没有年龄限制，包括除了职工基本医疗保险征收范围以外的其他所有城乡居民。具体包括 （1）不属于城镇职工基本医疗保险制度覆盖范围的老人、婴幼儿、在校学生 （2）灵活就业人员和拥有农村户籍的进城务工人员可以参加职工基本医疗保险，参加职工基本医疗保险有困难的，允许其参加城乡居民基本医疗保险 【注】自愿参加城乡居民基本医疗保险的城乡居民，纳入城乡居民基本医疗保险费的征收范围
3. 缴费标准	个人缴费和政府补助相结合 （1）城乡居民基本医疗保险以年为单位，采取定额缴费方式进行缴费 （2）2021年，国家规定城乡居民医疗保险人均个人缴费标准每人每年320元。各地可根据具体情况增加缴费标准。政府也给予资金补助，2020年财政对城乡居民财政补助资金每人每年补助不低于580元，用于分担城乡居民个人的医疗费用 （3）各地实际执行中，对老人、学生、儿童、特困人员、重度残疾等情形会多补助一些或给予倾斜性特殊资助

【多选题】城乡居民基本医疗保险的征收范围包括（ ）。

A. 70周岁以上的老人　　B. 未成年人

C. 购买了商业医疗保险的大学生　　D. 已经参加了职工医疗保险的个体户

E. 自愿参加的农民工

【参考答案】ABCE

根据《国务院关于整合城乡居民基本医疗保险制度的意见》（国发〔2016〕3号）规定，城乡居民医疗保险制度覆盖范围包括现有城镇居民医疗保险和新农合所有应参保（合）人员，即覆盖除职工基本医疗保险应参保人员以外的其他所有城乡居民。农民工和灵活就业人员依法参加职工基本医疗保险，有困难的可按照当地规定参加城乡居民医疗保险。

第四节　生育保险费

生育保险	具体内容
概念	国家通过社会保险立法，对生育职工因生育而暂时中断劳动，提供必要的经济补偿和医疗保健的一项社会制度 国家已经全面推进生育保险和职工基本医疗保险合并实施
参保范围	用人单位的职工，不论男女 用人单位按照国家规定缴纳生育保险费，职工不缴纳生育保险费
缴费基数	原则上为职工基本医疗保险的缴费基数
缴费比例	国家根据职工基本医疗保险基金支出情况和生育待遇的需求，按照收支平衡的原则，建立费率确定和调整机制 根据生育保险支出需求，建立费率动态调整机制，防范风险转嫁，实现制度可持续发展
征缴措施	生育保险和职工基本医疗保险遵循保留险种、保障待遇、统一管理、降低成本的总体思路，推进两项保险合并实施 实现参保同步登记、基金合并运行、征缴管理一致、监督管理统一、经办服务一体化

【多选题】生育保险的征收范围包括（　　）。

A. 国有企业　　B. 灵活就业人员

C. 高等学校　　D. 机关单位

E. 高校老师

【参考答案】ACD

根据《社会保险法》第五十三条规定：“职工应当参加生育保险，由用人单位按照国家规定缴纳生育保险费，职工不缴纳生育保险费。”因此灵活就业人员、高校老师都不需要缴纳生育保险。

第五节　失业保险费

失业保险	具体内容
1. 概念	失业保险费，是指按照社会保险相关制度规定，由用人单位及其职工共同缴纳的社会保险费用，用于解决失业人员依法享受的失业待遇资金需要 失业保险待遇包括领取失业保险金、接受职业培训、职业介绍的补贴以及其他待遇等
2. 征收范围	包括城镇企业、事业单位及其职工 城镇企业包括国有企业、城镇集体企业、外商投资企业、城镇私营企业 社会团体及其专职人员、民办非企业单位及其职工、城镇中有雇工的个体工商户及其雇工是否参加失业保险由各省级政府确定

续表

失业保险	具体内容
3. 缴费基数	（1）用人单位的缴费基数 为国家规定的本单位职工工资总额 许多地方以基本养老保险基数为失业保险的缴费基数 （2）职工个人缴费基数 为本人工资
4. 缴费比例	城镇企业事业单位按照本单位工资总额的2%缴纳失业保险费；城镇企业事业单位职工按照本人工资总额的1%缴纳失业保险费 自2019年5月1日起，实施失业保险总费率1%的省，阶段性降低失业保险费率政策于2021年4月30日到期后，延续实施1年至2023年4月30日
5. 应缴保费的计算	用人单位应缴纳的失业保险费数额 = 用人单位缴费基数 × 缴费比例 用人单位职工个人应缴纳的失业保险费数额 = 职工个人缴费基数 × 缴费比例

【单选题】2022年失业保险总费率为（　　）。

A. 3%　　B. 2%　　C. 1%　　D. 0.5%

【参考答案】C

自2017年1月1日起，失业保险总费率为1.5%的省（区、市），失业保险总费率可以降为1%，执行至2018年4月30日。自2018年5月1日起，实施失业保险总费率1%的省（区、市），延长阶段性降费率的期限至2019年4月30日。自2019年5月1日起，阶段性降低失业保险费率的期限不断延长，目前，该项政策已延期至2023年4月30日。

第六节　工伤保险费

工伤保险	具体内容
1. 概念	工伤保险费，是指按照社会保险相关制度规定，由用人单位缴纳的社会保险费用，用以解决遭受工伤伤害的职工依法享受的工伤保险待遇的需要 职工参加工伤保险，工伤保险费由用人单位缴纳，个人不缴纳工伤保险费用
2. 征收范围	包括我国境内的各类企业、事业单位、社会团体、民办非企业单位、基金会、律师事务所、会计事务所等组织和有雇工的个体工商户；国家正在组织开展平台灵活就业人员职业伤害保障试点
3. 缴费基数	用人单位缴纳工伤保险费的缴费基数为本单位职工工资总额 许多地方以基本养老保险基数为失业保险的缴费基数

续表

工伤保险	具体内容
4. 缴费比例	（1）工伤保险由于各用人单位的所处的行业风险程度不同，以及用人单位的风险管理水平不同，我国工伤保险实行行业基准费率和浮动费率相结合的方式确定用人单位的工伤保险实际费率 （2）按照不同行业划分为八类不同等级的行业，分别对应从0.2%到1.9%的行业基准费率 （3）工伤保险在实行行业差别比率费率的基础上，根据用人单位工伤保险出现情况、工伤保险费的使用情况、工伤发生率等因素实行浮动费率。通过费率浮动的办法确定每个行业内的费率档次 一类行业分为三个档次，即在基准费率的基础上，可向上浮动至120%、150% 二类至八类行业分为五个档次，即在基准费率的基础上，可分别向上浮动至120%、150%或向下浮动至80%、50% （3）为了减轻企业的负担，国家规定从2018年5月1日起，在保持八类费率总体稳定的基础上工伤保险基金累计结余可支付月数在18（含）至23个月的统筹地区，可以以现行费率为基础下调20% 累计结余可支付月数在24个月（含）以上的统筹地区，可以以现行费率为基础下调50% 阶段性降低工伤保险费率政策2021年4月30日到期后，延续至2023年4月30日
5. 应缴保费的计算	用人单位应缴工伤保险费数额=用人单位缴费基数×缴费比例
	建筑施工企业可以以建筑施工项目为单位，按项目工程总造价的一定比例计算 商贸、餐饮、住宿、美容美发、洗浴及文体娱乐等小型服务业及有雇工的个体工商户，可以按照营业面积核定参保人数，既可以按照所在地上一年度职工月均工资的一定比例和相应费率计算，也可以按照营业额一定比例计算 小型矿山可以按照总产量、吨矿工资含量和相应费率计算

【单选题】工伤保险费率实行的方法是（　　）。

A. 单一比例费率　　B. 阶梯费率

C. 浮动费率　　D. 基准费率和浮动费率相结合

【参考答案】D

根据《人力资源和社会保障部 财政部关于调整工伤保险费率政策的通知》（人社部发〔2015〕71号）规定，工伤保险在实行行业差别比率费率的基础上，根据用人单位工伤保险出现情况、工伤保险费的使用情况、工伤发生率等因素实行浮动费率。

第七节　社会保险费的征收管理

征管事项		具体内容
社会保险的参保登记	登记机关	用人单位和个人向当地社会（医疗）保险经办机构办理社保登记 广东、厦门地区由税务机关负责社保登记
	登记人	用人单位登记：企业及其职工、机关事业单位及其工作人员、有雇工的个体工商户及其雇工 个人参保登记：自愿参保的无雇工个体户、未在用人单位参保的非全日制和其他灵活就业人员、城乡居民参保登记

续表

征管事项	具体内容	
社会保险费的申报和缴纳	用人单位缴费申报	用人单位应当自行申报、按时足额缴纳社会保险费 职工应当缴纳的社保费由用人单位代扣代缴 用人单位按月将缴纳明细告知本人
	个人参保缴费申报	可以直接向社保费征收机构缴纳社会保险费 灵活就业人员可以按月，也可以按季、半年、年度合并缴纳，具体按各省规定执行
	城乡居民缴费	城乡居民基本养老保险按年缴费，自主选择缴费档次 城乡居民基本医疗保险按年缴费，当年预交下一年，交一次享受一年；大部分地区在9到12月集中缴纳
	工程项目工伤保险缴费	建筑施工企业相对固定职工按用人单位参加工伤保险 不能按用人单位参保的，按项目参加工伤保险 按项目参加工伤保险的，可以按照项目工程总造价的一定比例计算缴纳
社会保险费的核定	核定的内容	缴费险种、缴费人数、缴费基数、缴费费率是否合规 申报材料是否齐全 灵活就业人员缴费申报
	未按规定申报时的核定	用人单位未按照规定申报应缴纳社会保险费的，按照该单位上月缴费数额的110%确定应当缴纳数额 没有上月缴费数额的，暂按该单位经营状况、职工人数确定应缴数额 缴费单位补办申报手续后，按照规定结算
社会保险费的征收	基本规定	社会保险费实行统一征收 凡参加社会保险的用人单位和个人必须依据法律、法规按时足额缴纳社会保险费 以货币形式一次性缴纳，币种为人民币
	征收和缴纳方式	按照方便、快捷、安全的原则 税务机关提供“线上”和“线下”两种社会保险费缴费渠道 保留“线下”渠道，为老年人、残障等特殊人群提供便捷服务
	征收期限和所属期限	征收期限就是申报期限，按照各地规定执行 所属期限指缴纳的社会保险费的所属期间，各地规定不同
	缓缴	用人单位应当自行申报、按时足额缴纳社会保险费，非因不可抗力等法定事由不得缓缴、减免 用人单位因不可抗力造成生产经营严重困难，经有关部门批准后，可以暂缓一定期限的社会保险费，期限一般不超过一年
	退费	征收机构发现缴费人多缴的，应当依职权及时退还 缴费人发现多缴的，可以向征收机构申请退还 退付采用税务机关受理核验、人力资源社会保障部门或医疗保障部门退还
	法律责任	用人单位未按时足额缴纳社会保险费的，由社会保险费征收机构责令其限期缴纳或者补足 用人单位逾期仍未缴纳或者补足社会保险费的，社会保险费征收机构可以向银行和其他金融机构查询其存款账户；并可以申请县级以上有关行政部门作

续表

征管事项	具体内容	
		出划拨社会保险费的决定，书面通知其开户银行或者其他金融机构划拨社会保险费。用人单位账户余额少于应当缴纳的社会保险费的，社会保险费征收机构可以要求该用人单位提供担保，签订延期缴费协议 用人单位未足额缴纳社会保险费且未提供担保的，社会保险费征收机构可以申请人民法院扣押、查封、拍卖其价值相当于应当缴纳社会保险费的财产，以拍卖所得抵缴社会保险费 职工应当缴纳的社会保险费由用人单位代扣代缴，由社会保险费征收机构责令限期代缴，并自欠缴之日起，按日加收万分之五的滞纳金；且用人单位不得要求职工承担滞纳金
争议处理	和社保征收机构的争议	用人单位或者个人认为社会保险费征收机构的行为侵害自己合法权益的，可以依法申请行政复议或者提起行政诉讼 用人单位或者个人对社会保险经办机构不依法办理社会保险登记、核定社会保险费、支付社会保险待遇、办理社会保险转移接续手续或者侵害其他社会保险权益的行为，可以依法申请行政复议或者提起行政诉讼
	个人和用人单位之间的争议	个人与所在用人单位发生社会保险争议的，可以依法申请调解、仲裁，提起诉讼。用人单位侵害个人社会保险权益的，个人也可以要求社会保险行政部门或者社会保险费征收机构依法处理

【提示】社会保险费移交各地税务机关征收，缴纳金额由各地社会保险基金管理局核定。

【单选题】用人单位未按照规定申报应缴纳基本养老保险费的，由社会保险征收费机构按照该单位上月缴费数额的一定比例确定缴费数额，这一比例是（　　）。

A. 100%　　B. 110%　　C. 120%　　D. 130%

【参考答案】B

根据《社会保险费申报缴纳管理规定》（人力资源和社会保障部令第 20 号）第八条规定，用人单位未按照规定申报应缴纳的社会保险费数额的，社会保险经办机构暂按该单位上月缴费数额的 110% 确定应缴数额；没有上月缴费数额的，社会保险经办机构暂按该单位的经营状况、职工人数、当地上年度职工平均工资等有关情况确定应缴数额。

【多选题】个人因用人单位侵害其合法权益导致与所在用人单位发生社会保险争议时，可以采取的法律手段包括（　　）。

A. 申请行政复议　　B. 申请调解

C. 申请仲裁　　D. 提起诉讼

E. 要求社保费征收机构介入

【参考答案】BCDE

根据《社会保险法》第八十三条规定，个人与所在用人单位发生社会保险争议的，可以依法申请调解、仲裁，提起诉讼。用人单位侵害个人社会保险权益的，个人也可以要求社会保险行政部门或者社会保险费征收机构依法处理。

本章习题

一、单选题

1. 职工个人基本医疗保险的缴费比例是（　　）。

A. 2%　　B. 6%　　C. 7%　　D. 8%

2. 企业补充养老保险职工企业的缴费比例最高为（　　）。

A. 4%　　B. 12%　　C. 8%　　D. 20%

3. 下列说法符合个人养老金缴费规定的有（　　）。

A. 政府运作、自愿参加　　B. 规定产品、收益保障

C. 多缴多享、上不封顶　　D. 选择自由、可以继承

二、多选题

1. 按照保障层次划分，养老保险包括（　　）。

A. 社会福利照顾　　B. 基本养老保险

C. 补充养老保险　　D. 个人储蓄性养老保险

E. 个人日常储蓄

2. 失业保险的征收范围包括（　　）。

A. 国有企业及其职工　　B. 外商独资企业及其职工

C. 事业单位及其职工　　D. 公务员

E. 省级政府规定符合条件的个体工商户及其职工

三、判断题

1. 目前，失业保险总费率为1%，其中个人费率不超过0.5%。（　　）

2. 由于灵活就业人员没有相关单位，因此缴纳的基本养老保险费只能全部记入个人账户。（　　）

参考答案与解析

一、单选题

1. 【参考答案】A

根据《国务院关于建立城镇职工基本医疗保险制度的决定》（国发〔1998〕44号）规定，职工基本医疗保险费由用人单位和职工共同缴纳。用人单位缴费率应控制在职工工资总额的6%左右，职工缴费率一般为本人工资收入的2%。

2. 【参考答案】C

企业补充养老保险由企业和职工个人共同缴纳，企业缴费规模不超过企业职工工资总额的8%，企业和职工合计不超过职工工资总额的12%。

3. 【参考答案】D

个人养老金是指政府政策支持、个人自愿参加、市场化运营、实现养老保险补充功能的制度，因此A选项错误；个人养老金实行个人账户制，缴费完全由参加人个人承担，自主选择购买符合规定的储蓄存款、理财产品、商业养老保险、公募基金等金融产品，因此B选项错误；参加人每年缴纳个人养老金额度上限为12 000元，因此C选项错误；个人养老金的参加人可以按月、分次或者按年度缴费，自主选择购买符合规定的储蓄存款、理财产品、商业养老保险、公募基金等金融产品，领取方式可以按月、分次或者一次性领取个人养老金，参加人身故的，其个人养老金资金账户内的资产可以继承。因此D选项正确。

二、多选题

1. 【参考答案】BCD

养老保险的三个支柱分别为：

第一支柱——基本养老保险；

第二支柱——补充养老保险；

第三支柱——个人储蓄性养老保险。

2. 【参考答案】ABCE

失业保险的征收范围包括城镇企业、事业单位及其职工，其中城镇企业包括国有企业、城镇集体企业、外商投资企业、城镇私营企业。

社会团体及其专职人员、民办非企业单位及其职工、城镇中有雇工的个体工商户及其雇工是否参加失业保险由各省级政府确定。

三、判断题

1. 【参考答案】√

根据《人力资源和社会保障部 财政部关于阶段性降低失业保险费率有关问题的通知》（人社部发〔2017〕14号）规定，自2017年1月1日起，失业保险总费率为1.5%的省（区、市），可以将总费率降至1%。该政策执行期限不断延长，目前，该项政策已延期至2023年4月30日。

2. 【参考答案】×

城镇个体工商户和灵活就业人员参加基本养老保险的缴费基数为当地上年度在岗职工平均工资，缴费比例为20%，其中8%记入个人账户，退休后按企业职工基本养老金计发办法计发基本养老金。

第九章　非税收入

【学习目的】

非税收入的内容较为繁复，但是单项学习内容并不复杂。本章的学习在于掌握不同非税收入的划分，并逐一掌握已经划转税务部门征收的非税收入的基本概念、征收对象、计算方法、减免规定。

第一节　非税收入概述

一、非税收入的概念和特征

概述	具体内容	
概念	广义	除税收以外的其他财政收入
	狭义	指除税收以外，由各级国家机关、事业单位、代行政府职能的社会团体及其他组织依法利用国家权力、政府信誉、国家资源（资产）所有者权益等取得各项收入
特征	灵活性	1. 非税收入灵活性表现为形式多样性、取得的方式多样性、存续时间和征收依据的多样性 2. 非税收入分为 12 类，其中，有的一类中又有多项收入 非税收入取得的形式多种多样，可以是收费，也可以是按照类似税收的方式（如政府性基金），还可以是利润方式、租金方式以及罚没款方式取得收入 3. 非税收入取得的依据可以是凭借政权，也可以是资源（资产）所有权、政府信誉等 4. 非税收入存续的时间有长期性的，也有的存续时间较短如行政事业性收费项目，罚没收入会一直存在 为了某个特定的事项筹集资金，满足特定活动需要，在特定的条件下采取的过渡性组织收入，其存续时间相对较短 5. 同一种的非税收入由于各地经济状况不同，征收标准会有不同
	不稳定性	非税收入由于是对特定的行为和对特定管理对象征收，特定行为本身就具有不确定性，特定行为消失或者巨减则非税收入也会消失或巨减
	非普遍性	非税收入与政府社会管理职能结合在一起，有特定的管理对象和收取对象，往往不具有普遍性
	资金使用上的特定性	非税收入项目都是基于特定的事项而设立的，资金使用具有特定性，就是专款专用

【多选题】非税收入的灵活性表现在（　　）。

A. 形式灵活性

B. 征收依据多样性

C. 取得的方式多样性

D. 资金用途特定性

【参考答案】ABC

非税收入灵活性表现为形式多样性、取得的方式多样性、存续时间和征收依据的多样性。

二、非税收入的职能与作用

（一）非税收入的职能

职能	具体内容
组织财政收入职能	非税收入是除税收以外最重要的财政收入来源
经济管理职能	非税收入是政府利用不同收入渠道对经济进行宏观调控、实现资源优化配置、合理分配收入及稳定经济的重要手段
化解风险职能	用规范的非税收入措施对非税收入或收益进行严格管理，不仅可以防范公共资源效率风险，避免对市场产生消极影响，还可以有效防范公共资源流失风险，杜绝非法侵占行为发生

三、非税收入的分类和设立

非税收入设立的一般要求：设立和征收非税收入，应当依据法律、法规的规定或者按照规定管理权限予以批准。

分类依据	分类	设立依据
按照非税收入的性质分类	1. 行政事业性收费	国务院和省、自治区、直辖市人民政府及其财政、价格主管部门的规定设立和征收
	2. 政府性基金收入	国务院和财政部的规定设立和征收
	3. 罚没收入	法律、法规和规章的规定征收
	4. 国有资本收益	拥有国有资产（资本）产权的人民政府及其财政部门按照国有资产（资本）收益管理规定征收
	5. 国有资产有偿使用收入	
	6. 特许经营收入	按照国务院和省、自治区、直辖市人民政府及其财政部门的规定设立和征收
	7. 彩票公益金收入	国务院和财政部的规定筹集
	8. 中央银行收入	按照相关法律、法规征收
	9. 以政府名义接受的捐赠收入	按照同级人民政府及其财政部门的管理规定征收或者收取
	10. 主管部门集中收入	
	11. 政府收入的利息收入	
	12. 其他非税收入	

续表

分类依据	分类	设立依据
按照征收依据分类	1. 凭借国家权力取得的收入 2. 凭借政府信誉取得的收入 3. 凭借国有资源（资产）所有者权益取得的收入 4. 政府提供特定服务取得的收入	
按照收入归属分类	1. 中央非税收入 2. 地方非税收入	

【多选题】政府性基金用途有（　　）。

A. 筹集公共事业建设费用　　B. 筹集公共基础设施建设费

C. 用于行政事业费支付　　D. 用于社会保险费的筹集

【参考答案】AB

政府性基金的特点是专款专用，专门支持某项事业发展，如价格调节基金、教育费附加等。行政事业性收费一般为机关履行职能时提供了一定的服务而收取的款用，如签证费等。(增补知识点)

【判断题】国有企业上缴财政的利润属于国有资源有偿使用收入。（　　）

【参考答案】×

国有企业上缴财政的利润属于国有资本收益。

第二节　税务部门征收的非税收入项目

一、行政事业性收费

项目	内容	
三峡电站水资源费	征收对象	中国长江电力股份有限公司
	计算方法	三峡电站实际发电量和0.5分/千瓦时的标准计算缴纳
	征收方式	缴费人自行申报缴纳。按月申报，每月15日前申报
水土保持补偿费	征收对象	在山区、丘陵区、风沙区以及水土保持规划确定的容易发生水土流失的其他区域开办生产建设项目或者从事其他生产建设活动，损坏水土保持设施、地貌植被，不能恢复原有水土保持功能的单位和个人 其他生产建设活动包括： ①取土、挖砂、采石（不含河道采砂） ②烧制砖、瓦、瓷、石灰 ③排放废弃土、石、渣

续表

项目	内容	
	计算方法	根据占地面积（平方米）、开采量或者土、石、渣量（立方米）分别规定征收标准。具体征收标准，由各省、自治区、直辖市价格主管部门、财政部门会同水行政主管部门根据本地实际情况制定
	征收方式	缴费人自行申报缴纳 按次缴纳的，应于项目开工前或建设活动开始前缴纳 按期缴纳的，在期满之日起 15 日内申报缴纳
	欠费处理	由县级以上人民政府水行政主管部门责令限期缴纳；逾期不缴纳的，自滞纳之日起按日加收滞纳部分万分之五的滞纳金，可以处应缴水土保持补偿费三倍以下的罚款
防空地下室易地建设费	征收对象	因条件限制不能同步配套建设防空地下室的新建民用建筑的建设单位 民用建筑包括除工业生产厂房及其配套设施以外的所有非生产性建筑
	计算方法	防空地下室易地建设费 = 应建防空地下室建筑面积 × 征收标准 防空地下室易地建设费的收费标准，由省、自治区、直辖市价格主管部门会同同级财政、人防主管部门按照当地防空地下室的造价制定，报国家发改委、财政部、人防办备案
	征收方式	根据人防部门核定的收费金额自行申报缴纳
土地闲置费	征收对象	超过国有建设用地使用权有偿使用合同或者划拨决定书约定、规定的动工开发日期满 1 年未动工开发的国有建设用地使用权人 除一般理解的未动工的土地以外，已动工开发但开发建设用地面积占应动工开发建设用地总面积不足 1/3 或者已投资额占总投资额不足 25%，中止开发建设满 1 年的国有建设用地，也可以认定为闲置土地，征收土地闲置费
	计算方法	土地出让或者划拨价款 20% 的标准计算
	征收方式	自然资源部门向缴纳义务人（土地使用权人）出具《征缴土地闲置费决定书》等文书，并向税务部门推送《征缴土地闲置费决定书》等费源信息 缴纳义务人依据《征缴土地闲置费决定书》向税务部门申报缴纳
城镇垃圾处理费	征收对象	所有产生生活垃圾的国家机关、企事业单位（包括交通运输工具）、个体经营者、社会团体、城市居民和城市暂住人口
	计算方法	收费标准，由城市人民政府价格主管部门会同建设（环境卫生）行政主管部门制定，报城市人民政府批准执行，并报省级价格、建设行政主管部门备案
	征收方式	由缴纳义务人或代征单位自行向税务部门申报缴纳 未按时缴纳的，由税务部门出具催缴通知，并通过涉税渠道及时追缴
森林植被恢复费（2023 年 1 月 1 日起）	征收对象	凡勘查、开采矿藏和修建道路、水利、电力、通信等各项建设工程需要占用、征用或者临时占用林地，经县级以上林业主管部门审核同意或批准的
	收费标准	森林植被恢复费征收标准按照恢复不少于被占用或征用林地面积的森林植被所需要的调查规划设计、造林培育等费用核定。具体征收标准如下： （1）用材林林地、经济林林地、薪炭林林地、苗圃地，每平方米收取 6 元 （2）未成林造林地，每平方米收取 4 元

续表

项目		内容
		（3）防护林和特种用途林林地，每平方米收取 8 元；国家重点防护林和特种用途林地，每平方米收取 10 元 （4）疏林地、灌木林地，每平方米收取 3 元 （5）宜林地、采伐迹地、火烧迹地，每平方米收取 2 元
	征收方式	缴纳义务人应当依据林草部门核定的费额，按照规定的期限和程序，向税务部门申报和缴纳森林植被恢复费、草原植被恢复费 森林植被恢复费、草原植被恢复费入库后需要办理退库的，由缴费人向税务部门申请办理，税务部门经严格审核并商有关财政、林草部门复核同意后，按照财政部门有关退库管理规定办理退付手续
草原植被恢复费（2023 年 1 月 1 日起）	征收对象	进行矿藏勘查开采和工程建设征用或使用草原的单位和个人 因工程建设、勘查、旅游等活动需要临时占用草原且未履行恢复义务的单位和个人 在草原上修建直接为草原保护和畜牧业生产服务的工程设施，以及农牧民按规定标准建设住宅使用草原的，不缴纳草原植被恢复费
	收费标准	由所在地省、自治区、直辖市价格主管部门会同财政部门核定，并报国家发展改革委、财政部备案
	征收方式	缴纳义务人应当依据林草部门核定的费额，按照规定的期限和程序，向税务部门申报和缴纳森林植被恢复费、草原植被恢复费 森林植被恢复费、草原植被恢复费入库后需要办理退库的，由缴费人向税务部门申请办理，税务部门经严格审核并商有关财政、林草部门复核同意后，按照财政部门有关退库管理规定办理退付手续

【单选题】三峡电站水资源费的缴费主体是（　　）。

A. 用电居民　　B. 省供电公司

C. 中国长江电力股份有限公司　　D. 三峡电站供电保障的生产企业

【参考答案】C

根据《财政部 国家发展和改革委员会 水利部 中国人民银行关于三峡电站水资源费征收使用管理有关问题的通知》（财综〔2011〕19 号）规定，中国长江电力股份有限公司按照三峡电站实际发电量和规定的征收标准缴纳水资源费。

【单选题】拒不缴纳水土保持补偿费的，由主管部门责令限期缴纳；逾期不缴纳的，自滞纳之日起按日加收滞纳金，滞纳金加收比例是（　　）。

A. 0.05%　　B. 5%　　C. 0.03%　　D. 3%

【参考答案】A

根据《水土保持法》第五十七条的规定，违反规定，拒不缴纳水土保持补偿费的，由县级以上人民政府水行政主管部门责令限期缴纳；逾期不缴纳的，自滞纳之日起按日加收滞纳部分万分之五的滞纳金，可以处应缴水土保持补偿费三倍以下的罚款。

二、政府性基金收入

项目	内容	
教育费附加和地方教育附加	征收对象	实际缴纳增值税、消费税的单位和个人
	计算方法	以单位和个人实际缴纳的增值税、消费税的税额为计征依据，教育费附加按照3%的费率计征，地方教育附加按照2%的费率计征 （1）对海关代征的进口商品增值税、消费税，不征收教育费附加、地方教育附加 （2）经税务部门正式审核批准的当期免抵的增值税税额应纳入教育费附加、地方教育附加的计征范围，按规定的费率征收教育费附加、地方教育附加 （3）对实行增值税期末留抵退税的纳税人，允许其从教育费附加和地方教育附加的计税（征）依据中扣除退还的增值税税额
	征收方式	选择与增值税、消费税相同的申报期限申报缴纳。扣缴义务人在代扣代缴增值税、消费税时，应同时代扣代缴教育费附加和地方教育附加
	减免规定	（1）对月销售额不超过10万元（或季度销售额不超过30万元）的缴纳义务人，免征教育费附加和地方教育附加 （2）对增值税小规模纳税人、小型微利企业和个体工商户可以在50%的幅度内减征教育费附加和地方教育附加
	相关规定	（1）对增值税、消费税实行先征后返、先征后退、即征即退办法的，除另有规定外，对附征的教育费附加，一律不予退（返）还 （2）对由于减免增值税、消费税而发生退税的，可以同时退还已征收的教育费附加。但对出口产品退还增值税、消费税的，不退还已征的教育费附加 （3）教育费附加的征收管理，按照增值税、消费税的有关规定办理。地方教育附加按照各省、自治区、直辖市制定的规范性文件征收
文化事业建设费	征收对象	（1）在我国境内提供广告服务的广告媒介单位和户外广告经营单位，以及在我国境内提供娱乐服务的单位和个人 （2）对象中广告服务业的征缴范围不包括个人，而娱乐服务业包括个人 （3）我国境外的广告媒介单位和户外广告经营单位在境内提供广告服务，在境内未设有经营机构的，以广告服务接受方为文化事业建设费的扣缴义务人
	计算方法	按照提供广告服务、娱乐服务取得的计费销售额和3%的费率计算应缴费额 广告服务计费销售额，为缴纳义务人提供广告服务取得的全部含税价款和价外费用，减除支付给其他广告公司或广告发布者的含税广告发布费后的余额。娱乐服务计费销售额，为缴纳义务人提供娱乐服务取得的全部含税价款和价外费用
	征收方式	文化事业建设费由缴费人或扣缴义务人自行向税务部门申报缴纳或解缴 文化事业建设费的缴纳义务或扣缴义务发生时间、缴纳期限和缴纳地点，原则上与增值税纳税义务发生时间、缴纳期限和缴纳地点相同 缴纳义务人要求不实行按季申报的，由主管税务部门根据其应缴费额大小核定纳税期限
	减免规定	（1）增值税小规模纳税人中月销售额不超过2万元（按季纳税6万元）的企业和非企业单位提供的应税服务，免征文化事业建设费 （2）对未达到增值税起征点的提供娱乐服务的单位和个人，免征文化事业建设费 （3）自2019年7月1日至2024年1月31日，对归属中央收入的文化事业建设费，按照缴纳义务人应缴费额的50%减征；对归属地方收入的文化事业建设费，各省（区、市）财政、党委宣传部门可以结合当地经济发展水平、宣传思想文化事业发展等因素，在应缴费额50%的幅度内减征

续表

项目		内容
废弃电器电子产品处理基金	征收对象	电器电子产品生产者（包括代工生产企业）、进口电器电子产品的收货人或者其代理人 电子产品包括电视机、电冰箱、洗衣机、房间空调器、微型计算机、吸油烟机、电热水器、燃气热水器、打印机、复印机、传真机、监视器、移动通信手持机、电话单机等 14 大类
	计算方法	实行从量定额的办法计算，应缴纳废弃电器电子产品处理基金 = 销售数量（受托加工数量、进口数量）×征收标准 征收依据是缴纳义务人销售、受托加工生产或进口相关电器电子产品的数量 征收标准按照电子产品种类和制式分别规定
	征收方式	（1）进口电器电子产品的收货人或者代理人，由海关负责征收，其他的由税务机关负责征收 （2）缴纳义务人应当自季度终了之日起 15 日内申报缴纳废弃电器电子产品处理基金
残疾人就业保障金	征收对象	残疾人就业保障金的征收对象是安排残疾人就业达不到规定比例的用人单位 用人单位安排残疾人就业的比例不得低于本单位在职职工总数的 1.5%。具体比例由省、自治区、直辖市人民政府根据本地区的实际情况规定
	计算方法	残疾人就业保障金年缴纳额 = （上年用人单位在职职工人数×所在地规定的安排残疾人就业比例 - 上年用人单位实际安排的残疾人就业人数）×上年用人单位在职职工年平均工资或当地社会平均工资的 2 倍的孰低值
	征收方式	残疾人就业保障金按年计征，由缴纳义务人自行向税务部门申报缴纳
	减免规定	（1）2020 年 1 月 1 日至 2022 年 12 月 31 日，在职职工人数在 30 人（含）以下的企业，暂免征收残疾人就业保障金 （2）用人单位遇不可抗力自然灾害或其他突发事件遭受重大直接经济损失，可以申请减免或者缓缴残疾人就业保障金 （3）2020 年 1 月 1 日至 2022 年 12 月 31 日，对残疾人就业保障金实行分档减缴政策 用人单位安排残疾人就业比例达到 1%（含）以上，但未达到规定比例的，减按 50% 缴纳 用人单位安排残疾人就业比例在 1% 以下的，减按 90% 缴纳
	相关规定	用人单位未按照规定缴纳残疾人就业保障金的，由征收机关提交财政部门，由财政部门予以警告，责令限期缴纳；逾期仍不缴纳的，除补缴欠缴数额外，还应当自欠缴之日起，按日加收 5‰的滞纳金
水利建设基金	征收对象	中央水利建设基金从车辆购置税、铁路建设基金、港口建设费中提取 地方水利建设基金主要用于地方水利工程建设、城市防洪和水源工程建设。有一部分是向企事业单位和个体经营者征收的
	计算方法	各地征收标准不一样
	征收方式	缴费人自行申报办理
	减免规定	对月销售额不超过 10 万元（或季度销售额不超过 30 万元）的缴纳义务人，免征水利建设基金

续表

项目		内容
国家重大水利工程建设基金	征收对象	全国范围内（除西藏自治区外）的电力用户 国家重大水利工程建设基金征收至 2025 年 12 月 31 日
	计算方法	从量定额征收 国家重大水利工程建设基金 = 全部销售电量 × 征收标准 销售电量中先要扣除国家扶贫开发工作重点县农业排灌用电等
	征收方式	（1）地方独立电网销售电量，按月自行申报缴纳 （2）除地方独立电网销售电量外，由省级电网企业向电力用户收取电费时一并代征，按月自行申报缴纳 （3）省级电网企业、拥有自备电厂企业和地方独立电网企业应根据全年实际销售电量（自发自用电量），在次年 3 月底前完成汇算清缴
	减免规定	对分布式光伏发电自发自用电量免收国家重大水利工程建设基金
	相关规定	逾期不缴纳国家重大水利工程建设基金的，征收机关应责令其限期缴纳，并从滞纳之日起按日加收滞纳部分 2‰的滞纳金（注意这个特殊的滞纳金比例）
农网还贷资金	征收对象	农网改造贷款“一省多贷”的省、自治区、直辖市的电力用户 （主要是山西、吉林、湖南、湖北、广西、四川、重庆、云南、陕西等）
	计算方法	除规定的减免用量外，农网还贷资金按社会用电量每度电 2 分钱标准，并入电价收取
	征收方式	电网企业在向电力用户收取电费时一并代征农网还贷资金，按月申报缴纳
	相关规定	（1）农网还贷资金由电网经营企业在向用户收取电费时一并收取，并在电费收款凭证中注明农网还贷资金的征收电量、征收标准和征收金额 （2）征收农网还贷资金必须按照《增值税暂行条例》及其他有关规定缴纳增值税和流转环节的其他税费，按规定纳入预算管理后免征企业所得税 （3）对分布式光伏发电自发自用电量免收农网还贷资金 （4）对农业排灌、抗灾救灾及氮肥、磷肥、钾肥和原化工部颁发生产许可的复合肥生产用电免征农网还贷资金；国有重点煤炭企业生产用电、核工业铀扩散厂和堆化工厂生产用电农网还贷资金暂按 3 厘/千瓦时标准征收
可再生能源发展基金	征收对象	除西藏自治区以外的全国范围内的电力用户
	计算方法	可再生能源电价附加 = 销售电量 × 征收标准 销售电量中包含农业排灌用电
	征收方式	电网企业代征 电网企业应于每月 15 日前申报缴纳，在次年 3 月底前完成全年应缴可再生能源电价附加的汇算清缴工作
	减免规定	分布式光伏发电自发自用电量免收可再生能源电价附加
核电站乏燃料处理处置基金	征收对象	拥有已投入商业运行 5 年以上压水堆核电机组的核电厂
	计算方法	核电站乏燃料处理处置基金 = 销售电量 × 征收标准 征收标准为 0.026 元/千瓦时
	征收方式	每年 1 月申报缴纳
	相关规定	缴纳义务人未按规定期限缴纳核电站乏燃料处理处置基金的，从滞纳之日起按日加收滞纳金额 1‰的滞纳金（又是一个特殊的滞纳金比例）

续表

项目		内容
中央水库移民扶持基金	征收对象	（1）大中型水库移民后期扶持基金征收对象为电力用户 （2）跨省际大中型水库库区基金征收对象为装机容量在2.5万千瓦及以上有发电收入的水库和水电站。跨省际大中型水库为独立法人的，由水库（水电站）缴纳大中型水库库区基金；跨省际大中型水库为非独立法人的，由其归属企业缴纳大中型水库库区基金 （3）三峡水库库区基金征收对象为中国三峡工程开发总公司、中国长江电力股份有限公司
	计算方法	大中型水库移民后期扶持基金 = 实际销售电量（扣除免征电量）×征收标准 跨省际大中型水库库区基金 = 实际销售电量×征收标准×分配比例 三峡水库库区基金 = 实际销售电量×征收标准 （窍门：其实都是销售电量×征收标准，只有跨省际大中型水库库区基金需要在征收标准外再乘以分配比例，因为跨省就需要在不同省进行分配）
	征收方式	大中型水库移民后期扶持基金由电网企业在向电力用户收取电费时一并代征，按月申报缴纳（因为这是向用电的人收取的） 跨省际大中型水库库区基金和三峡水库库区基金由缴费人按月自主申报缴纳（因为这是向发电企业收取的）
	减免规定	分布式光伏发电自发自用电量免收大中型水库移民后期扶持基金
	相关规定	大中型水库移民后期扶持基金发生延期缴纳的，从逾期之日起按每日2%的标准加收滞纳金（又是一个特殊的滞纳金比例）
地方水库移民扶持基金	征收对象	各省、自治区、直辖市行政区域内装机容量2.5万千瓦及以上的大中型水库和水电站缴纳省级大中型水库库区基金 行政区域内装机容量2.5万千瓦以下的小型水库和水电站缴纳小型水库移民扶助基金 （如果跨省了，就缴纳上面的跨省际大中型水库库区基金）
	计算方法	地方水库移民扶持基金 = 实际上网销售电量×征收标准
	征收方式	缴费人自行申报缴纳

【单选题】国家重大水利工程建设基金的征收对象是（　　）。

A. 国家重大水利工程建设单位

B. 电力企业

C. 用电企业

D. 全国范围内（除西藏自治区外）的电力用户

【参考答案】D

国家重大水利工程建设基金的征收对象是全国范围内（除西藏自治区外）的电力用户。

【多选题】下列关于教育费附加、地方教育附加的说法，不正确的有（　　）。

A. 对海关代征的进口商品增值税，不征收教育费附加、地方教育附加

B. 对海关代征的进口商品增值税，应当征收教育费附加、地方教育附加

C. 对增值税、消费税实行先征后返、即征即退办法的，除另有规定外，应当予以退（返）还附征的教育费附加

D. 对增值税、消费税实行先征后返、即征即退办法的，除另有规定外，一律不退（返）还附征的教育费附加

E. 对由于减免增值税、消费税而发生退税的，不退还已征收的教育费附加

【参考答案】BCE

对海关代征的进口商品增值税、消费税，不征收教育费附加、地方教育附加，因此 B 选项错误。对增值税、消费税实行先征后返、先征后退、即征即退办法的，除另有规定外，对附征的教育费附加，一律不予退（返）还，因此 D 选项正确。对由于减免增值税、消费税而发生退税的，可以同时退还已征收的教育费附加。但对出口产品退还增值税、消费税的，不退还已征的教育费附加，因此 E 选项错误。

【多选题】下列关于文化事业建设费的说法，正确的有（　　）。

A. 文化事业建设费的征收对象包含从事广告服务、娱乐服务行业的企业和个人

B. 文化事业建设费按照提供广告服务、娱乐服务行业纳税人全部收入和 3% 的费率计算

C. 文化事业建设费按照提供广告服务、娱乐服务取得的计费销售额和 3% 的费率计算

D. 自 2020 年 1 月 1 日至 2021 年 12 月 31 日，免征文化事业建设费

E. 文化事业建设费原则上与增值税纳税义务发生时间、缴纳期限和缴纳地点相同

【参考答案】ACDE

文化事业建设费的征收对象为在我国境内提供广告服务的广告媒介单位和户外广告经营单位，以及在我国境内提供娱乐服务的单位和个人。对象中广告服务业的征缴范围不包括个人，而娱乐服务业包括个人，因此 A 选项错误。

文化事业建设费按照提供广告服务、娱乐服务取得的计费销售额和 3% 的费率计算。文化事业建设费由缴费人或扣缴义务人自行申报缴纳或解缴。因此 C 选项正确。

根据财政部、税务总局公告 2020 年第 25 号与财政部、税务总局公告 2021 年第 7 号文规定：自 2020 年 1 月 1 日至 2021 年 12 月 31 日，免征文化事业建设费。因此 D 选项正确。

文化事业建设费的缴纳义务或扣缴义务发生时间、缴纳期限和缴纳地点，原则上与增值税纳税义务发生时间、缴纳期限和缴纳地点相同。因此 E 选项正确。

三、国有资源（资产）有偿使用收入

项目	内容	
国有土地使用权出让收入	征收对象	依法取得国有土地使用权的受让人、承租国有土地使用权的承租人、转让房改房和经济适用住房的房产所有人 包括企业、组织、社会团体或个人
	计算方法	根据取得国有土地的方式，土地出让收入为取得土地的总成交价款或补缴的土地价款 与国有土地相关的土地租金收入、划拨用地土地补偿费、安置补助费、地上附着物和青苗补偿费、拆迁补偿费等费用，一并纳入土地出让收入管理
	征收方式	自然资源部门向税务部门推送合同、缴费金额、缴费期限等费源信息，竞得人向税务部门申报缴纳 涉及竞买保证金抵作国有土地使用权出让收入的，由自然资源部门、公共资源交易中心代竞得人向税务部门申报缴纳
矿产资源专项收入	征收对象	矿业权占用费的征收对象是矿业权人 矿业权出让收益的征收对象是在我国领域及管辖海域勘查、开采矿产资源的矿业权人
	计算方法	探矿权使用费按区块面积逐年缴纳，采矿权使用费按矿区范围面积逐年缴纳通过招标、拍卖、挂牌等竞争方式出让矿业权的，矿业权出让收益按招标、拍卖、挂牌的结果确定 通过协议方式出让矿业权的，矿业权出让收益按照评估价值、市场基准价孰高确定
	征收方式	自然资源部门向税务部门推送合同、缴费金额、缴费期限等费源信息，缴费人向税务部门申报缴纳
海域使用金	征收对象	海域使用金的征收对象是使用海域的单位和个人 包括使用我国内水、领海的水面、水体、海床和底土
	计算方法	征收海域使用金统一按照国家标准执行 沿海省、自治区、直辖市、计划单列市应根据本地区情况合理划分海域级别，制定不低于国家标准的地方海域使用金征收标准
	征收方式	自然资源部门向税务部门推送合同、缴费期限等费源信息，竞得人向税务部门申报缴纳
无居民海岛使用金	征收对象	无居民海岛使用者
	计算方法	无居民海岛使用权出让由国家或省级海洋行政主管部门按照相关程序通过评估提出出让标准，出让标准不得低于按照最低标准核算的出让标准
	征收方式	自然资源部门向税务部门推送合同、缴费期限等费源信息，竞得人向税务部门申报缴纳
	欠费规定	未按规定及时足额缴纳无居民海岛使用金的，按日加收1%的滞纳金

续表

项目	内容	
排污权出让收入	征收对象	征收对象为现有排污单位 以市场公开方式出让新建项目排污权和改建、扩建项目新增排污权时，中标人为缴费主体
	计算方法	试点地区省级价格、财政、生态环境部门根据当地环境资源稀缺程度、经济发展水平、污染治理成本等因素确定
	征收方式	缴费人自行申报缴纳

【不定项选择题】以招标、拍卖、挂牌和协议方式出让国有土地使用权的，土地出让收入的征收标准为（　　）。

A. 取得的总成交价款扣除拆迁补偿支出

B. 取得的总成交价款不扣除拆迁补偿支出

C. 取得的总成交价款（不含代收代缴的税费）

D. 取得的总成交价款（含代收代缴的税费）

【参考答案】C

以招标、拍卖、挂牌和协议方式出让国有土地使用权的，土地出让收入的征收标准为取得的总成交价款，不含代收代缴的税费。另外现在土地出让为净地出让，拆迁安置为政府先期行为，不涉及土地出让收入的计算。

四、税务机关征收的其他非税收入

项目	内容	
油价调控风险准备金	征收对象	我国境内生产、委托加工和进口汽、柴油的成品油生产经营企业
	计算方法	油价调控风险准备金按照汽、柴油的销售数量和规定的征收标准（成品油价格未调金额）缴纳 销售数量，是指缴纳义务人于相邻两个调价窗口期之间的实际销售数量 成品油价格未调金额由国家发展改革委、财政部根据国际原油价格变动情况，按照现行成品油价格形成机制计算核定，于每季度前 10 个工作日内，将上季度每次调价窗口期的征收标准，书面告知征收机关
	征收方式	缴费人自行申报缴纳
核事故应急准备专项收入	征收对象	核电企业
	计算方法	（1）基建期按设计额定容量 5 元/千瓦时的标准缴纳 （2）运行期按年度上网销售电量 0.2 厘/千瓦时的标准缴纳
	征收方式	缴费人自行申报缴纳

续表

项目	内容	
石油特别收益金	征收对象	在我国陆地领域和所辖海域独立开采并销售原油的企业以及在上述领域以合资、合作等方式开采并销售原油的其他企业（无论其是否在我国境内销售） 合资合作企业应当缴纳的石油特别收益金，由合资合作的各方中拥有石油勘探和开采许可证的一方企业统一向征收机关申报 中外合作油田按规定上缴国家的石油增值税、矿区使用费、国家留成油不征收石油特别收益金
	计算方法	实行 5 级超额累进从价定率计征 原油价格按美元/桶计价，起征点为 65 美元/桶 石油特别收益金 = [（石油开采企业销售原油的月加权平均价格 - 65）× 征收率 - 速算扣除数] × 销售量 × 美元兑换人民币汇率
	征收方式	缴费人自行申报缴纳
	欠费规定	缴费人在规定的期限内未足额缴纳石油特别收益金的，从滞纳之日起按日加收 0.5% 的滞纳金 （千分之五，不是万分之五，石油公司普遍都很富有）
国家留成油收入	征收对象	我国陆地领域和所辖海域内对外合作勘探开发生产石油的企业
	计算方法	应缴纳留成油收入等于总收入减除增值税、矿区使用费等费用的余额乘以合同约定的比例
	征收方式	缴费人自行申报缴纳
	欠费规定	缴费人未按规定期限缴纳国家留成油收入的，从滞纳之日起按日加收 0.5‰ 的滞纳金 （这次又是万分之五了）
免税商品特许经营费	征收对象	经营免税商品或代理销售免税商品的企业 免税商品，是指免征关税、进口环节税的进口商品和实行退（免）税（增值税、消费税）进入免税店销售的国产商品
	计算方法	一般为经营免税商品业务年销售收入的 1% 海南离岛旅客免税购物商店按经营免税商品业务年销售收入的 4% 缴纳
	征收方式	年度终了后 5 个月内向税务部门申报缴纳

【多选题】下列关于石油特别收益金的说法，正确的有（　　）。

A. 凡在我国陆地领域和所辖海域开采的石油，无论其是否在我国境内销售，均应按规定缴纳石油特别收益金

B. 石油开采企业在规定的期限内未足额缴纳石油特别收益金的，由税务机关责令限期缴纳，并从滞纳之日起按日加收 0.2‰的滞纳金

C. 企业缴纳的石油特别收益金不得在企业所得税税前扣除

D. 国家留成油不征收石油特别收益金

E. 石油特别收益金征收比率按石油开采企业销售原油的月加权平均价格确定，起征点为 65 美元/桶

【参考答案】ADE

石油开采企业在规定的期限内未足额缴纳石油特别收益金的，由税务机关责令限期缴纳，并从滞纳之日起按日加收0.5%的滞纳金；企业缴纳的石油特别收益金可以在企业所得税税前扣除。中外合作油田按规定上缴国家的石油增值税、矿区使用费、国家留成油不征收石油特别收益金。

【提示】石油特别收益金的滞纳金为0.5%（千分之五），国家留成油收入滞纳金0.5‰（万分之五）。

第三节　非税收入管理

一、非税收入的设立（见本章第一节第五部分）

二、非税收入的征收主体和职责

<table>
<tr><th></th><th colspan="2">具体规定</th></tr>
<tr><td>征收方式</td><td colspan="2">非税收入可以由财政部门直接征收，也可以由财政部门委托的部门和单位征收
法律、法规对非税收入执收单位已有规定的，从其规定
未经财政部门批准，不得改变非税收入执收单位</td></tr>
<tr><td>职责</td><td colspan="2">1. 公示非税收入征收依据和具体征收事项
2. 严格按照规定的非税收入项目、征收范围和征收标准进行征收，及时足额上缴非税收入，并对欠缴、少缴收入实施催缴
3. 记录、汇总、核对并按规定向同级财政部门报送非税收入征缴情况
4. 编报非税收入年度收入预算
5. 执行非税收入管理的其他有关规定
6. 执收单位不得违规多征、提前征收或者减征、免征、缓征非税收入。对违规设立非税收入项目、扩大征收范围、提高征收标准的，缴纳义务人有权拒绝缴纳并向有关部门举报</td></tr>
<tr><td rowspan="5">税务机关的管理制度</td><td>管理原则</td><td>遵循依法、规范、透明、高效的原则</td></tr>
<tr><td>管理制度</td><td>属地征收：税务部门按照属地原则征收划转的非税收入
具体由省级税务机关按照“便民、高效”原则确定</td></tr>
<tr><td>自行申报</td><td>1. 缴费人采用自行申报方式办理非税收入申报缴纳
2. 符合非税收入减免政策的，缴费人自行申报享受，相关资料由缴费人留存备查，并对资料的真实性和合法性承担责任</td></tr>
<tr><td>期限顺延</td><td>缴纳期限按现行规定执行，期限最后一日是法定休假日的，以休假日期满的次日为最后一日，期限内有连续3日以上法定休假日的，按休假日天数顺延</td></tr>
<tr><td>分类退库</td><td>1. 误收误缴、汇算清缴需要退库的，由缴费人向主管税务机关申请办理
2. 涉及收入减免等政策性原因需要退库的，按照财政部有关退库管理规定办理</td></tr>
</table>

【多选题】下列选项中，属于非税收入执收单位职责的有（　　）。

A. 设立非税收入项目

B. 公示非税收入征收依据和具体征收事项

C. 编报非税收入年度收入预算

D. 及时足额上缴非税收入

E. 对欠缴、少缴收入实施催缴

【参考答案】BCDE

非税收入执收单位职责为：

1. 公示非税收入征收依据和具体征收事项。

2. 严格按照规定的非税收入项目、征收范围和征收标准进行征收，及时足额上缴非税收入，并对欠缴、少缴收入实施催缴。

3. 记录、汇总、核对并按规定向同级财政部门报送非税收入征缴情况。

4. 编报非税收入年度收入预算。

5. 执行非税收入管理的其他有关规定。

6. 执收单位不得违规多征、提前征收或者减征、免征、缓征非税收入。

设立非税收入项目，应当依据法律、法规的规定或者按照规定管理权限予以批准，非税收入执收单位无此职责。

本章习题

一、单选题

1. 彩票公益金收入取得的依据是（　　）。

A. 国家权力　　B. 国有资源（资产）所有者权益

C. 凭借特许经营权　　D. 政府信誉

2. 下列属于凭借政权取得的非税收入项目为（　　）。

A. 国有企业利润收入　　B. 以政府名义接受的捐赠收入

C. 彩票公益金　　D. 罚没收入

3. 土地闲置费是国家对超出土地出让合同约定的动工开发日期满一定期限未动工开发的国有建设用地使用权人征收的费用。这个期限是（　　）。

A. 1 年　　B. 2 年　　C. 4 年　　D. 8 年

二、多选题

1. 下列属于非税收入的特征有（　　）。

A. 灵活性　　B. 非确定性

C. 非普遍性　　D. 资金用途特定性

2. 凭借国家权力取得的非税收入有（　　）。

A. 彩票收入　　　　B. 政府性基金收入

C. 行政事业性收入　　　　D. 特许权收入

3. 下列非税收入中，已划转税务机关征收的行政事业性收费项目有（　　）。

A. 车辆年检检测费　　　　B. 城镇垃圾处理费

C. 土地闲置费　　　　D. 水土保持补偿费

E. 车辆通行费

三、判断题

1. 政府性基金属于凭借政府政权取得的非税收入项目。（　　）

2. 非税收入不包括住房公积金和社会保险费。（　　）

参考答案与解析

一、单选题

1.【参考答案】B

彩票公益金收入取得的依据是国有资源（资产）所有者权益。

2.【参考答案】D

凭借政权取得的非税收入项目是罚没收入，因为带有强制性。

3.【参考答案】A

超过土地出让合同约定的动工开发日期满 1 年未动工开发（因不可抗力或者政府、政府有关部门的行为或者动工开发必需的前期工作造成动工开发迟延的除外）的国有建设用地使用权人应当缴纳土地闲置费。

二、多选题

1.【参考答案】ABCD

非税收入的特征是灵活性、非确定性、非普遍性、资金用途特定性。

2.【参考答案】BC

特许权收入属于是指国家依法特许企业、组织或个人垄断经营某种产品或服务而获得的收入。

彩票公益金收入，是指政府发行和销售彩票后扣除彩票发行费和彩票奖金后的资金，不选。

3.【参考答案】BCD

车辆年检检测费、车辆通行费不属于税务机关征管职责范围。目前划归税务机关征收的行政事业性收费项目主要有三峡电站水资源费、水土保持补偿费、防空地下室易地建设费、土地闲置费、城镇垃圾处理费。

三、判断题

1. 【参考答案】√

政府性基金是政府凭借行政权力，强制地、无偿地征收非税收入项目。

2. 【参考答案】√

《政府非税收入管理办法》第三条规定：本办法所称非税收入不包括社会保险费、住房公积金（指计入缴存人个人账户部分）。

第十章 税费征收与服务

【学习目的】

按照“税收执法规范性、税费服务便捷性、税务监管精准性”的发展要求，全面熟悉以《中华人民共和国税收征收管理法》为基础的税费工作内容与流程。

第一节 税收征收管理

一、概述

重点内容	具体认知
税收征收管理	①税务机关根据法律和行政法规规定，按照统一的程序和标准组织纳税人应纳税款入库并对其进行管理的一系列活动 ②包括税务管理、税款征收与收入管理、税费服务、税务监管和税务检查等
税务管理	税务机关依法开展信息报告、发票管理等基础性工作，据以指导和监督纳税人正确履行纳税义务
税款征收与收入管理	税务机关依法采取一定的形式、方法和步骤，实现应纳税款及时足额入库，并对收入进行核算与分析的活动
税费服务	税务机关依法为纳税人缴费人提供规范、高效与智能的各项服务
税务监管	全面推行实名办税缴费制度基础上，实行动态信用等级分类和智能化风险监管，构建以“数据集成＋优质服务＋提醒纠错＋依法查处”为主要内容的自然人税费服务与监管体系
税务检查	税务机关依法对纳税人、扣缴义务人履行法定纳税义务情况的检查和处理

二、信息报告

重点内容	具体认知
身份信息报告	①“一照一码”户信息确认 纳税人领取营业执照后，无须再次进行税务登记，只需要对信息进行补充、更新、更正即可。民政部门可参照上述做法 ②“两证整合”个体工商户信息确认 领取营业执照后，及时补充确认信息，无须再次进行税务登记

续表

重点内容	具体认知
制度信息报告	①存款账户、账号报告 从事生产、经营的纳税人应当自开立基本存款账户或者其他存款账户之日起15日内（发生变化自变化之日起15日内），向主管税务机关书面报告其全部账号 ②财务会计制度报告 自领取税务登记证件之日起15日内，将财务、会计制度或者财务、会计处理办法报送主管税务机关备案。使用计算机记账前，将记账软件、程序和使用说明书及有关资料报送主管税务机关备案 ③三方协议签订 与税务机关、开户银行签署委托银行代缴税款三方协议或委托划转税款协议，实现使用电子缴税系统缴纳税费、滞纳金和罚款
跨区域涉税事项报告	纳税人跨省（自治区、直辖市和计划单列市）临时从事生产经营活动的，向机构所在地税务机关填报“跨区域涉税事项报告表”。活动结束后，应当结清税款等事项，向经营地税务机关填报“经营地涉税事项反馈表”

三、发票管理

重点内容	具体认知
定义、依据和范围	1. 定义：购销商品、提供或接受服务以及从事其他经营活动中，开具、收取的收付款凭证 2. 法律依据：《税收征管法》及其实施细则、《发票管理办法》及其实施细则 3. 范围：我国境内印制、领用、开具、取得、保管、缴销发票的单位和个人
发票印制	1. 税务机关以招标方式确定印制发票企业，发放发票准印证 2. 增值税专用发票由国务院税务主管部门确定企业；其他发票，由省、自治区、直辖市税务机关依规定确定企业
发票领用和缴销	1. 需领用发票向主管税务机关申请，主管税务机关根据纳税人经营范围和规模，确认领用发票的种类、数量、领用方式。纳税人在发票票种核定的范围内领用。当前领用发票种类、数量或者开票限额不能满足经营需要，可向主管税务机关提出调整 2. 因信息变更或清税注销、跨区域活动结束、发票换版、损毁等原因按规定需要缴销发票的，到税务机关进行缴销处理
发票开具	1. 一般情况，收款方应当向付款方开具发票。特殊情况下，由付款方向经营方开具发票。应当按照规定时限、顺序、栏目，全部联次一次性如实开具，并加盖发票专用章 2. 任何单位和个人不得有下列虚开发票行为： （1）为他人、为自己开具与实际经营业务情况不符的发票 （2）让他人为自己开具与实际经营业务情况不符的发票 （3）介绍他人开具与实际经营业务情况不符的发票 3. 按规定使用税控装置开具发票，按期向主管税务机关报送开具数据；使用非税控装置，应将软件程序说明资料报主管税务机关备案，并保存报送开具数据
发票取得	1. 购买商品、接受服务以及从事其他经营活动支付款项时，应当向收款方取得发票。取得发票时，不得要求变更品名和金额 2. 不符合规定的发票，不得作为财务报销凭证，任何单位和个人有权拒收

续表

重点内容	具体认知
发票保管	1. 建立发票使用登记制度，设置发票登记簿，定期报告发票使用情况 2. 按照税务机关的规定存放和保管发票，不得擅自损毁。已开具的发票存根联和发票登记簿，应当保存5年，保存期满报税务机关查验后销毁
代开发票	需要临时使用发票，可凭书面证明和经办人身份证明直接向经营地税务机关申请代开。税务机关依法可委托其他单位代开发票，禁止非法代开发票
发票违法行为	1. 转借、转让、介绍他人转让发票、发票监制章和发票防伪专用品 2. 知道或者应当知道是私自印制、伪造、变造、非法取得或者废止的发票而受让、开具、存放、携带、邮寄、运输 3. 拆本使用发票 4. 扩大发票使用范围 5. 以其他凭证代替发票使用 除特殊情形外，任何单位和个人不得跨规定使用区域携带、邮寄、运输空白发票。禁止携带、邮寄或者运输空白发票出入境

四、账簿凭证管理

重点内容	具体认知
账簿、凭证设置	1. 从事生产、经营的纳税人自领取营业执照或发生纳税义务之日起15日内设置账簿 2. 扣缴义务人自法定扣缴义务发生之日起10日内，按税种分别设置代扣代缴、代收代缴税款账簿 3. 生产、经营规模小又确无建账能力的纳税人，可聘请经批准从事会计代理记账业务的机构或者财会人员代为建账和办理账务 4. 账簿、会计凭证和报表应当使用中文。民族自治地方可以同时使用当地通用的一种民族文字。外商投资企业和外国企业可以同时使用一种外国文字
账簿、凭证保管	账簿、记账凭证、报表、完税凭证、发票、出口凭证以及其他有关涉税资料，除另有规定外，应当保存10年。不得伪造、变造或者擅自损毁

【单选题】2021年甲公司财务人员在法定代表人刘某的要求下，实施了在账簿上隐瞒收入的行为。当年刘某将该公司股份转让给了张某并离开了公司。2022年税务机关实施税务检查，该公司法定代表人张某指示公司财务谎称账簿、记账凭证、报表等因更换法人而没有保存。《税收征管法》规定的账簿、记账凭证、报表、完税凭证、发票、出口凭证以及其他有关涉税资料的保存时间是（　　）年。

A. 3　　B. 5　　C. 10　　D. 15

【参考答案】C

账簿、记账凭证、报表、完税凭证、发票、出口凭证以及其他有关涉税资料应当合法、真实、完整且保存10年，法律、行政法规另有规定的除外。

五、纳税申报

重点内容	具体认知
定义	纳税人、扣缴义务人依法自行计算应纳税额和扣缴税款，依法按照申报期限、申报内容如实办理纳税申报等的法律行为，其对纳税申报、扣缴税款申报的真实性和合法性承担责任
主体	负有纳税义务的单位和个人
资料	办理纳税申报时应当如实填写申报表并根据不同情况报送相关证件和资料
期限	办理纳税申报的时间限定，各税种纳税期限规定不一致 1. 期限顺延：期限最后 1 日是法定休假日，以休假日期满的次日为期限的最后 1 日；在期限内有连续 3 日是以上法定休假日的，按休假日天数顺延 2. 延期申报：确有困难需要延期的，应当在规定的期限内向税务机关提出书面延期申请，经税务机关核准，在核准的期限内办理申报。且应当在纳税期内按照上期实际缴纳的税额或税务机关核定的税额预缴税款，并在核准的延期内办理税款结算
纳税申报方式	1. 直接申报 2. 邮寄申报：以邮政部门收据作为申报凭据，以寄出的邮戳日期为实际申报日期 3. 数据电文申报：以税务机关收到申报数据的时间为实际申报日期，电子数据应与书面材料保致一致
注意要点	1. 办理纳税申报后，发现申报存在错误，可以更正错误申报 2. 在纳税期内没有应纳税款的应当办理纳税申报 3. 享受减税、免税待遇的，在减、免期间应当办理纳税申报

六、税款征收

重点内容	具体认知
定义	税务机关依据税法确定的范围和标准，通过法定程序和方式实现应纳税款及时足额征收、缴入国库的活动
原则	依法征税、应收尽收、坚决不收“过头税”，坚决防止和制止越权减免税，坚决落实各项税收优惠政策
方式	1. 自行缴纳：最为普遍的税款征收方式 2. 代扣代缴和代收代缴：除自行缴纳以外最主要的税款征收方式 3. 委托代征：根据有利于税收控管和方便纳税的原则依法委托有关单位和人员代征零星分散和异地缴纳的税收，纳税人不得拒绝，如果拒绝，受托代征单位和个人应当及时报告税务机关 4. 核定征收：六种核定情形和四种核定方法 （1）核定情形 ①依照法律、行政法规的规定可以不设置账簿的 ②依照法律、行政法规的规定应当设置但未设置账簿的 ③擅自销毁账簿或者拒不提供纳税资料的 ④虽设置账簿，但账目混乱或者成本资料、收入凭证、费用凭证残缺不全，难以查账的 ⑤发生纳税义务，未按照规定的期限办理纳税申报，经税务机关责令限期申报，逾期仍不申报的

续表

重点内容	具体认知
	⑥纳税人申报的计税依据明显偏低，又无正当理由的 （2）核定方法 ①参照当地同类行业或者类似行业中经营规模和收入水平相近的纳税人的税负水平核定 ②按照应税收入额或者成本费用支出额定率核定 ③按照耗用的原材料、燃料、动力等推算或者测算核定 ④按照其他合理方法核定 采用上述一种方法不足以正确核定的，可以同时采取两种以上方法核定 （3）纳税人对税务机关依规核定的应纳税额有异议，应当提供相关证据，经税务机关认定后调整应纳税额
特殊情形	1. 延期缴纳税款：因有特殊困难（两种情况）不能按期缴纳税款，经省、自治区、直辖市税务局批准，可以延期缴纳税款，但是最长不得超过 3 个月 （1）受不可抗力影响，纳税人发生较大损失，正常生产经营活动受到较大影响 （2）当期货币资金在扣除应付职工工资、社会保险费后，不足以缴纳税款 2. 税款追征：有三种情形，但纳税人申报之后未缴纳而形成欠税以及税务机关已经检查处理但未执行入库的税款不在此追征制度的范围内 （1）因税务机关的责任，致使纳税人、扣缴义务人未缴或者少缴税款的，追征期为 3 年，但不得加收滞纳金。因税务机关的责任具体是指税务机关适用法律、行政法规不当或者执法行为违法 （2）因纳税人、扣缴义务人计算错误等失误，未缴或者少缴税款的，追征期为 3 年，且同时加收滞纳金。有特殊情况的，追征期可以延长到 5 年。有特殊情况是指纳税人或者扣缴义务人因计算错误等失误，未缴或者少缴、未扣或者少扣、未收或者少收税款，累计数额在 10 万元以上的情形 （3）纳税人偷税、抗税、骗税的，追征期是无限期，同时追征滞纳金 3. 退还多缴税款：纳税人超过应纳税额缴纳的税款，税务机关发现后应当立即退还；纳税人自结算缴纳税款之日起 3 年内发现的，可以向税务机关要求退还多缴的税款并加算银行同期存款利息，税务机关及时查实后应当立即退还
税款强制措施	1. 一般税收保全措施 （1）税收保全的前置程序 ①限期缴纳税款：税务机关有根据认为从事生产、经营的纳税人有逃避纳税义务行为的，可以在规定的纳税期之前，向纳税人发出《税务事项通知书》，责令限期缴纳应纳税款 ②责成提供纳税担保：在限期内发现纳税人有明显转移、隐匿其应纳商品、货物以及其他财产或应纳税收入迹象的，可以向纳税人发出《责成提供纳税担保通知书》，责任纳税人提供纳税担保 （2）税收保全的实施：纳税人不能提供纳税担保，经县以上税务局（分局）局长批准，可以采取税收保全措施 ①书面通知纳税人开户银行或者其他金融机构冻结纳税人的金额相当于应纳税额的存款 ②扣押、查封纳税人的价值相当于应纳税款的商品、货物或者其他财产 ③注意：个人及其所扶养家属维持生活必需的住房和用品，不在税收保全措施的范围之内 （3）税收保全的解除：在规定期限内缴纳税款，税务机关应当自收到税款或者银行转回的完税凭证之日起 1 日内解除税收保全措施 2. 特殊税收保全措施 （1）对未按照规定办理税务登记的从事生产、经营的纳税人以及临时从事经营的纳税人，由税务机关核定其应纳税额，责令缴纳；不缴纳的，税务机关可以扣押其价值相当于应纳税款的商品、货物。扣押后仍不缴纳应纳税款的，经县以上税务局（分局）局长批准，依法拍卖或变卖所扣押的商品、货物，以拍卖或者变卖所得抵缴税款

续表

重点内容	具体认知
	(2) 税务机关对从事生产、经营的纳税人以前纳税期的纳税情况依法进行税务检查时，发现纳税人有逃避纳税义务行为，并有明显的转移、隐匿其应纳税的商品、货物以及其他财产或应纳税的收入的迹象的，可以按照法定权限和程序采取税收保全措施 3. 税收强制执行：税务机关可自行依法实施，也可申请人民法院强制实施 (1) 责令限期缴纳：从事生产、经营的纳税人未按照规定的期限缴纳或者解缴税款，纳税担保人未按照规定的期限缴纳所担保的税款，由税务机关责令限期缴纳 (2) 批准实施：责令限期缴纳期满，仍未缴纳的，经县以上税务局（分局）局长审查批准，可执行强制措施 (3) 执行强制措施：两种情形 ①书面通知其开户银行或者其他金融机构从其存款中扣缴税款 ②扣押、查封、依法拍卖或者变卖其价值相当于应纳税款的商品、货物或者其他财产，以拍卖或者变卖所得抵缴税款 注意：税务机关采取强制执行措施时，对纳税人、扣缴义务人、纳税担保人未缴纳的滞纳金同时强制执行
欠税管理	1. 欠税金额：纳税人、扣缴义务人到期应纳或者应解缴税款与纳税人、扣缴义务人实际缴纳或者解缴税款的差额 2. 欠税管理制度 (1) 欠税催缴：申报期结束后，根据逾期未纳税情况，税务机关发出《税务事项通知书》，责令纳税人限期缴纳 (2) 加收滞纳金：从滞纳税款之日起，按日加收滞纳税款0.5‰的滞纳金 (3) 欠税公告：税务机关按期在办税场所或通过广播、电视、报纸、期刊、网络等新闻媒体公告纳税人的欠缴税款情况 (4) 阻止出境：欠缴税款的纳税人或其法定代表人需要出境，应在出境前结清应纳税款、滞纳金或提供担保。未结清税款、滞纳金，又不提供担保的，税务机关可以通知出入境管理机关阻止其出境 (5) 重要事项报告： ①欠缴税款5万元以上的纳税人在处理其不动产或大额资产之前，应当向税务机关报告 ②凡纳税人没有缴清欠税，应定期向主管税务机关报告其生产经营、资金往来、债权债务、投资和欠税原因、清欠计划等情况，报告间隔期依据欠税程度确定，但最长不得超过3个月 ③欠税人有合并、分立、撤销、破产和处置大额资产行为的，应随时向主管税务机关报告 (6) 强制执行：税务机关对于欠缴税款的纳税人、扣缴义务人可以采取强制执行措施 (7) 享有优先权、代位权和撤销权： ①税收优先于无担保债权 ②欠缴的税款发生在纳税人以其财产设定抵押、质押或纳税人的财产被留置之前的，税收应先于抵押权、质权、留置权执行 ③纳税人欠缴税款同时又被行政机关决定处以罚款、没收违法所得的，税收优先于罚款、没收违法所得 ④因怠于行使或放弃到期债权，或无偿转让财产，或以明显不合理的低价转让财产而受让人知道该情形，对国家税收造成损害的，税务机关可以依《民法典》规定行使代位权、撤销权 ⑤行使代位和撤销权的，不免除欠缴税款纳税人尚未履行的义务和应承担的法律责任 (8) 欠税抵顶退税：既有应退税款又有欠缴税款的，税务机关可以将应退税款和利息先抵扣欠缴税款；抵扣后有余额的，退还纳税人 3. 欠税的解除：规定期限内清缴税款和滞纳金，欠税自动解除。因欠税已采取的税收保全、停售发票、阻止出境等措施应及时解除

续表

重点内容	具体认知
减免税管理	①申报享受税收减免：一般在首次申报时操作，分为直接在申报表中填列减免税信息无须报送资料和随申报表报送附列资料两种 ②税收减免备案：首次享受减免税需向主管税务机关提交相关资料申请办理备案，一次性报备如无变化在政策存续期内一直享受，如有变化需及时向税务机关报告 ③税收减免核准：在政策规定的减免税期限内提交资料并申请，经税务机关核准确认后享受。未按规定申请或虽申请但未经核准确认，不得享受

【提示】注意延期纳税申报和延期缴纳税款的区别。延期申报，是先缴纳税款，推迟纳税申报时间，延期纳税，就是先正常纳税，推迟缴纳税款。

【判断题】纳税人按照规定的期限办理纳税申报确有困难，可以在纳税期内按照上期实际缴纳的税额或者税务机关核定的税额预缴税款，无需再办理书面延期申请。（　　）

【参考答案】×

纳税人、扣缴义务人按照规定的期限办理纳税申报或者报送代扣代缴、代收代缴税款报告表确有困难，需要延期的，应当在规定的申报期限内向税务机关提出书面延期申请。

【单选题】将零星、分散和不易管控的税源形成税收缴入国库，税务机关可以采用的税款征收方式是（　　）。

A. 代扣代缴　　B. 代收代缴　　C. 委托代征　　D. 核定征收

【参考答案】C

对于零星、分散和不易管控的税收，税务机关可以委托有关单位和人员代征零星分散和异地缴纳的税收。

【多选题】纳税人因有特殊困难不能按期缴纳税款，在办理延期缴纳税款时需要经批准的税务机关有（　　）。

A. 省税务局　　B. 自治区税务局　　C. 直辖市税务局　　D. 县级以上税务局

【参考答案】ABC

纳税人、扣缴义务人按照法律、行政法规规定或者税务机关依照法律、行政法规的规定确定的期限，缴纳或者解缴税款。纳税人因有特殊困难，不能按期缴纳税款的，经省、自治区、直辖市税务局批准，可以延期缴纳税款，但是最长不得超过 3 个月。

【单选题】因税务机关的责任，致使纳税人、扣缴义务人未缴或者少缴税款的，追征期为（　　）。

A. 2 年　　B. 3 年

C. 特殊情况延长到 5 年　　D. 无限期

【参考答案】B

根据《税收征管法》第五十二条规定，因税务机关的责任，致使纳税人、扣缴义务人未缴或者少缴税款的，税务机关在 3 年内可以要求纳税人、扣缴义务人补缴税款，但是不得加收滞纳金。

【单选题】下列关于税款征收措施表述正确的是（　　）。

A. 税务机关因扣缴义务人不履行扣缴义务可采取税收保全措施

B. 经县以上税务局局长批准可对不能提供纳税担保的纳税人采取税收保全措施

C. 强制执行措施包括书面通知纳税人开户银行冻结纳税人的金额相当于应纳税款的存款

D. 强制执行措施对纳税担保人未缴纳的滞纳金同时强制执行

【参考答案】D

税务机关有根据认为从事生产、经营的纳税人有逃避纳税义务，且纳税人不能提供纳税担保的，经县以上税务局局长批准，税务机关可以采取税收保全措施；税收保全措施包括书面通知纳税人开户银行冻结纳税人的金额相当于应纳税款的存款；纳税担保人未按照规定的期限缴纳所担保的税款，由税务机关责令限期缴纳，逾期仍未缴纳的，经县以上税务局（分局）局长批准，税务机关可以采取强制执行措施，税务机关采取强制执行措施时，对前款所列纳税人、扣缴义务人、纳税担保人未缴纳的滞纳金同时强制执行。

【判断题】税收优先权是指税务机关征收税款时，税收优先于无担保债权，法律另有规定的除外。（　　）

【参考答案】√

如果纳税人既没有缴纳税款，又没有偿还对他人的未设定担保的债务，在这种情况下，应当首先保证国家税款的征收，即国家税款的征收要优先于未设定担保的第三人的债权，体现了公权优先的原则。

七、税务检查

重点内容	具体认知
法定检查权力	1. 检查纳税人的账簿、记账凭证、报表和有关资料，检查扣缴义务人代扣代缴、代收代缴税款账簿、记账凭证和有关资料 2. 到纳税人的生产、经营场所和货物存放地检查纳税人应纳税的商品、货物或其他财产，

续表

重点内容	具体认知
	检查扣缴义务人与代扣代缴、代收代缴税款有关的经营情况 3. 询问纳税人、扣缴义务人与纳税或代扣代缴、代收代缴税款有关的问题和情况 4. 责成纳税人、扣缴义务人提供与纳税或代扣代缴、代收代缴税款有关的文件、证明材料和有关资料 5. 到车站、码头、机场、邮政企业及其分支机构检查纳税人托运、邮寄应纳税商品、货物或其他财产的有关单据、凭证和有关资料 6. 经县以上税务局（分局）局长批准，凭全国统一格式的检查存款账户许可证明，查询从事生产、经营的纳税人、扣缴义务人在银行或其他金融机构的存款账户。税务机关调查税收违法案件时，经设区的市、自治州以上税务局（分局）局长批准，可以查询案件涉嫌人员的储蓄存款 7. 对采用电子信息系统进行管理和核算的被查对象，可以按照规定程序和手续对电子信息系统进行直接检查，或者提取、复制电子数据进行检查
法定检查责任	1. 按照法律法规规定的权限、程序行使检查权 2. 检查前，应当告知被查对象检查时间、需要准备的资料等，但预先通知有碍检查的除外 3. 检查应当由两名以上检查人员共同实施 4. 进行税务检查时，应当出示税务检查证和税务检查通知书 5. 符合规定情形应当回避 6. 保守纳税人的商业秘密和个人隐私

第二节　税费服务

一、税费服务概述

（一）税费服务原理

重点内容	具体认知
税收遵从理论	①对纳税人有清晰的认知，并能进行必要的分类 ②需要在分类的基础上，制定相应的针对性管理措施，鼓励引导纳税人保持在自愿遵从状态下
新公共服务理论	①强调效率结果和服务质量，为纳税人缴费人提供高效、便捷的服务，提高其满意度与获得感 ②切实保障纳税人缴费人合法权益，打造服务型税务机关

（二）税费服务内容

重点内容	具体认知
税费宣传辅导	税务机关应当及时、广泛地对税收、社会保险费与非税收入法律法规和相关政策进行宣传辅导
税费咨询	税务机关通过多样化渠道无偿向纳税人缴费人提供政策咨询，帮助其更全面、准确地了解权利和义务，避免对政策了解不及时、不全面而出现增加遵从成本

续表

重点内容	具体认知
办税缴费服务	税务机关不断创新模式，拓展服务功能，优化流程，精简资料，帮助纳税人更轻松、快捷地履行义务
权益保护	通过切实保障纳税人权益和及时满足纳税人的合理需求，提高纳税人的税法遵从度和满意度
信用管理	通过加强纳税信用管理，强化纳税信用级别结果应用
涉税专业服务	税务部门支持第三方按市场化原则为纳税人缴费人提供个性化服务，并对涉税专业服务机构与人员的实施监督，充分发挥涉税专业服务的优势和积极作用

（三）税收营商环境

1. 税收营商环境基本内容

重点内容	具体认知
优化原则	市场化、法治化、国际化
内容	市场主体保护、市场环境优化、政务服务提示、严格监管执法和提高法治保障
税收对营商环境影响	①减轻税收负担 ②优化征管与税费服务

2. 营商环境中纳税情况指标体系

总税率和社会缴纳费率	纳税时间	纳税次数	税后流程指数
利润税率 劳务税率 其他税率	企业所得税纳税时间 增值税纳税时间 劳动力税费纳税时间 （个人所得税和社会保险费、公积金）	利润税纳税次数 劳务税纳税次数 其他税纳税次数	增值税退税合规时间 获得增值税退税合规时间 企业所得税审计合规时间 完成企业所得税审计合规时间

二、宣传咨询辅导

重点内容	具体认知
税费政策宣传辅导	日常宣传（常态化）：税费政策宣传和办税缴费流程宣传 专题宣传（特定）：热点问题、重点专题和税收宣传月宣传 培训辅导：新办纳税人培训辅导、税收专项培训辅导和纳税人学堂
纳税缴费咨询辅导	通过电话、网站、微信、短信、传真、信函和面对面等多种方式提供准确高效的税费咨询解答
税费政策精准推送	①通过税收大数据分析，建立税费优惠政策和纳税人缴费人的关联关系，形成精准推送的算法模型，确保推送对象和适用政策的准确度 ②内部打通信息系统之间的传输渠道，实现数据共享与实时传输，保障推送的及时性 ③利用网格化管理及时弥补推送错误，各级税务机关也不断校正信息以确保推送效果良好

三、办税缴费服务

重点内容	具体认知
改进办税缴费方式	1. 企业税费网上办理，个人税费掌上办理，不断拓展“非接触式”“不见面”办税缴费服务 2. 逐步改变以表单为载体的传统申报模式，实现信息系统自动提取数据、自动计算数据、自动预填申报的数据报送模式 3. 精简享受优惠政策流程和手续，持续扩大“自行判别、自行申报、事后监管”范围
减轻办税缴费负担	1. 积极通过信息系统采集数据，加强部门间数据共享，着力减少纳税人缴费人重复报送 2. 全面推行税务证明事项告知承诺制，拓展容缺办理事项，持续扩大涉税资料由事前报送改为留存备查的范围
压减纳税缴费次数和时间	1. 落实《优化营商环境条例》，推进税（费）种综合申报，依法简并部分税种征期，减少申报次数和时间 2. 扩大部门间数据共享范围，加快企业出口退税全环节办理速度，利用纳税信用制度，对高信用级别企业可进一步缩短办理时间

四、纳税人权益保护

重点内容	具体认知
纳税人权利（14项）	知情权、保密权、税收监督权、纳税申报方式选择权、申请延期申报权、申请延期缴纳税款权、申请退还多缴税款权、依法享受税收优惠权、委托税务代理权、陈述与申辩权、对未出示税务检查证和税务检查通知书的拒绝检查权、税收法律救济权、依法要求听证的权利、索取有关税收凭证的权利
纳税人义务（10项）	依法进行税务登记的义务；依法设置保管账簿和有关资料以及依法开具、使用、取得和保管发票的义务；财务会计制度和会计核算软件备案的义务；按照规定安装、使用税控装置的义务；按时、如实申报的义务；按时缴纳税款的义务；代扣、代收税款的义务；接受依法检查的义务；及时提供信息的义务；报告其他涉税信息的义务
合法权益保障	1. 畅通诉求有效收集、快速响应和及时反馈渠道 2. 坚持依法保障人权，维护纳税人合法权益，完善纳税人缴费人权利救济和税费争议解决机制 ①按照《纳税服务投诉管理办法》规范高效处理纳税服务投诉 ②实施大企业税收事先裁定并建立健全相关制度 ③健全纳税人缴费人个人信息保护等制度，依法加强税费数据查询权限和留痕等管理，严格保护纳税人缴费人及扣缴义务人的商业秘密、个人隐私等，严防个人信息泄露和滥用等 ④对税务机关和税务人员违反有关法律法规规定、因疏于监管造成重大损失的，依法严肃追究责任

【多选题】《税收征管法》赋予纳税人的权利有（　　）。

A. 知情权　　B. 保密权

C. 申报选择权　　D. 索取凭证权

【参考答案】AB

14项权利是：知情权、保密权、税收监督权、纳税申报方式选择权、申请延期申报权、申请延期缴纳税款权、申请退还多缴税款权、依法享受税收优惠权、委托税务代理权、陈述与申辩权、对未出示税务检查证和税务检查通知书的拒绝检查权、税收法律救济权、依法要求听证的权利、索取有关税收凭证的权利。

【单选题】下列检查中，超越《税收征管法》所赋予税务机关权限的有（ ）。

A. 到车站检查纳税人托运应纳税货物的有关单据

B. 到机场检查纳税人托运应纳税商品的有关单据

C. 到邮政企业检查纳税人邮寄应纳税货物的有关单据

D. 到码头检查纳税人托运应纳税商品货物

【参考答案】D

税务机关有权到车站、码头、机场、邮政企业及其分支机构检查纳税人托运、邮寄应纳税商品、货物或者其他财产的有关单据、凭证和有关资料。

五、纳税人权益保护

重点内容	具体认知
纳税信用制度	采取年度评价指标得分和直接判级的方式对企业信用状况进行的评价，由高到低分为A、B、M、C、D五级，实行动态管理，纳税人可以在规定期限内申请信用修复，可实时查询自身信用级别和信用扣分明细
纳税信用与社会信用的协同	1. 建立健全纳税缴费信用评价制度，对纳税缴费信用高的市场主体给予更多便利 2. 在全面推行实名办税缴费制度基础上，实行纳税人缴费人动态信用等级分类和智能化风险监管，既以最严格的标准防范逃避税，又避免影响企业正常生产经营 3. 对重大涉税违法犯罪案件，依法从严查处曝光并按照有关规定纳入企业和个人信用记录，共享至全国信用信息平台，充分发挥纳税信用在社会信用体系中的基础性作用

六、涉税专业服务

重点内容	具体认知
涉税专业服务监管制度	1. 定义：涉税专业服务机构接受委托，利用专业知识和技能，就涉税事项向委托人提供的税务代理等服务 2. 机构：税务师事务所和从事涉税专业服务的会计师事务所、律师事务所、代理记账机构、税务代理机构、税务代理公司、财税类咨询公司等机构 3. 业务：纳税申报代理、日常办税事项税务咨询、专业税务顾问、税收策划、涉税鉴证、纳税情况审查、其他税务事项代理等 4. 监管 ①对事务所实施行政登记管理，对其他涉税专业服务机构建立业务信息采集制度；②对执业情况进行检查；③对行业协会进行监督指导；④公告纳入机构名单和信用情况，公告未经行政登记的税务师事务所名单
涉税专业服务机构与个人的信用管理	建立信用评价管理制度，建立合理的信用评价指标体系，进行信用等级评价或信用记录

第三节　税费收入统计分析

一、概述和税费收入管理

重点内容	具体认知
概述	组织收入管理是税务机关为保证税收和其他收入的稳定实现，依据国家预算管理体制和国家经济发展规划，对组织收入工作进行的总体安排设计。包括税收预测、税收分析、收入监控和税收收入质量考核等环节
税收预测	1. 具有定量性、模型性、可控性的特点 2. 指标体系分为经济指标、税收收入指标、重点税源企业指标三类 ①经济指标：国内生产总值（GDP）、生产价格指数（PPI）、工业增加值、固定资产投资等 ②税收收入指标：历年税收收入指标、分地区税收收入、分行业税收收入等 ③重点税源企业指标：重点税源企业税收收入、重点税源企业营业收入、重点税源企业利润等
税收分析	1. 税收形势分析：总结税收收入运行状况和特点，分析收入增减变化原因，反映税收运行和组织收入工作中存在的问题，判断未来收入走势情况，提出加强组织收入工作的对策建议 2. 政策效应分析：从事前、事中和事后密切跟踪改革和政策实施情况，测算税收政策变动对经济、税收的定量影响，提出调整和优化建议。 3. 经济运行分析：利用税收大数据优势，从税收角度观察和反映我国经济运行状况，把握经济发展方式转变过程，折射经济社会发展中值得关注的问题
重点税源监控	1. 包括独立纳税企业监控、重点企业集团监控、重点行业监控、重大项目监控和重点区域监控等类别 2. 一般每年认定一次，主管税务机关根据本年监控标准和上年实际纳税情况进行认定。对上年度因特殊情况一次性达到监控标准而本年不再可能达到标准的纳税人，可不纳入监控范围，但应作出说明 3. 职能：宏观税源分析和微观税源监控

二、税收会计

重点内容	具体认知
概念	运用会计方法和手段，对税收业务进行全面、综合、连续、系统的核算、反映与监督的税收管理活动
任务	①组织税收会计核算，记录和反映税收业务活动，提供税收会计信息 ②加强税收缴库、退库、调库业务管理，保障税款安全 ③实施税收会计监督，规范税收业务行为 ④开展税收会计分析，反映税收、经济运行情况，服务税收决策
核算	①税收资金分为资金来源和资金占用。其中资金来源包括应征税金、多缴税金和暂收款；资金占用具体有待征税金、待解税金、在途税金、减免税金、入库税金、提退税金、损失税金和保管款 ②核算应当以实际发生的业务为依据，坚持客观性、相关性、连续性原则 ③税收会计报表一般包括日报、月报和年报等。除国家税务总局确定编制周期的报表外，其他报表的具体编制周期由各省税务机关确定

三、税收票证

重点内容	具体认知
概述	税务机关、扣缴义务人依法征收税款、基金、费、滞纳金、罚没款等各项收入的过程中，开具的收款、退款和缴库凭证。是纳税人实际缴纳税款或收取退还税款的法定证明
形式	纸质形式和数据电文形式
要素	税收票证号码、征收单位名称、开具日期、纳税人名称、纳税人识别号、税种（费、基金、罚没款）、金额、所属时期等
种类	①税收缴款书：《税收缴款书（银行经收专用）》《税收缴款书（税务收现专用）》《税收缴款书（代扣代收专用）》 ②税收收入退还书：《税收收入退还书》《税收收入电子退还书》 ③出口货物劳务专用税收票证：《税收缴款书（出口货物劳务专用）》《出口货物完税分割单》 ④印花税专用税收票证：印花税票、印花税票销售凭证 ⑤税收完税证明 ⑥税收票证专用章戳：税收票证监制章、征税专用章、退库专用章、印花税收讫专用章和国家税务总局规定的其他税收票证专用章戳 ⑦国家税务总局规定的其他税收票证

第四节 税费风险管理

一、概述

重点内容	具体认知
税费风险定义	在征税过程中，由于制度、管理、执行以及种种不可预知和不可控制的因素所引发的不确定的结果。风险存在于税收管理的整个过程和整个环节
类型	按照风险来源，分为税务部门税收执法风险和企业税收遵从风险 按照风险可测程度，分为指标性和非指标性税收风险 按照风险等级评定，分为一般和重大税收风险
管理	运用风险管理理论和方法，在全面分析纳税人税法遵从状况的基础上，针对纳税人不同类型、不同等级的税收风险，合理配置税收管理资源，通过风险提醒、纳税评估、税务审计、反避税调查、税务稽查等风险应对手段，防控税收风险，提高纳税人的税法遵从度，提升税务机关管理水平的税收管理活动。税收风险管理贯穿于税收工作的全过程

二、税收风险管理流程

重点内容	具体认知
内容	包括目标规划、信息收集、风险识别、等级排序、风险应对、过程监控和评价反馈，并通过评价成果对规划目标修订校正
制定目标规划	税收风险管理工作的起点

续表

重点内容	具体认知
收集涉税信息	税收风险管理工作的基础
开展风险识别	根据风险规律，利用相关数据和建立的风险模型，采取人机结合方式，对纳税人缴费人的遵从状况进行扫描、分析和筛选，找出风险易发生的领域、环节和群体，为风险管理提供精准指向和具体对象
确定等级排序	按照风险等级由高到低合理确定应采取措施的应对任务数量 ①风险结果整合：将上级机关推送的风险任务、本级风险分析识别结果和下级提报的风险任务按户归集 ②风险结果排序：对同一纳税人多个推送结果的各类风险模型进行量化计算，按照风险分值从高到低的次序排列 ③确定风险等级：根据风险汇总分值的高低，采取定性与定量、计算机扫描和人工分析相结合的方法，将纳税人风险等级分为高、中、低三个级别
组织风险应对	包括风险提醒、纳税评估、税务审计、反避税调查、税务稽查等差异手段。高风险应对主要采取税务稽查；中风险应对主要采取纳税评估、税务审计、反避税调查等；低风险应对主要采取提示提醒、纳税辅导等
实施过程监控及评价反馈	实施有效监控，对效果进行评价后纳入绩效考核体系，加强对过程监控和评价结果的应用，优化识别指标和模型，完善管理措施，提出政策调整建议，实现持续改进

第五节　税务稽查

一、概述

重点内容	具体认知
概述	税务稽查由稽查局依法实施。稽查局办理案件时应以事实为根据，以法律为准绳，坚持公平、公正、公开、效率的原则
职责	依法对纳税人、扣缴义务人和其他涉税当事人履行纳税义务、扣缴义务情况及涉税事项进行检查处理，以及围绕检查处理开展的其他相关工作
管辖	①级别管辖：根据上下级稽查局之间实施稽查分工权限 ②地域管辖：不同区域稽查局之间的稽查权限分工 ③指定管辖：当税务稽查管辖有争议，本着有利于案件办理的原则，由争议各方逐级协商解决，不能协商一致的要报请共同的上级税务机关决定 ④移送管辖：已受理案件稽查局将不属于本管辖权的案件移交给具有管辖权的稽查局

二、税务稽查办案流程

重点内容	具体认知
选案	通过稽查案源管理方式合理准确地选择待查对象。确定后，经稽查局局长批准实施立案检查。必要时依法可以在立案前进行检查
检查	1. 检查准备：检查前应当告知被查对象检查时间、需要准备的资料等，但预先通知有碍检查的除外 2. 检查开始：应当由两名以上具有执法资格的检查人员共同实施，并向被查对象出示税务检查证件、出示或送达税务检查通知书，告知其权利和义务 3. 检查方法：可采取实地检查、调取账簿资料、询问、查询存款账户或储蓄存款、异地协查等方法 （1）实地检查：可制作现场笔录、勘验笔录，对实地调查取证情况予以记录，载明时间、地点和事件等内容，并由检查人员签名和当事人签章 （2）调取账簿凭证资料：调取时，应当向被查对象出具调取账簿资料通知书，并填写调取账簿资料清单交其核对后签章确认。调取以前年度各类账证资料，应经县以上税务局局长批准，并在3个月内完整退还。调取当年度各类账证资料，应经设区的市、自治州以上税务局局长批准，并在30日内退还。退还时，应由被查对象核对调取账簿资料清单，并签章确认 （3）检查存款账户：查询从事生产、经营纳税人及扣缴义务人存款账户，应经县以上税务局局长批准，凭检查存款账户许可证明向银行或其他金融机构查询。查询案件涉嫌人员储蓄存款的，应经设区的市、自治州以上税务局局长批准，凭检查存款账户许可证明向银行或其他金融机构查询 （4）询问：应向被询问人送达询问通知书，实施过程应由两名以上检查人员负责，同时应当告知被询问人有关权利义务，询问笔录应当交被询问人核对或向其宣读，核对无误后由被询问人按规定确认 （5）异地境外调查取证：异地调查取证当地税务机关应予以协助；发函委托调查取证受托地稽查局根据请求依法调查；委托地稽查局必要时可以派人参与受托地稽查局调查取证；稽查局可提请国际税收管理部门依照有关规定程序获取境外资料 4. 检查中止与终结 （1）中止：检查过程中出现符合中止检查规定情形，致使检查暂时无法进行的，经稽查局局长批准后，实施中止检查程序 （2）终结：检查过程中出现某些特定情形致使检查确实无法进行，经稽查局局长批准后可终结检查
审理	检查结束后应进行审理，符合重案标准，稽查局审理后提请税务局重大税务案件审理委员会审理 1. 审理内容：执法主体是否正确；被查对象是否准确；税收违法事实是否清楚；证据是否充分；数据是否准确；资料是否齐全；适用法律、行政法规、规章及其他规范性文件是否适当，定性是否正确；是否符合法定程序；是否超越或滥用职权；税务处理、处罚建议是否适当；其他应当审核确认的事项或问题 2. 审理结果：税务处理决定、税务行政处罚决定、不予税务行政处罚决定和税务稽查结论
执行	1. 应依法及时将载明处理结果的税务文书送达被查对象，告知并督促被检查人依法履行处理和处罚决定。符合条件，经县以上税务局局长批准，稽查局可以依法强制执行或依法申请人民法院强制执行 2. 执行过程中出现符合中止执行情形，经稽查局局长批准后中止执行；符合法定终结执行情形，经税务局局长批准后终结执行

本章习题

一、单选题

1. 从事生产、经营的纳税人基本存款账户或其他存款账户发生变化的，应当在规定期限向主管税务机关书面报告，上述规定期限是（　　）。

A. 变化当日　　B. 自变化之日起 5 日内

C. 自变化之日起 10 日内　　D. 自变化之日起 15 日内

2. 税务机关在对一定时期内风险管理的工作目标、阶段重点、方针策略、主要措施、实施步骤等做出系统性、全局性的谋划，是指风险管理流程中的（　　）。

A. 目标规划　　B. 信息采集　　C. 风险识别　　D. 风险应对

3. 检查人员调取纳税人、扣缴义务人以前会计年度的账簿、记账凭证、报表和其他有关资料的，应当经县以上税务局局长批准，并在规定期限内完整退还，该期限是（　　）。

A. 30 日内　　B. 3 个月内　　C. 6 个月内　　D. 1 个月内

4. 因税务机关的责任，致使纳税人、扣缴义务人未缴或者少缴税款的，追征期为（　　）。

A. 2 年　　B. 3 年　　C. 5 年　　D. 无限期

5. 纳税信用评价是税务机关采取年度评价指标不得分和直接判级的方式对企业纳税人纳税信用状况进行的评价，由高到低分为（　　）。

A. A、B、E、C 四级　　B. A、B、C、D 四级

C. A、B、C、D、E 五级　　D. A、B、M、C、D 五级

6. 风险等级排序分为三个环节，具体为（　　）。

A. 风险识别、风险分析、风险应对

B. 风险结果整合、风险结果排序、确定风险等级

C. 风险结果核实、风险结果分析、风险结果排序

D. 风险结果整合、风险结果分析、确定风险排序

7. 经审理后，下列选项中不属于税务稽查的处理结果的是（　　）。

A. 税务稽查结论　　B. 不予税务行政处罚决定

C. 税务行政处罚决定　　D. 税务处理结论

二、多选题

1. 欠缴税款的纳税人或其法定代表人在出境前，税务机关可以对其采取的措施有（　　）。

A. 要求结清税款和滞纳金

B. 在不能结清税款和滞纳金的情况下，要求其提供纳税担保

C. 在不能结清税款、滞纳金或提供纳税担保的情况下，采取税收保全措施

D. 在不能结清税款、滞纳金或提供纳税担保的情况下，通知出境管理机关阻止其出境

E. 只要求结清税款

2. 纳税人有下列情形之一的，属于税收征管法第三十一条所称特殊困难的是（　　）。

A. 因不可抗力事件发生，导致纳税人发生较大损失，正常生产经营活动受到较大影响的

B. 当期货币资金在扣除应付职工工资、劳动保险费用后，不足以缴纳税款的

C. 因企业的法定代表人、财会人员外出，不能按期缴纳税款

D. 企业资金紧张，偿还到期的购货款后，剩余资金不足以缴纳当期税款

E. 企业因准备发行债券而导致资金链紧张，暂不足以缴纳当期税款

3. 下列情形中，税务机关有权核定纳税人应纳税额的有（　　）。

A. 擅自销毁账簿或拒不提供纳税资料的

B. 依照法律、行政法规应当设置而未设置账簿的

C. 依照法律、行政法规的规定可以不设置账簿的

D. 依照法律、行政法规的规定可以不办理税务登记的

E. 纳税人申报的计税依据明显偏低，又无正当理由的

4. 当前减免税享受形式分为（　　）。

A. 核准类减免税　　B. 备案类减免税

C. 政策类减免　　D. 自行减免类

E. 申报享受税收减免

5. 针对纳税人不同类型不同等级的税收风险，可采取的风险应对手段包括（　　）。

A. 风险提醒　　B. 反避税调查

C. 纳税评估　　D. 税务约谈

E. 税务稽查

参考答案与解析

一、单选题

1. 【参考答案】D

从事生产、经营的纳税人应当自开立基本存款账户或其他存款账户发之日起 15 日内，向主管税务机关书面报告其全部账号；发生变化的，应当自变化之日起 15 日内向主管税务机关书面报告。

2. 【参考答案】A

目标规划是风险管理工作的起点。

3. 【参考答案】B

检查人员调取纳税人、扣缴义务人以前会计年度的账簿、记账凭证、报表和其他有关资料的，应当经县以上税务局局长批准，并在 3 个月内完整退还。

4. 【参考答案】B

《中华人民共和国税收征收管理法》第五十二条规定，因税务机关的责任，致使纳税人、扣缴义务人未缴或者少缴税款的，税务机关在 3 年内可以要求纳税人、扣缴义务人补缴税款，但是不得加收滞纳金。选项 B 符合文件规定，应选。

5. 【参考答案】D

纳税信用评价是税务机关采取年度评价指标不得分和直接判级的方式对企业纳税人纳税信用状况进行的评价，由高到低分为 A、B、M、C、D 五级。

6. 【参考答案】B

风险等级排序分为风险结果整合、风险结果排序、确定风险等级三个环节。

7. 【参考答案】D

经审理后，处理结果分为税务处理决定、税务行政处罚决定、不予税务行政处罚决定和税务稽查结论。

二、多选题

1. 【参考答案】ABD

欠缴税款的纳税人或其法定代表人在离开国境前，税务机关可以对其采取的措施要求结清税款和滞纳金；在不能结清税款和滞纳金的情况下，要求其提供纳税担保和在不能结清税款、滞纳金或提供纳税担保的情况下，通知出境管理机关阻止其出境。

2. 【参考答案】AB

特殊困难分为两类：一是受不可抗力影响，纳税人发生较大损失，正常生产经营活动受到较大影响；二是当期货币资金在扣除应付职工工资、法定劳动社会保险费用后，不足以缴纳税款。

3. 【参考答案】ABCE

《税收征管法》第三十五条规定，纳税人有下列情形之一的，税务机关有权核定其应纳税额：①依照法律、行政法规的规定可以不设置账簿的；②依照法律、行政法规的规定应当设置但未设置账簿的；③擅自销毁账簿或者拒不提供纳税资料的；④虽设置账簿，但账目混乱或者成本资料、收入凭证、费用凭证残缺不全，难以查账的；⑤发生纳税义务，未按照规定的期限办理纳税申报，经税务机关责令限期申报，逾期仍不申报的；⑥纳税人申报的计税依据明显偏低，又无正当理由的。

4. 【参考答案】ABE

减免税享受形式分为申报享受税收减免、税收减免备案和税收减免核准 3 种。

5. 【参考答案】ABCE

D 选项，税务约谈是纳税评估流程中的一个程序。

第十一章　税收信息化建设

【学习目的】

正确理解“智慧税务”的科学内涵和实现路径，从而明确税收信息化的建设理念和发展方向。

第一节　税收信息化建设概述

一、税收信息化的概念

重点内容	具体认知
定义	将信息技术广泛应用于税务管理，深度开发和利用信息资源，提高执法、服务和监管水平，并由此推动税务部门业务重组、流程再造、文化重塑，进而推进税务管理现代化建设的综合过程
层次	①是信息技术的应用活动 ②是利用信息化技术进行税收管理的实践活动 ③是提升税收治理现代化水平的创新活动

二、税收信息化阶段性建设目标

重点内容	具体认知
金税一期工程和二期工程的建设目标	①我国税收信息化快速发展源于 1994 年实施以增值税为核心的税制改革 ②建设目标是“科技加管理”，即充分利用计算机和网络为核心的现代信息技术，为税收管理提供现代化手段，同时在管理理念、管理体制、管理方法上有所创新，使之与现代化手段相适应，实现人机的最佳结合
金税三期工程的建设目标	①一个平台：包括网络硬件和基础软件的统一的技术基础平台 ②两级处理：依托统一的技术基础平台，逐步实现数据信息在总局和省局集中处理 ③三个覆盖：应用内容逐步覆盖所有税种，覆盖所有工作环节，覆盖国地税局，并与有关部门联网 ④四个系统：通过业务的重组、优化和规范，逐步形成一个以征管业务为主，包括行政管理、外部信息和决策支持在内的四大子系统的应用软件
金税四期工程的建设目标（2020 年至今）	①发票电子化改革（金税四期）是推进税收现代化的系统性改革，要通过理念思维、业务制度、岗责体系、技术平台的转型升级，打造智慧税务，推动“以票控税”向“以数治税”转变，实现“以数治税” ②发票电子化改革（金税四期）是智慧税务建设的突破口，是实现税收治理体系和治理能力现代化的引领和支撑

【单选题】金税三期建设目标中的一个平台指的是（　　）。

A. 统一的网络平台　　B. 统一的业务平台

C. 统一的登录平台　　D. 统一的技术基础平台

【参考答案】D

一个平台是指包含网络硬件和基础软件的统一的技术基础平台。

三、税收信息化的建设原则

原则分类	具体认知
1. 先进性原则	充分利用先进成熟的云计算、大数据、移动互联等技术，为系统提供稳健支撑，适应国家信息化发展趋势和税收现代化要求
2. 标准化原则	系统建设中涉及的各种技术均遵循国际标准、国家标准、税务行业标准以及相关规范
3. 扩展性原则	技术架构采用模块化、组件设计、虚拟化、冗余化部署，具有高扩展性、高可维护性、高兼容性，充分满足业务和用户未来发展的需要
4. 开放性原则	系统可以对第三方数据进行采集存储和整合利用，实现信息资源共享
5. 易用性原则	充分重视用户使用体验、界面友好、操作简单、功能易用、管理方便、运行顺畅、问题和故障处理快速响应
6. 安全性原则	系统高度安全可靠，能够有效防范非法攻击，避免未经授权的访问，保障关键信息数据的传输、存储、交换安全，确保系统运行安全
7. 高可用性原则	系统应保证“7 ×24”小时可以使用，一年内系统平稳运行的可用性大于 99. 99%

【判断题】充分利用先进成熟的云计算、大数据、移动互联等技术，为系统提供稳健支撑，适应国家信息化发展趋势和税收现代化要求。体现的是信息化建设的开放性原则。（　　）

【参考答案】×

这句话体现的是信息化建设的先进性原则。

四、税收信息化建设的主要内容

重点内容	具体认知
1. 标准规范建设	①税收信息化建设的基础 ②制定税收信息化建设相关的业务标准、技术标准，形成科学、合理的标准体系，规范和指导税收信息化建设工作
2. 应用系统建设	①税收信息化的核心内容 ②为了实现项目的建设目标，按照建设原则，对业务需求进行分析，按照信息化环境下运行要求进行设计实现，完成相应的信息系统建设，最终实现上线运行 ③包括业务功能规划、技术架构确定、部署运行模式选择、系统平台软件选择和上线方案制定等
3. 基础设施建设	包括资源规划、设备部署、软件安装和系统集成等

续表

重点内容	具体认知
4. 网络系统建设	包括广域网建设、接入网建设、局域网建设和网络管理等
5. 安全体系建设	根据系统安全需求，建立安全管理体系和安全技术体系，覆盖从物理环境、网络层、系统层、数据库层、应用层信息安全的所有方面
6. 运维体系建设	通过工作制度、流程、跟踪系统、知识库、信息库等的建立，完成税务系统运行维护支持体系建设，全面保障税务管理信息系统高效、稳定、安全运行

第二节　税收信息化建设的成就

一、金税三期应用系统

组成部分	具体认知
1. 核心征管软件	包括核心征管、集成平台、应用总集成
2. 管理决策一包	①主要进行数据统计分析的应用系统 ②包括数据仓库和数据应用
3. 管理决策二包	金税三期的数据综合利用及管理平台，包括十个子系统
4. 外部信息交换系统	满足税务部门与第三方涉税数据交换的需求
5. 税库银系统	财政部、国家税务总局、中国人民银行的跨部门信息系统，为纳税人提供高效便利的纳税服务
6. 应用安全支撑平台	①实现税务系统内部用户和外部用户集中统一的用户和权限管理、系统级访问控制管理 ②包括单位登录、用户管理、统一身份存储和签名验签及认证服务

【单选题】在金税三期中进行申报的子系统是（　　）。

A. 核心征管系统　　B. 决策一包

C. 决策二包　　D. 外部交换

【参考答案】A

核心征管包含登记、发票、优惠、认定、证明、申报、征收、票证、评估审计、稽查、法制以及综合等业务领域，是金税三期中的核心业务系统。

二、社保费征管系统

系统组成	具体认知
1. 社保费管理子系统	核心业务系统之一 管理范围包括单位缴费人（企业、机关事业、虚拟户）和个人缴费人（职工、灵活就业、城乡居民），社会保险主要有基本养老保险、基本医疗保险、生育保险、工作保险、失业保险、其他医疗保险、企业年金、职业年金等

续表

系统组成	具体认知
2. 社保费征收子系统	包括银行账户采集、三方协议采集及验证、缴费、退费缓缴、对账等业务
3. 税银子系统	实现费款税银征缴模式
4. 信息共享平台	实现人社部门和税务部门之间实时和异步批量数据交换任务，实现信息共享和业务协同

【多选题】下列属于社保费征管信息系统的有（　　）。

A. 社保费管理子系统　　B. 社保费支付子系统

C. 社保费报表子系统　　D. 社保费征收子系统

E. 社保费税银子系统

【参考答案】ADE

三、自然人税收管理系统

系统组成	具体认知
1. 税务端办税门户 WEB	税务机关对个人所得税统一管理的门户，主要包括业务办理、查询统计、征纳互动、运营中心等
2. 自然人办税门户（WEB 和 App）	提供给自然人进行个人所得税业务办理的统一办税服务工作门户，为自然人提供实名办税管理、自然人信息采集、个人所得税申报、个人所得税征收、个人所得税优惠、证明开具、纳税人信息查询、消息风险推送等服务
3. 扣缴客户端	用于扣缴义务人对个人所得税相关业务进行集中登录后办理的统一应用服务

四、增值税发票管理系统

系统组成	具体认知
1. 增值税发票税控系统 V2.0	是增值税发票管理系统的基础系统，能对所有的税控设备和发票票种进行各类管理
2. 增值税发票电子底账系统	实现全国增值税发票数据的汇总采集、跨省交易发票的数据清分传输、纳税人申报抵扣发票明细数据的比对以及发票信息的验签处理等功能
3. 增值税发票查验平台	依托互联网、分布式计算等云计算技术构建的发票查验系统
4. 增值税发票综合服务平台	包括“一站式”发票用途确认、“集成化”发票风险提示、“全票种”发票信息下载服务

第三节　税收征管数字化升级和智能化改造

一、智慧税务建设

重点内容	具体认知
建设意义	有助于推进以纳税人缴费人为中心的精细服务，在加强重点领域风险防控的同时，实现科学精确执法，充分运用大数据提升税收治理现代化水平，高质量推进新时代税收现代化
建设内容	①建设统一信息平台：纳税人缴费人端服务平台、税务人端工作平台、决策人端指挥平台，形成国内外一流的智能化行政应用系统 ②汇聚共享各方数据：着力推进内外部涉税数据汇聚联通、线上线下有机贯通、逐步实现法人税费信息“一户式”、自然人税费信息“一人式”、税务机关信息“一局式”、税务人员信息“一员式”智能归集，从而打造规模大、类型多、价值高、颗粒度细的税收大数据 ③深化数据分析应用：为纳税人缴费人提供精细化、智能化、个性化服务，为税务人提供自主推送任务、自控监督履责、自动考核考评的管理手段，为决策者提供微观、中观、宏观经济运行研判参考和决策支持
建设计划	①2022 年基本实现法人纳税人信息“一户式”归集、自然人纳税人缴费人信息“一人式”归集 ②2023 年基本实现税务机关信息“一局式”、税务人员信息“一员式”归集，实现对纳税人缴费人行为的自动性分析管理、对税务人员履责的全过程自控性考核考评、对税务决策信息和任务的自主性推送 ③2025 年实现税务执法、服务、监管与大数据智能化应用的深度融合、高效联动、全面升级

【多选题】下列属于智慧税务逐步实现的目标包括（　　）。

A. 法人税费信息“一户式”智能归集

B. 自然人税费信息“一人式”智能归集

C. 税务机关信息“一局式”智能归集

D. 税务人员信息“一员式”智能归集

E. 纳税服务“一站式”智能服务

【参考答案】ABCD

智慧税务将着力推进内外部涉税数据汇聚联通、线上线下有机贯通、逐步实现法人税费信息“一户式”、自然人税费信息“一人式”、税务机关信息“一局式”、税务人员信息“一员式”智能归集。

二、发票电子化改革

重点内容	具体认知
改革意义	通过理念思维、业务制度、岗责体系、技术平台的转型升级，打造智慧税务，推动“以票控税”向“以数治税”转变
建设内容	①为企业和社会提供全国统一、规范可靠、便捷高效的电子发票服务 ②面向纳税人提供发票开具、交付、查验、咨询等发票服务 ③面向税务端支撑发票管理、信用管理、风险应对及决策指挥，着力建设云计算平台、网络可信身份体系、动态“信用＋风险”等支撑系统
改革计划	①2021 年建成全国统一的电子发票服务平台 ②2025 年基本实现发票全领域、全环节、全要素电子化，着力降低制度性交易成本

三、大数据应用

重点内容	具体认知
建设意义	①通过对税收大数据进行挖掘与分析，发现数据之间的关联性或因果结构，揭示过去的规律、预测未来的趋势 ②通过大数据方法论，掌握新经济新业态新模式的行业特点和管理服务需求，让税务执法、服务和管理更加有的放矢，敏锐精准 ③进一步拓展税收服务国家治理的新手段、新方式
建设内容	①加强数据资源开发利用，优化数据服务功能 ②探索区块链技术的应用 ③完善税收大数据安全治理体系和管理制度 ④加强智能化税收大数据分析
建设计划	2025 年建成税务部门与相关部门常态化、制度化数据共享协调机制，依法保障涉税涉费必要信息获取；健全涉税涉费信息对外提供机制，打造规模大、类型多、价值高、颗粒度细的税收大数据，高效发挥数据要素驱动作用

本章习题

一、单选题

1. 信息化建设中对于系统保障“7×24”小时可以使用是指（　　）。

A. 先进性　　B. 安全性　　C. 高可用性　　D. 易用性

2.《关于进一步深化税收征管改革的意见》明确了一个建设目标，这个目标的基础特征是高集成功能、高安全性能和高应用效能，这个目标是（　　）。

A. 便民服务　　B. 智慧税务　　C. 效能税务　　D. 法治税务

3. 下列不属于应用安全支撑平台功能的是（　　）。

A. 用户管理　　B. 数据交换　　C. 权限管理　　D. 单点登录

二、多选题

1. 金税三期立项时业务覆盖面的目标包括（　　）。

A. 覆盖所有非税收入

B. 覆盖所有社保费

C. 覆盖所有税种

D. 覆盖所有工作环节

E. 覆盖全部税务局

2. 下列属于金税三期主要系统的有（　　）。

A. 自然人电子税务局

B. 核心征管

C. 决策一包

D. 外部交换

E. 电子底账

3. 电子发票服务平台建设新应用系统主要包括（　　）。

A. 电子发票纳税人服务系统

B. 电子发票查询查验系统

C. 电子发票支付交易系统

D. 电子发票税务管理系统

E. 电子发票决策指挥系统

4. 大数据已逐渐成为经济社会发展新的驱动力，税收大数据的建设特点是（　　）。

A. 规模大、类型多

B. 来源广、速度快

C. 价值高

D. 使用方便

E. 颗粒度细

三、判断题

1. 金税三期实现了数据信息在省局集中处理。（　　）

2. 为保证数据的真实性、及时性和完整性，实现信息共享和业务协商，社保费信息共享平台在人社部分和税务部门之间采用的是实时数据交换的共享方式。（　　）

3. 决策一包建立了统一、通用的数据仓库，实现了多个生产系统的数据汇集。（　　）

参考答案与解析

一、单选题

1. 【参考答案】C

高可用性原则指的是系统应保证“7×24”小时可以使用，一年内系统平稳运行的可用性大于99.99%。

2. 【参考答案】B

《意见》建设以服务纳税人缴费人为中心、以发票电子化改革为突破口、以税收大数据为驱动力的具有高集成功能、高安全性能、高应用效能的智慧税务。

3. 【参考答案】B

应用安全支撑平台实现用户和权限管理、系统级访问控制管理，提供用户统一管理和统一身份认证及单点登录等功能。主要包括：单点登录、用户管理、统一身份存储和签名验签及认证服务。批量数据交换属于核心征管集成平台功能。

二、多选题

1.【参考答案】CDE

2005年，金税三期工程项目建议书中描述的“三个覆盖”是指应用内容逐步覆盖所有税种，覆盖所有工作环节，覆盖国、地税局（当时），并与有关部门联网。

2.【参考答案】BCD

金税三期系统主要包括核心征管、决策一包、决策二包、外部交换、应用安全支撑平台、税库银等。

3.【参考答案】ADE

电子发票服务平台建设新应用系统主要包括：纳税人服务系统、税务管理系统、决策指挥系统。

4.【参考答案】ACE

通过不断完善税收大数据云平台，加强数据资源开发利用，打造规模大、类型多、价值高、颗粒度细的税收大数据。

三、判断题

1.【参考答案】×

金税三期实现了总局和省局高度集中处理信息。

2.【参考答案】×

社保费信息共享平台实现人社部门和税务部门之间实时和异步批量数据交换任务，保证数据的真实性、及时性和完整性，实现信息共享和业务协同。

3.【参考答案】√

决策一包数据仓库集成了核心征管、出口退税、发票管理系统、外部交换、税库银等多个核心生产系统的数据表，为决策支持系统、核心征管、内部控制监督平台等应用系统提供数据服务。

第十二章　国际税收

【学习目的】

了解国际税收相关概念、国际税收的形成与发展、国际税收协定两个范本、税收协定相关情况、国际税收合作方式，熟悉国际重复征税的产生和影响、国际避税概念及产生的原因、国际税收情报交换与征管互助、税基侵蚀与利润转移行动计划、掌握税收管辖权内涵及类型、居民身份与所得来源地的判定标准、消除重复征税的方法、国际避税的方法及反避税管理、“一带一路”税收征管合作机制。

第一节　国际税收概论

一、国际税收概念

国际税收是指两个或两个以上国家，对纳税人跨境交易产生的所得行使各自征税权力而形成的税收分配关系。

重点内容	具体认知
涉及的是国家与国家之间的税收分配关系	避免国际重复征税和防止国际避税是国际税收的主要课题
体现国家与国家之间的税收协调关系	最终表现为国家间的税收制度和税收政策达到一定程度的协调
国际税收与国家税收的关系	①国家税收反映的是国家与纳税人之间的利益分配关系 ②国际税收反映的是国家与国家之间的税收分配关系和税收协调关系

【判断题】国家税收反映的是国家与个人之间的利益分配关系。（　　）

【参考答案】×

国家税收反映的是国家与纳税人之间的利益分配关系。

二、国际税收的产生与发展

重点内容	具体认知
国际税收	国际税收是经济发展到一定历史阶段的产物
产生需要的两个客观条件	①收入的国际化 ②所得税制的普遍推行

续表

重点内容	具体认知
发展大致经历的三个阶段	①对国际税收的分配以及国际税收问题的处理，仅从一国国内法的角度通过单方面规范加以解决的萌芽阶段 ②有关国家针对出现的国家间重复征税问题，经过双边或多边谈判，共同签订书面协议，以协调相互之间国际税收分配关系的非规范化税收协定阶段 ③有关国家和国际组织不断总结经验，税收协定由单项向综合、由双边向多边发展，逐步实现税收协定的规范化阶段

【多选题】国际税收产生的条件有（　　）。

A. 双重管辖权的适用　　B. 区域经济一体化

C. 收入的国际化　　D. 所得税制的普遍推行

【参考答案】CD

国际税收的产生需要两个客观条件：一是收入的国际化；二是所得税制的普遍推行。

三、税收管辖权

（一）税收管辖权的含义及类型

税收管辖权，是指主权国家根据其法律所拥有和行使的征税权力，是国际法公认的国家基本权利，属于国家主权在税收领域中的体现。

1. 税收管辖权的分类

类型	具体认知
居民管辖权	①一国对本国税法中规定的居民取得的所得行使征税权 ②居民包括自然人和法人
公民管辖权	①一国对拥有本国国籍的公民取得的所得行使征税权 ②公民指具有一国国籍的人，不仅包括个人，也包括团体、企业或公司，是一个广义的公民概念
地域管辖权	①一个国家对来源于本国境内的所得行使征税权 ②通过确认所得的地域标志来确定该项所得的来源地，从而纳入所在地域的国家税收管辖范围

【记忆提示】居民管辖权、公民管辖权可以合称为居民（公民）管辖权，遵循的是属人原则；地域管辖权遵循的是属地原则。

【单选题】甲国对居民个人 A 从甲国境外取得的所得征税，行使的管辖权是（　　）。

A. 居民管辖权　　B. 地域管辖权

C. 公民管辖权　　D. 境外管辖权

【参考答案】A

居民管辖权是指一国对本国税法中规定的居民取得的所得行使征税权。

（二）税收管辖权的行使

类型	具体认知
仅行使地域管辖权	①征税权针对本国境内所得（地域管辖权）行使，包括本国居民境内所得和外国居民境内所得 ②注意：对本国居民的境外所得不行使征税权
同时行使地域管辖权和居民管辖权	对本国居民的境内所得、境外所得，以及外国居民的境内所得这三类所得都行使征税权 对本国居民境外所得征税所依据的是居民管辖权，对外国居民在本国境内所得征税所依据的是地域管辖权 目前我国采用的是这种方法
同时行使地域管辖权、居民管辖权和公民管辖权	主要发生在个别强调本国征税范围的国家 其个人所得税除了行使地域管辖权和居民管辖权之外，还坚持行使公民管辖权

【记忆提示】本国境内所得（地域管辖权）包括本国居民境内所得及外国居民境内所得。

境外所得（居民管辖权）指本国居民境外所得。

【单选题】多数国家为了维护本国的税收利益，在税收管辖权方面（　　）。

A. 只实行所得来源地管辖权

B. 只实行居民（公民）管辖权

C. 同时实行所得来源地管辖权和居民（公民）管辖权

D. 只实行地域管辖权

【参考答案】C

目前大多数国家都采取这种地域管辖权和居民（公民）管辖权并行的方法。

（三）居民身份的判定标准

注意：居民身份的判定是实施居民管辖权的前提。

重点内容	具体认知
自然人居民身份	①住所标准：一个人固定的或永久性的居住地，通常为配偶、家庭和财产的所在地 ②居所标准：有不定期居住意愿的住处，即为了某种目的，如谋生、经商、求学等而作为非永久性居住场所的所在地 ③停留时间标准：尽管没有住所或居所，但是由于在一个纳税年度内停留在该国的时间较长，超过了规定的天数，被视为该国的税收居民
法人居民身份	①注册地标准：又称为法律标准或组建地标准，该标准以是否在本国依法注册成立来确定是否具有法人居民身份。凡依照本国的法律在本国注册成立的法人，无论其投资者归属于哪个国家，都是本国的法人居民 ②管理机构所在地标准：以法人的管理机构是否设在本国境内来确定是否具有法人居民身份。凡是法人的管理机构设在本国的，无论其在哪个国家注册成立，都是本国的法人居民 ③总机构所在地标准：以总机构是否设在本国境内来确定是否具有法人居民身份。凡是总机构设在本国的法人均为本国的法人居民 ④选举权标准：又称为控股权标准。该标准以拥有公司控股权或控制公司选举权的股东是否为本国居民来确定是否具有法人居民身份，即法人的股东选举权或公司控制权如果被某国居民股东所掌握，则此法人为该国法人居民
法人居民身份判断过程中最常用的是注册地标准以及管理机构所在地标准	

（四）所得来源地的判定标准

注意：所得来源地的判定是实施地域管辖权的前提。

重点内容	具体认知
判定经营所得来源地的主要标准	(1) 常设机构标准：常设机构的是税收协定中的重要概念。常设机构是指企业进行全部或部分营业的固定营业场所，主要包括管理场所、分支机构、办事处、工厂、作业场所、矿场、油井或气井、采石场或者任何其他开采自然资源的场所以及达到一定时间标准的工程或劳务项目 (2) 交易地点标准：使用交易或经营地点来判定。比如贸易所得以合同订立地为标准，制造所得为制造活动发生地为标准
判定个人劳务所得或受雇所得来源地的标准	(1) 劳务提供地标准：以纳税人提供劳务地点或工作地点，来判断其获得的劳务所得或受雇所得的来源国 (2) 劳务所得支付地标准：以支付劳务所得的居民或固定基地、常设机构的所在国为劳务所得或受雇所得的来源国 (3) 劳务合同签订地标准：以劳务合同签订的地点来判定劳务所得或受雇所得的来源地
判定投资所得来源地的主要标准	(1) 股息：以分配股息公司的居民国为股息所得的来源国 (2) 利息：各国判定利息所得来源地标准不同，主要包括 ①以借款人的居住地或借款的使用地为标准 ②以债务利息支付者居住地为标准 ③以借款合同的签订地为标准 ④以贷款的担保物所在地为标准 (3) 特许权使用费的判定标准： ①以特许权使用地为标准

续表

重点内容	具体认知
	②以特许权所有者的居住地为标准 ③以特许权使用费支付者居住地为标准 （4）租金的判定标准： ①以租赁财产的使用地为标准 ②以租赁合同签订地为标准 ③以租金支付者居民住为标准 （5）财产转让所得的判定标准： ①不动产转让所得以不动产所在地作为所得来源地 ②动产转让所得包括动产销售或转让地、转让者居住地、被转让动产实际所在地 ③权益性投资转让所得差异较大，部分国家规定仅由纳税人为其居民的国家征税，部分国家按照被投资企业所在地作为所得来源地

第二节　国际重复征税及其消除

一、国际重复征税的产生和影响

（一）国际重复征税的含义

国际重复征税是指两个或两个以上国家对同一纳税人或不同纳税人同一征税对象分别征收所得税，又称为国际双重课税。

（二）国际重复征税产生的原因

注意：各国行使税收管辖权的相互重叠是国际重复征税的根本原因。

重点内容	具体认知
居民（公民）管辖权与地域管辖权的重叠	多数国家同时实行居民管辖权和地域管辖权，这两种税收管辖权的重叠最为普遍
居民（公民）管辖权与居民（公民）管辖权的重叠	各国法律规定及其确定纳税人居民身份标准不同，会出现同一跨国纳税人被不同国家同时确认为其居民的现象，从而产生不同国家之间居民（公民）管辖权的重叠
地域管辖权与地域管辖权的重叠	判定所得来源地的标准不同可能导致重复征税 举例：甲国以特许权使用地为标准确认，乙以特许权使用费支付者居住地为标准确认，若该特许权使用费由乙国居民企业支付，但专利技术在甲国使用，则两国均可能认为该所得为来源于本国的所得而对其双重征税

（三）国际重复征税的影响

注意：对投资者的利益、税负公平原则、国际经济交往、国家间税收权益以及跨国公司行为都会产生消极影响。

主要表现	具体认知
①加重了跨国纳税人的税收负担	削弱了跨国纳税人在国际竞争中的地位，影响投资者对外投资的积极性
②违背了税收公平原则	税收公平原则要求同等收入纳税人承担同等税负，无论其来自国内还是国外
③阻碍了国际经济发展	妨碍了资金、技术、人员和商品在国家间自由流动
④引起国家间税收摩擦	引起国与国之间的税收权益冲突，会使冲突各方均认为他国征税是对自己权益的侵害，从而加剧国际关系的紧张

二、消除国际重复征税的方法

注意：各国的涉外税法和国际税收协定中，处理国际重复征税通常采用免税法和抵免法两种，其中普遍采用抵免法。

【多选题】下列避免国际重复征税的消除方法中，使用的最多的方法主要有两种，这两种方法包括（　　）。

A. 扣除法　　B. 免税法　　C. 抵免法　　D. 抵税法

【参考答案】BC

避免国际重复征税的方法中，使用的最多的方法包括免税法和抵免法。

（一）免税法

免税法，是指实行居民管辖权的国家，对本国居民的境外所得给予全部或部分免税待遇。在国际税收实践中，一些国家对本国居民从境外取得的股息和资本利得实行免税法。

免税做法	具体内容
1. 全额免税法	指居住国政府对其居民来自国外的所得全部免予征税，只对其居民的国内所得征税，而且在决定对其居民的国内所得所适用的税率时，不考虑其居民已被免予征税的国外所得
2. 累进免税法	指居住国政府对其居民来自国外的所得全部给予免税，只对其居民的国内所得征税，但在决定对其居民的国内所得征税所适用的税率时，有权将这笔免于征税的国外所得与国内所得汇总一并加以考虑，按国内、国外所得总额计征税款 计算公式为：居住国应征所得税额 = 居民的总所得 × 适用税率 × 国内所得 ÷ 总所得

【提示】累进免税法与全额免税法之间的主要区别在于：累进免税法是按照居民纳税人的境内境外的所得总额来确定适用税率，其结果是仅对居民纳税人的境外所得免

除了国际双重征税，而不会使其国内所得因扣除国外所得后落入较低的税率档次。

【单选题】假定A国居民公司在某纳税年度中总所得为20万元，其中，来自A国的所得12万元，来自B国的所得8万元。A、B两国的所得税税率分别为30%、25%，若A国采用全额免税法，则A国应征税额为（　　）万元。

A. 6　　B. 5.6　　C. 5　　D. 3.6

【参考答案】D

全额免税法下，居住国政府对其居民来源于非居民国的所得额，单方面放弃征税权，从而使国际重复征税得以彻底免除。因此，该居民公司来自B国的所得不征税，A国仅对来自本国的所得征税。A国应征税额 = 12 × 30% = 3.6（万元）。

（二）抵免法

抵免法，是指行使居民税收管辖权的国家，对纳税人国内、国外的全部所得征税时，允许纳税人将其在国外已缴纳的所得税额从应向本国缴纳的税额中抵扣。

抵免法既可有效消除国际重复征税，又不要求居住国完全放弃对本国居民国外所得的征税权，目前我国实行抵免法。

【计算公式】居住国应征所得税税额 = 居民国内、国外全部所得 × 居住国税率 - 允许抵免的已缴来源国税额

【知识点延伸】因为免税法是居住国单方面放弃行使居民税收管辖权，而使来源地国的地域征税权处于独享地位，这必将使居住国的财政利益受到一定的影响，特别是当居住国税率高于来源地国税率的条件下，采用免税法使实际免除的税额大于应免除的国内纳税税额，因此不是解决国际双重征税的主流方法。

在实际应用中，直接抵免和间接抵免是抵免法的两种具体运作形式。

1. 直接抵免法

（1）直接抵免法的含义

直接抵免法，是指企业直接作为纳税人就其境外所得在境外缴纳的所得税额在本国应纳税额中抵免。抵免的是本国居民直接缴纳或实际负担的国外税收。

（2）直接抵免法的适用范围

直接抵免主要适用于自然人境外缴纳的个人所得税、企业就来源于境外的营业利润所得在境外缴纳的企业所得税，以及就来源于或发生于境外的股息、红利等权益性投资所得、利息、租金、特许权使用费、财产转让等所得在境外被源泉扣缴的预提所得税。

（3）直接抵免法的分类

直接抵免	具体内容
全额抵免法	全额抵免法，是指居住国政府对跨国纳税人征税时，允许纳税人将其在收入来源国缴纳的所得税从向本国缴纳的税额中全额扣除 居住国应征所得税额 = 居民国内、国外总所得 × 居住国税率 − 国外已纳全部税额
限额抵免法	①限额抵免法，也叫普通抵免，是指居住国政府对跨国纳税人在国外直接缴纳的所得税款给予抵免时，不能超过最高抵免限额的方法 ②居住国应征所得税额 = 居民国内、国外总所得 × 居住国税率 − 允许抵免的已缴来源国税额 允许抵免的已缴来源国税额（简称允许抵免额）由抵免限额和纳税人已缴收入来源国所得税额两个指标的比较来确定 抵免限额 = 收入来源国的所得 × 居住国税率 抵免限额根据限额的范围和计算方法不同，可以分为分国限额法与综合限额法、分项限额法与不分项限额法 ③我国主要采用限额抵免法

【提示】 全额抵免法是对跨国纳税人的国外所得在外国所实缴的税款，不加任何限制条件地全部从本国应纳税额中扣除。限额抵免法是居住国对其居民向外国缴纳的所得税额可以从本国税额中的扣除规定了限额，即以外国所得乘以本国税率计算出的扣除额为限，低于此数可以全部抵扣，如果超过，其超过部分则不能在当年给予抵扣。限额抵免法比照全额抵免法更利于维护居住国的利益。

2. 间接抵免法

（1）间接抵免法的含义

间接抵免法，是指企业作为税款的间接缴纳者，就其境外所得在境外缴纳的所得税税额在居民国应纳税额中抵免。

间接抵免一般适用于股息所得。

【例 12－1】甲国居民企业 A 在乙国设立子公司 B，B 公司取得利润，乙国对 B 公司的利润征收企业所得税，B 公司是纳税人。B 公司以税后利润向 A 公司分配股息，甲国对 A 公司的股息收入征税。在间接抵免法下，甲国允许 A 公司就股息收入在境外已经缴纳的税款和应纳税额中抵免，这部分税款是 B 公司作为纳税人在乙国缴纳的，但是作为股东，A 公司是这部分税额的实际负担者，可以从 A 公司的应纳税额中进行抵免。

3. 税收饶让

税收饶让是指居民国政府对本国居民在国外得到减免的所得税，视同已经缴纳，允许这部分被减免的外国税款在本国应纳税额中抵免。

税收饶让的实行通常需要通过签订双边税收协定的方式予以确定，通常发生在发达国家与发展中国家之间。

【单选题】甲国税法规定，居民企业从境外取得的所得应纳入本国税基征税，但是其在境外已经实际缴纳的税额可以从应纳税额中抵减，这种消除重复征税的方法是（　　）。

A. 扣除法　　B. 减免法　　C. 免税法　　D. 抵税法

【参考答案】D

抵免法是指行使居民税收管辖权的国家，对纳税人国内、国外的全部所得征税时，允许纳税人将其在国外已缴纳的所得税额从应向本国缴纳的税额中抵扣。

【多选题】下列关于税收抵免的规定，正确的有（　　）。

A. 抵免法下居民国完全放弃了征税权，因此能够有效消除重复征税

B. 抵免法分为直接抵免和间接抵免

C. 抵免限额是允许纳税人抵免本国税额的最高税额

D. 在来源国已缴税额超过抵免限额的部分，不能向以后年度结转

E. 只有在来源国实际缴纳的税额才能够抵免

【参考答案】BC

抵免法承认所得来源国的优先征税地位，又不要求居民国完全放弃对本国居民国外所得的征税权，有利于协调和维护各国的税收权益。在来源国已缴税额超过抵免限额的部分，一些国家允许将超过抵免限额的税额向以后年度结转。存在税收饶让条款的情况下，未实际缴纳的税额也可抵免。

第三节 国际税收协定

一、国际税收协定及其范本

（一）国际税收协定的含义及其法律地位

国际税收协定	具体内容
含义	又称国际税收条约，是指两个或两个以上主权国家或税收管辖区依照对等原则，通过政府间谈判达成一致后缔结的确定其国际税收分配关系的具有法律效力的书面税收协议，旨在避免对所得及财产双重征税和防止国际逃避税
模式	第一种模式为国际税收协定优于国内法 第二种模式是国际税收协定与国内法具有同等的法律效力 【注】在我国，当协定与国内法发生冲突时，协定优先，但国内法规定的待遇优于协定时，则适用国内法

（二）国际税收协定范本

协定范本	具体内容
《经合组织范本》	两个基本前提：一是强调居民管辖权，对所得来源国的征税权进行限制；二是居民国应通过抵免法或免税法消除双重征税
《联合国范本》	采取经合组织范本的体例，与经合组织范本的区别在于较少限制来源国的征税权，从而在一定程度上保护发展中国家的税收权益，促进发达国家与发展中国家以及发展中国家之间缔结税收协定

二、国际税收协定的主要内容

（一）协定适用范围

范围划分	具体认知
人的范围	适用于缔约国一方或者同时为双方居民的人
税种范围	一般适用于所得税和对财产征收的直接税
空间范围	各缔约国各自的全部领土和水域，以及各国有管辖权的区域
时间范围	税收协定的生效和效力终止的时间

（二）协定基本用语的定义

定义解释	具体认知
一般用语	主要包括“人”“公司”“缔约国一方企业”“缔约国另一方企业”“国际运输”“主管当局”等
特定用语	对协定的签订和执行具有直接的制约作用，必须对特定用语的内涵和外延作出解释和限定
专项用语	只涉及专门条文的用语解释，一般在相关的条款中附带下定义或给予说明

（三）税收管辖权的划分

划分范围	具体认知
对经营所得（营业利润）的征税	对缔约国一方企业的经营所得，一般应由居民国独占征税 对常设机构的营业利润，一般规定适用来源地国优先征税的原则
对投资所得的征税	一般适用来源地国与居民国分享收入的原则
对劳务所得的征税	区分不同情况，对居民国、来源地国的征税权实施不同的规范和限制
对财产收益的征税	主要指对不动产所得和转让或出售财产所取得的收益的征税，其中不动产所得一般在不动产所在国征税

（四）消除双重征税的方法

消除双重征税是签订国际税收协定的重要内容。两个协定范本均提出可以采取免税法或抵免法消除重复征税，具体选择由缔约双方在协定谈签时决定。

（五）税收无差别待遇原则

主要包括国籍无差别待遇、常设机构无差别待遇、支付无差别待遇和资本无差别待遇。

（六）情报（信息）交换

加强各国税务机关征管合作，防止国际逃避税的有效手段。根据两个协定范本，可由缔约国一方自行主动发起，进行信息交换，或应协定伙伴国的具体请求，通过自动信息交换。

（七）相互协商程序

如果缔约国一方居民认为，缔约国一方或双方所采取的措施或将导致不符合协定的征税，则可以向缔约国一方主管当局申请救济。如果主管当局无法单方面解决争议，可通过相互协商程序与缔约国另一方主管当局协商，以解决争议。

三、我国缔结税收协定（安排、协议）的情况

我国税收协定谈签工作始于1981年，于1983年9月签署首个税收协定——《中华人民共和国政府和日本国政府关于对所得避免双重征税和防止偷漏税的协定》。截至2022年6月，我国已正式签署109个避免双重征税协定；与10个国家（地区）签署了税收情报交换协定。

【判断题】国与国之间签订的税收协定，要么和经合组织范本相同，要么和联合国范本相同。（　　）

【参考答案】×

经合组织范本和联合国范本为各国谈签协定提供模板和参考，国与国实际签订的税收协定，取决于双方谈判的结果。

第四节　国际避税与反避税

一、国际避免产生的原因

重点内容	具体认知
定义	纳税人利用两个或两个以上国家的税制差异和征管漏洞，以及国际税收规则存在的缺陷，规避或减轻其全球总体税负的行为

续表

重点内容	具体认知
主观原因	纳税人有尽可能减轻税收负担、实现利润最大化的强烈愿望
客观原因	（一）国家间的税制差异 1. 征税范围和征收方式上的差异 2. 税率的差异 3. 税基的差异 4. 避免双重征税方法的差异 （二）国际税收规则存在的缺陷 （三）税收征管能力不足 1. 实际征管水平有限 2. 征管信息严重不对称
其他原因	非税收方面因素：银行保密条例的宽严程度；移民法、外汇管制、公司法以及是否存在通货膨胀等

二、国际避税的常见手段

避税手段	具体认知
1. 采取“人”流动避税	（1）转移住所或实际管理机构 （2）人为操控在一国的停留时间
2. 利用转让定价避税	利用转让定价手段在企业集团内部转移利润，使集团利润尽可能在低税国或避税地的关联企业中实现，是跨国公司最常用的避税手段。转让定价是指集团内关联企业或内部机构之间在发生交易时制定的内部交易价格 例如，高税国企业向其低税国关联企业销售货物、提供劳务、转让无形资产时制定低价；低税国企业向其高税国关联企业销售货物、提供劳务、转让无形资产时制定高价；实现利润从高税国转移到低税国
3. 滥用税收协定避税	第三国居民利用其他两个国家之间签订的税收协定获取其不应得到的税收利益。通常采取设立“导管公司”或签署中间合同的方式
4. 利用外国控股公司避税	（1）在低税地或避税地成立控股公司，将集团利润转移到控股公司账上并长期不作利润分配，从而推迟在居民国纳税 （2）采用间接股权转让方式避税，通过设立在外国的控股公司间接持有东道国居民企业的股权，再以转让外国控股公司的股权间接实现东道国居民企业股权的转让，由于被转让的企业并非东道国的居民企业，不属于来源于东道国的所得，无须在东道国纳税，从而实现避税目的
5. 利用资本弱化避税	（1）资本弱化又称为资本隐藏、股份隐藏或收益抽取，是基于在一般情况下利息支出可以在税前扣除而股息红利不能扣除的事实，企业所有者在投资于企业的资本中降低股本的比重，提高贷款比重，以贷款方式替代募股方式进行投资或融资的活动 （2）资本弱化的特征就是债权和股权比例明显高于正常比例。根据 OECD 解释，企业权益资本与债务资本的比例应为 1∶1，当比值小于 1 时，即为资本弱化

续表

避税手段	具体认知
6. 利用“避税地”避税	（1）世界上有些国家和地区实行不征直接税或低直接税税率，或者实行特别的税收优惠，所以，在那里可以拥有财产而无须纳税或仅须纳很少的税，这样的地方被称为“避税地”（tax haven），亦被称为“避税港”“避税天堂” （2）通过在“避税地”设立诸如控股公司、投资公司、信托公司、贸易公司、咨询公司、金融公司、保险公司、海运公司和其他经营机构等所谓“海外公司”，方便以这些海外公司为基地的国际避税活动，这些海外公司也被称作国际避税活动的“导管公司” 【名词解释】导管公司是指通常以逃避或减少税收、转移或累积利润等为目的而设立的公司。这类公司仅在所在国登记注册，以满足法律所要求的组织形式，而不从事制造、经销、管理等实质性经营活动

三、反避税管理

反避税措施	具体认知
1. 转让定价管理	转让定价的税务管理是各国普遍采取的一种防止跨国公司转移利润的有效措施，即遵循独立交易原则，已为多数国家广泛接受
2. 受控外国公司规则	对于设立在低税地或避税地的外国公司，具有控制权或拥有实质性权益的居民股东，应就其在外国公司的全部或部分所得中相应比例的所得份额，缴纳居民国税收，无论该所得是否向股东进行了分配
3. 资本弱化规则	如果居民企业的债权投资相比于其权益超过了一定标准，则超过部分的债务发生的利息不得税前扣除
4. 一般反避税规则	作为兜底规则，在特殊反避税规则（如转让定价、资本弱化、受控外国公司等）能够适用的情况下不能适用此规则
5. 限制避税性移居	（1）对于自然人居民，规定纳税人中途临时离境不扣减其在本国的居住天数 （2）目前大多数发达国家都同时采用注册地标准和管理机构所在地标准来判定法人的居民义务
6. 打击国际避税地	（1）制定避税地“黑名单” （2）引入“实质性活动”的规定 （3）推出全球最低税

【多选题】世界各国在长期的反避税斗争中逐渐形成了一整套对付避税行为的法律和措施。我国企业所得税法明确反避税方法包括下列（　　）。

A. 受控外国公司　　B. 防止滥用税收协定

C. 限制资本弱化的法规　　D. 限制利用改变公司组织形式

【参考答案】AC

我国的企业所得税法明确的反避税方法有受控外国公司和限制资本弱化。

第五节 国际税收合作与“一带一路”税收征管合作机制

一、国际税收合作概述

合作形式	具体认知
多边税收合作	①经济合作与发展组织（OECD） ②联合国 ③世界银行集团 ④国际货币基金组织（IMF） ⑤税收合作平台
区域性税收合作	①通常在区域经济一体化程度比较高的地区出现，目前最有影响力的区域性税收合作组织是欧洲联盟（EU） ②我国联合签署金砖国家税务合作的第一份机制性文件——《金砖国家税务合作备忘录》
双边税收合作	我国已与 18 个国家的税务部门（或组织机构）签署了 23 个双边合作备忘录

二、国际税收情报交换与征管互助

重点内容	具体认知
国际税收情报交换	1. 含义：税收协定缔约国家（地区）的主管当局为了正确执行税收协定及其所涉及税种的国内法而相互交换所需信息的行为 2. 直接目的： ①避免国家之间可能存在的重复征税 ②防止跨境逃避税 3. 分类 专项情报交换、自动情报交换、自发情报交换、同期税务检查、授权代表访问和行为范围情报交换等类型
多边税收征管协作	欧洲委员会和 OECD 共同制定了《多边税收征管互助公约》，中国政策于 2013 年 8 月 27 日正式签署《公约》，主要是与其他缔约方开展情报交换协助
金融账户涉税信息自动交换标准	金融账户涉税信息自动交换标准（以下简称 CRS）由 OECD 会同 G20 成员国共同制定，于 2014 年 11 月经 G20 布里斯班峰会核准 2015 年 12 月 16 日，我国签署《金融账户涉税信息自动交换多边主管当局间协议》，成为该协议的第 77 个签署方。2018 年 9 月，我国完成首次金融账户涉税信息交换

【判断题】金融账户涉税信息自动交换标准（CRS）旨在通过加强各税收管辖区之间有关金融账户信息的自动情报交换，提高全球税收透明度，打击跨境逃避税。经国务院批准，我国于 2018 年 9 月首次完成了交换信息。（　　）

【参考答案】√

三、税基侵蚀和利润转移

背景、成果和实施	具体认知
背景	(1)跨国企业利用国际税收规则存在的不足，以及各国税制差异和征管漏洞，最大限度减少其全球政治协商会议总体税负，甚至达到双重不征税效果，从而造成对各国税基的侵蚀 (2)2013年9月，G20正式启动《税基侵蚀和利润转移行动计划》(BEPS行动计划)，旨在通过协调所得税税收政策，修订国际税收规则和加强国际合作打击国际逃避税，建立全球公平和现代化的国际税收体系
成果	2015年10月，OECD发布了15项行动计划成果报告 贯彻总原则是利润应在经济活动发生地和价值创造地征税
实施	(1)根据约束性差异，BEPS行动计划分为最低标准、共同方法和最佳实践 (2)“最低标准”是BEPS参与国必须实施的且受到G20和OECD的监督和审议 (3)最低标准的四项行动计划： ①考虑透明度和实质性因素，有效打击有害税收实践 ②防止税收协定优惠的不当授予 ③使争议解决机制更有效 ④转让定价文档和国别报告

【单选题】BEPS行动计划贯彻的总原则是（　　）。

A. 利润应在经济活动的发生地征税

B. 利润应在价值创造地征税

C. 利润应在经济活动的发生地和价值创造地征税

D. 利润应在母公司所在地征税

【参考答案】C

四、数字经济国际税收“双支柱”方案

2021年7月1日，OECD受G20委托制定发布《关于以双支柱方案应对经济数字化税收挑战的声明》。

支柱内容	具体认知
支柱一	涉及利润分配与联结度规则，旨在对超大型跨国集团的利润和征税权在国家间进行更为公平的分配，以“价值创造地”来重新划分国家间的税收管辖权和利润分配权
支柱二	全球反税基侵蚀方案，旨在设定全球最低税，为各国税收竞争设定一个底线，更积极地平衡各国税收权益

五、“一带一路”税收征管合作机制

重点内容	具体认知
产生	2019 年 4 月，合作机构正式成立，截至 2021 年 9 月，已举办两届“一带一路”税收征管合作论坛，理事会成员增至 36 个
目标与任务	目标：旨在促进投资贸易便利化，消除税收壁垒、优化生产要素跨境配置，推动经济包容性增长，实现联合国 2030 年可持续发展目标 任务：提高税收确定性、加快税收争议解决、提升纳税服务、加强税收能力建设等
治理架构	①理事会 ②“一带一路”税收征管合作论坛 ③“一带一路”税收征管能力促进联盟 ④专家咨询委员会

【单选题】2019 年，为了加强“一带一路”国家（地区）税收合作，我国和哈萨克斯坦共同发起成立的机制化税收合作平台是（　　）。

A. “一带一路”税收征管促进联盟　　B. “一带一路”税收征管合作机制

C. “一带一路”税收管理组织　　D. “一带一路”税收征管合作论坛

【参考答案】B

本章习题

一、单选题

1. 甲国实施抵免法消除重复征税，甲国企业从境外取得的下列所得中，适用间接抵免的是（　　）。

A. 利息　　B. 股息

C. 财产转让所得　　D. 境外常设机构的营业利润

2. 甲国和乙国签订的税收协定中包含税收饶让条款，甲国居民企业通过设立在乙国的常设机构取得的所得为 100 万元，在乙国应缴纳 30 万元税款，但在乙国享受税收优惠待遇免于在乙国纳税，甲国实施抵免法消除重复征税，该所得的抵免限额为 20 万元，则当期甲国居民企业可抵免的乙国税额为（　　）万元。

A. 0　　B. 10　　C. 20　　D. 30

3. 为了防止本国居民企业利用设在外国的控股公司累积利润，推迟缴纳境外来源所得的国内税收，采取的反避税措施是（　　）。

A. 转让定价规则　　B. 受控外国公司规则

C. 资本弱化规则　　D. 一般反避税规则

二、多选题

1. 下列关于国际重复征税的影响，正确的有（　　）。

A. 阻碍国际经济发展　　B. 违背税收公平原则

C. 加剧国家间税收摩擦　　D. 导致国际避税增加

E. 侵害国家间税收权益

2. “一带一路”税收征管合作机制成员开展税收合作的领域包括（　　）。

A. 提高税收确定性　　B. 提升纳税服务

C. 加快税收争议解决　　D. 加强税收征管能力建设

E. 建立新的国际税收规则

3. 下列各项中，属于 BEPS 行动计划最低标准的有（　　）。

A. 受控外国公司规则　　B. 有害税收实践

C. 防止税收协定滥用　　D. 转让定价文档和国别报告

E. 税收争议解决

4. 下列关于国际税收协定目标的说法，正确的有（　　）。

A. 防止对所得及财产双重征税　　B. 防止偷逃税

C. 提高税收透明度　　D. 加强税收征管能力

E. 加快税收争议解决

三、判断题

1. 甲国和乙国均为仅实施地域管辖权的国家，甲国居民企业从乙国居民企业取得利息所得，乙国征收预提所得税，甲国不征收所得税，但是征收增值税，导致国际重复征税。（　　）

2. 我国积极推进 BEPS 行动计划成果的落地转化，四项最低标准已基本落实到位。（　　）

3. 金融账户涉税信息交换，由一国金融机构与账户持有人的居民国税务主管当局开展信息交换。（　　）

参考答案与解析

一、单选题

1. 【参考答案】B

间接抵免适用于股息所得，而其他抵免项目，由于享受抵免待遇的纳税人是在来源国缴纳税款的纳税人，因而均为直接抵免。

2. 【参考答案】C

根据税收饶让条款，甲国居民企业在乙国得到减免的所得税，视同已经缴纳，允许这部分被减免的外国税款在本国应纳税额中抵免，但是抵免金额不得超过抵免限额。

3.【参考答案】B

为了防止本国居民企业利用设在外国的控股公司累积利润，推迟缴纳境外来源所得的国内税收，不少国家制定了详尽的受控外国公司规则。

二、多选题

1.【参考答案】ABCDE

国际重复征税对投资者的利益、税负公平原则、国际经济交往、国家间税收权益以及跨国公司行为都会产生消极影响。

2.【参考答案】ABCD

机制成员在尊重各自国内法律法规、巩固和支持国际税收义务及标准的基础上，共同推动“一带一路”建设参与国（地区）在以下税收领域开展务实合作：提高税收确定性、加快税收争议解决、提升纳税服务、加强税收征管能力建设。

3.【参考答案】BCDE

被列为“最低标准”的行动计划有四项，包括有害税收实践、防止税收协定滥用、税收争议解决、转让定价文档和国别报告。

4.【参考答案】AB

国际税收协定，又称国际税收条约，是指两个或两个以上国家依照对等原则，通过政府间谈判达成一致后缔结的确定其国际税收分配关系的具有法律效力的书面税收协议，旨在避免对所得及财产双重征税和防止国际偷逃税。

三、判断题

1.【参考答案】×

国际重复征税强调对同一征税对象征收相同或类似的税收，由于乙国征收的是所得税，甲国征收的是增值税，不构成国际重复征税。

2.【参考答案】√

我国积极参与国际税改，落实 BEPS 行动最低标准，四项最低标准已落实到位。

3.【参考答案】×

首先需由一国金融机构通过尽职调查程序，识别另一国税收居民在该机构开立的账户的有关信息，再由该国税务主管当局与账户持有人的居民国税务主管当局开展信息交换，最终为各国加强跨境税源监管提供信息支持。

下篇　法律基础知识

第十三章　法理基础

【学习目的】

学习与税收工作相关的法理知识，了解基本的法治理念和原则，用于指导各类税务行政行为。

第一节　法的基本范畴

一、法的概念

法的定义	法是由国家制定或认可的，并由国家强制力保证实施的行为规范及其体系。通过规定人们的权利和义务，来规范人的行为，从而确认、保护和发展一定的社会关系和社会秩序
广义的法律	和法的定义相同
狭义的法律	全国人大及其常委会制定的法律（一般意义上的法律）

法的概念的四个体现：

1. 法是调整人们行为的一种规范	法是一种社会性的行为规范
2. 法由国家制定或认可，具有国家意志性	法是国家创制的，体现了国家意志性
3. 法以国家强制力保障实施	法由国家名义制定，体现国家权力并由国家强制力保证实施
4. 法规定了人们的权利和义务	法以权利义务为核心内容。任何一部法律都以规定人们的权利义务为核心内容，任何一个法律条文都以调整人们的权利，义务关系为最终目的

【多选题】下列关于法的概念，表述正确的有（　　）。

A. 法是调整人们行为的一种规范

B. 法由国家制定或认可，具有国家意志性

C. 法以国家强制力保障实施

D. 法规定了人们的权利和义务

【参考答案】ABCD

马克思主义对法的定义为“法是由国家制定或认可并依靠国家强制力保证实施的，反映由特定社会物质生活条件所决定的统治阶级意志，以权利和义务为内容，以确认、保护和发展对统治阶级有利的社会关系和社会秩序为目的的行为规范体系”。ABCD 符合教材原文，全选。

二、法的本质

定义	法的本质是掌握国家的统治阶级的意志的体现
第一层含义	法体现的是统治阶级共同的意志（统治阶级个体的意志不能成为法律）
第二层含义	法属于上层建筑 1. 法由统治阶级的物质生活条件决定（复习：经济基础决定上层建筑） 2. 法也会受到其他社会因素比如政治、文化等的影响

【单选题】下列关于法的本质与特征的表述中，不正确的是（　　）。

A. 法是由国家制定或认可的规范

B. 法是全社会成员共同意志的体现

C. 法由统治阶级的物质生活条件所决定

D. 法凭借国家强制力的保障获得普遍遵行的效力

【参考答案】B

法是“统治阶级的国家意志”的体现。

【单选题】法的本质是（　　）。

A. 多数人意志的体现

B. 少数人意志的体现

C. 统治阶级意志的体现

D. 中产阶级意志的体现

【参考答案】C

法是“统治阶级的国家意志”的体现，他不是简单以体现多数人或者少数人意志为判定标准，而是统治阶级共同意志的体现，不能简单等同于体现统治阶级中的每一个个体意志。

【多选题】下列现行税法中，属于税收法律的有（　　）。

A.《中华人民共和国企业所得税法实施细则》

B.《中华人民共和国增值税暂行条例》

C.《中华人民共和国个人所得税法》

D.《中华人民共和国税收征收管理法》

【参考答案】CD

法律由全国人民代表大会及其常务委员会制定，名称均包含“法”字样；行政法规由国务院制定，一般名称包含条例、办法等字样。

三、法的作用

<table>
<tr><td rowspan="2">规范作用</td><td>法通过规定人的行为以及后果（可以、应当、不应怎样行为），使人了解法的规定，指引人的行为，实现对人行为的规范作用
实现方式包括：指引、评价、预测、强制和教育等</td></tr>
<tr><td>1. 法的预测作用，能够发挥让人们预知自己行为的法律后果，并合理期望他人如何行为的功能
2. 法的教育作用，是指法对人们意识的影响、同化作用和对人们行为习惯的形成作用
3. 法的强制作用，是指法所具有的通过国家强制力来纠正违法行为和制裁违法者的功能</td></tr>
<tr><td rowspan="2">社会作用</td><td>维护统治阶级统治方面：法在本质上是统治阶级意志体现。法确立和维护的社会关系和社会秩序，是一种有利于统治阶级利益的社会关系和社会秩序</td></tr>
<tr><td>执行社会公共事务方面：维护人类社会基本生活条件、维护生产和交换秩序、组织社会化大生产、确定和实施技术性规范、促进教育、科学和文化的发展等</td></tr>
</table>

四、法律关系

<table>
<tr><td>定义</td><td colspan="3">法律关系是由于一定的法律事实和法的调整作用而在人们之间形成的特定的权利和义务关系</td></tr>
<tr><td rowspan="3">三个基本要素</td><td>主体</td><td colspan="2">含义：法律关系的参加者，即在法律关系中享有权利、承担义务的当事人
范围：自然人（中国公民、外国人和无国籍人）、法人和其他组织（包括国家机关、企事业单位和社会团体等），国家一定情况下也属于主体不同类型的法律关系对主体的要求各不相同</td></tr>
<tr><td>内容</td><td colspan="2">含义：法律关系主体之间的权利和义务
税收法律关系的核心是税收征纳权利和义务的关系，税务机关代表国家征税的权利和纳税人依法纳税的义务</td></tr>
<tr><td>客体</td><td colspan="2">含义：法律关系的主体的权利和义务所指向的对象
范围：物、行为、精神财富、人身权</td></tr>
<tr><td rowspan="3">一个重要范畴</td><td rowspan="3">法律事实</td><td colspan="2">含义：在法律规定既定的前提下，能够引起法律关系产生、变更和消灭的各种事件和行为
分类：法律事实分为法律事件和法律行为。区别在于是否受到当事人意志决定</td></tr>
<tr><td>法律事件</td><td>法律事实中能直接引起法律关系，产生、变更和消灭的，不以当事人意志为转移的客观现象</td></tr>
<tr><td>法律行为</td><td>能引起法律关系产生变更和消灭的某种活动</td></tr>
</table>

【单选题】法律关系是税收执法工作中一个基本、重要的范畴。下列不属于法律关系基本要素的是（　　）。

A. 主体　　B. 客体　　C. 权利和义务　　D. 法律事实

【参考答案】D

法律关系是由于一定的法律事实和法的调整作用而在人们之间形成的特定的权利和义务关系。任何法律关系都有三个基本要素，即法律关系的主体、法律关系的客体、法律关系的内容。

法律事实是引起法律关系变化的原因，但是不构成法律关系。法律事实区分为法律事件和法律行为，是引起法律关系变化的原因。两者的区别在于是否以当事人的意志为转移。法律事件不受当事人意志的影响。

第二节　法的体系

（一）法的体系的基本单位

<table>
<tr><td>法律规范</td><td colspan="2">法对人的行为相对完整的要求（法条是法律规范的表现形式，但是单一的法律规范不等于单一的法条）</td></tr>
<tr><td rowspan="3">法律规范的结构</td><td>假定</td><td>该规范适用的条件和情形</td></tr>
<tr><td>处理</td><td>规范所要求的人们如何行为</td></tr>
<tr><td>制裁（后果）</td><td>违反该规范所承担的法律后果</td></tr>
<tr><td rowspan="2">法律规范的分类</td><td>行为模式划分</td><td>授权性规范：赋予人们一定的权力，但不要求做或者不做什么（主体可以选择做什么或者不做什么）
命令性规范：要求人们做什么
禁止性规范：要求人们不做什么</td></tr>
<tr><td>强制性程度划分</td><td>强制性规范：不允许法律关系的主体任意修改规范的要求（规范的要求无可选择无可替代）
任意性规范：允许法律关系的主体在一定范围内修改规范的要求
命令性和禁止性规范一般属于强行性规范
授权性规范通常是任意性规范</td></tr>
</table>

【单选题】《税收征管法》第七条规定：“税务机关应当广泛宣传税收法律、行政法规，普及纳税知识，无偿地为纳税人提供纳税咨询服务。”该规范属于（　　）。

A. 授权性规范　　B. 命令性规范

C. 任意性规范　　D. 禁止性规范

【参考答案】B

授权性规范和义务性规范是根据法律规范为主体提供行为模式的不同方式进行的

区分。其中，义务性规范又可以进一步分为命令性规范和禁止性规范。

授权性规范是指规定了人们可以作出一定行为或者可以要求别人作出一定行为的法律规范。授权性规范的立法语言表达式为“可以……”“有权……”“享有……权利”等。

命令性规范是指规定了人们的积极义务，即规定主体应当或者必须作出一定积极行为的规范。命令性规范的立法语言表达式为“应当……”“必须……”“有……义务”等。

禁止性规范是指规定了人们的消极义务（不作为义务），即禁止人们作出一定行为的规范。禁止性规范的立法语言表达式为“不得……”“禁止……”等。

任意性规范，任意性规范是指在法定范围内允许法律关系参加者自己确定相互权利义务的具体内容的法律规范。它的特点是主体有一定自行选择的余地。

【多选题】在我国，法律规范的结构有（　　）。

A. 假定　　B. 处理　　C. 制裁　　D. 执行

【参考答案】ABC

法律规范的结构分为假定、处理和制裁。执行并非其中规定内容。

（二）法的部门体系

划分标准		法的调整对象和手段的不同
具体划分	宪法及宪法相关法	国家根本大法、规定国家政治、经济和社会根本制度，规定公民基本权利和义务，是其他法律的母法
	行政法	调整国家行政管理活动的法律规范的总称，包括行政主体、行政行为、行政程序和行政监督等方面的法律制度。我国目前没有建立一部统一的行政法典
	民商法	调整平等主体的自然人法人和非法人组织之间的财产和人身关系的法律规范的总和。2020 年 5 月 28 日，《中华人民共和国民法典》经由第十三届全国人民代表大会第三次会议表决通过，自 2021 年元月 1 日起施行
	经济法	国家实施宏观调控和市场监管的各种法律规范的总称
	社会法	调整社会公共事业活动的法
	刑法	规定有关犯罪和刑罚的法律规范的总称
	诉讼法及非诉讼程序法	诉讼法是有关司法程序及诉讼活动过程中发生的各种社会关系的法律规范的总称，也称诉讼程序法。我国目前的诉讼法主要包含三大诉讼法，即中华人民共和国刑事诉讼法、中华人民共和国民事诉讼法、中华人民共和国行政诉讼法，仲裁活动也是一种准司法活动
	军事法	有关军事管理和国防建设的法律规范的总称

【单选题】以下选项中，（　　）属于我国法律体系的基本法律部门。

A. 行政法　　　　B. 行政法规

C. 仲裁法　　　　D. 民事诉讼法

【参考答案】A

根据全部法律规范的调整对象和调整方法可分为若干法律门类，称为法律部门。我国的社会主义法律体系包括宪法及宪法相关法、刑法、行政法、民商法、经济法、社会法、诉讼与非诉讼程序法，军事法等法律部门。选项 A 正确。

（三）法的效力体系

<table>
<tr><td colspan="5">平行效力间适用新法优于旧法规则</td></tr>
<tr><td colspan="2">中央立法权</td><td colspan="2">地方立法权</td><td rowspan="5">效力逐层递减，适用上位法优于下位法规则</td></tr>
<tr><td>全国人大</td><td>制定宪法和法律</td><td></td><td></td></tr>
<tr><td>全国人大常委会</td><td>解释宪法
制定法律
名称上以“法”命名</td><td></td><td></td></tr>
<tr><td>国务院</td><td>行政法规
通常以“条例”命名</td><td>地方人大及其常委会（省级和设区的市）</td><td>地方性法规</td></tr>
<tr><td>国务院职能部门</td><td>部门规章
通常采用实施细则、办法、规定等命名</td><td>地方人民政府省级政府和较大的市的政府</td><td>地方政府规章</td></tr>
<tr><td colspan="5">此外国际条约属于法的效力体系的一部分，它是国家间通过谈判缔结、加入或承认的关于相互间政治、经济、贸易、军事等方面的权利和义务的协议</td></tr>
<tr><td colspan="5">注意：2015 年《立法法》修改后，税种的设立、税率的确定、税收征收管理等基本制度属于全国人大及其常委会的专属立法权，必须由其制定法律</td></tr>
</table>

【多选题】在法的效力体系中，能够区分效力等级的情况包括（　　）。

A. 宪法与基本法律　　　　B. 法律与行政法规

C. 行政法规与地方性法规　　　　D. 部门规章与地方性法规

【参考答案】ABC

《立法法》第八十八条规定“法律的效力高于行政法规、地方性法规、规章。行政法规的效力高于地方性法规、规章。”

（四）法的历史体系

大陆法系	一般不承认判例，以成文法为主 观念理性 逻辑上采用演绎推理
英美法系	承认判例，以判例法为主，实行遵循先例原则 经验理性 逻辑上采用类比推理

（五）其他分类形式

标准	分类
法律规范的内容	实体法：规定内容是法律关系主体的权利、义务或职权、职责 各税种方面的法，主要是实体法
	程序法：规定保证法律关系主体权利义务得以实现或职权和职责得以履行所需程序或手续为主要内容的法 这种划分并不绝对，《税收征管法》以程序性规定为主，但是关于税收违法行为的具体法律责任的规定就是实体规定
法律运用的范围（大陆法系）	公法：调整运用国家权力管理国家和公共事务，形成管理者与被管理者之间不平等关系的法律制度
	私法：调整当事人之间各自以其独立的地位，自主、自愿所发生的平等社会关系的法律制度称为私法

【判断题】《税收征管法》所确立的法律规范中，既有实体性规定也有程序性规定。（　　）

【参考答案】√

税收征收管理法不但规定了纳税人的权利义务、税务机关的职责，也规定了税务机关履行职责的过程。

第三节　法的创制

（一）立法权限

见本书第十三章第二节“（三）法的效力体系”。

（二）立法程序

全国人民代表大会及其常务委员会的立法程序	法律案提出、审议、表决和通过、法律案的公布共四步 其中，宪法的修改需要全国人大全体代表2/3以上的多数通过；其他法律过半数即可 常委会制定法律，全体组成人员过半数同意即可通过
国务院制定行政法规和国务院职能部门制定部门规章	1. 立项、起草、审查、决定和公布五个步骤 2. 审议和签署：行政法规由国务院常务会议审议，总理签署国务院令公布。部门规章由部务会、委员会、局务会通过，部门首长签署 3. 公布和备案：制定后通过国务院公报和中国政府法制信息网以及在全国范围内发行的报纸上刊载。行政法规报全国人大及其常委会备案，部门规章报国务院备案（简单记忆：报上级备案）

续表

地方性法规	分为提案、审议、表决或报批、公布几个阶段 由地方人民代表大会或其常务委员会过半数表决通过，设区的市自治州的地方性法规须报省自治区人民代表大会常务委员会批准 民族区域自治条例和单行条例只能由自治地方人民代表大会制定，自治区的自治条例和单行条例须报全国人民代表常务委员会批准后生效。自治州、自治县的自治条例和单行条例，报省自治区、直辖市人民代表大会常务委员会批准后生效，并报全国人民代表大会常务委员会备案

（三）税收规范性文件的制定和管理

概念	县以上税务机关依照法定职权和规定程序制定并发布的，影响纳税人缴费人，扣缴义务人等税务行政相对人权利、义务，在本辖区内具有普遍约束力并在一定期限内反复适用的文件 针对特定税务行政相对人的特定事项作出的批复、决定等，不属于税收规范性文件（因为不能反复适用）	
特点	1. 规范性：在其效力范围内要求税务机关和税务行政相对人普遍遵守 2. 执行性：为执行税收法律、法规和规章而制定的规范性文件，具有执行性而不能创设新的税收权利义务关系	
作用	是税收法律、法规和规章的必要补充，可以使其明确化、具体化，更具可操作性	
制定过程	制定主体	县以上各级税务机关 各级税务机关的内设机构、派出机构和临时性机构，不是制定主体 严格控制县级税务机关制定权，应当依据法律、法规规章或省以上税务机关税务规范性文件的明确授权制定
	制定原则	科学、民主、公开、统一 公开原则包括过程的公开和结果的公开
	制定程序	1. 起草：税收规范性文件由制定机关业务主管部门负责起草；内容涉及两个或者两个以上部门的，由制定机关负责人指定牵头起草部门 2. 审查：从事政策法规工作的部门负责对税收规范性文件进行审查，包括合法性审核和世界贸易组织规则合规性评估。必要时需要进行集体讨论 3. 签发：审查通过的，按公文处理程序报制定机关负责人签发 4. 发布：以公告形式发布 5. 生效：应当自发布之日起 30 日后施行；发布后不立即施行将有碍执行的，可以自发布之日起施行
备案和审查	备案审查	原则：有件必备、有备必审、有错必纠 1. 省以下税务机关的税收规范性文件应当自发布之日起 30 日内向上一级税务机关报送备案 2. 省税务机关应当于每年 3 月 1 日前向国家税务总局报送上一年度本辖区内税务机关发布的税收规范性文件目录 3. 上级税务机关政策法规部门具体负责税务规范性文件备案登记合法性审查和市级贸易组织规则合规性，并会同纳税服务部门负责督促整改和考核工作。纳税服务部门负责税务规范性文件权益性审核工作。业务主管部门承担其职能范围内的税务规划性文件审查工作，并按规定时限向政策法规部门送交审查意见

续表

备案和审查		4. 制定机关应当按期纠正或者补正，并于规定时限届满之日起30日内，将处理情况报告上一级税务机关 5. 税务行政相对人认为规范性文件违反税收法律法规规章和上级规范性文件，规定的可以向制定机关或上一级税务机关书面提出审查的建议，治理机关或者其上一级税务机关应当依法及时研究处理
	文件清理	1. 形成清理的长效机制 2. 采取日常清理和集中清理相结合的方法 3. 日常清理由业务主管部门负责；集中清理由政策法规部门负责牵头组织，业务主管部门分工负责

【单选题】根据《立法法》规定，国家税务总局制定规章，应当使用的文号类别是（　　）。

A. 国家税务总局令　　B. 国税发

C. 国税函　　D. 国家税务总局公告

【参考答案】A

《立法法》第八十五条：部门规章由部门首长签署命令予以公布。部门规章则是由政府部门制定的，由部门令颁布。

第四节　法的适用

（一）法的适用的概述和原则

概念	各种国家机关和国家授权单位按照法律规定运用国家权力，将法律规范运用于具体的人或者组织，用来解决具体问题的专门活动
原则	1. 以事实为根据，以法律为准绳原则 2. 法律面前人人平等原则 3. 实事求是，有错必纠原则
适用模式	1. 调查、分析事实 2. 选择适用的法律规范。根据事实找到需要执行的法律规范 3. 对事实的认定和法律规范的选择作出确切的解释（是什么？怎么办?） 4. 作出法律决定，产生适用的法律文书 5. 将法律文书送达给有关人员或单位 6. 执行法律文书 7. 检查监督。对法的适用情况和文书的执行情况进行检查监督

（二）法的适用的具体规则

新法与旧法的适用规则	1. 解决的是时间效力的问题 2. 法的生效时间需要在法律规范中明确，包括自公布之日起生效（现在一般不采用）、明确生效时间、附生效条件（条件达成时生效） 3. 法的失效包括明示和默示失效。默示是指新法生效后自然取代旧法。《立法法》的要求，法的效力终止要求采用明示终止方式 4. 溯及力问题：一般采用法不溯及既往。因为不能要求其遵守还没有制定生效的法律规范，人们只能按照当时的有效法律规范开展活动，即“实体从旧”。行政法领域，实行“从旧兼从轻”规则：即按行为实施时的法律规范来判断，但如果适用法律时新的法律规范不认为是违法或处罚较轻时，按新的法律规范处理
上位法与下位法的适用规则	1. 具有更高效力等级的是上位法；相对应的较低效力等级的是下位法（具体效力等级见本书第十三章第二节“（三）法的效力体系”） 2. 下位法应符合上位法，不得制定和上位法冲突的下位法
一般法与特别法的适用规则	1. 一般法是针对一般人、一般事项或更大范围的规定；特别法是针对人、事、地域或者时间更为特定的情况的规定 2. 只有当特别法与一般法属于同一效力等级的时候，以及上位法授权或允许下位法作出特别规定的时候，才执行这一规则 3. 注意区分一般规定和特别规定是针对同一事项的；如果存在并联关系的事项则不执行此项规则

【单选题】对于税法溯及力问题，一般而言，税收实体法应坚持（　　）。

A. 法律优位原则　　B. 程序优于实体原则

C. 从旧兼从轻原则　　D. 实质重于形式原则

【参考答案】C

第五节　习近平法治思想与依法治国

习近平法治思想作为全面依法治国的根本遵循和行动指南	坚持党对全面依法治国的领导
	坚持以人民为中心
	坚持中国特色社会主义法治道路
	坚持依宪治国、依宪执政
	坚持在法治轨道上推进国家治理体系和治理能力现代化
	坚持建设中国特色社会主义法治体系
	坚持依法治国、依法执政、依法行政共同推进，法治国家、法治政府、法治社会一体建设
	坚持全面推进科学立法、严格执法、公正司法、全民守法
	坚持统筹推进国内法治和涉外法治
	坚持建设德才兼备的高素质法治工作队伍
	坚持抓住领导干部这个“关键少数”

续表

我国社会主义法治的总目标	建设中国特色社会主义法治体系，建设社会主义法治国家
全面推进依法治国的若干问题	完善以宪法为核心的中国特色社会主义法律体系
	深入推进依法行政，加快建设法治政府
	保证公正司法，提高司法公信力
	增强全民法治观念，推进法治社会建设
	加强法治工作队伍建设
	加强和改进党对全面推进依法治国的领导

本章习题

一、单选题

1. 下列关于法律渊源的表述中，不正确的是（　　）。

A. 法律的效力高于行政法规、地方性法规、本级及下级地方政府规章

B. 法律由全国人大及其常委会制定和修改，全国人大闭会期间，全国人大常委会可对基本法律进行部分补充和修改

C. 一切法律、行政法规、地方性法规、自治条例和单行条例、规章都不得同宪法相抵触

D. 根据部门规章，地方政府规章可以设定减损公民、法人和其他组织权利或者增加其义务的规范

2. 根据税法的适用原则，下列说法正确的是（　　）。

A. 根据法律不溯及既往原则，纳税人在新税法公布实施之前发生的纳税义务在新税法公布实施之后进入税款征收程序的，原则上新法具有约束力

B. 新法优于旧法原则的适用，以新法公布以后为标志

C. 程序优于实体原则是指在诉讼发生时，税收程序法优于税收实体法适用

D. 根据特别法优于普通法的原则，凡是特别法中作出规定的，原有的居于普通法地位的税法就废止

3. “特别法优于一般法”规则是有条件的，只有当特别法与一般法属于（　　）的时候，以及上位法授权或允许下位法作出特别规定的时候，才执行这一规则。

A. 特别法是新法　　B. 一般法是新法

C. 同一效力等级　　D. 不同效力等级

4. 国家税务总局制定的部门规章，使用的文种是（　　）。

A. 总局公告　　B. 总局通知

C. 总局令　　D. 总局公报

5. 税收的开征、停征，属于（　　）。

A. 法律绝对保留事项　　B. 法律相对保留事项

C. 不属于法律保留事项　　D. 可以由地方法规予以规定的事项

6. 根据我国宪法规定，国务院有权制定（　　）。

A. 行政法规　　B. 地方性法规

C. 单行条例　　D. 行政规章

7. 若行政法规与法律之间存在比较明显的、显性的矛盾，此时适用法律。这体现了法的适用原则是（　　）。

A. 新法优于旧法　　B. 上位法优于下位法

C. 特别法优于一般法　　D. 从旧兼从轻

二、多选题

1. 根据《中华人民共和国立法法》，下列涉税事项只能制定法律进行规范的有（　　）。

A. 税种的设立　　B. 税率的确定

C. 计税依据的确定　　D. 税收征收管理制度

2. 根据《税收规范性文件制定管理办法》的规定，不属于税收规范性文件的制定主体是（　　）。

A. 县级以上各级税务机关　　B. 税务所

C. 稽查局　　D. 税务局法制科

3. 下列关于法的效力的说法中，正确的有（　　）。

A. 国家税务总局规章的效力低于行政法规高于地方性法规

B. 国家税务总局规章的效力低于行政法规，与地方性法规之间不能划分效力层级

C. 税收行政法规的效力低于法律而高于地方性法规

D. 税收行政法规的效力低于法律，与地方性法规之间不能划分效力层级

4. 国家税务总局制定部门规章不使用的文号类别是（　　）。

A. 国家税务总局公告　　B. 国家税务总局令

C. 税总发　　D. 税总函

5. 法的生效时间需要在法律规范性文件中予以明确，通常的方式有（　　）。

A. 自发布之日起生效　　B. 明文规定生效时间

C. 生效条件成就后生效　　D. 自动生效

三、判断题

1.《税收规范性文件制定管理办法》生效后，税务机关制定的税收规范性文件，应以公告形式公布。（　　）

2. 税收法定原则就是指，所有税收方面的规定都应当由全国人民代表大会及其常务委

员会制定法律。 （ ）

3. 虽然《税收征管法》对偷税未规定不予处罚的情形，但是符合相关规定的也可以依据《行政处罚法》不予处罚。 （ ）

4. 国际条约不能成为当代中国法的渊源。 （ ）

参考答案与解析

一、单选题

1. 【参考答案】D

选项 D：没有法律、行政法规、地方性法规的依据，地方政府规章不得设定减损公民、法人和其他组织权利或者增加其义务的规范。

2. 【参考答案】C

选项 A，根据法律不溯及既往原则，纳税人在新税法公布实施之前发生的纳税义务在新税法公布实施之后进入税款征收程序的新法不具有约束力；选项 B，新法优于旧法原则的适用，以新法生效实施为标志；选项 D，根据特别法优于普通法的原则，凡是特别法中作出规定的，排斥普通法的适用，但这种排斥仅就特别法中的具体规定而言，并不是说随着特别法的规定，原有居于普通法地位的税法即告废止。

3. 【参考答案】C

本题考查的是法的适用规则中的“特别法优于一般法”。“特别法优于一般法”规则是有条件的，只有当特别法与一般法属于同一效力等级的时候，以及上位法授权或允许下位法作出特别规定的时候，才执行这一规则。故答案是 C。

4. 【参考答案】C

《立法法》施行后，在国家税务总局颁布的众多文件中，只有使用国家税务总局令文种的规范性文件，才是国家税务总局制定的部门规章。

5. 【参考答案】B

法律保留分为绝对保留和相对保留，税收立法目前属于相对保留事项。

6. 【参考答案】A

行政法规由国家最高行政机关国务院制定颁布。行政法规文件通常采用条例作为名称，也可以采用实施细则、规定、办法等作为名称。行政法规的法律效力在宪法和法律之下，但高于地方立法机关制定的地方性法规、民族区域自治地方制定的自治条例和单行条例、国务院部委和直属机构制定的部门规章、地方政府制定的政府规章。

7. 【参考答案】B

A 选项，新法优于旧法是指同一机关制定的法的形式，但新的规定与旧的规定不一致的，适用新的规定。这里要求是同一制定机关制定的法律。

B 选项，上位法优于下位法，指下位法与上位法冲突时，以上位法为据，不再适用下位法。法律的效力层级基本按照：宪法 > 法律 > 行政法规 > 地方性法规 > 本级和下级地方政府规章。

C 选项，特别法优于一般法，同一机关制定的法的形式，但特别规定与一般规定不一致的，适用特别规定。

D 选项，从旧兼从轻，这是刑法的专门适用原则，核心是在如果犯罪行为发生在新刑法颁布前，此时要考虑的是先适用旧刑法；只有当适用新的刑法更有利于被告人的时候，如不认为是犯罪，或者是新刑法处罚较轻的话，则应该对被告人适用新刑法。

本题解题关键在于理解行政法规与法律的冲突是由于制定机关不同带来两者在效力上的差异。行政法规是指国务院为领导和管理国家各项行政工作，根据宪法和法律，按照行政法规规定的程序制定的各类法规的总称。法律，一般指狭义的法律，是全国人大及其常委会依照立法程序制定的规范性法律文件。法律和行政法规的冲突是不同制定机关制定的法律性文件的冲突，因此应当选择 B 选项。

二、多选题

1. 【参考答案】ABD

《中华人民共和国立法法》第八条规定，下列事项只能制定法律：（六）税种的设立、税率的确定和税收征收管理等税收基本制度。

2. 【参考答案】BCD

县以下税务机关及各级税务机关的内设机构、派出机构、直属机构和临时性机构，不得以自己的名义制定税收规范性文件。

3. 【参考答案】BC

根据《立法法》的规定，“部门规章之间、部门规章与地方政府规章之间具有同等效力，在各自的权限范围内施行。地方性法规与部门规章之间对同一事项的规定不一致，不能确定如何适用时，由国务院提出意见，国务院认为应当适用地方性法规的，应当决定在该地方适用地方性法规的规定；认为应当适用部门规章的，应当提请全国人民代表大会常务委员会裁决”因此国家税务总局的部门规章和地方性法规不能划分效力层级，需要提请裁决。A 选项错误。

法律的效力高于行政法规、地方性法规、规章。行政法规的效力高于地方性法规、规章。因此 BC 选项正确。

同一机关制定的法律、行政法规、地方性法规、自治条例和单行条例、规章，特别规定与一般规定不一致的，适用特别规定；新的规定与旧的规定不一致的，适用新的规定。地方性法规是存在一定的效力规则的，D 选项错误。

4. 【参考答案】ACD

国家税务总局制定部门规章使用的文号类别是国家税务总局令。

5. 【参考答案】ABC

法应当有明确的生效时间，法生效后发生的事项适用该法。法的生效时间需要在法律规范性文件中予以明确，通常有三种方式：①自发布之日起生效。②明文规定生效时间。③生效条件成就后生效。

三、判断题

1. 【参考答案】√

《税收规范性文件制定管理办法》第二十八条规定："税务规范性文件应当以公告形式发布；未以公告形式发布的，不得作为税务机关执法依据。"

2. 【参考答案】×

《立法法》规定，税收方面的基本制度依法只能由全国人民代表大会及其常务委员会制定法律，而并非所有税收方面的规定。

3. 【参考答案】√

《税收征管法》规定的是处罚标准，这个标准并不解决如何执行的问题；而《行政处罚法》规定的是处罚规则，解决的恰恰是当其他法律规范规定了处罚标准时，如何执行标准的问题。这是两个不同的问题，两者并非矛盾，都是应当执行的法律规范，即处罚标准依据《税收征管法》规定，而如何执行《税收征管法》的标准，则按《行政处罚法》的规定办，当属于《行政处罚法》规定的减轻处罚或不予行政处罚情形时，可以在标准的基础上减轻处罚或不予行政处罚。

4. 【参考答案】×

国际法作为法的渊源，包括我国加入的国际条约和其他国际规范性法律文件，也包括我国未加入的国际条约和其他国际规范性法律文件。

第十四章　行政法基础

【学习目的】

学习行政法基础，正确理解税务机关的法律性质、地位、法定职权、法定职责，正确认识税务行政法律关系以及税务行政行为，提高依法行政的自觉性和能力。

第一节　行政法概述

一、行政的基本概念

行政是指国家行政主体依法对国家和社会公共事务进行管理的活动。

行政的主体是特定的国家行政机关或者行政机构。行政主体肩负公共事务的管理职责。

二、行政法的概念及特征

<table>
<tr><td>行政法的概念</td><td colspan="2">概念：行政法就是规范行政主体的设立、行政权的授予、行使行政程序的创设以及对行政权的行使进行监督的法律规范的总称
基本内涵：
1. 行政法是设定行政主体赋予其职权的法律规范
2. 行政法是规范行政权如何行使的法律规范
3. 行政法是对行政职权不当行使进行监督并对不正当的行政行为进行补救的法律规范</td></tr>
<tr><td rowspan="2">行政法的特征</td><td>内容上的特征</td><td>1. 调整对象的确定性。以行政法律关系为调整对象
2. 内容的广泛性。触及社会方方面面
3. 内容相对易变动性
4. 包含实体性和程序性规范这两种法律规范</td></tr>
<tr><td>形式上的特征</td><td>1. 没有统一、完整的法典
2. 行政法相对数量较多，涉及的法律层次、领域、部门较多</td></tr>
</table>

三、我国行政法的基本原则

<table>
<tr><td rowspan="3">行政合法性原则</td><td>行政主体依法设立</td><td></td></tr>
<tr><td>行政职权依法授予</td><td>“法无明文规定即禁止”，超越法定职权范围的行政行为应当认定为无效</td></tr>
<tr><td>行政职权依法行使</td><td>行政主体要依据法律规定的条件、种类、幅度范围等作出行政行为</td></tr>
</table>

续表

行政合理性原则	行政行为应符合法律目的，具有正当性	考虑法律规定的相关因素，不能考虑与行政目的无关的其他因素
	行政行为应遵循比例原则，具有平衡性	兼顾行政目标的实现和保护相对人的利益。 1. 行政主体在实施行政行为前，特别是该行政行为不利于行政相对人时，只有认定该行政行为对于实现行政目标是必需的，才能实施该行为 2. 行政主体在实施行政行为前，必须先进行利益衡量，当实施该行政行为可能取得的公益大于可能损害的私益时，才能实施该行为 3. 行政主体在实施行政行为前，必须在多种方案中进行选择，选择成本最小、收益最大、对行政相对人权益损害最小的方案实施
	行政行为应遵循信赖保护原则，讲究诚信	1. 行政行为一经作出，非因法定事由不得随意变更、撤销 2. 行政主体作出授益性行政行为后，事后即使发现存在违法情形，只要这种违法情形非因行政相对人的过错，行政主体不得变更或撤销该行政行为，除非不变更或撤销会严重损害国家、社会公众利益 3. 行政主体据以作出行政行为的法律规范修改或废止，或客观情况发生重大变化，为保护社会公共利益，行政主体可以变更、撤销已作出的行政行为。但前提是经过利益衡量，所获得的公共利益确实大于对行政相对人可能造成的利益损失 4. 非因行政相对人的过错，行政主体变更、撤销已生效行政行为的，要对行政相对人因此受到的损失予以赔偿
	行政行为应符合客观实际，具有情理性	符合客观实际，合乎情理。不能要求行政相对人承担无法履行或者违背情理的义务

【单选题】下列关于行政法基本原则的内容，正确的是（　　）。

A. 行政合法性原则只要求遵循宪法、法律

B. 行政合理性原则要求行政权力的存在有法律依据

C. 行政合理性原则要求行政行为应建立在考虑相关因素的基础上

D. 行政应急权力在任何时候都可以行使

【参考答案】C

合法性原则要求行政机关实施行政管理不仅应遵循宪法、法律，还要遵循行政法规、地方性法规、行政规章、自治条例和单行条例等规范性文件，所以选项 A 错误。要求行政权力的存在有法律依据是行政合法性原则的要求，不是合理性原则的要求，所以选项 B 错误。行政应急权力必须在满足特定条件的前提下才能行使，所以选项 D 错误。故正确答案是 C。

四、依法行政与依法治税

（一）依法行政

1. 依法行政的基本要求

合法行政	行政机关实施行政管理，应当依照法律、法规、规章进行
合理行政	遵循公平、公正的原则
程序正当	严格遵循法定程序，以公开为常态，不公开为例外
高效便民	遵守法定时限、积极履行职责、提高效率、优化服务
诚实守信	行政机关公布的信息应当全面准确真实
权责统一	执法有保障、有权必有责、用权受监督、违法受追究、侵权须赔偿

【多选题】合理行政是依法行政的基本要求之一，下列行为体现合理行政要求的是（　　）。

A. 税务机关在作出重要决定时，充分听取行政相对人的意见

B. 税务机关要平等地对待每一纳税人

C. 税务机关行使裁量权所采取的措施符合法律的目的

D. 税务机关在作出行政处罚决定之前，应当告知当事人作出行政处罚决定的事实、理由及依据，并告知当事人依法享有的权利

【参考答案】BC

选项 A、D 属于依法行政中的程序正当要求，选项 B、C 是符合依法行政中的合理行政的要求。故正确答案是 B、C。

2. 以法治思维推进依法行政

用法治思维指导行政行为	要以法治的思维作为指导，而不是以行政执法人员的个人经验作为指导
用法治思维规范性的行为	法治思维的运用能够促进行政活动，按照法定程序进行
用法治思维完善制度规范	当制度规范与法律相互抵触或者不再符合法律原则、法律精神时，制定者应当运用法治思维对相关制度规范进行合法性判断，并适时对其进行修改或废止

（二）依法治税

践行习近平法治思想，指引依法治税实践	深入贯彻党中央关于依法治税的重大决策部署，从落守税收法定原则到完善现代税收制度，深化征管制度改革，切实将法治思维法治方式贯穿税收改革的全过程
提升税费立法质量，健全税费法律体系	坚持科学民主依法立法 提升税务行政立法质量

续表

深化税收征管改革，助力法治化营商环境建设	税务监管应匹配新发展阶段 税收征管应适合数字经济潮流 税收治理应迈向协同共治格局
突出以人民为中心理念，提升依法治税水平	严格公正文明执法 创新行政执法方式 健全依法决策机制 全面落实政务公开 维护纳税人缴费人合法权益

五、全面推行行政执法“三项制度”

全面推行行政执法公示制度	1. 行政执法公示是保障行政相对人和社会公众知情权、参与权、表达权、监督权的重要措施 2. “谁执法谁公示”的原则 3. 建立统一的执法信息公示平台 4. 保护国家秘密、商业秘密、个人隐私
全面推行执法全过程记录制度	1. 执法全过程记录是行政执法活动有效的重要保证 2. 对行政执法的启动、调查取证、审核决定、送达执行等全部过程进行记录，并全面系统归档保存，做到执法全过程留痕和可回溯管理
全面推行重大执法决定法制审核制度	1. 是确保重大执法决定合法有效的关键环节 2. 作出重大执法决定前，要严格进行法制审核，未经法制审核或者审核未通过的，不得作出决定 3. 主要包括： （1）明确审核机构 （2）明确审核范围。涉及重大公共利益；经过听证程序；疑难复杂案件等 （3）明确审核内容。主体、程序合法；事实清楚、证据充分；适用依据准确 （4）明确审核责任。行政机关主要负责人负责

【多选题】当前推进依法行政，需要坚持严格规范公正文明执法，具体要求有（　　）。

A. 建立健全行政裁量权基准制度

B. 严格执行重大执法决定法制审核制度

C. 建立执法全过程记录制度

D. 改革案件受理制度，变立案登记制为立案审查制

【参考答案】ABC

六、其他相关制度

权责清单制度	权责清单制度的内涵
	权责清单主要内容： 1. 管理流程或者业务领域 2. 权责事项 3. 设定依据 4. 履责方式 5. 追责情形
	权责清单制度的重要意义
税务执法资格管理	参考对象： 1. 税务机关新录用的公务员和历年执法资格考试未通过人员以及省税务局人事部门认定的，需要参加执法资格考试的其他正式在编人员 2. 执法资格的取得：通过国家税务总局统一组织的税收司法资格考试，并且成绩合格取得执法资格（符合免试条件的税务人员除外） 3. 执法活动的要求。税务人员从事税收执法活动，应当具有税收执法资格 4. 执法资格的取消 超越法定权限或者违反法律程序执法，造成严重后果的 在税收执法活动中有违反廉政纪律和徇私舞弊、玩忽职守等较严重渎职行为的 按照税收执法责任制相关规定，对税收执法过错，适用取消执法资格的责任追究形式的 其他应当取消执法资格的情形
公职律师培养和使用	公职律师的培养
	公职律师的使用 ①为重大决策，讨论决定重大事项，提供法律依据 ②参与法律法规，规章草案，规范性文件送审稿和其他制度草案的起草论证及合法性和规定审查 ③参与合作项目的洽谈，对外招标，政府采购等事务协助起草，修改审核重要的法律文书或者合同协议 ④参与办理重大税务案件 ⑤参与重大执法决定法制审核 ⑥参与信访接待矛盾调处，涉法涉诉案件化解，突发事件处置，政府信息公开国家赔偿等工作 ⑦参与行政复议，行政诉讼等工作 ⑧落实谁执法谁普法的普法责任制，开展普法宣传教育 ⑨办理民事案件的诉讼和仲裁、调解与和解等法律事务 ⑩参与重大法制专项工作以及法制部门认为需要公职律师办理的其他法律事务

第二节　税务行政法律关系

一、税务行政法律关系的含义

税务型的法律关系指由税法设定并受税法规范和调整的，税务机关与其行政相对人之间权利和义务的关系。

特点	主体特定，一方当事人必须是税务机关
	税务机关和行政相对人的权利义务具有不对等性
	税务机关和行政相对人的权利义务是法定的，不得随意商定、选择和改变
构成要素	税务行政法律的关系的主体——税务行政主体和税务行政相对人 1. 税务行政主体 依法享有国家征税权，能够以自己的名义进行税务行政管理活动，并独立承担由此产生的法律责任的税务行政组织。包括各级税务机关和法律、法规授权的税务机构 具有如下特征： ①必须是一个组织，而不是个人 ②必须是享有国家征税权力，能够实施税务行政管理活动的组织 ③必须是能以自己的名义实施税务行政管理活动的组织 ④税务行政主体是一个能够独立承担法律责任的组织 税务行政主体有以下四类： ①各级税务局。从国家税务总局到县税务局 ②税务分局 ③税务所 ④省以下税务局的稽查局 2. 税务行政相对人 （1）定义：税务行政法律关系中被税务行政主体管理的一方当事人 （2）具有以下特征： ①在税务行政法律关系中处于被管理地位 ②税务行政相对人的身份具有相对性 ③税务行政相对人范围广泛 （3）主要有以下几种情形： ①具有双重身份的国家机关 ②社会组织：包括企业单位、事业单位、社会团体 ③自然人 ④外国组织 ⑤外国人
	税务行政法律的关系的内容——税务行政主体和税务行政相对人各自的权利义务 （1）税务行政主体的职权 税务行政职权主要表现为行政立法权、行政决策权、行政决定权、行政命令权、行政制裁权、行政强制权、行政司法权等。 不能放弃的权利 以法律为基础的权利 不以税务行政相对人意志为转移的权利 相互制约的权利 （2）税务行政相对人的义务 税务行政相对人的义务是自己应承担的，税法所规定的职责，包括三项内容： 服从行政管理命令 接受税务检查、监督 协助公务的义务
	税务行政法律的关系的客体——财物和行为

【多选题】下列属于税务机关行政行为特征的有（　　）。

A. 可协商性　　B. 强制性

C. 单方意志性　　D. 效力先定性

【参考答案】BCD

税务机关行政行为特征：

（1）从属法律性：任何行政行为必须有法律依据；

（2）裁量性；

（3）单方意志性：无须与行政相对方协商或征得其同意；

（4）效力先定性：行政行为一经作出，即被推定有效，未被国家有权机关依法宣布为违法无效之前，对行政机关本身和行政相对方以及其他国家机关具有约束力；

（5）强制性。

可协商性不属于税务机关行政行为特征，不选。

【多选题】下列各项中，属于税务行政主体的有（　　）。

A. 税务所　　B. 市税务局法规科

C. 省税务局稽查局　　D. 县税务局

【参考答案】ACD

【判断题】税务行政相对人仅指根据法律、行政法规规定承担纳税义务的单位和个人。（　　）

【参考答案】×

税务行政相对人是指在税务行政法律关系中被税务行政主体管理的一方当事人。只要受到税务行政权的影响和约束，都可成为税务行政相对人。除法律、行政法规规定承担纳税义务的单位和个人外，扣缴义务人、金融机构等都可成为税务行政相对人。

第三节　税务行政行为

一、税务行政行为的概念

<table>
<tr><td rowspan="5">概念</td><td colspan="2">税务行政主体为实现国家税务行政管理的目的所实施的具有法律意义并产生法律效果的活动</td></tr>
<tr><td rowspan="4">内涵</td><td>主体是税务行政主体</td></tr>
<tr><td>目的是履行国家税务行政管理的职责，实现国家税务行政管理的目标</td></tr>
<tr><td>体现国家税务行政权力</td></tr>
<tr><td>具有法律意义的行为</td></tr>
</table>

二、税务行政行为的特征

特征	法律的执行性	税务行政行为的作出，必须具有法律依据，是对法律的执行
	单方意志性	只要在法律、法规、规章授权的范围内，不需要征得行政相对人的同意或与其协商，可以直接作出税务行政行为
	效力先定性	税务行政行为一经作出且生效之后，就推定其符合法律规定，具有法律效力。即使在行政复议、诉讼期间，也具有约束力
	一定的行政裁量性	法律就给予税务机关在执法过程中一定幅度的行政裁量权，受到了行政合理性原则的限制
	强制性	税务行政行为一经作出即具有法律效力，相对人必须执行，否则就要承担相应的法律责任和不利的法律后果

【多选题】下列情形中，作为行政相对人的纳税人享有陈述申辩权的情形有（　　）。

A. 税务机关作出核定应纳税额决定　　B. 税务机关作出行政处罚决定

C. 税务机关作出征收税款决定　　D. 税务机关制定税收规范性文件

【参考答案】ABC

《税收征收管理法》规定“纳税人、扣缴义务人对税务机关所作出的决定，享有陈述权、申辩权；依法享有申请行政复议、提起行政诉讼、请求国家赔偿等权利”。这里的税务机关所作出的决定是税务机关的具体行政行为，包括核定应纳税额、行政处罚、税款征收等，但是不包括制定规范性文件等抽象行政行为。

三、税务行政行为的种类

抽象行政行为和具体行政行为	划分依据	行政行为是否可以反复适用，可以反复适用的是抽象行政行为，（例如制定法规或者规范性文件的行为）反之则是具体行政行为
	区别	抽象行政行为是设定法律规范的行为 具体行政行为是执行法律规范的行为
		抽象行政行为是创制具体行政行为法律依据性的活动，先于具体行政行为
		抽象行政行为按照规定的行政立法程序 具体行政行为按照行政执法程序
		抽象行政行为可以反复适用 具体行政行为只能一次适用
		抽象行政行为所创置的行政法规、规章和规范性文件，对在其后发生的事件具有拘束力 具体行政行为，对其之前发生的事项具有拘束力
		抽象行政行为一般不具有可诉性 具体行政行为具有可诉性

续表

内部行政行为与外部行政行为	划分依据	行政行为的适用范围
	内部行政行为	行政主体的内部管理行为
	外部行政行为	行政主体依法对公共事务的管理活动
羁束行政行为与自由裁量行政行为	划分依据	行政行为受法律规范拘束的程度
	羁束行政行为	法律明确规定了行政行为的范围、条件、程度、方法等，没有自由选择的依据
	自由裁量行政行为	法律明确对行政行为的目的、范围只有原则性的规定，税务机关在一定范围内有自由选择的依据
依职权的行政行为与依申请的行政行为	划分依据	税务机关是否可以主动作出行政行为
	依职权的行政行为	税务机关可以主动做出，不需要相对人同意
	依申请的行政行为	需要有相对人的申请才可以做出的行政行为
要式行政行为与非要式行政行为	划分依据	行政行为是否应当具备一定的法定形式。大多数行政行为都是要式行政行为
有利行政行为与不利行政行为	划分依据	行政行为的内容对行政相对人是否有利 有利行政行为会增加相对人的权益或免除义务；不利行政行为会增加义务或限制、剥夺其权益

【多选题】下列行为中，属于税务机关行使行政裁量权的有（　　）。

A. 对不缴少缴税款的纳税人选择具体的处罚适用条款

B. 按照规定核定税额、确定应税所得率

C. 对偷税行为在百分之五十与五倍之间选择具体处罚倍数

D. 在被强制执行人多项财产中选择具体的执行标的物

【参考答案】BCD

《税务总局关于规范税务行政裁量权工作的指导意见》（国税发〔2012〕65 号）文件里对行政裁量权的定义是“行政裁量权是行政机关依法行使行政处罚、行政许可、行政强制、行政征收、行政给付等职权时，根据法律、法规和规章的规定，依据立法目的和公平合理的原则，自主作出决定和选择行为方式、种类和幅度的权力”。判断此类问题关键在于税务机关有无选择的权力，即选择何种行政行为，确定多高的数量和金额。A 选项是选择处罚的依据，不是自由裁量的范围，其选择都是确定的。BCD 均是在不同程度上具有选择权，属于行政裁量权。

【多选题】下列行为中，属于税务机关行使行政裁量权的有（　　）。

A. 对不缴少缴税款的纳税人选择具体的处罚适用条款

B. 按照规定核定税额、确定应税所得率

C. 对偷税行为在百分之五十与五倍之间选择具体处罚倍数

D. 在被强制执行人多项财产中选择具体的执行标的物

【参考答案】BCD

A 选项是选择处罚的依据，不是自由裁量的范围，其选择都是确定的。BCD 均是在不同程度上具有选择权，属于行政裁量权。

四、税务行政行为的内容和效力

税务行政行为的内容	概念	税务行政行为对税务行政相对人的权利义务做出某种处置，剥夺或限制其权利、课以义务的一种活动
	分类	1. 设定权利和义务 2. 实现权利和义务 3. 剥夺、限制权利和减免义务 4. 确认和恢复权利和义务
税务行政行为的效力	1. 公定力：行政行为一旦生效，就推定为合法，除非被依法撤销 2. 确定力：没有法定事由、未经法定程序、不得变更 3. 拘束力：对双方都具有约束力，都需要遵守 4. 执行力：可以申请法院或者自行采取强制措施保证执行	

【多选题】下列各项中，属于行政行为内容的是（　　）。

A. 剥夺权益　　B. 赋予权益

C. 确认法律事实　　D. 判决撤销行政行为

【参考答案】ABC

行政行为包括设定权利和义务，实现权利和义务，剥夺、限制权利和减、免义务，确认和恢复权利与义务。需要注意的是，行政行为应当由行政机关作出，而撤销判决属于司法行为。故正确答案是 A、B、C。

五、税务行政行为的要件

税务行政行为的要件就是税务机关做出的某项行政行为在法律上成立、生效和合法必须具备的条件。

【提示】成立、生效和合法三者的关系：成立是生效的起点，先成立、再生效，但是生效的行政行为不一定合法。

成立要件	资格要件	税务行政行为的主体必须是依法或依法授权享有行政职权的税务机关
	权力要件	税务行政行为是行使税收行政职权的行为
	形式要件	税务行政行为以一定的形式表现出来
	功能要件	税务行政行为能够产生法律效果，直接或间接地影响行政相对人的权益

续表

生效要件	基本要求	税务行政行为到达相对人，为相对人所知	
生效要件	即时生效	一经作出就立即生效，成立时间就是生效时间。多见于行政命令，例如制定规范性文件	
生效要件	送达生效	直接送达	1. 应当直接送达，直接送达不了的才能选择其他送达方式 2. 受送达人是公民的，应当由本人直接签收；本人不在的，交其同住成年家属签收 受送达人是法人或者其他组织的，应当由法人的法定代表人、其他组织的主要负责人或者该法人、组织的财务负责人、负责收件的人签收。有代理人的，可以送交其代理人签收 3. 应当有送达回证，并由受送达人或者其他签收人在送达回证上寄明收到日期签名或者盖章，即为送达 4. 签收人在送达回证上签收的收件日期为送达日期
生效要件	送达生效	留置送达	1. 受送达人或者其他签收人拒绝签税务文书的，送达人应当在送达回证上记明拒收理由和日期，并由送达人和见证人签名或者盖章，将税务文书留在受送达人处，即视为送达 2. 见证人在送达回证上注明的收件日期为送达日期
生效要件	送达生效	委托送达	1. 直接送达税务文书有困难的，税务机关可以委托其他有关机关或者其他单位代为送达 2. 签收人在送达回证上签收的收件日期为送达日期
生效要件	送达生效	邮寄送达	1. 直接送达税务文书有困难的，税务机关还可以通过邮寄的方式送达税务文书 2. 以挂号函件回执上注明的收件日期为送达日期，并视为已送达
生效要件	送达生效	公告送达	1. 同一送达事项受送达人众多或者采用上述手段无法送达的，可以采用公告送达 2. 法律另有规定外，一般自公告之日起满 30 日，即视为送达。
生效要件	附期限或附条件生效	税务行政行为的生效附有一定期限或条件，当期限来到或条件满足时，税务行政行为才能够生效	
合法要件	主体合法	作出行政行为的主体必须是税务机关	
合法要件	权限合法	税务机关必须在法律规定的权限范围之内行使职权	
合法要件	内容合法	税务行政行为所处理的内容必须符合法律的规定以及公共利益的需要	
合法要件	程序合法	作出税务行政行为的过程必须依照法定的程序进行	
合法要件	形式合法	对于要式行政行为而言，必须符合法律规定的形式	

【单选题】关于税务文书的送达方式，下列做法中视为送达的是（　　）。

A. 税务机关将《税务处理决定书》送达甲公司，甲公司拒绝签收，税务机关将该文书放置于公司前台处

B. 税务机关将《税务处理决定书》送达乙公司，在该公司无人在场时将文书放置

于公司办公场所

C. 税务机关在给个体户李某送达《税务行政处罚决定书》时，因李某不在，由其妻子签收

D. 税务机关在给个体户周某送达《税务行政处罚决定书》时，因周某不在，将文书放在周某家中并交代其十周岁的儿子收好文书

【参考答案】C

《税收征管法实施细则》第一百零一条至一百零七条对税务文书送达作了详细的规定。对于直接将文书送达人的，《税收征管法实施细则》第一百零一条规定：税务机关送达税务文书，应当直接送交受送达人。受送达人是公民的，应当由本人直接签收；本人不在的，交其同住成年家属签收。受送达人是法人或者其他组织的，应当由法人的法定代表人、其他组织的主要负责人或者该法人、组织的财务负责人、负责收件的人签收。受送达人有代理人的，可以送交其代理人签收。

如果受送达人拒收，按照《税收征管法实施细则》第一百零三条的规定，受送达人或者本细则规定的其他签收人拒绝签收税务文书的，送达人应当在送达回证上记明拒收理由和日期，并由送达人和见证人签名或者盖章，将税务文书留在受送达人处，即视为送达。

对于送达过程的文书，《税收征管法实施细则》第一百零二条规定，送达税务文书应当有送达回证，并由受送达人或者本细则规定的其他签收人在送达回证上记明收到日期，签名或者盖章，即为送达。

本章习题

一、单选题

1.《税务行政处理决定书》生效的时间是（　　）。

A. 决定书中写明的时间　　B. 税务机关作出决定的时间

C. 行政相对人实际收到决定书的时间　　D. 决定书依法送达的时间

2. 行政机关在行政执法过程中，应当平等地适用法律规范，不得因人因时因地不同而异，对相同事实与情况应相同对待。这体现了（　　）。

A. 行政合法性原则　　B. 行政合理性原则

C. 行政应急性原则　　D. 信赖保护原则

3. 下列选项中，属于行政行为的是（　　）。

A. 税务机关征税的行为　　B. 全国人大制定法律的行为

C. 选举人大代表的行为　　D. 法院审理行政案件

4. 下列行政行为中，不属于依职权的行政行为是（　　）。

A. 税务行政处罚　B. 征税行为　C. 税务行政许可　D. 税务行政强制

5. 行政主体实施行政行为，只要是法律、法规的授权范围内即可自行决定和直接实施，而无须与行政相对方协商或征得其同意，这体现了行政行为的（　　）。

A. 从属法律性　B. 效力先定性　C. 单方意志性　D. 强制性

6. 税务机关针对某公司的骗税行为，决定停止为其办理出口退税的行为属于（　　）。

A. 内部行政行为　B. 抽象行政行为

C. 具体行政行为　D. 依申请行政行为

7. 下列行为中，不属于具体行政行为的是（　　）。

A. 税务机关对某纳税人作出《税务处理决定书》

B. 税务机关公告《2021 年国庆期间纳税申报延期通知》

C. 税务机关调取某纳税人的账簿资料

D. 税务机关确认某纳税人提供的担保

二、多选题

1. 税务机关对某纳税人欠缴税款的情况在报纸上予以公告。税务机关实施的这一行政行为属于（　　）。

A. 抽象行政行为　B. 具体行政行为

C. 依职权的行政行为　D. 依申请的行政行为

2. 下列行政行为中，属于税务机关行使行政裁量权的有（　　）。

A. 税务机关对纳税人的偷税行为在百分之五十与五倍之间选择具体处罚比例

B. 税务机关按照规定对纳税人核定税额、确定应税所得率

C. 税务机关对纳税人实施税收保全采取具体措施的选择

D. 税务机关对纳税人减免税额的确定

3. 下列活动形成的法律关系中，属于税务行政法律关系的有（　　）。

A. 某税务局责令甲公司提供纳税担保

B. 某税务局与甲公司签订购买办公设施合同

C. 某税务局向甲公司征收社会保险费

D. 某税务局稽查局对甲公司偷税行为作出处罚

4. 下列各项中，税务行政相对人享有的权利是（　　）。

A. 知情权　B. 陈述权和申辩权

C. 参与权　D. 申请财产保全权利

5. 下列各项中，属于行政合理性原则具体内容的是（　　）。

A. 行政处罚必须有法律依据

B. 行政行为应建立在考虑相关因素的基础上

C. 行政职权的行使必须按照法定程序

D. 行政行为应符合立法目的

6. 税务行政行为合法的要件有（　　）。

A. 主体合法　　B. 权利义务对等

C. 程序合法　　D. 在权限范围内作出

7. 税务机关的下列行为，属于具体行政行为的有（　　）。

A. 制定规范性文件　　B. 作出税务行政处罚决定

C. 作出税务行政处理决定　　D. 给予举报人奖励

三、判断题

1. 征收税款既是税务机关的一项职责，又是其一项职权，所以税务机关既可行使又可随意放弃。（　　）

2. 税务行政相对人仅指根据法律、行政法规规定承担纳税义务的单位和个人。（　　）

参考答案与解析

一、单选题

1. 【参考答案】D

根据行政法原理，具体行政行为的生效原则一般是受领生效。即行政机关作出的行政行为必须经行政相对人“知道”后方能发生法律效力。对大多数情形而言，以行政相对人实际收到决定书的时间作为其知道文书内容的标准。但税务机关适用留置送达和公告送达方式来送达文书时，行政相对人“知道”文书内容的标准就不再是其实际收到文书的时间，而是只要符合留置送达和公告送达生效要件，法律就推定行政相对人知道该文书内容，行政决定就发生法律效力。所以，D 选项的表述比 C 选项更全面。

2. 【参考答案】B

行政合理性原则的基本内涵之一就是行政行为的作出应符合法律目的，即具有正当性，应考虑法律规定的相关因素，不能考虑与行政目的无关的其他因素。在行政执法过程中，应当平等地适用法律规范，不得因人因时因地不同而异，对相同事实与情况应相同对待。

3. 【参考答案】A

行政行为是指行政主体实施行政管理和服务活动、行使行政职权或履行行政服务职能过程中所作出的具有法律意义的、旨在产生某种行政法律效果的行为。税务机关征税行为是税务行政主体实施税收征收管理、行使税款征税权过程中作出的，是属于行政行为。全国人大制定法律是立法行为，选举人大代表是我国人大代表选举制度，法院审理行政案件是司法审判行为，都不是行政行为。故正确答案是 A。

4. 【参考答案】C

依职权的行政行为是指行政主体依照法律授予的职权，无须相对人申请就可以主动作出的行政行为。税务行政处罚、征税行为、税务行政强制属于税务机关依职权作出的行政行为。这里只有税务行政许可是依申请的行政行为。

5.【参考答案】C

本题考查的是行政行为的特征。行政主体实施行政行为，只要是法律、法规的授权范围内即可自行决定和直接实施，而无须与行政相对方协商或征得其同意，这体现了行政行为的单方意志性。故正确答案是选项 C。

6.【参考答案】C

税务机关停止办理出口退税是税务行政处罚种类之一，是具体行政行为，是税务机关进行税收征管活动作出的外部行政行为，是依职权作出的行政行为，因此，说它是内部的、抽象的、依申请的行政行为是不正确的。故正确答案是 C。

7.【参考答案】B

具体行政行为是指凡是针对特定对象实施的行为，一般为具体行政行为。选项 A、C、D 都是针对某具体行政相对人实施的行为，都属于具体行政行为，只有选项 B 税务机关公告属于抽象行政行为，不属于具体行政行为。故正确答案是 B。

二、多选题

1.【参考答案】BC

欠税公告是税务机关依职权作出的具体行政行为。

2.【参考答案】ABC

本题考查的是税务机关的行政裁量权。选项 A、B、C 属于行政裁量的行政行为，是指法律规范仅对行为目的、行为范围等作一原则性规定，而将行为的具体内容、条件、标准、幅度、方式等留给行政机关自行选择、决定而实施的行政行为。选项 D 属于羁束行政行为，是指法律明确规定了行政行为的范围、条件、程度、方法等，行政机关没有自由选择的余地，只能严格依照法律作出的行政行为。故正确选项是 A、B、C。

3.【参考答案】ACD

B 选项是税务机关与平等主体之间形成的民事法律关系。

4.【参考答案】ABC

D 选项申请财产保全的权利是民事诉讼制度中利益关系人享有的一项权利。

5.【参考答案】BD

内容包括：（1）行政行为的作出应符合法律的目的，即具有正当性，其中包括行政行为的作出应考虑法律规定的相关因素，不考虑无关的其他因素；（2）行政主体在选择行政行为的方式、处理的力度时，应注意个人利益与国家利益的平衡，即具有平衡性；（3）行政主体在作出行政行为时，必须客观实际，合乎情理，即具有情理性。而选项 A、C 体现的是行政合法性原则。故正确答案是选项 B、D。

6.【参考答案】ACD

税务行政行为的合法要件包括：

1. 主体合法即作出行政行为的主体必须是税务机关；

2. 权限合法即税务机关必须在法律规定的权限范围之内行使职权；

3. 内容合法即要求税务行政行为所处理的内容必须符合法律的规定以及公共利益的需要；

4. 程序合法即作出税务行政行为的过程必须依照法定的程序进行；

5. 形式合法即对于要式行政行为而言，必须符合法律规定的形式。

7.【参考答案】BCD

抽象行政行为和具体行政行为的关键区别有两点，第一是能否反复适用，抽象行政行为能够多次适用，具体行政行为只能适用一次；第二是能否直接对行政相对人产生影响，抽象行政行为不会直接影响相对人，需要通过具体的行政行为来对行政相对人产生影响。例如制定部门规章就是抽象行政行为，而执行部门规章的规定对纳税人等进行处罚就是具体行政行为。因此 BCD 选项正确。

三、判断题

1.【参考答案】×

根据税法规定，征收税款是税务机关一项职责和职权。税务机关是必须行使而不能放弃的。

2.【参考答案】×

税务行政相对人是指在税务行政法律关系中被税务行政主体管理的一方当事人。只要受到税务行政权的影响和约束，都可成为税务行政相对人。除法律、行政法规规定承担纳税义务的单位和个人外，扣缴义务人、金融机构等都可成为税务行政相对人。

第十五章　税务行政许可

【学习目的】

了解行政许可的概念、特征、原则。重点掌握行政许可的设定和实施程序等。

第一节　行政许可概述

一、行政许可的概念和特征

重要内容	具体认知	
概念	行政许可是行政机关在管理经济和社会事务中的一种事先控制手段，行政机关对相对人是否符合法律、法规规定的权利资格和行使权利的条件进行审查核实，符合法定资格或者条件的，就批准从事某种特定活动	
特征	依申请的行政行为	由相对人申请而启动，无申请则无许可。申请权是一种程序上的权利
	要式行政行为	行政许可应当是明示的书面许可，不存在口头形式。授予行政许可，需要颁发许可证、执照、资格证、资质证、批准文件等许可证明
	授益性行政行为	通过许可使行政相对人获得某种资格。授益性是行政许可区别于其他行政行为的显著特征。授益性在行政许可领域体现的是一种资格或资质，行政奖励、行政救助、行政给付体现的是一定的物质、精神鼓励或帮助
	有特定的审查批准程序	除行政许可外，也有部分行政行为由行政相对人提出申请，经行政机关审查后批准

【单选题】下列不属于行政许可的特征的是（　　）。

A. 行政许可是依申请的行政行为　　B. 行政许可是要式行政行为

C. 行政许可是授益性行政行为　　D. 行政许可是抽象行政行为

【参考答案】D

依申请行政行为是指行政主体只有在行政相对人申请的条件下方能作出，没有相对人的申请，行政主体便不能主动作出行政行为。要式行政行为是指必须根据法定的方式或者必须具备法定的形式才能产生法律效力和后果的行政行为，这种行政行为一般会产生特定的非规范性法律文件。授益行政行为是指行政主体为行政相对人设定权益或者免除义务的行政行为。行政许可的特征符合以上三项要求。抽象行政行为，是“具体行政行为”的对称。是指行政机关在进行行政管理中，针对不特定的人和事制定普遍适用的规范性文件的活动。但是行政许可恰恰是针对特定的人，特定的事作出的决定，不具备普遍适用，D选项不应选。

二、行政许可和行政确认的区分

区别	行政许可	行政确认
授益性质不同	授益性行政行为，是一项新的权利授予	行政机关依法对特定的法律事实进行甄别，作出肯定或否定的认定并予以宣告，是对已有权利的认定
实施范围和法律效果不同	事前控制，范围通常限于带有稀缺性或者国家需要严格控制的事项，允许被许可人今后可以进行某种对一般人禁止的行为	事后确认，对既有的身份、能力、权利、事实的确认和认定，不以改变法律状态为目的
审查程序和权限不同	依据行政许可法，有严格的程序，一般是实质审查	不依据行政许可法，主要是形式审查

三、行政许可法的基本原则

原则类别	具体认知
法定原则	①设立行政许可属于立法行为。法律、行政法规和国务院有普遍约束力的决定可设定行政许可，地方性法规和地方政府规章可依法设定，其他规范性文件一律不得设定 ②依法定权限：行政机关只能在其法定权限范围内实施许可 ③依法定条件：不能向不具备法定条件的申请人发放许可，也不能向许可申请人要求法定条件以外的条件 ④依法定范围：不得擅自扩大行政许可的项目、种类 ⑤依法定方式和程序：从充分保护行政相对人利益的角度，遵循《行政许可法》规定的程序实施
便民原则	①申请方式：可自行申请、可委托代理人申请、可书面申请、可通过信息、电传、电报、传真、电子数据交换、电子邮件等方式申请 ②信息披露：公开许可事项、公示许可的条件和程序，对疑问提供准确、可靠和完整的答复 ③申请受理：符合条件立即受理；需要补正的一次性告知并允许当场更正；不属于职责范围应告知相关情况 ④审查事项：涉及内部多机构，“一个窗口”对外；涉及多部门，可统一办理、联合办理或集中办理；需上级审核，无须另行申请 ⑤变更申请：符合条件应允许变更 作出决定：能当场应当场决定，不能当场应在期限内作出决定，不允许久拖不决
救济原则	公民、法人或其他组织在行政许可中享有陈述权、申辩权，有权依法申请行政复议或提起行政诉讼，其合法权益因行政机关违法实施许可受到损害的，有权依法要求赔偿

续表

原则类别	具体认知
信赖保护原则	①《行政许可法》在我国首次确立该原则 ②主要体现在授益行政行为的变更、撤销方面 ③行政机关不得擅自改变已经生效的行政许可；如果为了公共利益的需要，可以依法变更或撤回行政许可，但给相对人造成财产损失的，应予补偿 ④相对人通过主观恶意的欺骗、隐瞒等方式获得的行政许可，不受该原则的保护
公开、公正、公平、非歧视原则	①设定和实施行政许可，应当公开进行。有关行政许可的规定应当公布，未经公布不得作为实施行政许可的依据；行政许可的实施和结果，除涉及国家秘密、商业秘密或者个人隐私的外，应当公开 ②符合法定条件、标准的，申请人有依法取得行政许可的平等权利，行政机关不得歧视任何人 ③行政机关应当将行政许可事项、依据、数量、条件、程序、期限以及需要提交的全部材料的目录和申请书示范文本等在办公场所公布，有条件的还可以在网站公布 ④公正是对行政机关与行政相对人的权利义务而言，对行政机关赋予权力、规定义务和责任，保证行政许可活动在实体和程序上的正当性 ⑤“法律面前人人平等”，有义务保障行政相对人平等权利的实现
监督原则	行政许可机关既对被许可人申请的事项进行监督，其本身职权活动也受到有关国家机关和公众的监督，以防权力寻租

【单选题】行政机关依法撤回行政许可，应当对行政相对人的损失（　　）。

A. 予以补偿　　B. 予以赔偿　　C. 予以分担　　D. 予以返还

【参考答案】A

《中华人民共和国行政许可法》第八条规定：行政许可所依据的法律、法规、规章修改或者废止，或者准予行政许可所依据的客观情况发生重大变化的，为了公共利益的需要，行政机关可以依法变更或者撤回已经生效的行政许可。由此给公民、法人或者其他组织造成财产损失的，行政机关应当依法给予补偿。选项A符合，应选。

四、行政许可的设定

（一）行政许可的设定范围

重点内容	具体认知
可设定行政许可的事项	①直接涉及国家安全、公共安全、经济宏观调控、生态环境保护以及直接关系人身健康、生命财产安全等特定活动，需要按照法定条件予以批准的事项 ②有限自然资源开发利用、公共资源配置以及直接关系公共利益的特定行业的市场准入等，需要赋予特定权利的事项 ③提供公众服务并且直接关系公共利益的职业、行业，需要确定具备特殊信誉、特殊条件或者特殊技能等资格、资质的事项 ④直接关系公共安全、人身健康、生命财产安全的重要设备、设施、产品、物品，需要按照技术标准、技术规范，通过检验、检测、检疫等方式进行审定的事项 ⑤企业或者其他组织的设立等，需要确定主体资格的事项 ⑥法律、行政法规规定可以设定行政许可的其他事项

续表

重点内容	具体认知
可以不设定行政许可的事项（重点）	①公民、法人或者其他组织能够自主决定的 ②市场竞争机制能够有效调节的 ③行业组织或者中介机构能够自律管理的 ④行政机关采用事后监督等其他行政管理方式能够解决的 **【提示】**反向记忆可以不设定行政许可的事项

（二）行政许可的设定权限

<table>
<tr><th>重点内容</th><th colspan="2">具体认知</th></tr>
<tr><td>全国人大及其常委会</td><td colspan="2">通过制定法律可以设定《行政许可法》所列事项范围内的各种行政许可（权最大，没限制）</td></tr>
<tr><td>国务院</td><td colspan="2">①尚未制定法律的，行政法规可以设定行政许可。（只比法律小）
②必要时，国务院可以采用发布决定的方式设定行政许可
③采用发布决定的方式设定行政许可后，除临时性行政许可事项外，国务院应当及时提请全国人民代表大会及其常务委员会制定法律，或者自行制定行政法规（决定方式多了一个转化成法律或行政法规的程序）</td></tr>
<tr><td>地方人大及其常委会</td><td>尚未制定法律、行政法规的，可以通过制定地方性法规设定行政许可</td><td rowspan="2">权力受限，不得设定行政许可的范围：
①不得设定应当由国家统一确定的公民、法人或者其他组织的资格、资质的行政许可
②不得设定企业或者其他组织的设立登记及其前置性行政许可
③其设定的行政许可，不得限制其他地区的个人或者企业到本地区从事生产经营和提供服务，不得限制其他地区的商品进入本地区市场</td></tr>
<tr><td>省、自治区、直辖市人民政府</td><td>①尚未制定法律、行政法规和地方性法规的，因行政管理的需要，确需立即实施行政许可的（范围受限）
②政府规章可以设定临时性的行政许可
③临时性的行政许可实施满一年需要继续实施的，应当提请本级人民代表大会及其常务委员会制定地方性法规（最长一年就需要转化）</td></tr>
<tr><td>规范性文件</td><td colspan="2">必须在行政许可已经依法设定的前提下作出，作出的具体规定不得违背或逾越设定文件所作的规定，且是实施性不能是创设性的，不得剥夺或限制行政相对人依法享有的权利，不得增加其义务</td></tr>
</table>

【单选题】下列国家机关中，不能设定行政许可的是（　　）。

A. 国务院

B. 国家税务总局

C. 具有立法权的地方人民代表大会及其常务委员会

D. 省、自治区、直辖市人民政府

【参考答案】B

《行政许可法》第十四条规定：该法第十二条所列事项，法律可以设定行政许可。

尚未制定法律的，行政法规可以设定行政许可。

必要时，国务院可以采用发布决定的方式设定行政许可。实施后，除临时性行政许可事项外，国务院应当及时提请全国人民代表大会及其常务委员会制定法律，或者自行制定行政法规。

第十五条规定：该法第十二条所列事项，尚未制定法律、行政法规的，地方性法规可以设定行政许可；尚未制定法律、行政法规和地方性法规的，因行政管理的需要，确需立即实施行政许可的，省、自治区、直辖市人民政府规章可以设定临时性的行政许可。临时性的行政许可实施满一年需要继续实施的，应当提请本级人民代表大会及其常务委员会制定地方性法规。

地方性法规和省、自治区、直辖市人民政府规章，不得设定应当由国家统一确定的公民、法人或者其他组织的资格、资质的行政许可；不得设定企业或者其他组织的设立登记及其前置性行政许可。其设定的行政许可，不得限制其他地区的个人或者企业到本地区从事生产经营和提供服务，不得限制其他地区的商品进入本地区市场。

第二节　税务行政许可的实施

【提示】截至2022年12月，国家税务总局仅保留1项税务行政许可事项：增值税防伪税控系统最高开票限额审批。

一、行政许可的实施概述和实施程序

重点内容		具体认知
依据		《行政许可法》
实施机关		①具有行政许可权的税务机关在法定权限内实施 ②下属的事业单位、内部机构一律不得以自己的名义实施行政许可 ③在法定职权范围内，依法律、法规、规章的规定上，可以委托其他行政机关实施行政许可 ④委托机关应当将受托行政机关和受委托实施许可内容予以公告。受托行政机关在委托范围内以委托行政机关名义实施许可，不得再委托其他组织或个人实施
许可程序	公示	①行政许可公开原则的具体体现 ②增加行政透明度，实现公民知情权，满足公民信息需要，加强公众行政监督，防止行政腐败，保护合法公民合法权益
	申请	①申请人提出申请应在法定期限内提出，必须有真实明确的意思表示，不得含糊其词，使行政机关难以判断 ②申请内容包括申请人要求行政机关准予其从事某种特定活动的意思表示和行政机关要求申请人提供是否符合许可条件和标准的相关信息 ③由行政机关提供许可申请书格式文本，不得收取费用；不能要求申请人自行设计格式文本；格式文本不得包含与申请事项没有直接关系的内容

续表

重点内容			具体认知
许可程序	申请		④委托代理人提出申请应当出具授权委托书；依法应当由申请人到行政机关办公场所提出行政许可申请的，不能委托代理人申请 ⑤申请人对申请材料实质内容真实性负责；隐瞒或故意提供虚假材料，不予受理或不予许可，并给予警告，其中属于直接关系公共安全、人身健康、生命财产安全事项的，1 年内不得再次申请；以欺骗、贿赂等不正当手段取得许可，依法给予行政处罚，其中属于直接关系公共安全、人身健康、生命财产安全事项，3 年内不得再次申请，构成犯罪，依法追究刑事责任
	受理		①申请事项依法不需要取得行政许可的，即时告知申请人不受理 ②申请事项依法不属于本行政机关职权范围的，应当即时作出不予受理的决定，并告知申请人向有关行政机关申请 ③申请材料存在可以当场更正的错误的，应当允许申请人当场更正 ④申请材料不齐全或者不符合法定形式的，应当当场或者在五日内一次告知申请人需要补正的全部内容，逾期不告知的，自收到申请材料之日起即为受理 ⑤申请事项属于本行政机关职权范围，申请材料齐全、符合法定形式，或者申请人按照本行政机关的要求提交全部补正申请材料的，应当受理行政许可申请 ⑥行政机关受理或者不予受理行政许可申请，应当出具加盖本行政机关专用印章和注明日期的书面凭证
	审查	审查方式	①首选形式审查，但对于具备特定空间与条件的，还应实质审查，实质审查应指派 2 名以上工作人员进行核查 ②行政机关未尽实质审查责任违法颁发行政许可，申请人和行政机关及工作人员均应承担相应责任 ③凡符合听证条件的，必须举行听证会，听取申请人、利害关系人的意见
		听证分类	①依职权听证：法律、法规、规章规定应当举行听证和行政机关认为需要听证 ②依申请听证：行政许可直接涉及申请人与他人之间重大利益关系的，申请人、利害关系人在被告知听证权利之日起五日内提出听证申请，行政机关应在 20 日内组织听证
		听证程序	①听证应当公开举行 ②听证应当制作笔录，听证笔录应当交听证参加人确认无误后签字或者盖章，行政机关应当根据听证笔录，作出行政许可决定 ③依法需要听证等程序的，所需时间不计算在作出行政许可决定的法定期限内；行政机关应当将听证等所需时间书面告知申请人
	决定		①准予许可的，应当书面形式，出具加盖行政机关印章的行政许可证件 ②不予许可作出书面决定，应当说明理由，并告知申请人享有依法申请行政复议或提起行政诉讼的权利 ③时间限制： （1）当场决定 （2）自受理申请之日起 20 日作出决定，不能作出决定的，经本机关负责人批准延长 10 日，法律、法规另有规定的除外 （3）采取统一办理、联合办理、集中办理的时间不超过 45 日，经本级政府负责人批准可以延长 15 日 以上日期为工作日，不含法定节假日
	变更与延续		①申请人要求变更许可，应向作出许可决定的税务机关提出 ②需要延续的，在期限届满前 30 日内申请，法律、法规另有规定的除外；税务机关在期限届满前作出决定，逾期视为同意

【判断题】在税务行政许可申请中，申请人可通过信函、电报、电传、传真、电子数据交换、电子邮件等方式提出申请。 （ ）

【参考答案】√

二、便民措施

相对集中行政许可权	经国务院批准，省、自治区、直辖市人民政府根据精简、统一、效能的原则，可以决定一个行政机关行使有关行政机关的行政许可权
一个窗口对外	1. 行政许可需要行政机关内设的多个机构办理的，该行政机关应当确定一个机构统一受理行政许可申请，统一送达行政许可决定 2. 办税服务厅或者在政府服务大厅设立的窗口集中受理行政许可申请、送达行政许可决定 3. 没有办税服务厅的，指定一个内设机构
统一办理、联合办理、集中办理	行政许可依法由地方人民政府两个以上部门分别实施的，本级人民政府可以确定一个部门受理行政许可申请并转告有关部门分别提出意见后统一办理，或者组织有关部门联合办理、集中办理

三、监督检查

<table>
<tr><th>重点内容</th><th colspan="2">具体认知</th></tr>
<tr><td>监督检查方式</td><td colspan="2">书面审查、抽样检查、检验、检测与实地检查，督促被许可人自检等</td></tr>
<tr><td>监督检查内容</td><td colspan="2">①对行政机关实施行政许可的监督，重点是过程
②行政机关对被许可人的事后监管，确保其履行义务
③对被许可人之外的行政相对人的监督，确保其先取得许可再从事活动</td></tr>
<tr><td rowspan="2">行政许可的撤销</td><td rowspan="2">撤销情形：①行政机关工作人员滥用职权、玩忽职守作出准予行政许可决定的
②超越法定职权作出准予行政许可决定的
③违反法定程序作出准予行政许可决定的
④对不具备申请资格或者不符合法定条件的申请人准予行政许可的
⑤依法可以撤销行政许可的其他情形
【提示】被撤销的行政许可从成立时就无效</td><td>应当撤销：被许可人以欺骗、贿赂等不正当手段取得行政许可的，应当予以撤销</td></tr>
<tr><td>不予撤销：可以撤销的行政许可，可能对公共利益造成重大损害的，不予撤销</td></tr>
<tr><td>救济程序</td><td colspan="2">1. 撤销不构成行政违法
2. 相对人可以提起行政复议或者行政诉讼</td></tr>
</table>

【判断题】税务行政许可一经授予，税务机关就不能单方面予以撤销。 （ ）

【参考答案】×

《行政许可法》规定了行政机关可以根据利害关系人的请求或者依据职权撤销行政许可的情况。包括：行政机关工作人员滥用职权、玩忽职守作出准予行政许可决定的；

超越法定职权作出准予行政许可决定的；违反法定程序作出准予行政许可决定的；对不具备申请资格或者不符合法定条件的申请人准予行政许可的；依法可以撤销行政许可的其他情形。此外，被许可人以欺骗、贿赂等不正当手段取得行政许可的，应当予以撤销。

本章习题

一、单选题

1. 2021 年 8 月 21 日，A 县个体户刘某向 A 县税务局提出变更纳税定额核准的申请。同年 8 月 27 日，A 县税务局通知刘某因为申请材料不齐全，申请不予受理。对此，下列说法不正确的是（　　）。
   A. 刘某的申请材料不齐全的，A 县税务局应当当场告知刘某补正
   B. A 县税务局告知刘某补正的，可以分几次告知需要补正的内容
   C. A 县税务局决定不予受理是错误的
   D. 刘某的申请材料不齐全的，如果不能当场作出的，A 县税务局可以在 5 日内一次性告知刘某需要补正的全部内容
2. 下列关于行政许可申请和审查的说法错误的是（　　）。
   A. 申请人提交的申请材料齐全、符合法定形式，能够当场决定的，行政机关应当当场作出书面的行政许可决定
   B. 行政机关发现行政许可事项直接关系他人重大利益的，不必告知该利害关系人
   C. 依法应当先经下级行政机关审查后报上级行政机关决定的行政许可，下级行政机关应当在法定期限内将初步审查意见和全部申请材料直接报送上级行政机关
   D. 根据法定条件和程序，需要对申请材料的实质内容进行核实的，行政机关应当指派两名以上工作人员进行核查
3. 下列关于行政许可听证的规定，说法正确的是（　　）。
   A. 行政许可听证是行政许可的必经程序
   B. 行政许可听证只能依申请人或利害关系人的申请举行
   C. 行政机关认为需要听证的其他涉及公共利益的行政许可事项，行政机关应当向社会公告，并举行听证
   D. 申请人、利害关系人提出听证申请的，由申请人、利害关系人承担适当的听证费用
4. 行政许可所依据的法律、法规、规章修改或者废止，或者准予行政许可所依据的客观情况发生重大变化，为了公共利益的需要，行政机关可以依法（　　）已经生效的行政许可。

A. 撤回　B. 撤销　C. 注销　D. 吊销

5. 下列关于行政许可申请的说法正确的是（　　）。

A. 行政机关应当将法律、法规和规范性文件设定的行政许可项目以及需要提交的全部材料的目录和申请书示范文本等在办公场所公示

B. 行政机关可以根据申请人的要求对公示内容予以说明、解释，提供准确、可靠的信息

C. 行政机关应当对申请材料实质内容的真实性负责

D. 行政机关不得要求申请人提交与其申请的行政许可事项无关的技术资料和其他材料

6. 下列关于行政许可听证的规定，说法正确的是（　　）。

A. 行政许可听证是行政许可的必经程序

B. 行政许可听证只能依申请人或利害关系人的申请举行

C. 行政机关认为需要听证的其他涉及公共利益的行政许可事项，行政机关应当向社会公告，并举行听证

D. 申请人、利害关系人提出听证申请的，由申请人、利害关系人承担适当的听证费用

二、多选题

1. 下列关于行政许可设定权划分的说法，正确的有（　　）。

A. 全国人大及其常委会制定的法律是确定适用行政许可的主要依据

B. 地方性法规可以在法律、行政法规设定的行政许可事项范围内，对实施该行政许可作出具体规定

C. 规章设立的临时许可实施满 1 年需要继续实施的，应当提请本级人民代表大会及其常委会制定地方性法规

D. 对于采矿许可，地方性法规可以设定行政许可

2. 下列关于行政许可的说法中正确的是（　　）。

A. 行政许可是要式行政行为

B. 行政机关作出准予行政许可决定的结果是赋予行政相对人以权利

C. 行政许可是依申请的行政行为

D. 行政许可的直接表现形式是宣告某项法律事实或法律关系是否存在

3. 以下说法正确的是（　　）。

A. 行政许可应当在受理申请之日起 20 日内作出决定

B. 上述税务行政许可 20 日内不能作出决定的，经上级税务机关负责人批准可以延长 10 日

C. 与其他部门统一办理、联合办理、集中办理的行政许可事项，期限为 45 日

D. 被许可人如需要延续行政许可有效期，应当在有效期届满前 30 日依法提出申请

三、判断题

1. 行政机关举行行政许可听证活动的费用由参与听证的当事人分担。（　　）
2. 被许可人以欺骗、贿赂等不正当手段取得的行政许可，应当给予注销，但对公共利益可能造成重大损害的除外。（　　）

参考答案与解析

一、单选题

1. 【参考答案】B

对纳税人变更纳税定额的核准属于税务行政许可。根据规定，申请材料不齐全或者不符合法定形式的，应当当场或者在 5 日内一次性告知申请人需要补正的全部内容，逾期不告知的，自收到申请材料之日起即为受理。故正确答案是选项 B。

2. 【参考答案】B

根据《行政许可法》第三十六条的规定，行政机关对行政许可申请进行审查时，发现行政许可事项直接关系他人重大利益的，应当告知该利害关系人。故正确答案是 B。

3. 【参考答案】C

听证不是行政许可的必经程序，行政许可听证也不是依申请的行政行为，申请人、利害关系人申请组织听证不承担听证费用。故正确答案是选项 C。

4. 【参考答案】A

《行政许可法》规定，行政许可所依据的法律、法规、规章修改或者废止，或者准予行政许可所依据的客观情况发生重大变化的，为了公共利益的需要，行政机关可以依法变更或者撤回已经生效的行政许可，由此给公民、法人或者其他组织造成财产损失的，行政机关应当依法给予补偿。

5. 【参考答案】D

按照《行政许可法》的规定，行政机关应当将法律、法规、规章规定的有关行政许可的事项、依据、条件、数量、程序、期限以及需要提交的全部材料的目录和申请书示范文本等在办公场所公示。故选项 A 错误。申请人要求行政机关对公示内容予以说明、解释的，行政机关应当说明、解释，提供准确、可靠的信息，而不是“可以”。故选项 B 错误。申请人申请行政许可，应当如实向行政机关提交有关材料和反映真实情况，并对其申请材料实质内容的真实性负责，故选项 C 错误。故正确答案是 D。

6. 【参考答案】C

听证不是行政许可的必经程序，行政许可听证也不是依申请的行政行为，申请人、利害关系人申请组织听证不承担听证费用。故正确答案是选项 C。

二、多选题

1.【参考答案】ABC

对于有关国家基本制度的事项，如采矿权许可、草原使用许可、伐木许可等只能由法律予以设定。法规、规章对实施上位法设定的行政许可作出的具体规定，不得增设行政许可，对行政许可条件作出的具体规定，不得增设违反上位法的其他条件。

2.【参考答案】ABC

本题考查的是行政许可的概念和特征。行政许可是依申请的行政行为；要式行政行为；授益行政行为；特定的审查批准程序的行为，故 A、B、C 正确。选项 D 是行政确认的特征。

3.【参考答案】CD

A 选项如果申请人的申请材料齐全，符合法定形式，税务机关能够当场作出决定的，当场作出书面的行政许可决定。B 选项税务行政许可在 20 日内不能作出决定的，经本税务机关负责人批准可以延长 10 日。

三、判断题

1.【参考答案】×

《行政许可法》规定，申请人、利害关系人不承担行政机关组织听证的费用。

2.【参考答案】×

《行政许可法》规定，被许可人以欺骗、贿赂等不正当手段取得行政许可的，应当予以撤销，不是注销。可能对公共利益造成重大损害的，不予撤销。

第十六章　税务行政处罚

【学习目的】

了解税务行政处罚的概念、原则、种类和设定基础，重点掌握税务行政处罚的实施，包括主体适用管辖程序等执行问题，熟悉税务行政处罚的具体情形。

第一节　税务行政处罚的概念和种类

一、税务行政处罚的概念和原则

概念	税务行政处罚主体，对违反税收征管秩序的相对人，以减损权益或者增加义务的方式予以惩戒的行为 行政执法的实施主体是行政主体 行政处罚针对的是公民法人或者其他组织违反行政管理秩序的行为 行政处罚的方式是以减损权益或者增加义务 行政处罚的对象是作为外部相对人的公民，法人或其他组织，而非内部相对人 行政处罚的目的是惩戒，而不包括基于教育法目的而开展的其他制裁行为
原则	1. 处罚法定原则 税务行政处罚设定法定，只能由处罚设定权的机关，通过制定法律、法规和规章来设定 税务新的处罚主体法定，必须有行政处罚权的税务行政主体实施。它包括税务机关和法律法规授权的组织，目前具有税务行政处罚权的税务机关，是各级税务局税务分局税务，所以和省以下税务局的稽查局 税务行政处罚职权法定；不得逾越税务机关的主管权限，实施行政处罚，不得逾越法律的特别授权规定实施行政处罚，不得逾越管辖权实施行政处罚 税务行政处罚依据法定 税务行政处罚程序法定 2. 处罚公正、公开原则 处罚以事实为依据，给予的处罚和违法行为的事实、性质、情节和社会危害程度相当，做到公平公正 处罚依据公开、处罚的执法过程、处罚结果要公开 3. 过罚相当原则 过罚的种类和幅度要与当事人的违法过错、违法性质、违法程度、违法情节相当重过重罚、轻过轻罚 显失公平的行政处罚，行政相对人可以通过行政复议或者诉讼进行救济 4. 处罚与教育相结合原则 实施处罚树立以教育为目的的理念 处罚过程中体现教育的目的（例如：处罚幅度选择、对行政相对人的辅导、责令限期改正以及轻微违法不处罚等）

续表

原则	5. 监督、制约原则 税务机关内部的监督制约 其他国家机关的监督。例如，监察、审计机关对税务机关的监督等 司法监督 社会监督

【单选题】税务机关实施行政处罚，如果存在需要纳税人改正事项的，应当责令其限期改正，不能一罚了之。这体现了行政处罚的（　　）。

A. 处罚法定原则　　B. 过罚相当原则

C. 高效便民原则　　D. 处罚与教育相结合原则

【参考答案】D

《行政处罚法》规定，实施行政处罚，纠正违法行为，应当坚持处罚与教育相结合，教育公民、法人或者其他组织自觉守法。责令纳税人限期改正，就是纠正违法行为，教育纳税人的手段，体现了处罚与教育相结合的原则。

二、税务行政处罚的种类和设定

一般行政处罚的种类	（1）警告、通报批评 （2）罚款、没收违法所得、没收非法财物 （3）暂扣许可证件、降低资质等级、吊销许可证件 （4）限制开展生产经营活动、责令停产停业、责令关闭、限制从业 （5）行政拘留 （6）法律、行政法规规定的其他行政处罚
	法定处罚可以分为申诫罚、财产罚、行为罚和人身自由罚四类 申诫罚的主要形式是警告、通报批评；财产罚包括罚款没收、违法所得、没收非法财物；行为罚主要形式是暂扣许可证件、降低资质等级、吊销许可证件、限制开展生产经营活动、责令停产停业、责令关闭、限制从业；人身自由罚主要形式是行政拘留
税务行政处罚的种类	（1）罚款 （2）没收违法所得和没收非法财物 （3）停止出口退税权（主要针对骗取出口退税款的违法行为纳税人）
税务行政处罚的设定	主要依据的规范性文件 1.《税收征管法》（主要设定文件） 2.《税收征管法》实施细则（具体规定 + 部分新的行政处罚设定） 3.《发票管理办法》及实施细则、《税务等级管理办法》也有部分设定权限 国家税务总局制定规章的： （1）可以设定警告、通报批评和罚款的行政处罚

续表

<table>
<tr><td>税务行政处罚的设定</td><td>尚未设定法律行政法规，因行政管理迫切需要，依法先以税务机关规章设定罚款的，设定的罚款数额最高不得超过 10 万元，企业不得超过法律行政法规对相似违法行为的罚款数额涉及公民生命健康安全，金融安全且有危害后果的，设定的罚款数额最高数额不得超过 20 万元。
国家税务总局、市、自治区直辖市和计划单列市税务局以及以下各级税务机关制定的税务规范性文件，不得设定税务行政处罚，但可以在税收法律、法规、规章制定给予行政处罚的行为、幅度、种类的范围内作出具体规定
法律对违法行为未作出税务行政处罚规定，行政法规为实施法律，可以补充设定行政处罚</td></tr>
</table>

【单选题】税务机关实施的下列行为中，属于税务行政处罚的有（　　）。

A. 对未按期申报的纳税人下达责令限期改正通知书

B. 对欠缴税款的纳税人的法定代表人，通知出入境管理部门阻止其出境

C. 对未按规定开具发票的纳税人，处以 1 万元以下的罚款

D. 对虚开发票并拒不接受税务机关处理的企业，停止向其供应发票

【参考答案】C

根据《国家税务总局关于发布〈税务行政处罚裁量权行使规则〉的公告》（国家税务总局公告 2016 年第 78 号）第四条，税务行政处罚的种类包括：罚款；没收违法所得、没收非法财物；停止出口退税权；法律、法规和规章规定的其他行政处罚。选项 ABD 不属于以依法减损权利或者增加义务的方式予以惩戒的行为，不选。选项 C 符合上述文件要求，应选。

第二节　税务行政处罚的实施

一、行政处罚的主体和处罚相对人

<table>
<tr><td rowspan="3">行政处罚的主体</td><td>一般主体</td><td>1. 行政机关：县以上具有处罚职能的行政机关
2. 法律、法规授权的组织
3. 受委托组织
依法成立并具有管理公共事务职能，又熟悉法律法规规章和业务并取得行政执法资格的工作人员，需要进行技术检查或者技术鉴定，应当有条件组织相关的技术检查和鉴定</td></tr>
<tr><td rowspan="2">税务行政处罚的主体</td><td>各级税务局、税务分局、税务所和省以下税务局的稽查局
税务所和省以下税务局的稽查局是《税收征管法》和实施细则授权的处罚主体</td></tr>
<tr><td>税务所的处罚权：2000 元以下的罚款</td></tr>
</table>

续表

<table>
<tr><td rowspan="7">行政处罚的相对人</td><td>行政处罚相对人范围</td><td>实施了税务收违法行为的行政相对人。一般情况下是纳税人，也可以是其他单位和个人
包括纳税人、扣缴义务人、纳税担保人和其他税务行政处罚相对人</td></tr>
<tr><td rowspan="6">相对人的权利</td><td>1. 知情权
处罚事项告知：行政处罚决定的事实、理由和依据
处罚过程充分体现知情权</td></tr>
<tr><td>2. 陈述权和申辩权
行政机关不得因相对人的申辩加重处罚
相对人的陈述和申辩是否有理，是否接受由行政机关决定</td></tr>
<tr><td>3. 申请听证权
罚款金额对个人（包括个体工商户）2 000元以上；法人和其他组织1万元以上可以申请听证</td></tr>
<tr><td>4. 拒绝不正当的检查和处罚权
不给罚款收据，检查时不出示检查证和税务检查通知书的，相对人可以拒绝</td></tr>
<tr><td>5. 申请行政复议和行政诉讼的权利
相对人不服，就可以复议或者诉讼</td></tr>
<tr><td>6. 其他法定权利
包括：申请回避、提供证据、控告检举、依法申请赔偿等</td></tr>
</table>

【多选题】下列各项中，有权以自己名义作出税务行政处罚决定的有（　　）。

A. 县税务局设立的税务所　　B. 县税务局设立的稽查局

C. 省税务局设立的征管科技处　　D. 省税务局设立的出口退税处

【参考答案】AB

以自己名义作出税务行政处罚决定的必须是独立的一级税务机关。

《税收征管法》第十四条规定“本法所称税务机关是指各级税务局、税务分局。税务所和按照国务院规定设立的并向社会公告的税务机构。”

《税收征管法实施条例》第九条规定，“税收征管法第十四条所称按照国务院规定设立的并向社会公告的税务机构，是指省以下税务局的稽查局。稽查局专司偷税、逃避追缴欠税、骗税、抗税案件的查处。”

因此，稽查局是可以作出行政处罚的，但是省税务局设立的征管科技处、出口退税处是税务机关的内设机构，无权以自己名义作出税务行政处罚决定。B选项正确，CD错误

此外，《税收征管法》第七十四条规定，“本法规定的行政处罚，罚款额在二千元以下的，可以由税务所决定。”因此税务所有一定的行政处罚决定权，A选项正确。

二、行政处罚的管辖

地域管辖和级别管辖	1. 税务行政处罚通常由本辖区主管税务机关管辖，法律、法规另有规定的除外 2. 级别管辖划分，按照总局和各地税务机关级别和职能划分为准 税务所可以处 2 000 元以下的罚款，属于特殊规定
共同管辖和指定管辖	1. 两个以上机关都有处罚权的，为共同管辖 一般通过协商或者惯例解决，或者“谁先查处谁管辖” 2. 两个以上机关行政机关管辖权发生争议或者特殊情况无法进行管辖时，由共同的上级机关指定某个机关进行管辖
移送管辖	行政机关受理案件后，将不属于自己管辖的案件移送到有管辖权的机关

三、税务行政处罚实施中的几个问题

避免重复处罚的问题	我国的规定：对当事人的同一个税收违法行为不得给予两次以上罚款的行政处罚。同一个违法行为违反多个法律规范，应当给予罚款处罚的，按照罚款数额高的规定处罚 **【提示】**这一原则的适用，限定在罚款这一单一的行政处罚种类之中 行政处罚法同时规定了刑罚的折抵制度，当法院判处被告人罚金时，当事人先前已经受到罚款，应当折抵相应的罚金
不予行政处罚问题	不满 14 周岁的未成年人有违法行为的不予行政处罚 当事人有证据证明足以证明没有主观过错的不予行政处罚 初次违法且危害后果轻微并及时改正的，可以不予行政处罚 精神病人、智力残疾人在不能辨认或者控制行为时有违法行为的不予行政处罚 违法行为轻微并及时改正，没有造成危害后果的不予行政处罚 必须符合初次违法、危害后果轻微，及时改正三个条件
从轻减轻行政处罚以及从重行政处罚的问题	从轻、减轻的适用情形： 1. 主动消除或者减轻违法行为危害后果的 2. 受他人胁迫有违法行为的 3. 主动供述行政机关尚未掌握的违法行为的 4. 配合行政机关查处违法行为，有立功表现的 5. 已满 14 周岁不满 18 周岁的人有违法行为的 6. 法律、法规，规章规定其他应当从轻或者减轻行政处罚的 从重处罚是指处罚主体对违法行为人确有违法行为，应当给予行政处罚，在法定行政种类和幅度内，选择适用较重的种类或较大幅度的处罚
税务行政处罚时效问题	1. 对于违反税收法律、法规的税收违法行为，按照税收征管法的规定，在 5 年内未被发现的，不再给予行政处罚 2. 对于其他税收违法行为（如违反部门规章）按照行政处罚法，在 2 年内未被发现的，不再给予行政处罚 **【提示】**体现了特别法优于一般法的原则
从旧兼从轻问题	新旧规定均认为违法规定，应当适用较轻的规定 行为发生时的旧规定不认为是违法行为，但是行为连续或持续至新规定实施后，新规定认为是违法行为的，适用旧规定

续表

行政处罚无效问题	行政处罚没有法定依据 实施主体不具有行政主体资格
税务行政处罚中的行政裁量权问题	1. 规范税务行政处罚裁量权的基本要求： 合法裁量、合理裁量、公平公正裁量、程序正当、公开透明、信赖保护、处罚与教育相结合 2. 健全税务行政处罚裁量权行使程序制度： 实施税务行政处罚应当完善告知制度、回避制度、陈述申辩和听证制度、说明理由制度、重大处罚事项合议制度以及重大处罚事项备案制度 3. 建立税务行政处罚裁量基准制度 （1）全国各省（自治区、直辖市）税务机关根据本地区税务行政处罚实际，现已基本建立本地区统一适用的规范各项税务行政裁量权的裁量基准 （2）裁量基准是税务机关行使税务行政处罚裁量权时的重要参照指标，税务机关一般应当在裁量基准范围内实施行政处罚 （3）确有特殊情况不执行基准时，应当说明理由
行政处罚中的三项制度问题	明确公示要求 体现全程记录 细化法制审核程序

【多选题】税务机关对个体工商户张三的违法行为处以 1 万元的罚款，在《税务行政处罚事项告知书》中依法应当告知张三的权利包括（　　）。

A. 陈述申辩权　　B. 听证申请权　　C. 回避申请权　　D. 复议申请权

【参考答案】AB

税务行政处罚事项告知书依法告知请求权仅有陈述申辩权、听证申请权。

四、行政处罚的基本程序

行政处罚程序	行政处罚主体在作出行政处罚，决定过程中所要遵循的步骤、顺序、方式和实现等规则
简易程序	行政处理对符合法定条件的处罚事项，当场作出处罚决定的程序 适用条件： 1. 违法事实确凿 2. 有法定依据 3. 仅限于较小金额的罚款和警告 违法事实确凿并有法定依据，对公民处以二百元以下、对法人或者其他组织处以三千元以下罚款或者警告的行政处罚的，可以当场作出行政处罚决定。法律另有规定的，从其规定（此处为 2021 年 7 月 15 日起实施的修订后的《行政处罚法》新规）
	基本程序要求： 1. 表明身份：向当事人出示执法身份证件（税务检查证） 2. 告知违法事实和依据。 3. 听取当事人陈述和申辩：直接填写在处罚决定书的陈述申辩栏，无须制作《陈述申辩笔录》

续表

简易程序	4. 填写预定格式、编有号码的税务行政处罚决定书。应当载明当事人的违法行为、行政处罚依据、罚款数额、时间、地点以及行政机关名称，并由执法人员签名或者盖章 5. 行政处罚决定书应当当场交付行政相对人，由行政相对人签收 6. 将处罚决定书报所属税务机关备案 救济程序：当事人对税务行政处罚决定不服的，可以依法申请行政复议或者提起行政诉讼
一般程序	处罚的普通程序是指法律特别规定，可以适用简易处罚程序以外的行政处罚，应当适用的程序 基本过程：立案——调查（检查）——告知——陈述申辩——复核——审理——作出行政处罚决定——送达
	1. 立案 税务案件的查处，特别是税务稽查案件查处，执行一般程序时，通常要求经过选案、立案程序，准确确定调查对象
	2. 调查（检查） 税务行政主体查处税务行政违法行为时，应当在表明身份之后，进行广泛调查取证工作。如调查中证据保全程序、调账程序、税收保全与强制程序等，做到事实清楚，证据确实充分
	3. 告知 调查终结后以税务行政处罚告知书的形式进行告知 税务行政处罚告知书内容主要包括： （1）当事人违法行为事实及其相应的证据 （2）当事人违法行为所触犯的法律规范，拟作出行政处罚的依据 （3）拟给当事人行政处罚的种类、幅度范围和标准 （4）当事人应当享有的各项权利，如陈述权、申辩权、要求听证权等
	4. 当事人陈述申辩和税务机关的复核 （1）税务机关在作出行政处罚决定之前必须充分听取当事人的意见，对当事人提出的事实、理由和证据，应当进行复核 如果当事人提出的事实、理由或者证据成立的，税务机关应当采纳 （2）同时不得因当事人陈述申辩而加重对当事人的处罚 当事人提交了书面陈述申辩材料的，视为税务机关，以落实告知的程序规定，当事人明确放弃陈述权申辩权的，要求其签署书面放弃意见，无上述材料的，必须主动制作陈述申辩笔录，否则不得作出处罚
	5. 审理 （1）税务机关调查机构调查终结后，应当将案卷全部资料移交审理机构审理 （2）按照查审分开原则，税务机关调查人员不得参与案件的审理 （3）涉及重大案件审理的，遵循重大案件审理规定
	6. 作出决定： 根据情节轻重和具体情况作出行政处罚 违法行为轻微，依法可以不予行政处罚 违法事实不成立的，不得给予行政处罚 违法行为涉嫌犯罪的，移送司法机关处理 对情节复杂或重大违法行为给予行政处罚，行政机关的负责人应当组织集体讨论决定

【单选题】税务稽查人员实施税务稽查应当2人以上，并出示税务检查证件。税务稽查人员向企业有关人员出示税务检查证件的行为是为了保障企业的（　　）。

A. 经营权　　B. 知情权　　C. 陈述权　　D. 救济权

【参考答案】B

纳税人的知情权包括：有权向税务机关了解国家税收法律、行政法规的规定以及与纳税程序有关的情况，享有被告知与自身纳税义务有关信息的权利。纳税人的知情权主要包括：现行税收法律、行政法规和税收政策规定；办理税收事项的时间、方式、步骤以及需要提交的资料；应纳税额核定及其他税务行政处理决定的法律依据、事实依据和计算方法；与税务机关在纳税、处罚和采取强制执行措施时发生争议或纠纷时，纳税人可以采取的法律救济途径及需要满足的条件。

五、税务行政处罚听证程序

听证的举行	1.《税务行政处罚告知书》中告知申请听证权利 当事人收到《税务行政处罚告知书》后 5 日内，书面向税务机关申请。逾期不提供的，视为放弃听证权 对公民作出 2 000 元以上含本数，或者对法人或其他组织作出 1 万元以上含本数罚款 2. 确定听证时间并通知当事人；税务机关应当在当事人提出听证要求后的 15 日内举行听证。举行听证前 7 日前，书面形式告知当事人听证的时间、地点、主持人 3. 听证会公告。除涉及国家秘密、商业秘密或者个人隐私的不公开听证外，对于公开听证的案件，应当先期公告案情和听证时间、地点，并允许公众旁听 4. 举行听证会： 举行听证时，先由调查人员提出当事人违法的事实、证据和行政处罚建议；再由当事人进行申辩和质证 听证主持人可以对案件事实进行询问，保障控辩双方充分陈述事实，发表意见 控辩双方进行辩论 辩论终结，当事人进行最后陈述 听证应当制作笔录；笔录应当交当事人或者代理人审核无误后签字或者盖章。当事人或代理人拒绝签字或盖章的，由听证主持人在笔录中注明完成听证任务或听证终止情形发生时，主持人宣布听证会结束 5. 移交听证材料：主持人应当将听证情况报告税务机关负责人，制作听证报告，并连同听证笔录附卷移交审理机构

六、重大税务案件审理

重大税务案件的范围	1. 重大税务行政处罚案件，具体标准由省级税务机关和计划单列市税务机关制定，并报总局备案 2. 重大税收违法案件督办暂行办法督办的案件 3. 司法、监察机关要求出具认定意见的案件 4. 移送公安的案件 5. 重大税务案件审理委员会认为案情重大复杂，需要审理的 6. 其他需要审理委员会审理的案件 **【提示】**公安机关已就税收违法行为立案或公安机关尚未就税收违法行为立案，但被查对象为走逃失联企业，并且涉嫌犯罪的，不属于重大税务案件审理范围

续表

重大税务案件审理委员会构成	省以下各级税务局设立重大税务案件审理委员会 （1）审理委员会由主任、副主任和成员单位组成，实行主任负责制 （2）审理委员会主任由税务局局长担任，副主任由税务局其他领导担任 （3）政策法规、税政业务、纳税服务、征管科技、大企业税收管理、税务稽查和督查内审部门构成。可根据需要增加其他部门 （4）办公室设在政策法规部门，办公室主任由政策法规部门负责人兼任
时间限制要求	1. 稽查局在内部审理终结后5日内提请重大案件审理委员会审理 2. 审理委员会办公室收到稽查局提请审理的案件材料后，应当在5日内进行审核 3. 自批准受理之日起30日内作出审理决定，不能在规定期限内作出审理决定的，经主任或授权的副主任批准，可以适当延长，但延长最多不超过15日
审核范围	1. 案件事实是否清楚 2. 证据是否充分、确凿 3. 执法程序是否合法 4. 适用法律是否正确 5. 案件定性是否准确 6. 拟处理意见是否合法适当
审核意见	案件事实清楚，证据确凿，程序合法，法律依据，准确地依法确定审理意见 案件事实不清，证据不足的由稽查局对案件重新调查 案件执法程序违法的，由稽查局对案件重新处理 案件适用法律依据不明确或者需要处理的有关事项，超越本机关权限的，按规定程序请示上级机关或有权机关的意见

七、税务行政处罚的执行

当事人自行缴纳罚款	当事人应当自收到行政处罚决定书之日起15日内，到指定的银行或者电子支付系统缴纳罚款，银行应当收受罚款，并将罚款直接上缴国库 体现了处罚与收缴相分离的原则
当场收缴罚款	适用情形： （1）依照简易程序当场作出行政处罚，且依法给予100元以下的罚款或者不当场收缴事后难以执行的 （2）在边远、水上、交通不便地区，行政机关及其执法人员依照规定作出罚款决定后，当事人向指定的银行或者通过电子支付系统缴纳罚款确有困难的，并且经当事人提出当场收缴要求的 程序要求： 必须向当事人出具省、自治区、直辖市财政部门统一制发的专用收据 应当自收缴之日起2日内将罚款交至税务机关。税务机关在2日内交付银行或其他金融机构

续表

强制执行	（1）作出行政处罚决定的税务机关自行强制执行 主要适用于当事人到期既不履行处罚决定，也不申请复议又不提出诉讼的情况 对到期不缴纳罚款的，每日按罚款的数额3%加处罚款，加处罚款的数额不得超出罚款的数额 将查封扣押的财物拍卖，依法处理，或将冻结的存款汇款划拨抵缴罚款 根据法律规定，采取其他行政强制执行方式 （2）申请人民法院强制执行 **【提示】**当事人对行政处罚决定不服申请行政复议或提起行政诉讼，行政处罚不停止执行当事人申请行政复议或提起行政诉讼的，家属罚款的数额在行政复议或者行政诉讼期间不予计算

八、相关税费行政处罚

社会保险费的行政处罚	税务部门对违反规定应当给予行政处罚的社会保险费缴费人及相关规定，应在法定职责范围内，根据行政处罚法及相关法律法规规章的规定事实
非税收入的行政处罚	目前税务机关负责部分非税收入的征收，对非税收入缴费人应当给予行政处罚的违法机关，由有关行政机关和法律法规授权的组织，在职权范围内依据行政处罚法以及相关法律法规和规章形式

【提示】税务机关对于违反规定的社会保险费，缴费人及相关人员可以实施行政处罚，但是对于非税收入违法行为无行政处罚权。

第三节　税收违法行为及其法律责任

一、税收违法行为的概述

主要特征表现	1. 税收违法行为是违反税法的行为 2. 税收违法行为具有税收危害性 3. 税收违法行为是依据税法应受行政处罚的行为
税收违法行为的认定要点	1. 是不是税收违法行为责任主体 （1）准确认定违法者，单位违法单位是主体，不是法定代表人 （2）把握违法者的行政法律责任能力
	2. 税收违法行为人是否存在主观过错 （1）税收违法行为的认定以行政相对人存在过错为前提 （2）过错包括故意和过失 （3）坚持过错责任原则
	3. 是否存在违反税法规定，给国家造成损害的情形
	4. 是否属于税法中规定的应予行政处罚的情形

二、主要税收违法行为及其法律责任

1. 违反日常税收管理行为

行为分类	主要行为
违反税务登记管理制度行为	税务登记相关制度发展变化有关税务登记事项的行政处罚面临一些新情况，需要根据新规定作出必要调整
违反账簿凭证管理制度行为	纳税人未按照规定将财务、会计制度或者财务、会计处理办法和会计核算软件报送税务机关备查的
	纳税人未按规定设置保管账簿或者保管记账凭证和有关资料
	扣缴义务人未按照规定设置、保管代扣代缴、代收代缴税款账簿或者保管代扣代缴、代收代缴税款记账凭证及有关资料的
	纳税人扣缴义务人编造虚假计税依据
违反发票管理制度行为	非法印制发票
	应当开具而未开具发票或者未按规定时限顺序栏目全部联次一次性开具发票或者未加盖发票专用章
	使用税控装置开具发票，未按期向主管税务机关报送开具发票的数据，报主管税务机关备案或者未按规定保存开报送开具发票的数据
	使用非税控电子器具开具发票，未将非税控电子器具使用的软件程序说明资料报送税务主管税务机关备案或者未按规定保存报送开具发票的数据
	拆本使用发票
	扩大发票使用范围
	以其他凭证代替发票
	使用跨区域开具发票
	未按规定缴销发票
	未按规定存放和保管发票
	跨规定的使用区域携带邮寄、运输空白发票以及携带、邮寄或者运输空白发票出入境
	虚开发票
	非法代开发票
	私自印制、伪造、变造发票，非法制造发票防伪专用品，伪造发票监制章
	转借转让，介绍他人转让发票、发票、监制章和发票防伪专用品
	知道或者应当知道是私自印制，伪造变造，非法取得或者废止的发票，而受让开具存放，携带，邮寄，运输等
违反纳税申报制度行为	纳税人未按照规定的期限办理纳税申报和报送纳税资料的，或者扣缴义务人未按照规定的期限向税务机关报送代扣代缴、代收代缴税款报告表和有关资料的；纳税人不进行纳税申报不缴或者少缴应纳税款

2. 违反税务检查制度的行为及其法律责任

序号	主要行为
1	纳税人、扣缴义务人逃避、拒绝，或者以其他方式阻挠税务机关检查
2	车站、码头、机场的有关单位及邮政企业及其分支机构，拒绝税务机关依法检查纳税人有关情况
3	纳税人扣缴义务人的开户银行或者其他金融机构拒绝接受税务机关依法检查从事生产经营的纳税人扣缴义务人存款账户
4	金融机构拒绝执行税务机关作出的冻结存款或扣缴税款的决定，或者在接到税务机关的书面通知后帮助纳税人扣缴义务人转移存款

3. 妨碍税款征收违法行为及法律责任

序号	主要行为
1	采取欺骗隐瞒手段，逃避缴纳税款
2	采取转移或者隐匿财产的手段，妨碍税务机关追缴欠缴的税款的
3	以假报出口或者其他欺骗手段，骗取国家出口退税款的
4	以暴力、威胁方法拒不缴纳税款的
5	纳税人、扣缴义务人在规定期限内不缴或者少缴应纳或者应解缴的税款，经税务机关责令限期缴纳，逾期仍未缴纳的
6	扣缴义务人应扣未扣、应收而不收税款的
7	为纳税人、扣缴义务人非法提供银行账户、发票、证明或者其他方便，导致未缴、少缴税款
8	税务代理人违反税收法律、行政法规，造成纳税人未缴或者少缴税款的

本章习题

一、单选题

1. 在税务行政处罚的设定中，国家税务总局作为国务院的直属机构，可以通过制定规章的形式设定警告和罚款的行政处罚。限定人身自由的行政处罚必须由（　　）设定。

A. 法律　　B. 行政法规

C. 地方法规　　D. 部门规章

2. “法无明文规定不得处罚”，该表述体现的行政处罚原则是（　　）。

A. 处罚公正、公开原则　　B. 过罚相当原则

C. 处罚与教育相结合原则　　D. 处罚法定原则

3. 2021 年 7 月 16 日，某税务机关对公民处以一定数额以下的罚款时适用简易程序，该数额是（　　）。

A. 10 元　　B. 20 元　　C. 50 元　　D. 200 元

4. 税务机关应当将举行行政处罚听证的时间、地点、主持人的情况等事项书面通知当事人的时限是（　　）。

A. 在举行听证的 3 日前　　B. 在举行听证的 5 日前

C. 在举行听证的 7 日前　　D. 在举行听证的 15 日前

5. 纳税人违反税收法律、行政法规应当给予行政处罚的行为，在（　　）未被发现的，不再给予行政处罚。

A. 二年　　B. 五年　　C. 十年　　D. 无限期

6. 纳税人偷税的，税务机关对其实施行政处罚的时效为（　　）。

A. 5 年　　B. 2 年　　C. 10 年　　D. 无限期

7. 尚未制定法律、行政法规的，国家税务总局可以制定部门规章对违反税收管理秩序的行为设定行政处罚，这种行政处罚是（　　）。

A. 一定数量罚款　　B. 没收非法财物

C. 停止出口退税权　　D. 吊销发票准印证

8. 税务机关对纳税人李四未按照规定的期限办理纳税申报决定处以 30 元罚款，以下不属于法定要求的事项是（　　）。

A. 向纳税人李四表明身份，出示证件

B. 向纳税人李四送达《税务行政处罚事项告知书》

C. 听取纳税人李四的陈述或申辩

D. 向纳税人李四送达行政处罚决定书

二、多选题

1. 根据行政处罚法的规定，下列说法正确的有（　　）。

A. 违法行为轻微，及时纠正没有造成危害后果的，应当依法减轻对当事人的行政处罚

B. 行政机关使用非法定部门制发的罚款单据实施处罚的，当事人有权拒绝处罚

C. 对情节复杂的违法行为给予较重的行政处罚，行政机关的负责人应当集体讨论决定

D. 除当场处罚外，行政处罚决定书应按照民事诉讼法的有关规定在 7 日内送达当事人

2. 根据我国涉税犯罪法律制度的规定，下列选项中，构成抗税罪的有（　　）。

A. 张某为不缴纳税款，暴力殴打前来征税的税务工作人员丁某，丁某被打成重伤

B. 钱某为不缴纳税款，组织员工砸毁前来征税的税务工作人员所使用的汽车

C. 郝某为不缴纳税款，聚众冲击打砸 A 市税务局

D. 李某为不缴纳税款，以软磨硬泡的方式拖欠税款

3. 在一般行政处罚中，行政相对人享有的权利包括（　　）。
   A. 知情权　　B. 陈述申辩权
   C. 申请听证权　　D. 回避申请权
4. 行政处罚由违法行为发生地的县级以上地方人民政府具有行政处罚权的行政机关管辖，这一规定体现的处罚管辖有（　　）。
   A. 共同管辖　　B. 级别管辖　　C. 地域管辖　　D. 移送管辖
5. 根据行政处罚法的规定，纳税人在面临税务机关处罚时享有的权利有（　　）。
   A. 对执法者身份、违法事实、处罚依据等事项的知情权
   B. 在税务机关处罚之前陈述、申辩权利
   C. 对行政处罚决定不服而提起行政复议、行政诉讼的权利
   D. 提出撤回处罚的申请权
6. 下列符合当场收缴罚款的情形有（　　）。
   A. 依法给予 20 元以下的罚款
   B. 不当场收缴事后难以执行的
   C. 当事人主动提出当场收缴要求的
   D. 在边远、水上、交通不便地区，行政机关及其执法人员依照简易程序作出罚款决定后，当事人向指定的银行缴纳罚款确有困难的
7. 根据《税收征收管理法》有关规定，认定偷税违法行为应当考虑的因素有（　　）。
   A. 当事人具有主观故意
   B. 当事人的行为造成了不缴少缴税款的后果
   C. 当事人对税法存在错误认识
   D. 当事人采取了法定的偷税手段

三、判断题

1. 依据申辩不加重处罚原则，税务机关不得因为行政相对人的陈述申辩而改变对其处罚的幅度。（　　）
2. “一事不再罚原则”要求对同一违法行为不得给予两种以上的行政处罚。（　　）

参考答案与解析

一、单选题

1. 【参考答案】A

法律可以设定全部的行政处罚，其中限制人身自由的只能由法律设定。行政法规不可以设定限制人身自由的处罚，其他可以设定。地方性法规相比行政法规少了吊销企业营业执照的设定权，部门规章、地方规章都只能设定警告、一定数量罚款的处罚。

2. 【参考答案】D

(1) 根据《行政处罚法》第三条的规定，公民、法人或者其他组织违反行政管理秩序的行为，应当给予行政处罚的，依照本法由法律、法规或者规章规定。没有法定依据的行政处罚无效。(2) 从这一规定得出结论：行政机关能否对一个行为实施处罚，首要的一点是看该行为是否由法律规定应受处罚。如果一个行为有一定的社会危害性，但当前法律并未规定其应受处罚，行政机关就不得对其实施处罚。即“法无明文规定不得处罚”，这是行政处罚法的“帝王规则”，它体现了处罚法定原则。故答案选 D。

3. 【参考答案】D

按照新修订的《行政处罚法》第五十一条规定，违法事实确凿并有法定依据，对公民处以 200 元以下、对法人或者其他组织处以 3 000 元以下罚款或者警告的行政处罚的，可以当场作出行政处罚决定。根据该条规定，正确答案是 D。

4. 【参考答案】C

《中华人民共和国行政处罚法》第四十二条：“（二）行政机关应当在听证的七日前，通知当事人举行听证的时间、地点。”

5. 【参考答案】B

(1)《行政处罚法》第二十九条规定，违法行为在二年内未被发现的，不再给予行政处罚。法律另有规定的除外。也就是说，行政处罚法作为处罚领域的一般法，规定了二年的处罚时效。(2)《税收征管法》第八十六条规定了税收领域处罚的时效。即违反税收法律、行政法规应当给予行政处罚的行为，在五年内未被发现的，不再给予行政处罚。(3) 当行政处罚法与税收征收管理法对处罚时效这同一事项都有规定，但规定不一致，并且在行政处罚法中为其他法律做例外规定已预留空间，在此情况下，不再适用行政处罚法规定的二年时效，而是适用税收征收管理法规定的五年时效。所以答案为 B。

6. 【参考答案】A

《税收征管法》第八十六条规定，违反税收法律、行政法规应当给予行政处罚的行为，在五年内未被发现的，不再给予行政处罚。偷税属于《税收征管法》规定的税收违法行为，所以针对偷税行为的处罚适用 5 年的时效。

7. 【参考答案】A

《行政处罚法》规定，尚未制定法律、行政法规的，对违反行政管理秩序的行为，部门规章可以设定警告和一定数量罚款。

8. 【参考答案】B

执法人员当场作出行政处罚决定的，应当向当事人出示执法身份证件，填写预定格式、编有号码的行政处罚决定书。行政处罚决定书应当当场交付当事人。

在简易程序处罚过程中，也需要听取当事人的陈述或申辩。

二、多选题

1.【参考答案】BC

（1）违法行为轻微并及时纠正，没有造成危害后果的，不予行政处罚；所以选项 A 错误。（2）行政机关对当事人进行处罚不使用罚款、没收财物单据或者使用非法定部门制发的罚款、没收财物单据的，当事人有权拒绝处罚；所以选项 B 正确。（3）对情节复杂或者重大违法行为给予较重的行政处罚，行政机关的负责人应当集体讨论决定；所以选项 C 正确。（4）行政处罚决定书应当在宣告后当场交付当事人；当事人不在场的，行政机关应当在七日内依照民事诉讼法的有关规定，将行政处罚决定书送达当事人。选项 D 中“除当场处罚外”错误，应当是“除在宣告后当场交付当事人外”，所以选项 D 错误。

2.【参考答案】BC

选项 A：如果实施抗税行为致人重伤、死亡的，则一个行为既构成了抗税罪，又构成了故意伤害罪、故意杀人罪，属于一个行为触犯数个罪名，符合想象竞合犯的行为特征，应按照刑罚较重的罪名定罪处罚，即分别依照刑法第二百三十四条第一款（故意伤害罪）、第二百三十二条（故意杀人罪）的规定定罪处罚。本题中，张某的行为构成故意伤害罪。选项 D：行为人没有采取暴力、威胁方法抗拒缴纳税款，而是寻找借口，软磨硬泡，拖欠税款的，不能以抗税罪论处。

3.【参考答案】ABCD

《行政处罚法》第六条规定，“公民、法人或者其他组织对行政机关所给予的行政处罚，享有陈述权、申辩权；对行政处罚不服的，有权依法申请行政复议或者提起行政诉讼。公民、法人或者其他组织因行政机关违法给予行政处罚受到损害的，有权依法提出赔偿要求。”同时，《行政处罚法》在处罚的一般程序和听证程序中规定了执法人员与当事人有直接利害关系的，应当回避以及听证中当事人认为主持人与本案有直接利害关系的，有权申请回避。

4.【参考答案】BC

违法行为发生在哪个地方，就由该地方的行政机关实施管辖，这体现了处罚的地域管辖；违法行为由县级以上地方人民政府具有行政处罚权的行政机关管辖，体现了处罚的级别管辖。故正确答案是 B、C。

5.【参考答案】ABC

本题考查行政处罚相对人的权利。在行政处罚中，相对方的权利主要由三大部分构成：一部分是处罚之前的知情权，包括对执法人员身份的知情、对自己违法行为、处罚的依据和将面临何种处罚的知情。二是在处罚实施过程中的参与权利，主要是陈述、申辩权。三是对处罚决定不服的救济权利，包括申请复议权、提起行政诉讼权和申请国家赔偿权。故答案选 ABC。

6. 【参考答案】 AB

根据《行政处罚法》第四十七、四十八条。C 选项和 D 选项必须同时满足，才可以当场收缴罚款。

7. 【参考答案】 ABD

《税收征管法》第六十三条规定："纳税人伪造、变造、隐匿、擅自销毁账簿、记账凭证或者在账簿上多列支出或者不列、少列收入或者经税务机关通知申报而拒不申报或者进行虚假的纳税申报不缴或者少缴应纳税款的，是偷税，对纳税人偷税的，由税务机关追缴其不缴或者少缴的税款、滞纳金，并处不缴或者少缴的税款百分之五十以上五倍以下的罚款，构成犯罪的，依法追究刑事责任。"当事人对税法存在错误认识不属于考虑因素。

三、判断题

1. 【参考答案】 ×

行政机关不得因当事人申辩而加重处罚。如果是减轻处罚，属于改变对其处罚的幅度，但是属于行政处罚法许可范围之内。

2. 【参考答案】 ×

《中华人民共和国行政处罚法》第二十四条规定："对当事人的同一个违法行为，不得给予两次以上罚款的行政处罚。"

第十七章　税务行政强制和相关税收保障措施

【学习目的】

学习行政强制法的规定，理解税收保全、税收强制执行和相关保障制度等方面知识，熟悉其他的税收保障措施。

第一节　行政强制概述

一、行政强制的概念和特征

行政强制的概念	行政强制是指法定的行政强制主体为维持公共秩序或为履行已经生效的行政决定，而对行政相对人的人身、财产或行为采取强制性措施的具体行政行为
行政强制的特征	1. 行政强制具有行政性 （1）行政机关依照行政程序作出的具体行政行为 （2）法院开展的行政强制执行也受到行政强制法的限制
	2. 行政强制具有服从性 由行政机关依法单方面决定实施，无须征得当事人的同意或认可
	3. 行政强制具有物理性 对行政相对人的人身、财产，具有限制人身自由或改变财产，物理状态结果是一种有形的、外在化的实力行为，有别于行政处罚、行政许可等意思行为
	4. 行政强制具有依附性 为了其他具体行政行为的实施或者实现服务
行政强制的原则	1. 合法性原则 （1）行政强制的“设定和实施”，应当依照法定的权限、范围、条件和程序 （2）设定权更为集中 （3）规定了严格的实施程序
	2. 合理性原则 （1）设定和实施，应当合理适当，非强制手段可以达成目的的，不得设定和实施行政强制 （2）设定行政强制，应当合理、适当：在维护公共秩序和保护公民权利之间掌握平衡 （3）实施行政强制，应当合理、适当：遵循必要性原则，违法行为情节显著轻微或者没有明显社会危害的，可以不采取行政强制措施 （4）选择行政强制手段应当适当，当事人不依法履行行政决定时，应先采用滞纳金、执行罚等间接强制手段；多种强制手段都可以实现行政目的的前提下，应当选择对当事人损害最小的措施

续表

行政强制的原则	权利保障原则： （1）当事人对行政机关实施行政强制，有陈述权、申辩权 （2）有权依法申请行政复议、提起行政诉讼的权利 （3）有权司法赔偿的权利
行政强制的种类	行政强制措施
	行政强制执行

【单选题】下列选项中，不属于行政强制的原则的是（　　）。

A. 合法性原则　　B. 合理性原则

C. 权利保障原则　　D. 处罚与教育相结合原则

【参考答案】D

二、行政强制措施

（一）行政强制措施的概念、种类和设定

行政强制措施的概念	行政机关在行政管理过程中，为制止违法行为、防止证据被损毁、避免危害发生、控制危险扩大等情形，依法对公民的人身自由实施暂行性限制，或者对公民、法人或其他组织的财务实施暂时性控制的行为
行政强制措施的种类	1. 限制公民人身自由 2. 查封场所、设施或者财物 3. 扣押财物 4. 冻结存款、汇款 5. 其他行政强制措施
行政强制措施的设定	行政强制措施原则上由法律设立。行政法规和地方性法规在特定条件下可以设定行政强制措施。尚未制定法律且属国务院行政管理职权事项的，行政法规可以设定除限制人身自由和冻结存款、汇款外的行政强制措施；法律中未设定行政强制措施的，行政法规、地方性法规不得设定行政强制措施

【多选题】税务机关在对甲公司实施税收保全和强制执行时，可以采取的具体措施和方式包括（　　）。

A. 责令甲公司将房屋产权证件交税务机关保管

B. 拍卖、变卖甲公司房屋抵缴税款

C. 通知有关单位暂停办理甲公司房屋过户手续

D. 向银行发出通知，将甲公司的存款划转税务机关指定账号

【参考答案】ABCD

《中华人民共和国税收征管法》第四十条规定：从事生产、经营的纳税人、扣缴义

务人未按照规定的期限缴纳或者解缴税款，纳税担保人未按照规定的期限缴纳所担保的税款，由税务机关责令限期缴纳，逾期仍未缴纳的，经县以上税务局（分局）局长批准，税务机关可以采取下列强制执行措施：

（1）书面通知其开户银行或者其他金融机构从其存款中扣缴税款；

（2）扣押、查封、依法拍卖或者变卖其价值相当于应纳税款的商品、货物或者其他财产，以拍卖或者变卖所得抵缴税款。

税务机关采取强制执行措施时，对前款所列纳税人、扣缴义务人、纳税担保人未缴纳的滞纳金同时强制执行。

《中华人民共和国征管法实施细则》第六十六条规定，税务机关执行税收征管法第三十七条、第三十八条、第四十条的规定，实施扣押、查封时，对有产权证件的动产或者不动产，税务机关可以责令当事人将产权证件交税务机关保管，同时可以向有关机关发出协助执行通知书，有关机关在扣押、查封期间不再办理该动产或者不动产的过户手续。

（二）行政强制措施的实施程序

实施主体	1. 行政机关在法定职权范围内实施 2. 依据中华人民共和国行政处罚法的规定行使相对集中行政处罚权的行政机关，可以实施法律、法规规定的与行政处罚权有关的行政强制措施 3. 行政强制措施权不得委托
基本程序	基本规定： （1）实施前须向行政机关负责人报告并经批准 （2）由两名以上行政执法人员实施 （3）出示执法身份证件 （4）通知当事人到场 （5）当场告知当事人采取行政强制措施的理由、依据以及当事人依法享有的权利、救济途径 （6）听取当事人的陈述和申辩 （7）制作现场笔录 （8）现场笔录由当事人和行政执法人员签名或者盖章，当事人拒绝的，在笔录中予以注明 （9）当事人不到场的，邀请见证人到场，由见证人和行政执法人员在现场笔录上签名或者盖章 （10）法律、法规规定的其他程序
	情况紧急，需要当场实施行政强制措施的： 行政执法人员应当在二十四小时内向行政机关负责人报告，并补办批准手续 行政机关负责人认为不应当采取行政强制措施的，应当立即解除
行政强制措施决定书	1. 行政机关决定实施查封、扣押的，应当制作并当场交付查封、扣押决定书和清单 2. 依照法律规定冻结存款、汇款的，作出决定的行政机关应当在三日内向当事人交付冻结决定书
期限	查封扣押、冻结存款一般为 30 日 可以延长，延长期限不超过 30 日

【判断题】情况紧急时，税务执法人员可以当场实施行政强制措施，但应当在2个工作日内向行政机关负责人报告，并补办批准手续。（　　）

【参考答案】×

《中华人民共和国行政强制法》第十九条规定，情况紧急，需要当场实施行政强制措施的，行政执法人员应当在二十四小时内向行政机关负责人报告，并补办批准手续。行政机关负责人认为不应当采取行政强制措施的，应当立即解除。

【多选题】下列有关行政强制的说法中，正确的有（　　）。

A. 税务机关实施行政强制过程中不需要听取行政相对人的陈述、申辩意见

B. 税务机关实施行政强制不需要征得行政相对人同意或认可

C. 税务行政强制措施一般具有物理性特征

D. 行政强制本身不是目的，具有依附性

【参考答案】BCD

三、行政强制执行

（一）行政强制执行的概念、种类和设定

行政强制执行的概念	行政强制执行，是指行政机关或者行政机关申请人民法院，对不履行行政决定的公民、法人或者其他组织，依法强制履行义务的行为
行政强制执行的种类	1. 加处罚款或者滞纳金 2. 划拨存款、汇款 3. 将查封、扣押的财物依法拍卖 4. 排除妨碍、恢复原状 5. 代履行 6. 其他强制执行方式
行政强制执行的设定	1. 行政强制执行由法律设定 2. 法律没有规定行政机关强制执行的，作出行政决定的行政机关应当申请人民法院强制执行

（二）行政强制执行的程序

行政强制执行的主体	具有行政强制执行权的行政机关，以及法律、行政法规授权的具有管理公共事务职能的组织 法律没有规定行政机关强制执行的，作出行政决定的行政机关应当申请人民法院强制执行
催告程序和行政强制执行决定书。	1. 行政机关作出强制执行决定前，应当事先催告当事人履行义务 催告应当以书面形式作出 2. 当事人收到催告书后有权进行陈述和申辩。行政机关应当充分听取当事人的意见，对当事人提出的事实、理由和证据，应当进行记录、复核。当事人提出的事实、理由或者证据成立的，行政机关应当采纳 3. 在催告期间，对有证据证明有转移或者隐匿财物迹象的，行政机关可以作出立即强制执行决定

续表

滞纳金和加处罚款的适用	1. 行政机关作出金钱给付义务的行政决定，当事人逾期不履行，行政机关可以依法加处罚款或滞纳金 2. 罚款或者滞纳金的标准应告知当事人，加处罚款或者滞纳金的数额不得超出金钱给付义务的数额 3. 加处罚款不是作为行政处罚种类的罚款，而是行政强制执行 4. 加处罚款或者滞纳金超过30日，经催告当事人仍不履行的，具有行政强制执行权的行政机关可以强制执行
执行中止	有下列情形之一的，中止执行： （1）当事人履行行政决定确有困难或者暂无履行能力的 （2）第三人对执行标的主张权利，确有理由的 （3）执行可能造成难以弥补的损失，且中止执行不损害公共利益的 （4）行政机关认为需要中止执行的其他情形 中止执行的情形消失后，行政机关应当恢复执行。对没有明显社会危害，当事人确无能力履行，中止执行满三年未恢复执行的，行政机关不再执行
执行终结	有下列情形之一的，终结执行： （1）公民死亡，无遗产可供执行，又无义务承受人的 （2）法人或者其他组织终止，无财产可供执行，又无义务承受人的 （3）执行标的灭失的 （4）据以执行的行政决定被撤销的 （5）行政机关认为需要终结执行的其他情形
执行协议	1. 实施行政强制执行，行政机关可以在不损害公共利益和他人合法权益的情况下，与当事人达成执行协议。执行协议可以约定分阶段履行；当事人采取补救措施的，可以减免加处的罚款或者滞纳金 2. 执行协议应当履行。当事人不履行执行协议的，行政机关应当恢复强制执行
其他重要规定	具有行政强制执行权的行政机关，在强制执行金钱给付义务的决定权需要采取查封、扣押、冻结措施的，依照《行政强制法》规定实施查封、扣押、冻结措施
	行政机关不得在夜间或者法定节假日实施行政强制执行。但是，情况紧急的除外。 行政机关不得对居民生活采取停止供水、供电、供热、供燃气等方式迫使当事人履行相关行政决定
	在执行中或者执行完毕后，据以执行的行政决定被撤销、变更，或者执行错误的，应当恢复原状或者退还财物；不能恢复原状或者退还财物的，依法给予赔偿
	所得的款项应当上缴国库或者划入财政专户，不得以任何形式截留、私分或者变相私分

（三）申请人民法院强制执行

条件	当事人在法定期限内不申请行政复议或者提起行政诉讼，又不履行行政决定的，没有行政强制执行权的行政机关可以自期限届满之日起三个月内，依照规定申请人民法院强制执行
催告程序	行政机关申请人民法院强制执行前，应当催告当事人履行义务 催告书送达十日后当事人仍未履行义务的，行政机关可以申请法院强制执行

续表

执行法院	行政机关可以向所在地有管辖权的人民法院申请强制执行
	执行对象是不动产的，向不动产所在地有管辖权的人民法院申请强制执行 行政机关向人民法院申请强制执行，应当提供下列材料 强制执行申请书 行政决定书及作出决定的事实、理由和依据 当事人的意见和行政机关催告情况 申请强制执行标的情况 法律、行政法规规定的其他资料
程序	《行政强制法》对如何向法院申请强制执行，以及法院如何对行政机关的申请作出审查和裁定，也有明确的规定

【单选题】下列情形中，属于中止行政强制执行事由的是（　　）

A. 第三人对执行标的主张权利，且确有正当理由的

B. 公民死亡，无遗产可供执行，又无义务承受人的

C. 执行标的灭失的

D. 据以执行的行政决定被撤销的

【参考答案】A

第二节　税收保全和税务行政强制执行

一、税收保全概述

概念	税收保全，是指税务机关为了保障税款征收，依法对从事生产、经营的纳税人的财务实施暂时性控制的行为 税收保全属于行政强制措施	
具体措施和方式	查封	1. 概念：查封是指税务机关对纳税人、扣缴义务人或纳税担保人的财产通过加贴封条或其他方法，限制行政相对人和第三人对财产转移和处分的行为 2. 措施方式：关键是限制财产转移和处分，贴封条只是形式，也可以通过其他方式 3. 保管责任：行政机关对被查封的场所、设施和财物有保管责任和承担保管费用 4. 查封过程不得损害第三人合法权益
	扣押	1. 概念：扣押是指税务机关将行政相对人价值相当于应纳税款的商品、货物或者其他财产进行扣留，由税务机关或税务机关委托的第三人保管，限制相对人占有、使用和处分该财产的行为 2. 扣押的财产范围：通常动产，不动产无法实施扣押（可以查封） 有价证券属于其他财产，依法属于可以扣押的范围 3. 保管责任：不转移财产占有，由税务机关或税务机关委托的第三人保管 保管不当造成财产损毁灭失的，税务机关承担赔偿责任
	冻结	1. 概念：冻结是指税务机关向开户银行和其他金融机构发出通知，暂时停止行政相对人对一定数额存款支付权利的行为 2. 措施方式：冻结不改变存款的所有权关系，存款和相应的利益仍归行政相对人所有 税务机关也不能将行政相对人账户中的存款划转其他账户实施冻结，只能在原账户中予以冻结

【单选题】税务机关对行政相对人的可移动财物予以暂时扣留，由税务机关或税务机关委托的第三人保管，限制相对人占有、使用和处分该财物的行为。这种措施是（　　）。

A. 查封　　B. 扣押　　C. 冻结　　D. 扣缴

【参考答案】B

二、税收保全的适用

法律依据	税收征管法第三十七条、三十八条、五十五条	
税收征管法第三十七条的适用	保全的行政相对人	第三十七条：适用于未按照规定办理税务登记的从事生产、经营的纳税人，以及临时从事经营的纳税人 已经办理税务登记，或者从事非生产、经营的纳税人不适用该条（可以适用三十八条和五十五条）
	保全前提	税务机关应先行核定应纳税款，并责令纳税人缴纳。纳税人拒不缴纳的才能实施保全
	保全标的	纳税人开始生产、经营以来至税务机关检查前的所有应纳税款、滞纳金
	保全财产范围	价值相当于应纳税款的商品、货物
	主要手段	1. 主要是扣押 2. 限制产权转移：对有产权证的商品、货物，可以责令当事人将产权证件交税务机关保管，同时可以向有关机关发出协助执行通知书，暂停办理过户手续
	保全审批	经实施扣押的税务机关负责人批准，并履行税务机关内部管理制度规定的审批要求
	保全后的处理	如果纳税人缴纳了税款，税务机关应立即解除扣押，退还财产；如果扣押后仍不缴纳税款的，转而依法实施强制执行
税收征管法第三十八条的适用	保全的行政相对人	已办理税务登记的从事生产、经营的纳税人 不能适用于其他纳税人、扣缴义务人或纳税担保人
	保全标的	纳税人当期的应纳税款、滞纳金（限于当期）
	保全的财产范围	纳税人存款、商品、货物和其他财产（多了存款和其他财产）
	主要手段	1. 冻结、扣押、查封 2. 限制产权转移：其中对有产权证的不动产或者动产，可以责令当事人将产权证件交税务机关保管，同时可以向有关机关发出协助执行通知书，暂停办理过户手续 （简单记忆：所有手段都可以）
	期前保全	适用于法定的纳税期到期以前（到期后应采用强制措施或者依据五十五条执行）
	前置条件	全部条件都要满足： 1. 有根据认为纳税人有逃避纳税义务行为 2. 先行责令限期缴纳应纳税款 3. 在限期内发现纳税人有明显的转移、隐匿其应纳税的商品、货物以及其他财产或者应纳税的收入的迹象的，并经责成纳税人提供纳税担保 4. 纳税人既不缴纳税款，也不提供担保的

续表

税收征管法第三十八条的适用	审批权限	县以上税务局（分局）局长批准
	保全后处理	如果纳税人缴纳了税款，税务机关应立即解除保全，退还财产；如果保全后仍不缴纳税款的，转而依法实施强制执行
税收征管法第五十五条的适用	税务检查过程中的保全	税务机关对从事生产、经营纳税人以及纳税期限进行税务检查的过程中，发现纳税人有逃避纳税义务行为，并有明显转移、隐匿其应纳税的商品、货物以及其他财产或者应纳税的收入的迹象，可以实施税收保全。实施税收保全的批准权限、保全标的、财产范围和具体手段等，与根据《税收征管法》第三十八条实施的税收保全基本相同

三、税务强制执行

概念	税务机关对逾期不履行行政决定的行政相对人，依法强制其履行义务或实现与履行义务相同状态的具体行政行为	
具体措施和方式	扣缴	税务机关向开户银行和其他金融机构发出通知 金融机构按照确定的税款、滞纳金和罚款的金额，从行政相对人的存款中扣除对应金额的款项划转至税务机关指定的账号，缴入国库
	拍卖抵缴、变卖抵缴	税务机关将查封、扣押的财产交拍卖机构拍卖（拍卖方式），交法定机构收购、委托商业机构代为销售，或直接变卖处理（变卖方式），以所得款项支付相关费用，并抵缴税款、滞纳金和罚款的行为
税收行政强制执行的适用	第三十七条	1. 条件：对未按照规定办理税务登记的从事生产、经营的纳税人以及临时从事经营的纳税人，由税务机关核定其应纳税额，责令缴纳；不缴纳的，税务机关可以扣押其价值相当于应纳税款的商品、货物；扣押后仍不缴纳应纳税款的 2. 程序：经县以上税务局（分局）局长批准，依法拍卖或者变卖所扣押的商品、货物，以拍卖或者变卖所得抵缴税款
	第三十八条	1. 条件：税务机关有根据认为从事生产、经营的纳税人有逃避纳税义务行为的，可以在规定的纳税期之前，责令限期缴纳应纳税款；在限期内发现纳税人有明显的转移、隐匿其应纳税的商品、货物以及其他财产或者应纳税的收入的迹象的，税务机关可以责成纳税人提供纳税担保 2. 程序：经县以上税务局（分局）局长批准，税务机关可以书面通知纳税人开户银行或者其他金融机构从其冻结的存款中扣缴税款，或者依法拍卖或者变卖所扣押、查封的商品、货物或者其他财产，以拍卖或者变卖所得抵缴税款
	第四十条	1. 适用范围：从事生产、经营的纳税人、扣缴义务人未按照规定的期限缴纳或者解缴税款，纳税担保人未按照规定的期限缴纳所担保的税款 2. 标的：税款和滞纳金 3. 手段：书面通知其开户银行或者其他金融机构从其存款中扣缴税款 扣押、查封、依法拍卖或者变卖其价值相当于应纳税款的商品、货物或者其他财产，以拍卖或者变卖所得抵缴税款 4. 前置程序：由税务机关责令行政相对人限期缴纳，逾期未缴的才能实施强制执行 5. 审批程序：经县以上税务局（分局）局长批准

续表

税收行政强制执行的适用	第五十五条	1. 条件：税务机关对从事生产、经营的纳税人以前纳税期的纳税情况依法进行税务检查时，发现纳税人有逃避纳税义务行为，并有明显的转移、隐匿其应纳税的商品、货物以及其他财产或者应纳税的收入的迹象的 2. 措施的可选择性：可以在税收保全后实施，也可以直接实施。在实施该项执行时，应当同时适用《税收征管法》第四十条要求
	第六十八条	适用主体：没有依法按时足额完成纳税义务的纳税人扣缴义务人对于其他主体不适用 2. 适用前提：税务机关责令限期缴纳后，纳税人扣缴义务人仍未按期缴纳税款 3. 措施和程序：同第四十条
	第八十八条	1. 适用主体：当事人是税务行政处罚对象，包括纳税人、扣缴义务人、纳税担保人等 2. 执行标的：行政处罚决定所确定的内容包括罚款、没收违法所得的 3. 实施条件：当事人对税务机关的处罚决定逾期不申请行政复议也不向人民法院起诉，又不履行的情况下才能据此实施强制执行 4. 执行主体：作出处罚决定的税务机关 5. 执行措施范围：相当于处罚的数额范围，不得扩大执行
社会保险费的行政强制执行		1. 用人单位未按时足额缴纳社会保险费的，由社会保险费征收机构责令其限期缴纳或者补足 2. 用人单位逾期仍未缴纳或补足的社会保险费，征收机构可以向银行和其他金融机构查询其存款金额账户，可以申请县级以上有关部门作出划拨社会保险费的决定，书面通知其开户银行或者其他金融机构划拨社会保险费。账户金额少于应当缴纳的社保费的，要求该用人单位提供担保，签订延期缴费协议 3. 用人单位未足额缴纳社会保险费且未提供担保的，社会保险费，征收机构可以申请人民法院扣押，查封拍卖其价值相当于应缴纳社会保险费的财产，以拍卖所得抵缴社会保险费
非税收入的行政强制执行		非税收入的行政强制执行，由相关部门依据相关法律规定执行

四、税收保全和强制执行的其他重要事项

程序问题	1. 行政强制法和税收征管法、税收征管法实施细则的规定没有冲突时，两方面的规定均应执行 2. 行政强制法和税收征管法、税收征管法实施细则的规定相冲突时，原则上按照行政强制法的规定执行 3. 行政强制法允许其他法律、法规作出特别规定的事项，按照税收征管法及其实施细则的规定执行 （上位法优于下位法）
措施的解除问题	在实施拍卖、变卖、扣缴等处分性措施前，如果行政相对人缴清了税款，税务机关应当自收到税款或者银行转回的完税凭证之日起1日内解除限制性措施（注意1日内解除的时间限制）

续表

标的的确定	1. 保全或者执行标的：包括税款、滞纳金、罚款和实现保全、强制执行的费用 2. 查封、扣押财产的价值判断：参考评估价、市场价、出厂价合理判断 3. 查封、扣押的财产应相当于保全或执行标的，但如果是不可分割的财产且行政相对人没有其他可供执行的财产的，可以超过标的实施保全和执行，执行完毕后应将余款退还行政相对人
权益维护	不得实施税收保全和强制执行的财产： 1. 个人及其所扶养家属维持生活必需的住房和用品 2. 单价在 5 000 元以下的其他生活用品 3. 机动车辆、金银饰品、古玩字画、豪华住宅或者一处以外的住房不属于这里所说的个人及其所扶养家属维持生活必需的住房和用品（可以保全或强制执行）
清偿顺序	到位资金不足以支付各种款项的，按下列顺序清偿： （1）实现执行目的而发生的费用，包括执行中发生的依法应由当事人承担的费用 （2）税款 （3）滞纳金 （4）依法一并执行的罚款、加处罚款

第三节　其他税收保障措施

一、离境清税制度和阻止出境

离境清税制度和阻止出境	欠缴税款的纳税人或者其法定代表人需要出境的，应当在出境前向税务机关结清应纳税款、滞纳金或者提供纳税担保 未结清税款、滞纳金，又不提供纳税担保的，税务机关可以通知出境管理部门阻止其出境
阻止出境的执行	税务机关有权决定并通知出境管理部门，出境管理部门应当按照税务部门的决定，实施有关阻止出境措施

【单选题】关于税务管理的说法，正确的是（　　）。

A. 纳税人在纳税期内没有应纳税额的，可以不予办理纳税申报

B. 欠缴税款的纳税人或其法定代表人离境前，不能结清税款、滞纳金或提供纳税担保的情况下，税务机关可以自行阻止其出境

C. 纳税人多缴的税款，自结算缴纳税款之日起 5 年内发现的，可以向税务机关要求退还多缴纳的税款并加算银行同期存款利息

D. 经县以上税务局（分局）局长批准，税务机关可以采取强制执行措施

【参考答案】D

二、税收优先权

税收优先权概念	税务机关征收税款，税收优先于无担保债权，法律另有规定的除外；纳税人欠缴的税款发生在纳税人以其财产设定抵押、质押或者纳税人的财产被留置之前的，税收应当先于抵押权、质权、留置权执行。纳税人欠缴税款，同时又被税务机关决定处以罚款、没收违法所得的，税收优先于罚款、没收违法所得
税收优先权范围	1. 税收优先于无担保普通债权 2. 税收优先于特定的有担保债权，即欠缴税款发生在设定担保的公司时间之前的税收优先于这种担保债权 3. 税收优先于行政机关的罚款和没收违法所得
优先权措施	1. 税务机关对纳税人欠缴的情况定期予以公告，可以被认定为公示税收债权 2. 纳税人有欠税情况以及财产设定抵押、质押的，应当向抵押权人、质权人说明其欠税情况。抵押权人、质权人可以请求税务机关提供有关的欠税情况 3. 欠缴税款数额较大的纳税人在处分其不动产或者大额资产之前，应当向税务机关报告

三、纳税担保

纳税担保的概念	1. 纳税担保人依据《民法典》和税法的相关规定，经税务机关同意或确认，纳税人或其他自然人法人经济组织，以保证、抵押、质押的方式，为纳税人应当缴纳的税款及滞纳金提供担保的行为 2. 纳税担保受税法的调整，应当遵循税法上对纳税担保所作的特别规定。纳税担保还受《民法典》的调整，实施纳税担保时应遵循《民法典》的规则，违背《民法典》侵权责任法的纳税担保不受司法保护 3. 纳税担保制度兼具了民事和行政的双重属性 4. 纳税担保是税务机关、纳税担保人、纳税人共同意思的表示
适用担保的情形	1. 税务机关有根据认为从事生产、经营的纳税人有逃避纳税义务行为，在规定的纳税期限之前已经责令其限期缴纳应纳税款，在“限期内”发现纳税人有明显的转移、隐匿其应纳税的商品、货物以及其他财产或者应纳税收入的迹象，责成纳税人提供纳税担保的 2. 欠缴税款、滞纳金的纳税人或者其法定代表人需要出境的 3. 纳税人同税务机关在纳税上发生争议而未缴清税款，需要申请行政复议的 4. 税收法律、行政法规规定的其他情形
担保的范围	1. 税款 2. 滞纳金 3. 实现税款、滞纳金的费用
纳税担保的种类	1. 纳税保证 2. 纳税抵押 3. 纳税质押

1. 纳税保证

纳税保证的概念	纳税人之外的中国境内具有纳税担保能力的自然人、法人或者其他经济组织，向税务机关设立的，担保纳税人履行纳税义务的担保方式

续表

保证人资格限制	实体资格限制： （1）国家机关，学校、幼儿园、医院等事业单位，社会团体不得作为纳税保证人 （2）企业法人的职能部门不得为纳税保证人。企业法人的分支机构有法人书面授权的，可以在授权范围内提供纳税担保 （3）有偷税、抗税、骗税、逃避追缴欠税行为被税务机关、司法机关追究过法律责任未满2年的 （4）因有税收违法行为正在被税务机关立案处理或涉嫌刑事犯罪被司法机关立案侦查的 （5）纳税信誉等级被评为C级以下的 （6）在主管税务机关所在地的市（地、州）没有住所的自然人或税务登记不在本市（地、州）的企业 （7）无民事行为能力或限制民事行为能力的自然人 （8）与纳税人存在担保关联关系的 （9）有欠税行为的
保证方式	纳税保证为连带责任保证，纳税人和纳税保证人对所担保的税款及滞纳金承担连带责任 当纳税人在税收法律、行政法规或税务机关确定的期限届满未缴清税款及滞纳金的，税务机关即可要求纳税人，也可要求纳税保证人在其担保范围内承担保证责任，缴纳担保的税款及滞纳金
保证期间	保证期间为纳税人应缴纳税款期限届满之日起60日，即税务机关自纳税人应缴纳税款的期限届满之日起60日内有权要求纳税保证人承担保证责任，缴纳税款、滞纳金 履行保证责任的期限为15日，即纳税保证人应当自收到税务机关的纳税通知书之日起15日内履行保证责任，缴纳税款及滞纳金 纳税保证期间内税务机关未通知纳税保证人缴纳税款及滞纳金以承担担保责任的，纳税保证人免除担保责任

2. 纳税抵押

纳税抵押的概念	纳税抵押，是指纳税人或纳税担保人，在不转移对财产的占有的情况下，向税务机关办理手续，以其财产担保税款及滞纳金义务履行的担保形式
抵押财产的限制	1. 下列财产可以抵押： （1）建筑和其他土地附着物 （2）建设用地使用权 （3）海域使用权 （4）生产设备 （5）原材料、半成品、产品 （6）正在建造的建筑物、船舶，航空器 （7）交通运输工具 （8）法律、行政法规未禁止抵押的其他财产 “地随房走”的规定： 以建筑物抵押的，该建筑物占用范围的建设用地使用权一并抵押。以建设用地使用权抵押的，该土地上的建筑物一并抵押 乡镇、村企业的建设用地使用权不得单独抵押。以乡镇、村企业的建筑物抵押的，其占用范围的建设用地使用权一并抵押 2. 下列财产不得抵押： （1）土地所有权 （2）宅基地、自留地、自留山等集体所有土地的使用权，法律规定可以抵押的除外

续表

抵押财产的限制	(3) 学校、幼儿园、医院等以公益为目的的非营利法人的教育设施、医疗卫生设施和其他社会公益设施 (4) 所有权、使用权不明或者有争议的财产 (5) 依法被查封、扣押、监管的财产 (6) 法律、行政法规规定禁止流通的财产或者不可转让的财产
纳税抵押的实现	纳税人在规定的期限内未缴清税款、滞纳金的，税务机关应当依法拍卖、变卖抵押物，变价抵缴税款、滞纳金 具体程序按照强制执行的规定强制执行

3. 纳税质押

纳税质押的概念	纳税人或纳税担保人将其财产或财产性权利凭证的占有权转移给税务机关，并向税务机关办理手续，以该财产担保税款及滞纳金义务履行的担保形式
纳税质押的财产范围	1. 动产质押：以各种动产设定的质押，如商品货物机动车等 2. 权利质押：以财产性权利设定的质押，包括汇票、本票、支票，债券、存款单、仓单、提单、可以转让的基金份额、股权，可以转让的注册商标专用权、专利权、著作权等知识产权中的财产权，现有的以及将有的应收账款、法律、行政法规规定可以出质的其他财产权利
保管责任	税务机关负有妥善保管质物的义务。因保管不善致使质物灭失或者毁损，或未经纳税人同意擅自使用、出租、处分质物而给纳税人造成损失的，税务机关应当对直接损失承担赔偿责任

【多选题】下列有关纳税担保的说法中，正确的有（　　）。

A. 纳税保证属于连带保证

B. 以财物设定纳税担保，前提是财物应当归纳税人所有

C. 设定担保的财物，应当交税务机关占有、保管

D. 作为纳税担保的财物必须是权属清晰明确的合法财物

【参考答案】AD

四、代位权

法律规定	代位权是民法上的一项制度，是指债务人怠于行使其债权或者与该债权有关的从权利，影响债权人的到期债权实现的，债权人可以向人民法院请求以自己的名义对相对人的权利，但是该权利专属于债务人自身的除外
行使代位权的情形	欠缴税款的纳税人因怠于行使到期债权或者与该债权有关的从权利 1. 行政相对人欠缴税款的事实已经成立，并有生效的文书依据 2. 应当查明次债务人与行政相对人之间的债权债务关系，并已到期 3. 应当查明行政相对人怠于行使到期债权的事实，是否有债权到期未到法院起诉或申请仲裁的情形 4. 税务机关应当向法院提交民事起诉状，以次债务人为被告，以行政相对人为诉讼第三人。税务机关对前面所述事实，承担举证责任

五、撤销权

撤销权概念	债权人因债务人放弃其债权、放弃债权担保、无偿转让财产等方式无偿处分财产权益，或者恶意延长及其到期债权的履行期限，影响债权人的债权实现，或者以明显不合理的低价转让财产，以明显不合理的高价受让他人财产或者为他人的债务提供担保，影响债权人的债权实现，债权人的相对人知道或应当知道该情形的，债权人可以请求人民法院撤销债务人的行为
行使撤销权的情形	欠缴税款的纳税人： 1. 放弃其债权，放弃债权担保 2. 无偿转让财产等方式无偿处分财产权益，即将财产赠送他人 3. 以明显不合理的低价转让财产，以明显不合理的高价受让他人财产或者为他人的债务提供担保，影响债权人的债权实现，债务人的相对人知道或者应当知道该情形的 （明显不合理的低价需要受让人知晓该情况；无偿不需要知晓）
撤销权的行使方式	1. 以诉讼方式行使 2. 税务机关为原告 3. 撤销权之诉中，行政相对人是原告，受益人是第三人 （因为诉讼针对的是行政相对人的行为） 4. 税务机关承担举证责任
期限要求	撤销权有期限要求，通常为 1 年，自债务人的行为发生之日起 5 年没有行使撤销权的，该撤销权消灭

【多选题】税务机关行使撤销权，限于行政相对人实施了（　　）行为。

A. 明示放弃到期债权

B. 无偿转让财产

C. 怠于行使到期债权

D. 以明显不合理的价格转让财产且受让人知道该情形

【参考答案】ABD

六、税收黑名单和联合惩戒制度

税收黑名单制度	1. 税收黑名单制度，是对达到一定涉案金额的偷税和逃避追缴欠税、骗取出口退税、抗税、虚开增值税专用发票以及普通发票等 11 类税收违法案件向社会公布的制度 2. 公布内容包括： ①失信主体基本情况 ②失信主体的主要税收违法事实 ③实施税务处理、税务行政处罚决定及法律依据 ④确定失信主体的税务机关 ⑤法律、行政法规规定应当公布的其他信息
联合惩戒制度	1. 对被列入黑名单的当事人在特定的领域和事项上进行更严格的管理和限制的制度 2. 税务机关内部：列入纳税信用等级 D 级。严格发票管理、出口退税审核和提高检查频次 3. 将税收违法“黑名单”当事人信息定期提供给合作单位。有关单位依法采取包括阻止出境、限制担任相关职务、限制融资授信、限制高消费等惩戒措施

本章习题

一、单选题

1. 税务机关有根据认为某食品生产企业在规定的纳税期前有逃避纳税义务的行为。对此，该税务机关依法应当首先（　　）。

A. 采取税收强制措施

B. 责令该企业在规定的纳税期前限期缴纳应纳税款

C. 采取税收保全措施

D. 要求纳税人提供纳税担保

2. 税务机关对纳税人实施的下列行为中，属于行政强制执行的是（　　）。

A. 注销税务登记　　B. 冻结银行存款

C. 罚款　　D. 从银行存款中扣缴税款

3. 下列不属于税务行政强制的是（　　）。

A. 查封、扣押财物　　B. 冻结存款

C. 停止出口退税权　　D. 拍卖、变卖抵缴税款

4. 根据税收征收管理法的规定，市稽查局实施强制执行前需要经过一定级别的局长批准，本案中有权作出批准的是（　　）。

A. 市稽查局局长　　B. 市稽查局副局长

C. 市税务局局长　　D. 市税务局主管稽查业务的副局长

5. 当事人到期不缴纳罚款的，作出行政处罚决定的行政机关可以对其每日加处罚款。下列说法错误的是（　　）。

A. 每日加处罚款比例为罚款数额的百分之三

B. 加处的罚款性质属于行政强制

C. 加处罚款的标准应告知纳税人

D. 加处的罚款数额按日计算，没有上限

6. 为保障行政相对人及其所抚养家属的基本生存需要，税务机关对行政相对人一定金额以下的生活用品不能实施税收保全和强制执行，该“一定金额”为（　　）。

A. 1 000 元　　B. 3 000 元　　C. 5 000 元　　D. 1 万元

7. 行政强制执行是指行政机关或者行政机关申请人民法院，对不履行行政决定的公民、法人或其他组织，依法强制履行义务的行为。下列选项中，不属于行政强制执行的方式是（　　）。

A. 代履行　　B. 排除妨碍

C. 限制公民人身自由　　D. 恢复原状

二、多选题

1. 根据行政强制法律制度的规定，下列选项中，不可以由行政法规设定的有（　　）。

A. 限制公民人身自由　　B. 划拨存款、汇款

C. 冻结存款、汇款　　D. 查封场所、设施或者财物

2. 欠缴税款的纳税人或其法定代表人在离开国境前，税务机关可以对其采取的措施有（　　）。

A. 要求结清税款和滞纳金

B. 在不能结清税款和滞纳金的情况下，要求其提供纳税担保

C. 在不能结清税款、滞纳金或提供纳税担保的情况下，采取税收保全措施

D. 在不能结清税款、滞纳金或提供纳税担保的情况下，通知出境管理机关阻止其出境

3. 关于税务机关扣押程序，下列说法正确的是（　　）。

A. 扣押时应当通知当事人到场

B. 扣押清单一式二份，由当事人和行政机关分别保存

C. 对扣押物品发生的合理保管费用，由当事人承担

D. 行政机关应当妥善保管扣押的物品

4. 以下属于终结行政强制执行的情形的是（　　）。

A. 第三人对执行标的主张权利，确有理由的

B. 公民死亡，无遗产可供执行，又无义务承受人的

C. 据以执行的行政决定被撤销的

D. 执行标的灭失的

5. 关于税收强制，下列说法中正确的是（　　）。

A. 应当由两名以上税务人员执行

B. 税务机关对纳税担保人的担保财产不得强制执行

C. 甲市税务局稽查局可以直接对税收保全的财产进行依法拍卖或者变卖

D. 税务机关采取强制执行措施时，对纳税人未缴纳的滞纳金同时强制执行

参考答案与解析

一、单选题

1. 【参考答案】B

《税法征管法》第三十八条规定，税务机关有根据认为从事生产、经营的纳税人有逃避纳税义务行为的，可以在规定的纳税期前，责令限期缴纳应纳税款；在限期内发现纳税人有明显的转移、隐匿其应纳税的商品、货物以及其他财产或者应纳税的收入的迹象的，税务机关可以责成纳税人提供纳税担保。如果纳税人不能提供纳税担保，

经县以上税务局局长批准，税务机关可以采取税收保全措施。据此，税务机关有根据认为某食品生产企业有规定的纳税期前有逃避纳税义务的行为，应先责令该企业在规定的纳税期前限期缴纳应纳税款。

2. 【参考答案】D

B 选项冻结银行存款是税收保全措施，C 选项罚款的性质属于行政处罚。只有 D 选项从银行存款中扣缴税款属于行政强制执行。

3. 【参考答案】C

《税收征管法》第三十七条、第三十八条规定，税务机关可以采取的税收保全措施包括：冻结存款，查封、扣押；第四十条规定，税务可以采取的强制执行措施包括：扣缴税款、依法拍卖或者变卖。因此 ABD 三项都属于行政强制。停止出口退税权属于税务行政处罚，因此 C 错误。

4. 【参考答案】C

根据《税收征管法》关于强制执行的规定，税务机关采取强制执行之前须经县以上税务局局长批准，稽查局局长无权审批。

5. 【参考答案】D

本题考查的是加处罚款的规定。《行政强制法》第四十五条规定，行政机关依法作出金钱给付义务的行政决定，当事人逾期不履行的，行政机关可以依法加处罚款或者滞纳金。加处罚款或者滞纳金的标准应当告知当事人。加处罚款或者滞纳金的数额不得超出金钱给付义务的数额。《行政处罚法》第五十一条规定，当事人逾期不履行行政处罚决定的，作出行政处罚决定的行政机关可以采取下列措施：（一）到期不缴纳罚款的，每日按罚款数额的百分之三加处罚款；（二）根据法律规定，将查封、扣押的财物拍卖或者将冻结的存款划拨抵缴罚款；（三）申请人民法院强制执行。

6. 【参考答案】C

根据《税收征管法实施细则》第五十九条第三款规定，税务机关对单价 5 000 元以下的生活用品，不采取税收保全措施和强制执行措施。故正确答案是 C。

7. 【参考答案】C

根据《行政强制法》第十二条规定，行政强制执行的方式为：①加处罚款或者滞纳金；②划拨存款、汇款；③拍卖或者依法处理查封、扣押的场所、设施或者财物；④排除妨碍、恢复原状；⑤代履行；⑥其他强制执行方式。选项 C 不属于行政强制执行的方式。

二、多选题

1. 【参考答案】ABC

选项 A：限制公民人身自由只能由法律设定；

选项 B：属于行政强制执行，行政强制执行只能由法律设定；

选项 C：冻结存款只能由法律设定。

2.【参考答案】ABD

解析略。

3.【参考答案】ABD

本题考查的是扣押程序。《行政强制法》第二十四条规定，行政机关决定实施查封、扣押的，应当履行该法第十八条规定的程序，制作并当场交付查封、扣押决定书和清单。查封、扣押决定书应当载明下列事项：（一）当事人的姓名或者名称、地址；（二）查封、扣押的理由、依据和期限；（三）查封、扣押场所、设施或者财物的名称、数量等；（四）申请行政复议或者提起行政诉讼的途径和期限；（五）行政机关的名称、印章和日期。查封、扣押清单一式二份，由当事人和行政机关分别保存。第二十六条规定，对查封、扣押的场所、设施或者财物，行政机关应当妥善保管，不得使用或者损毁；造成损失的，应当承担赔偿责任。对查封的场所、设施或者财物，行政机关可以委托第三人保管，第三人不得损毁或者擅自转移、处置。因第三人的原因造成的损失，行政机关先行赔付后，有权向第三人追偿。因查封、扣押发生的保管费用由行政机关承担。

4.【参考答案】BCD

A 选项第三人对执行标的主张权利，确有理由的，属于中止行政强制执行的情形。

5.【参考答案】AD

税务行政强制执行应当由两名以上税务人员执行。对于纳税人担保人的担保财产可以强制执行。甲市税务局稽查局在对税收保全的财产进行依法拍卖或者变卖前应取得甲市税务局局长批准。税务机关采取强制执行措施时，对纳税人未缴纳的滞纳金同时强制执行。

第十八章　税务行政执法证据

【学习目的】

掌握证据的基础知识，各类证据的取得、对证据的审核认定和证据管理等。

第一节　证据概述

一、证据的概念和特性

重点内容	具体认知	
证据的概念	一切能够用来证明案件事实的材料 **【提示】**税务机关收集的材料能否成为证据，取决于材料本身是否具备证据的基本特性	
证据的特性 （三特性缺一不可，必须同时具备才有效）	真实性	反映客观事实
	关联性	与案件的待证事实之间有客观联系
	合法性	①必须符合证据的形式要件 ②收集必须符合法定程序

【单选题】下列选项中，不属于证据基本特性的是（　　）。（2017 年真题）

A. 真实性　　B. 关联性　　C. 合法性　　D. 经济性

【参考答案】D

证据必须满足三个特性：即真实性、关联性和合法性。

二、证据的分类

证据分类		具体认知
法定分类（8 种）		1. 书证；2. 物证；3. 视听资料；4. 电子数据；5. 证人证言；6. 当事人陈述；7. 鉴定意见及勘验；8. 现场笔录
来源分类	原始证据	直接来自案件事实或者出自证据形成的原始出处（第一手资料）
	传来证据 （派生证据）	非直接来自案件事实或者证据出处，而是间接从原始证据中派生出来的证据（第二手资料）

续表

证据分类		具体认知
表现形式分类	言词证据	以人的陈述为表现形式的证据。包括当事人陈述、证人证言、鉴定意见
	实物证据	以实物形态存在的证据。实物证据的证明力一般高于言词证据
和待证事实的关系分类	直接证据	能够直接说明案件事实的证据
	间接证据	不能直接说明案件事实，需要和其他证据相结合，通过综合判断才能证明案件事实的
和主张本身的关系分类	本证（证实证据）	用于证明待证事实成立的证据
	反证（证伪证据）	用于证明待证事实不成立的证据

【单选题】下列说法正确的是（　　）。

A. 合同、账簿、凭证、纳税申报表、银行转账记录属于物证

B. 合同、账簿、凭证、纳税申报表、银行转账记录属于书证

C. 若检查中将企业当年的账簿、记账凭证调回检查，则需要该市税务局稽查局局长批准，且必须在 30 日内退还

D. 若检查中将企业当年的账簿、记账凭证调回检查，则需要该市税务局局长批准，且必须在 3 个月内退还

【参考答案】B

书证，是指以文字、符号、图画等所表达和记载的思想内容证明案件待证事实的书面文件或其他物品。物证，指以其存在形式、外部特征、内在属性证明案件待证事实的实体物和痕迹。合同、账簿、凭证、纳税申报表、银行转账记录均属于书证，故选项 A 错误，选项 B 正确。《税收征管法实施细则》规定，经设区的市、自治州以上税务局局长批准，税务机关可以将纳税人、扣缴义务人当年的账簿、记账凭证、报表和其他有关资料调回检查，但是税务机关必须在 30 日内退还。故选项 C、D 均错误。

三、相关概念

概念内容	具体认知
证据资格和证明能力	1. 证据资格：某个材料是否具备证据的基本特性（真实性、关联性、合法性），从而作为案件证据的资格 2. 证明能力：是指具备证据资格的材料，在用以证明相关事实时的说服力 3. 区分：具备证据资格的材料，证明能力会有差异。既要重视证据资格的审核把关，也要重视对证明能力的分析判断

续表

概念内容	具体认知
举证责任	1. 概念：当事人对自己提出的主张收集、提供证据，运用证据证明事实，并承担不能证明时的不利后果的责任 2. 行为意义上的举证：对于待证事实，由谁提出证据加以证明的责任（重点） （1）“谁主张，谁举证”：任何人提出某种主张，要对其主张的事实承担举证的责任，否则其主张的事实就不被认定 （2）“举证责任倒置”：特殊情况下，不由提出主张的人承担举证责任，而由否定该主张的人承担举证责任。（只有在证据规则有明确规定的特殊情况下才适用） （3）以上两种情形通常适用于民事领域。在行政复议和行政诉讼中，原则上由行政机关对其作出行政行为所依据的事实承担举证责任 3. 结果意义上的举证：当待证事实处于真伪不明状态时，应当由谁承担因此而产生的不利法律后果的责任
证据制度	1. 概念：对证据形式、收集、提供、质证、证据的审查判断等规则的总称 2. 神示证据制度：奴隶社会、封建社会状态下采用 3. 法定证据制度：形而上学的落后证据制度 4. 自由心证证据制度：近现代西方国家采用的证据制度，并非不要任何证据规则，法律仍然制定规则，但个案中由裁判者在遵循规则的基础上评判证据和认定事实

第二节　取证的方法、措施和证据管理

一、取证的原则

原则分类	具体认知
全面原则	既收集对当事人不利的证据，也收集对当事人有利的证据
客观原则	收集的证据应着眼于案件本来面目，如实进行还原
公正合法原则	不偏不倚，收集证据的程序合法，收集的证据也符合证据的形式要件

【判断题】在不违反法律禁止性规定且不侵犯他人合法权益的前提下，未告知被检查对象而进行录音取得的资料，可以作为有效证据使用。（　　）（2014年真题）

【参考答案】√

《最高人民法院关于行政诉讼证据若干问题的规定》第五十七条规定，下列证据材料不能作为定案依据：

“（一）严重违反法定程序收集的证据材料；

（二）以偷拍、偷录、窃听等手段获取侵害他人合法权益的证据材料；”

偷拍、偷录、窃听等手段获取的证据并不当然导致无效，还需要侵害他人合法权益。

二、书证的取证

<table>
<tr><td>概念</td><td colspan="2">书证是指以文字、符号、图画等所表达和所记载的思想内容证明待证事实的书面文件或其他物品。税务案件中最常见的一种证据形式
（要点：以表达和记载的内容为证据，载体是次要的）</td></tr>
<tr><td>种类</td><td colspan="2">①证明税务案件当事人主体身份、资格的书证
②证明违法事实的书证：合同、销货清单、发货单、账簿、凭证、票据、银行账单、纳税申报表、财务会计报表、海关完税证明、各类发票、查询结果告知单（协查复函）等
③证明税务机关行为合法的书证：包括内部文书和外部文书</td></tr>
<tr><td rowspan="3">调取的一般要求</td><td>提取书证的原件</td><td>尽量收集书证的原件；原本、正本和副本均属于书证的原件</td></tr>
<tr><td>提取复制件、影印件或者抄录件</td><td>①提供原件确有困难的，或者原件需要退还的，可以提供与原件核对无误的复印件、照片、节录本
②从纳税人、有关部门或者第三方取证应注明出处，经该原件保管人核对无异后予以确认</td></tr>
<tr><td>附说明材料</td><td>①提供报表、图纸、会计账册、专业技术资料、科技文献等书证，应当附有说明
②外文书证或外语视听资料交人民法院时，应附有专业翻译机构或者其他翻译准确的中文译本</td></tr>
<tr><td rowspan="2">实践中的部分特殊问题</td><td colspan="2">①是否可以抽样取证方式收集书证：一般不宜采取抽样方式，对于部分同类书证较多的情况可以采用汇总统计交纳税人确认的方式，并选择部分原始凭证收集。但对于有争议或其他证明难以有效证明的，还是应全部收集</td></tr>
<tr><td colspan="2">②税务稽查底稿、稽查签证的证据效力问题：税务稽查底稿、稽查签证是基于对当事人各类书证原件进行归类、记录的基础上形成的资料，并经当事人签字确认，记载其书面意见而形成的文字记录，属于书证的一种。既可以证明案件事实，也充分证明了税务机关调查过程的合法</td></tr>
</table>

三、物证的取证

重点内容	具体认知
概念	①物证是指以其存在形式、外部特征、内在属性证明案件待证事实的实体物和痕迹（以物的本身而不是其记载的信息证明案件事实） ②种类：伪造、变造账簿、凭证及作案工具；伪造的证书、发票；虚开的发票、非法印制发票的模板和机器、防伪标志、发票监制章、财务专用章等 ③有的物证也是书证：如假发票和假账簿
取证要求	①提取原物：提取物证时，可以同时制作现场笔录等加以佐证2人签字 ②抽样取证：原物为数量较多的种类物的，提供其中的一部分，但必须有现场笔录、统计表格、照片、录像等其他证据相印证 ③摄制有关照片、录像：对于不宜、不易提取的原物，可以采用摄制有关照片、录像等方式加以复制和固定

四、视听资料取证

重点内容	具体认知
概念	视听资料指运用现代技术手段，以录音、录像反映的声音、形象来证明案件真实情况的证据
取证要求	1. 尽量提供有关资料的原始载体，确有困难，可以提供复制件 2. 复制视听资料，应制作现场笔录，注明复制时间、地点、复制来源、复制方法、复制人员、证明对象和原件存放处等事项 3. 声音资料应当附有该声音内容的文字记录 4. 制作录音、录像等视听资料，应当注明制作方法、制作时间、制作人和证明对象等内容
特殊问题	如果不涉及违反法律禁止性规定或损害他人合法权益的情形的，“偷拍、偷录”的视听资料可以作为有效证据使用

【单选题】税务人员到企业实施查封扣押，佩戴了执法记录仪，对查封扣押过程进行录像。这种做法（　　）。

A. 没有法律依据，录像不能作为证据

B. 属于偷拍偷录，录像不能作为证据

C. 有违法之嫌，录像一般不能成为证据

D. 并不违法，录像可以作为证据

【参考答案】D

五、电子数据证据取证

重点内容	具体认知
概念	1. 电子数据证据是指案件发生过程中形成的，以数字化形式存储、处理、传输的，能够证明案件事实的数据 2. 记录方式的特殊性是其最根本的特点，也是其与传统证据的本质区别
取证要求	1. 封存电子数据原始存储介质或复制件 （1）当场较难固定证据，可采取先行登记保存方法，在登记清单上注明原始存储介质规格、型号及存放地点，签注和保管人等事项，由当事人签字（盖章）确认 （2）需要以有形载体固定的，应与提供电子数据的个人、单位的法定代表人或者财务负责人或经单位授权的其他人员一起复制封存，同时注明制作方法、制作时间、制作人、文件格式及大小等，注明“与原始载体记载的电子数据核对无误”，并由电子数据提供签章 2. 收集提取电子数据：应制作现场笔录，注明来源、事由、证明目的或对象，提取时间、地点、方法、过程、原始存储介质的存在地点及对签封情况等。进行数据压缩，还应注明压缩方法和完整性校验值 3. 检查电子数据： （1）可通过恢复、破解、统计、关联、比对等方式进行检查，根据不同情形进行录像和备份 （2）被查对象拒绝提供数据，经稽查局局长批准，可以采用适当的技术手段对该电子信息系统进行直接或提取检查，但不得破坏原始电子数据或影响系统正常运行
特别注意	电子数据检查应制作笔录，注明检查方法、过程和结果，由有关人员签名或盖章。对电子数据涉及的专门性问题难以确定的，由司法鉴定机构出具鉴定意见，或者由公安部指定的机构出具报告

六、证人证言和当事人陈述的取证

<table>
<tr><td rowspan="2">概念</td><td>证人证言：当事人之外的第三人就其感知的案件事实情况向调查机关所作的陈述。证人必须是能够正确表达其意志的人（如财务会计、出纳人员、仓库保管人员、业务员、运输人员）</td></tr>
<tr><td>当事人陈述：当事人对案件事实的描述，包括承认、反驳及辩解（如作为纳税人自然人、企业、其他组织的法定代表人、其他组织的负责人）</td></tr>
<tr><td>询问笔录制作要求</td><td>【提示】可以由证人和当事人自书，也可以通过制作询问笔录的形式加以记录。询问必须由两名以上具有执法资格的税务干部实施
①写明基本情况：包括询问对象的情况并附证明，询问的实施时间、地点、询问人、记录人等询问过程基本情况，核对询问对象的身份
②告知权利义务：告知执法人员身份、出示证件，告知事由和如实反映案件事实的义务和违反的后果
③询问正文部分采用问答形式记录：对某些案件事实的固定应采用辨认、核对的方式记录
④记录询问内容要全面、详细、具体
⑤询问双方确认：调查结束后询问笔录应交询问对象签名确认或盖章、按手印。询问人和记录人也应进行签字</td></tr>
</table>

七、鉴定意见的取证

<table>
<tr><td>概念</td><td colspan="2">鉴定意见是指调查机关依法委托或者指定的鉴定人，运用其专门知识对案件中的某些专门性问题进行的分析、鉴别和判断所作出的结论性意见</td></tr>
<tr><td rowspan="2">资质和要求</td><td>以司法鉴定为主要手段</td><td>选择通过司法行政主管部门审核登记，具有司法鉴定资质的机构，税务机关应出具鉴定委托书，与其签订司法鉴定协议书，载明委托人名称、受托的鉴定机构名称、委托鉴定事项、鉴定用途和鉴定要求</td></tr>
<tr><td>时限和成果</td><td>①时限：通常应在签订司法鉴定协议书之日起 30 个工作日内完成委托事项的鉴定
②成果：税务机关取得的司法鉴定文书包括司法鉴定意见书和司法鉴定检验报告书，司法鉴定文书除由司法鉴定人签名或者盖章外，还应当加盖司法鉴定机构的司法鉴定专用章，并附有司法鉴定机构资质证明和司法鉴定人资格证明</td></tr>
<tr><td>执法实践问题</td><td colspan="2">提示：如有公安机关、其他单位或个人要求税务机关对某些与税收有关的事项作出鉴定，税务机关并无司法鉴定权，但可以遵循规定开展行政协助，在遵守保密规定的前提下，对相关事实进行说明
举例：公安机关查处某企业涉嫌偷税，取证后要求税务机关鉴定其偷税数额，此时税务机关可以协助公安机关分析计算偷税数额，供其参考，掌握的案件事实也可以向其提供，但不能就纳税人的偷税数额作出鉴定</td></tr>
</table>

八、现场笔录和勘验笔录的取证

现场笔录和勘验笔录的概念	1. 现场笔录：行政主体工作人员在执行职务过程中当场进行调查、处理、处罚而制作的文字记载材料 2. 勘验笔录：在行政执法程序和诉讼过程中由行政机关执法人员或人民法院司法审判人员对案件有关场所、物品进行现场勘查、检测、测量、拍照、绘图后制作的笔录 3. 前者是对执法的动态过程的记录；后者是对事实发生后现场情况的事后固定，是静态结果的反映
适用和目的	1. 税务检查、税收保全、强制执行等过程中可以制作现场笔录或勘验笔录 2. 制作现场笔录目的：一是规范执法行为，防止出现行政违法及滥用职权；二是有利于在日后行政诉讼中有效承担举证责任
制作要求 **【提示】** 现场笔录、勘验笔录优于其他书证、视听资料和证人证言	1. 合法性要求： （1）执法人员不得少于两人，应表明身份 （2）制作完毕后应向当事人告知，由其签署意见并逐页签名，当事人拒绝签名或者不能签名的，应当注明原因。有其他人在现场的，可由其他人签名 （3）现场笔录不得随意改动，如有错漏，应另行制作更正或补充材料并由当事人签署意见并签名 2. 准确性要求：应采用纪实、叙述的文字表达，对时间、地点、数量、规格等的记录力求精确，切忌作主观评论和推断 3. 规范性要求：应使用公文体和书面语言。应在现场制作，不能提前写好，也不能事后补作

【多选题】下列对有关现场笔录制作要求表述正确的有（　　）。（2015 年真题）

A. 由税务执法人员当场制作

B. 特殊情况可事后补办

C. 应当载明时间、地点和事件等内容

D. 若当事人拒绝签名，可由在场的其他人签名

【参考答案】ACD

《税务稽查工作规程》规定：“检查人员实地调查取证时，可以制作现场笔录、勘验笔录，对实地检查情况予以记录或者说明。制作现场笔录、勘验笔录，应当载明时间、地点和事件等内容，并由检查人员签名和当事人签章。当事人拒绝在现场笔录、勘验笔录上签章的，检查人员应当在笔录上注明原因；如有其他人员在场，可以由其签章证明。”

九、域外证据的取证

概念	域外证据是形成、来源于中华人民共和国领域外的，能够证明案件事实的有关书证、物证、电子数据等证据材料，包括我国香港、澳门、台湾地区形成的证据材料
取得途径	途径一：办案人员依照职权主动向域外有关单位或个人发出调查要求，由域外有关单位或个人协助提供有关证据材料，或就有关事实作出证明 途径二：案件当事人主动提供或者应办案人员的要求提供其在域外形成的有关证据

续表

收集要求	1. 按照国际公约或司法协定收集：应说明来源，经所在国公证机关证明，并经我国驻该国使领馆认证或履行我国和该国签订的有关条约中规定的证明手续 2. 调取“港、澳、台”地区内形成的证据按规定办理证明手续，主要有四种方式： （1）驻港、澳机构的工作人员提交的证据，由其所在的机构出具证明 （2）香港港九工会联合会、澳门工会联合会等团体的成员提交的证据，由其所在的团体出具证明 （3）司法部委托的港澳律师办理的证明 （4）台湾地区不冠以“中华民国”名义的公证机构或民间组织出具的证明 3. 当事人提供域外证据并无履行证明手续的要求，但需要审核真实性和可靠性，必要时通过国家税务总局内部情报交换系统予以证实

十、证据先行登记保存措施

概念	税务机关在依法调查或检查过程中，为查明案件事实，在证据可能灭失或者以后难以取得的情况下，依据《行政处罚法》对有关证据采取清点、登记并封存的措施
适用条件	税务机关在依法进行税务调查或检查过程中，发现有下列情形之一的： ①被调查或检查单位或个人可能隐匿、转移、销毁、篡改或变卖证据的 ②因受到自然条件或其他因素的限制，证据可能自然毁损或灭失的 ③证据可能灭失或以后难以取得的其他情形
要求和手段	①需经本单位负责人批准 ②对证据进行逐项清点，登记并开具“证据先行登记保存清单” ③“证据先行登记保存清单”应当由2名以上税务执法人员和被调查（检查）人核对后签字或盖章。当事人拒绝签字或盖章的，应注明情况 ④“证据先行登记保存清单”一式两份，由税务机关和被调查（检查）人各持一份
先行登记保存的方式	①原则上对已经登记保存的证据应当加封后交由当事人就地负责保管 ②特殊情况下将证据调回税务机关保存，应开具“提取证据专用收据” ③先行保存仅仅是对有可能灭失或日后难以取得的证据采取的临时性保全措施，依照法律规定，应在7日内采取进一步措施固定证据

十一、调回资料检查措施

概念	调回资料检查是指税务机关在税务检查过程中，依法将纳税人、扣缴义务人的账簿、记账凭证、报表和其他有关资料调回税务机关检查的行为
实施要求	1. 调回资料检查应当在确有必要时实施 2. 调回资料检查要履行严格的程序 （1）审批：调回以往年度资料的，须经县以上税务局（分局）局长的批准；调回当年度资料的，须经设区的市、自治州以上税务局局长的批准 （2）实施：由2名以上具有执法资格的人员实施，应与纳税人、扣缴义务人一同对资料进行清点，出具详细的清单，并由执法人员、纳税人、扣缴义务人签字或盖章 （3）退回：往年资料应在3个月内完整退回；当年资料应在30日内完整退回；退回资料时，应由纳税人、扣缴义务人核对清单，签章确认

续表

对象和范围	1. 对象为纳税人和扣缴义务人 2. 资料范围包括：账簿、记账凭证（含原始凭证）、报表和合同、协议等证明纳税人发生过与其税收违法行为有关的其他材料 3. 注意：资格性和财产性权利证书不宜调回

十二、税务执法证据的管理

建立证据管理制度	对每一案件均应建立独立的证据目录
遵循保密原则	涉及国家秘密、商业秘密和个人隐私或者法律规定的其他应当保密的证据，依照规定不得在开庭时公开质证。上述证据在制作、整理时就应明确标注并予以说明
妥善保管	有条件的应建立物证室，专人集中保管

第三节　证据的审查和事实的认定

一、证据审查的两个方面

单个证据的个别审查	1. 证据的真实性、合法性与案件之间的关联性 2. 证据证明力的审查和判断
全部证据的综合审查	证据之间是否存在矛盾，可否相互印证

二、对证据审查的基本要求

取证的主体是否合法	
证据的取得程序、形式和权限是否符合法律、法规、规章的要求，是否存在侵犯当事人合法权益的情形	有下列情形之一的，不得作为定案依据： ①严重违反法定程序收集的证据材料 ②以违反法律强制性规定的手段获取且侵害他人合法权益的证据材料 ③以利诱、欺诈、胁迫、暴力等手段获取的证据材料，应当主动作为非法证据排除
证据是否符合法定形式和要求	关注证据形成的原因，发现证据的客观环境、证据和案件事实之间的联系和确定性
不能单独作为定案依据的证据	①未成年人所作的与其年龄和智力状况不相适应的证言 ②与被查对象有亲属关系、利益关系或其他密切关系的证人所作的对该被查对象有利的证言，或者与被查对象有不利关系的证人所作的对该被查对象不利的证言 ③难以识别是否经过修改的视听材料 ④证据被改动，当事人不予认可的 ⑤其他不能单独作为定案依据的证据

【多选题】下列证据中，不能单独作为定案依据的证据包括（　　）。（2017 年真题）

A. 证据被改动，当事人不予认可的

B. 难以识别是否经过修改的视听材料

C. 未成年人所作与其年龄和智力状况不相适应的证言

D. 与被调查对象有不利关系的证人所作的对该被调查对象不利的证言

【参考答案】ABCD

三、不同证据种类的证明效力

从国家机关获得证据优先	①国家机关以及其他职能部门依职权制作的公文文书优于其他书证 ②鉴定意见、现场笔录、勘验笔录、档案材料、公证或登记的书证优于其他书证、视听资料和证人证言 ③法定鉴定部门的鉴定意见优于其他鉴定部门的鉴定意见
出庭优先	①法庭主持勘验制作的勘验笔录优于其他部门主持勘验制作的勘验笔录 ②出庭作证的证人证言优于未出庭作证的证人证言
原物优先（第一手证据优先）	①原件、原物优于复制件、复制品 ②原始证据优于传来证据
无利害关系的证言优先	其他证人证言优于与当事人有亲属或密切关系的证人提供的对该当事人有利的证言
有印证的优先	数个种类不同、内容一致的证据优于一个孤立的证据

【多选题】下列关于证据证明效力的说法，正确的有（　　）。

A. 原件优于复制件

B. 公文文书优于其他书证

C. 法定鉴定部门的鉴定意见优于其他鉴定部门的鉴定意见

D. 传来证据优于原始证据

【参考答案】ABC

四、税务行政执法案件中证明标准的把握

定义	1. 认定案件事实或者形成一定法律关系对证明所要求达到的程度或标准 2. 证明标准是无形且内在的
分类	1. 排除合理怀疑：《刑事诉讼法》确立的刑事案件证据标准 2. 明显优势：适用于民事领域的证据标准 3. 行政执法缺少固定、统一的证据标准

续表

要求	税务行政执法人员在审查证据、认定案件事实时，要求做到： 1. 全面认真：认真审查证据，全面、深入地把握证据 2. 综合全案：在对单一证据审查的基础上，要综合全案证据，重视证据与证据之间的关系 3. 公平公正：本着公正公平之心，体现国家工作人员应有的职业道德来判断事实 4. 遵循常理：利用自己所掌握的知识、常识、生活和工作经验，讲究理性，遵循通常的道理来作判断 5. 自我确信：对事实达到自我确信，认定相应的事实

本章习题

一、单选题

1. 下列材料中，属于税务案件原始证据的是（　　）。

A. 伪造的发票　　B. 稽查工作底稿

C. 复印的会计资料　　D. 拷贝的电子资料

2. 税务机关在查处 A 公司的税收违法行为收集的以下证据中，不属于书证的是（　　）。

A . A 公司的纳税申报表

B. 税务机关送达的针对 A 公司的税收违法行为的《税务行政处罚事项告知书》

C. A 公司法定代表人王某的身份证复印件

D. 税务机关出具的发票真伪的鉴别意见

3. 在税收违法案件检查过程中，调取的证据必须是客观存在的事实。这体现了证据的（　　）特性。

A. 关联性　　B. 合法性　　C. 真实性　　D. 准确性

4. 税务机关在提取物证时，可同时制作加以佐证的是（　　）。

A. 提取证据专用收据　　B. 现场笔录

C. 勘验笔录　　D. 询问笔录

5. 下列关于不同证据种类证明效力说法不正确的是（　　）。

A. 公文文书优于其他书证

B. 原件优于复制件

C. 传来证据优于原始证据

D. 法定鉴定部门的鉴定意见优于其他鉴定部门的鉴定意见

二、多选题

1. 当事人陈述属于（　　）。

A. 直接证据　　B. 间接证据　　C. 实物证据　　D. 言词证据

2. 下列证据材料中，不能作为认定事实依据的证据有（　　）。

A. 税务检查人员采用法律明确禁止的方法取得的证据

B. 税务检查人员采用侵犯当事人合法权益方法取得的证据

C. 税务检查人员严格遵守取证程序规则取得的证据

D. 税务检查人员查获的作为物证的非法财物

3. 作为税务案件定案证据的材料，应具备（　　）特征。

A. 证据的合法性　　B. 证据的关联性

C. 证据的真实性　　D. 证据的保密性

4. 下列证据属于电子数据证据的有（　　）。

A. 复制的纳税人存储在计算机里的电子账册

B. 纳税人网上申报的资料

C. 执法记录仪里的录音录像资料

D. 询问笔录只能用蓝黑墨水的钢笔书写记录，不能使用电脑进行记录

5. 税务机关在依法进行检查过程中，可以对当事人进行证据先行登记保存的情形有（　　）。

A. 被调查或检查单位或个人可能隐匿、转移、销毁、篡改或变卖证据的

B. 证据可能灭失或以后难以取得的其他情形

C. 当事人拒不提供有关证据材料的

D. 因受到自然条件或其他因素的限制，证据可能自然毁损或灭失的

参考答案与解析

一、单选题

1. 【参考答案】A

原始证据是指直接来源于案件事实或出自于原始出处的证据材料。比如纳税人的各种原始账簿、发票、凭证、合同等。伪造的发票在证明当事人制造、持有假发票或者纳税人取得假发票这些时是原始证据。

2. 【参考答案】D

题中的发票鉴别意见是税务机关运用专业知识和技能及必备的仪器、设备对需要鉴别的发票进行检测、检验、分析和判断，作出鉴别意见等过程，属于行政证据中的鉴定意见范畴，不是书证。故正确答案是选项D。

3. 【参考答案】C

证据所反映的内容是客观存在的事实，这是证据真实性的要求。

4. 【参考答案】B

现场笔录是行政主体工作人员在执行职务过程中当场进行调查、处理、处罚制作的文字记载材料。税务机关在提取物证时，同时制作现场笔录等加以佐证。

5. 【参考答案】C

根据《最高人民法院关于行政诉讼证据若干问题的规定》可知，原始证据优于传来证据。

二、多选题

1. 【参考答案】AD

当事人陈述能直接说明案件事实，且是以人的陈述为表现形式，既属于直接证据，又属于言词证据。

2. 【参考答案】AB

根据《行政诉讼证据若干问题的规定》第五十七条规定，不能作为定案依据的证据材料包括：（一）严重违反法定程序收集的证据材料；（二）以偷拍、偷录、窃听等手段获取侵害他人合法权益的证据材料；（三）以利诱、欺诈、胁迫、暴力等不正当手段获取的证据材料；（四）当事人无正当事由超出举证期限提供的证据材料；（五）在中华人民共和国领域以外或者在中华人民共和国香港特别行政区、澳门特别行政区和台湾地区形成的未办理法定证明手续的证据材料；（六）当事人无正当理由拒不提供原件、原物，又无其他证据印证，且对方当事人不予认可的证据的复制件或者复制品；（七）被当事人或者他人进行技术处理而无法辨明真伪的证据材料；（八）不能正确表达意志的证人提供的证言；（九）不具备合法性和真实性的其他证据材料。因此选项 A、B 是不能作为认定事实依据的证据的。故正确答案是选项 A、B。

3. 【参考答案】ABC

解析略。

4. 【参考答案】ABC

询问必须由 2 名以上具有执法资格的税务干部实施。询问笔录制作要求包括：（1）写明基本情况。（2）告知权利义务。（3）询问正文部分采用问答形式记录。（4）记录询问内容要全面、详细、具体。不仅要记录其对违法事实承认的部分，也要记录其否认及辩解的部分。（5）询问双方确认。调查结束后，询问笔录应交询问对象签名确认，不能签名的，应当以盖章、捺手印等方式证明。询问笔录应用钢笔、黑色签字笔或毛笔书写，也可以电脑记录并打印，经询问对象核对无误后签字、盖章或捺手印确认。如有遗漏或者差错，应允许其补充或改正。询问人和记录人也应在询问笔录上签字。因此选项 D 的说法是错误的，故正确答案是选项 A、B、C。

5. 【参考答案】ABD

税务机关在依法进行税务调查或检查过程中，发现有下列情形之一的，可以决定采取证据先行登记保存：①被调查或检查单位或个人可能隐匿、转移、销毁、篡改或变卖证据的；②因受到自然条件或其他因素的限制，证据可能自然毁损或灭失的；③证据可能灭失或以后难以取得的其他情形。

第十九章　税务行政法律救济

【学习目的】

掌握行政复议制度、行政诉讼制度和国家赔偿制度等主要的税务行政法律救济制度。

第一节　行政法律救济概述

一、行政法律救济和税务行政法律救济

重点内容	具体认知
行政法律救济概念	国家行政机关或司法机关通过解决行政争议，制止和纠正违法或不当的行政行为，从而使行政相对人的合法权益获得补救的一种法律制度
行政法律救济目的	使公民的合法权益受侵犯时可通过法律途径补救，最终实现行政权力与公民权利的平衡
税务行政法律救济方式	税务行政复议、税务行政诉讼和国家赔偿等

二、行政复议制度和行政诉讼制度的共性和差异

重点内容	具体认知
共性	①两者立法目的相同 ②两者主要审查对象相同：行政行为 ③两者都可以对规章以下（不包括规章）的规范性文件提出附带审查申请 ④两者遵循的原则基本相同：合法、公开、平等、公正等
差异	①救济方式的法律属性不同：复议属于行政救济；诉讼属于司法救济 ②救济活动的审理机关不同：复议由行政机关审理；诉讼由人民法院审理 ③救济制度的具体规则和程序存在一定差异：复议实行一级复议、书面审查和听证方式审查相结合、行政首长负责制等；诉讼实行两审终审、开庭审理和合议制度等 ④救济程序的特征不同：复议属于“准司法”程序；诉讼属于司法程序
行政复议的三种情形	①行政复议前置：对特定具体行政行为不服，必须先申请复议，不服才能诉讼 ②选择行政复议或行政诉讼：某些具体行政行为可以自由选择 ③行政复议终局：对复议决定不服，不能再向人民法院提起诉讼

第二节　税务行政复议

一、税务行政复议概述

重点内容	具体认知
概念	公民、法人和其他组织认为税务机关的具体行政行为侵犯其合法权益，依法向税务行政复议机关提出审查该具体行政行为的申请，由复议机关对该具体行政行为的合法性和适当性进行审查并作出决定的活动
基本原则和制度	①复议期间具体行政行为不停止执行原则 ②禁止不利变更原则 ③一级复议制度 ④书面审查与听证方式审查相结合的审查制度

二、税务行政复议受案范围

（一）税务行政复议范围

重点内容	具体认知
税务行政复议范围	①征税行为：确认纳税主体、征税对象、征税范围、减税、免税、退税、抵扣税款、适用税率、计税依据、纳税环节、纳税期限、纳税地点和税款征收方式等具体行政行为，征收税款、加收滞纳金，扣缴义务人、受税务机关委托的单位和个人作出的代扣代缴、代收代缴、代征行为等 ②行政、行政审批行为 ③发票管理行为：发售、收缴、代开发票等 ④税收保全措施、强制执行措施 ⑤行政处罚行为：罚款、没收财物和违法所得以及停止出口退税权行为 ⑥不依法履行职责的行为：颁发税务登记，开具、出具完税凭证、外出经营活动税收管理证明，行政赔偿、行政奖励以及其他不依法履行职责的行为等 ⑦资格认定行为 ⑧不依法确认纳税担保行为 ⑨政府信息公开工作中的具体行政行为 ⑩纳税信用等级评定行为 ⑪通知出入境管理机关阻止出境行为 ⑫其他具体管理行为
税款先行	对第①项征税行为不服，必须先缴税及滞纳金或提供担保，才能申请复议；对其他行为不服，可直接申请复议
审查申请	认为具体行政行为依据下列规定不合法，可提出审查申请（不包括规章）： ①国家税务总局和国务院其他部门的规定 ②其他各级税务机关的规定 ③地方各级人民政府的规定 ④地方人民政府工作部门的规定

（二）社会保险费及非税收入行政争议范围

重点内容	具体认知
社会保险费争议复议范围	①认为经办机构未依法为其办理社会保险登记、变更或者注销手续的 ②认为经办机构未按规定审核社会保险缴费基数的 ③认为经办机构未按规定记录社会保险费缴费情况或拒绝其查询缴费记录的 ④认为经办机构违法收取费用或者违法要求履行义务的 ⑤对经办机构核定其社会保险待遇标准有异议的 ⑥认为经办机构不依法支付其社会保险待遇或对经办机构停止其享受社会保险待遇有异议的 ⑦认为经办机构未依法为其调整社会保险待遇的 ⑧认为经办机构示未依法为其办理社会保险关系转移或接续手续的 ⑨认为经办机构的其他具体行政行为侵犯其合法权益的
复查和复议	属于第②⑤⑥⑦项情形之一，可直接申请劳动保障部门直接申请复议，也可先向经办机构申请复查，对复查不服，再向劳保部门复议
审查申请	①认为经办机构依据的除法律、法规、规章和国务院文件以外的其他规范性文件不合法，可一并提出审查 ②对经办机构具体行政行为不服，可向直接管理机构的劳保部门申请复议
非税收入争议解决范围	按照《行政复议法》以及相关法律、行政法规办理

三、税务行政复议管辖

重点内容	具体认知
基本规定	①对各级税务局具体行政行为不服，向其上一级税务局申请 ②对计划单列市税务局的具体行政行为不服的，向国家税务总局申请 ③对税务所（分局）、各级税务局的稽查局具体行政行为不服，向其所属税务局申请 ④对国家税务总局的具体行政行为不服的，向国家税务总局申请 ⑤对复议决定不服，申请人可以向人民法院提起行政诉讼，也可以向国务院申请裁决，国务院的裁决为最终裁决
特殊规定	①对两个以上税务机关以共同名义作出具体行政行为不服，向共同上一级税务机关申请；对税务机关与其他行政机关以共同名义作出具体行政行为不服，向其共同上一级行政机关申请 ②对被撤销的税务机关在撤销以前所作出具体行政行为不服，向继续行使其职权的税务机关的上一级税务机关申请 ③对税务机关作出逾期不缴罚款加处罚款决定不服的，向作出行政处罚决定的税务机关申请，但是对处罚款和加处罚款都不服，一并向作出处罚决定的税务机关的上一级税务机关申请 ④申请人向具体行政行为发生地的县级地方人民政府提交申请，由接受申请的县级地方人民政府依照《行政复议法》的规定予以转送

【单选题】甲税务局下属的乙税务所被撤销，纳税人对乙税务所被撤销之前作出的征税行为不服，复议机关为（　　）。

A. 甲税务局

B. 甲税务局的上一级税务机关

C. 甲税务局和乙税务所的共同上级税务机关

D. 国家税务总局

【参考答案】B

根据《税务行政复议规则》第十九条规定可知，乙税务所被撤销后，其职权与职责一并归入甲税务局，因此，被申请人应为甲税务局，所以，需向甲税务局的上一级税务机关申请复议。

四、税务行政复议参加人

重点内容	具体认知
申请人	1. 定义：对税务机关作出的具体行政行为不服，依法以自己名义向复议机关提起申请的纳税人、扣缴义务人、纳税担保人等税务当事人及其他行政相对人 2. 条件 ①申请人是行政相对人或利害关系人 ②必须递交复议申请书或口头申请 3. 规则 ①合伙企业以核准登记的企业为申请人，执行合伙事伙合伙人为代表；其他合伙组织，由合伙人共同申请；不具备法人资格组织由主要负责人代表，没有主要负责人，由共同推选的其他成员为代表 ②股份制企业股东大会、股东代表大会、董事会认为侵犯合法权益，可以企业名义申请 ③有权申请的公民死亡，其近亲属申请；有权申请公民为无或限制行为能力人，其法定代理人申请 ④有权申请的法人或组织合并、分立或终止，承受权利义务的申请 ⑤非具体行政行为行政管理相对人，其权利直接被具体行政行为剥夺、限制或被赋予义务的公民、法人或组织，行政管理相对人不申请，公民、法人或组织等可单独申请
被申请人	1. 一般情况：作出具体行政行为的税务机关 2. 特殊情况： ①对扣缴义务人扣缴税款行为不服：主管税务机关 ②对代征行为不服：作出委托的税务机关 ③对税务机关与法律法规授权的组织以共同名义作出的具体行政行为不服：税务机关和该组织；与其他组织共同名义作出：税务机关 ④对依照法律、法规和规章经批准作出行为不服：批准机关 ⑤对经重大案审理作出决定不服：审理委员会所在税务机关 ⑥对税务机关设立派出机构、内设机构或其他组织未经授权而以自己名义作出行为不服：税务机关
第三人	①因与被申请复议的具体行政行为有利害关系而参加行政复议的申请人以外的公民、法人或其他组织 ②第三人可委托 1—2 名代理人参加复议

【单选题】根据行政复议相关规定，下列说法错误的是（ ）。

A. 行政复议期间，行政复议机关认为申请人以外的公民、法人或其他组织与被审查的具体行政行为有利害关系的，可以通知其作为第三人参加行政复议

B. 申请人、第三人可以委托 1—2 名代理人参加行政复议

C. 申请人、第三人委托代理人的，应当向行政复议机构提交授权委托书

D. 第三人不参加行政复议，影响行政复议案件的审理

【参考答案】D

根据《行政复议法实施条例》第九条规定，第三人不参加行政复议，不影响行政复议案件的审理。

五、税务行政复议申请

重点内容		具体认知
申请时限	一般规定	1. 可以在知道税务机关作出具体行政行为之日起 60 日内提出，因不可抗力或被申请人设置障碍等耽误法定期限，应当扣除被耽误时间 2. 申请期限按以下情况计算 ①当场作出：作出之日 ②法律文书直接送达：受送达人签收之日 ③法律文书邮寄送达：邮件签收单上的签收之日；无签收单接受送达人在送达回执上签名之日 ④公告形式：公告规定期限届满之日 ⑤事后补充告知：收到补充告知通知之日 ⑥能够证明申请人知道：证据材料证明其知道之日 **【提示】**税务机关作出具体行政行为，依法应向申请人送达法律文书而未送达，视为申请人不知道
	特殊规定	1. 对征税行为不服，必须先依法缴纳税款和滞纳金或提供担保，才可自税务机关确认之日起 60 日内提出申请 2. 申请税务机关履行法定职责，未履行，有期限自履行期限届满之日，无期限自收到申请满 60 日起计算
申请方式	书面申请	1. 当面递交、邮寄、传真、电子邮件，后两种方式复议机关应审核确认申请人身份、复议事项 2. 行政复议书载明事项共五种（基本情况、被申请人名称、主要事实和理由、申请人签名或盖章、申请日期）
	口头申请	复议机关依照申请书所需事项，当场制作申请笔录交由申请人确认

六、税务行政复议受理

重点内容	具体认知
审查时限	①5 日内审查。不符合规定不予受理，并书面告知 ②不属于本机关受理范围，应告知其向有关机关提出 ③收到复议申请未在 5 日内审查并作出决定，视为受理

续表

重点内容	具体认知
审查内容	①是否符合法定复议范围 ②是否在法定期限内提出申请 ③是否有明确的申请人和符合规定的被申请人 ④申请人是否具体主体资格 ⑤本机关是否有管辖权 ⑥是否已向其他法定复议机关或法院提出复议或诉讼且被受理 ⑦纳税发生争议是否按规定缴清税款、滞纳金或提供担保
其他问题	①材料不全或表述不清，可自收到之日起 5 日内书面通知补正，载明补正事项和补正期限；无正当理由逾期不补，视为放弃 ②补正时间不计入复议审理期限

七、税务行政复议审查与决定

（一）税务行政复议审查

重点内容	具体认知
审查准备	2 名以上人员参加；初次从事应取得法律职业资格 受理申请之日起 7 日内将申请书副本或笔录复印件发被申请人，被申请人收到后 10 日提出书面答复，提交证据等材料 被申请人不依规提出书面答复，拒不提供证据等，视为没有，撤销该行为 复议机构依法调查取证材料不作为支持被申请人证据 被申请人不得自行收集证据
审查形式	原则书面审查。特殊情形可采取调查了解方式、听证方式
审查内容	合法性（合法）和适当性（合理）
中止（暂停）	①公民死亡，其近亲属尚未确定是否参加复议 ②公民丧失能力，尚未确定法定代理人参加 ③法人或组织终止，尚未确定权利义务承受人 ④公民下落不明或被宣告失踪 ⑤申请人、被申请人因为不可抗力不能参加 ⑥行政复议机关因不可抗力暂不能履行工作职责 ⑦案件涉及法律适用问题需有权机关作出解释或确认 ⑧案件审理需要以其他案件审理结果为依据，其他案件未审结 ⑨其他需要中止的情形
终止（结束）	①要求撤回复议申请，准予撤回 ②公民死亡没有近亲属或近亲属放弃权利 ③法人或其他组织终止，权利义务承受人放弃权利 ④申请人与被申请人依照《税务行政复议规则》规定，经准许达成和解 ⑤受理后发现其他复议机关已先受理或人民法院已经受理 **【提示】**中止情形①②③项满 60 日原因未消除，由中止变成终止

续表

重点内容	具体认知
和解与调解	①特定行政争议下，复议决定作出之前可以达成和解，复议机关也可调解 ②事项：行使自由裁量权作出具体行政行为（行政处罚、核定税额、确定应税所得率等）；行政赔偿；行政奖励；存在其他合理性问题的具体行政行为 ③达成和解经准许后终止复议，申请人不得以同一事实和理由再次申请复议 ④调解书双方签字后具有法律效力，申请人不履行的，被申请人可自行强制执行，可申请法院强制执行

【单选题】税务行政复议案件的审查，原则上采取的方式是（　　）。

A. 书面审查方式　　B. 实地调查方式

C. 听证会　　D. 秘密审查方式

【参考答案】A

根据《行政复议法》第二十二条规定，原则上采用书面审查的方式。

（二）税务行政复议决定

重点内容	具体认知
时限	60 日内依法作出决定，复议机关负责人可批准延期，但不得超过 30 日 审查认为执法依据不合法，有权 30 日内处理，无权 7 日内转送有权机关处理
分类	1. 维持原具体行政行为：事实清楚，证据确凿，依据正确，程序合法，内容适当 2. 责令限期履行法定职责：不履行法定职责损害相对人利益 3. 撤销、变更具体行政行为 ①主要事实不清、证据不足；依据错误；违反法定程序；超越或滥用职权；具体行政行为明显不当 ②撤销时有赔偿请求，应当一并依法处理 4. 驳回申请 ①申请人认为税务机关不履行法定职责，受理后发现没有法定职责或已履行 ②受理后发现不符合《行政复议法》及其实施条例和税务行政复议规则规定

第三节　税务行政诉讼

一、税务行政诉讼概述

重点内容	具体认知
概念	公民、法人或其他组织认为税务机关和税务机关工作人员的行政行为侵犯其合法权益，依法向人民法院提起诉讼，由法院依法受理并作出裁决的活动
基本原则和制度	①合法性审查 ②被告负举证责任 ③诉讼期间一般不停止行政行为的执行 ④行政诉讼一般不适用调节

二、税务行政诉讼受案范围

重点内容	具体认知
与税收关联性较强的范围	①对暂扣或吊销许可证和执照、责令停产停业、没收违法所得、没收非法财物、罚款、警告等行政处罚不服 ②对限制人身自由或对财产查封、扣押、冻结等行政强制措施和强制执行不服 ③申请许可被拒绝或在法定期内不予答复或对有关许可的其他决定不服 ④对征收、征用决定及其补偿决定不服 ⑤申请行政机关履行保护合法权益的法定职责，拒绝履行或不予答复 ⑥认为行政机关违法集资、摊派费用或违法要求履行其他义务 ⑦认为行政机关侵犯其人身权、财产权等合法权益 **【提示】**认为行政行为所依据的规范性文件不合法，可在诉讼时一并进行审查，法院发现不合法，不作为认定行政行为的依据，并向制定机关提出处理建议
不属于的受案范围	税务机关内部行政行为、终局行政裁决行为等

三、税务行政诉讼管辖

重点内容	具体认知
级别管辖	1. 基层人民法院：一般案件 2. 中级人民法院：对国务院部门或县级以上地方人民政府行政行为提起诉讼的案件；海关处理案件；本辖区内重大复杂的案件；其他法律规定管辖的案件 3. 高级人民法院：本辖区内重大复杂的第一审行政案件 4. 最高人民法院：全国范围内重大复杂的第一审行政案件 5. 巡回法庭审理：应当由最高人民法院受理的全国范围内重大、复杂的第一审行政案件
地域管辖	1. 一般情况：最初作出行政行为的行政机关所在地人民法院管辖 2. 特殊情况： ①经复议的案件可由原行为机关所在地法院管辖，也可由复议机关所在地管辖 ②对限制人身自由的强制措施不服提起诉讼，由被告或原告所在地法院管辖，其中原告所在地包括原告户籍所在地、经常居住和被限制人身自由地 ③因不动产提起诉讼，由不动产所在地人民法院管辖 ④两个以上法院都有权管辖，原告可选择其一；原告向两个以上有权法院提起，由最先立案的法院管辖
裁定管辖	移送管辖、指定管辖和管辖权的转移

【判断题】行政案件由最初作出行政行为所在地人民法院管辖，经复议的案件，也可以由复议机关所在地人民法院管辖。（　　）

【参考答案】√

根据《行政诉讼法》第十八条规定，行政案件由最初作出行政行为所在地人民法院管辖，经复议的案件，也可以由复议机关所在地人民法院管辖。

四、税务行政诉讼参加人

重点内容	具体认知
原告	①行政行为相对人以及其他与行政行为有利害关系的公民、法人或其他组织，有权作为原告提起诉讼 ②公民死亡，其近亲属可作为原告 ③法人或其他组织终止，承受其权利义务的可作为原告
被告	①经复议的案件维持原行为，作出原行为的机关和复议机关是共同被告 ②经复议的案件改变原行为，复议机关是被告 ③两个以上机关共同作出同一行政行为，作出行为的所有机关为共同被告 ④行政机关委托组织作出的行为，委托行政机关是被告 ⑤行政机关撤销或变更，继续行使其职权的机关是被告
第三人	同被诉行政行为或案件处理结果有利害关系，可作为第三人申请或由法院通知参加诉讼。法院判决第三人承担义务或减损第三人权益，有权上诉
诉讼代表人	一方或双方为两人以上因同一或同类行为发生诉讼，法院认为可以合并审理并经当事人同意，为共同诉讼，可由当事人推选代表人进行诉讼
诉讼代理人	不是案件当事人，仅是代理当事人参加

【判断题】经复议的案件，复议机关决定维持原行政行为的，作出原行政行为的行政机关是被告；复议机关改变原行政行为的，复议机关是被告。 （ ）

【参考答案】×

根据《行政诉讼法》第二十六条规定，经复议的案件维持原行为，作出原行为的机关和复议机关是共同被告，经复议的案件改变原行为，复议机关是被告。

五、税务行政诉讼证据

重点内容	具体认知
被告举证责任	1. 税务机关对作出的行政行为负有举证责任，应提供证据和依据的规范性文件 2. 不提供或无正当理由逾期提供，视为没有证据，涉及第三人提供的除外 3. 不得自行向原告、第三人和证人收集证据 4. 因不可抗力经法院准许可以延期提供证据 5. 原告提出原处理程序中没有提出的理由或证据，经准许被告可补充
原告举证责任	1. 一般情况：原告举证是权利，不是责任。其提供证据不成立，不免除被告举证责任 2. 特殊情况下承担举证责任： （1）起诉被告不履行法定职责案件（除外事项：被告应依职权主动履行；原告因正当理由不能提供） （2）行政赔偿、补偿案件中原告对造成损害提供证据 **【提示】**因被告原因导致原告无法举证，由被告承担举证责任

续表

重点内容	具体认知
人民法院调取证据	1. 由国家机关保存而须由人民法院调取 2. 涉及国家秘密、商业秘密和个人隐私 3. 确因客观原因不能自行收集
证据的出示、质证和采纳	1. 证据应在法庭上出示，当事人相互质证 2. 涉及国家秘密、商业秘密和个人隐私，不得公开出示 3. 对未采纳证据应在裁判文书中说明理由，以非法手段取得不得作为认定根据

六、税务行政诉讼起诉与立案

重点内容	具体认知
起诉条件	当事人起诉必须符合下列条件： ①原告必须是符合税务行政诉讼中关于原告规定的公民、法人或其他组织 ②有明确的被告 ③有具体的诉讼请求和事实根据 ④属于人民法院受案范围和受诉人民法院管辖
起诉要求	原告提起诉讼应遵循以下要求： ①依法定程序起诉 ②在法定期限内起诉 ③应向法院递交起诉状，并按照被告人数提出副本。书写有困难可口头起诉
起诉期限	①一般为 6 个月，自知道或应当知道作出行政行为之日起计算 ②经复议而不服复议决定，为收到复议决定书之日起 15 日 ③复议机关逾期不作决定，起诉原行政行为按一般起诉期限执行，起诉复议机关不作为，为复议期满之日起 15 日 ④行政机关未告知起诉期限，自原告知道或应知道起诉期限之日起计算，最长不超过 1 年；原告不知道具体行政内容，起诉期限自知道或应知道行政行为内容之日起计算，最长不得超过最长诉讼时效（不动产 20 年，其他案件 5 年） ⑤不可抗力或其他不属于自身原因耽误的，被耽误时间不计算在起诉期限内
立案	①起诉后符合条件当时立案。不能当场判定，7 日内决定是否立案。不符合条件不立案 ②不得未经指导和释明以起诉不符合条件为由不接收起诉状 ③法院既不立案又不作出不予立案裁定的，可向上一级法院起诉，上一级法院认为符合条件，应当立案、审理，也可指定其他下一级法院立案、审理

七、税务行政诉讼的程序

（一）第一审程序

重点内容	具体认知
普通程序	1. 第一审实行普通程序，审理期限一般 6 个月，一律公开宣告判决 2. 行政诉讼判决方式： ①判决驳回原告诉讼请求 ②判决撤销或部分撤销行政行为 ③判决限期履行法定职责或履行给付义务 ④判决变更原行政行为 ⑤判决确认原行政行为无效 ⑥判决责令被告继续履行、采取补救措施或承担赔偿责任 ⑦判决确认原行政行为违法但不撤销原行政行为 3. 适用于程序性事项的法院裁定： ①不予受理；②对管辖权有异议；③驳回起诉；④保全和先予执行；⑤准许或不准撤诉；⑥中止或终止诉讼；⑦补正判决书中的笔误；⑧中止或终结执行；⑨撤销或不予执行仲裁裁决；⑩不予执行公证机关赋予强制执行效力的债权文书；⑪其他需要裁定解决的事项 4. 简单程序问题一般口头裁定；重要诉讼应当采用书面裁定形式
简易程序	①被诉行政行为依法当场作出 ②案件涉及款额 2 000 元以下 ③属于政府信息公开案件 ④当事人各方同意适用也可用简易程序 **【提示 1】** 审判员一人独任审理，立案之日起 45 日内审结。法院发现不宜适用简易的，裁定转为普通 **【提示 2】** 发回重审、按照审判监督程序再审不适用简易程序

（二）第二审程序

重点内容	具体认知
上诉审判程序	税务行政诉讼当事人对第一审法院尚未生效的判决或裁定不服，在法定期限内向上一级法院提起上诉，上一级法院依法进行审理并作出裁判的程序，又称上诉审判程序
上诉权、上诉期限和审理期限	①不服第一审判决，判决书送达之日起 15 日内上诉 ②不服第一审裁定，裁定书送达之日起 10 日内上诉 ③逾期不上诉，第一审判决或裁定发生效力，上诉案件应在收到上诉状之日起 3 个月内作出终审裁判
审理方式与判决	1. 一般应组成合议庭开庭审理；如没有新事实、新证据或新理由，可开庭也可不开庭审理 2. 分情况作出以下裁判： ①原判决、裁定事实清楚，法条正确，驳回上诉，维持原判 ②原判决、裁定事实错误或法条错误，改判、撤销或变更 ③原判决基本事实不清，证据不足，发回重审或查清改判 ④原判决遗漏当事人或严重违反法定程序，撤销原判，发回重审

（三）审判监督程序和税务行政诉讼执行程序

重点内容	具体认知
审判监督程序（再审程序）	对判决、裁定或调解协议已经发生效力的案件提起再行审理以及人民法院依法对此类案件进行再审理的程序
税务行政诉讼执行程序	行政案件当事人逾期拒不履行法院发生法律效力的法律文书，法院和有关行政机关运用国家强制力量，依法采取强制措施，促使当事人履行义务，从而使生效的法律文书内容得以实现的一种法律制度

八、税务行政诉讼应诉的若干问题

重点内容	具体认知
诉前准备	1. 成立应诉工作领导小组（以下称领导小组），法制机构收到应诉通知书和起诉状副本之日起2日内组建应诉工作小组（以下称工作小组） 涉及下列重大事项，应集体研究由工作领导小组确定： ①涉及重大公共利益；②社会关注度高；③可能引发群体性事件；④其他重大事项 2. 向应诉工作小组提交全部证据和依据：收到起诉状副本5日内提交 3. 审查起诉状：不符合规定可提出管辖异议，在收到应诉通知书和起诉状副本之日起10日内以书面形式提出 4. 对行政行为进行审查：有无违反法定程序；适用法律法规是否正确，引用条款是否准确；事实认定是否正确，是否有充分证据支持；自由裁量行为是否合理；处罚决定是否适当等 5. 及时提交答辩状、证据和有关材料：收到应诉通知书和起诉状副本之日起15日内 6. 召开庭前准备会议
出庭应诉	1. 确定出庭应诉人员：负责人和委托代理人。主要负责人不能出庭，由分管被诉行政行为承办机构的负责人出庭；该负责人也不能出庭，由主要负责人指定其他负责人出庭。都不能出庭，委托本机关相应工作人员出庭 2. 依法行使权利： ①因特殊情况不能按时出庭可向法院申请延期开庭；收到法院传票时距离开庭不足3日，可申请法院变更开庭时间 ②税务机关认为审判人员、书记员、翻译人员、鉴定人、勘验人与本案有利害关系或其他关系，可能影响公正审判，应在开庭前申请回避，开庭后知道，也可在法庭辩论终结前提出。可口头，也可书面 ③诉讼期间认为需要停止执行行政行为，应向法院说明，由其裁定停止执行；对回避决定、停止执行裁定以及先予执行的裁定不服，可向作出决定或裁定的法院申请复议一次 3. 协助法院调查：对证据三个特性进行质证，发生结论性意见 积极进行法庭辩论：是否认可法院总结、归纳的争议焦点问题；围绕案件事实、证据效力、适用依据和程序规范等争议焦点问题，阐明作出行政行为的合法性与合理性；反驳对方当事人关于争议焦点问题的意见 4. 做好最后陈述：表明是否接受调解，请求依法裁判 5. 审核庭审笔录：有异议提出并在法庭许可后更正
上诉与申诉	决定上诉应在收到判决书之日起15日内或收到裁定书之日起10日内

续表

重点内容	具体认知
充分行使诉讼权利并履行诉讼义务	1. 诉讼权利：申请审判人员回避；应诉答辩；提出和撤回上诉；委托代理人；申请延期；申请不公开审理 2. 诉讼义务：接受法院合法传唤及时应诉；收到起诉状副本后及时提交证据和依据，提出答辩状；在诉讼过程中不得自行向原告、第三人和证人收集证据等
履行法院生效判决或裁定	①不得拒绝或拖延履行 ②不得以同一事实和理由作出与原行政行为基本相同的行政行为 ③对司法建议或检察建议，认真研究作出书面回复，确有问题加以整改

第四节　税务行政赔偿

一、税务行政赔偿概述

重点内容	具体认知
概念和特点	税务机关及其工作人员以及受税务机关委托的组织和个人因违法行使职权侵犯公民、法人或其他组织的合法权益造成损害，由税务机关作为赔偿义务机关依法给予赔偿的制度 ①国家承担赔偿责任 ②赔偿义务机关是税务机关 ③赔偿范围法定，赔偿方式和标准既定：必须是法律明确规定侵权行为；方式主要是支付赔偿金 ④提出赔偿请求程序灵活多样
与近似概念的区别	1. 与民事赔偿的区别 ①产生原因不同：民事侵权与行政侵权区分 ②承担责任的主体不同：行政赔偿由国家承担，民事赔偿由民事主体承担 ③赔偿原则不同：行政赔偿是违法归责原则，民事赔偿是过错承担原则 ④赔偿方式不同：行政赔偿是支付赔偿金、予以返还财产或恢复原状；民事赔偿方式有停止侵害、返还原物、恢复原状、赔偿损失、支付违约金、修理、重做、更换等 2. 与行政补偿的区别：赔偿由违法行为引起，是一种法律责任；补偿由合法行为引起，不具有责难性

二、税务行政赔偿的归责原则和构成要件

重点内容	具体认知
归责原则	是否存在职务违法行为来归责。税务机关及其工作人员违法行使职权造成公民、法人和其他组织合法权益损害的，应当承担赔偿责任。主要包括： ①违法指职务行为违反法律规定；②包括违反实体法和程序法规范；③包括行政职权的行使明显不当或裁量权的滥用

续表

重点内容	具体认知
要件	1. 侵权主体是行使国家税收征管职权的组织或个人 2. 侵权主体实施的职务行为违法：实施的是职务行为；职务行为具有违法性 3. 发生了客观的损害后果 4. 违法行为与损害后果之间具有因果关系

三、税务行政赔偿的范围

重点内容	具体认知
定义	国家承担税务行政赔偿责任的领域。是税务行政赔偿制度的核心问题
侵犯人身权的职务行为	①非法拘禁或以其他方法非法剥夺公民人身自由 ②以殴打、虐待等行为或唆使、放纵他人以殴打、虐待等行为造成公民身体伤害或死亡 ③以其他违法行为造成公民身体伤害或死亡的
侵犯财产权的职务行为	①违法征收税款及滞纳金、违法征收基金和收取费用 ②违法实施罚款、吊销行政许可证件、没收财物、暂时停止办理出口退税等行政处罚 ③违法对财产采取查封、扣押、冻结等行政强制措施，违法对财产进行变卖、拍卖、划拨等行政强制执行 ④造成财产损害的其他违法行为
税务机关不承担赔偿责任的情形	①税务机关工作人员与行政管理职权无关的个人行为 ②因公民、法人或其他组织自己的行为致使损害发生 ③法律规定的其他情形

四、税务行政赔偿的请求人和赔偿义务机关

重点内容	具体认知
请求人	合法权益受到损害的公民、法人和其他组织（其近亲属或权利承受等内容同行政复议和行政诉讼规定）
赔偿义务机关	“谁损害，谁赔偿”规则 1. 税务机关是赔偿义务机关： ①由一个税务机关及人员行使职权侵犯当事人合法权益造成损害 ②受税务机关委托的组织或个人行使职权侵犯当事人合法权益造成损害 ③行政复议维持原具体行政行为 2. 共同行使职权的税务机关：两个以上税务机关及人员侵犯造成损害 3. 法律、法规授权的组织 4. 继续行使职权的税务机关：原税务机关被撤销或变更职权 5. 复议机关：行政复议决定加重损害，对加重部分履行赔偿义务

【判断题】受害的法人或其他组织终止的，其权利承受人有权要求赔偿。（　　）

【参考答案】√

根据《国家赔偿法》规定，受害的法人或其他组织终止的，其权利承受人有权要求赔偿。

五、税务行政赔偿的程序与赔偿请求时效

重点内容	具体认知
行政赔偿程序	1. 提出税务行政赔偿请求： ①一般先向税务机关单独提出，也可在申请复议或提出诉讼时一并提出 ②涉及共同赔偿可向任何一个机关要求赔偿 2. 税务行政赔偿义务机关对赔偿请求的审查处理： ①申请书可委托代书，可口头申请 ②自收到请求之日起 2 个月内作出是否赔偿决定；决定赔偿，制作决定书，并自作出决定之日起 10 日内送达；不予赔偿，应自作出决定之日起 10 日内书面通知，说明理由 3. 税务行政赔偿复议和诉讼： ①赔偿机关在规定期限内未作出决定，请求人可自期限届满之日起 3 个月内提起诉讼 ②请求人被赔偿方式、项目、数额有异议或赔偿机关作出不予赔偿决定，可以自赔偿机关作出赔偿或不予赔偿决定之日起 3 个月内，提起诉讼
赔偿请求时效	①时效为两年，自知道或应知道合法权益被侵犯之日起计算，被羁押等限制人身自由期间不计算在内 ②复议或诉讼时一并提出赔偿，适用《行政复议法》《行政诉讼法》有关时效规定 ③在赔偿请求时效的最后 6 个月内，因不可抗力或其他障碍，时效中止，原因消除之日起，继续计算

六、税务行政赔偿的方式和赔偿计算标准

重点内容	具体认知
方式	①支付赔偿金（主要方式）：货币形式，适用范围广，便于操作 ②予以返还财产或恢复原状：如果原物已经损毁或灭失或不能恢复原状，只能支付赔偿金 ③精神损害赔偿：消除影响、恢复名誉、赔礼道歉，情节严重需支付抚慰金
标准	①侵犯公民人身自由，每日赔偿金按国家上年度职工日平均工资计算 ②侵犯公民生命健康权，赔偿金包含医疗费、护理费、误工费、残疾生活辅助具费、康复费、残疾赔偿金、死亡赔偿金、丧葬费等项目，各有不同计算标准 ③侵犯财产权一般按照直接损失计算

七、税务行政追偿

重点内容	具体认知
定义	国家在支付赔偿费用后责令有故意或重大过失的工作人员、受托的组织或个人承担部分或全部赔偿费用的制度
前提条件	税务机关已经承担赔偿责任是追偿的前提

续表

重点内容	具体认知
适用范围	税务机关工作人员有故意或重大过失的情形
程序	①查明被追偿人的过错 ②提出追偿金额方案 ③作出追偿决定 ④执行追偿决定

【判断题】赔偿义务机关赔偿损失后，应当责令有故意或者重大过失的工作人员或者受委托的组织或个人承担部分或全部赔偿费用。（　　）

【参考答案】√

根据《国家赔偿法》第十六条第一款规定，赔偿义务机关赔偿损失后，应当责令有故意或者重大过失的工作人员或者受委托的组织或个人承担部分或全部赔偿费用。

本章习题

一、单选题

1. 某县税务局对某公司未按规定进行纳税申报行为罚款2 000，该公司不服欲提出税务行政复议，申请期限是（　　）。

A. 自接到行政处罚决定书之日起30日内

B. 自接到行政处罚决定书之日起60日内

C. 自接到行政处罚决定书之日起1年内

D. 自接到行政处罚决定书之日起2年内

2. 对税务机关与其他行政机关共同作出的具体行政行为不服的，复议机关是（　　）。

A. 上一级税务机关　　B. 共同上一级行政机关

C. 国家税务总局　　D. 人民法院

3. 税务行政复议中不可以进行调解的是（　　）。

A. 核定税额　　B. 行政处罚

C. 确定纳税主体　　D. 确定应税所得率

4. 公民、法人或者其他组织认为下列行为侵犯其合法权益，可以向人民法院提起行政诉讼的是（　　）。

A. 行政行为　　B. 不具强制力的行政指导行为

C. 行政处分行为　　D. 民事侵权行为

5. 在税务行政诉讼中，审判人员不必回避的情形是（　　）。

A. 审判人员甲是原告的叔叔

B. 审判人员甲是此案的证人

C. 审判人员甲是被告殴打的被害人乙的朋友

D. 审判人员曾在另一起行政诉讼中驳回了同一原告的起诉

二、多选题

1. 税务行政复议期间，适用中止的情形包括（　　）。

A. 案件审理需要以其他案件的审理结果为依据，而其他案件尚未审结的

B. 作为申请人的法人或其他组织终止，其权利义务的承受人放弃行政复议权利的

C. 申请人与被申请人达成和解且经行政复议机构准许的

D. 行政复议机关因不可抗力原因暂时不能履行工作职责的

2. 下列不属于人民法院行政诉讼受案范围的包括（　　）。

A. 税务干部因赌博被税务机关作出撤销其行政职务的决定，税务干部对此有异议

B. 税务机关对未按规定期限进行申报纳税的企业处以罚款，企业对此有争议

C. 税务机关发布税务规范性文件

D. 因国务院作出的税务复议裁决行为引起的争议

3. 下列属于税务行政赔偿范围的有（　　）。

A. 县税务局违规要求企业提前缴纳税款

B. 县税务局对企业未按规定期限办理纳税申报，处以 2 万元罚款

C. 县税务局未及时解除税收保全措施

D. 某税务干部向纳税人私自借款 5 万元，到期不还

4. 税务行政赔偿的方式，主要包括（　　）。

A. 返还财产　　B. 恢复原状　　C. 支付赔偿金　　D. 支付违约金

三、判断题

1. 税务行政复议应当对被申请人作出的具体行政行为合法性与合理性进行审查。（　　）

2. 人民法院审查税务案件，以法律、法规和规章为依据。（　　）

参考答案与解析

一、单选题

1. 【参考答案】B

根据《行政复议法》规定，公民、法人或其他组织认为具体行政行为侵犯其合法权益的，可以自知道该具体行政行为之日起 60 日内提出行政复议申请；但是法律规定的申请期限超过 60 日的除外。

2. 【参考答案】B

根据《税务行政复议规则》规定，对税务机关与其他行政机关以共同的名义作出的具体行政行为不服的，向其共同上一级行政机关申请行政复议。

3. 【参考答案】C

根据《税务行政复议规则》规定，确定纳税主体是征税行为，不能调解或者和解。

4. 【参考答案】A

根据《行政诉讼法》规定，选项 A 符合题意。

5. 【参考答案】D

根据《行政诉讼法》规定，当事人认为审判人员与本案有利害关系或有其他关系可能影响公正审判，有权申请审判人员回避。审判人员认为自己与本案有利害关系或有其他关系，应当申请回避。重点是把握与案件的利害关系。

二、多选题

1. 【参考答案】AD

根据《税务行政复议规则》规定，行政复议期间，行政复议机关因不可抗力原因暂时不能履行工作职责的；案件审理需要以其他案件的审理结果为依据，而其他案件尚未审结的，行政复议中止。

2. 【参考答案】ACD

选项 A 是内部行政行为，不能提起行政诉讼；选项 C 是抽象行政行为，行政诉讼一般是具体行政行为；选项 D 是终局裁决行为，不能提起行政诉讼。

3. 【参考答案】ABC

根据《国家赔偿法》规定，行政机关工作人员与行政职权无关的个人行为，国家不承担赔偿责任。

4. 【参考答案】ABC

根据《国家赔偿法》规定可知，赔偿方式包括支付赔偿金、返还财产、恢复原状等。

三、判断题

1. 【参考答案】√

行政复议机关不仅要审查被申请人作出的具体行政行为的合法性，还要审查其合理性。

2. 【参考答案】×

根据《行政诉讼法》规定可知，人民法院审理行政案件，参照规章，不以规章为依据。

第二十章　税收的刑法保障

【学习目的】

本章学习需要掌握一定的刑法的基础概念，主要包括刑法的基本原则、犯罪的构成和刑罚的种类。对于危害税收征管罪所涉及的具体罪名可以从犯罪的主体、客体、主观和客观四个方面分别掌握其犯罪构成要件并掌握基本的量刑规则。尤其对涉及发票的犯罪可以对比记忆不同的犯罪构成。考生还需要了解税务机关移送涉嫌危害税收征管犯罪案件的基本规范。

第一节　相关刑法知识概述

一、刑法及其基本原则

概念	刑法是规定犯罪及其法律后果的法律规范的总称 刑法有狭义和广义之分
基本原则	1. 罪刑法定原则：法律明文规定为犯罪行为的，依照法律定罪处刑；法律没有明文规定为犯罪行为的，不得定罪处刑 2. 平等适用刑法原则："对任何人犯罪，在适用法律上一律平等"（平等保护；定罪平等；量刑平等；行刑平等） 3. 罪责刑相当原则："刑罚的轻重，应当与犯罪分子所犯罪行和承担的刑事责任相适应" （1）制定刑罚时，应侧重考虑犯罪性质，制定协调合理的刑罚体系 （2）量刑时，主观方面应侧重考虑社会危害性，做到重罪重判，轻罪轻判 （3）量刑时，客观方面应侧重考虑人身危险性，合理运用减刑、假释等 **【提示】**客观上刑罚应当与社会危害性相适应，社会危害性越大，刑罚越重，主观上刑罚应当与人身危险性相适应，人身危险性越大的罪行，刑罚也应越重

【单选题】《刑法》规定："法律明文规定为犯罪行为的，依照法律定罪处刑；法律没有明文规定为犯罪行为的，不得定罪处刑。"该表述体现的刑法基本原则是（　　）。

A. 平等适用刑法原则　　B. 罪责刑相当原则

C. 罪刑法定原则　　D. 过罚相当原则

【参考答案】C

本题考查罪刑法定原则。《刑法》第三到第五条分别规定了罪刑法定原则、平等适用刑法原则、罪责刑相适应

二、犯罪和犯罪构成

犯罪的特征		1. 严重的社会危害性，这是犯罪的本质特征；情节显著轻微危害不大的，不认为是犯罪 2. 刑事违法性 3. 应受刑罚处罚性
犯罪构成	犯罪主体	实施犯罪行为，且依法应当承担刑事责任的人包括自然人和单位两类 自然人构成犯罪的前提是必须达到刑事责任年龄，具有刑事责任能力 单位犯罪，只有刑法明文规定为单位犯罪的才追究单位的刑事责任
	犯罪客体	（1）犯罪客体：是指刑法所保护的被犯罪活动侵犯的社会关系 （2）危害税收征管罪的客体是为刑法所保护的税收征管制度以及国家税收利益 **【提示】**抗税罪不仅侵犯了税收征管制度，同时还侵犯了税务工作人员的人身权
	犯罪主观方面	犯罪主体对自己所实施的犯罪行为及其危害结果所持的心理态度。犯罪主观方面包括故意或过失两种状态。故意就是明知危害而希望或者放任结果发生；过失是应当预见结果而没有预见（疏忽大意）或者已经预见但轻信可以避免（过于自信）
	犯罪客观方面	（1）犯罪客观方面：是指刑法所规定的构成犯罪在客观上需要具备的诸多要件的总称 （2）主要包括危害行为、危害结果、危害行为与危害结果之间的因果关系以及犯罪的时间、地点和方法等因素

【单选题】下列涉税犯罪中，不能由单位构成犯罪主体的是（　　）。(2015 年真题)

A. 虚开增值税专用发票罪　　B. 逃税罪

C. 骗取出口退税罪　　D. 抗税罪

【参考答案】D

抗税罪的主体为特殊主体，因为抗税罪的犯罪特征之一就是行为人以暴力、威胁方法拒不缴纳税款。暴力、威胁的行为只能由自然人实施，故抗税罪的犯罪主体必须是自然人，单位不构成抗税罪主体。选项 D 符合。选项 ABC 规定的罪名，单位和个人可以构成犯罪主体。

三、刑罚的种类

	种类	适用
主刑	管制、拘役、有期徒刑、无期徒刑、死刑	（1）只能独立适用，不能附加适用 （2）一个犯罪只能适用一个主刑，不能同时适用两个或两个以上的主刑
附加刑	罚金、剥夺政治权利、没收财产、驱逐出境	（1）附加刑既可以独立适用，也可以附加适用 （2）对一个犯罪可以适用两个以上的附加刑

【单选题】根据刑事法律制度的规定，下列有关刑罚的说法中，正确的有（　　）。

A. 刑罚有主刑与附加刑之分，管制、拘役属于附加刑

B. 对一个犯罪不能同时适用两个或者两个以上的主刑

C. 主刑可以独立适用，也可以附加适用

D. 附加刑不能独立适用，只能附加适用

【参考答案】B

附加刑包括罚金、剥夺政治权利、没收财产。对犯罪外国人还可以适用驱逐出境；主刑包括管制、拘役、有期徒刑、无期徒刑和死刑，选项A不正确。

主刑只能独立适用，不能附加适用，对一个犯罪行为只能适用一个主刑。附加刑可以独立适用也可以附加适用，因此选项B正确，CD错误。

第二节　危害税收征管罪

一、危害税收征管罪概述

概述		具体内容
危害税收征管罪的概念		指危害国家税收征管秩序和国家税收利益，依据刑法，应受刑事处罚的犯罪的总称
特点		1. 犯罪主体：大多可以是单位犯罪，只有抗税罪以自然人为主体 2. 犯罪主观方面：均为故意犯罪，且大多是直接故意 3. 刑法对危害税收征管犯罪普遍规定了罚金刑或者没收财产刑 4. 刑法对危害税收征管犯罪规定了税务机关追缴税款优先的原则
具体罪名	税款有关罪名	（1）逃税罪 （2）抗税罪 （3）逃避追缴欠税罪 （4）骗取出口退税罪
	“增值税专用发票”有关罪名	（1）虚开增值税专用发票罪 （2）伪造、出售伪造的增值税专用发票罪 （3）非法出售增值税专用发票罪 （4）非法购买增值税专用发票、购买伪造的增值税专用发票罪
	“出口退税、抵扣税款发票”有关罪名	（1）虚开用于骗取出口退税、抵扣税款发票罪 （2）伪造、擅自制造或者出售伪造、擅自制造的可以用于骗取出口退税、抵扣税款发票罪 （3）非法出售可以用于骗取出口退税、抵扣税款发票罪
	“普通发票”有关罪名	（1）非法制造、出售非法制造的发票罪 （2）非法出售发票罪 （3）虚开发票罪 （4）持有伪造的发票罪

【单选题】危害税收征管罪是刑法规定的破坏国家税收征管制度的一类犯罪。下列罪名中，不属于危害税收征管罪的是（　　）。

A. 持有伪造的发票罪　　B. 非法出售发票罪

C. 徇私舞弊不征、少征税款罪　　D. 虚开发票罪

【参考答案】C

徇私舞弊不征、少征税款罪是税务人员职务犯罪。

【单选题】下列关于危害税收征管罪的说法正确的是（　　）。

A. 犯罪主体只能是自然人

B. 犯罪主观方面可以是过失

C. 逃税罪属于此类犯罪

D. 只要是逃税、抗税和骗税就可以构成犯罪

【参考答案】C

本题考查危害税收征管罪的构成要件。危害税收征管罪犯罪主体包括单位，因此选项 A 错误。危害税收征管罪犯罪主观方面是由故意构成，过失不构成危害税收征管罪，所以选项 B 错误。对于逃税以及骗税不仅要求有相应的行为，而且逃脱、骗税的数额还应达到规定，否则不构成犯罪。所以选项 D 错误。

二、逃税罪

犯罪主体	既可以是自然人，也可以是单位；包括纳税人和扣缴义务人 税务机关委托的代征人，不能成为本罪主体 税务机关的工作人员，如果与逃税人相互勾结，故意不履行其依法征税的职责，不征或少征应征税款的，应该将其作为逃税罪的共犯来论处
犯罪客体	（1）侵害了纳税申报制度或扣缴税款报告制度 （2）侵害了国家的税收债权
主观方面	故意
客观方面	以欺骗、隐瞒方式进行虚假的纳税申报或不申报，逃避缴纳、解缴税款 一是纳税人、扣缴义务人的行为具有欺骗、隐瞒特征 二是欺骗、隐瞒行为反映于纳税申报、扣缴税款报告中，表现为虚假的纳税申报、扣缴税款报告，或者不申报 三是造成了不缴少缴税款的实际后果，损害了国家税收债权
定罪要求	（1）纳税人采取欺骗、隐瞒手段进行虚假纳税申报或者不申报，逃避缴纳税款数额较大并且占应纳税额 10% 以上的 （2）5 年内因逃避缴纳税款受过刑事处罚或者被税务机关给予 2 次以上行政处罚 （3）有逃避缴纳税款行为的纳税人经税务机关依法下达追缴通知后，补缴应纳税款，缴纳滞纳金，已受行政处罚的，不予追究刑事责任；但纳税人在公安机关立案后再补缴应纳税款、缴纳滞纳金或者接受行政处罚的，不影响刑事责任的追究

续表

刑事责任	（1）纳税人逃避缴纳税款数额较大并且占应纳税额10%以上的，处3年以下有期徒刑或者拘役，并处罚金 （2）数额巨大并且占应纳税额30%以上的，处3年以上7年以下有期徒刑，并处罚金
不予追究刑事责任的情形	纳税人逃税达到了刑事责任起点标准，经税务机关依法下达追缴通知后，补缴应纳税款，缴纳滞纳金，已受行政处罚的，不予追究刑事责任 但是，5年内因逃避缴纳税款受过刑事处罚或者被税务机关给予2次以上行政处罚的除外

【单选题】王某5年内因逃税被税务机关给予2次行政处罚后，又采取欺骗手段进行虚假纳税申报逃税3万元，占各税种应纳税总额20%，下列有关是否追究王某刑事责任的做法中，正确的是（　　）。

A. 按逃税罪追究王某刑事责任

B. 对王某不予追究刑事责任

C. 按诈骗罪追究王某刑事责任

D. 按逃避追缴欠税罪追究王某刑事责任

【参考答案】B

纳税人5年内因逃避缴纳税款受过刑事处罚或者被税务机关给予2次以上行政处罚，又逃避缴纳税款，数额在5万元以上并且占各税种应纳税总额10%以上的，应予立案追诉。本题中，逃税数额3万元未达到5万元，属于一般逃税行为，不需要追究刑事责任。但是不妨碍税务机关按照税收征管法的规定追究其行政责任。

三、抗税罪

概念	指以暴力、威胁方法拒不缴纳税款的行为
犯罪主体	纳税人或者扣缴义务人： （1）本罪只能由自然人实施，单位不能成为本罪的主体 （2）纳税人或者扣缴义务人以外的其他人不能独立成为本罪的主体，但可以成为本罪的共犯 （3）单独实施以暴力威胁方法阻碍税务人员依法执行公务的行为，应当按妨碍公务罪定罪处罚
客观方面	客观方面表现为“以暴力、威胁方法拒不缴纳税款”的行为 使用暴力、威胁方法是手段，而不缴纳税款是目的 因暴力方法而故意造成税务人员伤害或者死亡的，其暴力方法已超出了抗税罪的范围，应当按照故意伤害罪、故意杀人罪定罪处罚
刑事责任	1. 实施抗税行为致人重伤死亡的，按故意伤害罪、故意杀人罪定罪处罚 2. 与纳税人或者扣缴义务人共同实施抗税行为的，以抗税罪的共犯依法处罚 （1）处3年以下有期徒刑或拘役，并处拒缴税款1倍以上5倍以下罚金 （2）情节严重的，处3年以上7年以下有期徒刑，并处拒缴税款1倍以上5倍以下罚金 **【提示】**情节严重指： （1）聚众抗税的首要分子；（2）抗税数额在10万元以上的；（3）多次抗税的；（4）故意伤害致人轻伤的；（5）具有其他严重情节

【多选题】根据抗税罪的追诉标准，抗税案以暴力、威胁方法拒不缴纳税款，应予立案追诉的情形有（　　）。

A. 造成税务工作人员轻伤以上的

B. 以给税务工作人员及其亲友的生命、健康、财产等造成损害为威胁，抗拒缴纳税款的

C. 聚众抗拒缴纳税款的

D. 以其他暴力、威胁方法拒不缴纳税款的

【参考答案】ABCD

《最高人民检察院 公安部关于公安机关管辖的刑事案件立案追诉标准的规定（二）》（公通字〔2010〕23 号）第五十八条规定，抗税案（刑法第二百零二条），以暴力、威胁方法拒不缴纳税款，涉嫌下列情形之一的，应予立案追诉：①造成税务工作人员轻微伤以上的；②以给税务工作人员及其亲友的生命、健康、财产等造成损害为威胁，抗拒缴纳税款的；③聚众抗拒缴纳税款的；④以其他暴力、威胁方法拒不缴纳税款的。

四、逃避追缴欠税罪

概念	指纳税人欠缴应纳税款，并采取转移或者隐匿财产的手段，致使税务机关无法追缴欠缴的税款，数额较大，应受刑罚处罚的行为
犯罪主体	特殊主体，即欠缴应纳税款的纳税人，包括自然人和单位
主观方面	故意，具有逃避缴纳应缴税款的主观故意
客观方面	（1）必须有违反税收法规、欠缴应纳税款的事实 （2）必须有采取转移或隐匿财产的手段以逃避追缴的行为 （3）必须致使税务机关无法追缴欠缴的税款 （4）无法追缴的数额需达法定的量刑标准，即 1 万元以上
刑事责任	1. 数额在 1 万元以上不满 10 万元的，处 3 年以下有期徒刑或者拘役，并处或者单处欠缴税款 1 倍以上 5 倍以下罚金 2. 数额在 10 万元以上的，处 3 年以上 7 年以下有期徒刑，并处欠缴税款 1 倍以上 5 倍以下罚金 **【提示】**单位犯本罪的，实行双罚制，即对单位判处罚金，对其直接负责的主管人员和其他直接责任人员依照自然人犯本罪处罚

【多选题】某企业在经营期间，欠缴应纳税款 50 万元，占应纳税额的 10%。税务机关向该企业发出了《催缴通知书》，该企业不予理睬，同时通过多种方式转移存款，致使税务机关无法追缴欠缴的税款 12 万元，对此案的正确定性和处理为（　　）。

A. 该企业构成逃避追缴欠税罪

B. 对于该企业的直接负责人要处以 3 年以上 7 年以下有期徒刑，并处罚金

C. 该企业实际逃避追缴欠税12万元

D. 对该企业执行罚金之前，应当先由税务机关追缴其所逃避的税款

【参考答案】ACD

本题考查逃避追缴欠税罪。该企业实施了《刑法》中逃避追缴欠税的犯罪行为，构成逃避追缴欠税罪。因纳税人的逃避行为而使税务机关无法追缴的欠缴税款数额，不能等同于纳税人转移或隐匿财产的数额或纳税人所欠缴的税款数额。所以，无法追缴的欠税数额是12万元，应当处3年以上7年以下有期徒刑，并处欠缴税款1倍以上5倍以下罚金。《刑法》规定，因逃避追缴欠税罪，被判处罚金、没收财产的，在执行前，应当先由税务机关追缴税款。

五、骗取出口退税罪

概念	指以假报出口或其他欺骗手段，骗取国家出口退税款，数额较大的行为
犯罪主体	一般主体，包括自然人和单位，通常应当是出口退税的申请人
主观方面	直接故意，并且以骗取国家出口退税为目的
客观方面	利用国家出口退税制度，以虚报出口或者其他欺骗手段，骗取国家出口退税款，数额在“5万元以上”的行为 **【提示】**纳税人缴纳税款后，采取上述欺骗方法，骗取所缴税款的，按逃税罪处罚；骗取税款超过所缴纳的税款部分，对超过的部分以骗取出口退税罪论处
刑事责任	(1) 犯骗取出口退税罪，“数额较大的（5万元）”，处5年以下有期徒刑或者拘役，并处骗取税款1倍以上5倍以下的罚金 (2)“数额巨大（50万元）或者有其他严重情节的”，处5年以上10年以下有期徒刑，并处骗取税款1倍以上5倍以下罚金 (3)“数额特别巨大（250万元）或者有其他特别严重情节的”，处10年以上有期徒刑或者无期徒刑，并处骗取税款1倍以上5倍以下罚金或者没收财产 (4) 单位犯本罪的，对单位判处罚金，对其直接负责的主管人员和其他直接责任人员也要追究刑事责任

【单选题】纳税人缴纳税款后，实施假报出口手段骗取出口退税。骗取税款数额超过其缴纳的税款部分，涉嫌构成（　　）。

A. 骗取出口退税罪

B. 虚开用于骗取出口退税、抵扣税款发票罪

C. 抗税罪

D. 逃避缴纳税款罪

【参考答案】A

纳税人缴纳税款后，以假报出口或者其他欺骗手段，骗取所缴税款的，按“逃税罪”处罚；骗取税款超过所缴纳的税款部分，对超过的部分以“骗取出口退税罪”论处（数罪并罚）。

六、虚开增值税专用发票、用于骗取出口退税、抵扣税款发票罪

概念	虚开增值税专用发票、用于骗取出口退税、抵扣税款发票罪是指违反国家税收征管和发票管理规定，为他人虚开、为自己虚开、让他人为自己虚开、介绍他人虚开增值税专用发票或者虚开用于骗取出口退税、抵扣税款的其他发票，情节严重、应受刑罚处罚的行为
犯罪主体	一般主体，包括自然人和单位
犯罪客体	侵犯了国家对增值税专用发票和其他发票的监督管理制度，又破坏了国家对税收的征管制度
主观方面	故意，而且一般都具有牟利的目的
客观方面	实施了虚开增值税专用发票或者虚开用于骗取出口退税、抵扣税款的其他发票的行为
“虚开发票”	具有下列行为之一的，属于“虚开增值税专用发票”： ①没有货物购销或者没有提供或接受应税劳务而为他人、为自己、让他人为自己、介绍他人凭空开具发票 ②有货物购销或者提供或接受了应税劳务但为他人、为自己、让他人为自己、介绍他人开具数量或者金额不实的增值税发票 ③进行了实际经营活动，但让他人为自己代开增值税发票 **【提示】**“用于骗取出口退税、抵扣税款的其他发票”，如机动车销售统一发票、农业产品收购发票、海关完税凭证等
刑事责任	1. 刑事责任起点标准：虚开的税款数额在 5 万元以上的，应当追究刑事责任 2. 处罚标准： （1）虚开发票达到刑事责任起点标准的，处 3 年以下有期徒刑或者拘役，并处 2 万元以上 20 万元以下罚金 （2）虚开的税款数额较大，即虚开的税款数额在 50 万元以上的，处 3 年以上 10 年以下有期徒刑，并处 5 万元以上 50 万元以下罚金 （3）虚开的税款数额巨大，即虚开的税款数额在 250 万元以上的，处 10 年以上有期徒刑或者无期徒刑，并处 5 万元以上 50 万元以下罚金或者没收财产
竞合处理	**【提示】**利用虚开普通发票的手段逃税的，包括两个犯罪行为，即虚开发票的犯罪行为和虚列成本偷逃税款的犯罪行为，应择一重罪从重处罚 在司法实践中，对于虚开发票又骗取出口退税的犯罪人，如果骗取出口退税已完成，通常以骗取出口退税罪定罪 而如果骗取出口退税款未遂，或虚开发票数额特别巨大，给国家造成特别重大损失的，应认定为虚开增值税专用发票、用于骗取出口退税、抵扣税款发票罪

【单选题】虚开增值税专用发票罪的追诉标准为（　　）。

A. 发票金额 1 万元

B. 发票金额 50 万元

C. 税额 5 万元

D. 税额 5 000 元

【参考答案】C

根据《最高人民法院关于虚开增值税专用发票定罪量刑标准有关问题的通知》规定，虚开增值税专用发票定罪量刑的数额标准为虚开的税款数额 5 万元以上。

七、危害税收征管罪其他罪名

（一）虚开发票罪

认定	①没有商品购销或者没有提供、接受劳务、服务而开具普通发票 ②虽有商品购销或者提供、接受了劳务、服务，但开具数量或金额不实的普通发票
定罪要求	①虚开发票100份以上或者虚开金额累计在40万元以上 ②虽未达到上述数额标准，但5年内因虚开发票行为受过行政处罚2次以上，又虚开发票的

（二）伪造、出售伪造的增值税专用发票罪（“假”票）

认定	增值税专用发票依法应由国家税务总局指定的企业统一印制，其他单位或者个人私自印制的，或者通过其他方式制作假发票的，构成伪造 伪造、出售伪造的增值税专用发票罪既追究伪造者的刑事责任，也追究出售伪造发票者的刑事责任 出售既包括伪造后出售，也包括明知是他人伪造的而出售
定罪要求	违反增值税专用发票管理规定，伪造增值税专用发票，或者明知自己所持有的是伪造的增值税专用发票，而仍然出售，数量在25份以上或者票面额累计在10万元以上的行为 **【提示】**变造增值税专用发票的，按照伪造增值税专用发票行为处理

（三）非法出售增值税专用发票罪（“真”票）

认定	持有增值税专用发票的单位或者个人，违反国家税务管理制度和发票管理规定，将增值税专用发票出售 税务机关的发票管理人员，在向纳税人发售增值税专用发票的过程中，徇私舞弊违法发售，构成徇私舞弊发售发票罪而不构成本罪
定罪要求	根据相关司法解释的规定，非法出售增值税专用发票10份以上且票面税额在6万元以上的，或者票面税额累计在10万元以上的，或者非法获利数额在1万元以上的，应当追究刑事责任 **【提示】**出售的专用发票，必须是真发票，否则构成出售伪造的增值税专用发票罪。出售的专用发票，必须是空白发票，如果出售填好的专用发票，则应按虚开增值税专用发票罪论处

（四）非法购买增值税专用发票（“真”票）、购买伪造的增值税专用发票罪（“假”票）

概念	违反国家发票管理规定，非法购买增值税专用发票或者购买伪造的增值税专用发票的行为
认定	（1）行为人违反增值税专用发票管理规定，从合法或者非法拥有真增值税专用发票的单位或者个人手中购买增值税专用发票 （2）购买明知是伪造的增值税专用发票，数量在25份以上或者票面额累计在10万元以上的
处罚标准	（1）对非法购买增值税专用发票“虚开”的，应以“虚开增值税专用发票罪”定罪处罚 （2）对非法购买增值税专用发票或者购买伪造的增值税专用发票“出售”的，应分别按“出售伪造的增值税专用发票罪、非法出售增值税专用发票罪”定罪处罚

【多选题】对涉及增值税专用发票的犯罪案件，下列处理正确的有（　　）。

A. 非法购买增值税专用发票的，按非法购买增值税专用发票罪定罪处罚

B. 非法购买增值税专用发票后又虚开的，按非法购买增值税专用发票罪和虚开增值税专用发票罪并罚

C. 非法购买增值税专用发票后又出售的，按非法出售增值税专用发票罪定罪处罚

D. 非法购买伪造的增值税专用发票后又出售的，按出售伪造的增值税专用发票罪定罪处罚

【参考答案】ACD

如果行为人非法购买增值税专用发票或者购买伪造的增值税专用发票又虚开或者出售的，构成了犯罪竞合，应当从一重罪处罚。此时应当按照虚开增值税专用发票罪、出售伪造的增值税专用发票罪、非法出售增值税专用发票罪定罪处罚（从重罪处罚）。因此选项 B 错误。

（五）其他罪名

罪名	内涵
伪造、擅自制造或者出售伪造、擅自制造的可以用于骗取出口退税、抵扣税款发票罪（“假”票）	这类发票包括：海关代征的增值税专用缴款书、农产品收购发票 行为人伪造、擅自制造或者出售伪造、擅自制造的用于骗取出口退税、抵扣税款的其他发票 10 份以上且票面税额在 6 万元以上的，或者票面可以退税、抵扣税额累计在 10 万元以上的，或者非法获利数额在 1 万元以上的，应当追究刑事责任
伪造、擅自制造或者出售伪造、擅自制造的发票罪（假“票”）	行为人为达到营利目的，非法制造或出售非法制造一般的假普通发票，100 份以上且票面金额累计 30 万元以上的，或者票面金额累计 50 万元以上的，或者非法获利数额在 1 万元以上的，应当追究刑事责任 **【提示】**这里的发票是指普通发票，即除增值税专用发票，可以用于出口退税、抵扣税款的发票之外的其他普通发票
持有伪造的发票罪（“假”票）	明知是伪造的发票而故意持有，“数量较大”的行为 “数量较大”： 持有伪造的发票罪的犯罪对象为发票，专用发票、普通发票都包含 明知是伪造的发票而持有，具有下列情形之一的，应予立案追诉： （1）持有伪造的增值税专用发票或者可以用于骗取出口退税、抵扣税款的其他发票“50 份以上且票面税额累计在 25 万元以上的”或者“票面税额累计在 50 万元以上的” （2）持有伪造的增值税专用发票或者可以用于骗取出口退税、抵扣税款的其他发票以外的发票“100 份以上且票面金额在 50 万元以上的”或者“票面金额在 100 万元以上的”
非法出售用于骗取出口退税、抵扣税款发票罪（“真”票）	行为人为达到营利目的，非法出售除增值税专用发票以外的，可以用于骗取出口退税、抵扣税款的其他发票 10 份以上且票面可以退税、抵扣税额在 6 万元以上的，或者票面可以退税、抵扣税额累计在 10 万元以上的，或者非法获利数额在 1 万元以上的，应当追究刑事责任
非法出售发票罪（“真”票）	行为人非法出售除增值税专用发票和其他可以用于骗取出口退税、抵扣税款的发票以外的普通发票的行为，100 份以上且票面金额累计 30 万元以上的，或者票面金额累计在 50 万元以上的，或者非法获利数额在 1 万元以上的，应当追究刑事责任

【多选题】在下列罪名中，必须以增值税专用发票或者伪造的增值税专用发票为犯罪对象的有（　　）。

A. 伪造、出售伪造的增值税专用发票罪

B. 非法出售用于骗取出口退税、抵扣税款发票罪

C. 非法购买增值税专用发票或者购买伪造的增值税专用发票罪

D. 非法制造、出售非法制造的发票罪

【参考答案】AC

非法出售用于骗取出口退税、抵扣税款发票，主要涉及海关代征的增值税专用缴款书、农产品收购发票，其罪犯罪对象为非增值税专用发票。非法制造、出售非法制造的发票罪行为人为达到营利目的，非法制造或出售非法制造一般的假普通发票，其犯罪对象为增值税普通发票，选项 B、D 错误。

第三节　涉嫌危害税收征管犯罪案件的移送

概念		指税务行政执法机关在依法查处涉税违法案件过程中，发现违法行为涉嫌构成犯罪依法需要追究刑事责任的，而将案件移送司法机关的活动
途径		公安机关办理危害税收征管罪案件，其案件来源主要有三种： （1）公安机关直接受理的报案、举报线索 （2）有关国家机关转交的案件线索 （3）税务机关按照规定移送的涉嫌犯罪案件
移送依据		以《刑法》和相关的司法解释为依据，来判断案件是否应当移送
程序	移送主体	办案的税务机关 对涉嫌犯罪应移送的案件，税务机关应指定 2 名或者 2 名以上税务执法人员组成专案组，核实情况后提出移送涉嫌犯罪案件的书面报告
	属地原则	向负责该案件查处工作的税务机关同级有管辖权的公安机关移送
	移送报审	案件移送须报经税务机关正职负责人或者主持工作的负责人审批 应当自接到报告之日起 3 日内作出批准移送或者不批准移送的决定 决定批准的，应当在 24 小时内向同级公安机关移送 决定不批准的，应当将不予批准的理由记录在案
	附列资料	（1）涉嫌犯罪案件移送书 （2）涉嫌犯罪案件情况的调查报告 （3）涉案物品清单 （4）有关检验报告或者鉴定结论 （5）其他有关涉嫌犯罪的材料

本章习题

一、单选题

1. 下列关于危害税收征管罪的说法正确的是（　　）。
   A. 犯罪主体只能是自然人
   B. 犯罪主观方面可以是过失
   C. 逃税罪属于此类犯罪
   D. 只要是逃税、抗税和骗税就可以构成犯罪
2. 根据我国刑事法律制度的规定，下列表述中，构成逃税罪的是（　　）。
   A. 甲公司以在账簿上多列支出的方式，逃避缴纳税款 2 万元且占应纳税总额的 15%，经税务机关依法下达追缴通知后拒不补缴应纳税款
   B. 乙公司以伪造记账凭证的方式，逃避缴纳税款 6 万元且占应纳税总额的 10%，经税务机关依法下达追缴通知后拒不补缴应纳税款
   C. 丙公司代扣戊个税 4 万元，未进行报税缴纳
   D. 丁公司 5 年内因逃税被处以 2 次行政处罚后未再逃税
3. 甲科技有限公司，欠缴税款 10 万元，并且隐匿公司财产，致使税务机关无法追缴欠缴的 10 万元税款，甲科技有限公司的行为构成（　　）。
   A. 逃税罪　　B. 抗税罪
   C. 逃避追缴欠税罪　　D. 骗取出口退税罪
4. 某企业就一批货物缴纳了 20 万元的税款之后，又对该批货物虚报出口，骗取出口退税款 30 万元，则该企业构成（　　）。
   A. 逃税罪　　B. 骗取出口退税罪
   C. 逃税罪和诈骗罪　　D. 逃税罪和骗取出口退税罪
5. 某个体工商户李某为达到不缴纳税款的目的，用尖刀威胁前来催缴税款的税务干部张某、王某，混乱中将张某刺成重伤。对于李某的行为，按照（　　）定罪处罚。
   A. 抗税罪　　B. 逃税罪
   C. 故意杀人罪　　D. 故意伤害罪
6. 抗税罪的犯罪主体是（　　）。
   A. 纳税人且是法人　　B. 其他组织
   C. 一般主体　　D. 自然人
7. 税务局局长应当自接到移送涉嫌犯罪案件的报告之日起一定期限内作出是否批准移送涉嫌犯罪案件的决定，该期限是（　　）。
   A. 1 日内　　B. 3 日内　　C. 5 日内　　D. 10 日内

二、多选题

1. 下列对抗税罪的表述中，正确的有（　　）。

　A. 主体是纳税人或者扣缴义务人

　B. 既可由自然人实施，也可由单位实施

　C. 抗税数额应在 5 万元以上且占各税种应纳税额的 10% 以上

　D. 构成抗税罪的关键在于对税务人员实施了暴力、威胁的手段抗拒缴纳税款

2. 根据我国刑事法律制度的规定，下列表述中，以抗税罪论处的有（　　）。

　A. 张某为不缴纳税款，暴力殴打前来征税的税务工作人员丁某，丁某被打成重伤

　B. 钱某为不缴纳税款，组织员工砸毁前来征税的税务工作人员所使用的汽车

　C. 郝某为不缴纳税款，聚众冲击打砸 A 市税务局

　D. 李某为不缴纳税款，以软磨硬泡的方式拖欠税款

3. 甲有限责任公司欠缴税款 10 万元，该公司法定代表人乙转移财产，致使税务机关无法追缴欠缴的税款达 5 万元，下列有关表述，不正确的有（　　）。

　A. 该公司的行为构成逃避追缴欠税罪

　B. 该公司的行为构成逃税罪

　C. 本案的犯罪主体是法定代表人乙

　D. 可对该公司法定代表人乙并处或者单处应纳税款 1 倍以上 5 倍以下罚金

4. 根据刑事法律制度的规定，对涉及发票的犯罪案件，下列有关数额要求，不正确的有（　　）。

　A. 虚开增值税专用发票或者虚开用于骗取出口退税、抵扣税款的其他发票，行为人虚开的税款数额应在 5 万元以上

　B. 非法出售增值税专用发票的，行为人出售的数量应在 25 份以上或者票面额累计在 10 万元以上

　C. 非法制造、出售非法制造的用于骗取出口退税、抵扣税款发票的，行为人伪造、擅自制造或者出售伪造、擅自制造的可以用于骗取出口退税、抵扣税款的除增值税专用发票以外的其他发票 25 份以上或者票面额累计在 10 万元以上

　D. 非法制造、出售非法制造的发票的，行为人非法制造或者出售非法制造的不具有骗取出口退税、抵扣税款功能的普通发票 50 份以上或者票面额累计在 20 万元以上

5. 根据我国刑事法律制度的规定，下列表述中，公安机关应予立案追诉的有（　　）。

　A. 张某持有伪造的增值税专用发票 45 份，票面额累计为 15 万元

　B. 李某持有伪造的增值税专用发票 20 份，票面额累计为 25 万元

　C. 丁某持有伪造的可以用于骗取出口退税、抵扣税款的其他发票 110 份，票面额累计为 35 万元

D. 田某持有伪造的可以用于骗取出口退税、抵扣税款的其他发票 80 份，票面额累计为 50 万元

三、判断题

1. 实施骗取出口退税犯罪，同时构成虚开增值税专用发票罪等其他犯罪的，属于牵连犯，从一重罪处罚。（　　）

2. 虚开增值税专用发票的手段主要有为他人虚开、为自己虚开、让他人为自己虚开和介绍他人虚开，行为人实施其中一个行为即可涉嫌构成本罪。（　　）

参考答案与解析

一、单选题

1. 【参考答案】C

犯罪主体是既包括单位，也包括个人；犯罪主观方面是由故意构成，过失不构成本罪。所以选项 A、B 错误。对于逃税以及骗税不仅要求有相应的行为，而且逃税、骗税的数额还应达到规定，否则不构成犯罪。所以选项 D 错误。

2. 【参考答案】B

（1）选项 AB：纳税人采取欺骗、隐瞒手段进行虚假纳税申报或者不申报，逃避缴纳税款，数额在 5 万元以上并且占各税种应纳税总额 10% 以上，经税务机关依法下达追缴通知后，不补缴应纳税款，不缴纳滞纳金或者不接受行政处罚的，应予立案；（2）选项 C：扣缴义务人采取欺骗、隐瞒手段，不缴或者少缴已扣、已收税款，数额在 5 万元以上的，应予立案；（3）选项 D：纳税人 5 年内因逃避缴纳税款受过刑事处罚或者被税务机关给予 2 次以上行政处罚，又逃避缴纳税款，数额在 5 万元以上并且占各税种应纳税总额 10% 以上的，应予立案。

3. 【参考答案】C

解析略。

4. 【参考答案】D

纳税人缴纳税款后，采取欺骗的方法，骗取所缴税款的，按逃税罪处罚；骗取税款超过所缴纳的税款部分，以骗取出口退税罪论处。

5. 【参考答案】D

抗税的行为人使用暴力方法拒不缴纳税款，因暴力方法而故意造成税务人员重伤，同时构成了抗税罪和故意伤害罪，属于一个行为触犯数个罪名，符合想象竞合犯的行为特征，应按照刑罚较重的罪名定罪处罚。

6. 【参考答案】D

不是任何主体都可构成抗税罪，抗税罪只能由自然人实施，单位不能成为抗税罪的主体。

7. 【参考答案】B

依据《行政执法机关移送涉嫌犯罪案件的规定》第五条第二款的规定，行政执法机关正职负责人或者主持工作的负责人应当自接到报告之日起3日内作出批准移送或者不批准移送的决定。

二、多选题

1. 【参考答案】AD

（1）选项AB：抗税罪的主体是纳税人或者扣缴义务人，但抗税罪只能由自然人实施，单位不能成为本罪的主体；（2）选项D：抗税罪的客观方面表现为以暴力、威胁的方法拒不缴纳税款的行为；

2. 【参考答案】BC

（1）选项A：如果实施抗税行为致人重伤、死亡的，则一个行为既构成了抗税罪，又构成了故意伤害罪、故意杀人罪，属于一个行为触犯数个罪名，符合想象竞合犯的行为特征，应按照刑罚较重的罪名定罪处罚，即分别依照刑法第二百三十四条第一款（故意伤害罪）、第二百三十二条（故意杀人罪）的规定定罪处罚。本题中，张某的行为以故意伤害罪论处。（2）选项D：行为人没有采取暴力、威胁方法抗拒缴纳税款，而是寻找借口，软磨硬泡，拖欠税款的，不能以抗税罪论处。

3. 【参考答案】BCD

（1）选项AB：在欠缴应纳税款的情况下，纳税人采取转移或者隐匿财产手段，致使税务机关无法追缴欠税的税款，数额在1万元以上的，构成逃避追缴欠税罪；（2）选项C：本案的犯罪主体是甲有限责任公司；（3）选项D：根据法律规定，犯逃避追缴欠税罪，数额在1万元以上不满10万元的，处“3年以下”有期徒刑或者拘役，并处或者单处“欠缴税款”1倍以上5倍以下罚金，单位犯本罪的，对单位判处罚金，并对其直接负责的主管人员和其他直接责任人员依照上述规定处罚。

4. 【参考答案】CD

（1）选项C：非法制造、出售非法制造的用于骗取出口退税、抵扣税款发票的，行为人伪造、擅自制造或者出售伪造、擅自制造的可以用于骗取出口退税、抵扣税款的除增值税专用发票以外的其他发票50份以上或者票面额累计在20万元以上；（2）选项D：非法制造、出售非法制造的发票的，行为人为达到营利目的的，非法制造或者出售非法制造的不具有骗取出口退税、抵扣税款功能的普通发票100份以上或者票面额累计在40万元以上。

5. 【参考答案】BCD

解析明知是伪造的发票而持有，具有下列情形之一的，应予立案追诉：（1）持有伪造的增值税专用发票50份以上或者票面额累计在20万元以上的（选项AB）；（2）持有伪造的可以用于骗取出口退税、抵扣税款的其他发票100份以上或者票面额累计在40万元以上的（选项CD）。

三、判断题

1. 【参考答案】√

实施骗取出口退税犯罪，同时构成虚开增值税专用发票罪等其他犯罪的不属于数罪并罚的范畴，应当从一重罪处罚。

2. 【参考答案】√

虚开增值税专用发票的行为主要表现为他人虚开、为自己虚开、让他人为自己虚开和介绍他人虚开，行为人只要实施其中一个行为即可涉嫌构成本罪。

第二十一章 《民法典》以及社会保险法、非税收入规定

【学习目的】

《民法典》是近年来我国一项极为重大的立法活动。对《民法典》内容的掌握从基本概念入手，例如民事法律关系的主体和客体、权利和义务、民事法律行为、民事责任、诉讼时效。《民法典》涉及的物权、债权、合同、人格权、婚姻家庭、继承、侵权责任也需要掌握一定的概念。尤其对《民法典》部分涉及税收征管的内容，例如法人的成立、合同的生效和履行、代位权的行使需要较为深入的了解。

社会保险法和非税收入的规定本章侧重基本概念、设立和违法责任，可以结合税法部分内容共同记忆。

第一节 民法典

一、民法典基础知识

要点	具体内容
时间节点	2020 年 5 月 28 日，第十三届全国人民代表大会第三次会议通过《中华人民共和国民法典》（以下简称《民法典》），自 2021 年 1 月 1 日起施行
关键要点	1. 我国第一部以“法典”命名的法律 2. 《民法典》是中国特色社会主义法律体系中一部固根本、稳预期、利长远的基础性法律 3. 被誉为“新时代人民权利的宣言书”“人民的权利大厦”“社会生活的百科全书” 4. 对原《婚姻法》《继承法》《民法通则》《收养法》《担保法》《合同法》《物权法》《侵权责任法》《民法总则》等九部重要的民事法律制度规范进行了系统整合，强化了民事规范的整体性与统一性

【单选题】审议并通过《中共中央关于全面推进依法治国若干重大问题的决定》的会议是（ ）。

A. 党的十八大　　B. 党的十八届二中全会

C. 党的十八届三中全会　　D. 党的十八届四中全会

【参考答案】D

二、《民法典》的基本内容

（一）总则编的基本内容

1. 民法的基本概念

项目	具体内容
总则编的作用	总则编共 10 章、204 条 总则编确立了《民法典》的基本制度框架，是总纲 《民法典》中最基础、最通用、最抽象的部分 可以普遍适用于各个民商事单行法律，整个民商领域的立法、执法等，都应当在其统辖下开展
民法的调整对象	平等主体的自然人、法人和非法人组织之间的人身关系和财产关系的法律规范的总和
《民法典》的基本原则	（1）民事权益受法律保护原则 （2）平等原则。指民事主体在法律地位上是平等的，其合法权益应当受到法律平等保护 （3）自愿原则。也称为意思自治原则，指民事主体依法享有法定范围内的广泛行为自由，并可以根据主体意志产生、变更、消灭民事权利法律关系 （4）公平原则。指民事主体之间应本着公平、正义的理念实施民事行为，司法机关应根据公平的观念处理民事纠纷，民事立法也应该充分体现公平 （5）诚信原则。指民事主体应当秉持诚信、恪守承诺，以诚实信用的方式享有民事权利、履行民事义务 （6）合法原则。指民事主体从事民事活动必须遵守法律和法规的规定，不得违法。“法无禁止即可为” （7）公序良俗原则。公序就是指公共秩序，主要包括社会公共秩序和生活秩序，良俗指善良风俗，是应当由社会全体成员所普遍认可、遵循的道德准则，公序良俗原则可以弥补强行法规范的不足 （8）绿色原则。指民事活动应当遵循节约资源、保护生态环境的原则
民事法律关系的主体和客体	民事法律关系的主体指参加民事法律关系，享有民事权利并承担民事义务的主体。在我国，民事法律关系的主体包括自然人、法人和非法人组织，特殊场合中，国家也可以成为民事法律关系的特殊主体 民事法律关系的客体，是指民事权利和民事义务所指向的对象
	法人的相关规定 （1）法人是指具有民事权利能力和民事行为能力，依法独立享有民事权利和承担民事义务的组织，主要包括营利法人、非营利法人和特别法人 法人的法定代表人是指依照法律或法人的组织章程的规定，代表法人行使职权的自然人 （2）法人的清算有两种形式：一是依破产程序进行的清算，二是非依破产程序进行的清算 （3）一般情况下，税务登记注销是登记有税费种信息的纳税人、缴费人办理注销登记的前置条件 （4）非法人组织，指不具有法人资格，但能够依法以自己的名义对外从事民事活动的组织。包括个人独资企业、合伙企业等，还包括不具有法人资格的专业服务机构，如会计师事务所、律师事务所等 （5）税务工作中，各税费种征管对象的划分与《民法典》的相关划分有联系也有区别，除自然人（即现行税法中规定的“其他个人”）外，行为对象一般为法人或非法人组织
	代理的相关规定 民法中的代理可分为： （1）直接代理与间接代理 （2）意定代理与法定代理

续表

项目	具体内容
民事法律关系的主体和客体	(3) 一般代理与特别代理 (4) 本代理与复代理 (5) 单独代理与共同代理 滥用代理权包括：双方代理、自己代理、利己代理和恶意代理
民事权利行使的原则	(1) 权利行使的自愿原则 (2) 义务必须履行原则
民事义务	民事义务是指义务人依据法律规定和合同的约定，应当为一定行为或者不为一定行为 (1) 法定义务与约定义务 (2) 基本义务与附随义务（附随义务是附随于基本义务的，其本身不能独立于基本义务而存在）
民事法律行为	民事法律行为是指以意思表示为核心，民事主体通过意思表示设立、变更、终止民事法律关系的行为 成立的基本条件：当事人主体适格、意思表示真实、内容合法 除法律另有规定或者当事人另有约定的外，民事法律行为一旦成立，就开始生效 (1) 附条件的民事法律行为和附期限的民事法律行为（何时生效的问题） (2) 无效民事法律行为 (包括无民事行为能力人实施的民事法律行为、虚假行为、恶意串通行为、违反强制性规范及违背公序良俗的行为效） (3) 可撤销的民事法律行为 (包括基于重大误解而实施的、基于欺诈而实施的、基于胁迫而实施的、显失公平的民事法律行为等） (4) 效力未定的民事法律行为 (包括限制民事行为能力人实施的行为、欠缺代理权的代理行为等）

【单选题】下列法律原则中，属于民法典基本原则的是（　　）。

A. 公信原则　　B. 公序良俗原则

C. 等价有偿原则　　D. 公示原则

【参考答案】B

民法典的基本原则包括民事权益受法律保护原则、平等原则、自愿原则、公平原则、诚信原则、合法和公序良俗原则、绿色原则。故选项 B 正确。

【单选题】民事主体从事民事活动，按照自己的意思设立、变更、终止民事法律关系，这是（　　）原则的体现。

A. 诚信原则　　B. 自愿原则　　C. 公平原则　　D. 平等原则

【参考答案】B

自愿原则。也称为意思自治原则，指民事主体依法享有法定范围内的广泛行为自由，并可以根据主体意志产生、变更、消灭民事权利法律关系。

2. 民事责任和诉讼时效

概念	具体内容
民事责任基础	民事责任是指当事人不履行民事义务所应承担的民法上的后果，可以分类为： （1）违约责任、侵权责任与其他责任 违约责任指合同当事人违反法律、合同规定的义务而应当承担的责任 侵权责任指行为人因其过错侵害他人财产、人身，依法应当承担的责任，以及没有过错，但在造成损害以后，依法应当承担的责任 （2）按份责任与连带责任 按份责任指多数当事人按照法律的规定或者合同的约定，各自承担一定份额的责任 连带责任指当事人按照法律的规定或者合同的约定，连带向权利人承担的责任
民事责任的具体承担方式	（1）停止侵害 （2）排除妨碍 （3）消除危险 （4）返还财产。包括返还不当得利、返还依民事法律行为所作的给付、权利人基于物权请求权，请求不法占有人返还原物 （5）恢复原状 （6）修理、重作、更换 （7）继续履行。指在一方违反合同时，另一方有权要求其依据合同的规定继续履行 （8）赔偿损失 （9）支付违约金 （10）消除影响、恢复名誉。消除影响，是指行为人因其侵害了民事主体的人格权而应承担的在影响所及的范围内消除不良后果的一种责任方式；恢复名誉，是指行为人因其行为侵害了民事主体的名誉而应在影响范围内将受害人的名誉恢复至未受侵害时状态的一种责任方式 （11）赔礼道歉。是指责令违法行为人通过口头、书面等形式，向受害人公开认错、表示歉意，主要适用于侵害人身权的情况 （12）惩罚性赔偿。人民法院根据被侵权人的请求所依法作出的赔偿数额超出实际损害数额的赔偿。惩罚性赔偿是一种加重赔偿，是在针对侵权人故意的侵权行为造成的损失进行弥补之外，对侵权人进行处罚以防止将来重犯，同时也达到惩戒他人的目的 《民法典》对惩罚性赔偿制度进行了系统的认可和总结，在侵权责任编分别规定了对侵犯知识产权、产品责任、污染环境破坏生态的惩罚性赔偿
	特殊规定 行为人在因同一行为而产生了民事责任、行政责任和刑事责任时，其财产应当优先用于承担民事责任 《民法典》第一百八十五条明确规定：侵害英雄烈士等的姓名、肖像、名誉、荣誉，损害社会公共利益的，应当承担民事责任
不承担民事责任的情形	不承担民事责任的情形也被称为免责事由、抗辩事由，是指减轻或免除行为人责任的理由，具体包括： （1）不可抗力。即不能预见、不能避免且不能克服的客观情况 （2）正当防卫。指当公共利益、他人或本人人身或其他利益受到不法侵害时，行为人所采取的一种防卫措施 （3）紧急避险。指为避免使公共利益、本人或他人的合法权益受到现实和紧急的危险损害，不得已而采取的致他人和本人损害的行为 （4）紧急救助。指在自愿实施紧急救助行为的情形下，即便造成了受助人损害，救助人也无须承担民事责任，也称为“好人条款”

续表

概念	具体内容	
诉讼时效	普通诉讼时效期间	适用于一般民事法律关系，时间为 3 年
	特殊诉讼时效期间	适用于特定的民事法律关系 国际货物买卖合同和技术进出口合同的时效期间为 4 年 海上货物运输中，向承运人要求赔偿的请求权时效期间为 1 年
	特别规定	（1）有特殊情况的，人民法院可以根据权利人的申请决定延长诉讼时效期间 （2）“最长诉讼时效期间”，即从权利被侵害之日起超过 20 年的，人民法院不予保护

【单选题】民法典规定了承担民事责任的方式，其中不包括（　　）。

A. 赔礼道歉　　B. 消除危险

C. 吊销许可证件　　D. 支付违约金

【参考答案】C

《民法典》第一百七十九条规定，承担民事责任的方式主要有：停止侵害；排除妨碍；消除危险；返还财产；恢复原状；修理、重作、更换；继续履行；赔偿损失；支付违约金；消除影响、恢复名誉；赔礼道歉。法律规定惩罚性赔偿的，依照其规定。选项 C 属于行政处罚。故选项 C 正确。

（二）物权编的基本内容

概念	具体内容	
物权的概念	物权是权利人直接支配物的权利，是民事主体依法享有的重要财产权	
物权法律制度	物权法律制度调整因物的归属和利用而产生的民事关系，是最重要的民事基本制度之一	
我国基本经济制度	国家坚持和完善公有制为主体、多种所有制经济共同发展，按劳分配为主体、多种分配方式并存，社会主义市场经济体制等社会主义基本经济制度	
物权分类	所有权	最完整、最充分的物权，指所有权人在法律规定的范围内独占性支配其财产的权利
	用益物权	指权利人对他人所有的物在一定范围内使用、收益的权利地上权、地役权、典权、土地承包经营权、建设用地使用权、宅基地使用权、居住权
	担保物权	为了担保债的履行，在债务人或第三人的特定财产上设定的物权 抵押权、质权、留置权
	占有	《民法典》单独规定了占有制度

续表

<table>
<tr><th>概念</th><th colspan="2">具体内容</th></tr>
<tr><td>物权的变动</td><td colspan="2">1. 物权的变动是物权产生、变更和消灭的总称
2. 物权变动须坚持公示原则和公信原则
3. 物权的公示方法包括了交付和登记
4. 公信原则指物权的变动以登记或者交付为公示方法，当事人如果信赖这种公示而进行的如买卖、赠与活动等，即使登记或者交付所表现的物权状态与真实状态不符，也不影响物权变动的效力</td></tr>
<tr><td rowspan="3">重要的物权规定</td><td rowspan="2">所有权</td><td>1. 对于有体物的所有权，是财产所有人在法律规定的范围内对属于本人的财产享有的占有、使用、收益、处分的权利
2. 所有权是一种具有绝对性和排他性的权利</td></tr>
<tr><td>所有权主要有以下两种分类方式：
1. 国家所有权、集体所有权、私人所有权和其他所有权
2. 自然人所有权、法人所有权与非法人组织所有权、单独所有权与共有
共有是两个以上的民事主体对同一财产享有所有权，主要包括按份共有和共同共有</td></tr>
<tr><td>居住权</td><td>1. 《民法典》中首次规定了“居住权”
2. 指出于生活居住的需要，对他人拥有的住宅进行占有使用的用益物权
3. 居住权消灭包括两项事由：权利期满或者居住权人死亡
4. 居住权消灭的应当及时办理注销登记</td></tr>
</table>

【单选题】除特殊情况外，不动产登记信息中登记的权利人对自己名下的不动产，依法享有（　　）的权利。

A. 占有、使用和处分　　B. 使用、收益和处分

C. 占有、收益和处分　　D. 占有、使用、收益和处分

【参考答案】D

本题有两个考点，首先民法典第二百四十条，所有权人对自己的不动产或者动产，依法享有占有、使用、收益和处分的权利。其次，不动产的所有权以登记为公示方法。

【单选题】关于居住权消灭，错误的是（　　）。

A. 居住权期限届满，居住权消灭

B. 居住权人死亡，居住权消灭

C. 居住权消灭，登记自动注销

D. 居住权消灭的，应当及时办理注销登记

【参考答案】C

居住权我们需要记住，其属于物权一种，但消灭包括两项事由：权利期满或者居住权人死亡。

既然是一种物权，则居住权消灭的应当及时办理注销登记。

（三）合同编的基本内容

概念		具体内容
债		1. 特定民事主体之间请求为或不为一定行为的民事法律关系 2. 客体为特定的给付行为 3. 债权是请求权的一种，具有相对性、相容性、平等性和期限性等特点
合同	基本概念	合同是民事主体之间设立、变更、终止民事法律关系的协议，是民事法律行为的一种
		双务合同和单务合同 有偿合同与无偿合同 诺成合同与实践合同 要式合同与不要式合同 有名合同与无名合同 主合同与从合同 束己合同与涉他合同 预约与本约 一时性合同与继续性合同
	合同的订立	1. 合同一般通过要约与承诺的方式订立 2. 订立合同，可以采用书面形式、口头形式或者其他形式
	合同的成立	1. 缔约各方形成合意从而确立合同关系，关键是达成合意，即要约与承诺是否有效达成一致 2. 合同于承诺生效时成立
	合同的生效	1. 合同因依法成立而具有法律约束力 2. 生效的一般规则：行为人具有相应的民事行为能力，意思表示真实，不违反法律行政法规的强制性规定，不违背公序良俗 3. 特殊规则：无权代理、越权订立、超越经营范围、免责条款
	合同的履行	1. 合同的履行是债务人自觉实现给付的行为 2. 履行对象是债务人依据合同约定或法律规定所承担的给付义务和附随义务 3. 履行规则一般当事人有约定的依约定，无约定的依交易习惯或《民法典》的规定确定
	合同担保	1. 人的担保（保证）、物的担保和金钱担保 2. 定金属于金钱担保，可分为违约定金、立约定金、成约定金、解约定金
	违约	1. 当事人一方不履行合同义务或者履行合同义务不符合约定的行为 2. 违约行为可分为实际违约（拒绝履行、迟延履行、不适当履行）和预期违约 3. 违约责任的免责事由包括不可抗力和免责条款。第三人原因不构成违约责任的免责事由 4. 违约金是承担违约责任的形式的一种。违约金与定金原则上不能同时适用
	重要的合同种类	转移财产权利的合同 （买卖合同、赠与合同、借款合同、租赁合同、融资租赁合同） 1. 融资租赁合同，是指出租人根据承租人的要求和选择，出资购买承租人所选定的设备并出租给承租人使用，承租人分期支付租金，租期届满后承租人根据融资租赁合同可以退回、续租或留购租赁设备的合同

续表

概念		具体内容
合同	重要的合同种类	2. 融资租赁集借贷、租赁、买卖于一体，是将融资与融物结合在一起的交易方式
		技术合同 包括技术开发合同、技术转让合同、技术许可合同、技术咨询合同和技术服务合同 非法垄断技术或者侵害他人技术成果的技术合同无效
		保证合同 机关法人、以公益为目的的非营利法人、非法人组织不得作为保证人 保证人在承担保证责任之后对债务人享有追偿权 保证责任可因保证合同无效、主债变更抗辩权行使、物的担保优先及债权人放弃或怠于主张权利而免除
		合伙合同 合伙财产由合伙人的出资等构成合伙事务原则上由合伙人共同执行，合伙人对合伙债务承担连带责任
代位权与撤销权	代位权	债务人怠于行使其到期债权或者与该债权有关的从权利影响债权人到期债权实现 专属于债务人的债权，不得行使代位权
	撤销权	债务人实施处分财产权益行为影响债权人的债权实现 要求债务人、受益人为恶意
	代位权、撤销权必须通过诉讼的方式行使 《税收征管法》规定了税务代位权和撤销权	
不当得利与无因管理	不当得利	得利人没有法律根据而取得利益、致使他人遭受损失的事实 不当得利本质上是一种事件
	无因管理	管理人没有法律规定或者约定的义务，为避免他人利益受损失而管理他人事务的行为 无因管理是一种事实行为

【单选题】经过公证的赠与合同或者依法（　　）的具有救灾、扶贫、助残等公益、道德义务性质的赠与合同，赠与人不交付赠与财产的，受赠人可以请求交付。

A. 不得撤销　　B. 可以撤销　　C. 能够撤销　　D. 禁止撤销

【参考答案】A

本题是个增补知识点。《民法典》对赠与人任意撤销权进行了限制，这是民法典的重要进步之一。《民法典》第六百五十八条规定，经过公证的赠与合同或者依法不得撤销的具有救灾、扶贫、助残等公益、道德义务性质的赠与合同，赠与人不交付赠与财产的，受赠人可以请求交付。

【单选题】因债务人怠于行使其债权或者与该债权有关的从权利，影响债权人的到期债权实现的，债权人可以向人民法院请求以（　　）代位行使债务人对相对人的权利，但是该权利专属于债务人自身的除外。

A. 债务人的名义　　B. 相对人的名义

C. 第三人的名义　　D. 债权人的名义

【参考答案】D

因债务人怠于行使其债权或者与该债权有关的从权利，影响债权人的到期债权实现的，债权人可以向人民法院请求以自己的名义代位行使债务人对相对人的权利，但是该权利专属于债务人自身的除外。其实从代位权的名字就能看出，代位就是代替原来债权人的位置。

（四）人格权编的基本内容

概念	具体内容
人格权	人格权是民事主体依法享有人格要素，并排除他人非法侵害的，以维护和实现人格尊严和人格自由为目的的权利 具有固有性、专属性、对世性等特点
生命权	生命权的内容包括维护生命安全与维护生命尊严 生命权在整个民事权利体系中具有最高地位 其权利主体限于自然人 具有平等性、固有性和专属性
姓名权	姓名权包括依法决定使用变更或者许可他人使用自己的姓名，以及要求他人尊重自己姓名的权利。 名称权是法人、非法人组织对其区别于他人的符号和标记所享有的权利
肖像权	肖像权是自然人以其肖像所体现的精神利益以及财产利益为内容的权利。不得以丑化、污损或者利用信息技术手段伪造等方式侵害肖像权
隐私权和个人信息	个人信息处理者负有保护个人信息的义务 国家机关及其工作人员对其所控制的个人信息负有保密义务

【单选题】信息处理者不得泄露个人信息，未经自然人同意，不得向他人非法提供其个人信息，但是（　　）除外。

A. 经过加工

B. 较为模糊

C. 有利于当事人

D. 经过加工无法识别特定个人且不能复原

【参考答案】D

《民法典》第一千零三十八条规定，信息处理者不得泄露或者篡改其收集、存储的个人信息；未经自然人同意，不得向他人非法提供其个人信息，但是经过加工无法识别特定个人且不能复原的除外。

（五）婚姻家庭编的基本内容

概念	具体内容
基本原则	婚姻自由原则 一夫一妻原则 男女平等原则 保护妇女、未成年人、老年人、残疾人合法权益原则 夫妻互相忠实尊重原则 家庭成员敬老爱幼、互帮互助原则 最有利于被收养人原则
结婚	结婚行为的成立要件包括存在一男一女双方当事人、存在结婚的意思表示、结婚登记 结婚行为的生效要件包括当事人具有完全民事行为能力、意思表示真实、不存在导致婚姻无效的法定事由
离婚	协议离婚要求男女双方以书面形式订立离婚协议并办理离婚登记 诉讼离婚中，人民法院判决离婚应以夫妻感情确已破裂为依据 离婚的法律后果包括财产关系和人身关系两个方面
	对于离婚财产分割、无偿赠与近亲属、无偿赠与对其承担直接抚养或者赡养义务的抚养人或者赡养人涉及的房屋所有权转移，增值税、个人所得税、土地增值税均免征或不征 契税仅就离婚财产分割、夫妻之间赠与涉及的房屋所有权转移免征契税
夫妻共同债务	夫妻共同债务的认定取决于夫妻合意和债务用途两项标准 基于夫妻双方共同意思表示产生的债务 夫妻一方行使日常家事代理权产生的债务是夫妻共同债务
收养	被收养人必须是未成年人，且为丧失父母的孤儿，或者查找不到生父母的未成年人，或者生父母有特殊困难无力抚养的子女 收养关系的解除分为协议解除和诉讼解除 解除的法律效果涉及亲属关系方面和在财产关系方面

【单选题】夫妻对婚姻关系存续期间所得的财产约定归各自所有，夫或者妻一方对外所负的债务，相对人知道该约定的，（　　）清偿。

A. 按照约定处理　　B. 以家庭主要经济来源的一方财产

C. 以夫妻双方的共同财产　　D. 以夫或者妻一方的个人财产

【参考答案】D

《民法典》第一千零六十五条规定，夫妻对婚姻关系存续期间所得的财产约定归各自所有，夫或者妻一方对外所负的债务，相对人知道该约定的，以夫或者妻一方的个人财产清偿。

（六）继承编的基本内容

概念	具体内容
继承	继承是因自然人死亡而产生遗产权利转移的法律后果 遗嘱继承在适用上优先于法定继承 遗嘱为要式法律行为 遗赠是遗嘱处分的一种，与遗嘱继承的区别在于受遗赠人不具有法定继承人身份
遗产	遗产是被继承人死亡时遗留的个人合法财产，包括物权、债权、知识产权、继承权、股权和其他投资性权利，以及其他法律明确规定为遗产的财产 继承人以所得遗产的实际价值为限，清偿被继承人依法应当缴纳的税款和债务 经法定程序认定为无主财产的，且为无人继承又无人受遗赠的遗产，归国家或集体所有制组织所有

（七）侵权责任编的基本内容

<table>
<tr><th>概念</th><th colspan="2">具体内容</th></tr>
<tr><td>侵权责任</td><td colspan="2">侵权责任是因侵权行为而应承担的民事法律后果
一般侵权责任的构成要件包括加害行为、损害事实、因果关系和过错
以过错责任原则为归责原则，辅之以过错推定责任、无过错责任与公平责任三种其他归责事由</td></tr>
<tr><td rowspan="4">归责原则</td><td>过错责任原则</td><td>以行为人主观上具有过错为承担侵权责任的必要条件</td></tr>
<tr><td>过错推定责任</td><td>行为人不能证明自己没有过错的，推定其具有过错并承担相应的侵权责任</td></tr>
<tr><td>无过错责任</td><td>不论行为人主观上是否具有过错，只要行为人的行为与损害事实之间具有因果关系，就应承担民事责任</td></tr>
<tr><td>公平责任</td><td>根据民法公平原则，由行为人对受害人的财产损害给予适当的补偿，当事人之间合理分担损失的一种责任类型</td></tr>
</table>

【单选题】教育机构对无民事行为能力人受到人身损害时的过错责任推定，采取（　　）原则。

A. 惩罚性过错　　B. 轻微过错责任

C. 过错推定　　D. 无过错推定

【参考答案】C

《民法典》第一千一百九十九条规定，无民事行为能力人在幼儿园、学校或者其他教育机构学习、生活期间受到人身损害的，幼儿园、学校或者其他教育机构应当承担侵权责任；但是，能够证明尽到教育、管理职责的，不承担侵权责任，以上表述就是过错推定的表述。

二、《民法典》与税务工作

<table>
<tr><th>项目</th><th colspan="2">具体内容</th></tr>
<tr><td>《民法典》和税法衔接</td><td colspan="2">《民法典》是税务行政行为的基础性规范
《民法典》对税收立法提供了思维启发
《民法典》与税费法律有所差异，两者属于相互独立的法律体系</td></tr>
<tr><td>《民法典》中直接涉及税费的条款</td><td colspan="2">1. 财产代管人应当妥善管理失踪人的财产，维护其财产权益。失踪人所欠税款、债务和应付的其他费用，由财产代管人从失踪人的财产中支付
2. 分割遗产，应当清偿被继承人依法应当缴纳的税款和债务
3. 继承人以所得遗产实际价值为限清偿被继承人依法应当缴纳的税款和债务
4. 执行遗赠不得妨碍清偿遗赠人依法应当缴纳的税款和债务
5. 既有法定继承又有遗嘱继承、遗赠的，由法定继承人清偿被继承人依法应当缴纳的税款和债务；超过法定继承遗产实际价值部分，由遗嘱继承人和受遗赠人按比例以所得遗产清偿</td></tr>
<tr><td rowspan="3">《民法典》对税务行政行为的规范作用</td><td>对征管制度的规范</td><td>如在二手房交易、司法拍卖等民事行为中，第三人代为履行税费缴纳义务的执行程序</td></tr>
<tr><td>对监管制度的规范</td><td>《民法典》中人格权的有关规定要求税务机关必须保护好公民的个人隐私和信息安全</td></tr>
<tr><td>对税收保障制度的规范</td><td>《民法典》增加了代位权、撤销权的行使情形、实施规则，对税务机关在征收管理活动中行使优先权、代位权和撤销权产生了直接影响</td></tr>
</table>

【单选题】杨某因走失两年后，被其父母向人民法院申请宣告为失踪人，其财产由父母担任财产代管人进行管理。因杨某在失踪前取得一笔劳务报酬所得而未申报缴纳个人所得税，在系统中形成了欠税和滞纳金，下列处理方式正确的是（　　）。

A. 因纳税人已经失踪，主管税务机关不再过问

B. 虽然纳税人已经失踪，但应当由杨某的父母从自己的存款中支付欠税及滞纳金

C. 虽然纳税人已经失踪，但应当由杨某的父母从杨某的存款中支付欠税及滞纳金

D. 虽然纳税人已经失踪，但可以向杨某的兄弟姐妹追缴欠税及滞纳金

【参考答案】C

根据《民法典》第四十三条规定，财产代管人应当妥善管理失踪人的财产，维护其财产权益。失踪人所欠税款、债务和应付的其他费用，由财产代管人从失踪人的财产中支付。财产代管人因故意或者重大过失造成失踪人财产损失的，应当承担赔偿责任。故选项 C 正确。

第二节　社会保险相关法

一、社会保险领域的基本概念

项目	具体内容
社会保障	1. 国家依法运用财政资源和其他社会资金，对公民因自然或社会等原因导致的生活困难给予物质帮助或服务帮助的保障手段 2. 通常包括社会保险、社会救济、社会福利、社会优抚和社会互助等
社会保险	1. 国家通过立法建立社会保险基金，并在一定范围内对社会保险实行统筹调剂，以保险机制应对社会成员因年老、疾病、失业、工伤等原因导致的生活困难等社会风险 2. 社会保险属于社会保障制度的核心内容 3. 保障对象主要是全体劳动者，目的是保障其基本生活，具有补偿收入减少的性质
社会保险的特征	普遍性：保险对象和经费来源具有普遍性
	保险性：社会保险制度建立的基础是风险共担
	强制性：建立、相对人、项目、内容、费用缴纳、给付请求都具有强制性，无法自主决定
	互济性：参保成员通过国家、雇主、雇员共同筹资，发挥社会成员间的互助合作作用
社会保险的基本原则	1. 广覆盖、保基本、多层次、可持续的原则 2. 社会保险水平与经济社会发展水平相适应的原则
社会保险的监督制度	人大监督、政府监督、社会监督、举报投诉

【多选题】我国社会保险制度的基本原则包括（　　）。

A. 广覆盖、保基本、多层次、可持续的原则

B. 普遍性与强制性结合的原则

C. 社会保险水平与经济社会发展水平相适应的原则

D. 互济性与保险性结合的原则

【参考答案】AB

查询上表可知。

二、社会保险领域的违法责任

（一）用人单位、缴费单位、个人的违法责任

项目	具体内容
登记责任	用人单位不办理社会保险登记的，由社会保险行政部门责令限期改正；逾期不改正的，对用人单位处以罚款，对其直接负责的主管人员和其他直接责任人员处以罚款 缴费单位未按照规定办理登记事项，由劳动保障行政部门责令限期改正；情节严重或特别严重的，对直接负责的主管人员和其他直接责任人员可以处以罚款

续表

项目	具体内容
未按照规定申报	社保经办机构暂按该单位上月缴费数额的 110% 确定应缴数额 没有上月缴费数额的，社保经办机构暂按该单位的经营状况、职工人数、当地上年度职工平均工资等有关情况确定应缴数额
用人单位未按时足额缴纳社保费	征收机构责令限期缴纳或补足，并自欠缴之日起，向用人单位按日加收万分之五的滞纳金，逾期仍不缴纳的，由社保行政部门处以罚款
用人单位未依法代扣代缴	征收机构责令限期代缴，向用人单位按日加收万分之五的滞纳金
用人单位未按照规定期限补缴	社会保险经办机构按照《社会保险法》规定向用人单位开户银行或者其他金融机构查询其存款账户，并根据查询结果向所属的社会保险行政部门申请作出划拨社会保险费的决定
	如果出现下列情形之一： ①查询后用人单位开户银行账户余额少于应缴纳的社保费数额且未签订担保合同的 ②经划拨用人单位仍未足额清偿且未签订担保合同的 ③延期缴费协议期满后，因担保财产的市场价格或者权利状况发生变化，用人单位仍未足额清偿应缴纳的社会保险费的 社保经办机构可以按照《社会保险法》规定，向所在地有管辖权的人民法院申请扣押、查封、拍卖用人单位财产，以拍卖所得抵缴应缴纳的社会保险费、滞纳金
缴费单位未按规定缴纳和代扣代缴社会保险费的	劳动保障行政部门或者税务机关责令限期缴纳；逾期仍不缴纳的，除补缴欠缴数额外，从欠缴之日起，按日加收千分之二的滞纳金
缴费单位逾期拒不缴纳社会保险费、滞纳金	劳动保障行政部门或者税务机关申请人民法院依法强制征缴
欺诈、伪造证明材料或者其他手段骗取社会保险待遇	社保行政部门责令退回骗取的社保金并处罚款

【单选题】用人单位未按时足额缴纳社会保险费的，由社会保险费征收机构责令限期缴纳或补足，并自欠缴之日起，向用人单位按日加收（　　）的滞纳金，逾期仍不缴纳的，由社保行政部门处以罚款。

A. 万分之三　　B. 万分之五

C. 千分之一点五　　D. 千分之一

【参考答案】B

《社会保险法》第八十六条规定，用人单位未按时足额缴纳社会保险费的，由社会保险费征收机构责令限期缴纳或者补足，并自欠缴之日起，按日加收万分之五的滞纳金；逾期仍不缴纳的，由有关行政部门处欠缴数额一倍以上三倍以下的罚款。

（二）征收机构等经办管理单位的违法责任

项目	具体内容
违法违规	社保行政部门责令改正，追缴或退还相应社保费用 给社保基金、用人单位或个人造成损失的，依法承担赔偿责任 对直接负责的主管人员和其他直接责任人员依法给予处分
泄露用人单位和个人信息	对直接负责的主管人员和其他直接责任人员依法给予处分；给用人单位或者个人造成损失的，应当承担赔偿责任

三、社会保险领域的权益保障

项目	具体内容
缓缴	用人单位因不可抗力造成生产经营出现严重困难的，经省级人民政府社保管理部门批准后，可以暂缓缴纳一定期限的社会保险费，暂缓缴纳期限一般不超过 1 年 暂缓缴费期间，免收滞纳金
延期	用人单位未按时足额缴纳社保费时，社保经办机构可与用人单位签订抵押合同或者质押合同，并签订延期缴费协议 延期缴费协议期限最长不超过 1 年 用人单位提供担保并签订延期缴费协议的，其职工在延缴期间按照规定享受社会保险待遇
权利救济和争议解决	用人单位或者个人可以依法申请行政复议或者提起行政诉讼 缴费单位逾期拒不缴纳社会保险费、滞纳金的，由劳动保障行政部门或者税务机关申请人民法院依法强制征缴 个人与所在用人单位发生社会保险争议的，可以依法申请调解、仲裁或提起诉讼 用人单位侵害个人社会保险权益的，个人也可以要求社保管理部门或税务机关依法处理

【判断题】用人单位在终止或者解除劳动合同时拒不出具终止或者解除劳动关系证明的，由税务行政部门责令改正；因上述原因对劳动者造成无法享受社会保险待遇等损害的，应当依法承担赔偿责任。（　　）

【参考答案】×

根据《劳动合同法》第八十九条规定，用人单位违反本法规定未向劳动者出具解除或者终止劳动合同的书面证明，由劳动行政部门责令改正；给劳动者造成损害的，应当承担赔偿责任。《社会保险法》第八十五条保持了这一规定。

四、社会保险费征收职责划转

项目	具体内容
时间节点	1. 2018 年 7 月，国务院办公厅印发指导意见，明确自 2019 年起，税务部门统一征收各项社会保险费 2. 2020 年 11 月 1 日起，原由社保经办机构征收的 16 个地区的企业社会保险费也全部划转税务部门征收。至此，全国各地各项社会保险费均交由税务部门统一征收
影响	1. 对税务部门职能定位要求更高 2. 对税务部门职能监督要求更严 3. 对税务部门制度规范要求更细

第三节　非税收入规定

一、基本概念

项目	具体内容	税务部门征收的具体项目
基本概念	非税收入指除税收以外，由各级政府、国家机关、事业单位、代行政府职能的社会团体及其他组织，依法利用政府权力、政府信誉、国家资源、国有资产或提供特定公共服务、准公共服务取得并用于满足社会公共需要或准公共需要的财政资金，是政府参与国民收入分配和再分配的一种形式 ①行政事业性收费收入；②政府性基金收入；③罚没收入；④国有资源（资产）有偿使用收入；⑤国有资本收益；⑥彩票公益金收入；⑦特许经营收入；⑧中央银行收入；⑨以政府名义接受的捐赠收入；⑩主管部门集中收入；⑪政府收入的利息收入；⑫其他非税收入	行政事业性收费收入、政府性基金收入、国有资源（资产）有偿使用收入和其他非税收入等项目
行政事业性收费收入	国家机关、事业单位、代行政府职能的社会团体及其他组织根据法律、行政法规、地方性法规等有关规定，依照国务院规定程序批准，在向公民、法人提供特定服务的过程中，按照成本补偿和非营利原则向特定服务对象收取的费用	土地闲置费、城镇垃圾处理费、水土保持补偿费、防空地下室易地建设费、三峡电站水资源费、森林植被恢复费、草原植被恢复费等
政府性基金收入	为实现特定经济社会领域的政策目的，各级人民政府及其所属部门按照规定程序批准，依法向特定群体无偿征收的具有专项用途的一种非税收入	水利建设基金、国家重大水利工程建设基金、农网还贷资金、教育费附加、地方教育附加、文化事业建设费、中央水库移民扶持基金（含大中型水库移民后期扶持基金、三峡水库库区基金、跨省际大中型水库库区基金）、地方水库移民扶持基金、残疾人就业保障金、核电站乏燃料处理处置基金、废弃电器电子产品处理基金、可再生能源发展基金等

续表

项目	具体内容	税务部门征收的具体项目
国有资源（资产）有偿使用收入	执收单位利用各种形态的自然资源、公共资源、政府信誉、信息和技术资源向社会提供公共服务、准公共服务、经营服务以及出租、出让、转让国有资源使用权取得的收入	国有土地使用权出让收入、海域使用金、无居民海岛使用金、排污权出让收入、矿产资源专项收入
其他非税收入		油价调控风险准备金、核事故应急准备专项收入、国家留成油收入、石油特别收益金

【多选题】目前，由税务部门负责征收的非税收入主要包括（　　）。

A. 行政事业性收费收入　　　B. 政府性基金收入

C. 国有资源（资产）有偿使用收入　　　D. 社会保险费收入

【参考答案】ABC

目前，由税务部门负责征收的非税收入主要包括行政事业性收费收入、政府性基金收入、国有资源（资产）有偿使用收入和其他非税收入等项目。

二、管理职责

项目	具体内容
主管部门	各级财政部门： ①财政部负责制定全国非税收入管理制度和政策，按管理权限审批设立非税收入，征缴、管理和监督中央非税收入，指导地方非税收入管理工作 ②县级以上地方财政部门负责制定本行政区域非税收入管理制度和政策，按管理权限审批设立非税收入，征缴、管理和监督本行政区域非税收入
行政事业性收费设立审批	①中央单位申请设立的，应当向财政部、国家发改委提出书面申请，审核后报国务院批准 ②中央所属国家机关、事业单位、代行政府职能的社会团体及其他组织（以下简称申请单位）申请设立的行政事业性收费项目，应当向财政部、国家发展改革委提出书面申请 ③省级及以下申请单位申请设立一般收费项目，应当向省级财政、价格主管部门提出书面申请并由其审批； ④省级及以下申请单位申请设立的重要收费项目，应当向省级财政、价格主管部门提出书面申请，审核后报省级政府批准 ⑤省级单位、省以下单位申请设立专门面向企业的收费项目，应当向省级财政、价格主管部门提出书面申请，经审核后报省级政府审批，省级政府在审批前应当征得财政部和国家发展改革委同意
	省级政府及其财政、价格主管部门批准设立的收费项目，应当于批准之日起 30 日内报财政部和国家发展改革委备案
	不得批准设立行政事业性收费项目： ①没有法律、行政法规依据的 ②行政机关提供行政许可申请书格式文本的 ③违反 WTO 规则的 ④形成对其他区域的政策歧视，属于地方保护收费的

续表

项目	具体内容
	⑤专门面向农民收费的 ⑥有关部门和单位自行规定颁发证照，或按法律法规规定颁发的证照已有印制经费来源的 ⑦未经人事部批准组织专门技术人员资格考试的，未经劳动保障部批准组织职业技能鉴定考试的 ⑧除法律、行政法规、地方性法规或国务院规定以外，有关部门和单位自行举办强制性培训或已有培训经费来源的；为完成指令性培训任务举办培训班的；强制要求公民、法人参加各种评比活动的 ⑨未经批准自行设立的行政事业单位，以及国家机关未作规定或未经批准擅自将职责范围内的公务交由企事业单位、中介机构、社会团体办理的 ⑩国家下达并有财政预算经费的指令性产品质量检验监督的 ⑪国务院或省级政府及其财政、价格主管部门批准的收费项目重复交叉设置的 ⑫与明令公布取消的收费项目相类似的
政府性基金设立	政府性基金实行中央一级审批制度，遵循统一领导、分级管理的原则 设立必须以法律、行政法规和中共中央、国务院文件为依据，法律、行政法规和中共中央、国务院文件没有明确规定征收政府性基金的，不予审批

三、违法责任

人员	违法行为	处理措施
执收单位及其工作人员	①违反规定设立财政收入项目；违反规定擅自改变财政收入项目的范围、标准、对象和期限 ②对已明令取消、暂停执行或者降低标准的财政收入项目，仍然依照原定项目、标准征收或者变换名称征收 ③缓收、不收财政收入；擅自将预算收入转为预算外收入；其他违反国家财政收入管理规定的行为 ④隐瞒应当上缴的财政收入 ⑤滞留、截留、挪用应当上缴的财政收入 ⑥坐支应当上缴的财政收入 ⑦不依照规定的财政收入预算级次、预算科目入库 ⑧违反规定退付国库库款或者财政专户资金 ⑨其他违反国家财政收入上缴规定的行为	责令改正，补收应当收取的财政收入，调整有关会计账目，收缴应当上缴的财政收入，限期退还违法所得 对单位给予警告或者通报批评； 对直接负责的主管人员和其他直接责任人员给予警告、记过或记大过处分；情节严重的，给予降级或者撤职处分
	违反《税收征管法》等法律、行政法规	依照其规定给予处分
	构成犯罪	追究刑事责任
缴费人	不缴或者少缴财政收入	责令改正，调整有关会计账目，收缴应当上缴的财政收入，给予警告，没收违法所得，并处罚款；对直接负责的主管人员和其他直接责任人员处以罚款
	构成犯罪	追究刑事责任

四、缴纳义务人的权益保障

事项	保障措施
违规设立、扩大征收、提高征收标准	有权拒绝缴纳并向有关部门举报
需要缓缴、减缴、免缴非税收入	向执收单位提出书面申请
因违法行为受到处理、处罚和处分	依照《行政复议法》《行政诉讼法》的规定申请复议或者提起诉讼 国家公务员对行政处分不服的，依照相关法律、行政法规的规定提出申诉

五、非税收入划转与税务工作

项目	具体内容
时间节点	2018 年前，各级税务部门已经开始征收的非税收入包括了教育费附加、地方教育附加、文化事业建设费、废弃电器电子产品处理基金、残疾人就业保障金等项目 截至 2022 年 1 月，在全国范围内由税务部门负责征收的非税收入中央项目主要有 27 项
影响	1. 征管要求进一步精准 2. 征缴服务进一步优化 3. 执法基础进一步稳固 4. 税收共治进一步深化

本章习题

一、单选题

1. (　　) 周岁以上的未成年人为限制民事行为能力人，实施民事法律行为由其法定代理人代理或者经其法定代理人同意、追认。

A. 8　　B. 7　　C. 9　　D. 10

2. 法人以其（　　）财产独立承担民事责任。

A. 全部　　B. 部分　　C. 出资额　　D. 多数

3. 向人民法院请求保护民事权利的诉讼时效期间为（　　）。法律另有规定的，依照其规定。

A. 一年　　B. 两年　　C. 三年　　D. 四年

4. 下列不属于代理权的滥用的是（　　）。

A. 自己代理　　B. 双方代理

C. 代理人与第三人恶意串通　　D. 紧急情况下的转代理

5. 债权人撤销权的行使范围以债权人的债权为限。债权人行使撤销权的必要费用，由（　　）负担。

A. 债权人　　B. 债务人　　C. 相对人　　D. 第三人

二、多选题

1. 法人成立的基本条件有（　　）。

A. 名称　　B. 成员　　C. 组织机构　　D. 住所

2. 债权是因（　　）以及法律的其他规定，权利人请求特定义务人为或者不为一定行为的权利。

A. 合同　　B. 侵权　　C. 无因管理　　D. 不当得利

3. 下列属于无因管理的是（　　）。

A. 甲将晕倒的乙送到医院

B. 甲的宠物狗走失，乙将其带回家中，准备次日寻找失主并归还

C. 甲邻居家失火，乙怕大火殃及自己于是灭火

D. 一货车因路颠簸掉落一袋货物被甲拾得

4. 下列属于夫妻双方共同债务的是（　　）。

A. 夫妻共同签字　　B. 一方故意隐瞒的额外债务

C. 夫妻一方事后追认　　D. 债务用于夫妻共同生活

参考答案与解析

一、单选题

1. 【参考答案】A

《民法典》修改了限制民事行为能力的年龄限制，规定八周岁以上的未成年人为限制民事行为能力人，实施民事法律行为由其法定代理人代理或者经其法定代理人同意、追认。

2. 【参考答案】A

法人以其全部财产独立承担民事责任；法人的股东一般以其出资承担民事责任。也就是说所谓的有限责任公司的有限是指股东、出资人的责任有限，但是对于法人本身来说其责任是无限的。

3. 【参考答案】C

《民法典》修改了诉讼时效的限制，第一百八十八条规定，向人民法院请求保护民事权利的诉讼时效期间为三年。法律另有规定的，依照其规定。

4. 【参考答案】D

一般来说自己代理（代理对方和自己发生民事法律关系）、双方代理（既代理甲方又代理乙方）、代理人与第三人恶意串通和未经被代理人同意的转代理都属于代理权滥

用。但是《民法典》第一百六十九条规定，紧急情况下代理人为了维护被代理人的利益需要转委托第三人代理不属于代理权滥用。

5. 【参考答案】B

《民法典》第五百四十条规定，撤销权的行使范围以债权人的债权为限。债权人行使撤销权的必要费用，由债务人负担。

三、多选题

1. 【参考答案】ACD

《民法典》第五十八条规定，法人应当有自己的名称、组织机构、住所、财产或者经费。

2. 【参考答案】ABCD

《民法典》第一百一十八条对债权进行了定义，规定债权是因合同、侵权行为、无因管理、不当得利以及法律的其他规定，权利人请求特定义务人为或者不为一定行为的权利。

3. 【参考答案】AB

《民法典》对无因管理的定义为管理人没有法定的或者约定的义务，为避免他人利益受损失而管理他人事务的。其关键在于为了他人的利益实施了管理行为，且他人得利。选项中 C 选项是为了自己的利益所以不属于无因管理；D 选项属于不当得利（因为行为人自己获得了利益）。

4. 【参考答案】ACD

《民法典》第一千零六十四条规定，夫妻双方共同签名或者夫妻一方事后追认等共同意思表示所负的债务，以及夫妻一方在婚姻关系存续期间以个人名义为家庭日常生活需要所负的债务，属于夫妻共同债务。也就是说夫妻共同债务要求双方均确认或追认，或者用于共同生活。

第二十二章　相关法规对公务员履职责任规定

【学习目的】

本章重点在于对税务人员违纪违法行为的处理规定。首先需要掌握公务员的基本权利、义务和责任。由于《政务处分法》的实施对税务人员违纪违法责任追究规定有了一定的变化，这部分需要重点掌握。对于职务犯罪行为可以从犯罪的主体、客体、主观和客观犯罪构成进行逐项掌握。

第一节　公务员的基本权利义务及其责任

基本权利	1. 获得履行职责应当具有的工作条件 2. 非因法定事由、非经法定程序，不被免职、降职、辞退或者处分 3. 获得工资报酬，享受福利、保险待遇 4. 参加培训 5. 对机关工作和领导人员提出批评和建议 6. 提出申诉和控告 7. 申请辞职 8. 法律规定的其他权利
基本义务	1. 忠于宪法，模范遵守、自觉维护宪法和法律，自觉接受中国共产党领导 2. 忠于国家，维护国家的安全、荣誉和利益 3. 忠于人民，全心全意为人民服务，接受人民监督 4. 忠于职守，勤勉尽责，服从和执行上级依法作出的决定和命令，按照规定的权限和程序履行职责，努力提高工作质量和效率 5. 保守国家秘密和工作秘密 6. 带头践行社会主义核心价值观，坚守法治，遵守纪律，恪守职业道德，模范遵守社会公德、家庭美德 7. 清正廉洁，公道正派 8. 法律规定的其他义务
责任	1. 内部行政纪律责任：公务员违反内部行政纪律，由行政机关对其成员给予惩戒的相关责任 形式主要包括批评教育、责令作出书面检查、通报批评、取消评选先进的资格、责令待岗、调离执法岗位、取消执法资格等惩戒措施 2. 行政法律责任：公务员因违反《公职人员政务处分法》《公务员法》和其他公务员管理法规而应承担的法律责任 3. 刑事法律责任：指公务员实施了与公务员身份有关、违反《刑法》的行为，依据《刑法》由司法机关追究的法律责任

续表

责任	公务员刑事法律责任的追究主体是司法机关。税务机关在行政管理过程中发现税务人员涉嫌犯罪，可能承担刑事法律责任的，应当向司法机关移送。税务机关无权对税务人员是否构成犯罪的问题作出结论，也不得拒绝或延误向司法机关移送案件 4. 公务员执行公务时，认为上级的决定或者命令有错误的，可以向上级提出改正或者撤销该决定或者命令的意见；上级不改变该决定或者命令，或者要求立即执行的，公务员应当执行该决定或者命令，执行的后果由上级负责，公务员不承担责任；但是，公务员执行明显违法的决定或者命令的，应当依法承担相应的责任

【多选题】税务人员应依法履行的义务有（　　）。

A. 忠于宪法，模范遵守、自觉维护宪法和法律，自觉接受中国共产党领导

B. 对机关工作和领导人员提出批评和建议

C. 忠于职守，勤勉尽责，服从和执行上级依法作出的决定和命令，按照规定的权限和程序履行职责，努力提高工作质量和效率

D. 忠于国家，维护国家的安全、荣誉和利益

【参考答案】ACD

选项 B 属于公务员的权利，因此不选。

第二节　税务违纪违法及其行政法律责任

一、政务处分法

1. 政务处分的基本概念

概念	具体规定
基本概念	政务处分是指监察机关、公职人员任免机关及单位依照宪法和法律规定的职责，对行使公权力的公职人员违法行为给予的一种处置措施
政务处分的条件	①需要追究违纪违法责任 ②被处分人具有公职人员的身份 ③该公职人员个人对该违纪违法行为的发生负有责任
公职人员的范围	包括：公务员以及参照《公务员法》管理的人员 法律、法规授权或者受国家机关依法委托管理公共事务的组织中从事公务的人员 国有企业管理人员 公办的教育、科研、文化、医疗卫生、体育等单位中从事管理的人员 基层群众性自治组织中从事管理的人员 其他依法履行公职的人员
时间节点	1. “政务处分”首次在 2018 年 3 月 20 日实施的《中华人民共和国监察法》（以下简称《监察法》）中以法律的形式明确 2. 2020 年 6 月 20 日，第十三届全国人民代表大会常务委员会第十九次会议通过了《中华人民共和国公职人员政务处分法》（简称《政务处分法》），自 2020 年 7 月 1 日起施行

2. 政务处分的种类

1. 警告	警告适用于轻微违纪行为，违纪后果影响较小的情形
	处分时间为 6 个月
2. 记过	记过是一种将公务员过错记录在案，使其承担一定的不利后果的处分形式
	处分时间为 12 个月
3. 记大过	记大过是一种比记过更严重的行政处分
	处分时间为 18 个月
4. 降级	降级是降低公务员现任职务级别，使其遭受一定的物质利益损失和精神压力的处分形式
	处分时间为 24 个月
5. 撤职	撤职即解除公务员现任职务的一种处分形式，适用于违纪情节严重、社会危害较大、造成了严重后果的公务员
	处分时间为 24 个月
6. 开除	开除即对现职公务员开除公职、予以除名，不再拥有公务员身份
	被处以开除处分的公务员，不能再被录用为公务员以及参照《公务员法》管理的人员
7. 对工资待遇等影响	1. 受警告处分的，在处分影响期间，不得晋升职务和级别，但可以晋升工资档次；其他处分的在处分影响期间，不得晋升职务和级别，但不得晋升工资档次 2. 受到开除以外的政务处分，在政务处分期内有悔改表现，并且没有再发生应当给予政务处分的违法行为的，政务处分期满后自动解除，晋升职务、职级、衔级、级别、岗位和职员等级、职称、薪酬待遇不再受原政务处分影响 3. 解除降级、撤职的，不恢复原职务、职级、衔级、级别、岗位和职员等级、职称、薪酬待遇 4. 已经退休人员、已经离职或者死亡的公职人员不再给予政务处分，但是可以对其立案调查；依法应当予以降级、撤职、开除的，应当按照规定相应调整其享受的待遇，对其违法取得的财物和用于违法行为的本人财物依法处理

【单选题】税务人员在受一定的行政处分期间很多都不得晋升职务、职级和级别，但是在受到（　　）处分时，可以晋升工资档次。

A. 警告　　B. 记过　　C. 降级　　D. 撤职

【参考答案】A

《公务员法》第六十四条规定，公务员在受处分期间不得晋升职务、职级和级别，其中受记过、记大过、降级、撤职处分的，不得晋升工资档次。

3. 政务处分的适用

形式	要点
从轻或者减轻、免予或者不予政务处分	1. 有下列情形之一的可以从轻或者减轻： ①主动交代本人应当受到政务处分的违法行为的 ②配合调查，如实说明本人违法事实的 ③检举他人违纪违法行为，经查证属实的 ④主动采取措施，有效避免、挽回损失或者消除不良影响的 ⑤在共同违法行为中起次要或者辅助作用的

续表

形式	要点
从轻或者减轻、免予或者不予政务处分	⑥主动上交或者退赔违法所得的 ⑦法律、法规规定的其他从轻或者减轻情节 2. 公职人员违法行为情节轻微，且具有上述七种情形之一的，可以对其进行谈话提醒、批评教育、责令检查或者予以诫勉，免予或者不予政务处分（进一步减轻） 3. 可以减轻、免予或者不予政务处分：因不明真相被裹胁或者被胁迫参与违法活动，经批评教育后确有悔改表现的
从重给予政务处分	1. 有下列情形之一的，应当从重给予政务处分：（加重违法行为、包庇对抗检查） ①在政务处分期内再次故意违法，应当受到政务处分的 ②阻止他人检举、提供证据的 ③串供或者伪造、隐匿、毁灭证据的 ④包庇同案人员的 ⑤胁迫、唆使他人实施违法行为的 ⑥拒不上交或者退赔违法所得的 ⑦法律、法规规定的其他从重情节
公职人员犯罪是否开除	1. 有下列情形之一的，予以开除：（故意违法被判刑，过失犯罪三年以上，对抗人民被剥夺政治权利） ①因故意犯罪被判处管制、拘役或者有期徒刑以上刑罚（含宣告缓刑）的 ②因过失犯罪被判处有期徒刑，刑期超过 3 年的 ③因犯罪被单处或者并处剥夺政治权利的 2. 过失犯罪被判处管制、拘役或者 3 年以下有期徒刑的，一般应当予以开除；案件情况特殊，予以撤职更为适当的，可以不予开除，但是应当报请上一级机关批准 3. 公职人员因犯罪被单处罚金，或者犯罪情节轻微，人民检察院依法作出不起诉决定或者人民法院依法免予刑事处罚的，予以撤职；造成不良影响的，予以开除 （基本上犯罪都可能导致开除后果，过失犯罪 3 年以下，或者无主刑、不起诉或者免于处罚的可以用撤职代替开除）
合并处理	1. 公职人员有两个以上违法行为的，应当分别确定政务处分 2. 执行其中最重的政务处分 3. 给予撤职以下多个相同政务处分的，可以在一个政务处分期以上、多个政务处分期之和以下确定政务处分期，但是最长不得超过 48 个月
一事不二罚	同一违法行为，监察机关和公职人员任免机关、单位不得重复给予政务处分和处分

4. 违法行为及其政务责任

情形	处罚
违反政治要求	有下列行为之一，记过或者记大过；情节较重的，予以降级或者撤职；情节严重的，予以开除： ①散布有损宪法权威、中国共产党领导和国家声誉的言论的 ②参加旨在反对宪法、中国共产党领导和国家的集会、游行、示威等活动的 ③拒不执行或者变相不执行中国共产党和国家的路线方针政策、重大决策部署的 ④参加非法组织、非法活动的 ⑤挑拨、破坏民族关系，或者参加民族分裂活动的 ⑥利用宗教活动破坏民族团结和社会稳定的 ⑦在对外交往中损害国家荣誉和利益的

续表

情形	处罚
违反政治要求	2. 下列行为之一的，对策划者、组织者和骨干分子，予以开除： ①参加旨在反对宪法、中国共产党领导和国家的集会、游行、示威等活动的 ②参加非法组织、非法活动的 ③挑拨、破坏民族关系，或者参加民族分裂活动的 ④利用宗教活动破坏民族团结和社会稳定的
	开除： 公开发表反对宪法确立的国家指导思想，反对中国共产党领导，反对社会主义制度，反对改革开放的文章、演说、宣言、声明等的
违反组织要求的行为	有下列行为之一的，情节较重的，予以警告、记过或者记大过；情节严重的，予以降级或者撤职： ①不按照规定请示、报告重大事项 ②违反民主集中制原则，个人或者少数人决定重大事项，或者拒不执行、擅自改变集体作出的重大决定的 ③拒不执行或者变相不执行、拖延执行上级依法作出的决定、命令的
	警告、记过或者记大过： 违反个人有关事项报告规定，隐瞒不报，情节较重
	予以记过或者记大过；情节严重的，予以降级或者撤职： ①篡改、伪造本人档案资料的 ②违反规定出境或者办理因私出境证件的，违反规定取得外国国籍或者获取境外永久居留资格、长期居留许可的，予以撤职或者开除
	予以警告、记过或者记大过；情节较重的，予以降级或者撤职；情节严重的，予以开除： ①在选拔任用、录用、聘用、考核、晋升、评选等干部人事工作中违反有关规定的 ②弄虚作假，骗取职务、职级、衔级、级别、岗位和职员等级、职称、待遇、资格、学历、学位、荣誉、奖励或者其他利益的 ③对依法行使批评、申诉、控告、检举等权利的行为进行压制或者打击报复的 ④诬告陷害，意图使他人受到名誉损害或者责任追究等不良影响的 ⑤以暴力、威胁、贿赂、欺骗等手段破坏选举的
违反廉洁要求	予以警告、记过或者记大过；情节较重的，予以降级或者撤职；情节严重的，予以开除： ①贪污贿赂的 ②利用职权或者职务上的影响为本人或者他人谋取私利的 ③纵容、默许特定关系人利用本人职权或者职务上的影响谋取私利的 ④收受可能影响公正行使公权力的礼品、礼金、有价证券等财物的 ⑤违反规定从事或者参与营利性活动，或者违反规定兼任职务、领取报酬的
	有下列行为之一，情节较重的，予以警告、记过或者记大过；情节严重的，予以降级或者撤职： ①向公职人员及其特定关系人赠送可能影响公正行使公权力的礼品、礼金、有价证券等财物，或者接受、提供可能影响公正行使公权力的宴请、旅游、健身、娱乐等活动安排 ②违反规定设定、发放薪酬或者津贴、补贴、奖金的 ③违反规定，在公务接待、公务交通、会议活动、办公用房以及其他工作生活保障等方面超标准、超范围的 ④违反规定公款消费的

续表

情形	处罚
违反廉洁要求	撤职： 拒不按照规定纠正特定关系人违规任职、兼职或者从事经营活动，且不服从职务调整的
违反群众要求	有下列行为之一，情节较重的，予以警告、记过或者记大过；情节严重的，予以降级或者撤职： ①在管理服务活动中故意刁难、吃拿卡要的 ②在管理服务活动中态度恶劣粗暴，造成不良后果或者影响的 ③不按照规定公开工作信息，侵犯管理服务对象知情权，造成不良后果或者影响的
	有下列行为之一，情节较重的，予以警告、记过或者记大过；情节严重的，予以降级或者撤职，情节特别严重的，予以开除： ①违反规定向管理服务对象收取、摊派财物的 ②在管理服务活动中故意刁难、吃拿卡要的 ③其他侵犯管理服务对象利益的行为，造成不良后果或者影响的
	撤职；情节严重的，予以开除： 利用宗族或者黑恶势力等欺压群众，或者纵容、包庇黑恶势力活动的
违反工作要求	有下列行为之一的，予以警告、记过或者记大过；情节较重的，予以降级或者撤职；情节严重的，予以开除： ①违背社会公序良俗，在公共场所有不当行为，造成不良影响的 ②参与或者支持迷信活动，造成不良影响的 ③参与赌博的 ④拒不承担赡养、抚养、扶养义务的 ⑤实施家庭暴力，虐待、遗弃家庭成员的 ⑥其他严重违反家庭美德、社会公德的行为
	撤职或者开除 吸食、注射毒品，组织赌博，组织、支持、参与卖淫、嫖娼、色情淫乱活动的
其他违法	根据情节轻重给予相应政务处分

【多选题】《公职人员政务处分法》规定，公职人员犯罪，有下列情形之一的，应当予以开除。(　　)

A. 因故意犯罪被判处管制、拘役或者有期徒刑以上刑罚的，但宣告缓刑的

B. 因过失犯罪被判处有期徒刑，刑期超过三年的

C. 因犯罪被单处或者并处剥夺政治权利的

D. 因过失犯罪被判处管制、拘役或者三年以下有期徒刑

【参考答案】ABC

根据《公职人员政务处分法》第十四条规定，公职人员犯罪，有下列情形之一的，予以开除：

（一）因故意犯罪被判处管制、拘役或者有期徒刑以上刑罚（含宣告缓刑）的；

（二）因过失犯罪被判处有期徒刑，刑期超过三年的；

（三）因犯罪被单处或者并处剥夺政治权利的。

因过失犯罪被判处管制、拘役或者三年以下有期徒刑的，一般应当予以开除；案件情况特殊，予以撤职更为适当的，可以不予开除，但是应当报请上一级机关批准。

5. 政务处分的程序

程序	要点
立案调查	两名以上工作人员进行
听取被调查人的陈述和申辩	时间：作出政务处分决定前 被调查人提出的事实、理由和证据成立的，应予采纳 不得因被调查人的申辩而加重政务处分
作出处分决定	（1）作出政务处分决定 （2）撤销案件。对违法事实不能成立的，撤销案件 （3）作出免予、不予政务处分决定 （4）依法移送主管机关处理。对被调查人涉嫌其他违法或者犯罪行为的，依法移送主管机关处理
宣布处分决定	《政务处分决定书》应当及时送达被处分人和被处分人所在机关、单位，并在一定范围内宣布
执行处分	将《政务处分决定书》存入其本人档案 对于受到降级以上政务处分的，应当由人事部门按照管理权限在作出政务处分决定后一个月内办理职务、工资及其他有关待遇等的变更手续
复审复核	（1）公职人员对作出的涉及本人的政务处分决定不服的，可以依法向作出决定的机关申请复审；公职人员对复审决定仍不服的，可以向作出决定的机关的上一级机关申请复核 （2）复审、复核期间，不停止原政务处分决定的执行 （3）公职人员不因提出复审、复核而被加重政务处分 （4）复审、复核机关应当依法进行复审复核，并作出决定 处分决定被变更，调整相应的待遇、职务职级等 决定被撤销的，应恢复待遇、职务职级，并在原决定公布范围内恢复名誉 没收、追缴财物错误的，应当依法予以返还、赔偿 因被撤销政务处分或者减轻政务处分的，应当对其薪酬待遇受到的损失予以补偿

【多选题】因税收违纪违法行为受到处分的人员对处分决定不服的，可以申请复核或者申诉的法律依据有（　　）。

A.《宪法》　　B.《公务员法》

C.《行政机关公务员处分条例》　　D.《刑法》

【参考答案】BC

《公务员法》第九十五条规定，公务员对涉及本人的下列人事处理不服的，可以自知道该人事处理之日起三十日内向原处理机关申请复核；对复核结果不服的，可以自接到复核决定之日起十五日内，按照规定向同级公务员主管部门或者作出该人事处理的机关的上一级机关提出申诉；也可以不经复核，自知道该人事处理之日起三十日内直接提出申诉……

《行政机关公务员处分条例》第四十八条规定，受到处分的行政机关公务员对处分决定不服的，依照《中华人民共和国公务员法》和《中华人民共和国行政监察法》的有关规定，可以申请复核或者申诉。复核、申诉期间不停止处分的执行。

二、税收违法违纪法律责任追究

1. 税务违纪违法概述

概念	具体内容
主体	税务机关和税务人员 责任承担主体是税务机关负有责任的领导人员和直接责任人员
税务执法有关责任人员明知或应知其行为违反了法律法规的规定，侵犯了国家税收征管秩序，侵害了纳税人合法权益，给国家税收造成损失，同时也损害税务机关及税务人员职务行为的廉洁性	

2. 税务违纪违法处分制度

制度	具体内容
依权限实施责任追究制度（实施主体）	由处分决定机关对税务执法有关责任人员违纪违法情况进行调查 处分决定机关即处分的实施主体，分别是任免机关和监察机关 任免机关的处分权限一般限于由其任命的公务员 监察机关对所有行使公权力的公职人员进行监察实施主体
申请复核或者申诉制度 （救济途径）	受处分人员可以： （1）向处分机关申请复核 （2）向上级税务机关申诉 （3）向有管辖权的监察机关申请复核
税收违纪违法案件移送制度	（1）政纪处分和党纪处分不能相互替代，党员有税收违法违纪行为，应当给予党纪处分的，移送党的纪律检查机关处理 （2）对于涉嫌犯罪的，除依据相关规定给予党纪、政纪处分外，还应当移送司法机关依法追究刑事责任

3. 责任追究的处分规定

处分内容	情节
警告或者记过处分；情节较重的，给予记大过或者降级处分；情节严重的，给予撤职处分	（1）税务机关及税务人员违反法定权限、条件和程序办理开业、变更或者注销税务登记的 （2）违反规定发放、收缴税控专用设备的 （3）违反规定开具完税凭证、罚没凭证的 （4）违反法定程序为纳税人办理减税、免税、退税手续的 （5）违反规定采取税收保全、强制执行措施的，查封、扣押纳税人个人及其所扶养家属维持生活必需的住房和用品的 （6）违反规定作出涉及税收优惠的资格认定、审批的 （7）未按规定要求当事人出示税收完税凭证或者免税凭证而为其办理行政登记、许可、审批等事项的 （8）违反规定办理纳税担保的 （9）违反规定提前征收、延缓征收税款的 （10）未经税务机关依法委托征收税款，或者虽经税务机关依法委托但未按照有关法律、行政法规的规定征收税款的

续表

处分内容	情节
记过或者记大过处分；情节较重的，给予降级或者撤职处分；情节严重的，给予开除处分	（1）税务机关及税务人员违反规定发售、保管、代开增值税专用发票以及其他发票，致使国家税收遭受损失或者造成其他不良影响的 （2）违反规定核定应纳税额、调整税收定额，导致纳税人税负水平明显不合理的 （3）对管辖范围内的税收违法行为，发现后不予处理或者故意拖延查处 （4）徇私舞弊或者玩忽职守，不征或者少征应征税款，致使国家税收遭受损失的 （5）违反规定要求纳税人、扣缴义务人委托税务代理，或者为其指定税务代理机构的 （6）税务机关领导干部的近亲属在本人管辖的业务范围内从事与税收业务相关的中介活动，经劝阻其近亲属拒不退出或者本人不服从工作调整的 （7）在履行职务过程中侵害公民、法人或者其他组织合法权益的；滥用职权，故意刁难纳税人、扣缴义务人的 （8）对控告、检举税收违纪违法行为的纳税人、扣缴义务人以及其他检举人进行打击报复的 （10）索取、接受或者以借为名占用纳税人、扣缴义务人财物的；以明显低于市场的价格向管辖范围内纳税人购买物品的；以明显高于市场的价格向管辖范围内纳税人出售物品的；利用职权向纳税人介绍经营业务，谋取不正当利益的；违反规定要求纳税人购买、使用指定的税控装置的 （11）隐匿、毁损、伪造、变造税收违法案件证据的；提供虚假税务协查函件的；出具虚假涉税证明的 （12）违反法律、行政法规的规定，摊派税款的；违反法律、行政法规的规定，擅自作出税收的开征、停征或者减税、免税、退税、补税以及其他同税收法律、行政法规相抵触的决定的 （13）不依法履行代扣代缴、代收代缴税款义务，致使国家税款遭受损失的
记大过处分；情节较重的，给予降级或者撤职处分；情节严重的，给予开除处分	（1）税务机关私分、挪用、截留、非法占有税款、滞纳金、罚款或者查封、扣押的财物以及纳税担保财物的 （2）税务机关及税务人员违反规定为纳税人、扣缴义务人提供银行账户、发票、证明或者便利条件，导致未缴、少缴税款或者骗取国家出口退税款的 （3）向纳税人、扣缴义务人通风报信、提供便利或者以其他形式帮助其逃避税务行政处罚的 （4）逃避缴纳税款、抗税、逃避追缴欠税、骗取出口退税的 （5）伪造、变造、非法买卖发票的 （6）故意使用伪造、变造、非法买卖的发票，造成不良后果的

【单选题】税务机关及税务人员违反规定发售、保管、代开增值税专用发票以及其他发票，致使国家税收遭受损失或者造成其他不良影响的（非情节较重或情节严重），对有关责任人，要给予的处分是（　　）。

A. 警告或者记过　　B. 记过或者记大过

C. 降级或者撤职　　D. 开除

【参考答案】B

《税收违法违纪行为处分规定》第四条规定，税务机关及税务人员违反规定发售、保管、代开增值税专用发票以及其他发票，致使国家税收遭受损失或者造成其他不良影响的，对有关责任人员，给予记过或者记大过处分。该条同时规定情节较重的，给予降级或者撤职处分；情节严重的，给予开除处分。

第三节　税收职务犯罪及其刑事法律责任

一、税务职务犯罪的一般特征

概念	内容
概念	税务机关工作人员在与其职务和身份有关的活动中，触犯《刑法》，依据《刑法》规定应当承担刑事责任的行为
主体	犯罪主体是国家工作人员 徇私舞弊不征、少征税款罪和徇私舞弊发售发票、抵扣税款、出口退税罪，只有税务机关工作人员才能成为犯罪主体
客体	《刑法》所保护的我国税收征管制度 税务机关的正常管理秩序 公共财产权和国家工作人员职务的廉洁性

【多选题】通常所称的职务犯罪，犯罪主体包括（　　）。

A. 国家机关任职的公务员

B. 虽然不具有公务员身份，但在国家机关任职的人员

C. 在其他单位任职而代表国家履行公务的人员

D. 具有公务员身份，但是行为和职务无关

【参考答案】ABC

通常所称的职务犯罪，犯罪主体是国家工作人员，主要是在国家机关任职的公务员；一些虽然不具有公务员身份，但在国家机关任职，或者在其他单位任职而代表国家履行公务，在其履行公务的过程中犯罪，也可以作为职务犯罪的主体，构成职务犯罪。故选项A、B、C符合题意。虽然具有公务员身份，但是行为和职务无关，则也不是职务犯罪的主体。因此D选项错误。

二、玩忽职守罪

主观方面	过失
客观方面	严重不负责任，不履行或者不认真履行职责，致使公共财产、国家和人民利益遭受重大损失
刑事处罚	处3年以下有期徒刑或者拘役；情节特别严重的，处3年以上7年以下有期徒刑
构成标准“致使公共财产、国家和人民利益遭受重大损失”	①造成死亡1人以上，或者重伤3人以上，或者轻伤9人以上，或者重伤2人、轻伤3人以上，或者重伤1人、轻伤6人以上的 ②导致20人以上严重中毒的 ③造成经济损失30万元以上的 ④造成公司、企业等单位停业、停产1年以上，或者破产的

续表

构成标准“致使公共财产、国家和人民利益遭受重大损失”	⑤海关、外汇管理部门的工作人员严重不负责任，造成 100 万美元以上外汇被骗购或者逃汇 1 000 万美元以上的 ⑥严重损害国家声誉，或者造成恶劣社会影响的 ⑦其他致使公共财产、国家和人民利益遭受重大损失的情形

【提示】玩忽职守罪是一种结果犯罪，即只有出现法定的危害后果，才追究刑事责任。

【单选题】税务机关工作人员在税收工作中严重不负责任，不征或少征税款，致使国家税收遭受重大损失，应按（　　）追究刑事责任。

A. 徇私舞弊不征或少征税款罪　　B. 玩忽职守罪

C. 危害税收征管罪　　D. 滥用职权罪

【参考答案】B

徇私舞弊不征、少征税款罪是带有主观故意，为徇私情私利，违反规定，因税务工作人员“严重不负责任”，所以，构成玩忽职守罪。

三、滥用职权罪

主体	国家机关工作人员
主观方面	间接故意
客体	为超越职权，违法决定、处理其无权决定、处理的事项，或者违反规定处理公务，致使公共财产、国家和人民利益遭受重大损失的行为
客观方面	滥用职权罪也是结果犯罪，只有存在公共财产、国家和人民利益遭受重大损失的特定危害后果才追究刑事责任
立案标准	①造成死亡 1 人以上，或者重伤 3 人以上，或者轻伤 9 人以上，或者重伤 2 人、轻伤 3 人以上，或者重伤 1 人、轻伤 6 人以上的 ②导致 10 人以上严重中毒的 ③造成经济损失 30 万元以上的 ④造成公司、企业等单位停业、停产 6 个月以上，或者破产的 ⑤弄虚作假，不报、缓报、谎报或者授意、指使、强令他人不报、缓报、谎报情况，导致重特大事故危害结果继续、扩大，或者致使抢救、调查、处理工作延误的 ⑥严重损害国家声誉，或者造成恶劣社会影响的 ⑦其他致使公共财产、国家和人民利益遭受重大损失的情形
刑事处罚	处 3 年以下有期徒刑或者拘役；情节特别严重的，处 3 年以上 7 年以下有期徒刑

四、徇私舞弊发售发票、抵扣税款、出口退税罪

主体	税务机关的工作人员
主观方面	故意
客体	税务机关的税收征管秩序
客观方面	违反法律、行政法规的规定，在办理发售发票、抵扣税款、出口退税工作中徇私舞弊，致使国家利益遭受重大损失的行为
立案标准	“致使国家利益遭受重大损失” （1）徇私舞弊，致使国家税收损失累计达10万元以上的 （2）徇私舞弊，致使国家税收损失累计不满10万元，但发售增值税专用发票25份以上或者其他发票50份以上或者增值税专用发票与其他发票合计50份以上，或者具有索取、收受贿赂或者其他恶劣情节的 （3）其他致使国家利益遭受重大损失的情形
刑事处罚	处5年以下有期徒刑或者拘役；致使国家利益遭受特别重大损失的，处5年以上有期徒刑

五、徇私舞弊不征、少征税款罪

主体	主观故意
主观方面	国家税务机关正常的税收征管秩序
客体	为徇私舞弊，为了私情私利，弄虚作假，对应当征收的税款不征或者少征
客观方面	①徇私舞弊不征、少征应征税款，致使国家税收损失累计达10万元以上的 ②上级主管部门工作人员指使税务机关工作人员徇私舞弊不征、少征应征税款，致使国家税收损失累计达10万元以上的 ③徇私舞弊不征、少征应征税款不满10万元，但具有索取或者收受贿赂或者其他恶劣情节的 ④其他致使国家税收遭受重大损失的情形
刑事处罚	处5年以下有期徒刑或者拘役；造成特别重大损失的，处5年以上有期徒刑

【单选题】某市税务局稽查局工作人员甲接到对A公司的举报信，甲私自打电话给A公司法定代表人，向其索要10万元，并许诺对举报材料反映的问题不予查处。后A公司付现金6万元给甲。甲遂隐瞒检查案件的真实情况，对A公司偷税行为未予查处，致使不征应征税款89万元。该税务人员甲涉嫌（　　）。

A. 滥用职权罪和受贿罪

B. 玩忽职守罪和受贿罪

C. 徇私舞弊不征少征税款罪和受贿罪

D. 徇私舞弊不移送刑事案件罪和受贿罪

【参考答案】C

徇私舞弊不征少征税款罪，是指税务机关工作人员徇私舞弊，不征少征应征税款，致使国家税收遭受重大损失的行为。国家机关工作人员超越职权、违法决定、处理其

无权决定、处理的事项，或者违反规定处理公务，致使公共财产、国家和人民利益遭受重大损失的行为，构成滥用职权罪。

六、徇私舞弊不移交刑事案件罪

主观方面	故意
客观方面	以徇私舞弊为要件 如果只是对是否应当移交存在不同观点或错误认识，造成未予移交的，不能追究本罪
“情节严重”	（1）对依法可能判处3年以上有期徒刑、无期徒刑、死刑的犯罪案件不移交的 （2）不移交刑事案件涉及3人次以上的 （3）司法机关提出意见后，无正当理由仍然不予移交的 （4）以罚代刑，放纵犯罪嫌疑人，致使犯罪嫌疑人继续进行违法犯罪活动的 （5）行政执法部门主管领导阻止移交的 （6）隐瞒、毁灭证据，伪造材料，改变刑事案件性质的 （7）直接负责的主管人员和其他直接责任人员为牟取本单位私利而不移交刑事案件，情节严重的
刑事处罚	处3年以下有期徒刑或者拘役；造成严重后果的，处3年以上7年以下有期徒刑

七、帮助犯罪分子逃避处罚罪

主观方面	故意
客观方面	为向犯罪分子通风报信、提供便利，帮助犯罪分子逃避处罚，主要包括以下行为： （1）向犯罪分子泄漏有关部门查禁犯罪活动的部署、人员、措施、时间、地点等情况的 （2）向犯罪分子提供钱物、交通工具、通信设备、隐藏处所等便利条件的 （3）向犯罪分子泄漏案情的 （4）帮助、示意犯罪分子隐匿、毁灭、伪造证据，或者串供、翻供的 （5）其他帮助犯罪分子逃避处罚应予追究刑事责任的情形
刑事处罚	税务机关工作人员犯帮助犯罪分子逃避处罚罪，处3年以下有期徒刑或者拘役；情节严重的，处3年以上10年以下有期徒刑

八、受贿罪

主观方面	直接故意
客观方面	以利用职务便利为前提： （1）利用职务上的便利，索取他人财物，即主动的索贿行为 （2）利用职务上的便利，非法收受他人财物，为他人谋取利益
立案标准	①受贿数额在3万元以上的 ②受贿数额在1万元以上不满3万元，但具有下列情形之一的：曾因贪污、受贿、挪用公款受过党纪、行政处分的；曾因故意犯罪受过刑事追究的；赃款赃物用于非法活动的；拒不交待赃款赃物去向或者拒不配合追缴工作，致使无法追缴的；造成恶劣影响或者其他严重后果的；多次索贿的；为他人谋取不正当利益，致使公共财产、国家和人民利益遭受损失的；为他人谋取职务提拔、调整的

续表

刑事处罚	1. 受贿数额较大依法判处3年以下有期徒刑或者拘役，并处罚金 数额较大：是指受贿数额3万元以上但不满20万元的，或者受贿数额在1万元以上不满3万元但有其他较重情节的 2. 受贿数额巨大，依法判处3年以上10年以下有期徒刑，并处罚金或者没收财产 数额巨大：是指受贿数额在20万元以上不满300万元的，或者受贿数额在10万元以上不满20万元，但有法定的其他严重情节的 3. 受贿数额特别巨大，处10年以上有期徒刑或者无期徒刑，应当并处50万元以上犯罪数额2倍以下的罚金或者没收财产；数额特别巨大，并使国家和人民利益遭受特别重大损失的，处无期徒刑或者死刑，并处没收财产 数额特别巨大：是指受贿数额在300万元以上的，或者受贿数额在150万元以上不满300万元，但具有其他特别严重情节的 **【提示】**对多次受贿未经处理的，按照累计受贿数额处罚。索贿的从重处罚

【多选题】涉嫌偷税的纳税人张某在与稽查局沟通时，悄悄将一张金额为1万元的购物卡放在稽查干部李某的抽屉里，离开稽查局后才打电话告诉李某。对此，下列说法中错误的是（　　）。

A. 如果李某及时退回，则不构成受贿

B. 如果李某及时交给单位，则不构成受贿

C. 如果李某没有使用这张卡，则不构成受贿

D. 如果李某不是直接经办此案的人员，则不构成受贿

【参考答案】CD

依据最高人民检察院《关于人民检察院直接受理立案侦查案件立案标准的规定（试行）》规定：索取他人财物的，不论是否“为他人谋取利益”，均可构成受贿罪。非法收受他人财物，同时具备“为他人谋取利益”的才能构成受贿罪。为他人谋取的利益是否正当、为他人谋取的利益是否实现不影响受贿罪的成立。

九、贪污罪

主观方面	直接故意，并具有非法占有目的
客观方面	以利用职务上的便利为前提，是在职务活动过程中实施的侵吞行为 在手段上表现为侵吞、窃取、骗取或者以其他手段非法将公共财物据为己有的行为
立案标准	①贪污数额在3万元以上的 ②贪污数额在1万元以上不满3万元，但具有下列情形之一的：贪污救灾、抢险、防汛、优抚、扶贫、移民、救济、防疫、社会捐助等特定款物的；曾因贪污、受贿、挪用公款受过党纪、行政处分的；曾因故意犯罪受过刑事追究的；赃款赃物用于非法活动的；拒不交待赃款赃物去向或者拒不配合追缴工作，致使无法追缴的；造成恶劣影响或者其他严重后果的

【提示】贪污行为与挪用行为区分。

区别	贪污行为	挪用行为
主要在于目的不同	贪污是据为己有	挪用并不意图据为己有，而是意图临时占用
方法和手段不同	贪污手段具有隐秘性，存在弄虚作假的手段	挪用手段也具有一定的隐秘性，但通常没有刻意的弄虚作假手段

【多选题】张某系某市税务局负责管理运输行业的税收工作人员。2021 年 5 月，张某为其朋友开办的运输公司办理相关涉税事宜。张某违反相关规定，致使运输公司故意隐瞒销售收入少缴税款 200 万元。事后，张某收到运输公司支付的“答谢费”10 万元。同时在张某通过替换付款码、作废缴款书等方式，将运输公司原本正常入库的税款 50 万元转入个人账户。张某的行为涉嫌的罪名有（　　）。

A. 受贿罪　　B. 渎职罪

C. 贪污罪　　D. 徇私舞弊不征、少征税款罪

【参考答案】AD

本题考查受贿罪和徇私舞弊不征、少征税款罪。本案中少缴税款 200 万元，远超过致使国家税收损失累计达 10 万元的认定标准，构成徇私舞弊不征、少征税款罪。如果税务人员利用职务上的便利，索取、收受纳税人财物，不征、少征应征税款，致使国家税收遭受重大损失的，应当以徇私舞弊不征、少征税款罪和受贿罪数罪并罚。故选项 A、D 符合题意。通过替换付款码、作废缴款书等方式，将运输公司原本正常入库的税款 50 万元转入个人账户属于职务上的便利为前提，是在职务活动过程中实施的侵吞行为构成贪污罪，选项 B 不正确。

十、挪用公款罪

主观方面	故意，只具有临时占有的故意 如果意图将公款占为己有，不能证明有归还意思的，以贪污罪论处
客观方面	①利用职务上的便利，挪用公款归个人使用，进行非法活动 ②利用职务上的便利，挪用公款数额较大，在被司法机关、主管部门或有关单位发现前未退还的行为，要求挪用时间超过 3 个月 ③利用职务上的便利，挪用公款数额较大，进行经商、办企业等营利活动
立案标准	①挪用公款归个人使用，进行非法活动，数额在 3 万元以上 ②挪用公款归个人使用，进行营利活动或超过 3 个月未归还，数额在 5 万元以上的
刑事处罚	①犯挪用公款罪，处 5 年以下有期徒刑或者拘役；情节严重的，处 5 年以上有期徒刑 ②挪用公款数额巨大不退还的，处 10 年以上有期徒刑或者无期徒刑 **【提示】**挪用用于救灾、抢险、防汛、优抚、扶贫、移民、救济款物归个人使用的，从重处罚

【判断题】国家工作人员利用职务上的便利，挪用公款归个人使用，用于非法活动数额较大，但是当月既归还的，不构成挪用公款罪。（　　）

【参考答案】×

根据《刑法》第三百八十四条规定，国家工作人员利用职务上的便利，挪用公款归个人使用，进行非法活动的，或者挪用公款数额较大、进行营利活动的，或者挪用公款数额较大、超过 3 个月未还的，是挪用公款罪，处 5 年以下有期徒刑或者拘役；情节严重的，处 5 年以上有期徒刑。挪用公款数额巨大不退还的，处 10 年以上有期徒刑或者无期徒刑。

十一、私分罚没财物罪

主观方面	故意 **【提示】**在同一单位中，虽然受益于私分罚没财物，但为被动接受，没有明显的主动要求私分故意的人员，不以犯罪论处
客观方面	是将应当上缴国家的罚没财物，以单位名义集体私分给个人的行为（包括罚款、没收的非法收入和其他财物） **【提示】**私分罚没财物行为系以单位名义实施，如果不是以单位名义实施，而是个人私分，则构成贪污罪而不是私分罚没财物罪
构成标准	涉嫌私分罚没财物，累计数额在 10 万元以上
刑事处罚	对其直接负责的主管人员和其他直接责任人员，处 3 年以下有期徒刑或者拘役，并处或者单处罚金；数额巨大的，处 3 年以上 7 年以下有期徒刑，并处罚金

【单选题】行政执法机关将应当上缴国家的罚没财物，通过集体决议并请示上级机关同意后分给单位全体职工，构成的罪名是（　　）。

A. 私分国有资产罪　　B. 贪污罪

C. 侵占罪　　D. 私分罚没财物罪

【参考答案】D

本题考查私分罚没财物罪的构成。私分罚没财物罪是指司法机关、行政执法机关违反国家规定，将应当上缴国家的罚没财物，以单位名义集体私分给个人的行为。选项 D 符合题意。

本章习题

一、单选题

1. 下列关于徇私舞弊不移交刑事案件罪的说法，正确的是（　　）。

A. 本罪侵犯的客体是国家税务机关正常的税收征管秩序

B. 本罪的主体必须是税务机关工作人员

C. 本罪的行为人主观方面必须是故意，如果不是出于故意，则不构成本罪

D. 本罪的客观方面表现为行为人利用职务之便收受贿赂，对依法应当移交司法机关追究刑事责任的案件不移交的行为

2. 下列不属于受贿罪法定客观方面表现的是（　　）。

A. 国家工作人员利用职务上的便利，索取他人财物

B. 国家工作人员非法收受他人财物，为他人谋取利益

C. 国家工作人员在经济往来中，违反国家规定，收受各种名义的回扣、手续费，归个人所有

D. 国家工作人员利用职务上的便利，侵吞公共财物

3. 下列情况不能录用为税务系统公务员的是（　　）。

A. 曾被记过行政处分的　　B. 受过行政拘留的

C. 曾被开除公职的　　D. 大专学历

4. 责令待岗属于（　　）。

A. 内部行政纪律责任　　B. 行政处分

C. 刑事责任　　D. 经济责任

二、多选题

1. 税收执法过错责任追究形式包括（　　）。

A. 责令作出书面检查　　B. 调离执法岗位

C. 取消评选先进的资格　　D. 取消执法资格

2. 下列关于玩忽职守罪的说法正确的包括（　　）。

A. 玩忽职守罪的主观方面表现为故意

B. 玩忽职守罪是结果犯罪

C. 玩忽职守罪在客观方面表现为严重不负责任，不履行或者不认真履行职责，致使公共财产、国家和人民利益遭受重大损失

D. 玩忽职守罪一般只有领导才能构成此类犯罪

3. 税务人员在接受一定的行政处分期间不得晋升工资档次，这些行政处分包括（　　）。

A. 警告　　B. 记过　　C. 降级　　D. 撤职

4. 下列因素中，属于受贿罪构成要件的有（　　）。

A. 主观方面故意　　B. 收受财物

C. 利用职务便利　　D. 为行贿人谋取利益

三、判断题

1. 公务员认为机关及其领导人员侵犯其合法权益的，可以依法向上级机关或者监察机关提出控告。受理控告的机关应当按照规定及时处理。（　　）

2. 在年度考核中，连续两年被确定为不称职的公务员应该引咎辞职。（　）
3. 国家工作人员利用职务上的便利，挪用公款归个人使用，用于非法活动、营利活动以外的活动，数额较大，超过6个月未还的，是挪用公款罪。（　）

参考答案与解析

一、单选题

1. 【参考答案】C

本题考查徇私舞弊不移交刑事案件罪的构成要件。区分本罪的一个标准，即行为人的主观方面是否为故意。客观方面表现为徇私舞弊，对依法应当移交司法机关追究刑事责任的案件不移交，并且情节严重的行为。故选项C符合题意。

2. 【参考答案】D

本题考查受贿罪的构成要件。刑法规定，国家工作人员利用职务上的便利，索取他人财物的，或者非法收受他人财物，为他人谋取利益的，是受贿罪。国家工作人员在经济往来中，违反国家规定，收受各种名义的回扣、手续费，归个人所有的，以受贿论处。选项D符合题意。

3. 【参考答案】C

本题考查禁止录用为公务员的情形。公务员法规定，不得录用为公务员的情形有：曾因犯罪受过刑事处罚的；曾被开除公职的；有法律规定不得录用为公务员的其他情形的。选项C符合题意。

4. 【参考答案】A

本题考查行政纪律责任的形式。一般而言，内部行政纪律责任的形式主要包括批评教育、责令作出书面检查、通报批评、取消评选先进的资格、责令待岗、调离执法岗位、取消执法资格等。

二、多选题

1. 【参考答案】ABCD

本题考查税收执法过错追究的形式。选项A、B、C、D符合题意。

2. 【参考答案】BC

本题考查玩忽职守罪的犯罪构成。根据刑法的相关规定，玩忽职守罪是一种国家机关工作人员严重的渎职犯罪，是指国家机关工作人员严重不负责任，不履行或不认真履行职责，致使公共财产、国家和人民利益遭受重大损失的行为。玩忽职守罪在主观方面表现为过失，在客观方面表现为工作中严重不负责任，不履行或者不认真履行职责，且必须具备致使公共财产、国家和人民利益遭受重大损失的结果才构成此罪。故选项B、C符合题意。

3. 【参考答案】BCD

本题考查不得晋升工资档次的行政处分。我国公务员法规定，公务员在受处分期间不得晋升职务、职级和级别，其中受记过、记大过、降级、撤职处分的，不得晋升工资档次。因此参考答案为 B、C、D。

4. 【参考答案】ABC

本题考查受贿罪构成要件。根据刑法关于受贿罪的规定，受贿罪主观方面必须是故意，客观上利用职务便利，并收受财物。至于是否为行贿人谋利不是该罪的构成要件。故选项 A、B、C 符合题意。

三、判断题

1. 【参考答案】√

公务员法规定，公务员认为机关及其领导人员侵犯其合法权益的，可以依法向上级机关或者监察机关提出控告。受理控告的机关应当按照规定及时处理。

2. 【参考答案】×

公务员法的规定，公务员在年度考核中，连续两年被确定为不称职的，予以辞退。

3. 【参考答案】×

刑法规定，国家工作人员利用职务上的便利，挪用公款归个人使用，进行非法活动的，或者挪用公款数额较大、进行营利活动的，或者挪用公款数额较大、超过 3 个月未还的，是挪用公款罪，处 5 年以下有期徒刑或者拘役；情节严重的，处 5 年以上有期徒刑。挪用公款数额巨大不退还的，处 10 年以上有期徒刑或者无期徒刑。挪用用于救灾、抢险、防汛、优抚、扶贫、移民、救济款物归个人使用的，从重处罚。